Kastendiek/Sturm (Hrsg.)
Länderbericht Großbritannien

W0230684

Schriftenreihe   Band 543

Hans Kastendiek/Roland Sturm (Hrsg.)

Länderbericht Großbritannien

Geschichte • Politik
Wirtschaft • Gesellschaft • Kultur

bpb:
Bundeszentrale für politische Bildung

Bonn 2006
3., aktualisierte und neu bearbeitete Auflage
© Bundeszentrale für politische Bildung
Adenauerallee 86, 53113 Bonn, www.bpb.de

Redaktion: Gernot Dallinger
Produktion: Heinz Synal

Diese Veröffentlichung stellt keine Meinungsäußerung
der Bundeszentrale für politische Bildung dar.
Für die inhaltlichen Aussagen tragen die Autorinnen und Autoren
die Verantwortung

Umschlaggestaltung: Michael Rechl
Umschlagfoto: Gerald Wood
Satzherstellung: Satzbetrieb Schäper GmbH, Bonn
Druck: Bercker, Kevelaer

ISBN 3-89331-676-0 • ISSN 0435-7604

Inhalt

Einleitung

Wir freuen uns, dass wir den *Länderbericht Großbritannien,* der 1994 erstmals und 1998 in einer aktualisierten und erweiterten Fassung erschien, in einer neu konzipierten und weitgehend neu bearbeiteten dritten Auflage vorlegen können. Der Länderbericht hat sich nicht nur als eine eigenständige und in ihrer thematischen Breite einmalige Informationsquelle bewährt. Mit seiner Intention, über das unmittelbare Tagesgeschehen hinaus Entwicklungslinien und Strukturmerkmale des Landes aufzuzeigen, versteht sich der Band zugleich als eine Einführung in die Großbritannienstudien (in der in Deutschland üblichen Abkürzung der offiziellen Staatsbezeichnung, die bekanntlich *Vereinigtes Königreich von Großbritannien und Nordirland* lautet). Wer sich intensiver mit unserem europäischen Partnerland beschäftigen will, findet hier Zugänge zu dessen Geschichte und Politik, zu Wirtschaft, Gesellschaft und Kultur.

Der neue Band ist kürzer als seine Vorgänger, hat aber trotzdem an Facettenreichtum gewonnen. Er nimmt eine Reihe von Themen zur britischen Gesellschaftskultur auf, die in den beiden ersten Auflagen zu kurz gekommen waren. Neben den räumlichen, sozialstrukturellen und ethnischen Trennlinien der britischen Gesellschaft wird nun auch *Gender* als eine weitere Kategorie sozialer Differenzierung analysiert, und das Themenfeld »Kultur« bildet jetzt einen eigenen Schwerpunkt. Die neuen Kapitel, zum Beispiel über *Populär- und Jugendkulturen* und *Sport,* sollen den Länderbericht nicht lediglich »interessanter« machen. Ebenso wichtig war uns, mit der Kombination von Analysen aus den eher sozialwissenschaftlich und den eher kulturwissenschaftlich orientierten Großbritannienstudien einen Beitrag zu einer stärkeren wechselseitigen Wahrnehmung der unterschiedlichen Untersuchungsperspektiven und damit zu einer interdisziplinären Arbeitsweise zu leisten.

Der *erste Teil* des Länderberichts beleuchtet die historischen Kontexte, in denen Großbritannien heute steht. Er schlägt den Bogen von den Anfängen der englischen Geschichte bis heute. Die Geschichte des Vereinigten Königreichs ist die eines Vier-Nationen-Staates, aber auch eines Vielvölkerstaates in der Form des Britischen Weltreiches. Dessen Verlust hat in der zeitgeschichtlichen Perspektive der Nachkriegszeit eher Fragen und Probleme der wirtschaftlichen und gesellschaftlichen Entwicklung des Landes als weltpolitische Themen in den Vordergrund der britischen Politik gerückt. Der Thatcherismus und New Labour sind nur zwei der Projekte, die auf diesen Wandel reagiert und ihn vorangetrieben haben.

Im zweiten Teil stehen Fragen der Politik- und Staatsordnung im Vordergrund, wie die besondere Tradition der britischen Verfassung, das Institutionengefüge des Landes, das Rechts- und Gerichtswesen sowie die politische Konfliktaustragung durch Parteien und in Wahlen. Die Kapitel zeigen deutlich, dass sich das traditionelle Westminster Modell des Regierens verändert, aber auch flexibel neuen Bedingungen angepasst hat.

Der *dritte Teil* richtet dann den Blick auf einige zentrale Strukturmerkmale der britischen Gesellschaft. Sie ist nach wie vor geographisch in den reichen Süden und den armen Norden gespalten und weiterhin dadurch geprägt, dass »class« eine gewichtige Rolle für die Zuweisung sozialer Chancen spielt. Obwohl Großbritannien zunehmend als multikulturelle Gesellschaft funktioniert, werden die Probleme, die aus der multiethnischen Zusammensetzung der Bevölkerung resultieren, immer wieder virulent. Auch die Gender-Fragen bleiben offen und provozierend.

Der *vierte Teil* führt die vorangegangenen Analysen fort, indem er an ausgewählten Beispielen das kulturelle Selbstverständnis und kulturelle Verhaltensmuster der britischen Gesellschaft untersucht. Die Themen reichen von der Bildung über die Medien und Jugendkulturen bis hin zu Literatur, Film und Fernsehen und zum Sport. Hier bietet der Länderbericht ein in dieser Dichte seltenes Panorama unterschiedlicher sozio-kultureller Realitäten des Vereinigten Königreiches.

Den ökonomischen Problemlagen des Landes ist der *fünfte Teil* gewidmet. Großbritanniens Rolle in der sich globalisierenden Wirtschaft und die interne Bestimmung des Verhältnisses von Staat und Wirtschaft werden ebenso untersucht wie die neue Rolle der Gewerkschaften unter den Bedingungen gewandelter Arbeitsbeziehungen. Am Beispiel der Sozialpolitik, die unter New Labour ein neues Gesicht bekam, und der Gesundheitspolitik (bzw. der Leistungen und Defizite des National Health Service) werden zentrale Themen der gesellschaftspolitischen Auseinandersetzung diskutiert.

. Der *sechste und letzte Teil* des Bandes verortet Großbritannien in der internationalen Politik. Betrachtet werden die Rolle des Landes in der sich herausbildenden Weltordnung nach 1945, die Sonderbeziehungen des Vereinigten Königreiches zu den USA, die schwierige Partnerschaft Großbritanniens in Europa und das »stille«, deshalb aber keineswegs immer unproblematische Verhältnis zwischen Großbritannien und Deutschland bzw. zwischen »den« Deutschen und »den« Briten.

Die vorliegende dritte Auflage des Länderberichts steht trotz aller Neu-anfänge, einer Reihe neuer Themen und der veränderten Zusammenset-zung der Autorengruppe auf den virtuellen Schultern ihrer Vorgänger. Un-ser erster Dank gilt daher Angelika Volle und Karl Rohe, die die ersten beiden Länderberichte mit herausgegeben haben. Angelika Volle hat diese Funktion abgegeben, weil sie sich inzwischen anderen Aufgaben zugewandt hat. Leider müssen wir mitteilen, dass Karl Rohe im Juni 2005 verstorben ist. Wir hoffen, den Länderbericht in seinem stets konstruktiven und anregen-den Geist fortgeführt zu haben. Unser zweiter Dank richtet sich an die Auto-rinnen und Autoren, denen wir durch das Drängen auf kürzere Beiträge einiges an Arbeit und Verständnisbereitschaft zugemutet haben. Für die ex-zellente Kooperation bedanken wir uns besonders bei den britischen Kol-leginnen und Kollegen, die mit ihren Beiträgen dafür gesorgt haben, dass die neue Ausgabe des Länderberichts wiederum ein »internationales« Unterneh-men geworden ist.

Unser Dank gilt nicht zuletzt aber auch denen, die uns bei unserer He-rausgebertätigkeit unterstützt und beraten haben. Jene Beiträge, die wir in englischer Sprache erhalten haben, wurden von Michael Münter, unserem politikwissenschaftlichen Fachkollegen von der Universität Erlangen-Nürn-berg, mit großer Kompetenz ins Deutsche übertragen. Als kundiger und effizienter Lektor wirkte im Hintergrund Gernot Dallinger. In der Bundes-zentrale für politische Bildung lag die organisatorische Betreuung des Vor-habens in den bewährten Händen von Hildegard Bremer, und als umsich-tiger und – trotz aller Kürzungsauflagen – nachsichtiger Ratgeber stand uns Jürgen Faulenbach immer zur Verfügung. Ohne die kollegiale und freund-schaftliche Kooperation aller Beteiligten wäre die Umsetzung unserer Ideen in die nun vorliegende Buchform nicht möglich gewesen.

Wir wünschen uns, dass die Beiträge unseren Leserinnen und Lesern des Länderberichts intellektuelle Freude bereiten und neue, gelegentlich viel-leicht auch überraschende Einblicke in das Land und das Leben des heutigen Großbritannien geben.

Hans Kastendiek und Roland Sturm
Chemnitz und Erlangen im Juli 2006

I. Historische Entwicklung

Hans-Christoph Schröder

Die Geschichte Englands bis 1945
Ein Überblick

I. Die mittelalterlichen Grundlagen des englischen Staates und der englischen Freiheit

Eine durch schriftliche Überlieferung gesicherte und an den fortwirkenden Institutionen erkennbare englische Geschichte beginnt mit dem Eindringen der Angelsachsen in England im 5. und 6. Jahrhundert als Teil der umfassenden Völkerwanderung. Die Angelsachsen, die sich offenbar mit den dort lebenden Kelten zunächst kaum vermischten, gestalteten die territoriale Organisation des Landes. Sie bildeten Königreiche, von denen im ausgehenden 9. Jahrhundert Wessex die Hegemonie erlangte. Unter Alfred dem Großen, der von 871 bis 899 König von Wessex war, erfolgte im Zusammenhang mit dem Kampf gegen die eingefallenen Wikinger die Zusammenfassung von ganz England außerhalb des von den Dänen besetzten Gebietes im Nordosten. Auf einem Silberpfennig der Zeit ist Alfred mit dem Titel *Rex Anglorum* abgebildet.

Im England des 10. Jahrhunderts bildete sich eine königliche Autorität heraus, die umfassender und intensiver war als in irgendeinem anderen zeitgenössischen europäischen Land. Ein wichtiges Indiz für die vergleichsweise zentralisierte und effiziente englische Verwaltung dieser Zeit ist das einheitlich geregelte Münzwesen, das gegen Ende der angelsächsischen Periode das fortgeschrittenste in Europa war. Es gab keine von Territorialherren geprägten Münzen wie in Deutschland und Frankreich. Dabei war die Gestaltung des Münzwesens charakteristisch für das nach dem Prinzip des *self-government at the king's command* gestaltete englische Regierungssystem mit seiner Zentralisierung der Zuständigkeiten einerseits, seiner Dezentralisierung und Delegation der praktischen Aufgaben andererseits. Das Münzwesen unterstand allein dem König und wurde von ihm kontrolliert; die Prägung der Münzen erfolgte dagegen in einer Vielzahl von Orten. Das geschriebene und gesiegelte *writ* – ein kurzer königlicher Befehl, der sowohl in der Verwaltung als auch im Rechtswesen benutzt wurde – war ebenfalls ein höchst effizientes, anderswo nicht vorhandenes

Instrument der Zentralgewalt und ein Beleg für die Macht des englischen Königtums.

Ein Grund dafür, dass die Zentralgewalt und das Königtum in England so stark waren, ist in der Geographie zu suchen. Das Land war vom territorialen Umfang her nicht zu groß, so dass seine Zusammenfassung und Verwaltung die damals gegebenen Möglichkeiten nicht überstiegen. Obwohl die angelsächsischen Könige ihre Zeit zumeist im Süden des Landes verbrachten – Winchester und London wurden die wichtigsten Zentren –, waren auch die anderen Landesteile für den König durchaus leicht erreichbar.

Neben den günstigen geographischen Voraussetzungen spielte aber auch die äußere Bedrohung bei der Stärkung der Zentralgewalt und der staatlichen Organisation des Landes eine wichtige Rolle. Die Einfälle der Wikinger haben durch die Auferlegung von Tributen ebenso wie durch die von ihnen provozierte Abwehrreaktion in diese Richtung gewirkt. Die Zahlungen, die den Angelsachsen auferlegt wurden, führten 865 zur Erhebung des so genannten *danegelds,* welches die erste dauerhafte nationale Steuer war. Die zentralisierende Wirkung der Verteidigungsanstrengungen wird an dem System von mehr als dreißig befestigten Plätzen deutlich, mit denen Alfred der Große Wessex umgeben ließ. Diese *burhs* (ein dem deutschen Wort »Burg« verwandter Begriff, aus dem sich später die allgemeine Bezeichnung *borough* für Städte oder Marktflecken entwickelte) mussten jeweils von ihrem Umland bemannt und finanziert werden.

Die Erfüllung solcher dem örtlichen Bereich zugewiesenen Aufgaben setzte eine ausgebildete und funktionierende Lokalverwaltung voraus. Diese ist denn auch über Jahrhunderte hinweg neben und komplementär zu der Macht der Zentralgewalt ein charakteristisches Merkmal der englischen Geschichte gewesen. Das »Prinzip der Selbstregierung«, das nach dem Urteil Rankes in England »von jeher« viel kräftiger war als auf dem Kontinent[1], wurde in einem relativ gut geordneten System auf verschiedenen Ebenen wirksam. Die oberste Ebene bildeten die *shires,* die später *counties* genannt wurden und mit dem Wort »Grafschaften« ins Deutsche übersetzt werden. Bereits gegen Ende des 9. Jahrhunderts war das Königreich Wessex in *shires* unterteilt. Im 10. und frühen 11. Jahrhundert wurde diese territoriale Gliederung auf ganz England ausgedehnt, das schließlich 37 *shires* umfasste. Die *shires* waren ihrerseits in *hundreds* oder *wapentakes* unterteilt. Die kleinste Einheit der englischen Lokalverwaltung war das *vill* oder *tun,* die Gemeinde.

Die *shire courts* waren neben der Monarchie die wichtigste Institution des angelsächsischen England. Sie traten zweimal jährlich unter dem Vorsitz von Grafen und Bischöfen oder deren Vertretern zusammen. Sie besaßen eine unbegrenzte Fülle von rechtlichen und verwaltungsmäßigen Funktionen.

Prinzipiell waren alle Freien zur Teilnahme an den *shire courts* verpflichtet. Die weniger bedeutenden Angelegenheiten wurden von den *hundred courts* behandelt. Darunter gab es noch das *tithing* – eine Gruppe von zehn Männern, die füreinander hafteten und sich bei Verfehlungen oder der Flucht eines von ihnen vor dem *hundred court* zu verantworten hatten. Insgesamt besaß das angelsächsische England ein für die damalige Zeit bemerkenswert einheitliches Gerichtssystem, in dem zwar nach dem jeweiligen lokalen Recht geurteilt wurde, der König aber jederzeit eingreifen konnte. Erst um die Mitte des 10. Jahrhunderts erhielten Grundherren *(lords)* in größerem Umfang vom König wichtige jurisdiktionelle Befugnisse, die jedoch stets als delegierte Rechte verstanden wurden. In England hat der Monarch grundsätzlich niemals den Anspruch aufgegeben, der direkte Herrscher über sein gesamtes Königreich zu sein.

Die in angelsächsischer Zeit vorgenommene, für Rechtsprechung und Verwaltung maßgebliche gebietsmäßige Gliederung des Landes hat offenbar einen Vorgang gefördert, den man als Territorialisierung des Lebenszusammenhangs bezeichnen kann. Blutsmäßige Bande traten gegenüber der durch das räumliche Zusammenleben und die nachbarschaftliche Gemeinschaft geschaffenen Zusammengehörigkeit zurück. Die Engländer betrachteten sich in vieler Hinsicht eher als die Bewohner eines Gebietes und als Mitglieder einer nicht durch Verwandtschaft konstituierten lokalen Gemeinschaft denn als Angehörige einer Sippe. Der Individualismus, das Privateigentum und die Kernfamilie haben sich in England offenbar früher und ausgeprägter entwickelt als anderswo, da dort wegen der relativ starken territorialen Organisation und befriedenden monarchischen Gewalt die Schutzfunktion größerer, blutsmäßig miteinander verbundener Personengruppen weniger notwendig war.

Die vergleichsweise machtvolle Stellung der englischen Monarchie wurde durch die normannische Eroberung im Jahre 1066 noch verstärkt. Wilhelm, der Eroberer des Landes, brachte aus der Normandie das Lehnswesen nach England und stärkte seine Königsherrschaft dadurch, dass er zugleich oberster Lehnsherr wurde. Er war es in einem radikaleren Sinne, als es in der Normandie oder in irgendeinem anderen Teil Europas der Fall war. Der König war nämlich rechtlich gesehen nach der Eroberung bzw. nach der Niederschlagung der gegen ihn gerichteten Aufstände der alleinige Eigentümer des gesamten Bodens in England. Die Landrechte aller Grundherren leiteten sich direkt oder indirekt vom König her.

England wurde mit dem Jahr 1066 zugleich das am meisten und das am wenigsten feudalisierte Land Europas. Es war am meisten feudalisiert, insofern dort jeglicher Landbesitz in den feudalen Zusammenhang einbezogen war. Es war am wenigsten feudalisiert, weil dort die Macht der Feudalherren gegenüber der Zentralgewalt am schwächsten war, eine staatlich-öffentliche Gewalt mit ihren Strukturen weiterbestand und die vorrangige Treueverpflichtung gegenüber dem König ausdrücklich festgehalten wurde. Das feudale System wurde der bestehenden, territorial-nachbarschaftlichen Struktur aufgepfropft, hat sie jedoch nicht verdrängt. Der Monarch war der feudale Oberherr, gleichzeitig aber auch – wie vor ihm der angelsächsische König – ein Herrscher, der in einer unmittelbaren Beziehung mit seinen Untertanen verbunden war, die ihm direkt unterstanden und Gehorsam schuldeten. So bestand die allgemeine militärische Gefolgschaftsverpflichtung neben der besonderen Vasallenpflicht zur militärischen Hilfeleistung fort.

Ein Dokument nicht nur der Macht und des Machtanspruchs, sondern auch der Effizienz des normannischen Herrschaftssystems in England ist das berühmte *Domesday Book* von 1086. Als einer Art von nationalem Kataster ist ihm trotz seiner Unvollständigkeit im zeitgenössischen Europa nichts an die Seite zu stellen. Es gelang den normannischen Königen Englands auch, einige für Westeuropa bemerkenswert frühe Methoden zentraler Verwaltung zu entwickeln. Zu ihren wegweisenden Neuerungen gehörte die am Beginn des 12. Jahrhunderts eingeführte regelmäßige Abrechnung im *Exchequer* (Staatskasse), die mit Hilfe eines leicht verständlichen Rechensystems vorgenommen wurde.

Auf die normannischen Herrscher (1066–1154) folgte die angevinische Dynastie (1154–1272), deren Reich sich nicht auf Eroberung, sondern auf dynastische Verbindungen gründete. Es umfasste neben dem englischen Territorium einen großen Teil Frankreichs und hatte seinen Schwerpunkt an der Loire. Dass sich die angevinischen Herrscher sehr stark außerhalb Englands engagierten, war eine der Ursachen der *Magna Carta* von 1215. König Johann, der zur Finanzierung der Kriegführung auf dem Kontinent in England harte Maßnahmen angewandt hatte und durch den Ausgang der Schlacht von Bouvines in seiner Position geschwächt worden war, sah sich bei seiner Rückkehr nach England einer Opposition der Magnaten gegenüber.[2] Er unterlag im Kampf mit ihnen und musste die *Magna Carta* gewähren. Sie ist, nach ihrer Zurücknahme durch Johann, in einer entschärften Fassung im Jahre 1225 durch Heinrich III. erneuert worden, wurde bis zum 17. Jahrhundert insgesamt 32-mal bestätigt oder neu bekräftigt und seit dem 13. Jahrhundert wiederholt einer größeren Öffentlichkeit bekannt gemacht. Nicht zuletzt dadurch hat sie sich tief in das Bewusstsein der Engländer eingegraben.

Die *Magna Carta* berücksichtigte ganz verschiedene Beschwerden; und unter ihren 63 Artikeln finden sich manche, die nur für die Magnaten bedeutsam waren. Darüber hinaus gab es jedoch auch Artikel, die schichten-übergreifende Relevanz besaßen. Dazu gehörte die Erklärung, dass (abgesehen von einigen aufgezählten Ausnahmen) keine Steuer ohne gemeinsame Beratung des Königreiches erhoben werden durfte. Von allgemeiner Bedeutung war vor allem der Rechtsschutz, den die Artikel 39 und 40 gewährten: Jeder Freie (*liber homo*) konnte nur durch das rechtmäßige Urteil von seinesgleichen aufgrund der Gesetze des Landes verhaftet, geächtet oder verbannt werden. Der König durfte niemandem die prompte Gewährung von Recht und Gerechtigkeit versagen. Besonders diese beiden Artikel wurden zu unverrückbaren Bezugspunkten des englischen Freiheits- und Rechtsdenkens.

Es ist oft darauf hingewiesen worden, dass die von König Johann gewährte *Magna Carta* nicht völlig singulär war, vielmehr im zeitgenössischen Europa manches Gegenstück in anderen Ländern hatte (z. B. das *Privilegio General* in Aragon oder die »Goldene Bulle« in Ungarn). Fraglos enthielt die *Magna Carta* auch einige allgemeine Grundsätze des mittelalterlichen Europas: das Recht auf die Aburteilung durch seinesgleichen, das Widerstandsrecht bei Rechtsbrüchen des Monarchen, die Ablehnung des Kriegsdienstes außerhalb des Landes und vor allem das Prinzip, dass der König in Übereinstimmung mit den Gesetzen des Landes handeln müsse. Einzigartig an ihr war jedoch die Tatsache, dass die *Magna Carta* überständisch und überregional war, dass die in ihr gewährten Privilegien nicht die Form adliger oder provinzieller Immunität und städtischer Unabhängigkeit annahmen, sondern allgemeinen Charakter hatten und auf die generelle Kontrolle der Zentralgewalt gerichtet waren. Darin hat bereits Leopold von Ranke etwas ihr Eigentümliches und den entscheidenden Unterschied gegenüber anderen Rechtserklärungen der Zeit gesehen.[3] Diese für die englischen Monarchen letztlich nachteilige Besonderheit ging paradoxerweise vor allem auf die relativ große Macht des Königtums in England und seine vereinheitlichende Kraft zurück. Die von den königlichen Gerichten betriebene Durchsetzung des *Common Law* als einem Nationalrecht gegenüber lokalen, regionalen und feudalen Besonderheiten führte dazu, dass auch im Konflikt mit der Krone im geringeren Maße als in anderen Ländern partikulare Rechte beschworen wurden.

Der in der *Magna Carta* enthaltene Grundsatz, dass keine Steuer ohne gemeinsame Beratung des Königreiches erhoben werden dürfe, hat überdies zur Herausbildung des englischen Parlaments entscheidend beigetragen. Dessen Entstehung um die Mitte des 13. Jahrhunderts ist nämlich zunächst und vor allem anderen auf die Bedürfnisse des Königs zurückzuführen. Ihm musste daran gelegen sein, dass Männer aus den verschiedenen Landesteilen ihn einerseits mit Informationen versorgten und ihm ihre Beschwerden vortrugen, andererseits die Wünsche und Anordnungen des Monarchen bei sich zu Hause bekannt machten und seine Politik erklärten.

Da das englische Parlament aus der *curia regis* (dem Großen Rat des Königs) hervorging, lässt sich sein definitiver Beginn, sein historischer Anfang als eine feststehende Einrichtung, nicht genau bestimmen. Sehr oft wissen wir von einem im 13. oder 14. Jahrhundert tagenden Gremium nicht, ob es ein Großer Rat oder ein Parlament war. Von entscheidender Bedeutung war jedenfalls die Hinzuziehung von Vertretern der *shires* und *boroughs*, die sie offenbar ausschließlich ihrer Unentbehrlichkeit für die Steuerbewilligung verdankten. An dem Parlament des Jahres 1290 kann man besonders deutlich erkennen, wie sehr dies der Punkt war, von dem aus die »Gemeinen« *(commons)* eindrangen. Eine zunächst nur aus Magnaten bestehende parlamentarische Versammlung hatte bereits von April bis Juli getagt und eine Fülle von Maßnahmen beschlossen. Zu der vom König gewünschten Steuer gaben die Versammelten ihre Zustimmung jedoch nur, »insoweit sie dazu berechtigt waren«. Diese ausdrückliche, von ihnen selber ausgehende Einschränkung des Repräsentationsanspruchs der Magnaten machte die Beteiligung von Vertretern der *shires* und *boroughs* notwendig, die dann Mitte Juli zum Parlament hinzustießen. Aus den *commons* als einem zunächst nur aus Gründen der Steuerbewilligung hinzugezogenen ergänzenden Element wurden dann im 14. Jahrhundert die eigentlichen Repräsentanten des Landes, die man als die wichtigsten Verteidiger seiner Interessen ansah.[4]

Der Zusammenhang von Parlament und Besteuerung war für die parlamentarische Entwicklung von einer gewissen Ambivalenz. Dass Parlamente für die Steuerbewilligung notwendig waren, hat einerseits die Herausbildung der Institution Parlament gefördert, weil die Finanznöte der Monarchen und zumal die Kriegführung immer wieder dazu zwangen; andererseits hat es sie aber auch behindert, weil Könige, die eine weniger kostspielige Politik verfolgten bzw. sich andere Einnahmequellen erschlossen, Parlamente vernachlässigen konnten. Statute aus den Jahren 1330 und 1362 egten zwar fest, dass mindestens einmal jährlich ein Parlament stattfinden sollte, wurden aber nur vorübergehend beachtet. Die jeweiligen Bedürfnisse der Monarchen gaben letztlich den Ausschlag dafür, ob ein Parlament einberufen wurde oder nicht. Negativ für die Entwicklung des Parlaments war die Schlüsselstellung der Steuerbewilligung aber auch deshalb, weil die Nichteinberufung bedeutete, dass keine Steuern zu zahlen waren – also von der Bevölkerung durchaus positiv gesehen werden konnte. Hinzu kam, dass die *shires* und *boroughs* die recht erheblichen Sitzungsgelder für die Abgeordneten bezahlen mussten. Parlamente bedeuteten also auch unter diesem Gesichtspunkt eine finanzielle Belastung. Städte, die – etwa durch den Bau von Stadtmauern – finanziell stark belastet waren, beantragten oft eine vorübergehende Befreiung von der Repräsentationspflicht. Dieser Faktor verlor jedoch in dem Maße an Bedeutung, wie ein Sitz im Parlament an Prestige gewann, was bereits im 15. Jahrhundert weithin der Fall war. Ehrgeizige oder auf ihr Ansehen bedachte Angehörige des niederen Adels (*gentry*) waren gern bereit, auf eigene Kosten die Vertretung der *boroughs* im Parlament zu übernehmen, so dass schließlich bereits am Ende des Mittelalters ein großer Teil der Städte von Abgeordneten aus der *gentry* »repräsentiert« wurde und das Parlament in seiner Gesamtheit immer mehr einen adligen Charakter erhielt. Zusätzliche Sitze für *boroughs* sind sogar eigens geschaffen worden, um die Nachfrage unter dem niederen Adel in den Grafschaften zu befriedigen.

Für die Monarchen lag der Vorteil der Bewilligung von Steuern durch das Parlament vor allem darin, dass die Abgeordneten durch ihre Zustimmung die jeweiligen *shires* oder *boroughs* banden und zur Zahlung verpflichteten. Allerdings konnte es anfangs vorkommen – obwohl in England nicht die stark eingeschränkte ständische Repräsentation, sondern die umfassende Repräsentation im Sinne der 1290 und 1294 vom König ausdrücklich geforderten ungebundenen Vertretung (*plena potestas*) galt –, dass Abgeordnete vor der Gewährung von Geldern in den Grafschaften Rückfrage hielten. Es konnte auch geschehen, dass ein *county court* beschloss, nur einen Teil des auf die Grafschaft entfallenden Steueranteils zu zahlen. Insgesamt ist es jedoch eindrucksvoll, wie sehr das Parlament von England bereits im Mittelalter dem Gedanken einer gesamtstaatlichen Gemeinschaft Ausdruck gab. Er verschwand auch nicht in den um den Besitz der Krone geführten, mit Unterbrechungen über 30 Jahre dauernden Bürgerkriegen der zweiten Hälfte des 15. Jahrhunderts, für die sich später der Begriff »Rosenkriege« eingebürgert hat.

II. Die Ambivalenz der Tudorherrschaft

Während der Herrschaft der Tudors (1485–1603) war die Politik der Monarchen vor allem darauf gerichtet, die Stellung der allzu mächtigen Magnaten zu schwächen und eher den niederen Adel zu bevorzugen. Der »Königsmechanismus« (Norbert Elias) und die Patronage wurden eingesetzt, um möglichst viele Adlige des Landes direkt an den Hof zu binden. Die Monarchie verstand es überdies, den König zur alleinigen »Quelle der Ehre« zu machen. Das galt auch in dem ganz konkreten Sinn, dass seit 1530 das königliche Heroldsamt allein dafür zuständig wurde, Adelswappen zu verifizieren und zu verleihen. Die Position des Monarchen wurde ferner durch die Ordnungspropaganda und den Gehorsamskult der Tudors gestärkt, die nicht müde wurden, auf die blutig-wirre Zeit der Rosenkriege zu verweisen und sich als Retter aus der Anarchie sowie als alleinige Garanten des inneren Friedens darzustellen.

Hier handelte es sich freilich auch um eine ideologische Kompensation der physischen Schwäche königlicher Gewalt, die dazu zwang, Stellung und Bedeutung des Monarchen umso mehr hervorzuheben. Es gab, abgesehen von einigen hundert Mann Leibgarden und Festungsbesatzungen, kein stehendes Heer. Auch die von der Zentralgewalt besoldete und ihr hauptberuflich dienende Beamtenschaft war zahlenmäßig gering. Die Regierungsbürokratie umfasste unter Elisabeth I. gegen Ende des 16. Jahrhunderts 1 200 Ämterinhaber. Davon verwaltete die eine Hälfte die Kronländereien, die andere Hälfte die übrigen Zweige der Administration. Damit kam ein königlicher Beamter auf etwa 3 000 Einwohner, während in Frankreich ein bezahlter Beamter auf ungefähr 400 Einwohner entfiel.[5] Der Vergleich ist zwar etwas problematisch, weil in Frankreich wegen der dort verbreiteten und in England kaum praktizierten Ämterkäuflichkeit viele dieser Ämter nur Sinekuren waren, die der Effektivität der Staatsgewalt nichts hinzufügten. Dennoch machen die Zahlen die Schwäche der zentralen Regierungsbürokratie in England deutlich.

Die Verwaltung und die Gerichtsbarkeit beruhten im Wesentlichen auf den von der Krone zwar eingesetzten, von ihr aber nicht besoldeten, sondern ihr Amt unbezahlt ausübenden *Justices of the Peace*. Diesen aus dem Adel entnommenen Friedensrichtern wurden im Zusammenhang mit dem zunehmenden wirtschaftlich-sozialen Interventionismus der Krone in einer Zeit drastischer Bevölkerungsvermehrung mit den sie begleitenden Ordnungsproblemen immer mehr Aufgaben aufgebürdet. Sie waren schließlich für die Anwendung von mehr als 300 Gesetzen zuständig. Von der Instandhaltung der Brücken und Straßen über die Kontrolle der Armenfürsorge und des Lehrlingswesens bis zu Erteilung von Schanklizenzen hatten sie eine Fülle von Obliegenheiten wahrzunehmen. Dass sich die Zahl der Friedensrichter im 16. Jahrhundert verdreifachte, lässt sich jedoch nicht allein auf ihre wachsenden Aufgaben zurückführen; denn nur etwa die Hälfte der *Justices of the Peace* war wirklich aktiv. Mindestens ebenso wichtig waren das wachsende Prestige und die Anziehungskraft des Amtes auf den Adel.

Die Monarchen nahmen Einfluss auf die *Commission of the Peace* in den Grafschaften, indem sie Mitglieder des sich zu einer Art Regierung entwickelnden *Privy Council* (Kronrat) sowie dem Hof nahestehende Männer in die *counties* schickten und zu Friedensrichtern machten, um die Gesichtspunkte und Interessen der Zentralgewalt im örtlichen Bereich zur Geltung zu bringen. Sie entsandten auch spezielle Beauftragte mit besonderen Zuständigkeiten, unter denen die mit militärischen Vollmachten versehenen *lords lieutenant* wegen der ständigen Kriegführung in den letzten zwei Jahrzehnten der Herrschaft Elisabeths I. zu einer permanenten Einrichtung wurden und an die Spitze der Grafschaftsverwaltung traten. Aber obwohl die in dieses Amt berufenen Aristokraten aufgrund ihrer militärischen Funktion zahlreiche Befugnisse und Eingriffsmöglichkeiten besaßen und in ihrer Person das Prestige der Krone symbolisierten, waren sie bei ihrer Tätigkeit doch letztlich auf die Kooperation der Friedensrichter angewiesen.

Die Grenzen der Zentralgewalt in England werden somit selbst unter den starken Monarchen der Tudorzeit deutlich. Einerseits bedurfte die Regierung bei der konkreten Verwirklichung ihrer Anordnungen stets der Mitwirkung der *Justices of the Peace,* die in all den Fällen schwer zu erreichen war, wo sie deren Interessen oder Ansichten zuwiderliefen. Andererseits war auch die Freiheit der Krone bei der Auswahl der Friedensrichter stark eingeschränkt. Sie musste dafür angesehene und einflussreiche Adlige einer Grafschaft auswählen, denn nur solche verfügten über genügend Prestige, um ihren Entscheidungen Durchsetzungskraft zu verleihen. Einzelne unliebsame Adlige konnte die Regierung von der *Commission of the Peace* ausschließen, aber letztlich folgte das Amt dem Status. Oft war die aus politischen Gründen vollzogene Absetzung eines Friedensrichters denn auch nur vorübergehend.

In der Tudorzeit zeigt sich nicht nur am Friedensrichteramt, sondern mehr noch in Bezug auf das Parlament der eigentümliche Sachverhalt, dass die Stärkung der Monarchie in England fast immer zugleich eine Stärkung von potentiellen Gegenkräften und alternativen Einflusszentren bedeutete. Das wird vor allem an der kirchlichen Umgestaltung des Landes deutlich. Einerseits wurde die Stellung der Krone durch die von Heinrich VIII. vollzogene Loslösung von Rom, deren Anlass die Trennung von seiner ersten Frau war, gestärkt. Sie machte den Monarchen zum Oberhaupt der Kirche, und der Monarchie gelang es überdies, sich etwas von deren Heiligkeit anzueignen. Nicht nur die Position, sondern auch die Aura des Königtums wurde damit in England nahezu cäsaropapistisch. Sogar chiliastische Erwartungen knüpften sich an den Monarchen als den *godly ruler*[6]. Andererseits gewann aber durch die »Verstaatlichung« der Kirche auch das Parlament an Bedeutung und Prestige. Eine Schlüsselrolle kam bei diesem Bedeutungszuwachs dem so genannten Reformationsparlament zu, das 1529 gewählt, aber erst 1536 aufgelöst wurde und mit dem König die Trennung von Rom vollzog. Die Veränderungen in der Kirche wurden auf der Grundlage von Gesetzen vorgenommen, denen das Parlament seine Zustimmung gegeben hatte. Noch nie zuvor hatte ein englisches Parlament ein so riesiges Gesetzgebungsprogramm abgewickelt wie das Reformationsparlament, und bereits dadurch musste das Gewicht dieser Institution sich vergrößern.[7] Durch die Wichtigkeit der bewältigten Aufgabe sowie die lange Zeit von sieben Jahren, in der dieses Parlament (mit Unterbrechungen) tagte, wurden ein starkes Selbstbewusstsein und ein Gefühl der Kontinuität erzeugt.

Hinzu kam, dass nicht nur das Reformationsparlament, sondern auch ihm folgende Parlamente an den Veränderungen im Bereich der Religion beteiligt waren. Die dann den Anglikanismus dauerhaft begründende und als gemäßigt reformatorisch zu bezeichnende religiöse Neuordnung nach der Thronbesteigung Elisabeths I. (1558) vollzog sich sogar noch eindeutiger auf einer parlamentarisch-säkularen Grundlage, als es vorher der Fall gewesen war. Sir Thomas Smith führte in seiner Schrift *De Republica Anglorum*, die in den frühen 1560er Jahren verfasst wurde, unter den Kompetenzen des Parlaments ausdrücklich auf, dass es »Formen der Religion« festlege.[8]

Diese politisch-konstitutionelle Aufwertung des Parlaments durch die Reformation war zudem keineswegs mit einer Schwächung seiner finanziellen Bedeutung verbunden. Denn dass der mit der Aufhebung der Klöster dem Monarchen zufallende wirtschaftliche Gewinn nicht das Angewiesensein auf Parlamente reduzierte, dafür hatte die Kriegführung Heinrichs VIII. in den 1540er Jahren gesorgt. Ende 1545 war er nahezu bankrott. Bis zu seinem Tod waren zwei Drittel des eingezogenen Klosterbesitzes verkauft, was den Adel gegenüber der Krone ökonomisch stärkte. Auch wurde wegen der Preisinflation, wegen der mangelnden Flexibilität der Kroneinnahmen bei der Anpassung an die steigenden Preise und wegen der überproportional gestiegenen Kriegskosten der Druck auf die Monarchen zur Einberufung von Parlamenten eher größer als geringer.

So besaß das Parlament zu einer Zeit, in der anderswo Repräsentativversammlungen verkümmerten oder beseitigt wurden, in England gute Überlebenschancen. Es hatte aufgrund intensiver und maßgeblicher gesetzgeberischer Tätigkeit nicht nur eine festere Stellung erlangt, sondern war auch noch stärker mit der englischen Identität verknüpft als im Mittelalter. Vor allem aber war im Zusammenhang mit der religiösen Neuordnung das Konzept des *King-in-Parliament* entstanden – die »parlamentarische Trinität« (G. R. Elton) von König, Oberhaus und Unterhaus, bei der die souveräne Gewalt des Landes lag.

Selbst wenn man jedoch bereits im 16. Jahrhundert Oberhaus und Unterhaus – wie maßgebliche Zeitgenossen es taten – neben dem Monarchen als integrale Bestandteile der souveränen Gewalt betrachtete, blieb immer noch die Frage der Machtverteilung zwischen Krone und Parlament ungeklärt. Die Vorstellung von der Souveränität des *King-in-Parliament* ließ offen, wie Kooperation und Harmonie zwischen den in diesem Begriff zusammengefassten Organen dauerhaft gewährleistet werden konnten und wo im Konfliktfall das Übergewicht lag. Diese Fragen stellten sich angesichts des elisabethanischen Grundkonsenses zwischen der Königin und den Führungsschichten des Landes sowie wegen des Prestiges der Monarchie, das mit dem Sieg über die spanische Armada (1588) seinen Höhepunkt erreichte, nicht in akuter Schärfe. Die folgenden zwei Jahrhunderte englischer Geschichte wurden jedoch von ihnen beherrscht.

III. Das revolutionäre Jahrhundert

Der elisabethanische Fundamentalkonsens löste sich in der Zeit ihrer beiden Stuartnachfolger auf.[9] Unter Jakob I. lag die Ursache dafür in hochfahrenden Erklärungen des Königs über die eigenständigen Machtbefugnisse des Monarchen und einer mit der Sparsamkeit Elisabeths I. kontrastierenden verschwenderischen Ausgabenpolitik, die zum Teil allerdings durch die besonderen Bedürfnisse des aus Schottland kommenden Königs nach Einflussnahme auf den englischen Adel bedingt war. Unter Karl I. hatte die Entfremdung zwischen dem Monarchen und den Führungsschichten ihren Grund vor allem in einer als katholisch verdächtigten hochkirchlichen Religionspolitik im Innern und einer beim Kampf zwischen Katholizismus und Protestantismus abseits stehenden Neutralitätspolitik im Dreißigjährigen Krieg. Der sich primär an der Frage der Religion entzündende Konflikt zwischen dem König und den Führungsschichten des Landes führte Karl I. im Jahr 1629 zu dem Entschluss, künftig ohne Parlament zu regieren. Das persönliche Regiment des Monarchen, der zum Ausgleich für die entfallenden parlamentarischen Geldbewilligungen zu rechtlich fragwürdigen Formen der Besteuerung überging, schien auch für England die Phase des Absolutismus einzuleiten. Ein 1639 ausbrechender Krieg gegen die Schotten, die sich gegen ein ihnen aufgezwungenes Gebetbuch zur Wehr setzten, nötigte jedoch den Monarchen, aus finanziellen Gründen 1640 zweimal Parlamente einzuberufen. Von ihnen ist das zweite als so genanntes »Langes Parlament« in die englische Geschichte eingegangen. Seine Mehrheit

sah sich nach einem Aufstand der katholischen Iren im Herbst 1641 veranlasst, über die Sicherung der Eigentumsrechte und der Institution Parlament
hinauszugehen und aus Misstrauen gegen die Person Karls I. in die unbe-
strittenen Prärogativrechte des Monarchen einzugreifen, indem man ihm
den Oberbefehl über das gegen die Iren ins Feld zu führende Heer verweigerte. Dieser »Sicherheitsradikalismus« führte viele gemäßigte Abgeordnete
in das Lager des Königs, der damit eine eigene »Partei« erhielt.

Beide Seiten formierten sich für den Bürgerkrieg, der 1642 ausbrach. Die
Parlamentspartei hatte dabei als legitimatorische Basis die bereits im Mittelalter entstandenen Vorstellungen von den Rechten freier Engländer und
vom Parlament als der Repräsentation der Gesamtheit. Was ihrem Handeln
entgegenstand – der Gedanke der Unantastbarkeit, ja Heiligkeit des Monarchen –, wurde einerseits durch eine sehr künstliche Unterscheidung zwischen der Person und dem Amt des Königs und andererseits durch eine
starke religiöse Schubkraft überwunden. Viele der entschlossensten Oppositionellen waren überzeugte Puritaner. Sie sahen den Kampf gegen den
Monarchen in einem religiösen Kontext und argumentierten, dass man
Gott mehr gehorchen müsse als den Menschen. Die Berufung auf den Vorrang und die Souveränität Gottes spielte auch nach den Bürgerkriegen bei
der Hinrichtung des Königs am 30. Januar 1649 eine Rolle. Die offizielle
Begründung des Urteils gegen den von einem Sondergericht zum Tode
verurteilten Monarchen war allerdings rein juristisch und säkular. Sie lautete, dass er gegen sein eigenes Volk Krieg geführt und den Tod von Menschen verschuldet habe. Die öffentliche Anklage, die Hinrichtung des Königs und ihre Rechtfertigung waren sowohl für die Nationalgeschichte als
auch für die Weltgeschichte von wesentlicher Bedeutung. Sie vor allem
legitimieren es, in Bezug auf diese Jahre von einer Englischen Revolution
zu sprechen.

Obwohl nach dem Zwischenspiel einer Republik und einer Protekto-
ratsherrschaft unter dem parlamentarischen Heerführer Oliver Cromwell
(und seinem Sohn Richard) 1660 mit der Rückberufung des ältesten Soh-
nes von Karl I. die Monarchie wiederhergestellt wurde, ist doch ihr selbstverständlicher Herrschaftsanspruch durch die Revolution erschüttert worden. »Dem Selbstgefühl jeder Nation«, hat Max Weber konstatiert, »ist es
(…) zugute gekommen, wenn sie einmal ihren legitimen Gewalten abgesagt
hatte, selbst wenn sie, wie in England, sie später von Volkes Gnaden zu-
rückrief.«[10] Die Monarchie offenbarte ihre Verwundbarkeit und verlor etwas von ihrem Nimbus. Zugleich deuteten allerdings die Turbulenzen der
Zeit zwischen 1640 und 1660 sowie die vergebliche Suche nach einer stabilen Neuordnung darauf hin, dass ein Monarch zur Erhaltung der Stabilität,

Rechtssicherheit und Sozialordnung unentbehrlich war. Die Folgewirkungen der Englischen Revolution waren somit zutiefst widersprüchlich: Einerseits war der Bann des Traditionalismus durch sie gebrochen worden; andererseits hatte sie jedoch den Vorzug oder sogar die Unverzichtbarkeit traditioneller Institutionen, Verhaltensweisen und Glaubensinhalte als Ordnungsfaktoren demonstriert.

Es bedurfte des direkten Angriffs auf die etablierte anglikanische Kirche von seiten Jakobs II., des Bruders und Nachfolgers Karls II., um eine neuerliche umfassende Entfremdung zwischen dem Monarchen und den Führungsschichten des Landes herbeizuführen. Der katholische König wollte die Gleichberechtigung seiner Religion in England erzwingen und griff dabei sogar in die soziale Rangordnung ein, indem er Katholiken und nichtanglikanische Protestanten von geringem gesellschaftlichen Status zu Friedensrichtern ernannte. Er fand bei der Elite entsprechend wenig Unterstützung, als sein Schwiegersohn und Neffe Wilhelm von Oranien, der Statthalter und Generalkapitän der Niederlande, primär aus außenpolitischen Gründen am 5. November 1688 mit einem Heer in England landete. Wilhelm wollte sicherstellen, dass die Engländer nicht als Bündnispartner an die Seite Frankreichs traten. Aus dieser holländischen Intervention entwickelte sich jedoch – wegen der Kopflosigkeit Jakobs II., der nach Frankreich floh – ein dynastischer Wechsel. Wilhelm und seine Frau Maria, die Tochter des geflohenen Königs, wurden gemeinsam die neuen Monarchen Englands. Die von einem *Convention Parliament* ausgearbeitete *Declaration of Rights,* die Wilhelm und Maria vor ihrer Krönung am 13. Februar 1689 verlesen wurde und deren Beachtung sie nach der Krönung zusicherten, berücksichtigte einige der mit den bisherigen Stuartmonarchen gemachten Erfahrungen und versuchte, ihrer Wiederholung vorzubeugen. Sie konstatierte die Unrechtmäßigkeit vom Parlament nicht bewilligter Steuern. Außerdem wurden in sie das Verbot exzessiver Strafen oder Kautionen, das Petitionsrecht sowie das Recht der protestantischen Untertanen auf Waffenbesitz hineingeschrieben. Die *Declaration of Rights* legte ferner »freie« Parlamentswahlen sowie das Recht der Abgeordneten auf Redefreiheit fest, verbot den Monarchen die Suspendierung von Gesetzen und untersagte ihnen den Unterhalt eines stehenden Heeres in Friedenszeiten ohne Zustimmung des Parlaments. Damit wurde der bis dahin ungewisse Status der Armee geklärt, die an das Parlament gebunden wurde.

Die *Declaration of Rights* und ein Gesetz von 1694, das Parlamentswahlen im Abstand von drei Jahren vorschrieb, machten ebenso wie die in der Folgezeit fast ununterbrochene Kriegführung gegen Frankreich und Jakob II. das Parlament endgültig zu einem integralen Bestandteil des politischen Systems in England. Seit 1688, so hat man zu Recht gesagt, bewachte das Unterhaus nicht nur die Regierung, sondern es wurde selbst zu einem Teil der Regierung. Die englische Entwicklung verlief damit definitiv entgegengesetzt zu der auf dem europäischen Kontinent, wo z. B. in den deutschen Territorien seit der Wende vom 17. zum 18. Jahrhundert die Landtage nicht mehr einberufen wurden.

Wenn man den durch eine holländische Invasion unter geringer Beteiligung der Engländer herbeigeführten dynastischen Wechsel von 1688/89 und seine konstitutionellen Begleiterscheinungen als *Glorious Revolution* bezeichnet, so ist die Verwendung des Revolutionsbegriffs nicht durch irgendwelche gesellschaftlichen Veränderungen, sondern allenfalls dadurch gerechtfertigt, dass die monarchische Herrschaft ihren Charakter veränderte. Sie wurde mehr als zuvor durch Parlamentsgesetze eingehegt und war faktisch bereits in hohem Maße parlamentarisch legitimiert. Ihre Mutation verstärkte sich noch durch den *Act of Settlement* von 1701. Dieses Gesetz war vom Parlament verabschiedet worden, nachdem das letzte Kind der Königin Anna (einer Schwester Marias) verstorben und eine Thronfolge in direkter Linie deshalb nicht mehr möglich war. Es regelte die Erbfolge unter Umgehung aller katholischen Thronanwärter derart, dass nach dem Tod von Königin Anna die Krone auf die Kurfürstin von Hannover und deren Erben übergehen sollte.

Diese parlamentarische Festlegung der Thronfolge blieb nicht ohne Einfluss auf die Prärogative und die sakrosankte Aura der Monarchie, die weiter in Mitleidenschaft gezogen wurden. In den *Act of Settlement* sind einige Bestimmungen hineingeschrieben worden, welche die Kompetenzen künftiger Monarchen einschränkten. Sie wurden schon durch die offizielle Bezeichnung »Gesetz zur weiteren Beschränkung der Krone und zur besseren Sicherung der Rechte und Freiheiten der Untertanen« signalisiert, die wohl kaum in einem anderen monarchischen Staat des damaligen Europa möglich gewesen wäre. Zu diesen Bestimmungen gehörte, dass fortan Richter ihr Amt nur verlieren konnten, wenn sie sich etwas zuschulden kommen ließen. Sie durften nicht mehr nach Gutdünken des Monarchen entlassen werden.

IV. Die parlamentarische Monarchie

Mit der Thronbesteigung Georgs I. im Jahre 1715 auf der Grundlage des *Act of Settlement* war England vollends, und zwar in einem doppelten Sinne, parlamentarische Monarchie geworden. Die Herrschaft der hannoverschen

Dynastie in England beruhte, wenngleich der Erbfolgeanspruch von ihr stark herausgestrichen wurde, nicht nur eindeutig auf parlamentarischer Grundlage; das Parlament war auch unentbehrlicher Bestandteil des politischen Systems. Dennoch blieben zwei Fragen offen: die nach dem persönlichen Anteil des Monarchen an der Regierung und die nach den Formen der Kooperation zwischen Regierung und Parlament.

Die erste Frage stellte unter Georg I. und Georg II. kaum ein Problem dar, da diese beiden Monarchen, auf dem englischen Thron noch unsicher und von den durch Frankreich unterstützten Prätendenten der Stuartdynastie bedroht, mehr darauf bedacht waren, ihre Position zu behaupten, als eine aktive politische Rolle zu spielen. Die zweite Schwierigkeit erfuhr eine politische Lösung durch Robert Walpole, unter dem sich das Kabinettsystem herausbildete und der von 1721 bis 1742 faktisch die Stellung eines Premierministers einnahm. Walpole gelang es, das politische System zu stabilisieren und eine Verklammerung zwischen Regierung und Parlament herzustellen.

Die Stabilisierung erfolgte mit Hilfe einer Ächtung der *Tory*-Partei, die seit ihrer Entstehung Ende der 1670er Jahre den Gedanken der strikten Erbfolge vertreten und den Thronwechsel von 1689 und erst recht dann den Wechsel zur hannoverschen Dynastie innerlich nur widerstrebend oder gar nicht gebilligt hatte. Die von Walpole noch bewusst übertriebene Neigung der *Tories* zur Stuartdynastie diente nach 1715 dazu, sie von der Macht fernzuhalten. England war zu Walpoles Zeiten, wie man etwas zugespitzt gesagt hat, ein »Einparteienstaat« (J.H. Plumb). Allerdings waren die *Whigs,* die sich auf den Boden der 1688/89 geschaffenen Verfassungsordnung und der hannoverschen Dynastie stellten und deshalb die »natürliche« Regierungspartei waren, in sich nicht geschlossen.

Die Verbindung zwischen Regierung und Parlament stellte Walpole her, indem er nicht nur die Wahlen in den von der Regierung kontrollierten Wahlkreisen unmittelbar beeinflusste und für die Wahl regierungstreuer Kandidaten sorgte, sondern darüber hinaus auch einen großen Teil der übrigen Abgeordneten interessenmäßig an die Exekutive band. Das wurde 1716 mit der Verlängerung der Legislaturperioden von drei auf sieben Jahre erleichtert, wodurch Wahlen sehr viel seltener wurden als in den vorangegangenen zwei Jahrzehnten. Walpole nutzte alles, was die Krone an Ämtern, Würden, Kontrakten und Pensionen zu vergeben hatte, um die Legislative zu beeinflussen und zu lenken. Er kontrollierte persönlich die königliche Patronage, der er viel Zeit und große Aufmerksamkeit widmete und die er rücksichtsloser sowie methodischer einsetzte, als seine Vorgänger es getan hatten. Auch die Ernennung der Bischöfe, die im Oberhaus saßen und deswegen für die Regierung wichtig waren, wurde völlig den politischen Interessen untergeordnet. Walpole akkumulierte Abhängigkeiten und Verpflichtungen, so dass er schließlich von sich sagen konnte, »von ihm hingen mehr Leute ab als jemals zuvor von einem einzigen Menschen«[11].

Das System Walpoles, das gelegentlich allzu simpel als bloßer Kauf der Parlamentsmehrheit beschrieben worden ist, war in Wirklichkeit sehr viel komplizierter und subtiler. Walpole war sowohl gegenüber den Monarchen als auch gegenüber den Parlamentariern politisch ungemein geschickt. Er nahm das Parlament ernst und hat die Abgeordneten niemals einfach kommandieren können. Seine Macht fand zudem, wie sich etwa beim Scheitern einer Verbrauchssteuer im Jahre 1733 zeigte, ihre Grenzen am entschieden geäußerten Widerspruch der Öffentlichkeit und an dem, was die Engländer als ihre ererbten Freiheiten ansahen.

Dass die Funktionsfähigkeit von Walpoles System außerdem an bestimmte Bedingungen geknüpft war und die Unsicherheit der hannoverschen Dynastie zur Voraussetzung hatte, erwies sich nach der Jahrhundertmitte. Nachdem 1745 der letzte große, Panik verbreitende Versuch einer Restauration der Stuartdynastie gescheitert war, konnte Georg III. im Jahre 1760 als in seiner Legitimität kaum angefochtener Monarch den Thron besteigen. Dieser König war nicht mehr primär mit dem Überleben des Hauses Hannover befasst, sondern wollte sich von der Vorherrschaft der *Whig*-Partei befreien und die Monarchie wieder zu einem aktiven Faktor in der Politik machen. Das Problem der persönlichen Herrschaft geriet vor allem infolge höchst eigenwilliger Ministerernennungen und des ohne Erfolgsaussichten hartnäckig fortgesetzten Krieges gegen die nordamerikanischen Kolonien in England wieder auf die Tagesordnung und machte in den Augen der nunmehr in die Opposition gedrängten *Whigs* die Regierungspatronage zu einem gefährlichen Instrument des drohenden königlichen Despotismus. 1782 vorübergehend unter dem Marquess of Rockingham wieder an die Macht gelangt, führten sie von Edmund Burke ausgearbeitete »ökonomische Reformen« durch, die manche der für die »Korruption« verfügbaren Ämter abschafften. Eine Verwaltungsreform unter William Pitt dem Jüngeren setzte kurz darauf dieses Werk fort und schmälerte die materielle Grundlage für die von Walpole angewandte Strategie. Als Ausgleich dafür wirkte zunächst der integrierende Druck des 1793 begonnenen Krieges gegen Frankreich, der mit dem Eintritt eines Teils der *Whigs* unter dem Duke of Portland in die Regierung im Jahre 1794 dieser eine so breite Basis verschaffte, wie sie seit langem nicht mehr bestanden hatte. Auf längere Sicht gewährleistete dann die Entstehung eines modernen Parteiensystems im 19. Jahrhundert die Kooperation zwischen Regierung und Parlament.[12] Die Parteien und die Fraktionsdisziplin schufen schließlich jene Verklammerung, die unter Walpole die Patronage hergestellt hatte.

Das Problem der persönlichen Rolle des Monarchen zeigte sich noch 1801 an dem Widerstand Georg III. gegen den Versuch, die Union mit Irland durch die Gewährung politischer Rechte an Katholiken abzustützen. Der König verhinderte nicht nur die Katholikenemanzipation und zwang damit Pitt zum Rücktritt, sondern er nahm ihm auch das Versprechen ab, in Zukunft diese Frage nicht wieder anzuschneiden. Die persönliche Rolle des Königs in der Politik hätte sogar zu einem besonders gravierenden Problem werden können, weil Georg III. sich seit den 1780er Jahren einer zunehmenden Popularität erfreute und ein von der englischen Regierung gegen das revolutionäre Frankreich und Napoleon systematisch geförderter monarchischer Nationalismus den König als Loyalitätsfokus herausstellte.[13] Die Gefahren, die darin angesichts des Rollenverständnisses und der politischen Versiertheit Georg III. lagen, schwanden jedoch infolge seiner geistigen Erkrankung. Der König, der schon vorher mehrmals erkrankt war, wurde von 1810 bis zu seinem Tod im Jahr 1820 permanent regierungsunfähig. Die Despotismusfurcht, die das England des 17. und 18. Jahrhunderts beherrscht hatte – wobei man entweder die Gefahr einer direkten königlichen Despotie oder die eines ministeriellen Despotismus auf der Grundlage von Regierungspatronage drohen sah –, trat im 19. Jahrhundert in den Hintergrund.[14]

V. Adel, Bürgertum und Unterschichten

Verfassungsgeschichtlich betrachtet war England seit dem ausgehenden 17. Jahrhundert eine parlamentarische Monarchie. Sozialgeschichtlich gesehen bestand jedoch faktisch bis weit ins 19. Jahrhundert hinein eine auf nahezu monopolartigem Grundbesitz beruhende Adelsherrschaft, die durch eine eng begrenzte, punktuelle politische Partizipation der übrigen Bevölkerung legitimiert und modifiziert wurde. Das Parlament setzte sich fast ausschließlich aus Adligen zusammen. Der Adel, der beide Häuser des Parlaments besetzte, machte – wie Ranke in seinem »Politischen Gespräch« einer der beiden Dialogpartner sagen lässt – »im Grunde den Staat« aus.[15] Im Oberhaus saß die *aristocracy*. Im Unterhaus saßen Angehörige der *gentry*. Ihre Wahl war im lokalen Kontext zumeist ein Ritual, in dem sich die führenden ansässigen Adelsfamilien ihren gesellschaftlichen Vorrang und ihr Ansehen bestätigen ließen.[16] Dadurch erhielt auch das Unterhaus in der ersten Hälfte des 18. Jahrhunderts zunehmend den Charakter eines erblichen Repräsentationsorgans. 1715 gab es von den 558 Abgeordneten 234, deren Väter bereits im *House of Commons* gesessen hatten; 1754 war diese Zahl auf 294 gestiegen.[17] Manche Unterhaussitze waren lange Zeit im erblichen Besitz einer Familie, was durch materielle Abhängigkeit, Ehrerbietungshaltung oder Bestechung der Wähler ermöglicht wurde, deren Anteil an der Bevölkerung im 18. Jahrhundert infolge des Schrumpfens bäuerlichen Grundeigentums in den *counties* und restriktiver werdender Wahlrechtsbestimmungen in den *boroughs* stark zurückging. Der Eindruck oligarchischer Herrschaft entstand vor allem dann, wenn Adelsfamilien sich untereinander arrangierten, auf Gegenkandidaten verzichtet wurde und der Wahlakt nur noch eine Akklamation darstellte. Besonders in den Grafschaften luden die dort sehr hohen Kosten eines Wahlkampfes zu einer Verständigung zwischen rivalisierenden Familien oder Gruppen förmlich ein.

Innerhalb der Adelsherrschaft spielte die *aristocracy* im 18. Jahrhundert eine herausragende Rolle. Sie trug zum Funktionieren des politischen Systems wesentlich bei. Die Hocharistokraten waren eine Art von intermediärer Gewalt, *power brokers* zwischen der Regierung und den lokal verwurzelten, aber oft auch bornierten Angehörigen des niederen Adels. Als Wahlkreispatrone, die den Wahlausgang in vielen *boroughs* bestimmten, konnten sie der Regierung zu einer Mehrheit verhelfen. So gebot etwa der Duke of Newcastle in den 1720er Jahren über 16 Unterhaussitze. Man schätzt, dass 1715 ein Fünftel der Unterhaussitze von *Peers* kontrolliert wurde. Bis zum Jahr 1785 verdoppelte sich dieser Anteil. Es gab auf gesamtstaatlicher Ebene eine zunehmende Bündelung und Kanalisierung von *influence* durch die Hocharistokratie, die sich bis in das erste Drittel des 19. Jahrhunderts hinein fortsetzten.

Die Bedeutung der *gentry* und ihrer Tätigkeit für die Dominanz der grundbesitzenden Schichten war jedoch keinesfalls geringer, denn eine der wichtigsten Grundlagen der Adelsmacht in England bildete ihre Beteiligung an der lokalen Selbstverwaltung in den Grafschaften. Sie ermöglichte das Geltendmachen von Hegemonie, die Ausübung von Paternalismus und den Nachweis funktioneller Notwendigkeit. »*Selfgovernment* durch Honoratioren (›Gentlemen‹)«[18] war bis zum letzten Viertel des 19. Jahrhunderts die Signatur des englischen Staates. Zwar war das Engagement der *gentry* in der Selbstverwaltung der Grafschaften starken Schwankungen unterworfen. Grundsätzlich – und das ist entscheidend – behielt jedoch der englische Adel seine politisch-administrativen Aufgaben. Er ließ sich nicht wie der französische Adel in die Funktionslosigkeit abdrängen. Er erhielt sich seine Daseinsberechtigung und machte sich dadurch weniger angreifbar als der Adel in Frankreich.

Weniger angreifbar als in anderen Ländern wurden Adel und Adelsherrschaft in England noch durch eine Reihe weiterer Eigentümlichkeiten, die sie für das Bürgertum ebenso wie für die Unterschichten erträglicher machten und ihre Langlebigkeit erklären. Dazu zählte, dass die Grenzen des Adels nach unten hin wenig markiert und relativ offen waren. Rechtlich gehörten die Angehörigen der *gentry* ohnehin zu den *commoners*; darin unterschieden sie sich nicht von den Bürgerlichen.

Gegenüber dem Bürgertum war aber vor allem die Tatsache von entscheidender Bedeutung, dass sich die adligen Oberschichten in England seit Beginn der Neuzeit nicht als militärische Elite verstanden, sondern kulturell als Gentlemen und ökonomisch als Eigentümer definierten. (Eine Ausnahme bildet allenfalls die Zeit der Kriege gegen das revolutionäre und napoleonische Frankreich, in der sich eine stärkere Militarisierung des Adels feststellen lässt.) Die blutsmäßige Herkunft war weniger wichtig als anderswo; es gab in England keine Ahnenprobe. Was dort vor allem zählte und Status verlieh, war *property*. Dabei besaß zwar das Grundeigentum höheres Sozialprestige als andere Eigentumsformen, konnte aber relativ leicht erworben werden. Außerdem bildete sich bereits im 18. Jahrhundert eine allgemeine, die Standesunterschiede überwölbende Eigentümergesinnung heraus, und das verbreitete Bewusstsein, in einer *commercial society* zu leben, verband die grundbesitzenden Oberschichten mit den städtischen Mittelklassen.

Brücken zum Bürgertum und zur bürgerlichen Erwerbsgesinnung schlugen auch die Kommerzialisierung der Landwirtschaft und die starke Profitorientierung der Grundherren, die freilich zumeist an dem Prinzip der Prestigemaximierung ihre Grenze fand. Bemerkenswert ist überdies, abgesehen von einer relativ kurzen Phase des Protests gegen die Finanzinteressen am Ende des 17. und zu Beginn des 18. Jahrhunderts, die Bereitschaft des englischen Adels zur Anerkennung und Berücksichtigung nichtagrarischer Interessen und Eigentumsformen sowie seine Flexibilität gegenüber den Erfordernissen wirtschaftlicher Entwicklung. So wurden 1722 die meisten Exportzölle auf in England hergestellte Produkte abgeschafft und die Einfuhrzölle beseitigt oder reduziert, mit denen die für deren Erzeugung erforderlichen, importierten Rohstoffe belegt worden waren. Der Transportrevolution des 18. Jahrhunderts, die durch den Bau von Kanälen und Überlandstraßen entscheidend zum Ausbau der Infrastruktur des Landes beitrug, stellte sich der grundbesitzende Adel nicht in den Weg. Er hat sie vielmehr sogar aktiv gefördert. Auch die Industrielle Revolution ist durch die Grundherren nicht behindert worden. Dazu trug die Tatsache bei, dass in den neuen Industriegebieten die Grundstückspreise stiegen und sie davon profitierten. Auch wurde die Industrialisierung zunächst nur als ein punktueller Vorgang wahrgenommen und nicht als ein umwälzender Prozess, der letztlich die Herrschaft des grundbesitzenden Adels in Frage stellen musste.

Bei den neuen industriellen Unternehmern erregte die fortdauernde Herrschaft des Adels lange Zeit wenig Anstoß, weil er in der erwähnten Weise flexibel und ökonomisch aufgeschlossen war und sie ihre Interessen nicht verletzt sahen. Außerdem wurden die Ungleichheit der Repräsentation im Parlament und die Tatsache, dass bedeutende Städte wie Manchester dort nicht vertreten waren, durch verschiedene Faktoren ausgeglichen und in ihren negativen Auswirkungen abgeschwächt. Die Unterrepräsentation bestimmter Gebiete wurde zum Teil dadurch gemildert, dass die Abgeordneten anderer Landesteile in ihnen wohnten oder Landbesitz hatten und dadurch interessenmäßig mit ihnen verbunden waren. Auch entsandten Städte, die im Unterhaus nicht repräsentiert waren, häufig Beauftragte *(agents)* nach London, um ihre Interessen zwar nicht *im* aber *am* Parlament vertreten zu lassen. Manchester z.B. tat das regelmäßig. Ebenso konnten die Interessen der nicht im Parlament vertretenen Städte oder Gebiete von Abgeordneten anderer Städte oder Gebiete mit gleicher bzw. ähnlicher Interessenlage wahrgenommen werden. Der zuletzt genannte ausgleichende Effekt, der wegen des sehr unterschiedlichen Wahlrechts in den *boroughs* in gewissem Umfang sogar für die Vertretung der verschiedenen sozialen Schichten zutraf, ist von den Verteidigern des traditionellen Repräsentationssystems häufig betont und mit dem Begriff der *virtual representation* apologetisch umschrieben worden. In der Tat wäre es ohne die kompensierende Wirkung der genannten Faktoren kaum begreiflich, dass das unreformierte Unterhaus in einer Zeit, in der die Bedeutung des Parlaments immer größer wurde und sich zugleich erhebliche Veränderungen in der Bevölkerungsverteilung und der Wirtschaft vollzogen, von bürgerlicher Seite so lange hingenommen wurde.

Die anhaltende Stabilisierung adliger Herrschaft über die große Mehrheit der Bevölkerung unterhalb des Bürgertums, die von den Zeitgenossen zumeist als *the working poor* bezeichnet wurde, gelang mit relativ geringen Machtmitteln durch eine Mischung von Einschüchterung und Nachgiebigkeit vor dem Hintergrund eines erstaunlich breiten Korpus gemeinsamer Grundüberzeugungen. Es war freilich eine Stabilität mit anarchisch-gewalttätigen Einsprengseln, und die Oberschichten mussten eine relativ hohe Toleranz für Unordnung aufbringen.

Zu den gemeinsamen Grundüberzeugungen gehörte in erster Linie die alle Klassen der englischen Gesellschaft verbindende Vorstellung von den unantastbaren Rechten frei geborener Engländer und der libertären Besonderheit Englands.[19] Die nationale »Wir-Identität« (Norbert Elias) wurde vor allem über das Bewusstsein gemeinsamer Freiheit hergestellt. Das Freiheitsdenken war gepaart mit einem allgemeinen Misstrauen gegenüber der Macht und einer hohen Empfindlichkeit gegenüber allem, was als Verletzung englischer Rechte betrachtet wurde. Es äußerte sich zumeist in Argwohn oder Ablehnung gegenüber Veränderungen im Innern, die aufgrund einer gemeinsamen politischen Grundhaltung von Angehörigen der Oberschichten verstanden und beachtet werden konnten, selbst wenn sie diese im konkreten Fall nicht teilten.

Eine weitere, schichtenübergreifende Gemeinsamkeit war seit dem 16. Jahrhundert das ausgeprägte Bewusstsein, eine protestantische Nation zu sein. Überdies verband die Religion bzw. das religiöse Vorurteil in besonderem Maße Ober- und Unterschichten miteinander. Bei beiden bestand vielfach eine Abneigung gegen die protestantischen Nonkonformisten, die zumeist den Mittelklassen angehörten. Der Adel hatte sich seit den 1650er Jahren weitgehend mit dem Anglikanismus identifiziert. Die Nonkonformisten waren vielen Adligen auch politisch suspekt, weil man sie mit der Verantwortung für die Englische Revolution belastete. Zum Teil wurden sie zu Beginn des 18. Jahrhunderts von Angehörigen der grundbesitzenden Oberschichten und deren literarischen Wortführern auch wegen ihrer Verbindung mit der Finanzwelt abgelehnt. Innerhalb der Unterschichten spielte dieses Motiv bei der Ablehnung der Nonkonformisten ebenfalls eine Rolle. Vor allem aber waren sie bei den unteren Klassen deshalb verhaßt, weil sie den alten puritanischen Anspruch, die Bevölkerung auch gegen deren Willen moralisch zu »reformieren«, nie ganz aufgegeben hatten.

Das wichtigste Bindemittel zwischen Ober- und Unterschichten bildete jedoch der soziale Paternalismus des Adels. Er konnte von Überzeugung, von Berechnung oder einer Mischung von beiden bestimmt sein. Was aber auch immer die Motive im Einzelnen waren – die paternalistische Haltung vieler Adliger gab den Unterschichten weithin das Gefühl, dass man sich ihrer Nöte annahm. Darüber hinaus existierte in England die seit Elisabeth I. gesetzlich vorgeschriebene Armenfürsorge der Gemeinden, die ein gewisses soziales Sicherheitsnetz darstellte. Das *Poor Law* war eine Form von Kollektivpaternalismus.

Außerdem gab es eine Art irregulärer Partizipation der von der förmlichen Teilhabe am politischen Prozess ausgeschlossenen Bevölkerungsteile in Gestalt von Tumulten *(riots)*. Mit ihnen ließ sich eine gewisse Berücksichtigung ihrer Belange erzwingen. So wie das Bürgertum seine Interessen im Parlament geltend machen konnte, obwohl viele Städte überhaupt nicht repräsentiert waren und es kaum bürgerliche Abgeordnete gab, so konnten auch die ganz überwiegend nicht wahlberechtigten und im Unterhaus über keine Abgeordneten verfügenden Unterschichten ihren Interessen Ausdruck verleihen.

Im England des 18. Jahrhunderts lassen sich die verschiedensten Formen von Krawallen nachweisen. Es gab *riots* gegen hohe Lebensmittelpreise, gegen die Gebühren für die Benutzung von Überlandstraßen, gegen Einhegungen, gegen das Pressen von Matrosen für die Marine. Unruhen entstanden auch bei Lohnkonflikten, bei der Rekrutierung von Soldaten, bei der Verhaftung von Schmugglern und Wilddieben. Es gab überdies Tumulte bei Wahlen, die oft mit dem Ziel angestiftet wurden, die Wähler eines Kandidaten vom Wahlakt fernzuhalten. Sie konnten aber auch dadurch ausgelöst werden, dass die Bevölkerung sich auf die eine oder andere Art provoziert fühlte. *Food riots* waren am häufigsten und bildeten mehr als die Hälfte der Tumulte im England des 18. Jahrhunderts. Sie sollten die Behörden und die Besitzenden dazu zwingen, gegen Preissteigerungen vor allem bei Getreide, Mehl und Brot vorzugehen und insbesondere die Kornausfuhr zu verhindern.

In der Regel verliefen *riots* nicht chaotisch und undiszipliniert. Sie waren vielmehr zumeist gut organisiert, verfolgten überwiegend sehr präzise Ziele, wollten etwas Bestimmtes erreichen oder verhindern. Sie sollten den Oberschichten, den Friedensrichtern oder auch dem Parlament mit oft symbolträchtigen Handlungen vor Augen führen, was die Akteure als unerträglich empfanden und wo sie auf Unterlassung oder Abhilfe bestanden.

Riots hatten für das bestehende System den Vorteil, als Warnsignale von seiten der Unterschichten zu fungieren und Grenzen des Zumutbaren deutlich zu machen. Sie waren Ventil und Meinungsumfrage zugleich. Sie gaben den Oberschichten die Möglichkeit, bei der Abhilfe von Beschwerden eine paternalistische Rolle zu spielen. Sie vermittelten im Fall des Erfolges der vom förmlichen politischen Prozess ausgeschlossenen Bevölkerung das Gefühl, ihren Forderungen Geltung verschaffen zu können. Der Nachteil der Partizipation durch Krawalle bestand freilich darin, dass Protestaktionen einen gänzlich zerstörerischen Charakter annehmen konnten. Das geschah bei den so genannten *Gordon Riots* von 1780 in London, die denn auch die Toleranz der Oberschichten gegenüber Tumulten ganz erheblich verringerten.

VI. Die erweiterte Adelsherrschaft

Die Herrschaft der traditionellen englischen Elite ist gegen Ende des 18. Jahrhunderts zwar zunächst von der Französischen Revolution und einer von ihr in England ausgelösten radikalen Bewegung herausgefordert worden; letztlich konnte jedoch die um diese Zeit mit den walisischen, schottischen und anglo-irischen Führungsschichten zu einer *britischen* Elite zusammenwachsende englische Führungsschicht ihre Stellung durch eine insgesamt erfolgreiche Kriegführung sowie den Abschreckungseffekt einer entgleisten Revolution in Frankreich sogar noch festigen. Großbritannien entging überdies trotz des 22 Jahre dauernden Krieges dem Zwang zur »defensiven Modernisierung« (Hans-Ulrich Wehler), da es dem Ansturm des revolutionären und napoleonischen Frankreich weniger unmittelbar ausgesetzt war als die kontinentaleuropäischen Länder. Auch erlaubte es ihm ausgerechnet seine ökonomische Progressivität, an dem alten Militärsystem als dem hervorstechendsten Merkmal des *Ancien Régime* festzuhalten.[20] Die Institutionen des Landes erfuhren in dieser Zeit mächtiger Erschütterungen und großer Reformen in Europa keine Veränderung. Der Reformgedanke, der in England bereits wegen seiner Verknüpfung mit der Revolution um die Mitte des 17. Jahrhunderts belastet gewesen war, ist durch die Französische Revolution zudem ein weiteres Mal diskreditiert worden. Jede Veränderung wurde jetzt suspekt und konnte als revolutionär gebrandmarkt werden. Jeder alte Missstand erschien durch die Tradition geheiligt und zur Aufrechterhaltung der Ordnung unentbehrlich. Jede abweichende Meinung kam in den Geruch »französischer Prinzipien«.

Die Forderung nach einer Reform des Parlaments, um die Sitzverteilung im Unterhaus der Verteilung von Bevölkerung und Reichtum im Land anzupassen, hatte in den 70er und 80er Jahren des 18. Jahrhunderts innerhalb des Adels viele Befürworter gehabt. Selbst William Pitt hatte noch nach seiner Ernennung zum Premierminister im Parlament 1785 einen entsprechenden Vorschlag eingebracht. Gegen Ende des 18. und in den beiden ersten Jahrzehnten des 19. Jahrhunderts war der Reformgedanke bei den Oberschichten durch die Ereignisse in Frankreich jedoch weithin diskreditiert. Eine plebejische Reformbewegung, die sich infolge der Wirtschaftskrise nach 1815 entwickelte und deren Hauptforderungen das allgemeine Wahlrecht sowie jährliche Parlamentswahlen bildeten, blieb ebenso erfolglos wie es die radikalen Vereine zu Beginn der 1790er Jahre gewesen waren.

Im Übrigen ist es auffällig, wie sehr die plebejischen Reformer nach den napoleonischen Kriegen, ähnlich wie vor ihnen schon die demokratischen Levellers während der Englischen Revolution, die englischen Radikalen zur Zeit der Französischen Revolution und später die Chartisten, in der Wahlrechts- und Parlamentsreform ein Allheilmittel erblickten. Einerseits schlug sich darin die Diagnose nieder, dass wirtschaftliche Übel überwiegend politische Ursachen hatten, durch Korruption, überflüssige Kriege und übermäßige Steuern entstanden, von Monopolisten, Sinekuristen und Finanziers verursacht wurden; andererseits sprach daraus aber auch ganz offensichtlich dieselbe Parlamentszentriertheit, die für die Oberschichten charakteristisch war und die ein Merkmal der englischen politischen Kultur darstellt.

Das Wirtschaftsbürgertum war an der Agitation für eine Parlamentsreform lange Zeit unbeteiligt. In den 1820er Jahren wurden die Mittelschichten jedoch aktiv. Ihnen gelang, was dem plebejischen Radikalismus der Nachkriegsjahre nicht gelungen war und was auch später der Chartismus nicht erreichen sollte. Sie erzwangen eine Reform des politischen Systems und ihre Aufnahme in die *parliamentary classes*. Der plebejische Radikalismus hatte, selbst wenn er sich auf politische Reformforderungen beschränkte und sich ausdrücklich auf den Boden der Verfassung stellte, stets den Geruch einer sozialen Gefahr. Das traf für die bürgerliche Reformbewegung nicht zu, selbst wenn sie mit der Revolutionsdrohung arbeitete.

Dass bürgerliche Gruppen in den 1820er Jahren die Forderung nach einer Parlamentsreform erhoben, hatte mehrere Gründe. Wichtig war, dass die abschreckende Wirkung der Französischen Revolution mit zunehmender zeitlicher Entfernung nachließ. Die von ihr erzeugte »Reformblockade« wurde überwunden. Auch war das Selbstbewusstsein des Bürgertums gegenüber den grundbesitzenden Schichten durch seinen wachsenden Wohlstand gestärkt worden. Außerdem demonstrierte die Steuer- und Handelspolitik nach den napoleonischen Kriegen, als das Parlament die 1799 von Pitt eingeführte Einkommensteuer abschaffte und Einfuhrzölle auf Getreide beschloss, die Nachteile einer ganz überwiegend aus Grundbesitzern gebildeten Repräsentativversammlung. Am wichtigsten war aber wohl, dass die fortschreitende Industrialisierung das Missverhältnis zwischen Bevölkerungs- und Reichtumsverteilung auf der einen und der Sitzverteilung im Unterhaus auf der anderen Seite immer größer gemacht hatte. Die Industriestädte erlebten in den 1820er Jahren ein besonders rapides Bevölkerungswachstum. Manchester, Birmingham, Leeds und Sheffield erhöhten ihre Einwohnerzahl zwischen 1821 und 1831 um mehr als 40 Prozent. Das alte Repräsentativsystem war schließlich für eine große Zahl von Zeitgenossen, die um 1830 die Industrielle Revolution überhaupt erstmals als einen umwälzenden und unumkehrbaren Gesamtvorgang erkannten, unerträglich geworden.

Das Problem bestand jedoch darin, wie man das unreformierte Parlament dazu bringen konnte, sich zu reformieren. Eine Chance dafür bot die nach einer Phase der parteipolitischen Konturenlosigkeit allmählich erfolgende Wiederherstellung eines Zweiparteiensystems mit seiner politisch-ideologischen Konkurrenz und der Suche nach Wettbewerbsvorteilen gegenüber dem Rivalen. Die *Whigs,* aus deren Reihen 1797 eine Reformvorlage im

Parlament eingebracht worden war, deren Reformeifer dann aber erlahmte, griffen die Forderung nach einer Parlamentsreform von neuem auf.

Nachdem das Parlament bereits 1821 der Gemeinde Grampound in Cornwall wegen Korruption das Recht auf Repräsentation aberkannt, ihre beiden Sitze der Grafschaft Yorkshire zugeschlagen hatte und auch durch die Abschaffung der die nichtanglikanischen Protestanten sowie die Katholiken diskriminierenden Gesetze in den Jahren 1828 und 1829 eine Bresche in die alte Ordnung geschlagen worden war, schritt die 1830 von dem *Whig*-Politiker Lord Grey gebildete Regierung zu einer Reform des Repräsentativ- und Wahlsystems. Die Periode zwischen der Einbringung der ersten Fassung der *Reform Bill* durch Lord John Russell am 1. März 1831 und der Unterzeichnung des *Reform Act* durch den König am 7. Juni 1832 war politisch außerordentlich bewegt. Es gab eine Parlamentsauflösung mit Neuwahlen, einen vorübergehenden Rücktritt der Regierung Grey, nicht unerhebliche Ausschreitungen und Zerstörungen in einigen Teilen des Landes, zwei Neufassungen der *Reform Bill* und schließlich die dem Monarchen abgerungene Bereitschaft zur Ernennung einer größeren Zahl von reformbereiten Peers, die das Oberhaus zum Einlenken brachte. Das Ergebnis war eine »Halbrevolution« (Walter Bagehot), die zwar das Repräsentativ- und Wahlsystem einschneidend veränderte, aber die gesellschaftliche Machtverteilung im Wesentlichen unangetastet ließ.

Der *Reform Act* von 1832 fügte den etwa 440000 Wahlberechtigten in England und Wales ca. 200000 hinzu, was eine Steigerung von 45 Prozent bedeutete (die Vergrößerung der Zahl der Wahlberechtigten, die durch ein entsprechendes Reformgesetz in Schottland erfolgte, war ungleich höher). 18,4 Prozent der erwachsenen englischen Männer waren nunmehr stimmberechtigt. Wählen durften alle diejenigen, die ein Haus besaßen oder gemietet hatten, das steuerlich mit zehn Pfund im Jahr veranschlagt wurde, und die die Steuern dafür selber abführten. Die Unterschichten, die in einigen *boroughs* vor 1832 das Wahlrecht zum Parlament besessen hatten, waren nunmehr von der politischen Partizipation ganz ausgeschlossen. Das erbitterte diejenigen Teile der Arbeiterschaft, die die bürgerliche Reformbewegung unterstützt hatten, und bildete ein wesentliches Antriebsmoment der das allgemeine Wahlrecht für Männer fordernden Chartistenbewegung der 1830er und 1840er Jahre.

Die Neuverteilung der Unterhaussitze durch den *Reform Act* von 1832 bedeutete eine Stärkung des städtisch-bürgerlichen Elements bei der Repräsentation. 56 *boroughs* waren im Unterhaus nicht mehr vertreten, dafür wurden 42 neue *boroughs* im Parlament repräsentiert. Diese Umverteilung bedeutete jedoch keinesfalls einen überwältigenden Sieg des Bürgertums. Die

Position der alten ländlichen Führungsschichten, besonders der *gentry,* wurde in einigen Punkten sogar noch gestärkt. Das geschah einerseits durch die Erhöhung der Zahl der (von ihnen beherrschten) Grafschaftssitze, andererseits durch eine »Reagrarisierung« der *counties. Boroughs,* die eine eigene Repräsentation erhielten, wurden aus den umliegenden Grafschaften herausgenommen, die infolgedessen einen ländlicheren Charakter bekamen. Sie waren dadurch der Kontrolle durch die *gentry* stärker unterworfen als vorher. Außerdem wurde der grundherrliche Einfluss durch die *Chandos Clause* verstärkt, die der *Reform Bill* hinzugefügt worden war. Sie verlieh auch solchen Pächtern, die keine langfristigen Pachtverträge besaßen, das Wahlrecht in den Grafschaften. Dadurch wurde eine Gruppe, die von den Grundbesitzern besonders abhängig war und deren Wahlverhalten bei der nach wie vor offenen Stimmabgabe kontrolliert werden konnte, den Wahlberechtigten hinzugefügt.

Eine Konservierung und Festigung des bestehenden Herrschaftssystems lag durchaus in der Absicht vieler *Whigs.* Das kommt nicht zuletzt in ihrer Erwartung zum Ausdruck, die Veränderung werde endgültig sein oder jedenfalls sehr lange Bestand haben. Dabei verkannten sie, dass der Wettbewerbsdruck des Zweiparteiensystems, der bereits dem Gesetz von 1832 den Weg bereitet hatte, noch ungleich wirksamer werden musste, nachdem der Bann einmal gebrochen war. Es kam dann in der Tat 1867 zu einem zweiten *Reform Act,* der aufgrund einer eigentümlichen Dynamik des Parteienkonflikts radikaler ausfiel, als die meisten Beteiligten es wünschten. Er gab in den *boroughs* nicht nur den steuerzahlenden Haushaltsvorständen, sondern selbst Untermietern das Wahlrecht, wenn sie mehr als zehn Pfund Miete im Jahr zahlten. Die Anzahl der Wahlberechtigten in England und Wales wurde durch dieses neue Gesetz mehr als verdoppelt.

Auch der zweite *Reform Act* bedeutete jedoch nicht das Ende der Adelsherrschaft in Großbritannien, die erst im letzten Viertel des 19. Jahrhunderts zu zerbröckeln begann. Regierung und Parlament verloren nur allmählich ihren adligen Charakter (der in der Armee und im Auswärtigen Dienst am längsten erhalten blieb). Noch im Jahr 1867 stellten die Handels-, Industrie- und Schifffahrtsinteressen nur 122 Abgeordnete im Unterhaus; mehr als 500 Abgeordnete waren dagegen Vertreter der grundbesitzenden Schichten. 326 Mitglieder des *House of Commons* waren überdies verwandtschaftlich direkt mit der Hocharistokratie verbunden, die im *House of Lords* ohnehin ihr eigenes Repräsentationsorgan besaß. Auch die Parteien behielten noch einige Zeit ihren Adelscharakter, obwohl sich seit den vierziger Jahren des 19. Jahrhunderts moderne Parteibezeichnungen durchsetzten, aus den *Whigs* Liberale und den *Tories* Konservative wurden. Die Liberalen waren die Partei, in der nach wie vor die Mitglieder der großen aristokratischen *Whig*-Familien den Ton angaben. Die Konservativen waren vor allem die Partei der *gentry*.

Die politische Vorherrschaft der Grundbesitzer wurde lange Zeit geradezu als Verfassungsmerkmal des Landes betrachtet. Man sprach von der *territorial constitution* Englands. Noch 1864 konnte der Premierminister Palmerston schreiben: »Nach unseren gesellschaftlichen Gewohnheiten und unserer politischen Organisation ist der Besitz von Land direkt oder indirekt die Quelle von politischem Einfluss und politischer Macht.«[21]

Die anhaltende Dominanz der *territorial class* war weniger anachronistisch, als man zunächst meinen könnte. In ihr spiegelte sich die Tatsache wider, dass die Landwirtschaft noch große wirtschaftliche Bedeutung besaß und sich der überwiegende Teil der großen Vermögen in den Händen von Grundbesitzern befand.[22] Die geringe Zahl von Unternehmern im *House of Commons* verwies überdies auf den Vorteil, den adlige Musse für eine politische Tätigkeit bot, sowie auf die Schwierigkeit für Angehörige des Bürgertums, zugleich im Wirtschaftsleben und in der Politik aktiv zu sein.

Adelsherrschaft um die Mitte des 19. Jahrhunderts, bei einer nunmehr mehrheitlich städtischen Bevölkerung und nach dem Durchbruch einer (wie auch immer heute in ihrer Begrenztheit gesehenen) Industriellen Revolution, war jedoch nur möglich bei großer Flexibilität der traditionellen Führungsschichten. Die Machterhaltung erforderte Rücksichtnahme auf die Wertvorstellungen, die Selbstachtung und das Gerechtigkeitsempfinden, die Prestigebedürfnisse und die materiellen Interessen anderer Klassen. Eine solche Berücksichtigung erfolgte in erster Linie durch eine dem Bürgertum angepasste Moralisierung und Erweiterung des Gentlemankonzepts, durch Sparsamkeit bei den Staatsausgaben und die im Unterschied zu den zeitgenössischen kontinentaleuropäischen Staaten vollzogene Verlagerung des Schwergewichts von den indirekten zu den direkten Steuern. Zu der Neuorientierung in der Steuer- sowie der Handelspolitik wies der Konservative Sir Robert Peel 1842 mit der Wiedereinführung der Einkommensteuer und der vier Jahre später erfolgenden Aufhebung der Kornzölle den Weg. Damit wurde nicht nur der Vorwurf des Missbrauchs der Staatsmacht durch die grundbesitzenden Führungsschichten entkräftet, dies ermöglichte auch, dass der Freihandel in der zweiten Hälfte des 19. Jahrhunderts zu einem neuen Element in der klassenübergreifenden »englischen Ideologie« (George Watson) werden konnte. Der wie Peel einer Unternehmerfamilie entstammende, aber gleichwohl für die Adelsmacht eintretende William E. Gladstone setzte dessen Steuerpolitik auch nach seinem Wechsel zur Liberalen Partei fort. Er verstand es, das Budget klassenneutral zu gestalten und zugleich zu moralisieren.[23] Seine generelle Neigung zur Moralisierung der Politik und seine Religiosität fanden eine starke gefühlsmäßige Resonanz in der Bevölkerung und verschafften ihm besonders bei den protestantischen Nonkonformisten breite Zustimmung. Gladstones Charisma und seine Fähigkeit zur Mobilisierung von Anhängern verwiesen bereits auf das Zeitalter der Massendemokratie. Auf andere Weise gilt dies auch für Lord Palmerston, der an den Chauvinismus der Briten appellierte und bei den quasi plebiszitären Wahlen von 1857 anlässlich eines unbedeutenden Zwischenfalls in China erfolgreich die nationalistische Trumpfkarte ausspielte. Nach dem Tod Palmerstons hat der Konservative Parteiführer Benjamin Disraeli diese Strategie von ihm übernommen. Die drei genannten Politiker schlugen, trotz erheblicher Unterschiede in ihrer Herkunft und Persönlichkeitsstruktur, eine Brücke von der oligarchischen zur demokratischen Politik.

VII. Die politische Demokratisierung und die Entwicklung zum Sozialstaat

In den siebziger und achtziger Jahren des 19. Jahrhunderts wirkten eine Reihe von Faktoren zusammen, die eine Bresche in die Adelsherrschaft schlugen. Die Agrardepression und sinkende Getreidepreise raubten ihr die wirtschaftliche, die Einführung des geheimen Wahlrechts im Jahre 1872 und die Wahlrechtsreform von 1884 entzogen ihr die politische Grundlage. Das geheime Stimmrecht war für die Grundherren um so nachteiliger, als der *Franchise Act* von 1884, durch den insgesamt 60 Prozent der Männer stimmberechtigt wurden, auch den Landarbeitern das Wahlrecht gab. Die grundbesitzenden Klassen verfügten in den Grafschaften über keine unbedingt sichere Wählergrundlage mehr. Außerdem verlagerte sich bei der Repräsentation im Parlament das Schwergewicht vom Land auf die Stadt.[24] Der mit dem *Franchise Act* verbundene *Redistribution Act* verteilte 138 Sitze neu, wobei Einmannwahlkreise jetzt die Regel wurden. London erhöhte die Zahl seiner Abgeordneten von 22 auf 68.

Die Folgen der dritten Parlamentsreform zeigten sich sogleich in der sozialen Zusammensetzung des Unterhauses. Zum ersten Mal bildeten in ihm die Angehörigen der grundbesitzenden Schichten nicht mehr die Majorität, und ihr Anteil verringerte sich von Wahl zu Wahl immer mehr. Im letzten Jahrzehnt des 19. Jahrhunderts stellten die kommerziellen und industriellen Klassen eine knappe Mehrheit von Sitzen im *House of Commons*. Die Frage ist freilich, ob dieser Veränderung noch sehr große faktische Be-

deutung zukam, da um diese Zeit die grundbesitzende und die wirtschafts-
bürgerliche Elite nicht zuletzt durch den gemeinsamen Besuch der *public
schools* ohnehin immer mehr zu einer Einheit zusammenwuchsen und vor
allem in der Konservativen Partei ihren gemeinsamen politischen Wortführer fanden.

Ihre beherrschende Stellung im Oberhaus behielten die grundbesitzenden Schichten sehr viel länger als im Unterhaus. Als erstaunlich dauerhaft
erwies sich ihr überproportionaler Anteil an den Regierungen. Es war insgesamt ein sich sehr lange hinziehender, allmählicher Rückzug von der
Macht. Mit subtiler Ironie hat David Cannadine diesen Prozess charakterisiert, wenn er schreibt: »Im Unterschied zu den anderen großen Aristo-
kratien Europas waren die britischen Patrizier nicht die Opfer von Bürgerkrieg, bewaffneter Invasion, proletarischer Revolution oder militärischer
Niederlage. In angemessener Übereinstimmung mit ihren eigenen *Whig*-
Vorstellungen über die britische Vergangenheit stieg die um die Mitte
des 19. Jahrhunderts mächtigste Aristokratie allmählich und sacht ab (...)«.[25]

Dem entsprach der Gradualismus bei der Schaffung einer politischen Demokratie und der Einführung sozialpolitischer Maßnahmen. Beide Ebenen
verbanden sich bei dem auf die Gesetzgebung von 1884 folgenden, nächsten
großen Demokratisierungsschub, der den entscheidenden Schritt zur Entmachtung des Adels darstellte: der Verabschiedung des *Parliament Act* von
1911.

Die Unterhauswahl von 1906 hatte, nach einem Jahrzehnt Konservativer Regierungen, zu einem überwältigenden Sieg der Liberalen Partei geführt. Die Liberalen hatten aus der Sackgasse, in die sie durch das beharrliche
Eintreten Gladstones für die Autonomie Irlands *(Home Rule)* geraten waren, wieder herausgefunden. Sie profitierten davon, dass die Konservativen
durch die Schutzzollagitation Joseph Chamberlains diskreditiert wurden,
die durch den Burenkrieg um die Jahrhundertwende entfachte imperialis-
tische Stimmung einer Ernüchterung gewichen war und die Konservative
Regierung die Nonkonformisten durch ein Schulgesetz aufgebracht hatte,
das die Finanzierung kirchlicher Schulen aus öffentlichen Mitteln vorsah.
Diese Verletzung des Prinzips der Trennung von Kirche und Staat wurde
im Wahlkampf heftig angegriffen, und die Wahlen von 1906 waren die letzten in der englischen Geschichte, in denen eine religiöse Frage eine wesentliche Rolle spielte.

Die Liberalen, die unter dem Einfluss eines sozialpolitisch aufgeschlosse-
nen *New Liberalism* standen, sahen sich trotz des großen Wahlerfolgs bei
der Verwirklichung ihres Gesetzgebungsprogramms durch die Opposition
des ganz überwiegend aus Konservativen Peers gebildeten *House of Lords*

behindert. Nachdem das Oberhaus bereits mehrere vom Unterhaus verabschiedete Gesetze zurückgewiesen hatte, kam es über das vom Liberalen Schatzkanzler Lloyd George 1909 vorgelegte »Volksbudget« zum Konflikt. Dieses Budget sah zur Finanzierung der Sozialpolitik sowie der wegen der deutschen Flottenrüstung notwendig gewordenen Ausgaben für den vermehrten Bau von Schlachtschiffen eine erhöhte Steuerbelastung der vermögenden Schichten und besonders der Grundeigentümer vor. Der Haushalt wurde vom Oberhaus im November 1909 mit 350 gegen 75 Stimmen abgelehnt. Die alte grundbesitzende Elite reagierte auf das, was der ehemalige Liberale Premierminister Lord Rosebery als »soziale und politische Revolution ersten Ranges« bezeichnete, mit einem herausfordernden und verfassungsrechtlich bedenklichen Akt des Widerstandes[26], denn bis dahin war es üblich gewesen, dass das *House of Lords* bei Finanzgesetzen sein Vetorecht nicht ausübte.

Nach zweimaligen Neuwahlen im Jahr 1910, deren Ergebnis die Liberale Regierung faktisch in Abhängigkeit von den irischen Abgeordneten brachte und damit das Irland-Problem von neuem aufrollte, wurde 1911 der *Parliament Act* verabschiedet. Er nahm dem Oberhaus die Befugnis, finanzielle Maßnahmen abzulehnen. Darüber hinaus konnte es alle anderen Gesetzesvorlagen, an denen das Unterhaus festhielt, nur noch um höchstens zwei Jahre verzögern. Dass diese Neuregelung durchging, war vor allem auf die dem neuen Monarchen, Georg V., abgerungene Einwilligung zur Drohung mit einer massenhaften Ernennung von Peers zurückzuführen. Damit wiederholte sich, was 1832 beim Zustandekommen des ersten *Reform Act* geschehen war. Die von den Lobrednern des englischen Verfassungssystems so oft gepriesene Dreiteilung von *King, Lords* und *Commons* erwies sich in der Tat in entscheidenden Phasen der Verfassungsentwicklung als ein Faktor, der evolutionären Wandel und damit Stabilität ermöglichte.

Im Übrigen beschränkte sich der Demokratisierungsschub, der mit dem *Parliament Act* von 1911 bewirkt wurde, nicht auf die Beschneidung der Rechte des Oberhauses. Das Gesetz verkürzte auch die Legislaturperioden von sieben auf fünf Jahre. Der *Septennial Act* von 1716 hatte einst die »Ära der Oligarchie« eingeleitet, der *Parliament Act* von 1911 war ein Markstein auf dem Weg zur Demokratie in Großbritannien.

Ein weiterer Demokratisierungsschub erfolgte durch den *Representation of the People Act* von 1918. Wie in Preußen das Dreiklassenwahlrecht, so war auch in Großbritannien das beschränkte Wahlrecht durch den Ersten Weltkrieg unter Druck geraten. Auch dort hatte, nach der treffenden Formulierung des Historikers Peter Clarke, der Krieg Arbeiter in Soldaten verwandelt, die den unbestreitbaren Anspruch erhoben, als Bürger betrachtet zu werden.[27] Im Unterschied zu den preußischen Konservativen, die bis zuletzt diesem Anspruch widerstrebten, gaben die britischen Konservativen nach.

Durch den *Representation of the People Act* von 1918 wurden nunmehr alle erwachsenen Männer wahlberechtigt. Das bis dahin bestehende Wahlsystem hatte einen großen Teil der Soldaten, die Empfänger von Armenunterstützung, Bedienstete ohne eine eigene Wohnung, eine bestimmte Kategorie von Untermietern und Söhne ausgeschlossen, die bei ihren Eltern wohnten, aber nicht über ein eigenes Zimmer verfügten. Die traditionelle Verbindung von Wahlrecht und Eigentum war durch die drei ersten Reformen rationaler gestaltet worden, und man hatte das Eigentumserfordernis vermindert. Grundsätzlich war sie jedoch nicht aufgegeben worden. Jetzt entfiel sie gänzlich, wodurch der faktische Ausschluss von schätzungsweise 40 Prozent der erwachsenen Männer vom Wahlrecht, der sich nicht zuletzt auch aus den Wohnsitzbestimmungen ergeben hatte, aufgehoben wurde. Zugleich erhielten Frauen, die älter als 30 Jahre waren, das Wahlrecht. Das war für den Reform-Gradualismus charakteristisch, der die britische Entwicklung durchweg auszeichnete. Erst 1928 wurden auch erwachsene Frauen unter 30 Jahren wahlberechtigt. Das allgemeine Wahlrecht, das die Oberschichten lange Zeit so gefürchtet hatten, gerade weil das Parlament von Westminster im Unterschied zu anderen Volksvertretungen das tatsächliche Machtzentrum im politischen System bildete, war nahezu hundert Jahre nach der ersten *Reform Bill* Wirklichkeit geworden.

Damit wurde zugleich die Grundlage für eine Umbildung des Parteiensystems und die Voraussetzung für den Durchbruch einer eigenständigen Arbeiterpartei geschaffen. Eine solche hatte es nach dem Ende der Chartistenbewegung um die Mitte des 19. Jahrhunderts nicht mehr gegeben. Es war eine »Entradikalisierung« der Arbeiter erfolgt, die sich ganz überwiegend auf die Wahrnehmung ihrer Interessen durch gewerkschaftliche Tätigkeit konzentrierten. Sie ist darauf zurückzuführen, dass einerseits Krone und Parlament eine ideologische Hegemonie ausübten, andererseits die herrschenden und besitzenden Schichten freie Lohnvereinbarungen in Form des *collective bargaining* gestatteten. Politisch hatten sich die Gewerkschaften vor allem an die Liberale Partei angelehnt, die seit dem Auszug der *Whigs* und der Finanzbourgeoisie Mitte der 1880er Jahre überwiegend zu einer Partei der unteren Mittelschichten und Arbeiter geworden war. Obwohl Ende des 19. Jahrhunderts etwa 75 Prozent der Bevölkerung zur Arbeiterklasse gehörten, kam es erst im Jahr 1900 auf seiten der Gewerkschaften zu dem Entschluss, der Arbeiterbewegung auch ein politisches Standbein zu geben. Die mangelnde Bereitschaft der Liberalen, Arbeiter als Kandidaten bei den Unterhauswahlen aufzustellen, und vor allem die mangelnde Unterstützung bei der gesetzlichen Absicherung von Arbeitskämpfen führten zu der Entscheidung, ein *Labour Representation Committee* zu gründen, das dann 1906 in *Labour Party* umbenannt wurde. Kleinere sozialistische Gruppen wie die 1893 entstandene *Independent Labour Party* Keir Hardies waren an der Gründung beteiligt. Die *Labour Party* gab sich jedoch erst 1918 ein sozialistisches Programm und blieb in vieler Hinsicht ein Gebilde der Gewerkschaften, die mit ihren kompakten Stimmblöcken die Parteitage beherrschten.

Im Unterschied zu den Arbeiterbewegungen anderer Länder ist die britische Arbeiterbewegung aufgrund des Ersten Weltkriegs trotz der in ihr vertretenen unterschiedlichen Positionen nicht anhaltend gespalten worden. Vielmehr gelang es ihr auf erstaunliche Weise, die Vorteile einer Kooperation mit der Regierung und den Unternehmern im Rahmen der Kriegswirtschaft für die Arbeiterschaft zu nutzen und zugleich von einer kritischen Haltung gegenüber der Außen- und Kriegspolitik zu profitieren, die wegen der starken moralischen Tradition in England besonders unter Intellektuellen großen Anklang fand. Bei den Wahlen von 1918 erhielt die *Labour Party* 22,7 Prozent der abgegebenen Stimmen. Sie löste damit die Liberale Partei als die wichtigste Partei des Fortschritts ab. 1924 bildete sie dann zum ersten Mal die Regierung, bei der es sich freilich um ein kurzlebiges Minderheitskabinett handelte.

Die Angst der Ober- und Mittelschichten vor dem allgemeinen Wahlrecht, die den Prozess der Demokratisierung so langwierig gestaltet hatte, war mit dem *Representation of the People Act* von 1918 nicht erloschen, sondern erhielt jetzt die konkrete Form einer Furcht vor dem Aufstieg der *Labour Party*. Als Mittel gegen diese Gefahr betrachtete man vielfach die Gründung einer großen Sammlungspartei oder eine dauerhafte Koalition von Konservativen und Liberalen. Die Koalitionsidee war in Gesprächen zwischen führenden Politikern der beiden Parteien angesichts des Problemstaus der letzten Vorkriegsjahre bereits vor 1914 erörtert worden. Diese Kontakte führten jedoch zu keinem Ergebnis. 1915 kam es dann zu einer Kriegskoalition, wobei zunächst der Liberale Herbert Henry Asquith als Premierminister weiter amtierte, 1916 aber durch seinen Parteifreund David Lloyd George verdrängt wurde. Die Koalition ist auch nach Kriegsende zunächst fortgesetzt worden, fand jedoch 1922 durch eine Revolte der Konservativen Hinterbänkler ein Ende. Das Koalitionskonzept blieb freilich – mit dem Blick auf die *Labour Party* – für viele Politiker das Ideal.

Die »Sammlungspolitik« in Gestalt einer förmlichen Koalition oder in Form einer Parteineugründung erwies sich jedoch als kaum notwendig. Eine Sammlung wurde von der in der Zeit zwischen den beiden Weltkriegen dominierenden Konservativen Partei im Wesentlichen auch allein erreicht. Es gelang ihr, einen großen Teil der Gesellschaft oberhalb der Arbeiterklasse zusammenzufassen (und überdies von vielen Arbeitern gewählt zu werden). Diese Zusammenfassung, die nach außen hin in der bürgerlichen Einheitsfront gegen den 1926 über einen Konflikt im Kohlebergbau ausbrechenden Generalstreik sichtbar wurde, erfolgte mit der Spitze gegen die organisierte Arbeiterschaft. Sie geschah allerdings nicht in der massivbrutalen Form, wie es im Deutschen Kaiserreich mit der Agitation gegen die »Reichsfeinde« und die »vaterlandslosen Gesellen« versucht worden war. Sie erfolgte vielmehr auf die feinere englische Art durch negative soziale Stereotypen und in Gestalt der Zurückweisung angeblich maßloser, die wirtschaftliche Stabilität gefährdender ökonomischer Ansprüche der Arbeiter.

Das Ergebnis dieser Strategie war die weitgehende Neutralisierung des von der *Labour Party* 1918 erreichten Positionsgewinns, so dass die von dieser Partei 1924 und 1929 gebildeten Regierungen nur Minderheitskabinette darstellten, deren Spielraum außerordentlich begrenzt war. Die zweite *Labour*-Regierung wurde zudem durch ihre eigene Konzeptionslosigkeit gegenüber der Weltwirtschaftskrise gelähmt. Es kam 1931 über die Frage der Arbeitslosenunterstützung zur Spaltung der Partei sowie zu einer »nationalen« Koalitionsregierung mit den Konservativen und einem Teil der Liberalen, in welcher der Labour-Premierminister Ramsay MacDonald mit einigen Ministern seiner Partei weiter amtierte. Das Schwergewicht dieser Koalitionsregierung, die bei den Wahlen von 1931 und 1935 überwältigende Siege errang, lag jedoch eindeutig bei den Konservativen. Deren Parteiführer Stanley Baldwin übernahm denn auch nach dem Rücktritt MacDonalds 1935 das Amt des Premierministers. Ihm folgte zwei Jahre später sein Parteifreund Neville Chamberlain.

Der auf eine Erhaltung des Friedens um nahezu jeden Preis gerichtete außenpolitische Kurs Chamberlains gegenüber dem nationalsozialistischen Deutschland, der gemeinhin mit dem Begriff »Appeasementpolitik« charakterisiert wird, war ebenso wie der innenpolitische Kurs seiner Partei nach 1918 in hohem Maße von der Absicht bestimmt, das gesellschaftliche System und die Machtverteilung in Großbritannien zu erhalten. Die Außenpolitik Chamberlains wurde nicht zuletzt von der Intention geleitet, eine Aufwertung der Arbeiterschaft und eine Stärkung ihrer Organisationen, wie sie sich im Ersten Weltkrieg vollzogen hatten, zu verhindern.

Was Chamberlain und andere als unerwünschte Folge eines Krieges vorausgesehen hatten, ist tatsächlich eingetreten. Der Zweite Weltkrieg hat, noch mehr als der Erste Weltkrieg, die Arbeiterbewegung in Großbritannien gestärkt. Der massige und selbstbewusste Gewerkschaftsführer Ernest Bevin, der im Mai 1940 zusammen mit anderen *Labour*-Politikern in die von

Winston Churchill geführte und verbreiterte Koalitionsregierung eintrat, wirkte wie ein Symbol dieser Arbeitermacht. Umgekehrt war das Prestige der Konservativen Führungsschicht durch die Appeasementpolitik und ihre das Land an den Rand der Niederlage treibende Inkompetenz schwer beeinträchtigt.

Zu den Konsequenzen der neuen innenpolitischen Machtverteilung und des Angewiesenseins auf die Arbeiterklasse im Krieg gehörte nicht nur eine Berücksichtigung ihrer aktuellen Forderungen in Bezug auf Ernährung, Arbeitsbedingungen und Sozialleistungen, sondern auch eine veränderte Perspektive in Hinblick auf die Nachkriegsordnung. Die Erkenntnis war allgemein, dass es nicht einfach zu einer Rückkehr zum Status quo ante kommen durfte. Unter dem Einfluss des Krieges vollzog sich eine Ausweitung des Freiheits- und Demokratiebegriffs ins Wirtschaftlich-Soziale. Selbst die *Times* erklärte 1940, eine Demokratie, die über dem Stimmrecht das Recht auf Arbeit vergesse, verdiene ihren Namen nicht.

Man begann bereits während des Krieges mit Planungen für die Nachkriegsordnung. Unter ihnen hat der *Beveridge Report* vom November 1942 die größte Bedeutung erlangt. Obwohl er unter einem überaus trockenen bürokratischen Titel erschien, wurde er sogleich ein Bestseller, von dem 653 000 Exemplare verkauft wurden. Nicht alle stellten sich freilich auf den Boden dieses Berichts. Der Direktor der britischen Arbeitgeberorganisation erklärte, man sei nicht in den Krieg eingetreten, um das Sozialwesen zu verbessern, sondern um die Gestapo aus England fernzuhalten. Auch Churchill versuchte zunächst, die vom *Beveridge Report* angeschnittenen Fragen auf die Zukunft zu verschieben. Er sah sich indes angesichts der verbreiteten Enttäuschung über diese Haltung gezwungen, im März 1943 in einer Rundfunkrede für eine umfassende Sozialversicherung »von der Wiege bis zum Grab« einzutreten.

Meinungsumfragen zeigten jedoch, dass große Teile der Bevölkerung solche Zusicherungen von Konservativer Seite mit Skepsis betrachteten und wiesen auf einen Trend innerhalb der Wählerschaft zugunsten der *Labour Party* bereits seit Ende des Jahres 1942 hin. Bei den Wahlen vom Juli 1945 errang die Partei dann – zur Überraschung ihrer eigenen Führungsgruppe, die zum Teil sogar die Koalition hatte fortsetzen wollen – einen großen Wahlsieg. *Labour* erhielt 47,8 Prozent, die Konservative Partei nur 39,8 Prozent der abgegebenen Stimmen. Der Wahlerfolg der *Labour Party* ist ganz überwiegend auf das veränderte Wahlverhalten der Arbeiterschaft zurückzuführen. Hatten sich in den 30er Jahren 50 Prozent der Arbeiterwähler für die Konservativen entschieden, so sank dieser Anteil jetzt auf 30 Prozent. Diese Veränderung hatte offenbar mit einem grundlegenden

Wandel zu tun und stand im Zusammenhang mit dem Abbau einer Ehrerbietungshaltung gegenüber den Oberschichten. Passivität, Fatalismus und Fügsamkeit waren einer Untersuchung aus dem Jahr 1944 zufolge innerhalb der Bevölkerung durch den Krieg zurückgedrängt worden.

Hatte der Erste Weltkrieg zur Einführung einer Demokratie in Großbritannien geführt, so führte der Zweite Weltkrieg zur Schaffung eines Wohlfahrtsstaates. Die politischen Bürgerrechte wurden im Juli 1945 von den Wählern dazu benutzt, sie durch soziale Bürgerrechte zu ergänzen. Dabei knüpften die Sozialreformen der *Labour*-Regierung an die Sozialgesetzgebung der Liberalen Regierung vor dem Ersten Weltkrieg an, weshalb man nicht zu Unrecht Lloyd George als den eigentlichen Begründer des britischen Wohlfahrtsstaates bezeichnet hat. 1906 hatte man an Schulen freie Mahlzeiten für Kinder kinderreicher Familien eingeführt (was für ihre Väter freilich den Verlust des Wahlrechts bedeutete). 1909 war es zur Einführung einer Altersversorgung, 1911 zu einer begrenzten Arbeitslosen- und Krankenversicherung gekommen. Das Neue an der Sozialgesetzgebung der *Labour*-Regierung nach 1945 war die Tatsache, dass alle von ihr erfasst wurden (obwohl es jedem freistand, sich zusätzlich noch privat zu versichern). Durch diese Universalisierung wurde das der öffentlichen Unterstützung anhaftende Stigma, das vom Armengesetz des Jahres 1834 durchaus beabsichtigt gewesen war und geradezu seine *raison d'être* gebildet hatte, beseitigt. Der 5. Juli 1948 wurde in England zum Tag des Wohlfahrtsstaates. An ihm entstand der staatliche Gesundheitsdienst, für den der linke *Labour*-Politiker Bevan federführend gewesen war, und trat die neue Gesetzgebung zur Sozialversicherung in Kraft.

Dass der Begriff »Wohlfahrtstaat« in Bezug auf das von der *Labour*-Regierung geschaffene System kein leeres Wort war – selbst wenn sich die Vermögensverteilung kaum änderte und die Privatschulen sogar einen bis dahin nicht gekannten Aufschwung erlebten –, das zeigen die Untersuchungen des Sozialforschers Benjamin Rowntree. Hatten in York im Jahr 1936 über 30 Prozent der Bevölkerung unterhalb der Armutsgrenze gelebt (ein schockierender Befund, der 1941 veröffentlicht wurde und maßgeblich den *Beveridge Report* beeinflusste), so waren es 1951 nur noch 2,8 Prozent.[28] An diesem günstigen Ergebnis, bei dem von Rowntree die Entwicklung möglicherweise etwas zu positiv beurteilt worden war, hatte jedoch nicht nur die Sozialgesetzgebung der Labour-Regierung von Clement Attlee, sondern auch die Vollbeschäftigung der Nachkriegsjahre einen wesentlichen Anteil.

Das Problem der Arbeitslosigkeit schien beseitigt. Sie sank von 1,7 Prozent im Jahr 1946 auf 1,1 Prozent im Jahr 1951. Die Vollbeschäftigung und der von der Regierung Attlee geschaffene Sozialstaat blieben auch in der langen Phase Konservativer Regierungen unter Winston Churchill, Anthony Eden und Harold Macmillan zwischen 1951 und 1964, trotz einer zu dem Ethos der Attlee-Regierung im Widerspruch stehenden starken Betonung des individuellen Konsums, erhalten. Die Konservativen konnten dabei auf den sozialpaternalistischen Traditionsstrang ihrer Partei zurückgreifen, der letztlich im Paternalismus des Adels und dem Prinzip des *noblesse oblige* seinen Ursprung hatte. Zudem hatte Macmillan in den dreißiger Jahren zu den wenigen Politikern gehört, die ernsthaft an Plänen zur Bekämpfung der Arbeitslosigkeit mitgewirkt hatten.

Auf die Dauer erwies sich jedoch der 1945 eingeschlagene Weg wegen der geringen Leistungsfähigkeit der britischen Wirtschaft als problematisch. Es rächte sich, dass die Regierung Attlee es unterlassen hatte, die Voraussetzungen für eine langfristige Produktivitätssteigerung der Wirtschaft zu schaffen und durch Einführung der gewerkschaftlichen Mitbestimmung das Arbeitsklima in der Industrie zu verbessern. Hier zeigte es sich als nachteilig, dass Großbritannien zu den Siegernationen gehörte; denn das führte verständlicherweise zu einer gewissen nationalen Selbstzufriedenheit und erschwerte die notwendigen Reformen sowie die Revision überkommener und eingeschliffener Verhaltensweisen. Es schien zu genügen, wenn man die im Krieg bewiesene nationale Solidarität durch eine fortschrittliche Sozial- und Vollbeschäftigungspolitik honorierte und in die Friedenszeit hinüberrettete.

Anmerkungen

Die Großschreibung der Begriffe »liberal« und »konservativ« wurde im Text benutzt, wenn diese sich auf die britischen Parteien beziehen. Die Bezeichnung »Konservative Partei« ist durchweg verwendet worden, auch wenn sie sich offiziell »Unionist Party« nannte.

1   Leopold von Ranke, Über die Epochen der neueren Geschichte, Darmstadt 1959, S. 118. Zum Englandbild Rankes vgl. Hans-Christoph Schröder, Rankes Englische Geschichte und die Whig-Historiographie seiner Zeit, in: Rudolf Vierhaus (Hrsg.), Frühe Neuzeit – Frühe Moderne?, Göttingen 1992, S. 27–47.
2   Dazu grundlegend J.C. Holt, Magna Carta, Cambridge 1976.
3   Leopold von Ranke, Englische Geschichte, Hamburg 1957, Bd. I, S. 41.
4   Üblicherweise entsandten die Grafschaften zwei *knights of the shire*, die gesondert repräsentierten *boroughs* zwei *burgesses* ins Parlament. Das Wahlrecht in den *shires* wurde durch ein Gesetz von 1429, das bis 1832 galt, auf *forty shilling freeholders* beschränkt. Danach durften nur diejenigen Männer wählen, die eigenen Grundbesitz mit einem jährlichen Ertragswert von mindestens 40 Schilling hatten. Bloße

Pächter, erst recht aber Tagelöhner und Arme, besaßen das Wahlrecht nicht. In den *boroughs* war es durch eine Vielzahl von ganz unterschiedlichen Bestimmungen festgelegt. Manche *boroughs* billigten es allen Haushaltsvorständen oder jenen zu, die einen eigenen Herd besaßen; in anderen war überhaupt nur der städtische Magistrat wahlberechtigt oder haftete das Wahlrecht an bestimmten Gebäuden. Zwischen diesen beiden Extremen gab es eine Fülle von Varianten.

5 D.M. Palliser, The Age of Elizabeth: England Under the Later Tudors 1547–1603, London 1983, S. 303.

6 W.M. Lamont, Godly Rule, Politics and Religion 1603–1660, London 1969.

7 Eine gute Zusammenfassung bietet Michael A. R. Graves, The Tudor Parliaments, London 1985.

8 Thomas Smith, De Republica Anglorum, hrsg. v. Mary Dewar, Cambridge 1982, S. 78.

9 Vgl. hierfür und zum folgenden: Derek Hirst, Authority and Conflict. England 1603–1658, London 1986; Hans-Christoph Schröder, Die Revolutionen Englands im 17. Jahrhundert, Frankfurt 1986; Ders., Die historische Bedeutung des Puritanismus, in: Georg G. Iggers u. a. (Hrsg.), Hochschule – Geschichte – Stadt. Festschrift für Helmut Böhme, Darmstadt 2004, S. 93 – 119.

10 Max Weber, Deutschlands künftige Staatsform, in: Ders., Gesammelte Politische Schriften, Tübingen 1958, S. 454.

11 Romney Sedgwick (Hrsg.), Lord Hervey's Memoirs, Harmondsworth 1984, S. 114.

12 Vgl. dazu Frank O'Gorman, The Emergence of the British Two-Party System, 1760–1832, London 1982.

13 Linda Colley, Britons. Forging the Nation 1707–1837, New Haven 1992, S. 195–236.

14 Die letzte Regierung, die durch eine unabhängige Initiative der Krone gebildet wurde (aber infolge ihres Versagens im Krimkrieg selbst durch die Protektion der Königin nicht gehalten werden konnte), war die Koalitionsregierung unter dem Earl of Aberdeen im Jahre 1852.

15 Leopold von Ranke, Die großen Mächte – Politisches Gespräch. Mit einem Nachwort von Theodor Schieder, Göttingen 1955, S. 50.

16 Zu diesem Ritual, in dem die Wähler und die Nichtwähler wichtige, hochempfindliche Akteure mit eigenen Erwartungen und Ansprüchen darstellten, vgl. jetzt grundlegend Frank O'Gorman, Voters, Patrons and Parties. The Unreformed Electorate of Hanoverian England, 1734–1832, Oxford 1989; Ders., Campaign Rituals and Ceremonies: The Social Meaning of Elections in England 1780–1860, in: Past and Present, 135 (1992), S. 79–115.

17 John Cannon, Aristocratic Century: The Peerage of Eighteenth-Century England, Cambridge 1984, S. 114f.

18 M. Weber (Anm. 10), S. 331. Die *gentry* hielt sich, wie Weber an anderer Stelle bemerkt, »im Besitz der sämtlichen Ämter der lokalen Verwaltung, indem sie dieselben gratis übernahm im Interesse ihrer eigenen sozialen Macht« (Max Weber, Wirtschaft und Gesellschaft, Studienausgabe hrsg. v. Johannes Winkelmann, Köln 1964, 2. Halbband, S. 1051).

19 Die libertäre Besonderheit der Engländer sah man – obwohl ihr Land bis heute keine geschriebene Verfassung besitzt – seit dem 17. Jahrhundert sogar weithin mit einer *ancient constitution* verknüpft. Dabei waren freilich die Ansichten über deren konkrete Inhalte sehr unterschiedlich. Vgl. dazu Hans-Christoph Schröder,

Ancient Constitution. Vom Nutzen und Nachteil der ungeschriebenen Verfassung Englands, in: Hans Vorländer (Hrsg.), Integration durch Verfassung, Wiesbaden 2002, S. 137–212.

20 Vgl. dazu das wichtige Buch von A.D. Harvey, Collision of Empires. Britain in Three World Wars, 1793–1945, London 1992, bes. S. 143–162.

21 Zitiert nach Jasper Ridley, Lord Palmerston, London 1970, S. 512.

22 Vgl. dazu vor allem W.D. Rubinstein, Men of Property. The Very Wealthy in Britain Since the Industrial Revolution, London 1981. Siehe auch den grundlegenden Beitrag von David Cannadine, The Making of the British Upper Classes, in: ders., Aspects of Aristocracy, New Haven 1994, S. 9–36.

23 Grundlegend zur Steuerpolitik: Martin Daunton, Trusting Leviathan. The Politics of Taxation in Britain 1799–1914, Cambridge 2001; vgl. Donald Winch/Patrick O'Brien (Hrsg.), The Political Economy of British Historical Experience, 1688–1914, Oxford 2002, S. 245–378.

24 David Cannadine, The Decline and Fall of the British Aristocracy, New Haven 1990, S. 40.

25 Ebd., S. 703.

26 Vgl. ausführlich Neal Blewett, The Peers, the Parties, and the People, London 1972.

27 Peter Clarke, A Question of Leadership. Gladstone to Thatcher, London 1991, S. 104.

28 Robert Pearce, Attlee's Labour Governments, 1945–51, London 1994, S. 53.

Weiterführende Literatur

Davies, Norman, The Isles: A History, Oxford 1999.

Langford, Paul, Public Life and Propertied Englishmen 1689–1798, Oxford 1991.

Price, Richard, British Society 1680–1880, Cambridge 1999.

Reynolds, Susan, Kingdoms and Communities in Western Europe 900 – 1300, Oxford 1999.

Scott, Jonathan, England's Troubles, Seventeenth-Century English Political Stability in European Context, Cambridge 2000.

Thompson, F.M.L. (Hrsg.), The Cambridge Social History of Britain 1750–1950, 3 Bde., Cambridge 1990.

Wende, Peter (Hrsg.), Englische Könige und Königinnen. Von Heinrich VII. bis Elisabeth II., München 1998.

Woolrych, Austin, Britain in Revolution 1625–1666, Oxford 2002.

Links

www.history.ac.uk
www.british-history.ac.uk
www.rhs.ac.uk
www.history.ox.ac.uk
www.nationalarchives.gov.uk

Die englischen Könige und Königinnen

Angelsächsische und dänische Könige

871– 899	Alfred der Große
899– 924	Eduard der Ältere
924– 939	Athelstan
946– 955	Edred
955– 959	Edwy
959– 975	Edgar
975– 978	Eduard der Märtyrer
978–1016	Ethelred
1016	Edmund Ironside
1016–1035	Knut
1035–1040	Harold Harefoot
1040–1042	Harthaknut
1042–1066	Eduard der Bekenner
1066	Harold Godwinson

Normannische Könige

1066–1087	Wilhelm der Eroberer
1087–1100	Wilhelm II.
1100–1135	Heinrich I.
1135–1154	Stephan von Blois

Anjou-Plantagenet

1154–1189	Heinrich II.
1189–1199	Richard I. Löwenherz
1199–1216	Johann Ohneland
1216–1272	Heinrich III.
1272–1307	Eduard I.
1307–1327	Eduard II.
1327–1377	Eduard III.
1377–1399	Richard II.

Lancaster

1399–1413	Heinrich IV.
1413–1422	Heinrich V.
1422–1461	Heinrich VI.

York

1461–1483	Eduard IV.
1483	Eduard V.
1483–1485	Richard III.

Tudor

1484–1509	Heinrich VII.
1509–1547	Heinrich VIII.
1547–1553	Eduard VI.
1553–1558	Maria I. die Katholische
1558–1603	Elisabeth I.

Stuart

1603–1625	Jakob I.
1625–1649	Karl I.
1649–1659	*Republik*
1649–1653	*Commonwealth*
1653–1658	*Oliver Cromwell Lord Protector*
1658–1659	*Richard Cromwell Lord Protector*
1660–1685	Karl II.
1685–1688	Jakob II.
1689–1702	Wilhelm III. von Oranien, bis 1694 zusammen mit seiner Frau Maria II.
1702–1714	Anna

Hannover-Windsor-Mountbatten

1714–1727	Georg I.
1727–1760	Georg II.
1760–1820	Georg III.
1820–1830	Georg IV.
1830–1837	Wilhelm IV.
1837–1901	Viktoria
1901–1936	Georg V.
1936	Eduard VIII.
1936–1952	Georg VI.
1952–	Elisabeth II.

Roland Sturm

Vier Nationen im United Kingdom

I. Die Expansion Englands und die Herausbildung des Vereinigten Königreiches

Die Geschichte der Einbindung der – aus englischer Sicht – »keltischen Peripherie«, also von Wales, Schottland und Irland, in das Vereinigte Königreich lässt sich alleine unter geopolitischen Gesichtspunkten eines Strebens der englischen Hegemonialmacht nach »natürlichen Grenzen« auf den »britischen« Inseln ebensowenig verstehen wie unter dem Vorzeichen eines, wie auch immer definierten, englischen Nationalismus oder Imperialismus.[1] Jedes der drei über die Jahrhunderte inkorporierten Nachbarterritorien wurde auf jeweils eigene Weise zu einem Teil des heutigen Vereinigten Königreichs. Dies ist in doppelter Hinsicht von Bedeutung: zum einen, weil Epoche und Art der Integration die heute jedes Territorium auszeichnende, spezifische politisch-gesellschaftliche Identität prägten und prägen, und zum anderen, weil sich aus der jeweiligen historischen Erfahrung mit Integrationsprozessen in den einzelnen Territorien Ansprüche nach nationaler bzw. regionaler Selbstbestimmung abgeleitet haben bzw. ableiten, die die Integrationskraft des britischen Staatsverbandes früher bereits mehrmals in Frage gestellt haben und auch erneut in Frage stellen könnten.

1. Wales

Von den drei genannten Territorien ist Wales am längsten Teil des englischen, später britischen Staatsverbandes. Mit seinen unwegsamen Berggebieten, kontrolliert zum Teil von keltischen Stammesfürsten, war es bis ins 16. Jahrhundert ein Sicherheitsproblem für die englischen Dynastien.[2] Zwar waren schon von Wilhelm dem Eroberer eingesetzte englische Adlige als *Marcher Lords* offiziell Oberherren über die walisischen Gebiete, und Wales war ein dem König unterstehendes Fürstentum. Die *Marcher Lords* sicherten ihre Macht durch Burgenbau, legten der Bevölkerung Feudalabgaben auf und hielten unter Zugrundelegung einer Mischung von englischem Recht und keltischen Stammesbräuchen Gericht. Dennoch gelang es englischen Herrschern selten, effektiv Herrschaft auszuüben, und vor allem scheiterten sie mit ihren Versuchen, in Wales inneren Frieden durchzusetzen.

Die Festigung der englischen Vorherrschaft in Wales wurde erst von dem Tudorkönig Heinrich VIII. (1509–1547) mit erheblichem Geschick und der neuen Motivation, der Reformation auch in Wales Geltung zu verschaffen, durchgesetzt. Selbst aus Wales stammend und dort auch erzogen, war er als *Marcher Lord* der Häuser York und Lancaster in Wales mächtiger und einflussreicher als seine Vorgänger. Er nutzte seine Machtposition und seine traditionellen Bindungen an Wales auf dreifache Weise: Mit dem walisischen Adel arrangierte er sich nicht zuletzt, indem er dessen Rolle an seinem Hof förderte. Zur Bekämpfung der Rechtlosigkeit in Wales ernannte er mit dem Bischof von Lichfield, Rowland Lee, einen Präsidenten des von den Tudors als Regionalverwaltung eingerichteten *Council of Wales and the Marches,* der mit energischem Durchgreifen den inneren Frieden in Wales besser sicherte.

Schließlich integrierte er Wales 1536 mit dem *Act of Union* in einer Weise, die das Land verwaltungstechnisch auf gleiche Ebene mit den englischen Territorien stellte, eine Entscheidung, die bis 1998 im Aufbau der britischen Staatsverwaltung nachwirkte. Heinrich VIII. schaffte sowohl den Status von Wales als Fürstentum als auch die Aufgabe des *Marcher Lord* ab. Er unterteilte Wales statt dessen nach englischem Vorbild in zwölf Grafschaften. Die walisischen *shires* und *boroughs* waren nun auch im englischen *House of Commons* vertreten. Für den inneren Frieden sorgte der walisische Adel, der sich immer mehr dem englischen in Sprache und Gewohnheiten anpasste, nun selbst. Im 17. Jahrhundert wurde als letzter Rest walisischer Verwaltungshoheit der in Ludlow residierende *Council of Wales and the Marches* aufgelöst.

Politisch war Wales damit bereits ein fester Bestandteil des Vereinigten Königreiches, bevor im 19. Jahrhundert dynastische Herrschaftslegitimationen endgültig durch nationalstaatliche abgelöst wurden. Folgerichtig konnte im 19. Jahrhundert der Anknüpfungspunkt für die Wiederbelebung der walisischen Identität nicht eine Tradition der Staatlichkeit, ja – angesichts der dynastischen Zerrissenheit von Wales im Mittelalter – nicht einmal eine feudale Herrschertradition sein, sondern nur jene gesellschaftlichen Besonderheiten, die historisch die Inkorporierung von Wales in das Vereinigte Königreich überlebt hatten: die walisische Sprache als notwendiges Instrument, um dem einfachen Volk die Gedanken der Reformation nahezubringen, und damit verbunden die besonders konsequente Form der walisischen Volksfrömmigkeit.

2. Schottland

Auch die Einbindung Schottlands in das Vereinigte Königreich war eine vormoderne Entwicklung. Die *Union of the Crowns* zwischen England (und Wales) und Schottland von 1603 ist dem dynastischen Zufall zu verdanken, dass mit dem Tode Elisabeths I. das Haus Tudor keinen Thronerben mehr stellen konnte und die Krone an den regierenden schottischen König Jakob VI. aus dem Haus Stuart fiel, der nun als Jakob I. beide Königreiche regierte. Von einer Union Schottlands und Englands konnte allerdings zu diesem Zeitpunkt noch nicht die Rede sein. Parlamente, Kirchen und Gesetzgebung beider Territorien blieben getrennt.

Der entscheidende Schritt zur Inkorporierung Schottlands in das damit entstandene Vereinigte Königreich war die *Union of Parliaments* von 1707. Der Vereinbarung des schottischen und des englischen Parlaments zur Union der beiden Territorien war die Entmachtung der Stuarts in den Bürgerkriegen des 17. Jahrhunderts vorausgegangen, die in der *Glorious Revolution* von 1689 ihren Endpunkt fand. Für Schottland bedeutete die Entmachtung der Stuarts, dass das dortige Parlament in die Lage versetzt wurde, als politische Stimme Schottlands zu agieren, und für beide Territorien bedeutete sie die Herausbildung einer konstitutionellen, im Sinne einer auf parlamentarische Unterstützung angewiesenen Monarchie. Der englischen *Bill of Rights* setzte das schottische Parlament 1689 den *Scottish Claim of Right* mit ähnlichem politischem Anspruch gegenüber. Außenpolitische Gründe, wie die Gefahr, dass Schottland sich als offene Flanke im Konflikt Englands und Frankreichs im Spanischen Erbfolgekrieg erweisen könnte, zumal es dort viele Sympathien für den nach Frankreich geflohenen Stuart-König Jakob II. gab, ebenso wie das Bemühen um eine schottische Zustimmung zum *Act of Settlement* von 1701, der die Thronfolge des Hauses Hannover nach dem Tode Königin Annas vorsah, förderten die Verhandlungsbereitschaft des englischen Parlaments mit seinem schottischen Gegenüber.

Für die schottische Seite bedeutete die mit dem englischen Parlament gefundene, im Land eher unpopuläre, aber (wollte man keine Rückkehr der katholischen Stuarts auf den schottischen Thron[3]) alternativlose Vereinbarung die Mitarbeit von 45 schottischen Abgeordneten im britischen Unterhaus (Gesamtzahl 558) und 16 *Peers* im Oberhaus (Gesamtzahl 206). Während der Adel seine Privilegien bewahrte, war mittel- und langfristig vor allem das schottische Bürgertum in den Lowlands der »Gewinner« der Union. Diese öffnete ihm den Zugang zu der von England erfolgreich weitergeführten wirtschaftlichen und Handelsexpansion. Vertragsgemäß behielt Schottland u. a. seine eigene Staatskirche, sein Rechts- und sein Bildungs-

wesen. Der Verzicht auf ein eigenes schottisches Parlament, das unter den
Stuarts ohnehin nur ein Schattendasein gefristet hatte, bedeutete demgegenüber wenig, nicht zuletzt deshalb, weil die Kirchenversammlung der pres-
byterianischen Nationalkirche viel stärker als Stimme des Volkes in diesem
verwurzelt war.[4]

Während in Wales die Inkorporierung des Landes dessen politische und
administrative Identität beseitigte, eröffnete der *Act of Union* Schottland neue
Perspektiven. Selbst wenn, wie Historiker eingewandt haben, Bestechung
und Geheimdiplomatie ohne Rückkoppelung an »das Volk« den schottischen Parlamentarismus des frühen 18. Jahrhunderts als Farce erscheinen lassen[5], blieb jedoch für Schottland der Mythos der Freiwilligkeit der Union
mit England erhalten, was auch impliziert, dass der Unionsvertrag im Prinzip
neu verhandelt oder gar aufgelöst werden könnte. Vor allem aber stellte sich
in Schottland die unmittelbare Nützlichkeit der Union nicht wie in Wales als
Machtgewinn für einen absolutistischen Herrscher dar, sondern als wirtschaftliche Entwicklungschance für die ökonomisch dominierende soziale
Schicht, das Bürgertum. Mit anderen Worten, aus schottischer Sicht bezog
die schottisch-englische Union ihre Legitimation nicht so sehr aus der (begrenzten) schottischen Autonomie, sondern in erster Linie aus ihren positiven ökonomischen Konsequenzen, zu denen auch die Aufstiegschancen in
Führungspositionen im wachsenden britischen Empire gehörten. Über die
oben skizzierten Elemente einer institutionellen Autonomie Schottlands hi-
nausweisende kulturelle Besonderheiten, vor allem die Bewahrung einer
eigenen Sprache, behinderten dabei die Teilhabe am Erfolg des Empires
eher, als dass sie für diese förderlich gewesen wären.

3. Irland

Wie die englisch-walisische Union war auch die britisch-irische des Jahres
1801 (nach dem *Act of Union* von 1800) letztendlich das Ergebnis einer gewaltsamen Eroberung des Landes. Wie im walisischen Falle wurde die Einheit von London aus dekretiert, nicht zuletzt mit der Hoffnung, die aus der
Sicht des britischen Zentralstaats segensreichen Effekte der Union mit
Schottland und Wales auch in Irland erreichen zu können. In Irland ging
jedoch der politischen Union eine im Vergleich zur walisischen Erfahrung weit länger andauernde Phase einer asymmetrischen Inkorporierung
in das englische Herrschaftssystem voraus. Mit der anglo-normannischen
Invasion des Jahres 1169 und den darauffolgenden Versuchen, den Feuda-
lismus in Irland durchzusetzen, hatte die Zuwanderung von Herrschaftseli-

ten aus England begonnen, auch wenn sie zunächst auf wichtige politisch-militärische Zentren Irlands begrenzt blieb. Die Machtausübung des englischen Adels wurde aus strategischen Gründen im 16. Jahrhundert unter den Tudors verstärkt und geographisch erweitert, und es wurden erste, mäßig erfolgreiche Bemühungen unternommen, englische Untertanen in Irland anzusiedeln. Heinrich VIII. erklärte sich 1541 zum irischen König.

Anders als in Wales war in Irland mit der verstärkten Einflussnahme der Tudors kein über die königstreue Herrschaftselite wesentlich hinausreichender Erfolg der Reformation verbunden. Dies bedeutete, dass zum einen keinerlei Bemühungen unternommen wurden, die gälische Sprache als Sprache der Reformation zu nutzen; zum anderen wurde der Gegensatz »britisch-protestantisch« auf der einen und »irisch-katholisch« auf der anderen Seite unmittelbar zur Trennlinie zwischen Herrschern und Beherrschten, woraus sich ein gesellschaftlicher Unruheherd entwickelte, der ständig Instabilität produzierte. Mit der Niederschlagung des gälischen Aufstandes in Ulster, geführt von Hugh O'Neill, und der schottisch-englischen *Union of the Crowns* von 1603 war der Weg für schottische Siedler frei, ihren Landhunger vor allem im nahen Norden Irlands zu stillen. Neben der ungeplanten Besiedelung fand allerdings auch eine »regierungsoffizielle« Ansiedlung rechtgläubiger protestantischer Loyalisten in Ulster statt *(plantations)*.

Im weiteren Verlaufe des 17. Jahrhunderts wurde Irland zum Kriegsschauplatz, auf dem nicht zuletzt innerbritische Konflikte ausgetragen wurden. Oliver Cromwells militärische Erfolge beendeten irische Aufstandsversuche. Mit diesen Niederlagen verband sich ein massiver Landtransfer: 11 Millionen bei einer Gesamtfläche von 20 Millionen *acres* wurden neu verteilt. Bei den *plantations* war nur eine halbe Million *acres* umverteilt worden.[6] So entstand eine dünne, londonhörige und oft auch außer Landes ansässige Herrschaftsschicht. Die militärische Herrschaft über Irland wurde abgesichert durch eine soziale Herrschaft, wobei die Auswirkungen der direkten Besiedelung durch Loyalisten von geringerer Bedeutung blieben als der sozialstrukturelle Wandel durch die willkürliche und abrupte Veränderung der Besitzverhältnisse. Diese hatte zumindest zwei Konsequenzen für die weitere Entwicklung Irlands. Zum einen war mit der Herrschaft der Großgrundbesitzer, die ihr erwirtschaftetes Kapital nicht in Irland investierten, der Weg des Landes in einen Agrarstaat vorgezeichnet, und zum anderen kam zur Ausgrenzung der Bevölkerungsmehrheit wegen ihrer Religion (katholisch) und Sprache (gälisch) nun auch noch ihre soziale Ausgrenzung hinzu.

Im 18. Jahrhundert konsolidierte sich das Cromwellsche Herrschaftsmodell. Irland fungierte als Kolonie des britischen Empire, die Großbritannien billige Nahrungsmittel liefern musste, ohne selbst von seinen wachsenden Handelsbeziehungen zu profitieren. Der Unabhängigkeitskrieg der amerikanischen Kolonien, die sich in einer vergleichbaren Lage befanden, provozierte ebenso wie die Menschenrechtsideale der Französischen Revolution, die sich mit der fortdauernden politischen und sozialen Unterdrückung des katholischen Bevölkerungsteils schwer vereinbaren ließen, eine irische Gegenreaktion gegen die herrschenden Verhältnisse. Getragen wurde sie von der irisch-protestantischen Elite (Erhebung der *United Irishmen* unter Wolfe Tone). Vor allem die Tatsache, dass die Aufständischen versuchten, sich französischer Hilfe zu bedienen, führte dazu, dass London sich fast hundert Jahre nach dem englisch-schottischen Vereinigungsvertrag entschloss, die Union auf Irland auszudehnen, um sich so das Territorium seiner bisherigen Kolonie auf Dauer zu sichern.

Die Inkorporierung Irlands vollzog sich dabei weder auf der Basis administrativer Gleichheit, wie im walisischen Fall, noch freiwillig, wie im Falle Schottlands. Von der endgültigen irischen Unterordnung unter die britische Vorherrschaft profitierte in erster Linie eine kleine Schicht von Großgrundbesitzern. Während Schottland als Subzentrum des britischen Empires zumindest in den Lowlands an dessen Prosperität teilhatte und Wales sich zu einem Kernland der industriellen Revolution entwickelte, blieb Irland peripher, und die Mehrheit seiner Bevölkerung blieb von der gesamtbritischen wirtschaftlichen Entwicklung ausgeschlossen. Der für Irland angesichts politischer und sozialer Machtlosigkeit der Mehrheit der Bevölkerung identitätsbildende Katholizismus verstärkte noch den Graben zwischen Briten und Iren.

II. »Home Rule All Around«?
Das Vereinigte Königreich in einer ersten Zerreißprobe

Die Vorstellung von Staatlichkeit unterlag im 19. Jahrhundert einem deutlichen Wandlungsprozess. Dynastische Begründungen von Macht und territorialer Vorherrschaft verloren gegenüber der Gleichsetzung von Staat und Nation immer mehr an Bedeutung. Mit der schrittweisen Durchsetzung demokratischer Rechte, wie des Wahlrechts, wurde Staatlichkeit ohne Beachtung des Volkswillens schwer vorstellbar. Trotz der über die dynastische Verbindung hinausreichenden staatsrechtlichen Integration der englischen Nachbarterritorien war das Vereinigte Königreich aus der Perspektive territorialer Loyalitäten ein »Vielvölkerstaat«. In Irland, Schottland und Wales war der Nationalstaatsgedanke ein neues legitimatorisches Angebot, das vor allem für jene Bevölkerungsgruppen attraktiv werden konnte, denen die Union als Hindernis für ihre erfolgreiche politische und wirtschaftliche Entwicklung in einem eigenen Staat erschien.

Irland spielte in diesem Zusammenhang die entscheidende Rolle. Es war, wie erwähnt, jenes nicht-englische Territorium, das ökonomisch erheblich benachteiligt war und gleichzeitig einen deutlichen Vorrat von »nationalen« Spezifika aufwies (katholisch/gälisch/agrarisch). Diese identitätsstiftenden Spezifika wurden von der irischen Elite erfolgreich genutzt, um eine nationale Identifikation zu erzeugen und politische Unterstützung für ihre Forderungen an den britischen Zentralstaat zu mobilisieren. Hauptbegehren der von Daniel O'Connell 1823 gegründeten *Catholic Association* waren die politische Gleichstellung der Katholiken, die von der Londoner Regierung 1829 gewährt wurde *(Catholic Emancipation Bill),* und die Rücknahme des *Act of Union.* Nach dem gescheiterten Aufstand der Fenier von 1867, die Irland durch Gewalt von der Einbindung in das Vereinigte Königreich befreien wollten, stellten die Führer der irischen Nationalisten ihre Politik wieder deutlicher in den vorgefundenen Verfassungsrahmen und setzten darauf, ihre durch Wahlerfolge errungene Repräsentation im britischen Parlament als Mittel politischer Einflussnahme zu nutzen.

Die »irische Frage« wurde so in der zweiten Hälfte des 19. Jahrhunderts zu einem der beherrschenden Themen der britischen Politik. Die Londoner Regierungen reagierten auf die irischen Forderungen zunächst mit Konzessionen. Nach dem ersten Wahlsieg William Gladstones von 1869 wurde die anglikanische Kirche ihrer Rolle als irische Staatskirche enthoben, und es wurden Landreformen in Irland eingeleitet. Damit blieb aber der künftige politische Status Irlands ungeklärt. Konstitutioneller Wandel war die Hauptforderung der 1873 gegründeten irischen *Home Rule League.* Sie forderte kein Ende der Union, aber die parlamentarische Selbstregierung Irlands. 1886 stimmte Gladstone nach einem erneuten Wahlsieg schließlich zu, ein *Home-Rule*-Gesetz ins Parlament einzubringen.

Das irische Vorbild hatte in Schottland und Wales zu Forderungen nach Gleichbehandlung geführt. In Schottland wurde 1886 im »Windschatten« der irischen Ereignisse eine *Scottish Home Rule Association* gegründet. In Wales entstand im gleichen Jahr eine ähnlich orientierte Bewegung, *Cymru Fydd.* Beide Bewegungen waren kurzlebig, und es fehlte ihnen die in Irland so weitreichende gesellschaftliche Unterstützung der dortigen *Home-Rule*-Bewegung. Dennoch sollte die Krise der gesellschaftlichen Integrationsfähigkeit des Vereinigten Königreichs Ende des 19. Jahrhunderts hinsichtlich ihrer Auswirkungen auf die politischen Verhältnisse in Schottland und

Wales nicht unterschätzt werden. Für Schottland hatte die politische Herausforderung des Zentralstaats unter anderem eine Rückbesinnung auf das nach den Jakobitenrebellionen der ersten Hälfte des 18. Jahrhunderts 1746 abgeschaffte Amt des Schottlandministers zur Konsequenz, das 1885 samt einem eigenen *Scottish Office* wieder eingerichtet wurde. In Wales wurde einer Reihe »nationaler« Anliegen Gesetzesform gegeben, wie dem *Welsh Sunday Closing Act* (Alkoholabstinenz) von 1881 und der Gründung einer *University of Wales* 1893. Das Gesetz, mit dem die anglikanische Kirche in Wales ihren Status als Staatskirche verlor, wurde wegen des Ersten Weltkrieges erst 1920 rechtskräftig. Die Tatsache, dass nun, ebenso wie für Schottland, auch für Wales besondere Gesetze existierten, obwohl Wales bei der Union mit England, anders als Schottland, keine Garantie eines eigenständigen Rechtssystems gegeben worden war, markierte einen bedeutenden Schritt zur Anerkennung von Wales als besonderer politischer Einheit.[7]

Mit der ersten *Home Rule Bill* war die »irische Frage« jedoch nicht gelöst. Der Gesetzesentwurf scheiterte am Widerstand des unionistischen Flügels der Liberalen Partei. Auch ein zweiter Anlauf zur *Home-Rule*-Gesetzgebung kam nicht über die parlamentarischen Hürden. Das 1893 vom Unterhaus verabschiedete neue Gesetz wurde vom Oberhaus abgelehnt. Als schließlich das Unterhaus 1912–1914 gegen den Widerstand des Oberhauses ein *Home-Rule*-Gesetz durchsetzte, konnte dieses wegen des Ausbruchs des Ersten Weltkrieges nicht in Kraft treten. Der Versuch von 1916, mit dem Osteraufstand in Dublin die irische Unabhängigkeit gewaltsam durchzusetzen, scheiterte ebenfalls. Nach den ersten Nachkriegswahlen von 1918 zogen 1919 die in Irland gewählten *Sinn-Féin*-Abgeordneten aus dem Westminster Parlament aus und gründeten in Dublin ein irisches Parlament. Dies war ein revolutionärer Akt, der sich gegen den *Act of Union* richtete, weil er die Vorherrschaft Londons in Frage stellte. Der folgende irisch-britische Unabhängigkeitskrieg (1919–1921) wurde mit der Teilung des Landes in Nordirland und die Republik Irland beendet. Nordirland blieb Teil des Vereinigten Königreiches, dessen offizielle Bezeichnung nun *United Kingdom of Great Britain and Northern Ireland* lautete. Im Süden kam es zwischen 1922 und 1923 zu einem blutigen Bürgerkrieg zwischen Anhängern und Gegnern der inneririschen Grenzziehung, die im anglo-irischen Vertrag festgeschrieben worden war.

Während also im schottischen und walisischen Falle der britische Staatsverband sich mit der Berücksichtigung regionaler und administrativer Reformforderungen die notwendige Legitimation erhalten konnte und eine politische Frontstellung dieser Nationen gegen das englische Zentrum vermied, war im irischen Falle die Entfremdung der Mehrheit der Bevölkerung vom Vielvölkerstaat groß genug, um die Austrittsoption für den Süden plausibel erscheinen zu lassen, nicht aber für Teile der historischen Grafschaft Ulster (sechs von neun *counties*), in denen es durch die Besiedlung im 17. Jahrhundert eine starke traditionell-loyalistische Bindung an Großbritannien gab.

III. Nationalistische Opposition in Schottland und Wales in der Zwischenkriegszeit

Die wirtschaftliche Krise des Vereinigten Königreichs in der Zwischenkriegszeit machte auch für Schottland und Wales die Frage interessant, ob die Einbindung dieser Territorien in den London-zentrierten britischen Staatsverband tatsächlich längerfristig die bessere Alternative zu nationaler Eigenständigkeit sein könne. Sicherlich darf die Relevanz dieser Fragestellung für weite Teile der schottischen und der walisischen Bevölkerung nicht überbewertet werden, zumal vor allem die sowohl in Schottland als auch in Wales bedeutenden sozialistischen Strömungen alternative Strategien für die Bekämpfung sozialen Elends und wirtschaftlicher Rückständigkeit anboten. Es bleibt jedoch bemerkenswert, dass sowohl in Schottland als auch in Wales in den zwanziger und dreißiger Jahren die noch heute relevanten nationalistischen Parteien entstanden. Die Gründung einer walisischen Nationalpartei mutete zunächst wie ein verspäteter Versuch einiger walisischer Intellektueller an, dem irischen Beispiel der Staatsgründung im Jahre 1921 zu folgen. Das in der Zwischenkriegszeit von der Rezession wirtschaftlich hart getroffene Wales mit seiner bedrohten Sprache und Kultur sollte nach ihrem Willen in der Zukunft seinen eigenen Weg gehen können.

Am 5. August des Jahres 1925 trafen sich die Repräsentanten dreier nationalistischer Zirkel in Pwllheli während der jährlich abgehaltenen Woche der walisischen Sprache und Kultur *(National Eisteddfod)* und einigten sich auf die Gründung der *Plaid Genedlaethol Cymru,* der *National Party of Wales.* Erster Präsident der Partei wurde Lewis Valentine, ein Priester und Pazifist. Von Beginn an hatte die Partei sich mit dem Problem auseinanderzusetzen, dass die walisische Bevölkerungsmehrheit in den industrialisierten Bergbautälern des Landes nur wenig mit dem Hauptanliegen der Akademiker an der Spitze der Partei, nämlich dem Erhalt der walisischen Sprache und Kultur als zentralen Merkmalen walisischer Identität, anzufangen wusste. Für das Millionenheer der Arbeiter in den Bergwerken stand zwar, auch wenn sie englischsprachig waren, ihre walisische Identität außer Frage, ihre aktuellen Sorgen waren aber eher sozialpolitischer Natur, und die Partei, die am ehesten hier Unterstützung zu versprechen schien, war und blieb die *Labour Party*. Der Versuch *Plaid Cymrus*, in den ersten Jahren ihres Bestehens die Industriearbeiterschaft für sich zu gewinnen, hatte deshalb wenig Erfolg.

In den Jahren 1926–1939 wurde die Partei von ihrem Vorsitzenden Saunders Lewis geprägt. Lewis war ein katholischer Pazifist und Literat, der an der Universität Wales lehrte. Für ihn war das Wales der Zukunft ein Wales, das den englischsprachigen Einfluss, den er für alle Deformationen des Landes verantwortlich machte, zurückgewiesen hat. Sollte *Plaid Cymru* bei Wahlen erfolgreich sein, so nur, um nach irischem Vorbild den Bruch mit England einzuleiten, nicht aber, um im Londoner Parlament Sitze einzunehmen. Wales war für Lewis eine im Einklang mit der Natur lebende stark ländlich geprägte Solidargemeinschaft, keine Klassengesellschaft englischer Prägung. Lewis war ein Befürworter nicht nur einer radikalen Verteidigung der walisischen Kultur, sondern auch direkter Aktionen und demonstrativen Widerstandes gegen die englische Vorherrschaft. Aufmerksamkeit in der britischen Öffentlichkeit erregte der Brandanschlag von 1936 auf eine Übungsstätte für Bombenabwürfe der britischen Luftwaffe, die auf einem historisch bedeutenden Gelände der Halbinsel Llyn eingerichtet worden war. Das Feuer war von Lewis zusammen mit zwei weiteren Parteiaktivisten, D. J. Williams und Lewis Valentine, gelegt worden. Sie mussten sich vor Gericht verantworten und nutzten die Gelegenheit zu einer öffentlichen Darstellung der Ziele ihrer Partei, vor allem des Pazifismus und des Erhalts des kulturellen Erbes. 1943 gelang Lewis ein persönlicher Erfolg, als er im Wahlkampf um einen Parlamentssitz für die Universität Wales nur knapp unterlag.

In Schottland wurde nach Ende des Ersten Weltkrieges der Versuch unternommen, die *Scottish Home Rule Association* wiederzubeleben.[8] Sie arbeitete als Lobbyorganisation, die sich darum bemühte, Abgeordnete des liberalen und linken Lagers für die Unterstützung der Forderung nach einem schottischen Parlament zu gewinnen. Andere, zum Teil radikalere und ebenfalls vom irischen Beispiel stark inspirierte Gruppen traten auf den Plan, wie die *Scots National League,* die sich als katholisch-gälische Kulturbewegung sah und sich als Partei Wahlen stellte, oder das *Scottish National Movement* und die *Glasgow University Student Nationalist Association*. 1928 gründeten Repräsentanten dieser politischen Organisationen die *National Party of Scotland* (NPS). Schottische Unabhängigkeit statt *Home Rule* war der zentrale Programmpunkt der neuen Partei. Der Kulturnationalismus der *Scots National League* war gegenüber ökonomischen Begründungen für die schottische Unabhängigkeit weit in den Hintergrund getreten. Die Anfang der dreißiger Jahre neugegründete *Scottish Party* verfocht im Gegensatz zur NPS weiterhin eine *Home-Rule*-Politik. Die *Scottish Party* wurde von Teilen des konservativ-liberalen schottischen Establishments mitgetragen, während die NPS als radikale Partei erschien. Dennoch hatten starke Kräfte in beiden Parteien den Eindruck, dass ihre Gemeinsamkeiten überwogen. Nach zahlreichen innerparteilichen Auseinandersetzungen einigten sie sich 1934 auf die Gründung der gemeinsamen *Scottish National Party* (SNP).

Die Parteigründung vermochte nicht, die Meinungsunterschiede innerhalb der Partei zu beseitigen. Im Parteiprogramm wurde zwar ein Formelkompromiss gefunden, der auch die Option der nationalen Unabhängigkeit nicht ausschloß, die Parteiführung versuchte dennoch, die Partei als *Home-Rule*-Bewegung zu führen. Als der Einfluss der Anhänger einer schottischen Unabhängigkeit in der Partei wuchs, verließen 1942 die »Gemäßigten« die Partei und organisierten sich in der *Scottish Union,* später umbenannt in *Scottish Convention.* Diese verbuchte in den vierziger Jahren große publizistische Erfolge mit der Gründung eines *Covenants,* eines Bundes für schottische *Home Rule.* In verhältnismäßig kurzer Zeit unterschrieb die Hälfte der erwachsenen schottischen Bevölkerung das Bundesdokument, aber dennoch blieb diese politische Mobilisierung folgenlos.

IV. Von der Nachkriegsstabilität zum »Disunited Kingdom«

In der Nachkriegszeit schien die nationale Frage in den nichtenglischen Territorien zunächst keine wichtige Rolle mehr zu spielen. Die Stabilität des Vereinigten Königreiches schien ungefährdet. Im Norden Irlands war zwar die Oppositionshaltung der katholischen Minderheit ungebrochen. Verwaltung und Polizei blieben für sie Instrumente einer fremden Macht. Zwar hatte Nordirland 1921 ein eigenes Parlament erhalten. Manipulationen bei der Grenzziehung von Wahlkreisen, die Besitzqualifikation für die Wahlberechtigung, das Mehrfachstimmrecht für Unternehmer sowie das Mehrheitswahlsystem sorgten aber dafür, dass die nationalistisch denkende katholische Minderheit dauerhaft unterrepräsentiert blieb. Selbst bei Kommunalwahlen in Gebieten, in denen die Nationalisten den Unionisten zahlenmäßig überlegen waren, produzierte das Wahlrecht oft unionistische Mehrheiten. Die Londoner Zentralregierung überließ de facto den Unionisten die Verwaltung Nordirlands. Den Nationalisten fehlte jeglicher politischer Einfluss, aber bis in die sechziger Jahre begehrten sie nicht auf.

In Wales bestritt *Plaid Cymru* noch bis in die fünfziger Jahre ihre Wahl-kämpfe mit der Forderung nach einem ausschließlich walisischsprachigen Wales. In den sechziger Jahren hatte der politische Bezugsrahmen Wales durch Entscheidungen der Regierung in London Konturen gewonnen. 1956 wurde Cardiff offiziell Landeshauptstadt, und 1964 wurde ein Wales-Ministerium eingerichtet. Der seit 1945 die Partei führende Gwynfor Evans setzte parallel zu der Anerkennung relativer walisischer Eigenständigkeit im Rahmen des britischen Staates eine Parteireform durch, die die Partei zu einer stärker politischen Bewegung machte. Der walisische Sprachpurismus wurde durch eine Politik der Zweisprachigkeit abgelöst. An die Stelle des Separatismus trat die Bereitschaft zur Interessenvertretung im britischen Regierungssystem und im britischen Parlament. Der parlamentarische Weg wurde zur ausschließlichen politischen Strategie, direkte Aktionen und Gewaltanwendung lehnte die Partei ab. Diese Wende von der reinen Kultur-partei zur politischen Interessenvertretung wurde *Plaid Cymru* erleichtert durch die Tatsache, dass der radikale Flügel des Kulturnationalismus ein zu-sätzliches Betätigungsfeld in der walisischen Sprachenbewegung *(Cymdeithas yr Iaith Gymraeg)* fand, die als Antwort auf eine 1962 gehaltene Radioanspra-che von Saunders Lewis gegründet wurde. Die Sprachenbewegung setzt mit der Konzentration ihres Interesses auf den Erhalt der walisischen Sprache und Kultur und ihrer Bereitschaft zum Aktionismus und zum zivilen Un-gehorsam die Traditionslinien der Frühphase *Plaid Cymrus* fort.

Die schottische SNP hatte bei den Wahlen 1945 einen Parlamentssitz gewonnen und einige Erfolge bei Nachwahlen erzielt. Diese relativ positi-ven Wahlergebnisse waren aber eher das Ergebnis der jeweiligen lokalen Sondersituation. Die Partei beteiligte sich in den fünfziger Jahren kaum an Wahlen, und ihre Existenz war von weit radikaleren nationalistischen Splittergruppen bedroht.

In den sechziger Jahren wandelte sich das politische Klima in Schott-land ebenso wie in Wales und in Nordirland. Die Periode konservativer Herrschaft in der Nachkriegszeit ging zu Ende. Forderungen nach poli-tischer Partizipation standen weltweit auf der Tagesordnung. Diese gesell-schaftliche Aufbruchstimmung bildete ein Gegengewicht zu den verlorenen Werten des Vereinigten Königreiches: seiner Weltgeltung als Empire und seiner Rolle als führendes Land der industriellen Revolution. Immer mehr schien das Vereinigte Königreich zur vom englischen Süden dominierten Mittelmacht zu werden, und immer weniger plausibel wurde der englische Herrschaftsanspruch über die Nachbarnationen in Schottland und Wales. »The Break-up of Britain«[9] wurde eine ernstzunehmende politische Per-spektive.

In Nordirland[10] aktivierte das Vorbild des amerikanischen Bürgerrechtlers Martin Luther King eine überkonfessionelle Bürgerrechtsbewegung, die NICRA *(Northern Ireland Civil Rights Association)*, die ein Ende der Diskriminierung der Katholiken durch Polizei und Verwaltung, bei der Wohnungsvergabe und im Wahlrecht forderte. Die harte Haltung eines Teils der Unionisten, deren Symbolfigur der Prediger und Kirchengründer *(Free Presbyterian Church)* Ian Paisley[11] wurde, verhinderte letztendlich eine innerirische Reformstrategie. Der Bürgerrechtsstreit polarisierte sich und nahm immer mehr den Charakter eines Bürgerkrieges zwischen Protestanten und Katholiken an. Immer weniger schien die häufig parteiische Polizei fähig, die katholische Bevölkerung vor Übergriffen zu schützen. Als im August 1969 britische Armeeeinheiten nach Nordirland gebracht wurden, wurde dies von den Katholiken zunächst als eine in ihrem Interesse liegende Schutzmaßnahme begrüßt. Diese positive Haltung erwies sich nach den wenig rücksichtsvollen Hausdurchsuchungen der Armee in katholischen Wohnvierteln allerdings nur von kurzer Dauer. Ein Flügel der IRA (die *Provisional IRA*) erklärte sich erneut zur gewaltsamen Verteidigung der Rechte der Nationalisten bereit; auf unionistischer Seite entstanden ebenfalls neue paramilitärische Organisationen. Der Konflikt eskalierte nicht nur wegen des nun um sich greifenden Einsatzes von Gewalt, sondern auch weil sich die Forderung der Unionisten nach einem Verbleib im Vereinigten Königreich und die nationalistische Zielvorstellung eines Abzugs der britischen Truppen und eines anschließenden Aufgehens des Nordens in der Republik Irland gegenseitig ausschlossen.

Anders als für die nationalistische Minderheit in Nordirland ergab sich für die Nationalisten in Schottland und Wales eine Perspektive aus der Beteiligung an Wahlen. 1966 gewann *Plaid Cymru* bei der Nachwahl von Carmarthen ihren ersten Parlamentssitz. Dieser Wahlsieg war psychologisch von großer Bedeutung, denn er belegte erstmals, dass Stimmen für *Plaid Cymru* trotz des britischen Mehrheitswahlsystems nicht automatisch verlorene Stimmen waren. *Plaid Cymrus* Anhängerschaft stabilisierte sich nach dem Durchbruch 1966, dem 1970 das bis Anfang der neunziger Jahre beste Wahlergebnis bei britischen Parlamentswahlen von 11,5 Prozent der walisischen Wählerstimmen folgte, mit Mühe auf dem 1970 erreichten Niveau (Wahlergebnis 1992: 9,0 Prozent). *Plaid Cymru* verfügte zwar über einen »Sockel« von Stammwählern. Diese Stammwählerschaft konzentrierte sich jedoch in ihren ausgesprochenen Hochburgen, wo es der Partei gelang, Mehrheitspartei zu werden. Diese Hochburgen, die sich auf drei Wahlkreise beschränkten, lagen in den bevölkerungsärmeren und wenig industrialisierten ländlichen Gebieten im Nordwesten des Landes. Hier war der

Anteil des protestantischen Nonkonformismus und der walisisch sprechenden Bevölkerung vergleichsweise am höchsten.

Es ist bezeichnend für die Parteigeschichte der siebziger Jahre, dass sich die größte Chance zum politischen Durchbruch für die Partei durch ein Gesetzgebungsvorhaben der in London regierenden *Labour Party* ergab. Die *Devolution*-Gesetzgebung, die eine walisische Versammlung mit dem Recht der Selbstverwaltung durch eine gewählte Versammlung (exekutive Devolution) vorsah, scheiterte jedoch in einem in Wales abgehaltenen Referendum, in dem sich nur 20,3 Prozent der Abstimmenden, das waren 11,9 Prozent aller Wahlberechtigten, für ein Regionalparlament aussprachen. In der unmittelbaren Folgezeit wurde *Plaid Cymru* der politische Niedergang prophezeit. Die Partei überlebte die Niederlage von 1979 jedoch zum einen, weil ihr Anliegen des Schutzes der walisischen Sprache und Kultur mit dem negativen Ausgang des Referendums keineswegs erledigt war, zum anderen aber auch, weil es ihr gelang, in ihrem ureigensten Bereich neue Erfolge vorzuweisen. Die Konservative Partei hatte im Falle eines Wahlsieges 1979 Wales einen eigenen walisischsprachigen Fernsehkanal versprochen. Als Margaret Thatcher zögerte, diesem Wahlversprechen nachzukommen, trat der *Plaid Cymru*-Vorsitzende Gwynfor Evans in einen Hungerstreik, den er – so seine durchaus ernstgemeinte Drohung – bis zum Tode durchhalten wollte. Die konservative Regierung gab nach, und es entstand 1982 in Cardiff der walisischsprachige Kanal S4C (der sich übrigens mit niveauvollen Zeichentrickfilmen weltweit einen Namen gemacht hat).

Unter dem Nachfolger des 1980 vom Parteivorsitz zurückgetretenen Gwynfor Evans, Dafydd Wigley, versuchte die Partei, sich durch programmatischen Wandel für die Hauptströmungen der von der *Labour Party* dominierten walisischen politischen Kultur zu öffnen. Ausdruck dieser Öffnungspolitik war eine sozialdemokratische Wende, die sich in der Umformulierung der zentralen Parteiziele ablesen lässt. Stand die Partei 1981 für »self-government for Wales«, so wurde diese Zielsetzung nun in »self-government and a democratic Welsh state based on socialist principles« umformuliert. Ebenfalls neu gefasst wurde das Parteiziel »to safeguard the culture, language, traditions and the economic life of Wales«, das nun »to safeguard and promote the culture, language, traditions, environment and economic life of Wales through decentralist socialist principles« lautet. Diese Umformulierung griff das Bemühen um die wachsende grüne Wählerbasis in Wales auf (Stichwort *environment*). Der Rekurs auf dezentrale Lösungen war nicht nur Ausdruck des Bemühens der Partei um eine Stärkung der von der Regierung Thatcher in den achtziger Jahren in ihren Rechten stark beschnittenen Kommunalverwaltungen, sondern auch ein Rückgriff auf die von Gwynfor Evans in Anlehnung an die Schriften seines Freundes Leopold Kohr gepflegte Weltanschauung, die von einer Überlegenheit kleiner Einheiten für die Gestaltung politischer Gemeinwesen ausgeht. Unverändert blieb das Parteiziel »to secure for Wales the right to become a member of the United Nations Organization«. Gegenüber dem Zentralismus und der Privatisierungspolitik der Konservativen Partei in den achtziger Jahren hielt Plaid Cymru an der für ökonomisch zurückgebliebene Regionen so wichtigen Rolle institutioneller Sicherungen für einen sozialen und ökonomischen Ausgleich fest. Entsprechend ambivalent war die Forderung der Partei nach »independence in Europe«, das sie sich eher als ein Europa der Regionen als ein Europa der Nationalstaaten vorstellte.

Nachhaltiger noch als in Wales wurde der Nationalismus in Schottland seit den sechziger Jahren zu einer politischen Kraft.[12] Die SNP hatte die Zeit ihrer Erfolglosigkeit zur Reorganisation der Partei genutzt und gewann seit Mitte der sechziger Jahre kontinuierlich neue Wähler hinzu. Da sich ihre Wählerschaft nicht auf wenige Hochburgen konzentriert, hatte sie trotz größerer Zustimmung mehr Mühe als die walisischen Nationalisten, ihre Stimmenanteile in Mandatsgewinne umzusetzen. In den Städten focht sie zudem lange Zeit mit relativ geringem Erfolg gegen die vorherrschende linke Tradition. Bei den Parlamentswahlen 1966 wählten bereits 5 Prozent der schottischen Wähler SNP, 1970 waren es 11,4 Prozent und bei den beiden Wahlen des Jahres 1974 sogar 21,9 Prozent bzw. 30,4 Prozent. Mitte der siebziger Jahre war die Partei mit elf Sitzen (von 71 schottischen) im Unterhaus vertreten.

Der Stimmenzuwachs für die schottischen Nationalisten verdankte sie auch dem Umstand, dass die Ölfunde in der Nordsee die schottische Unabhängigkeit auch aus ökonomischer Perspektive plausibel erscheinen ließen (»It's Scotland's Oil«, lautete der Parteislogan). Die bessere ökonomische Perspektive, die historisch weite Teile der schottischen Bevölkerung zu Befürwortern der schottisch-englischen Union gemacht hatte, wies nun in eine andere Richtung. England galt wirtschaftlich als »der kranke Mann Europas«, geplagt von der »englischen Krankheit«, von Streiks, Inflation und Wertverfall der Währung. Für Schottland schien es höchste Zeit, sich von diesem Prozess des Niedergangs abzukoppeln.

Die Labour-Regierung in London reagierte auf die nationalistische Herausforderung mit einer Politik der Zugeständnisse: Statt ihrer Unabhängigkeit sollte den Schotten eine eigene Versammlung mit begrenzten gesetzgeberischen Kompetenzen gewährt werden (legislative Devolution). Die schottischen Nationalisten beharrten demgegenüber auf ihrer Maximalforderung nach Unabhängigkeit. Dennoch stürzte sie das Scheitern des *Devolution*-Referendums 1979 in eine innerparteiliche Krise und in ein Popularitätstief.[13] Bei den Parlamentswahlen von 1979 erreichte die SNP nur noch einen Stimmenanteil von 17,3 Prozent und verlor neun ihrer elf Mandate im Unterhaus. Bei den Wahlen 1983 reduzierte sich ihr Stimmenanteil weiter auf 11,8 Prozent. Mitte der achtziger Jahre aber begann sich die Lage der Partei allmählich wieder zu verbessern. Zwar spielten die ökonomischen Möglichkeiten eines schottischen Ölreichtums in der öffentlichen Diskussion nun keine überragende Rolle mehr, ein anderes ökonomisches Argument rückte dagegen in den Vordergrund: die Konsequenzen der Wirtschaftspolitik Margaret Thatchers. Diese kam in Schottland als sozial rücksichtslose Katastrophenpolitik an, die den gesellschaftlichen Konsens und die traditionelle schottische Industriesubstanz zweifelhaften marktwirtschaftlichen Experimenten zu opfern bereit war.

Tab. 1: Die Vorgeschichte der heutigen Devolution-Politik im Überblick

Zeitraum	Triebkräfte	Ergebnis
2. Hälfte des 19. Jahrhunderts bis ca. 1921	Home Rule-Bewegungen	legislative Devolution in Nordirland (1921–72): Stormont Parlament administrative Devolution in Schottland (seit 1885): Schottlandminister und Scottish Office
Zwischenkriegszeit und Nachkriegszeit (bis Anfang der siebziger Jahre)	Gründung nationalistischer Parteien in Schottland und Wales, erste Wahlerfolge. Sprachenbewegung in Wales	Ausbau der administrativen Devolution in Schottland, administrative Devolution in Wales (seit 1964)
siebziger Jahre	Bürgerkrieg in Nordirland, Wahlerfolge nationalistischer Parteien in Schottland und Wales	De facto Ende der legislativen Devolution in Nordirland, Devolution-Gesetzgebung für Schottland und Wales 1976 und 1977 zur Einführung der exekutiven Devolution in Wales und der legislativen Devolution in Schottland. Scheitern der Devolution-Referenden für Schottland und Wales 1979.

Quelle: Roland Sturm, Devolution – Der pragmatische Weg zur Anerkennung regionaler Vielfalt im Vereinigten Königreich, in: Michael Piazolo/Jürgen Weber (Hrsg.), Föderalismus. Leitbild für die Europäische Union?, München 2004, S. 181–199, hier S. 185.

V. Die Devolution-Politik von »New Labour« (seit 1997)

Der Wahlsieg Tony Blairs veränderte die Rahmenbedingungen der Politik für Schottland, Wales und Nordirland. Als Bestandteil des Projekts der Modernisierung der britischen Verfassung griff die neue Regierung die Devolution-Politik der siebziger Jahre wieder auf. Schon im Wahlkampf Ende 1991 hatte Neil Kinnock, der 1992 erfolglose Labour-Spitzenkandidat, versprochen, sofort nach seiner Wahl ein schottisches Parlament, mit dem Recht, eigene Steuern zu erheben, einzurichten (legislative Devolution). Tony Blair knüpfte mit seinen Wahlkampfversprechen direkt an Neil Kinnocks Vorgaben an, war aber insofern vorsichtiger, als er den Gesetzgebungsprozess zur Umsetzung der Devolution-Reformen von einem erfolgreichen Referendum abhängig machen wollte. Wales sollte in der bereits üblich gewordenen Weise mit dem minderen Status der exekutiven Devolution in das Verfassungsreformprojekt einbezogen werden.

In Nordirland hatten die auf der Seite der irischen Nationalisten seit 1993 geführten Gespräche zwischen Gerry Adams von der Sinn Féin-Partei, dem politischen Arm der IRA, und John Hume, dem Vorsitzenden der gemäßigt-nationalistischen Social Democratic and Labour Party (SDLP), dazu geführt, dass die IRA 1994 erstmals einen Waffenstillstand verkündete, der allerdings erst 1997 endgültig eingehalten wurde. Parallel dazu entwickelte der britische Premierminister John Major mit seinem irischen Amtskollegen Albert Reynolds in britisch-irischen Verhandlungen die Prinzipien für eine neue institutionelle Struktur der nordirischen Selbstregierung (Downing Street Declaration vom 15. Dezember 1993). Konkretisiert wurden diese Vorschläge in Verhandlungen des Nachfolgers von Reynolds, John Bruton, mit dem britischen Premierminister. Das Ergebnis dieser Verhandlungen war die Vereinbarung »Frameworks for the Future« vom 22. Februar 1995. Mit letzterem Dokument war eine institutionelle Lösung des Nordirlandkonflikts in Sicht. Sie scheiterte aber daran, dass John Major nicht bereit war, Verhandlungen mit Sinn Féin über eine Friedenslösung aufzunehmen, da er im britischen Parlament für wichtige Abstimmungen auf die Stimmen der unionistischen Abgeordneten aus Nordirland, die eine Anerkennung Sinn Féins als Gesprächspartner ablehnten, angewiesen war.

Mit dem überragenden Wahlsieg der Labour Party 1997 änderte sich diese Situation grundlegend. Nun konnten Allparteiengespräche beginnen, die am 10. April 1998 (Karfreitag) erfolgreich zum Abschluss gebracht wurden. Das neue Nordirland-Abkommen sieht eine Devolution vor, die auf der Machtteilung der (katholischen) Nationalisten und der (protestantischen) Unionisten beruht. Über die Zukunft Nordirlands soll nur noch mit friedlichen und demokratischen Mitteln entschieden werden. Die Republik Irland trug zur Bekräftigung dieser Neuorientierung dadurch bei, dass sie das »Wiedervereinigungsgebot« ihrer Verfassung, die die gesamte Insel als Territorium der Republik Irland definierte, modifizierte und diese Verfassungsänderung zeitgleich mit dem Referendum in Nordirland über das Karfreitagsabkommen (Belfast Agreement) den Bürgerinnen und Bürgern der Republik zur Volksabstimmung vorlegte.

In der Republik Irland stimmten 94,39 Prozent der Abstimmenden bei einer Wahlbeteiligung von 55,63 Prozent für diese Verfassungsänderung.[14] Die Regierung Blair war nicht nur bei ihrem, das Karfreitagsabkommen bestätigendem Devolution-Referendum in Nordirland, sondern auch bei den Devolution-Referenden in Schottland und Wales erfolgreich. »Home Rule All Around« war nun im Vereinigten Königreich Realität geworden. Das schottische Parlament ist für die meisten Aspekte der schottischen Innenpolitik zuständig und hat die Möglichkeit, marginal den Einkommensteuersatz zu variieren. Die walisische Versammlung trägt Verantwortung für die Umsetzung eines Großteils der britischen Gesetzgebung in Wales. Der einzige Wermutstropfen ist die Situation in Nordirland, wo der Streit um die Entwaffnung der IRA 2002 zur Suspendierung der nordirischen Versammlung führte. Die endgültige Absage an politische Gewalt, die die IRA im Jahr 2005 formulierte, gibt allerdings Hoffnung, dass in den nächsten Jahren das Devolution-Experiment auch in Nordirland weitergeführt wird.

Tab. 2: Abstimmungsergebnisse der Devolution-Referenden

Termin	Ort	JA-Stimmen in %
September 1997	Schottland	74,3 (63,5 Steuerhoheit)*
September 1997	Wales	50,3
Mai 1998	Nordirland	71,1

* Zwei Fragen im Referendum.

Die politische Ordnung Nordirlands und von Schottland und Wales unterscheidet sich heute grundlegend. Zwar findet sich überall eine Volksvertretung und eine Regierung, aber deren Kompetenzen und deren Regierungspraxis weichen deutlich voneinander ab. In Nordirland beruht Regierungsfähigkeit auf einer Teilung der Macht, in Schottland wurde das Regieren in Koalitionen zur Regel, und in Wales regiert quasi ein gemeinsamer Verwaltungsausschuss, der politisch überwiegend von der Labour Party dominiert wird. In allen drei Devolution-Gebieten sind Kollegialität und Konsens bei der Entscheidungsfindung in der Volksvertretung und in der Exekutive ausgeprägter als in der britischen Politik. Das Parlament der vierten Nation, dasjenige Englands, ist weiterhin das gemeinsame britische Parlament. Es gibt keine ernstzunehmenden Bestrebungen, ein eigenes englisches Parlament einzuführen. Allerdings hatte die Devolution-Politik zur Folge, dass heute mehr als je zuvor über die englische Identität und die englische Dimension der britischen Politik und Kultur nachgedacht wird.[15]

Tab. 3: Regierungsorganisation und Regierungspraxis

Ort	Art der Devolution	Regierungsbildung	Regierungspraxis
Nord-irland	legislative (Northern Ireland Assembly)	Machtteilung zwischen dem unionistischen und dem nationalistischen Lager	Konkordanzregierung aus Vertretern aller Parteien mit Vetorecht jeder der beiden Bevölkerungsgruppen
Schott-land	legislative (Scottish Parliament)	Koalitionsregierungen von Labour Party und Liberal Democrats	Kabinettsregierung. Die stärkste Partei (Labour) stellt den First Minister, die zweitstärkste den Deputy First Minister
Wales	exekutive (National Assembly for Wales)	Minderheitsregierung (Labour) bis Oktober 2000. Koalitionsregierung von Labour und Liberal Democrats (2000–2003). Seit 2003 Alleinregierung der Labour Party	Regierung aus Ausschussvorsitzenden für bestimmte Sachgebiete geleitet von einem ebenfalls für bestimmte Verwaltungsaufgaben verantwortlichen First Secretary, der sich seit Oktober 2000 First Minister nennt

Quelle: wie Tab. 1, S. 193.

Nicht nur die regionale Regierungspraxis und Regierungsorganisation spiegeln die territoriale Vielfalt des Vereinigten Königreiches wider, auch das Parteiensystem. Die walisische Nationalpartei Plaid Cymru ist ebenso wie die schottische Nationalpartei SNP im Parteiensystem ihrer Territorien heute fest etabliert. Bei den Unterhauswahlen 2005 erreichte Plaid Cymru zwar »nur« drei Sitze (2001 waren es noch vier), aber immer noch eine Unterstützung von 12,6 Prozent in der Wählerschaft (–1,7 Prozent im Vergleich zu 2001). Die SNP, unterstützt von 17,7 Prozent der Wählerschaft (–2,4 Prozent verglichen mit 2001), verlor einen Sitz im Unterhaus.[16] Noch deutlicher werden die Besonderheiten des politischen Wettbewerbs im Zeichen von Devolution, wenn man sich die Wahlergebnisse der nationalen Wahlen in Schottland, Wales und Nordirland ansieht. Sowohl in Schottland als auch in Wales ist die nationalistische Partei die zweitstärkste Kraft, und in Schottland hat sich ein im Vergleich zur britischen Politik deutlich erweitertes Parteiensystem herausgebildet.

Tab. 4: Wahlen zum Schottischen Parlament (Mandate)

Partei	6. Mai 1999	1. Mai 2003
Labour Party	56	50
SNP	35	27
Konservative	18	18
Liberal Democrats	17	17
Grüne	1	7
Scottish Socialist Party	1	6
Andere	1	4

Quelle: Michael Münter, Verfassungsreform im Einheitsstaat. Die Politik der Dezentralisierung in Großbritannien, Wiesbaden 2005, S. 258.

Tab. 5: Wahlen zur walisischen Nationalen Versammlung (Mandate)

Partei	6. Mai 1999	1. Mai 2003
Labour Party	28	30
Plaid Cymru	17	12
Konservative	9	11
Liberal Democrats	6	6
Andere	0	1

Quelle: wie Tab. 4, S. 262.

In Nordirland gelang es bisher nicht, die Konfrontation des unionistischen und des nationalistischen Lagers zu überwinden. 1998 standen 55 Unionisten unterschiedlicher Parteien und 3 unabhängige Unionisten 42 Abgeordneten von Sinn Féin und SDLP gegenüber, 2003 waren es insgesamt 59 Unionisten bei gleichbleibender Zahl der nationalistischen Mandate. Die Konfrontation wurde dadurch verschärft, dass in beiden Konfliktgruppen die gemäßigteren Vertreter, also die UUP bei den protestantischen Unionisten und die SDLP bei den katholischen Nationalisten, ihre dominierende Position gegenüber den radikaleren Parteien verloren. Heute ist Sinn Féin der Wortführer des nationalistischen Lagers, und die DUP bestimmt den Kurs des Unionismus.

Tab. 6: Wahlen zur nordirischen Versammlung (Mandate)

Partei	27. Juni 1998	26. November 2003
Democratic Unionist Party (DUP)	20	30
Ulster Unionist Party (UUP)	28	27
Social Democratic and Labour Party (SDLP)	24	18
Sinn Féin	18	24
Allianzpartei (überkonfessionell)	6	6
UK Unionist Party (UKUP)	5	1
Progressive Unionist Party (PUP)	2	1
Northern Ireland Women's Coalition (NIWC)	2	0
Andere	3	1

Quelle: Rick Wilford/Robin Wilson, The Virtual Election: The 2003 Northern Ireland Assembly Election, in: Representation, 40(4), 2004, S. 250–266, hier S. 257.

VI. Fazit

Devolution fördert die territorialen Identitäten und bestärkt das Selbstbewusstsein der Schotten und Waliser. In Nordirland muss Devolution sich in der Zusammenarbeit der unterschiedlichen politischen Traditionen erst noch bewähren. Devolution ist aber kein Föderalismus. Staatsrechtlich haben die Volksvertretungen in Schottland, Wales und Nordirland keine eigene Verfassungsgrundlage. Ihre Existenz hängt also von der Mehrheitsentscheidung des britischen Parlaments ab. In der politischen Praxis ist der Schritt zurück zum zentralistischen Einheitsstaat aber nicht mehr durchzusetzen und nicht mehr vorstellbar. Unzweifelhaft steht heute fest: Das Vereinigte Königreich ist in der politischen Realität und im Bewusstsein seiner Bürger mehr als je zuvor in seiner Geschichte ein Vier-Nationen-Staat geworden.

Anmerkungen

1 So der Erklärungsansatz von Michael Hechter, Internal Colonialism. The Celtic Fringe in British National Development 1536-1966, Berkeley-Los Angeles 1975.

2 Zum Folgenden vgl. auch George Macaulay Trevelyan, A Shortened History of England, Harmondsworth 1959, S. 261 ff.

3 Vgl. John Duncan Mackie, A History of Scotland, Harmondsworth 1978[2], S. 257 ff.

4 Christopher Harvie, Scotland and Nationalism. Scottish Society and Politics 1707–1977, London 1977, S. 29 ff.

5 Auf diese Debatte verweist James G. Kellas, The Scottish Political System, Cambridge 1975[2], S. 19.
6 Dennis Graham Pringle, One Island, Two Nations? A Political Geographical Analysis of the National Conflict in Ireland, Letchworth 1985, S. 109.
7 Alan Butt Philip, The Welsh Question. Nationalism in Welsh Politics 1945–1970, Cardiff 1975, S. 7 ff.
8 Vgl. zum folgenden auch Jack Brand, The National Movement in Scotland, London 1978, S. 173 ff.
9 Tom Nairn, The Break-Up of Britain. Crisis and Neo-Nationalism, London 1977.
10 Vgl. zum Folgenden Roland Sturm, Der Nordirlandkonflikt, in: Aus Politik und Zeitgeschichte, B 38/87, S. 45–54.
11 Ausführlicher: Steve Bruce, God save Ulster! The Religion and Politics of Paisleyism, Oxford 1986.
12 Als Überblick vgl. auch Roger Levy, Scottish Nationalism at the Crossroads, Edinburgh 1990; Andrew Marr, The Battle for Scotland, Harmondsworth 1992.
13 Ausführlicher Ian O. Bayne, The Impact of 1979 on the SNP, in: Tom Gallagher (Hrsg.), Nationalism in the Nineties, Edinburgh 1991, S. 46–65.
14 Vgl. Lucy Mansergh, Two Referendums and the Referendum Commission: The 1998 Experience, in: Irish Political Studies 14, 1999, S. 123–131.
15 Vgl. u.a. Roland Sturm, Englishness in an Era of Constitutional Change, in: Dieter Kastovsky/ Gunther Kaltenböck/ Susanne Reichl (Hrsg.), Anglistentag 2001 Wien, Trier 2002, S. 353–360.
16 Nach House of Commons, Research Paper 05/33, General Election 2005, 17. Mai 2005, S. 15 f.

Weiterführende Literatur

Diekmann, Knut, Die nationalistische Bewegung in Wales, Paderborn etc. 1995.
Elvert, Jürgen, Geschichte Irlands, München 1993.
Harvie, Christopher, Scotland and Nationalism, Scottish Society and Politics 1707 to the Present, London/New York 2004[4].
Münter, Michael, Verfassungsreform im Einheitsstaat. Die Politik der Dezentralisierung in Großbritannien, Wiesbaden 2005.
Sturm, Roland, Nationalismus in Schottland und Wales, Bochum 1981.

Links

www.devolution.ac.uk
www.scotland.gov.uk
www.scotland.parliament.uk
www.niassembly.gov.uk
www.northernireland.gov.uk
www.wales.gov.uk
www.ghil.ac.uk

Jürgen Osterhammel

Empire und Commonwealth

Nicht alle Inselvölker richten den Blick aufs Meer. Die Japaner haben der
See stets misstraut, keine großen Handelsflotten unterhalten, niemals vor
dem Zweiten Weltkrieg den Ehrgeiz entwickelt, eine Seemacht sein zu
wollen. Die Bewohner der britischen Inseln verkörpern das Gegenteil ei-
ner solchen Abwendung vom Wasser: Spätestens seit der Elisabethanischen
Zeit (1558–1603) hat sich englisch-britische Geschichte in einer maritimen
Arena abgespielt. Man muss keinen besonders abenteuerlustigen englischen
Volkscharakter bemühen, um verstehen zu wollen, warum die imperiale
Dimension den Grundcharakter der neuzeitlichen britischen Geschichte
tief geprägt hat.[1]

I. Das »erste« britische Reich

Ein relativ kleines und bevölkerungsschwaches Land nutzte Vorteile, die es
zu Beginn der Frühen Neuzeit im Vergleich zu den Staaten des europäischen Kontinents besaß: eine günstige Lage am Ostrand des Atlantischen
Ozeans; viel Erfahrung mit Küstenschiffahrt und Schiffbau; eine Wirtschaft,
die exportfähige Überschüsse produzierte; eine Kaufmannschaft in den Ha-
fenstädten, die früh mit neuartigen Formen der Partnerschaft und der Finanzierung des Fernhandels experimentierte; eine Staatsmacht, die zeitig die
Bedeutung der Marine für die Landesverteidigung und des Überseehandel
für die Prosperität des Gemeinwesens erkannte. Hinzu kamen nach der Reformation ein protestantisches Sendungsbewusstsein, das gegenüber katholischen Iren und heidnischen »Wilden« an der eigenen Überlegenheit keinen
Moment des Zweifels erlaubte, sowie der Emigrationswille kleiner Gruppen
religiöser Dissidenten, von denen die »Pilgerväter« des Jahres 1620 die bekanntesten sind.
    Wann aus solchen Anfängen ein englisches »Imperium« entstand, ist
schwer zu sagen und letzten Endes auch nicht besonders wichtig. Der Begriff
»empire« wurde im 16. und 17. Jahrhundert noch nicht in dem Sinne verwendet, den er um 1800 erhielt: ein zentral und zumeist autoritär regiertes

multiethnisches Gemeinwesen, das überwiegend durch militärische Eroberung entstand und in dem eine Asymmetrie zwischen Mutterland (»Metropole«) und abhängigen Peripherien (meist »Kolonien«) auch nach langer Zeit nicht verschwand. Diese Definition lässt sich selbstverständlich bereits auf das Imperium Romanum anwenden, und es ist kein Zufall, das sich die Herrschaftselite des British Empire im 19. Jahrhundert stark mit dem alten Rom identifizierte. Für die Zeit davor wird man manche Elemente dieser Art von Imperium in der geschichtlichen Wirklichkeit schwer wiederfinden.

Das frühe britische Empire war im Vergleich zu den Überseereichen Spaniens und Frankreichs trotz zuweilen energischer politischer Führung im Kern eine Privatangelegenheit von Kaufleuten und Siedlern. Kontrolle über größere Territorien war noch kein Selbstzweck. Um Handel – auch den Handel mit afrikanischen Sklaven – abzusichern, genügten in der Regel Stützpunkte an strategisch günstigen Küstenorten. Die vorwiegend landwirtschaftlich tätigen Siedler wiederum – es gab sie in nennenswerter Zahl allein in Nordamerika – verstanden sich eher als Vorkämpfer von Christentum und europäischer Zivilisation denn als Pioniere eines englischen oder britischen Weltreichs. Sorgsam waren sie auf eine möglichst große Unabhängigkeit von London bedacht. Die Kolonisten erwarteten vom Mutterland Schutz gegenüber anderen Kolonialmächten (vor allem Spanien und Frankreich), die Garantie einer Rechtsordnung englischen Typs sowie Zugang zu den Märkten auf den britischen Inseln – mehr nicht.

Wenn man abermals die bei den Zeitgenossen so beliebten Analogien zur Antike bemühen will: Das Empire vor dem letzten Drittel des 18. Jahrhunderts war eher ein »griechisches« als ein »römisches« Gebilde. Es war, wie es damals hieß, ein locker gestricktes »empire of the seas« auf beiden Seiten des Atlantischen Ozeans. Die wichtigste Kolonie neben den Siedlungsgebieten an der nordamerikanischen Ostküste war die Insel Jamaika in der Karibik, um die Mitte des 18. Jahrhunderts einer der größten Zuckerproduzenten der Welt und damals die wirtschaftlich wertvollste der britischen Besitzungen. Man kann dieses »erste« British Empire am besten als ein *britisch dominiertes System des Nordatlantikhandels* beschreiben. Der Austausch in diesem System verlief nicht bilateral zwischen Metropole und Kolonien. Vielmehr wurde das System in Gang gehalten durch Produktion und Export in Großbritannien, den Nordenglandkolonien, der Karibik und Afrika. (West-)Afrika, in dem es vor 1800 keine britischen Kolonien gab, »produzierte« und exportierte menschliche Arbeitskraft: die Sklaven, die durch einen international organisierten Sklavenhandel in die Neue Welt verschleppt wurden. Zwischen etwa 1760 und 1780 erreichte die jährliche Einfuhr von Sklaven in die britischen Kolonien ihren Höhepunkt.

II. Das Empire im Jahrhundert britischer Weltmacht (ca. 1798–1898)

Das »erste« British Empire verschwand nicht von heute auf morgen und wurde nicht plötzlich durch ein ganz anders geartetes »zweites« ersetzt. Man sollte eher von einem »Umbau« des Empire sprechen, der nach einer Übergangszeit – ca. 1780 bis 1830 – einen neuen und komplizierteren Typ von Imperium, ein wahres Weltreich, entstehen ließ. Dieser Umbau vollzog sich nicht nach einem großen Plan. Obwohl Teile der politischen Elite Großbritanniens schon seit der Mitte des 18. Jahrhunderts in »globalen« Kategorien dachten, gab es doch keine große Strategie eines »Griffs nach der Weltmacht«. Großbritannien besaß besonders günstige Voraussetzungen für eine fortgesetzte überseeische Expansion, und es nutzte Chancen und Zufälle, die sich boten, besonders geschickt aus. So erklärt sich, dass das British Empire schließlich wie ein buntes Mosaik der verschiedenartigsten Elemente aussah.

Das alte nordatlantische Handelsimperium geriet im letzten Quartal des 18. Jahrhunderts in eine tiefe Krise. Es wurde weniger wirtschaftlich aus dem Gleichgewicht geworfen als politisch-ideologisch auf den Prüfstand gestellt. Zwei Herausforderungen waren dabei für die bestehenden Zustände besonders bedrohlich: Zum einen dachten die Kolonisten in den Nordenglandstaaten einige Grundideen über politische Ordnung weiter, die seit John Locke in der Diskussion waren, radikalisierten sie und kamen zu dem durchaus logischen Schluss, dass es praktisch vorteilhaft und theoretisch gut begründbar sei, sich von der Vormundschaft der englischen Krone und ihrer Vertreter in Amerika zu befreien. Das war der Kern der Amerikanischen Revolution. Sie führte nach einem Unabhängigkeitskrieg der Kolonisten (die aus Frankreich kriegsentscheidende Militärhilfe erhielten) gegen Großbritannien 1783 zur Anerkennung der neuen United States of America durch London.

Zum anderen gerieten Sklavenhandel und Sklaverei, ohne die das nordatlantische Handelsimperium undenkbar war, in die Kritik. Diese Kritik wurde in Großbritannien selbst durch eine Allianz von Christen, aufgeklärten Humanitaristen und kühl kalkulierenden Ökonomen sehr wirkungsvoll vorgetragen. Dieser so genannte Abolitionismus, der zunächst nirgendwo sonst in Europa einen ähnlichen Einfluss gewann, erreichte, dass das britische Parlament mit Wirkung von 1808 den Sklavenhandel im British Empire und dann die Sklaverei selbst verbot (1834 wurden die Sklaven in der Karibik befreit). Diese Entscheidung hatte zwei weiter gehende Folgen: Erstens erhielt die Kriegsmarine, die Royal Navy, den Auftrag, den Sklavenhandel auch in Schiffen unter nicht-britischer Flagge zu unterbinden. Dies gab der Navy im Prinzip Anlass zum Eingreifen überall im Atlantik und im Indischen Ozean. Zum anderen bestärkte die Überwindung der Sklaverei die britische Öffentlichkeit in einem Gefühl, das gleichzeitig durch die wirtschaftliche Dynamik der beginnenden Industrialisierung genährt wurde: Großbritannien sei die fortschrittlichste Nation der Erde und daher moralisch befugt und aufgerufen, eine »zivilisatorische Mission« in der Welt zu erfüllen.

Damit war ein neues Grundprinzip imperialer Legitimation gefunden: Das British Empire verstand sich fortan als eine riesige Maschinerie zur Verbreitung des Guten (einschließlich des protestantischen Christentums) in der Welt. Dass dabei die handfesten materiellen Interessen Großbritanniens nicht zu kurz kommen durften, verstand sich von selbst. Aus guten Vorsätzen allein entsteht noch kein Imperium. Einiges musste hinzukommen:

(1) Der Verlust der USA fügte dem Empire keinen großen Schaden zu. Die transatlantischen Handelsbeziehungen wurden weiter ausgebaut und internationale Konflikte dadurch vermieden, dass die USA einstweilen kaum weltpolitische Ambitionen verfolgten. Mehr als 3,5 Millionen (bis 1914) Auswanderer aus England, Schottland und Wales in die USA stärkten gemeinsame anglophon-atlantische Identitäten.

(2) Bereits im ersten aller wahren Weltkriege, dem Siebenjährigen Krieg (1754–63), der in Zentraleuropa, aber auch in Nordamerika und Indien ausgetragen worden war, hatte Großbritannien seinem wichtigsten imperialen Konkurrenten, Frankreich, große Teile Kanadas und mehrere Stützpunkte abgenommen. In der nächsten Runde der Auseinandersetzung, zwischen 1792 und 1815, setzte sich Großbritannien noch erfolgreicher durch. Das revolutionäre und dann napoleonische Frankreich vermochte es nicht, die britische Vorherrschaft zur See zu brechen. Am Ende des großen Konflikts hatte sich Großbritannien wichtige Marinebasen wie Kapstadt und Malta gesichert. Vor allem: Sämtliche französische Ambitionen in Indien waren gescheitert. Bereits Mitte der 1760er Jahre hatten die Briten – in Gestalt der gemischt staatlich-privaten *East India Company* – die Herrschaft über die reiche Provinz Bengalen übernommen. Doch erst in großen Feldzügen, die 1798 begannen, schalteten sie die letzten Reste französischen Einflusses in Indien aus und besiegten die verbliebenen indischen Militärmächte. 1818, am Ende der Eroberungszeit, war aus einer bengalischen Regionalmacht die unbestrittene Oberherrin über den gesamten südasiatischen Subkontinent (einschließlich von Ceylon/Sri Lanka) geworden. Großbritannien kontrollierte nun die bevölkerungsreichste Kolonie in der gesamten Geschichte der europäischen Expansion.

Erst in Indien bedeutete britische Kolonialherrschaft mehr als nur eine lockere Aufsicht über selbstbewusste Landwirte und Sklavenhalter. Eine winzige Minderheit von Briten (darunter überproportional viele Schotten und Iren) regierte nun über eine Vielzahl nicht-europäischer Gesellschaften – die sozialen und religiösen Unterschiede zwischen den einzelnen Teilen Indiens waren beträchtlich – und musste sich teilweise den Besonderheiten indischer Politik anpassen. Erstmals im Empire entstand nun ein bürokratischer Staat, der eher an die Staatsapparate des europäischen *Ancien Régime* als an die traditionelle dezentrale Selbstverwaltung der britischen Grafschaften erinnerte. Dieser Kolonialstaat, der zum Vorbild kolonialer Herrschaft in anderen Teilen der Welt wurde, hatte vor allem drei Aufgaben zu erfüllen: a) für Ordnung zu sorgen, also die britische Herrschaft militärisch zu sichern und das turbulente Indien zu befrieden, b) die Grundsteuer zu kassieren: die wichtigste Finanzierungsquelle der Kolonialherrschaft und der Ursprung britischer öffentlicher Bereicherung aus Indien, c) günstige Bedingungen für den Außenhandel zu schaffen, an dem neben der mit Monopolrechten ausgestatteten *East India Company* von Anfang an auch Privatleute beteiligt waren.

(3) Nahezu gleichzeitig mit den Anfängen des bürokratischen Kolonialstaates in Indien, aber damit ursächlich nicht verbunden, lebte ein anderer Typ von Kolonie neu auf. Die britische Position in Kanada (das zunächst in mehrere einzelne Kolonien zerfiel) war durch die allmähliche Immigration von Europäern, die Gründung von Städten und die Verdrängung der Ureinwohner hinter eine sich voran schiebende Siedlungsgrenze (*frontier*) aufgebaut worden. Ähnliches wiederholte sich nun in Australien in teleskopartiger Verkürzung. Während der nordamerikanischen Wirren war das beliebte Abschieben verurteilter Sträflinge in die Kolonien (das vielen die im England des 18. Jahrhunderts schnell verhängte Todesstrafe ersparte) schwierig geworden. Da entsann man sich des zwar seit Kapitäns Cooks erster Weltumsegelung (1768–71) auf Karten verzeichneten, aber sonst unbekannten und – wie man meinte – »herrenlosen« Australiens als Alternative. Mit der Ankunft der »Ersten Flotte« 1788 begann Australiens Geschichte zunächst als Gefängnis, dann als Sträflings-Kolonie, schließlich, seit etwa der Mitte des 19. Jahrhunderts, als attraktives Ziel für freiwillige Einwanderer. Die australischen Kolonien, die sich erst 1901 zu einer Föderation zusammenschlossen, wurden zu eigenständigen, politisch vitalen Gemeinwesen demokratischer Prägung, von denen die Ureinwohner (*aborigines*) freilich ausgeschlossen blieben. In Neuseeland wiederholte sich seit 1840 ein ähnlicher Prozess der Staats- und Nationbildung in noch kürzerer Zeit. Nur gab es dorthin keine Sträflingsverschickung und der militärische Widerstand der

einheimischen Maori war so stark und so gut organisiert, dass die Briten, anders als in Australien und eher an Indien oder später an Afrika erinnernd, Eroberungskriege führen mussten. Sie kamen erst gegen 1872 zu einem Ende.

(4) Die neue Phase der britischen Expansion fiel zeitlich mit der Industriellen Revolution zusammen, also dem seit etwa 1780 deutlich spürbaren Aufschwung der mechanisierten Produktion in Fabriken von beispielloser Größenordnung und der Anwendung der neuen Dampfmaschinentechnik auf den Verkehr. Die Beziehungen zwischen früher Industrialisierung und dem Aufstieg des »Second British Empire« sind keineswegs geklärt. So viel lässt sich aber sagen: Die Siege zur See über Napoleon und zu Lande über die indischen Fürsten wurden noch mit einer vollkommen vorindustriellen Militärtechnologie errungen, und die frühe Besiedlung Australiens geschah noch mit Hilfe von Segelschiffen. Dampfboote gewannen erst im Opiumkrieg gegen China (1840–42) entscheidende Bedeutung. Auch waren die Staatsmänner hinter der neuen Expansionspolitik durchweg Aristokraten alten Schlages und nicht Vertreter eines »aufstrebenden« industriellen Bürgertums. Überhaupt blieben Außen- und Kolonialpolitik während des ganzen 19. Jahrhunderts überwiegend – und nicht nur in Großbritannien – eine aristokratische Domäne.

Großbritanniens Rolle als wirtschaftlich leistungsfähigstes Land der Welt machte sich auf eine eher indirekte Weise geltend. Zum einen waren bereits im 18. Jahrhundert die Mechanismen der Kriegsfinanzierung so perfektioniert worden wie in keinem anderen Staat der Welt. Zum anderen intensivierte die frühe Industrialisierung die ohnehin schon relativ starke Einbindung Großbritanniens in die Weltwirtschaft. Der neben Kohle wichtigste Rohstoff der Industriellen Revolution, die Baumwolle, wächst nicht auf den britischen Inseln. Er musste aus Asien, Nordamerika und später Ägypten importiert werden. Umgekehrt produzierten die Kattunfabriken in Mittelengland immer größere Mengen an Waren, die zu stetig sinkenden Preisen und dennoch hohen Gewinnen in aller Welt verkauft wurden. Dies stand jedoch in keinem direkten Zusammenhang mit der Geographie der imperialen Expansion. Die Rohstoffversorgung liess sich über den freien Handel problemlos organisieren, ohne dass ein kolonialer Zugriff auf Baumwollplantagen nötig geworden wäre. Und Absatzmärkte »eroberte« man sich mangels Konkurrenz auf friedlichem Wege, sobald dort die Importzölle niedrig genug waren. Es genügte daher, mit ein wenig Druck, manchmal sogar militärischem Nach-Druck (wie in China 1840–42), nicht-europäische Regierungen dazu zu bringen, britische Einfuhren unbehindert ins Land zu lassen. Man musste die Märkte zu diesem Zweck nicht militärisch unterwerfen und kolonisieren.

Die Industrialisierung und die überseeische Reichsbildung folgten mithin jeweils eigenen »Logiken«, die sich nur manchmal berührten. Die Logik der Industrialisierung war mit informellem britischem Einfluss zufrieden, brauchte also nur das, was man ein »informal empire« genannt hat, aber keine kostspielig zu beherrschenden Kolonien. So war es etwa in ganz Lateinamerika, das im 19. Jahrhundert von Großbritannien mit Waren und Kapital durchdrungen, aber nicht kolonisiert wurde. Die Logik der Kolonisierung wiederum reagierte defensiv auf Bedürfnisse von Handel und Finanz: Sobald britische Interessen in Gefahr waren, erwog man die koloniale Eroberung als letztes Mittel zu ihrem Schutz. Indes wurde die Logik der offensiven Kolonisierung nicht in erster Linie von wirtschaftlichen Motiven getrieben. Offensive Aktionen wurden im allgemeinen strategisch begründet: Man wolle eine gefährdete Grenze durch Okkupation ihres Vorfeldes sichern, ein Territorium präventiv unter den eigenen »Schutz« stellen, damit sich dort kein Rivale festsetzen könne, Häfen (wie Kapstadt, Singapur oder Hongkong) und vorgelagerte Inseln (wie Malta oder Zypern) besetzen, um Verbindungslinien offen zu halten und um zum Nutzen Aller die Freiheit der Meere zu garantieren. Diese Prinzipien wurden während der napoleonischen Kriege ebenso angewandt wie nach 1882 beim Wettlauf um die Aufteilung Afrikas.

Dies waren die vier Voraussetzungen, auf denen das British Empire des 19. Jahrhunderts beruhte: der Aufbau nicht freundschaftlicher (diese Kategorie spielte in der Diplomatie des 19. Jahrhunderts ohnehin kaum eine Rolle), aber doch tragfähiger Beziehungen zu den postkolonialen USA; die Eroberung Indiens, das danach zu einem Laboratorium für neue Formen kolonialer Staatlichkeit wurde; die Fortsetzung des Siedlungskolonialismus, nunmehr in Richtung Australiens und Neuseelands; schließlich die zunehmende finanzielle und industrielle Stärke Großbritanniens, die zwar nicht die Eroberung neuer Kolonien nach sich zog, aber doch eine Politik der weltweiten Öffnung von Märkten verlangte und ermöglichte. Waren dies zugleich jene Faktoren, die Großbritanniens oft zitierten »Aufstieg zur Weltmacht« nach sich zogen? »Weltmacht« ist ein suggestiver, schwierig zu definierender Begriff. Wenn man ihn auf die Mitte des 19. Jahrhunderts anwendet, also auf die Zeit, als die britische Weltmachtstellung am offenkundigsten war, muss man sehen, dass er erst in der Atmosphäre intensiver Rivalität zwischen den »Großmächten« um die vorletzte Jahrhundertwende in Gebrauch kam, also ein »wilhelminischer« Begriff ist (Kaiser Wilhelm II. prägte ihn nicht, gebrauchte ihn aber besonders gern). Eine »Weltmacht« muss also etwas anderes – und mehr – sein als eine bloße »Großmacht« inmitten anderer Großmächte.

Das Kriterium des militärischen »Potenzials«, das heute angesichts des riesigen Waffenarsenals der einzigen Weltmacht nahe liegen mag, kann nicht genügen. 1860, auf dem angeblichen Höhepunkt der britischen Weltstellung, beschäftigte das Vereinigte Königreich 347 000 Mann Militärpersonal, verglichen mit 862 000 für Russland, das gerade einen Krieg (den Krimkrieg) verloren hatte, und 608 000 für Frankreich, das elf Jahre später einen Krieg gegen das von Preußen geführte Deutschland verlieren würde.[2] Großbritannien war auch nicht deutlich besser bewaffnet als die anderen Mächte; seine industrielle Stärke spiegelte sich nicht in Umfang und Qualität seiner Rüstung. Es war noch nicht einmal in seinem engeren regionalen Umfeld, also in Europa, die führende Militärmacht. Ebensowenig stand es, wie die USA seit der Gründung der NATO 1949, an der Spitze eines schlagkräftigen Bündnisses. Die Weltmachtstellung Großbritanniens war also besonderer Art, keine bloße Vorwegnahme der heutigen Position der USA in der internationalen Politik. Ähnlich waren jedoch die Rahmenbedingungen: Großbritannien verdankte seine vorübergehende Vorrangstellung der Abwesenheit von Konkurrenz. Die USA, in den 1860er Jahren durch den Bürgerkrieg geschwächt, spielten auf internationaler Bühne kaum eine aktive Rolle; Frankreich hatte Ehrgeiz und Stärke der Zeit von Napoleon I. nicht wiedergewonnen; Preußen war noch eine *Mittel*macht, das eurasische Russland, der gefährlichste Konkurrent der Briten, nach wie vor durch eine unreformierte politische und gesellschaftliche Ordnung behindert; China und das Osmanische Reich kamen aus Gründen ihrer inneren Entwicklung als Großmächte nicht länger in Frage; Japan hatte nach Jahrhunderten freiwilliger Isolation soeben erst begonnen, sich zur Außenwelt zu öffnen. Großbritannien hatte es daher um 1860 leicht, die allseits respektierte führende Macht der Welt zu sein. Was machte, positiv gesprochen, diesen Status aus?

(1) Großbritannien war das einzige Land mit weltweiten Interessen: Handels- und Finanzinteressen überall, ebenso maritimen Stützpunktinteressen, wichtigeren Kolonialinteressen in Indien, Kanada, Australien, Neuseeland, Südafrika und auf Jamaika. Seine Außenpolitik war demnach nicht innereuropäische Politik mit gelegentlichen überseeischen Erweiterungen, sondern *per se* Weltpolitik. Großbritannien gehörte zum europäischen »Konzert der Mächte«, vermied aber eine feste Einbindung in das Mächtesystem und zog es vor, es aus insularer Halbdistanz zu dirigieren.

(2) Großbritannien besaß die stärkste Kriegsflotte der Epoche. Dass sie weniger im Seekrieg als zu maritimen Polizeiaktionen eingesetzt wurde, tat der Bedeutung der Royal Navy als Symbol britischer Macht keinen Abbruch.

(3) Britische Produkte waren in aller Welt zu finden: nicht nur Textilien, sondern auch »Hightech« aller Art. Fast überall stammten die frühesten Eisenbahnen aus britischer Fertigung. Vorübergehend war Großbritannien »the workshop of the world« und zugleich der technologische Pionier des Planeten.

(4) Großbritannien genoß weltweit ein Prestige, das mehr war als Bewunderung für militärische Stärke. Es beruhte auf Anerkennung seiner wirtschaftlichen und wissenschaftlichen Leistungsfähigkeit, seiner Effektivität als Nationalstaat sowie seiner politischen Institutionen, die Veränderung ohne revolutionäre Krisen ermöglichten. Kurz: Um 1860 oder 1870 bot Großbritannien – in knapper Konkurrenz mit Frankreich und seiner glanzvollen Hauptstadt Paris – der Welt das Bild des modernsten Landes der Gegenwart.

(5) Großbritannien betrieb zwar, wie jeder sah, eine oft kleinlich egoistische Interessenpolitik, schuf aber zugleich eine neue Weltordnung. Ihr Kern war der Freihandel. 1846 hatte Großbritannien unilateral seine Importzölle drastisch gesenkt und damit eine Art von Kettenreaktion ausgelöst, die ganz Europa bis zur russischen Grenze innerhalb von weniger als zwei Jahrzehnten in eine einzige Freihandelszone verwandelte. Gegenüber den lateinamerikanischen Republiken, dem Osmanischen Reich, China, Thailand u. a. setzte Großbritannien Freihandelsprinzipien mit Druck oder Gewalt durch. Sein eigenes Empire schottete es nicht durch Zölle ab, sondern öffnete es für jeden, der dort Geschäfte treiben wollte. Insofern die britische Seeherrschaft weniger andere bedrängte und eher den Frieden (etwa durch Unterdrückung von Piraterie) auf den Weltmeeren wahrte, bot auch sie kostenlose »öffentliche Güter« an, die Allen von Nutzen sein konnten. Großbritannien wurde zum Vorreiter einer durch das Völkerrecht abgesicherten liberal-kapitalistischen Weltordnung.

Nimmt man diese fünf Kriterien zusammen, dann waren sie insgesamt niemals stärker ausgeprägt als im dritten Quartal des 19. Jahrhunderts. Wenn man sie etwas großzügiger auslegt, dann kann man das »britische Jahrhundert« sogar auf volle 100 Jahre ausdehnen. Der Beginn der Eroberung Indiens (jenseits des alten kolonialen Stützpunkts Bengalen) 1798 markiert den Anfang dieser Epoche. Sie endet, außenpolitisch und imperial gesehen, im Jahre 1898/99 mit zwei Kriegen: dem Spanisch-amerikanischen Krieg, mit dem die USA als Großmacht auf der Weltbühne auftraten, und dem Burenkrieg (1899–1902, heute meist South African War genannt), den Großbritannien zwar, formal gesehen, »gewann«, der aber doch die Schwäche der imperialen Militärmaschinerie überraschend deutlich entlarvte.

III. Nationalstaatsbildung und Verfassungsprozess: die Dominions

Das British Empire war seit seinen Anfängen niemals eine kompakte Einheit gewesen. Es wurde auch nie zentral regiert. Bis 1858 unterstand die wichtigste Kolonie Indien einer halbstaatlichen Handelsgesellschaft. Erst nach einem großen Aufstand (der »Mutiny« von 1857) wurde sie dem britischen Staat übertragen. Für Indien gab es ein spezielles Ministerium, das India Office. Zuständig für Kronkolonien, die meist auf Annexion beruhten und relativ direkt und autoritär regiert wurden, war das Colonial Office, während »Protektorate«, von Kronkolonien in der Herrschaftspraxis manchmal schwer zu unterscheiden, dem Foreign Office unterstanden. Burma war als eine Art von Sub-Kolonie Indien zugeordnet. Ägypten wurde 1882 faktisch okkupiert, aber vor 1914 nicht annektiert; es behielt seinen Monarchen und seine eigene Regierung, wurde jedoch de facto vom britischen Generalkonsul (unter dem Foreign Office) als allmächtiger Grauer Eminenz beherrscht. Am Ende einer langen politischen Laufbahn resümierte 1926 Lord Balfour, das Empire sei einzigartig und zeige »keinerlei Ähnlichkeit mit irgend einer anderen Art von politischer Organisation in Gegenwart oder Vergangenheit«.[3]

Je mehr das Empire im Laufe des 19. Jahrhunderts wuchs, desto ähnlicher wurde es einem administrativen Flickenteppich und desto stärker strebten seine einzelnen Bestandteile auseinander. Man kann es sich fast wie einen Bahnhof vorstellen: Während die einen ankommen, bereiten sich andere schon auf die Abfahrt vor. Die Neuankömmlinge des späten 19. Jahrhunderts waren die afrikanischen Kolonien. Zu dieser Zeit schickten sich die »colonies of white settlement« bereits an, aus dem Empire hinauszudriften. Sie taten dies ohne die revolutionären Gebärden der nordamerikanischen Rebellen der 1770er Jahre.

Nach den Erfahrungen der Amerikanischen Revolution sah sich das Empire als eine Art von Fahrstuhl zur Selbstregierung. Dies wurde vor einem doppelten Hintergrund denkbar. Zum einen war die bereits erwähnte Idee vom Empire als einem Instrument der Zivilisierung eine dynamische Vorstellung: Grundsätzlich sollten alle Teile des Empire mit der nötigen Mischung aus eigener Anstrengung und äußerer Hilfestellung imstande sein, irgendwann einmal die politische Vollkommenheit der Mutterlandes zu erreichen. Zum anderen war auch das englische Verfassungsverständnis auf Entwicklung angelegt. England hatte der Welt vorgeführt, wie man im Rückgriff auf (vermeintliche?) alte Freiheiten den Weg von königlicher Despotie zur parlamentarisch verantwortlichen Kabinettsregierung gehen konnte. In England selbst hatte man diese allmähliche Entwicklung nicht in Verfassungsdokumenten nach amerikanischer oder kontinentaleuropäischer Art fixiert. Dennoch waren die einzelnen Stadien im Empire klar beschreibbar.

Die klassische Zivilregierung einer Kolonie (praktiziert von Massachusetts im 17. Jahrhundert bis zu Hongkong noch kurz vor der Rückgabe an China 1997) bestand aus: a) einem Gouverneur, der der »Krone«, also faktisch der Regierung in London, verantwortlich war, b) einem Exekutivrat, in dem die leitenden Beamten der verschiedenen Ressorts (Finanzen, Justiz, usw.) saßen; c) einem Legislativrat, bestehend aus vom Gouverneur ernannten Honoratioren, als Analogon zum Londoner Oberhaus; d) einer gewählten Abgeordnetenversammlung (*assembly*), dem ungefähren Äquivalent des Unterhauses. Offen war die tatsächliche Machtverteilung zwischen diesen Organen. Vor allem: Würde die »Regierung« (also Gouverneur plus Exekutivrat, d. h. die koloniale Bürokratie) vom Vertrauen der gewählten Abgeordneten unabhängig bleiben oder würde sie von einem bestimmten Punkt an mehr dem kolonialen »Parlament« als der Reichszentrale in London folgen? (Der Legislativrat zählte in solchen Überlegungen wenig, da man ihn als willfähriges Werkzeug des Gouverneurs zu sehen geneigt war.) Der Schritt von bloßer Mitwirkung der Assembly bei der Bewilligung von Steuern zur Verantwortlichkeit der Minister gegenüber dieser Assembly war der konstitutionelle Fortschritt von *representative government* zu *responsible government*.

Das Ziel aller politischen Eliten im Empire war es, das Stadium von *responsible government* zu erreichen, also die Übertragung der Regierungsmacht vom Gouverneur (der sich damit aus der operativen Politik zurückzog und eine Art imperialer Aufpasser wurde) auf einen parlamentarisch legitimierten Premierminister. Wer es nicht riskieren wollte, den ganzen kolonialen Staatsapparat in einem Befreiungskrieg hinauszuwerfen, der musste zusehen, wie dies allmählich im Einvernehmen mit London geschehen konnte. Der Weg zur Selbstregierung war ein Hin und Her von Forderungen und Zugeständnissen. In jedem Stadium mussten Kompromisse geschlossen werden. Auch bedeutete *responsible government* in der Praxis so gut wie nie die volle Ministerverantwortlichkeit. Meist erstreckte sich Selbstregierung zunächst auf die inneren Angelegenheiten, während die Ressorts Militär, Außenpolitik und anfangs oft auch Finanzen einstweilen in den Händen von Gewährsleuten Londons lagen. Unter dem Etikett des *responsible government* waren also die unterschiedlichsten Mischsysteme möglich. Immerhin: In keinem anderen europäischen Kolonialreich war ein solcher Fahrstuhl zur Selbstregierung vorgesehen. Frankreich etwa löste das Problem auf radikale

Weise: Den französischen Siedlern in Algerien wurde eine direkte Repräsentation in der Pariser Nationalversammlung zugebilligt (das Londoner Unterhaus hingegen wurde niemals zu einem wirklichen *imperial parliament*), den »farbigen« Untertanen jedoch zwar individueller Aufstieg, aber keine verfassungspolitische Verbesserung in Aussicht gestellt.

Das erste Gebiet im British Empire, das in der Praxis *responsible government* erreichte, war 1847 Nova Scotia, ein 1713 im Frieden von Utrecht von Frankreich abgetretenes Gebiet im hohen Nordosten Amerikas. Ein Jahr später folgten die Vereinigten Provinzen von Kanada, in den fünfziger Jahren die australischen Kolonien sowie (schon wenige Jahre nach seiner Gründung als Kolonie) Neuseeland, 1872 schließlich Südafrika, genauer: die Kapkolonie. Um dieselbe Zeit brachten englisch gebildete Reformer in Indien erstmals eine ähnliche Lösung für den Subkontinent ins Gespräch. Damit ist bereits jener Kreis von Ländern bezeichnet, die später »Dominions« genannt wurden. Das Dominion-Modell wurde nicht am Reißbrett entworfen, sondern entwickelte sich in der Praxis. Es bedeutete im Kern, dass sich im Rahmen des Empire selbstbestimmte Nationalstaaten entwickeln konnten.

Ein solcher Prozess lässt sich am besten in der Geschichte der einzelnen Länder verfolgen, denn die jeweiligen Voraussetzungen unterschieden sich erheblich: Bestimmende Faktoren der kanadischen Geschichte waren die Nachbarschaft zu den USA, eine relativ frühe Industrialisierung und die Existenz einer Minderheit französischer Herkunft. Bei Australien und Neuseeland machte sich immer wieder ihre Entfernung von Europa als »tyranny of distance« bemerkbar.[4] Südafrika war ein Fall für sich, weil hier vier Bevölkerungsgruppen Anspruch auf politische Mitgestaltung erhoben: Briten, die Nachfahren der im 17. Jahrhundert aus den Niederlanden eingewanderten »Buren«, schwarze Afrikaner (die wiederum in zahlreiche Ethnien zerfielen) und asiatische Immigranten.

Trotzdem gab es so etwas wie ein allgemeines Entwicklungsmuster des Dominion-Status nach dem Erreichen von *responsible government*. Ein Markstein war 1887 der Beginn der Einberufung von »Kolonialkonferenzen« (später *Imperial Conferences* genannt), an denen die Premierminister Großbritanniens und der *self-governing colonies* teilnahmen. Spätestens jetzt konnte und wollte Großbritannien gegenüber den Dominions nicht mehr den Kolonial-»Herren« spielen. Es war ein Erster unter Gleichen. Die Spielräume der Dominions vergrößerten sich zusehends. In der für das Empire stets fundamentalen Zollfrage konnten sie sich mehrfach gegen die Metropole durchsetzten, und Plänen, die um die Jahrhundertwende in Großbritannien aufkamen, zu einer »Föderation« des Empire, also zur Bildung eines transkontinentalen Superstaates, erteilten sie eine Absage. Im Ersten Weltkrieg wurde der – keineswegs erzwungene – personelle wie materielle Beitrag der Dominions von größter Bedeutung. Die Ressourcen des gesamten British Empire wurden mobilisiert und durch ein *imperiales* Kriegskabinett koordiniert.

Durch ihre Beteiligung an der Versailler Friedenskonferenzen 1919 und aufgrund ihrer Mitgliedschaft im dort beschlossenen Völkerbund verbesserte sich der internationale Status der Dominions deutlich. Aber waren sie tatsächlich souveräne Nationen? Was folgte aus ihrer Präsenz im Völkerbund? War nicht auch Indien ein Mitglied, ohne eine souveräne Nation zu sein? Jedenfalls hatte das Vereinigte Königreich 1919 die Friedensverträge stellvertretend für das gesamte Empire unterzeichnet. Drittstaaten richteten Einladungen zu internationalen Konferenzen weiterhin nicht direkt an Kanada, Australien oder Neuseeland, sondern wählten den indirekten Weg über London. Vor allem hatten die Dominions keine eigenständigen Auslandsvertretungen. Ihre diplomatischen Interessen wurden vom jeweiligen britischen Botschafter wahrgenommen.

Auch wenn die Gesetze für die Dominions in der Regel von diesen selbst gemacht wurden, besaß das Mutterland doch weiterhin die letztinstanzliche Kontrolle über diese Gesetzgebung. Kein Gesetz wurde rechtskräftig ohne die Zustimmung des jeweiligen Generalgouverneurs. Selbst wenn diese Zustimmung so gut wie niemals mehr verweigert wurde, nahmen die Dominions doch Anstoß an einem solchen symbolischen Akt der Unterordnung. Ein schlimmeres Ärgernis war der weiter geltende *Colonial Laws Validity Act* von 1865. Er sah vor, dass jedes in den Kolonien beschlossene Gesetz, das irgendeinem britischen Parlamentsbeschluss widersprach, automatisch nichtig war. Noch 1926 wurde auf dieser Rechtsgrundlage einem Einspruch gegen eine kanadische Gesetzesbestimmung stattgegeben: Paragraph 1025 des kanadischen Strafgesetzbuches wurde vom Privy Council, dem zuständigen britischen Staatsorgan, außer Kraft gesetzt.

Eine einvernehmliche Beseitigung solcher Spannungsquellen war nach dem Weltkrieg (1914–1918) unausweichlich. Das entscheidende Dokument dieser Einsicht war der Balfour-Report von 1926. Er lehnte die Erarbeitung einer Verfassung für das Empire als ganzes, also einschließlich der tropischen Kolonien, ab, hielt aber die Beziehungen zwischen dem Vereinigten Königreich und den Dominions für verfassungsrechtlich regelungsfähig. Die juristische Ausarbeitung erfolgte im Westminster-Statut, das 1931 gesetzeskräftig wurde. Das Statut verfügte, dass fortan das Parlament des Vereinigten Königreiches nicht länger für ein Dominion Gesetze erlassen könne und dass kein Gesetz eines Dominion-Parlaments durch seine Nichtübereinstimmung mit englischem Recht unwirksam werde. Die Parlamente in den Hauptstädten der Dominions erlangten volle Gleichberechtigung mit dem Parlament in London, das nicht länger als übergeordnete letzte Instanz gelten konnte. Gleichzeitig erhielt das schon seit Jahrzehnten gelegentlich verwendete Wort »Commonwealth« eine offizielle Bedeutung als eine Art von Staatenklub (also viel weniger als ein Bündnis oder eine Föderation), in dem man Mitglied werden konnte. Anerkennung des britischen Monarchen als Staatsoberhaupt und Mitgliedschaft im Commonwealth waren hinfort die einzigen formellen Bindungen der Dominions an das British Empire. (Irland wurde übrigens nie zu einem Dominion. Der Irische Freistaat, auch »Eire« genannt, kappte 1937 seine letzten formellen Bindungen an Großbritannien.) Spätestens seit 1931 ist es daher nicht mehr gerechtfertigt, auf Weltkarten die Dominions mit dem charakteristischen Empire-Rot einzufärben. Neben dem partnerschaftlichen Commonwealth, bestehend aus »zivilisierten« Nationen weißer Hautfarbe, gab es selbstverständlich weiterhin ein von London aus autoritär regiertes Empire der farbigen Völker, denen (mit Ausnahme Indiens) keinerlei Freiheitsversprechungen gemacht worden waren. Was geschah mit ihm?

IV. Weltmachtrolle und Dekolonisation im 20. Jahrhundert

Nach der Jahrhundertwende wuchs das territoriale Empire nicht mehr durch geplante Expansion. Anders als Japan, Italien und (NS-)Deutschland gehörte Großbritannien nicht zu den aggressiven imperialistischen Staaten des 20. Jahrhunderts. Nach dem Ersten Weltkrieg kamen allerdings einige frühere deutsche Kolonien (vor allem Ostafrika, das nun Tanganyika hieß, heute Tanzania) und arabische Provinzen des Osmanischen Reiches (Irak, Jordanien, Palästina) unter britische Kontrolle. Sie waren Mandate, also Treuhandgebiete des Völkerbundes, die vorübergehend unter Vormundschaft gestellt wurden, in denen sich die Kolonialmacht also nicht fest einrichten konnte. Außer Tanganyika brachten diese Gebiete Großbritannien wenige Vorteile. Der Irak wurde bereits 1932 souverän, ohne dass der britische Zugriff auf seine Ölquellen darunter litt. In Palästina standen die Briten mit wachsender Hilflosigkeit vor den sich verschärfenden Konflikten zwischen Arabern und immigrierenden Juden.

Ansonsten wurden die Kolonien in der Zwischenkriegszeit für die Metropole wichtiger denn je. Das von der Londoner Hochfinanz dominierte globale Anleihensystem war im Krieg ebenso zusammengebrochen wie der liberale Welthandel. Die britische Wirtschaft war stark geschwächt, der Staat hoch verschuldet (unter anderem bei Indien). Eine wirtschaftliche »Weltmacht« war Großbritannien nicht mehr, mangels Konkurrenz aber nach wie vor ein weltpolitischer Akteur ersten Ranges. Einzelne Kolonien wie das exportstarke Malaya (Zinn, Kautschuk) wurden unentbehrlich, weil sie dringend benötigte Dollars erwirtschafteten. Das Empire wurde auch mental für die Briten bedeutsamer als vor 1914. Medien wie der Rundfunk (die BBC), das Schulbuch oder die Kolonialausstellung widmeten dem Empire intensive Aufmerksamkeit. Auch die Verknüpfung von Monarchie und Empire war erst durch die Propaganda anlässlich von Queen Victorias diamantenem Thronjubiläum 1897 wirklich populär geworden.

Den Zweiten Weltkrieg überstand das Empire äußerlich weithin intakt, und abermals erwies es sich – vor allem, wenn man auch an die Dominions denkt – für das Mutterland in Kriegszeiten eher als Hilfe denn als Last. Indien, wo es eine besonders aktive nationalistische Bewegung gab, Ceylon und Burma konnten sich seit den dreißiger Jahren Hoffnung auf baldige Unabhängigkeit bzw. Dominion-Status machen. Bei Kriegsende war der Rückzug der Briten keine Frage des Ob, sondern des Wann und Wie. 1947/48 wurden diese Länder unabhängig, Indien gegen die britischen Pläne geteilt in die Indische Republik und den Muslim-Staat Pakistan. In Malaya kämpften die Briten bis 1957 (mit Nachhutgefechten bis 1960) gegen kommunistische Rebellen, um den neuen Staat in die Hände gemäßigter, pro-britischer Kräfte legen zu können. Nach der Unabhängigkeit des Stadtstaates Singapur blieb vom asiatischen Imperium nur noch Hongkong übrig, ein Wirtschaftszentrum von globaler Ausstrahlung, in dessen Wirtschaft britische Firmen längst nicht mehr allein den Ton angaben und dessen Sonderstatus auf der Duldung durch China beruhte.

Die Dekolonisation in Afrika, im Indischen Ozean (Mauritius) und im Mittelmeer (Zypern, Malta), am Persischen Golf (Emirate), in der Karibik, in Mittelamerika (Britisch-Honduras = Belize) und in Südamerika (Guyana) müsste eigentlich in einer Vielzahl einzelner Geschichten geschildert werden. Hinter dem Ende des Empire stand ebenso wenig wie hinter seinem langwierigen Aufbau ein großer strategischer Plan. In jedem besonderen Fall kam ein spezifisches Bündel von Faktoren zusammen. Einiges lässt sich aber doch über den Gesamtprozess sagen:

(1) Dieser Prozess begann 1956 mit der Unabhängigkeit des Sudan. Im gleichen Jahr manövrierte sich die britische Politik während der Suez-Krise in eine doppelte Konfrontation sowohl mit dem arabischen Nationalismus als auch mit den USA, aus der sie stark geschwächt hervorging. Die »heiße Phase« der Dekolonisation, kann man auf die Jahre 1959–64 datieren – unter einer konservativen Regierung. Danach ging es nur noch um den Rückzug von verstreuten Restpositionen.

(2) Trotz mancher Brutalitäten – vor allem in Malaya und Kenia sowie bei der Teilung Indiens (an der die Briten jedoch »unschuldig« waren) – verlief der britische Rückzug aus Übersee relativ gewaltfrei, wenn man ihn mit der niederländischen, belgischen (Kongo) und vor allem der französischen (Vietnam, Algerien) Dekolonisation vergleicht. Auch hier bewährten sich die Instrumente der englischen Verfassungstradition, die vielfach *responsible government* bereits in den allerletzten Jahren der Kolonialzeit zuließ. Die tatsächliche Dynamik einheimischer Politik entzog sich aber britischer Steuerung.

(3) Wenngleich die Briten selten Herren des Geschehens waren, fiel die Macht doch nur ausnahmsweise in die Hände extrem anti-britisch gesinnter Kräfte (etwa in Burma). Das grösste Problem bildeten (wie für Frankreich in Algerien) weiße Siedler, vor allem im südlichen Afrika. Süd-Rhodesien ging durch eine Siedlerrevolte und einen langen Guerillakrieg hindurch, bis aus ihm mit britischer Vermittlung 1980 Zimbabwe wurde.

(4) Die Frage, warum es zur Dekolonisation kam, ist in solcher Pauschalität wenig sinnvoll. Man kann sie nur ebenso pauschal damit beantworten, Kolonialherrschaft habe sich historisch überlebt. Bei genauerer Analyse wird man vier Ebenen unterscheiden müssen: a) die Ebene kolonialer Politik (auf der häufig der koloniale Nationalismus als eine unabhängige Variable betrachtet wird); b) die metropolitane Ebene, d.h. die Entscheidungsbildung im Mutterland hinsichtlich des Empire, vor allem die wechselnde Bewertung seines ökonomischen und strategischen Nutzens; c) die globale Ebene, also die Verschiebung der Kräfteverhältnisse in Weltpolitik (Kalter Krieg) und Weltwirtschaft (Aufstieg transnationaler Konzerne); d) die normative Ebene, etwa die De-Legitimation von Kolonialismus und Rassismus in internationalen Foren wie der UNO. Eine Festschreibung des Selbstbestimmungsrechts brachte die Erklärung der Generalversammlung der Vereinten Nationen vom 14. Dezember 1960 über die Gewährung der Unabhängigkeit an koloniale Länder und Völker.

V. Spuren des Empire: Anglophonie, Immigration, Commonwealth

Die britische Gesellschaft hat nach dem Ende des Empire erstaunlich wenige Phantomschmerzen empfunden. Selbst als die Klagen über den wirtschaftlichen Niedergang der Insel in den siebziger Jahren ihren Höhepunkt erreichten, machten nur wenige die Dekolonisation für diesen Niedergang verantwortlich. Empire-Nostalgiker haben nie das kulturelle Klima bestimmt und nie in der Politik eine einflussreiche Rolle gespielt. Es zahlte sich aus, dass sowohl die Grundtatsache des Rückzugs aus überseeischen Position als auch die prozeduralen Einzelheiten der Dekolonisation nicht zu zentralen Streitpunkten zwischen den politischen Parteien geworden waren. Das Ende des Empire war von einem Konsens aller maßgebenden politischen Kräfte getragen. Dies ersparte Großbritannien solche schweren innenpolitischen Krisen, wie Frankreich und Portugal sie erlebten. Dass Elisabeth II. das große symbolische Gewicht der Krone geschickt zur Abfederung der Übergänge einsetzte, erleichterte den Wechsel in ein postimperiales Zeitalter.

Was bleibt aus heutiger Sicht vom Empire? Sieht man ab von dem andauernden Nordirland-Problem, das eine imperiale Dimension hat, sich aber nicht in ihr erschöpft, dann sind vor allem folgende vier Punkte zu nennen:

(1) Das weltgeschichtlich folgenreichste Erbe des Empire ist die Verbreitung der englischen Sprache als wichtigstes globales Kommunikationsmittel und als Literatursprache auf allen Kontinenten. Der Siegeszug des Englischen ist zwar nicht nur der britischen Expansion zu verdanken, hat aber in ihr seine tiefste Wurzel. Als Kaufleute, Seefahrer, Siedler, Arbeitsemigranten, Sträflinge und Kolonialherren brachten Engländer, Waliser, Schotten und Iren ihre Sprache mit. Seit etwa 1830 ersetzte Englisch in Süd- und Südostasien allmählich das Portugiesische als transkulturelle Umgangssprache. In einigen Kolonien, vor allem in Indien und Ceylon, betrieb die Kolonialmacht über das Erziehungswesen eine bewusste Anglisierungspolitik. Ebenso wie später in Teilen Afrikas überwölbte Englisch die Vielfalt der einheimischen Sprachen: Als sich nach 1885 der indische Nationalismus zu organisieren begann, verständigten sich seine Aktivisten, die aus vielen Teilen des Subkontinents stammten, untereinander auf Englisch. Es ist keineswegs selbstverständlich, dass Kolonialmächte den kolonisierten Gesellschaften ihre eigene Sprache dauerhaft aufprägen: Niederländisch ist aus Indonesien, Französisch aus Vietnam so gut wie verschwunden. Mit wenigen Ausnahmen ist hingegen Englisch zumindest unter der Bildungselite der britischen Ex-Kolonien niemals außer Gebrauch gekommen.

(2) Das ehrgeizige und anmaßende Programm einer europäischen »Zivilisierungsmission« gegenüber der »unterentwickelten« Welt ist auch in seiner britischen Version gescheitert. Die Menschheit hat sich nicht nach dem Bilde Europas umgestalten lassen. Andererseits ist zumindest eine Idee, die das Empire in die Welt hinaus trug, lebendig geblieben: der Rechtsstaat. Mehr noch als die Demokratie ist die Vorstellung einer unabhängigen Justiz und des Rechts aller Bürger, vor dieser Justiz als Gleiche Gehör zu finden,

eine Errungenschaft der englischen politischen Kultur. Sie wurde im Wesentlichen in die Kolonien übertragen. Trotz zahlloser einzelne Akte von Brutalität und Willkür – in der kolonialen Kriegführung, bei der Unterdrückung von Aufständen oder bei der Enteignung von Land – ist britische Kolonialherrschaft nach dem Ende des Sklaverei doch weniger als die Kolonialherrschaft anderer europäischer Länder Willkürherrschaft gewesen. Das British Empire wurde nicht mit der Nilpferdpeitsche regiert, und es gab selten (wie etwa im französischen Algerien oder in Südafrika nach der britischen Kolonialzeit) ein rassistisch diskriminierendes Sonderrecht für die einheimische Bevölkerung. Schon die Tatsache, dass ein »Ausnahmezustand« (*emergency*) gelegentlich verhängt wurde, zeigt, dass er nicht der Normalfall war. Obwohl in der Praxis oft verfehlt, blieb das Ideal des juristisch ordentlichen Verfahrens *(due process of law)* als Orientierungsmaßstab gültig.

(3) Im Laufe der Dekolonisation wurden schätzungsweise bis zu 700 000 Briten nach Großbritannien repatriiert. Das sind relative wenige neben den mehr als zwei Millionen in die Heimat zurückgeführten Franzosen und auch neben den 1,2 Millionen, die ein kleines Land wie Portugal zu verkraften hatte.[5] Anders als im französischen Fall bildete die Integration kolonialer Rückkehrer kein großes Problem für die metropolitane Gesellschaft. Dies lag weitgehend daran, dass es sich mehrheitlich nicht um Siedler (wie die algerischen *colons)*, sondern um Verwaltungs- und Militärpersonal handelte, das sich pensionieren oder anderweitig verwenden ließ. Dennoch wurde Großbritannien während des Rückzugs vom Empire ein Einwanderungsland mit einer multikulturellen Gesellschaft. Darin liegt die wichtigste Migrationsfolge des Empire.[6]

(4) Als internationaler Verband überlebte das Empire in Gestalt des *Commonwealth of Nations*. Die Ähnlichkeiten zwischen Empire und Commonwealth sind freilich in den letzten Jahrzehnten so stark geschwunden, dass die Kontinuität zum Empire von den Beteiligten kaum noch wahrgenommen wird. Die britische Politik hegte anfangs noch die Hoffnung, die – aus ihrer Sicht – »guten« Seiten des Empire im Commonwealth bewahren zu können. Daher wurde im Laufe der einzelnen Dekoloniationsprozesse der Stellung der neuen unabhängigen Nationalstaaten im und zum Commonwealth eine große Bedeutung beigemessen. Allerdings befreiten sich selbst die energischsten Verteidiger des Empire bald von der Illusion, ein reduziertes Weltreich unter verändertem Firmenschild weiterführen zu können. Das Commonwealth besteht heute nur deshalb, weil nicht versucht wurde, aus der Dekolonisation ein Schatten-Empire zu retten und das Commonwealth zu einem Werkzeug der britischen Außenpolitik zu machen. Heute gehören dem Commonwealth neben dem Vereinigten Königreich 52 Staa-

ten an, seit 1995 mit Kamerun und Mozambique auch zwei Länder, die keine britischen Kolonien waren (mit Ausnahme West-Kameruns, das 1922 als Mandat des Völkerbundes an Nigeria angeschlossen wurde). Viele Commonwealth-Länder erkennen Elisabeth II. als ihr Staatsoberhaupt an (ob die Loyalität dabei dem Amt oder der Person der Königin gilt, ist umstritten), und die Symbolik der Monarchie spielt eine große Rolle bei der Integration des Commonwealth.

Seit Mitte der sechziger Jahre ist aber nicht das britische Außenamt, sondern ein eigenes Commonwealth-Sekretariat unter einem Generalsekretär die Steuerungszentrale der Organisation, die anders als das Empire keine Militärmacht ist. Seither führt das Commonwealth ein Eigenleben. Keineswegs alle Commonwealth-Ländern sind immer der britischen Außenpolitik gefolgt. Während des Kalten Krieges waren manche unter ihnen neutral; Indien unterhielt sogar ausgesprochen enge Beziehungen zur Sowjetunion. Als sich London in der Regierungszeit Margaret Thatchers von der entschlossenen Isolationspolitik der großen Mehrheit gegenüber dem Südafrika des Apartheidregimes distanzierte, wurde dies weithin als eine Selbstmarginalisierung Großbritanniens innerhalb des Commonwealth aufgefasst. Zum Ende der rassistischen Ordnung in Südafrika hat das Commonwealth maßgeblich beigetragen; seit 1994 ist Südafrika wieder (wie vor seinem Austritt 1961) Mitglied. Das Commonwealth wird besonders bei sehr kleinen Ländern, etwa den Kleinststaaten der Karibik und des Pazifik, die in den internationalen Organisationen auf UN-Ebene nur schwer auf sich aufmerksam machen können, als ein Forum für Kontakt und gegenseitige Hilfe geschätzt. Konferenzen der Regierungschefs im Abstand von zwei Jahren sind dabei das wichtigste Instrument. Das Commonwealth bietet daneben zunehmend Raum für eigene Nichtregierungsorganisationen *(Non-governmental organizations,* NGOs), die eine breite Beteiligung aus der Bevölkerung der Mitgliedsstaaten ermöglichen. Vor allem eine eigene Mini-Olympiade, die Commonwealth Games, dient der Pflege von Beziehungen und der Verdichtung einer eigenen Commonwealth-Identität. Ein halbes Jahrhundert nach dem Ende des British Empire ist das Commonwealth kein Relikt imperialer Größe und kein verlängerter Arm des Foreign Office, sondern ein freiwilliger Zusammenschluss souveräner Staaten im Geiste britisch inspirierter Transnationalität.

Anmerkungen

1 Grundlegend zum Thema dieses Kapitels ist Wm. Roger Louis (Hrsg.), The Oxford History of the British Empire, 5 Bde., Oxford 1998–99. Neuerdings erscheinen

Ergänzungsbände zu diesem Werk, als erster: Philip D. Morgan / Sean Hawkins (Hrsg.), Black Experience and the Empire, Oxford 2004.

2   Paul M. Kennedy, Aufstieg und Fall der großen Mächte. Ökonomischer Wandel und militärischer Konflikt von 1500 bis 2000, Frankfurt a.M. 1989, S. 44.

3   Zit. in Keith, A. B. (Hrsg.), Speeches and Documents on the British Dominions 1918-1931, London 1948, S. 160.

4   So der Titel eines bekannten Buches: Geoffrey Blainey, The Tyranny of Distance: How Distance Shaped Australia's History, Melbourne 1968.

5   Colette Dubois, Avant-propos, in: Jean-Louis Miège / Colette Dubois (Hrsg.), L'Europe retrouvée: les migrations de la décolonisation, Paris 1994, S. 18.

6   Vgl. den Beitrag von Sebastian Berg »Einwanderung und multikulturelle Gesellschaft« in diesem Band.

Weiterführende Literatur

Altmann, Gerhard, Abschied vom Empire. Die innere Dekolonisation Großbritanniens 1945–1985, Göttingen 2005. – Wichtigster deutschsprachiger Beitrag der letzten Jahre zum Thema Dekolonisation, aber nur durch britische Brillen gesehen.

Holland, Robert F., The Pursuit of Greatness. Britain and the World Role, 1900–1970, London 1991. – Eine gut lesbare Interpretation des Zusammenhangs zwischen britischer Außenpolitik und dem Empire, geschrieben von einem der besten Kenner der Dekolonisation.

Marshall, Peter J. (Hrsg.), The Cambridge Illustrated History of the British Empire, Cambridge 1996. – Die beste populärwissenschaftliche Darstellung der Geschichte des British Empire seit dem 18. Jahrhundert mit Beiträgen führender Fachleute.

Porter, Andrew, Atlas of British Overseas Expansion, London 1991. – Ein unentbehrliches Arbeitsinstrument: zahlreiche (Schwarz-weiss-)Karten und fundierte, aber lexikalisch-nüchterne Texte zu (fast) allen Aspekten der Geschichte des Empire.

Samson, Jane (Hrsg.), The British Empire, Oxford 2001. – Eine vorzügliche Auswahl meist kurzer Quellen und Auszüge aus der Sekundärliteratur zur gesamten Geschichte des Empire von ca. 1600 bis 1979.

Links

www.thecommonwealth.org
www.sas.ac.uk/commonwealthstudies
www.empiremuseum.co.uk
www.ualberta.ca/~janes/EMPIRE.html

Hans Kastendiek / Richard Stinshoff

Kontinuität und Umbruch
Zur Entwicklung Großbritanniens seit 1945

Großbritannien galt lange als ein Land mit ausgeprägten Kontinuitätslinien der gesellschaftlichen und politischen Entwicklung. Noch in den sechziger Jahren waren sich in- und ausländische Kommentatoren darin einig, dass es ihm in besonderer Weise gelungen war, die historisch gewachsenen Formen seiner Gesellschafts- und Politikorganisation schrittweise an neue Bedingungen und Herausforderungen anzupassen. Seither aber hat Großbritannien eine Entwicklung mit tiefen Einschnitten und markanten Richtungsänderungen durchlaufen. Es lassen sich allerdings nach wie vor Grundmuster einer für das Land spezifischen Verbindung von Kontinuität und Umbruch identifizieren, die wir mit dem Blick auf die wirtschaftlichen und gesellschaftspolitischen Konstellationen in den Hauptphasen der britischen Nachkriegsgeschichte herausarbeiten wollen.

I. Nachkriegskonsens, wirtschaftliche Prosperität und politische Stabilität

Der Begriff des *Postwar Consensus* bezieht sich zum einen auf die wirtschafts- und gesellschaftspolitischen Vorentscheidungen, die bereits während der Kriegskoalition von 1940 bis 1945 *für die* Nachkriegszeit getroffen wurden; zum anderen bezeichnet er den weitreichenden Rahmenkonsens, der sich *in der* Nachkriegszeit ungeachtet des üblichen Parteienwettbewerbs herausbildete.[1]

An der Kriegskoalition war nicht allein die parteiübergreifende Zusammensetzung *(Conservatives, Labour* und *Liberals)* bemerkenswert, sondern ebenso die Einbeziehung von Repräsentanten der Arbeitgeber und Gewerkschaften. Die Zusammenarbeit aller »nationalen Kräfte« konzentrierte sich zunächst auf die Abwehr der äußeren Gefahr. Bereits seit 1942 kamen dann auch innenpolitische Planungen für die Nachkriegszeit hinzu. Dabei ging es nicht allein um die Umstellung der Kriegs- auf eine Friedenswirtschaft, sondern um Entwürfe für eine künftige Wirtschafts- und Gesellschaftsordnung, die als ein *New Jerusalem*,[2] als eine Perspektive für die Zeit nach den Anstrengungen und Leiden des Krieges, vermittelt werden konnte. Ausschlaggebend dafür waren die damals noch sehr gegenwärtigen Erfahrungen der gesellschaftlichen und politischen Umwälzungen in Europa nach dem Ersten Weltkrieg sowie der wirtschaftlichen und sozialen Not der Zwischenkriegszeit. In den damaligen Debatten verknüpften sich diese Erfahrungen mit den insgesamt positiven Ergebnissen der staatlich gelenkten Kriegswirtschaft und der Zusammenarbeit aller wichtigen gesellschaftlichen Gruppen. Das Resultat war ein Basiskonsens über eine »soziale Demokratie« mit

– einer staatlichen Verantwortung für die Steuerung der wirtschaftlichen und gesellschaftlichen Entwicklung auf der Grundlage einer Vollbeschäftigungspolitik;
– einer *mixed economy*, die den Regierungen durch die Verstaatlichung einiger Kernsektoren einen Einfluss auf die gesamtwirtschaftliche Entwicklung geben sollte;
– einem *welfare state*, der weit mehr als ein sozialer Reparaturbetrieb sein und sozialstaatliche Politik als einen einheitlichen Zusammenhang insbesondere von Beschäftigungs-, Sozial-, Gesundheits-, Wohnungs- und Bildungspolitik realisieren sollte;
– einer Anerkennung der wirtschaft- und gesellschaftlichen Mitwirkungsrechte der Gewerkschaften.

Während die Konservativen diese Vorstellungen bei den ersten Nachkriegswahlen nur zögerlich vertraten, stellte sich die *Labour Party* mit ihrem Wahlmanifest *Let Us Face the Future* und ihrem Vorsitzenden Clement Attlee voll dahinter. Damit traf sie eine kollektivistische Grundstimmung in der Bevölkerung: »When Labour swept to victory in 1945 the new consensus fell, like a branch of ripe plums, into the lap of Mr Attlee.«[3]

Im Anschluss an den *Beveridge Report* (1942) und das *white paper* zur Vollbeschäftigungspolitik (1944) setzte die Regierung Attlee nach ihrem überwältigenden Wahlsieg umfassende Wirtschafts-, Sozial- und Gesundheitsreformen sowie die Nationalisierung von wirtschaftlichen Kernbereichen durch (so z. B. Bergbau, Transportwesen, Wasser- und Elektrizitätsversorgung). Gleichzeitig aber sah sie sich mit großen wirtschaftlichen Schwierigkeiten konfrontiert. Der Krieg hatte die Leistungsfähigkeit des Landes völlig überfordert. Es konnte seine Zahlungsfähigkeit nur mit Hilfe amerikanischer Kredite sicherstellen. Mit ihrer traditionell engen internationalen Verflechtung litt die britische Wirtschaft unter dem Zusammenbruch des Welthandels. So gerieten die planerischen Komponenten des Nachkriegskonsenses eher zur Verwaltung einer Mangelwirtschaft als zum Modell einer staatlich gesteuerten Wirtschaftsentwicklung. Zudem war die Regierung nicht in der Lage, sich gegen den Druck zur Re-Liberalisierung der Wirtschaftspolitik zu behaupten. Ausgeübt wurde er zum einen von den USA, die eine Wiederherstellung von Freihandel und festen Wechselkursen forderten. Sie hatten bereits den Kredit von 1945 und das Angebot des Marshallplans an entsprechende Bedingungen geknüpft. Eine liberale Wirtschaftspolitik entsprach zum anderen den traditionellen Interessen des britischen Handels- und Finanzkapitals. Es drängte auf den Abbau außenwirtschaftlicher und währungspolitischer Reglementierungen, damit das Pfund wieder seine Rolle als internationale Handels- und Reservewährung einnehmen könne.

Die Re-Liberalisierung der Wirtschaftspolitik hatte für die *mixed economy* und die Arbeitsbeziehungen erhebliche Konsequenzen. Die *nationalised industries* wurden nach dem *arm's length approach* organisiert. Die staatliche Kontrolle blieb beschränkt, und die Manager verstanden sich eher als Teil der *business community,* denn als Teil des Staatsapparats. Die zweite Konsequenz bestand darin, dass die Gewerkschaften und die Arbeitgeber von den korporatistischen Arrangements[4] der Kriegs- und unmittelbaren Nachkriegszeit zum *free collective bargaining* zurückkehrten, also zu einer Form der Arbeitsbeziehungen, bei der nicht nur die Tarifabschlüsse, sondern auch die Regularien der *industrial relations* staatsfrei ausgehandelt wurden. Die Gewerkschaften reagierten damit auf die Folgen einer Politik des »Gürtel-enger-schnallens«, die sie als Teil der Einbindung in die staatliche Wirtschaftspolitik erfahren hatten.

Der Nachkriegskonsens wurde im Verlauf dieser Entwicklungen mit einer deutlichen Akzentverschiebung umgeschrieben. Die Abstriche am Prinzip der staatlichen Wirtschaftslenkung und am kollektivistischen Politikansatz ergaben eine kompromisshafte Verbindung neuer und traditioneller Komponenten: *welfare state* und *mixed economy* plus *liberalisierte Wirtschaftspolitik* und *free collective bargaining*. Sie war für beide Hauptlager der britischen Politik (*Conservatives*/Unternehmer und *Labour*/Gewerkschaften) akzeptabel, weil sie die damalige gesellschaftspolitische Grundstimmung und die wirtschaftliche Problemkonstellation widerspiegelte. Gleichzeitig wurde deutlich, dass beide Lager ihre Zielvorstellungen nicht einseitig gegen das jeweils andere durchsetzen konnten. *Labour* sah sich zur Rücksichtnahme auf die Unternehmer und insbesondere auf das traditionell sehr einflussreiche Finanzkapital *(City of London)* gezwungen. Umgekehrt mussten die Konservativen die Gewerkschaften als einen Machtfaktor akzeptieren. Somit lässt sich der Nachkriegskonsens als Ausdruck einer spezifischen gesellschaftlichen und politischen Kräftekonstellation interpretieren.

Weil er aus der Sicht aller Hauptakteure eine Erfolg versprechende Handlungsorientierung bot, konnte sich der revidierte Konsens über eine »soziale Demokratie« in den Folgejahren konsolidieren. Die Liberalisierung der Wirtschaftspolitik ermöglichte es Großbritannien, von der Initialzündung des Marshallplans und der folgenden Wiederbelebung des Welthandels zu profitieren. Mit dem Aufschwung verschwanden auch die Zweifel, ob sich die Vollbeschäftigungspolitik realisieren und der Wohlfahrtsstaat finanzieren ließen. Trotz seiner Kriegsbelastungen und Nachkriegsprobleme verfügte das Land immer noch über die stärkste Wirtschaftskraft in Europa. Damit schien auch gewährleistet zu sein, dass Großbritannien seine Weltmachtrolle fortsetzen könne. Zwar wuchs die Einsicht, das Kolonialreich aufgeben zu müssen, aber mit dem Pfund als Leitwährung des *Sterling*-Blocks zeichnete sich die Möglichkeit ab, die finanz- und währungspolitischen Bindungen für die Absicherung der traditionell geschützten Export- und Importmärkte in den Dominions und in den ehemaligen bzw. noch verbliebenen Kolonien nutzen zu können.

All dieses waren Kernelemente eines Rahmenkonsenses, der bis in die sechziger Jahre kaum infrage gestellt wurde. Er entsprach dem damaligen Charakter der britischen *class society*. Sie zeichnete sich zwar durch deutlich abgegrenzte Arbeits- und Lebenswelten aus, aber die gesellschaftlichen Lager neigten eher zur wechselseitigen Anerkennung und Kooperation als zu einem Klassenantagonismus. Dies trug dazu bei, dass die *Labour Party* nun die frühere Rolle der Liberalen im britischen Parteiensystem einnehmen konnte. Nach der Mitarbeit in der Kriegskoalition und den Wahlsiegen von 1945 und 1950 galt sie neben den Konservativen als eine *natural party of government*, und sie blieb auch in den dreizehn Oppositionsjahren ab 1951 immer potentiell mehrheitsfähig. Alle Wahlen seit 1945 hatten das Zwei-Parteien-System bestätigt, und die Regierungswechsel von 1945, 1951 und 1964 schienen ein Beleg dafür zu sein, dass die britische »Wettbewerbsdemokratie« tatsächlich funktionierte. Das Kräfteverhältnis zwischen *Labour* und den Konservativen erwies sich als außerordentlich konstant. Wenn wir die Ausnahmewahl von 1945 außer Acht lassen, erreichten beide Parteien in den sieben Wahlen bis 1970 einen durchschnittlichen Stimmenanteil von 46 Prozent (zusammen also 92 Prozent). Dabei lagen sie nie um mehr als 3,5 Prozentpunkte auseinander. Das Kräftegleichgewicht zeigte sich auch daran, dass beide Parteien zwischen 1945 und 1970 auf eine fast gleiche Zahl von Regierungsjahren kamen.

Die Zustimmung zu den politischen Institutionen, die in der Dominanz und Kontinuität dieses Parteienduopols zum Ausdruck kam, war sicherlich eine Folge der ökonomischen Entwicklung. Im Vergleich zur Vorkriegs-,

Kriegs- und unmittelbaren Nachkriegszeit erlebte Großbritannien ab 1950 eine Prosperität, die zwar nicht das Ausmaß des »Wirtschaftswunders« in anderen europäischen Ländern annahm, aber dennoch eine *affluent society* anzukündigen schien. Die ökonomischen Erfolge begünstigten die Konservativen, bestätigten aber zugleich den Nachkriegskonsens, der von ihnen weitgehend übernommen worden war. Sie konnten sich den Erwartungen an den neuen Wohlfahrtsstaat, an eine Politik der Vollbeschäftigung und aktiven Wirtschaftssteuerung sowie an ein kooperatives Verhältnis zu den Gewerkschaften nicht entziehen.[5]

Mit dieser Konstellation gingen zwei weitere Merkmale der damaligen politischen Stabilität einher. Der Krieg und die Priorität der Wirtschafts- und Sozialpolitik in der Nachkriegszeit hatten die zentralen Institutionen der britischen Politik so sehr in das Blickfeld gerückt, dass die nationale Frage in Schottland und Wales und sogar in Nordirland in den Hintergrund geriet. So wenig, wie der Nachkriegskonsens durch *Home Rule*-Bewegungen gefährdet war, so wenig wurde er in der Außenpolitik infrage gestellt. Im Unterschied zu anderen Ländern war die Entkolonialisierung nicht mit heftigen innenpolitischen Auseinandersetzungen verbunden. Das Drei-Kreise-Konzept, mit dem die britische Außenpolitik den Erhalt der Weltmachtrolle des Landes an der Schnittstelle von Europa, dem Commonwealth und einer *special relationship* zu den USA zu organisieren versuchte, war ein Teil des Nachkriegskonsenses.

II. Krisenerfahrungen und Auflösung des Nachkriegskonsenses in den sechziger und siebziger Jahren

Schon in den fünfziger Jahren stand die britische Wirtschaftspolitik vor einem Dauerdilemma. Sie hatte sich einer keynesianischen Steuerung der wirtschaftlichen Entwicklung mit den Mitteln der Steuer-, Zins- und Ausgabenpolitik verschrieben. Dabei standen alle Regierungen jedoch vor dem Problem, dass in jeder Wachstumsphase die Importe stärker stiegen als die Exporte – ein Ausdruck der Wettbewerbsschwäche der britischen Industrie. Dies verschlechterte die Leistungs- und Zahlungsbilanz, was wiederum den Wechselkurs des Pfundes gefährdete. Dessen Stabilität aber war die Voraussetzung für die Rolle des Pfundes als internationaler Handels- und Reservewährung. Folglich trat die Regierung auf die Konjunkturbremse (indem sie z. B. die Kreditzinsen erhöhte oder Kaufkraft durch Steuererhöhungen abschöpfte). Dem *stop* folgte ein *go,* sobald sich die Gefahr einer Rezession abzeichnete, und dann wieder ein *stop* im nächsten Aufschwung. Diese konjunkturpolitischen Wechselbäder ließen sich kaum mit dem Ziel eines stetigen Wirtschaftswachstums vereinbaren.

Der *stop/go*-Zirkel verstärkte das Problem, auf das er reagierte: Seit den fünfziger Jahren ließ sich an allen relevanten Indikatoren ein internationaler Positionsverlust der britischen Ökonomie ablesen (Investitionsraten, Produktivität, Anteile am Weltexport etc.). Sie konnte zwar ein Wachstum verzeichnen, aber gegenüber ihren Konkurrenten befand sie sich in einem relativen Niedergang: Die wirtschaftliche Leistung der Bundesrepublik übertraf die Großbritanniens seit 1955; Frankreich folgte zehn Jahre später, und auch Italien holte immer mehr auf. Zwischen 1950 und 1979 waren die jahresdurchschnittlichen Zuwachsraten des Pro-Kopf-Sozialproduktes in Großbritannien nur halb so hoch wie in den anderen genannten Ländern.

Der *relative economic decline* war seit den sechziger Jahren das dominante Thema der britischen Politik. Die Konservativen und *Labour* überboten sich mit Vorschlägen, wie die Wachstumsschwäche zu überwinden sei. Aber das Krisenmanagement aller Regierungen scheiterte regelmäßig. Einen ersten vergeblichen Versuch hatte die konservative Regierung Macmillan 1962 mit dem *National Economic Development Council* unternommen, in dem Regierung, Unternehmer und Gewerkschaften gemeinsam die Voraussetzungen für eine Revitalisierung der Ökonomie schaffen sollten. Dennoch gewann *Labour* die Unterhauswahl von 1964. Nach *thirteen wasted years* konservativer Regierungszeit sei nun eine umfassende Reformpolitik erforderlich, damit sich in Großbritannien eine *white heat of technological revolution* entfachen ließe. Aber die beiden *National Plans*, mit denen *Labour* dieses Ziel erreichen wollte, waren schon bei ihrer Verkündigung bloßes Papierwerk. Zwar gelang es anfangs, die Plandaten durch lohn- und preispolitische Absprachen mit den Gewerkschaften und Unternehmern abzusichern. Die Vorgaben für die Entwicklung der Exporte und Importe hätten jedoch nur mit einer Abwertung des Pfundes erreicht werden können. Mit Rücksicht auf die *City of London* und ganz im Rahmen des Nachkriegskonsenses schloss die Regierung diese Option jedoch aus. Statt dessen begegnete sie der Zahlungsbilanz- und Währungskrise ein weiteres Mal mit einem konjunkturpolitischen *stop*. Gleichzeitig nahm sie eine Anleihe beim Internationalen Währungsfonds auf, die mit restriktiven Auflagen verbunden war. Damit wurde das Wachstumsziel erneut zurückgestellt. Das erfolglose Krisenmanagement hatte deutlich gemacht, wie eng die Grenzen der Wirtschaftspolitik als Folge der internationalen Verflechtung und des Positionsverlustes der britischen Ökonomie gezogen waren. Da alle Regierungen die außenwirtschaftlichen und währungspolitischen Handlungsbedingungen als vorgegeben hinnahmen, versuchten sie nun, ihren Bewegungsspielraum auf der nationalen Ebene zu erweitern und die Einkommenspolitik zu einem Hebel der Wirtschaftspolitik zu machen. Damit bahnte sich eine Entwicklung an, die durch heftige Auseinandersetzungen zwischen Regierungen und Gewerkschaften geprägt war.

In den sechziger Jahren war unbestritten, dass die Modernisierung der Wirtschaft nicht zuletzt von einer Reform der Arbeitsbeziehungen abhängen würde. Auch die *trade unions* verschlossen sich nicht dieser Einsicht und beteiligten sich aktiv an einer unabhängigen Untersuchungskommission, die sich von 1965 bis 1968 mit der Rolle der Tarifparteien beschäftigte. Sie kam zu dem Ergebnis, dass dem *system of industrial relations* zentrale Voraussetzungen für eine kalkulierbare Lohnentwicklung und damit für eine staatliche Einkommenspolitik fehlten. Ihre Reformvorschläge, die weitgehend auf der Linie des Nachkriegskonsenses blieben, liefen darauf hinaus, die Beziehungen zwischen Gewerkschaften und Arbeitgebern bzw. zwischen Belegschaften und Management auszubauen. Dabei warnte die Kommission eindringlich vor staatlichen Eingriffen. Das historisch gewachsene System des *free collective bargaining* müsse sich aus sich selbst heraus weiterentwickeln.

Die Regierung Harold Wilson, die den Bericht in Auftrag gegeben hatte, hielt sich nicht an diese Empfehlung und legte 1969 einen Plan zur gesetzlichen Regulierung der Arbeitsbeziehungen vor (*In Place of Strife*). Die Gewerkschaften registrierten mit Verbitterung, wie einseitig sie von den Vorschlägen betroffen sein würden. Damit schiebe ihnen ausgerechnet eine *Labour*-Regierung die Verantwortung für die wirtschaftlichen Probleme zu. Der Unmut der Gewerkschaften und in der *Labour Party* war so groß, dass die Pläne bald zurückgezogen wurden. Sie blieben jedoch keineswegs folgenlos, weil sie genau jene Politisierung der Arbeitsbeziehungen vorantrieben, vor der die Untersuchungskommission so eindringlich gewarnt hatte.

In der Konservativen Partei hatten nach den Wahlniederlagen von 1964 und 1966 jene Kräfte an Einfluss gewonnen, die aus dem Scheitern der Krisenbewältigungsversuche von Macmillan und Wilson den Schluss zogen, dem Marktprinzip ein neues Gewicht zu geben.
– Die Regierung Edward Heath (1970–1974) lehnte zunächst jegliche Einkommenspolitik strikt ab. Dies bedeutete aber keine Rückkehr zum *free collective bargaining*: Der *Industrial Relations Act* von 1971 zielte auf eine umfassende Neuordnung der Arbeitsbeziehungen und eine Disziplinierung der Gewerkschaften. Er blieb allerdings unwirksam. Die Gewerkschaften ignorierten das Gesetz, und die Unternehmer nutzten es nicht für ihre Zwecke, weil sie Arbeitskonflikte vermeiden wollten.

– Nach steigenden Inflationsraten als Folge der Ölpreiskrise von 1973/74 und eines erfolgreichen Streiks der Bergarbeiter sah sich die Regierung gezwungen, den Gewerkschaften Verhandlungen über eine Einkommenspolitik anzubieten. Da diese dem Kurswechsel misstrauten, blieb der Regierung nur die Möglichkeit, Eckwerte der Lohnentwicklung festzusetzen. Der Streit darüber verschärfte sich, als es 1974 erneut zu einem großen Bergarbeiterstreik kam und die OPEC die Öllieferungen zurückfuhr.

Nachdem Premierminister Heath weder mit seiner Konfrontations-, noch mit seiner Kooperationspolitik Erfolg gehabt hatte, schrieb er vorzeitig Wahlen aus. Es liege nun bei den Wählern, über den Konflikt zwischen der Regierung und den Gewerkschaften zu entscheiden.

Diese waren sich im Februar 1974 aber nicht schlüssig, welcher der großen Parteien der Vorzug zu geben sei. *Beide* erlitten herbe Verluste. Es kam zum ersten Mal in der britischen Nachkriegsgeschichte zu einer massiven Erosion der Wählerbasis der beiden großen Volksparteien: Sie hatten ihren gemeinsamen Stimmenanteil, der 1951 noch bei 97 Prozent gelegen hatte, auf 75 Prozent heruntergewirtschaftet. *Labour* stellte mit 301 von 635 Sitzen die Regierung, während die Konservativen 297 Sitze erhielten. Das Land, erstmals nach dem Zweiten Weltkrieg von einer Minderheitsregierung regiert, wurde nur wenige Monate später erneut zu den Urnen gerufen.[6] Im Oktober 1974 erhielt *Labour* zwar eine parlamentarische Mehrheit, aber sie fiel äußerst knapp aus.

Dass die Mehrheit überhaupt zustande kam, dürfte sich aus dem *social contract* erklären, den die Partei und die Gewerkschaften miteinander vereinbart hatten.

– Die *trade unions* verpflichteten sich auf eine zurückhaltende Lohnpolitik; im Gegenzug versprach ihnen *Labour* ein Mitspracherecht in der Sozial- und Wirtschaftspolitik. Für die Konservativen war dies eine politische Kapitulation vor den Gewerkschaften.

– Obwohl sich diese an die einkommenspolitische Mäßigung hielten und die Streikzahlen rapide zurückgingen, scheiterte der *social contract* 1976 an den strukturellen Problemen der britischen Wirtschaftspolitik. Inflationsraten von bis zu 26 Prozent und eine neuerliche Währungskrise zwangen ein weiteres Mal zu einer Anleihe beim Internationalen Währungsfonds, die wiederum mit Auflagen für eine restriktive Finanz- und Sozialpolitik verbunden war.

Bei steigender Inflation konnten die Gewerkschaftsführungen die lohnpolitische Zurückhaltung nicht mehr gegen ihre Basis durchsetzen. 1978/79 entlud sich der Unmut im *winter of discontent*, in dem alle Streikrekorde der

Nachkriegszeit eingestellt wurden. Die Regierung sah sich gezwungen, die Vertrauensfrage zu stellen – und scheiterte an einer Stimme.[7]

Mit den Neuwahlen vom Mai 1979 kam eine Phase der britischen Nachkriegsentwicklung zum Abschluss, die durch den Dreiklang einer dauerhaften wirtschaftlichen Krise, eines regelmäßig erfolglosen Krisenmanagements und einer zunehmenden Konfliktualität der Arbeitsbeziehungen bestimmt war, also durch die Symptome der »Englischen Krankheit«, wie es damals hieß. In ihrem Verlauf löste sich der wirtschafts- und gesellschaftspolitische Kern des *postwar consensus* nach und nach auf. Zugleich hatte das Vertrauen in das Institutionensystem der *British Constitution* Schaden genommen. Zwar hatte sich das Prinzip des *alternating government* insofern bewährt, als *Conservatives* und *Labour* sich in fast schon regelmäßigen Abständen als Mehrheitspartei abwechselten, aber die »Wettbewerbsdemokratie« hatte keineswegs effiziente Regierungen hervorgebracht. Relatives Mehrheitswahlrecht und Zwei-Parteien-System, Kernstücke des *Westminster system of parliamentary government,* begünstigten – so die Kritik – einen parteipolitischen Antagonismus *(adversary politics)*, mit dem sich keine kontinuierliche Modernisierungs- und Reformpolitik erreichen ließe. Er führe, besonders in Krisenzeiten, zu abrupten Kurswechseln der staatlichen Politik, weil die jeweilige Oppositionspartei dazu neige, radikal überzogene Forderungen zu formulieren, um erst im Laufe ihrer späteren Regierungszeit wieder zu einer verantwortlichen Politik zurückzukehren.[8] Hinzu kam, dass sich die Kritik polarisierte. Konservative Stimmen sahen die Ursache des Regierungsversagens in einem überhöhten »Anspruchsdenken« gegenüber dem Wohlfahrtsstaat *(government overload);* Stimmen aus dem linken Spektrum kritisierten das Scheitern der Parteien als ein Ergebnis ihrer Eingebundenheit in die ökonomischen Imperative der britischen Politik.

Die politische Unruhe der sechziger und siebziger Jahre steht in einem engen Zusammenhang mit dem strukturellen Wandel der britischen *class society*, die das gesellschaftliche Fundament für den Nachkriegskonsens gebildet und sich in den fünfziger Jahren eher noch verfestigt hatte. Mit dem Schrumpfen der traditionellen Industriearbeiterschaft und der Zunahme und Ausdifferenzierung neuer Mittelschichten veränderten sich die gesellschaftlichen Konfliktlinien und ihre Wahrnehmung. Dies ging damals jedoch noch nicht zu Lasten der Gewerkschaften. Sie konnten gerade bei den *white collar workers* Organisationserfolge erzielen. Nachdem ihre Mitgliederzahlen in den fünfziger und sechziger Jahren relativ konstant geblieben waren, stiegen sie von 1968 bis 1979 stetig an. Die daraus resultierende Stärke der *trade unions* wird zwar häufig für das Scheitern des Nachkriegskonsenses verantwortlich gemacht. Es lässt sich aber ebenso als ein Ergebnis des relativen wirtschaftlichen Niedergangs und des erfolglosen Krisenmanagements und einer *daraus* entstandenen gesellschaftspolitischen Polarisierung interpretieren.

Die Konfliktualität der Arbeitsbeziehungen war Teil und Ausdruck weiter reichender soziokultureller Veränderungen.[9] Auch Großbritannien erlebte sein »1968« und die Infragestellung überkommener Werte. Aber ebenso wie in anderen Ländern beschränkten sich die Protestbewegungen nicht auf eine Studenten- oder Jugendrevolte. Am deutlichsten wird dies am Beispiel der Unruhen in Nordirland, die 1968 durch die Einforderung von Bürgerrechten für die katholische Bevölkerung nach dem Vorbild der amerikanischen *civil rights movement* ausgelöst wurden, aber auch am Beispiel des zur gleichen Zeit neu erstarkenden Nationalismus in Schottland und Wales.

Während sich der Konflikt in Nordirland als ein Problem einer gespaltenen Gesellschaft und als eine Hypothek der irisch-britischen Geschichte darstellen ließ, war mit den Autonomieforderungen in Schottland und Wales ein Thema zurückgekehrt, bei dem es um eine zentrale Prämisse der britischen Staats- und Verfassungsordnung ging: um das alleinige Entscheidungsrecht des *Westminster*-Parlamentes in allen wichtigen politischen Fragen des Landes. Zur inneren Bedrohung dieser *parliamentary sovereignty* war mit dem Beitritt zur Europäischen Gemeinschaft und der damit verbundenen Abgabe von Entscheidungskompetenzen an Brüssel eine äußere hinzugekommen. Die parteipolitischen Auseinandersetzungen über diese beiden Fragen machten deutlich, dass der Nachkriegskonsens nicht nur seinen wirtschafts- und gesellschaftspolitischen Kern verloren hatte, sondern auch in anderen zentralen Punkten nicht mehr bestand. Er hatte sich schon vor seiner Aufkündigung durch Margaret Thatcher aufgelöst.

III. Der Thatcherismus als Alternative zur Politik des Nachkriegskonsenses

Margaret Thatcher, seit 1975 Parteivorsitzende der Konservativen und Oppositionsführerin, propagierte eine grundsätzliche Alternative zur Politik des Nachkriegskonsenses, die sie für die Krise des Landes verantwortlich machte. Darin bündelten sich alle Themen neoliberal-konservativer Kritik: die staatliche Bevormundung der Gesellschaft, die Knebelung der Marktkräfte durch staatliche Interventionen und durch die Macht der kollektiven Großorganisationen (sprich der Gewerkschaften) sowie die wohlfahrtsstaatliche Gängelung des Einzelnen. In Großbritannien entfaltete diese Interpretation besondere Brisanz. Angesichts der wirtschaftlichen Dauerkrise schien hier die Überforderung des Staates greifbar zu sein. Auch für die These einer exzessiven Macht der Gewerkschaften schien es spätestens nach dem *winter of discontent* kaum noch einer Begründung zu bedürfen.

Indem der Thatcherismus das Gesamtarrangement der bisherigen Wirtschafts- und Gesellschaftspolitik thematisierte, kritisierte er nicht allein die Politik der *Labour*-Regierungen, sondern auch die der eigenen Partei. Alle Regierungen hätten sich über die Interessen der Wirtschaft hinweg auf eine Politik der staatlichen Intervention in ökonomische und soziale Prozesse verpflichtet. Das Modell der sozialen Demokratie müsse endlich als ein Irrweg erkannt werden, damit Großbritannien wieder den Anschluss an die technologisch-ökonomische Entwicklung gewinnen könne. Eine Grundvoraussetzung dafür sei eine umfassende Liberalisierungspolitik, die es der Wirtschaft erlaube, sich unter den Bedingungen der internationalen Konkurrenz zu behaupten. Noch wichtiger aber sei es, die Gesellschaftspolitik aus den Blockierungen des Nachkriegskonsenses herauszuführen. Nach seiner Selbstdarstellung folgte der Thatcherismus einer klaren Linie:

– von 1979 bis 1983 sei es zunächst darum gegangen, die Macht der Gewerkschaften zu brechen und einen neuen wirtschaftspolitischen Kurs durchzusetzen (»*curbing the power of the trade union barons*«);

– von 1983 bis 1987 habe sich die Regierung dann auf die wirtschaftliche Erneuerung konzentriert (»*getting the economy right*«);

– ab 1987 sei die umfassende Erneuerung der Gesellschaft in Angriff genommen geworden (»*a programme of radical reform of society*«).

Das Bild einer in sich geschlossenen Programmatik und einer stringenten Abfolge von Politikschritten hält einer Überprüfung jedoch nicht stand. Beim Thatcherismus handelte es sich um ein durchaus flexibles Politikprogramm. So zeigte der Verzicht auf sich als untauglich erweisende Instrumente einer monetaristischen Wirtschaftspolitik, dass auch Grundüberzeugungen korrigiert werden konnten. Und die Privatisierungspolitik seit 1982 war ein Beispiel dafür, wie schnell sich neue Grundüberzeugungen herausbildeten. Die Privatisierung entwickelte sich erst zum »Flaggschiff des Thatcherismus«, nachdem ihre ersten Anläufe reibungsloser als erwartet verliefen. Es spricht also vieles dafür, den Thatcherismus nicht als eine zielgerichtete Verwirklichung eines eindeutig umrissenen Politikmodells zu verstehen. Eher lag seine Logik in dem Versuch, die Blockierungen der wirtschaftlichen, sozialen und politischen Entwicklung von 1945 bis 1979 aufzubrechen:

– Aus der Überzeugung von der Notwendigkeit eines schlanken, aber starken Staates ergab sich das Ziel, das Spannungsverhältnis zwischen dem

Konsensmodell der »sozialen Demokratie« und einer liberalen Wirtschaftsordnung zugunsten der Letzteren aufzulösen.

– Obwohl sich alle früheren Regierungen den Interessen des international orientierten britischen Finanzkapitals verpflichtet sahen, hatten sie dennoch versucht, auch den Bedürfnissen der heimischen Industrie gerecht zu werden. Der Thatcherismus – von der Unausweichlichkeit des Trends zur postindustriellen Gesellschaft überzeugt – setzte sie dagegen schonungslos dem internationalen Wettbewerb aus, um den Preis des Niedergangs ganzer Branchen und Regionen.

– Der Thatcherismus ließ keinen Zweifel daran, dass er das relative Kräftegleichgewicht zwischen Unternehmern und Gewerkschaften zugunsten der Arbeitgeber beseitigen wollte, damit diese die Erneuerung der britischen Wirtschaft vorantreiben konnten.

Dieses Ziel einer »freien Wirtschaft« und eines »starken Staates«[10] konnte von den Thatcher-Regierungen durchgesetzt werden, weil sie mit ihrer sicheren parlamentarischen Mehrheiten alle Möglichkeiten nutzten, die sich aus der dominanten Stellung der Exekutive im *Westminster Government* ergeben.

Insbesondere die *trade unions* haben die machtpolitische Radikalität des Thatcherismus erfahren. Die gegen sie gerichtete Politik war aber zugleich ein Paradebeispiel für eine insgesamt pragmatische Vorgehensweise. Anders als ihr Vorgänger Edward Heath, der 1971 eine umfassende Reform der Arbeitsbeziehungen versucht hatte, wählte Mrs. Thatcher einen *step by step approach*. Mit einer Reihe von Gesetzen und Auseinandersetzungen mit Einzelgewerkschaften (von hoher symbolischer Bedeutung war Thatchers Triumph nach einem fast einjährigen Bergarbeiterstreik von 1984/85) gelang es, die *trade unions* als Machtfaktor weitgehend auszuschalten.

Wenn das Gewerkschaftsproblem die Ursache für die Schwäche der britischen Wirtschaft[11] war, dann hätte die Entwicklung seit 1979 eine wahre Erfolgsgeschichte sein müssen. Entgegen einer weitverbreiteten Wahrnehmung ist die ökonomische Bilanz der konservativen Regierungen von 1979 bis 1997 jedoch reichlich durchwachsen. So stiegen die Staatsausgaben und die Steuerlast der Bürger, obwohl die Privatisierungserlöse und die Einkünfte aus dem Nordsee-Öl zur Haushaltssanierung verwendet wurden. Dagegen konnten der relative wirtschaftliche Niedergang gestoppt und die Produktivität (BIP je Erwerbstätigen) erhöht werden, auch wenn dies nicht so sehr die Folge einer höheren Effizienz, sondern der Aufgabe unrentabler Betriebe war. Selbst im Vergleich mit der Bundesrepublik entwickelte sich der Arbeitsmarkt keineswegs so positiv wie häufig gemeldet, und bei den Investitionsquoten übertrafen die britischen Daten die deutschen erst ab

1994 (und auch nur geringfügig). Auch die Inflationsentwicklung und die Handels- und Leistungsbilanzen lassen nicht erkennen, warum das Großbritannien Margaret Thatchers und John Majors als ein besonders erfolgreiches Modell der wirtschaftlichen Entwicklung gelten sollte.

Noch prekärer wird die Bilanz, wenn sie um die sozialen und politischen Kosten ergänzt wird. Nach Will Hutton[12] hatte sich eine Gesellschaft herausgebildet, in der nur etwa 40 Prozent der Erwerbsfähigen über einen sicheren Vollzeitarbeitsplatz und ein ausreichendes Einkommen verfügten; 30 Prozent hatten unsichere Arbeitsplätze oder mussten sich mit Teilzeit- oder Gelegenheitsarbeit begnügen; die restlichen 30 Prozent waren entweder arbeitslos oder arbeiteten als *working poor* zu sehr geringen Löhnen. Diese Entwicklung war eine Folge unvermeidlicher wirtschaftlicher Strukturbrüche, aber auch der Steuer-, Arbeitsmarkt- und Sozialpolitik:

– Höhere und sehr hohe Einkommen wurden durch eine Senkung der direkten Steuern bevorzugt, während die niedrigeren Einkommen durch indirekte Steuern sowie Sozialversicherungsabgaben zusätzlich belastet wurden.

– Mit der Deregulierung und Flexibilisierung des Arbeitsmarktes erodierte das »normale« Beschäftigungsverhältnis früher und gründlicher als in anderen europäischen Ländern. Der starke Rückgang des gewerkschaftlichen Organisationsgrades, die Enttariflichung der Arbeitsverhältnisse sowie die steigende Zahl »gewerkschaftsfreie Betriebe« ließen das »selbstverantwortliche Individuum« auch im Arbeitsleben zunehmend allein auf sich gestellt sein.

– Die Lohn- und Arbeitsplatzunsicherheit erhöhte sich durch das gestärkte unternehmerische *right to manage* sowie einen rigiden Abbau des Kündigungsschutzes und die Abschaffung von Mindestlöhnen.

– Obwohl sich der *Umfang* der staatlichen Wohlfahrtsausgaben zwischen 1979 und 1990 erhöhte und in seiner Relation zum Inlandsprodukt kaum veränderte, gingen die *Leistungen pro Empfänger* deutlich zurück, weil die Zahl der Bedürftigen deutlich stieg.

– Während die Summe aller Einkommen zwischen 1979 und 1995 um 40 Prozent stieg, blieb das unterste Einkommensfünftel etwa auf dem Stand von 1979. Der Anteil der Bevölkerung, der sich mit weniger als der Hälfte der durchschnittlichen Einkommen begnügen musste und damit unter der Armutsgrenze lag, verdreifachte sich zwischen 1979 und 1991/92 von 7 auf 21 Prozent.

Im Ergebnis lässt sich festhalten, dass das von Margaret Thatcher eingeleitete Modernisierungsprogramm auf dem Rücken großer und vor allem der schwächeren Teile der Bevölkerung ausgetragen wurde. Selbst wenn Huttons Formel 40 : 30 : 30 allzu pauschal anmutet, dürfte kaum ein Zweifel daran bestehen, dass sich in Großbritannien seit dem Ende der siebziger Jahre ein Typ kapitalistischer Entwicklung herausgebildet hatte, der eher dem amerikanischen als dem damals noch vorherrschenden europäischen Modell folgte.

Die wirtschaftlichen und sozialen Ungleichheiten schlugen sich in zunehmenden regionalen Entwicklungsunterschieden nieder. Wirtschaftskraft, Einkommen, Beschäftigung und Arbeitslosigkeit zeigten einen immer deutlicheren Gegensatz zwischen den altindustriellen Regionen des Nordens und dem prosperierenden Süden. Dieser *North/South Divide* manifestierte sich auch in der Wahlgeografie des Landes. Die Konservativen hatten ihre Hochburgen im bevölkerungsreichen englischen Süden; Nordengland, Schottland und Wales wählten überwiegend *Labour*, aber auch die *Liberal Democrats* und die Nationalparteien. In dieser Situation verband sich in Schottland und Wales die regionale Frage mit der nationalen. Die Kritik an der Zentralisierung des britischen Staates war jedoch nur Teil sich landesweit artikulierender Forderungen nach einer umfassenden Verfassungsreform. So wurde argumentiert, der Thatcherismus habe gezeigt, dass der Machtkonzentration des *prime ministerial government*, wie sie sich im Verlauf der britischen Verfassungsentwicklung herausgebildet hatte, Grenzen gesetzt werden müssen.

IV. Die Dominanz der Konservativen und die Transformation der *Labour Party*

Die *Labour Party*, von 1979 bis 1997 für achtzehn Jahre in die *political wilderness* verbannt, hatte als Opposition kaum politische Gestaltungskraft. Somit blieb ihr nur, sich als künftige Regierungspartei zu profilieren. Genau dies wollte ihr aber nicht gelingen. Die Herausbildung von *New Labour* lässt sich ohne diesen Erfahrungshintergrund nicht verstehen.

Der Wandel der Partei hatte schon lange eingesetzt, bevor Tony Blair 1994 Parteivorsitzender und Oppositionsführer wurde. Bereits Neil Kinnock, der nach dem Wahldesaster von 1983 die Parteiführung übernahm, hatte sich einer umfassenden Reform der Partei verschrieben, weil *Labour* offensichtlich das Vertrauen der Wähler verloren hatte. Umstritten war nur, ob dies eine Nachwirkung der Regierungsbilanz von 1974 bis 1979 und insbesondere des *winter of discontent* war oder eine Reaktion auf die seitherigen innerparteilichen Auseinandersetzungen. Diese hatten 1981 zu einem

Linksruck in der Partei geführt, der sich im Wahlmanifest von 1983 – spöttisch auch *the longest suicide note in history* genannt – niederschlug.

Im Vordergrund der Reform stand zunächst die organisatorische Erneuerung der Partei. Ihr Machtgefüge war durch ein Neben- und Gegeneinander der Wahlkreisorganisationen, der assoziierten Einzelgewerkschaften und der Unterhausfraktion bzw. ihrer Führung bestimmt. In den ersten Oppositionsjahren nach 1979 konnten insbesondere die Gewerkschaften sowie die Wahlkreisorganisationen mit ihren Aktivisten in der Kommunalpolitik ihren Einfluss erhöhen. Als Folge davon festigte sich das Bild von *Labour* als einer Partei, die einerseits von den Gewerkschaften dominiert wurde und andererseits ein Tummelbecken lokaler Akteure mit nicht selten radikalpartizipatorischen Politikkonzepten war.

Mit diesem – in sich durchaus widersprüchlichen – Doppelimage war die Richtung der Parteireform fast schon vorgegeben. Nach der vernichtenden Wahlniederlage von 1983 wurde die Parteiführung auf Kosten der Gewerkschaften und der Parteiaktivisten gestärkt.[13] Diese Kräfteverschiebung ermöglichte die Entschärfung der Programmaussagen, mit denen die Partei zuvor auf den Thatcherismus reagiert hatte (insbes. Rückkehr zu einer interventionistischen Wirtschaftspolitik, Re-Nationalisierung, Ausbau der wohlfahrtsstaatlichen Leistungen und Rücknahme der konservativen Arbeits- und Gewerkschaftsgesetze). Mit Ausnahme der Sozialpolitik distanzierte sich das Wahlprogramm von 1987 von den früheren Positionen: So forderte es einen Abbau der Arbeitslosigkeit statt einer Vollbeschäftigungspolitik, neue Formen gesellschaftlichen Eigentums statt einer Re-Nationalisierung und eine Überprüfung statt einer Rücknahme der konservativen Gewerkschaftsgesetze.

Dennoch wurde die *Labour Party* weiterhin mit den Entwicklungen der sechziger und siebziger Jahre identifiziert. Nach der neuerlichen Wahlniederlage von 1987 sah sie sich mit der Möglichkeit einer dauerhaften Dominanz der Konservativen konfrontiert. Jetzt schien nur noch eine einschneidende Veränderung des programmatischen Profils einen Ausweg zu bieten. Die *Labour Party*

– rückte von ihrer traditionellen Annahme eines grundsätzlichen Spannungsverhältnisses zwischen einer privat organisierten Wirtschaft und den Gesamtinteressen der Gesellschaft ab und gab die Vorstellung einer staatlichen Verantwortung für die Steuerung der wirtschaftlichen und gesellschaftlichen Entwicklung auf; der Staat müsse sich auf die Aufgaben konzentrieren, die die Wirtschaft nicht oder nur unzureichend leisten könne;

– löste sich von der *mixed economy* und akzeptierte die Vorstellung, nach der die Dynamik der ökonomischen Entwicklung allein durch den

Wettbewerb privatwirtschaftlich organisierter Unternehmen gewährleistet wird;
- stellte sich zwar als Garant des Wohlfahrtsstaates dar, vermied aber sorgsam Aussagen, die auf eine Umverteilung und auf insgesamt höhere staatlichen Sozialausgaben verweisen könnten;
- nahm ihre Zusagen zurück, die Gewerkschaften wieder in ihre alten Rechte einzusetzen, und verkündete im Wahlmanifest von 1992, eine *Labour*-Regierung werde nicht zur früheren Politik der Arbeitsbeziehungen zurückkehren.

Aber auch in der Wahl von 1992 gelang es *Labour* nur unzureichend, sich als eine erneuerte Partei darzustellen. Ihr half nicht einmal, dass das von den Konservativen 1986/87 ausgerufene »britische Wirtschaftswunder« nur bis 1988 angedauert hatte und der Wahlkampf in das vierte Jahr einer langen Rezessionsphase fiel. *Labour* gewann zwar hinzu, aber die Konservativen, jetzt unter der Führung von John Major, kamen mit geringen Stimmenverlusten davon und blieben für weitere fünf Jahre im Amt.

Labour reagierte mit der Wahl von John Smith zum Partei- und Oppositionsführer. Er setzte die organisatorischen Reformen seines Vorgängers fort, betrachtete die Programmdiskussion aber als weitgehend abgeschlossen. Ein Hauptgrund dafür war sicherlich, dass die Popularität der Regierung Major schon kurz nach ihrem Amtsantritt abrupt zurückgegangen war (vor allem als Folge des »Schwarzen Mittwochs« vom 16. September 1992, als die Regierung mit katastrophalen Fehlern auf eine Krise des Europäischen Währungssystems reagierte und eine kräftige Pfundabwertung provozierte). Der Autoritätsverfall John Majors und die Zerrissenheit seiner Partei insbesondere in der Frage der Zustimmung zum Maastrichter Vertrag über eine Europäische Union gaben *Labour* vom Herbst 1992 bis 1997 einen Popularitätsvorsprung, der zeitweise 30 Prozentpunkte erreichte. Als Tony Blair im Juli 1994 zum Nachfolger des verstorbenen John Smith gewählt wurde, hatten sich die Chancen der Partei also bereits drastisch verbessert. Dennoch begnügte sich Blair nicht mit einer Konsolidierung des Reformkurses. Nachdem er sich bereits vor seiner Wahl zum Vorsitzenden dafür ausgesprochen hatte, die Erneuerung fortzusetzen, verkündete er auf dem Parteitag vom Oktober 1994 das Projekt *New Labour, New Britain*.

Die Gegenüberstellung von *New Labour* und *old Labour* wurde, neben der Abgrenzung von der *New Right,* zu einem festen Bestandteil einer Argumentation, mit der die Reformergruppe um Blair einen Richtungswechsel für Großbritannien propagierte. Dabei stand *old Labour* für den wirtschaftlichen Niedergang und die Konfliktualität der Arbeitsbeziehungen der sechziger und siebziger Jahre, während die Modernisierungsstrategie des Thatcherismus als eine durchaus notwendige Antwort auf die krisenhaften Entwicklungen des Landes akzeptiert wurde. *New Labour* zögere nicht, seine Erfolge, beispielsweise in der Politik der Arbeitsbeziehungen und in der Privatisierungspolitik, anzuerkennen. Allerdings habe sich der Thatcherismus darauf beschränkt, Hindernisse für eine wirtschaftliche und gesellschaftliche Modernisierung zu beseitigen, aber kein tragfähiges Modell von Gesellschaft angeboten. Während die *New Right* zu sehr auf den Eigennutz des Individuums gesetzt und dabei die soziale Gerechtigkeit geopfert habe, wolle *New Labour* eine Gesellschaft, die von den Grundwerten der Gerechtigkeit, der Fairness, der Verantwortung und der Partnerschaft geprägt sei.

Die Aussagen, mit denen sich die Partei auf den Wahlkampf von 1997 vorbereitete, folgten, so neu sich *New Labour* auch darstellte, vielen Punkten, mit denen die Partei in die Wahl von 1992 gegangen war. Neu war aber, dass sich die inzwischen weiter professionalisierte Kampagnenstrategie jetzt ganz darauf konzentrierte, den Konservativen jeden Weg zu verbauen, das alte Image von *Labour* für sich zu instrumentalisieren. Dabei spielte insbesondere eine Rolle, wie schnell der Vorsprung bei den Meinungsumfragen dahingeschmolzen war, nachdem die *Tories* in ihrem Wahlkampfendspurt von 1992 betont hatten, auf welch unsicheres Spiel sich die Wähler mit *Labour* einlassen würden. Inkompetenz in der Wirtschaftspolitik, Partei der steigenden Staatsausgaben und Steuern, Gewerkschaftspartei lauteten die häufigsten Vorwürfe. *New Labour* wollte daher jetzt ganz »auf sicher« gehen. Die Partei grenzte sich eindeutiger und stärker von *old Labour* ab als von den Konservativen, um den Wählern, die zwar mit der Major-Regierung unzufrieden waren, aber noch Vorbehalte gegen *Labour* hatten, die Berührungsängste zu nehmen. Nur in den Themenfeldern, in denen sie sich mit ihrer Kritik an der konservativen Politik bei den Wählern sicher fühlen konnte (z.B. soziale Folgen der wirtschaftlichen Restrukturierung), griff sie die Regierung frontal an. Ansonsten aber wollte sich *New Labour* möglichst wenig von den Konservativen unterscheiden. Die Partei werde

— den Höchstsatz für die Einkommensbesteuerung in der nächsten Wahlperiode nicht erhöhen;

— die Staatsausgaben der beiden nächsten Jahre im Rahmen der Finanzplanung der Regierung Major halten und eine Verbesserung der Leistungen in der Sozialversicherung, im Erziehungsbereich und im Gesundheitswesen vor allem durch eine Umstellung der Haushaltsprioritäten finanzieren;

- prinzipiell an der konservativen Politik deregulierter und flexibler Arbeitsmärkte festhalten und nur einige ihrer Fehlentwicklungen korrigieren;
- den Gewerkschaften gegenüber nach dem Grundsatz »*fairness, no favours*« verfahren, aber es werde dabei bleiben, dass Großbritannien über die restriktivsten Gewerkschaftsgesetze aller westlichen Länder verfügt.

Die Strategie des »*safety first*«[14] sollte mit dem Erdrutschsieg vom 1. Mai 1997 aufgehen. *New Labour* erzielte die größte Parlamentsmehrheit einer Partei seit dem Zweiten Weltkrieg. Gemessen am Stimmenanteil von 42,3 Prozent war der Wahlsieg allerdings weniger spektakulär, denn die Konservativen waren in den vier vorangegangenen Wahlen auf etwa das gleiche Ergebnis gekommen. Spektakulär war eher, dass die Konservativen nun auf 30,7 Prozent zurückgefallen waren.

V. Ein neues Politikmodell? Zur gegenwärtigen Diskussion über *New Labour*

Mit dem Regierungswechsel von 1997 hat sich die politische Landschaft Großbritanniens einmal mehr grundlegend geändert, auch wenn die Wahlsiege 2001 und 2005 nicht mehr so triumphal ausfielen wie 1997. Die Doppelstrategie von *New Labour* mit einer programmatischen Repositionierung unter dem Signum des *Third Way*[15] und einer pragmatisch-innovativen Wirtschafts- und Sozialpolitik scheint sich auszuzahlen: Offenbar ist es der Partei gelungen, eine fürs erste stabile Wählerbasis aus dem traditionellen *Labour*-Anhang und größeren Teilen der sich immer mehr differenzierenden und wachsenden Mittelschichten zu schmieden.[16] Diese tendenziell prekäre *cross class electoral coalition* hat sich auch 2005 trotz des Glaubwürdigkeitsverlustes von Tony Blair in den Auseinandersetzungen über die britische Teilnahme am Irak-Krieg bewährt, allerdings bei einem starken Rückgang der Wahlbeteiligung.

Unter dem Eindruck dieser Entwicklung hat sich die Diskussion über die Frage, wie das *New Labour*-Projekt einzuordnen sei, erheblich differenziert. Bis zum Ende der ersten Amtsperiode überwogen noch Interpretationen, die *New Labour* als eine Fortsetzung oder bestenfalls als eine sozialverträglichere Variante eines neoliberalen Konservativismus britischer Prägung ansahen.[17] In Anbetracht der Orientierung an den zentralen Ergebnissen der Thatcher- und Major-Regierungen mochte dies zunächst durchaus plausibel erscheinen. Seither aber wird wieder intensiv die Frage diskutiert, ob

New Labour nach dem *Postwar Consensus* und dem Thatcherismus ein eigenständiges Politikmuster repräsentiert.[18]

Bei der Bilanzierung der Politik *New Labours*[19] ist kaum mehr zu übersehen, dass die Regierungen Blair die Bekämpfung von sozialer Deprivation und struktureller Unterprivilegierung nicht nur angekündigt, sondern auch in Angriff genommen haben. So zielte schon in der ersten Amtsperiode die Arbeitsmarkt- und Sozialpolitik, obwohl sie unter dem Diktat der Steuer- und Geldpolitik mit der Priorität der Inflationsminimierung stand, auf eine Requalifizierung für und Reintegration in den Arbeitsprozess. Die als *New Deal* bezeichneten Programme umfassen eine Vielzahl von Maßnahmen zur Vermittlung von arbeitslosen Jugendlichen, Langzeitarbeitslosen, älteren Arbeitslosen, arbeitslosen Alleinerziehenden bzw. arbeitslosen Angehörigen von Randgruppen. Im Verein mit dem *Working Tax Credit,* einem Programm zur Garantie eines Mindesteinkommens für Geringverdienende, sind Erfolge der *welfare to work* Maßnahmen unbestreitbar.

Ebenfalls bereits in der ersten Amtsperiode hatte die Regierung die Position der Arbeitnehmer und der Gewerkschaften verbessert und damit einige der gröbsten, von den Konservativen verursachten Asymmetrien in den Arbeitsbeziehungen aufgehoben: Sie verlängerte den Kündigungsschutz und führte einen Mindestlohn ein; die Gewerkschaften müssen als betriebliche Verhandlungspartner anerkannt werden, wenn sie mehr als 50 Prozent der Belegschaft organisieren oder sich mindestens 40 Prozent für die Anerkennung aussprechen. Hinzu kam ein Bündel von Verfassungsreformen, die auf eine bessere Durchsetzbarkeit individueller Bürgerrechte und die Einführung von regionaler Autonomie abzielen. Beispiele sind die Integration der europäischen Menschenrechtskonvention in britisches Recht durch den *Human Rights Act* und die Verlagerung von bisher allein beim Parlament in Westminster angesiedelten Kompetenzen auf gewählte Parlamente bzw. Versammlungen in Schottland, Nordirland und – mit Abstrichen – Wales. Seit 1997 sind die Rechte der britischen Zivilgesellschaft und die von Schottland, Wales und Nordirland deutlich gestärkt worden. In der Tradition der schrittweisen Weiterentwicklung der britischen Verfassung liegt dem Reformpaket bislang allerdings keine Gesamtkonzeption zugrunde. Ebenfalls der Tradition entsprechend ist der Machtkern des politischen Systems, d. h. die starke Stellung der Exekutive, bisher nicht angetastet worden.

In der zweiten Amtsperiode wurden die Ausgaben für öffentliche Dienstleistungen erhöht und finanzielle Spielräume für eine, wenn auch zunächst bescheidene, Umverteilung von oben nach unten genutzt. Beispiele sind die

2003 eingeführte, einkommensabhängig progressive Erhöhung der *National Insurance Contributions* zur Finanzierung von Reformen des *National Health Service,* die Maßnahmen gegen Altersarmut von Rentnern durch die Einführung garantierter Mindestrenten sowie die im Rahmen der *Comprehensive Spending Reviews* (auf jeweils drei Jahre angelegte Ausgabenplanungen) seit 1998 massiv erhöhten Investitionen für die Schul- und Berufsausbildung.

Langfristig angelegte wirtschaftliche Modernisierung in Richtung auf eine wissensbasierte Dienstleistungsökonomie, Sicherung des Systems staatlicher Vor- und Fürsorge, Qualitätsverbesserung öffentlicher Dienstleistungen, Reduktion von Armut und sozialer Isolation sowie Fortsetzung der Verfassungsreform erscheinen insgesamt als durchaus kohärente Elemente des Regierungshandelns insbesondere nach dem zweiten Wahlsieg von 2001. Seither wird *New Labour* zunehmend eine Modernisierungsstrategie attestiert, die sich den neuen wirtschaftlichen und politischen Herausforderungen von Europäisierung und Globalisierung stellen und gleichzeitig den Grundwerten einer sozialen Demokratie gerecht werden will.

Wo die *New Right* auf Befreiung des Individuums von der entmündigenden Übermacht staatlicher Für- und Vorsorge setzte, betont *New Labour* mit der im *Third Way* propagierten Verbindung von individuellen Rechten und Verantwortlichkeiten eine Neudefinition des Verhältnisses von Staat und Individuum. Trotz der Abgrenzung vom Kollektivismus und Etatismus des Nachkriegskonsenses orientiert sich *New Labour* dabei am zentralen Ziel der *Labour Party* seit ihrer Gründung: der Verbesserung der Lebensbedingungen der arbeitenden Bevölkerung. In diesem Sinne steht *New Labour* zwar für ein neues Politikmuster, aber gleichwohl in einer Tradition der britischen Politik, die sich einer sozialen Demokratie verpflichtet sieht. Wenn sich diese Interpretation in den kommenden Jahren bestätigt, wäre auch die Transformation der *Labour Party* ein Ergebnis von Kontinuität und Umbruch in der politischen und gesellschaftlichen Entwicklung Großbritanniens.

Anmerkungen

1 Der *Postwar Consensus* ist ein bis heute dominantes, aber keineswegs unumstrittenes Interpretationsmuster für die Nachkriegsentwicklung Großbritanniens; vertreten wird es z.B. von Paul Addison, The Road to 1945, London 1975, und Dennis Kavanagh, Thatcherism and British Politics. The End of Consensus?, Oxford 1987 (erste Auflage); abgelehnt wird es z.B. von Ben Pimlott, The Myth of Consensus, in: Lesley M. Smith (Hrsg.), The Making of Britain. Echoes of Greatness, Basingstoke/London 1988, S. 129–141, und Harriet Jones/Michael Kandiah (Hrsg.), The Myth

of Consensus. New Views on British History 1945–64, New York 1996. Wir halten das Deutungsmuster und die mit ihm vorgeschlagenen Periodisierungen der britischen Nachkriegsentwicklung für sinnvoll und hilfreich, solange der *Postwar Consensus* nicht als ein statisches oder gar als ein konfliktfreies Handlungsarrangement verstanden wird.

2 Vgl. Corelli Barnett, The Audit of War, London 1986, und Peter Hennessy, Never Again: Britain 1945–51, London 1992.

3 Paul Addison (Anm. 1), S. 14.

4 Der Begriff »Korporatismus« bezieht sich auf ein enges Beziehungsgeflecht zwischen Regierung, Unternehmern und Gewerkschaften in der Wirtschafts- und Gesellschaftspolitik. Diese dreiseitigen Kooperationsformen werden in Großbritannien auch als »Tripartismus« bezeichnet.

5 Das bedeutete keineswegs eine Abkehr von früheren Positionen. Bereits in der Zwischenkriegszeit hatten die Konservativen eine interventionistische Politik betrieben. Der *New Conservatism* nach 1945 lag somit auf der Linie einer *Tory Democracy* als einer Variante von *Collectivist Politics;* vgl. Samuel H. Beer, Modern British Politics, 2. Aufl., London 1969.

6 In Großbritannien müssen Unterhauswahlen spätestens alle fünf Jahre stattfinden; der *Prime Minister* kann jedoch jederzeit die Königin um Ausschreibung von Neuwahlen bitten.

7 Den Ausschlag gaben die Liberalen und die schottische Nationalpartei, die die Regierung zuvor parlamentarisch unterstützt hatten, nachdem *Labour* in Nachwahlen die Mehrheit verloren hatte. Sie stimmten gegen die Regierung, weil sie sich in ihren Hoffnungen auf verfassungspolitische Modernisierungen enttäuscht sahen (Reform des Wahlrechts, das »dritte Parteien« dramatisch benachteiligte, und mehr Autonomie für Schottland).

8 Vgl. Michael Stewart, Politics and Economic Policy in the UK since 1964. The Jekyll & Hyde Years, Oxford 1978.

9 Vgl. z.B. Arthur Marwick, British Society since 1945, London 1982, und ders., Culture in Britain since 1945, Oxford/UK und Cambridge/USA 1991.

10 Vgl. Andrew Gamble, The Free Economy and the Strong State, 2. Aufl., Basingstoke 1994.

11 Keith Joseph, Solving the Union Problem is the Key to Britain's Recovery, Centre for Policy Studies, London 1979 (Keith Joseph war der wirtschaftspolitische Mentor von Mrs. Thatcher).

12 Will Hutton, The State We're In, London 1996.

13 Ein knapper Überblick über die Fülle organisatorischer und programmatischer Veränderungen der *Labour Party* nach 1983 findet sich bei Steve Ludlam, The Making of New Labour in: Steve Ludlam/Martin J. Smith (Hrsg.), New Labour in Government, Basingstoke 2001, S. 1–31.

14 Vgl. Paul Anderson/Nyta Mann, Safety First. The Making of New Labour, London 1997.

15 Das Konzept des »Dritten Weges« steht für ein jenseits der alten Sozialdemokratie und der neuen Rechten angesiedeltes Politikmodell, das sich den Bedingungen der Globalisierung stellen will. Regierungen sollen nicht mehr auf direktives Handeln staatlicher Großbürokratien, sondern auf ein aktives Zusammenwirken von gesellschaftlich bewussten Bürgern mit schlanken und flexiblen staatlichen Institutionen setzen. Öffentliche Dienstleistungen ließen sich sehr viel effizienter in einer über

Märkte vermittelten Mischung aus staatlichen Institutionen, informellen Netzwerken und Einzelakteuren erbringen. Dabei könne die Orientierung an Grundwerten der sozialen Demokratie wie Fairness, Gerechtigkeit, Chancengleichheit den notwendigen sozialen Zusammenhalt herstellen. Vgl. Anthony Giddens, The Third Way. The Renewal of Social Democracy. Cambridge 1998; ders., The Third Way and Its Critics. Cambridge 2000; ders. (Hrsg.) The Global Third Way Debate, Cambridge 2001; Sarah Hale/Will Leggett/Luke Martell (Hrsg.), The Third Way and Beyond. Criticisms, Futures, Alternatives, Manchester 2004.

16   Vgl. Charles Pattie, Re-Electing New Labour, in: Steve Ludlam/Martin J. Smith (Hrsg.), Governing as New Labour. Policy and Politics under Blair, Basingstoke 2004, S. 16–33.

17   Vgl. z.B. Colin Hay, The Political Economy of New Labour, Manchester 1999; Richard Heffernan, New Labour and Thatcherism. Political Change in Britain, Basingstoke 2001.

18   Vgl. z.B. Stephen Driver/Luke Martell, Blair's Britain, Cambridge 2001, vor allem S. 219–227; Stephen Fielding, The Labour Party. Continuity and Change in the Making of 'New' Labour, Basingstoke 2003; Martin J. Smith, Conclusion: Defining New Labour, in: Steve Ludlam/Martin J. Smith (Anm. 16), S. 216-225; David Coates, Prolonged Labour. The Slow Birth of New Labour Britain, Basingstoke/New York 2005.

19   Vgl. dazu besonders die Beiträge von Claire Annesley, Scott Greer und Steve Ludlam in diesem Band sowie Sebastian Berg/André Kaiser (Hrsg.), New Labour und die Modernisierung Großbritanniens, Augsburg 2006.

Weiterführende Literatur

Burk, Kathleen (Hrsg.), The British Isles since 1945, Oxford 2003.
Hollowell, Jonathan (Hrsg.), Britain since 1945, Oxford 2003.
Johnson, Paul (Hrsg.), 20th Century Britain. Economic, Social and Cultural Change, London/New York 1994.
Tiratsoo, Nick (Hrsg.), From Blitz to Blair, London 1997.

Links

www.bbc.co.uk/history/timelines/britain/post_lab_power.shtml
   (British Broadcasting Corporation, London)
www.history.ac.uk/ und www.british-history.ac.uk/
   (Institute of Historical Research, University of London
www.nationalarchives.gov.uk   (Britisches Nationalarchiv)
www.rhs.ac.uk   (University College London)

II. Staat und Politik

Hans Kastendiek / Richard Stinshoff

Verfassungsdenken und Verfassungspolitik

I. Die Verfassungsreformen von *New Labour* und die gegenwärtige Verfassungsdiskussion

Großbritannien nimmt eine Sonderstellung in der europäischen Verfassungsgeschichte ein. Im Unterschied zu den politischen Umwälzungen auf dem Kontinent verlief seine Entwicklung seit der *Glorious Revolution* von 1688, mit der sich die parlamentarische Monarchie in England herauszubilden begann, ohne tiefgreifende Strukturbrüche und abrupte Regimewechsel. Diese Erfahrung hat das Verfassungsdenken des Landes lange geprägt. Es hat die Vorstellung kultiviert, eine gradualistische, schrittweise Weiterentwicklung der *British Constitution* sei die beste Garantie für die Qualität und Stabilität seiner politischen Institutionen. Seit den 1970er Jahren sollten sich jedoch die Stimmen mehren, die sich für eine weitgehende Reform oder gar eine komplette Neufassung der Verfassung aussprachen. 1997/98 sah es schließlich so aus, als hätte sich das Land von seiner Tradition der Verfassungsentwicklung verabschiedet. Im ersten Parlamentsjahr nach dem Wechsel von den Konservativen zu *New Labour* erlebte es »a period of unprecedented constitutional change«.[1] Die Regierung Blair brachte in kurzer Zeit zwölf Gesetzesvorschläge mit verfassungsänderndem Charakter ein und stellte damit einen Rekord in der britischen Parlamentsgeschichte auf.[2] »We are«, so Tony Blair 1997, »committed to a comprehensive programme of constitutional reform«.[3]

Das Feld der Verfassungsreformpolitik von *New Labour* ist weit gesteckt. Die bisherigen Änderungen beziehen sich insbesondere auf
- die Stellung der kleineren Nationen in der staatlichen Ordnung des Vereinigten Königreichs (Selbstregierung für Schottland und Nordirland sowie Selbstverwaltung für Wales);
- Schritte zur Einführung einer regionalen Selbstverwaltungsebene in England;
- die Reform der kommunalen Selbstverwaltung und die Rückkehr zu einer einheitlichen Administration für London;
- die Arbeitsweise des Unterhauses;
- die neue Zusammensetzung des *House of Lords* (ihm gehören nur noch

wenige Vertreter des Erbadels an) als ersten Schritt zu einer in ihren Aufgaben und Kompetenzen neu definierten Zweiten Parlamentskammer;
– den Status der *Bank of England*, die nun als eine von der Regierung unabhängige Zentralbank fungiert;
– die Übernahme der Europäischen Menschenrechtskonvention in britisches Recht;
– gesetzlich festgelegte Informationsrechte der Bürger gegenüber staatlichen Stellen.

Diesen Reformen stehen allerdings auch uneingelöste bzw. ins Stocken geratene Vorhaben gegenüber. So ist offen, ob es zu einer Reform des Wahlrechts kommen wird. Sie sollte auf Basis einer Prüfung möglicher Alternativen zum bisherigen Wahlsystem erfolgen, aber bislang ließ sich in der *Labour Party* keine Mehrheit für eine dieser Alternativen finden. Ähnlich sieht es bei der Zweiten Kammer aus, weil über ihre zukünftige Rolle sehr unterschiedliche Vorstellungen bestehen. Gleichwohl ist die Zahl der eingeleiteten bzw. schon realisierten Reformen beeindruckend.[4]

Die Frage, ob das Land tatsächlich ein neues Stadium der konstitutionellen Entwicklung durchläuft, ist eines der Hauptthemen der gegenwärtigen Verfassungsdiskussion in Großbritannien. Sie wird jedoch keineswegs allein durch die Regierungen Blair bestimmt. Die Frage nach dem Verhältnis der Reformen zu den Traditionen der *British Constitution* hat eine grundsätzliche Diskussion über die Gesamtkonstruktion der Verfassung angestoßen. Dabei haben viele der Gewissheiten des traditionellen konstitutionellen Denkens ihre frühere Überzeugungskraft eingebüßt. An ihre Stelle sind jedoch keine neuen getreten. Vielmehr lassen sich konkurrierende Formen des Verfassungsdenkens und die Herausbildung unterschiedlicher »*constitutional cultures*«[5] erkennen.

II. Verfassungstradition und traditionelles Verfassungsdenken

Es gehört zum Selbstbild Großbritanniens, dass seine parlamentarischen Traditionen beste Voraussetzungen für die Demokratisierung des politischen Systems boten. Verwiesen wird vor allem auf die Ausweitung des Wahlrechts ab 1828 und die sich daraus entwickelnde Veränderung des Parteiensystems, auf die politische Integration der Arbeiterbewegung sowie auf die schrittweise Stärkung des *House of Commons* gegenüber dem *House of Lords*. Die Flexibilität der Verfassung habe sich eindrücklich in der krisengeschüttelten ersten Hälfte des 20. Jahrhunderts bewährt. Diese Selbstgewissheit einer im europäischen Vergleich erfolgreichen Verfassungstradition gilt noch heute als ein Merkmal der britischen politischen Identität.

Dies ist umso bemerkenswerter, als Großbritannien keine im herkömmlichen Sinne kodifizierte Verfassung hat.[6] Wir können uns die *British Constitution* nicht als Ergebnis eines formalen Aktes der Verfassungsgebung und als ein einheitliches Dokument vorstellen. Es gibt vielmehr eine ganze Reihe von Texten, denen ein Verfassungsrang zugesprochen wird. Dazu gehören die großen Urkunden der britischen Verfassungsgeschichte (z. B. die *Magna Carta* von 1215), die Parlamentsgesetze, die für die Herausbildung des britischen Staatsverbandes (Integration von Wales, Schottland und Irland/Nordirland) und die Entwicklung seines Institutionensystems wichtig waren (z. B. die Gesetze, die dem Unterhaus Vorrang gegenüber dem Oberhaus gaben), sowie – in der Tradition des *common law* – Gerichtsentscheidungen mit konstitutioneller Bedeutung. Wenn wir von »Texten mit Verfassungsrang« sprechen, ist jedoch zu beachten, dass Großbritannien das Verfassungsrecht nicht als ein höherrangiges Recht betrachtet. Folglich gibt es keine Bestandsgarantie für Verfassungssätze und keine besonderen Verfahrensregeln und Mehrheitserfordernisse für die Beratung und Verabschiedung eines verfassungsändernden Gesetzes.

Die »geschriebenen« Teile der *British Constitution* werden durch »ungeschriebene« Grundsätze und Regeln der Verfassungs*praxis* ergänzt, die nie die Form eines Gesetzes erhalten haben. So folgt die starke Position der Exekutive im Regierungssystem u. a. daraus, dass sie faktisch Befugnisse wahrnimmt, die nach der Verfassungskonstruktion immer noch bei der Krone liegen. Der Übergang dieser Rechte auf die Regierung war das Ergebnis einer neuen Machtverteilung auf Grund sich historisch wandelnder Bedingungen der Regierungspraxis. Auch die *Constitutional Conventions*, die Verfassungskonventionen, sind aus der politischen Praxis hervorgegangen. Darunter werden Verfahren sowie Verhaltensweisen verstanden, die sich im Laufe der Zeit herausgebildet haben und als gültige Normen akzeptiert werden. Ein Beispiel dafür ist der seit 1902 geltende Grundsatz, dass der Premierminister ein Mitglied des Unterhauses sein muss.

Obwohl Großbritannien keine in allen ihren Teilen förmlich beschlossene und in einem zusammenhängenden Text niedergelegte Verfassung hat, verfügt es über ein umfassendes Regelwerk für das Funktionieren seiner politischen Institutionen. Weil dies sich erst in der Zusammenschau seiner diversen Quellen und Konstruktionselemente darstellt, lässt sich die britische Verfassung als eine »imagined constitution«[7] bezeichnen. Sie konstituiert im gedachten Zusammenhang ihrer historischen Entwicklung und ihrer Bestandteile den politischen Handlungsrahmen der Gesellschaft. Solche Zusammenschauen finden sich in den autoritativen Interpretationen der *British Constitution*, wie sie z. B. von William Blackstone im 18., Walter Bagehot und Albert Venn Dicey im 19. und Ivor Jennings im 20. Jahrhundert vorgelegt wurden. Sie werden neben den Verfassungsdokumenten und den Konventionen als eine weitere Grundlage der Verfassung angesehen.

Diese Tradition geht mit einem konstitutionellen Denken einher, das von Michael Foley so beschrieben wird: »The customary British view of their own constitution (...) is essentially minimalist in character. It is a set of institutions, procedures, rules and conventions«.[8] Dies ist allerdings ein *understatement*. Selbstverständlich wird auch das britische Verfassungsverständnis von Prinzipien bestimmt. Als solche gelten insbesondere die *Rule of Law,* die *Parliamentary Sovereignty,* das *Responsible Government* sowie die daraus abgeleiteten Grundsätze der Mehrheitsdemokratie und der Legitimierung der Regierung durch das Wählermandat. Sie werden jedoch nicht, wie in der kontinentaleuropäischen und nordamerikanischen Tradition, als positive Setzungen aus übergeordneten demokratietheoretischen Normen abgeleitet, sondern sie ergeben sich aus der historisch-politischen Entwicklung des Institutionen- und Regelsystems. In diesem evolutionären Verfassungsdenken geht es nicht um unveränderliche Rechtsprinzipien oder ideale Institutionen. Verfassungsanalyse bedeutet hier eher, den erreichten Entwicklungsstand und das Zusammenwirken der politischen Institutionen zu verstehen und darzustellen. In gleicher Weise wird Verfassungspolitik nicht als umfassende Ordnungspolitik gesehen. Für das britische Verfassungsdenken ist ein »open-ended and pragmatic view of constitutional change«[9] charakteristisch, nach dem Verfassungspolitik den Auftrag hat, die Politik- und Staatsorganisation an sich verändernde oder neue gesellschaftliche Problemkonstellationen anzupassen. In diesem Verständnis hat die Verfassung nicht den Charakter eines »übergeordneten« Handlungsrahmens; sie ist eine unmittelbar politische Verfassung, die den jeweils akzeptierten Entwicklungsstand des politischen und staatlichen Institutionensystems abbildet.[10]

III. Verfassungskritik und neues Verfassungsdenken

Anders als vor und nach dem Ersten Weltkrieg, als sich die Verfassung tiefgreifenden gesellschaftlichen und politischen Veränderungen anpassen musste, lassen sich die 1940er und 1950er Jahre als Phase eines ausgeprägten Konsenses über die britische Form der parlamentarischen Demokratie bezeichnen. Im Vergleich zu anderen Ländern mochte zwar ein System sorgfältig aufeinander abgestimmter Gegengewichte zur Macht der Regierung und ihrer Parlamentsmehrheit fehlen. Dafür hatte sich aber, so die damals kaum bezweifelte Annahme, ein Institutionen- und Regelsystem entwickelt, das zu einem festen Bestandteil der politischen Kultur des Landes geworden war und damit besser als durch jede Art von förmlichen Verfassungsgarantien gesichert war.

Diese Selbstgewissheit wurde auch nicht in Frage gestellt, als Großbritannien in den 1960er Jahren von einer breiten Reformdiskussion erfasst wurde. Das Vertrauen in die Verfassung äußerte sich in der Vorstellung, sie sei eine sichere Grundlage für die Anpassung der Politik- und Staatsorganisation an die Erfordernisse der gesellschaftlichen und wirtschaftlichen Modernisierung. Die konservativen Regierungen bis und die Labour-Regierungen ab 1964 brachten eine Reihe von Einzelreformen des Unterhauses, der Regierungsorganisation sowie der Staatsverwaltung auf den Weg. Die Überzeugung, das Prinzip des sich schrittweise ergebenden Verfassungswandels sei nach wie vor systemadäquat, wurde erst erschüttert, als sich die politische Auseinandersetzung in den 1970er Jahren vor dem Hintergrund des *relative economic decline* polarisierte und das Westminster Modell in eine Legitimationskrise geriet. In der nun einsetzenden Verfassungsdiskussion sahen einige Kommentatoren die Lösung in einer Änderung des Wahlrechts. Der wahrscheinliche Zwang zur Bildung von Koalitionen würde der parteipolitischen Auseinandersetzung den konfrontativen Charakter nehmen. Ein weiteres Mittel sei die Dezentralisierung der Staats- und Regierungsmacht mit der erhofften Folge eines politischen Ausgleichs zwischen dem Zentrum und den Regionen bzw. Nationen des Königreichs. Von eher konservativ orientierter Seite wurde argumentiert, die bisherige Form des Parteienwettbewerbs habe zu einer Überdehnung des politischen Gestaltungsanspruchs geführt. Beide Parteien hätten die Macht, die das Westminster Modell der jeweiligen parlamentarischen Mehrheit in die Hand legt, zur Ausweitung der Staatstätigkeit genutzt. Sie hätten überzogene Erwartungsanhaltungen an staatliche Leistungen geweckt, sich immer mehr in die gesellschaftlichen Verteilungskämpfe hineinziehen lassen und schließlich die staatliche Autorität verspielt. Diese »Staatsüberlastung« habe das Land »unregierbar« gemacht und in eine politische Krise gestürzt. Für deren Lösung bedürfe es aber keiner Änderung der Verfassung, sondern einer Neuorientierung der Politik.

Obwohl die konservativen Regierungen von Margaret Thatcher dieser Linie folgten, haben sie das konstitutionelle Arrangement der britischen Politik de facto neu justiert. Einerseits nutzten sie alle Möglichkeiten des *Westminster Government*; andererseits schufen sie sich außerhalb seiner Institutionen und Verfahren neue Freiräume für die Durchsetzung ihrer Politik.[11] Die Parlamentssouveränität und die sicheren Unterhausmehrheiten erlaubten den Thatcher-Regierungen, weitreichende Veränderungen der Wirtschaft und Gesellschaft durchzusetzen. Die Regierungsweise von Margaret Thatcher hatte eine katalytische Wirkung auf die Verfassungsdiskussion. Die Konsequenz, mit der sie die starke Stellung der Exekutive im politischen System nutzte, forderte u.a. diese Fragen heraus:

- Ist es mit demokratischen Grundsätzen vereinbar, dass eine Partei, die in den vier Wahlen von 1979 bis 1992 zwischen 43,9 und 41,9 Prozent der Wählerstimmen erhielt, ihre Politik gegen die Mehrheit der Wähler durchsetzen kann?
- Kann ein Wahlsystem demokratisch sein, wenn solche Wahlergebnisse der siegenden Partei bis zu 61 Prozent der Unterhaussitze verschaffen, während eine Partei, die mehr als ein Viertel der Stimmen erhält, sich mit 23 von 650 Parlamentssitzen begnügen muss (das Schicksal des Wahlbündnisses der Liberalen und Sozialdemokraten in der Wahl von 1983)?
- Ist es mit dem Anspruch eines demokratischen Staates vereinbar, dass Schottland und Wales von einer konservativen Mehrheit im Unterhaus regiert werden, obwohl sich die schottischen und walisischen Wähler immer wieder eindeutig für andere Parteien entschieden haben?
- Ist es demokratisch und effizient, dass der Mehr-Nationen-Staat des *United Kingdom* von England dominiert und von London regiert wird?
- Kann das Unterhaus mit seiner schwachen Position gegenüber der Regierung garantieren, dass die Bürgerrechte gewahrt bleiben, oder braucht das Land einen Katalog von Grundrechten, die gerichtlich einklagbar sind?

Diese Fragen, die sich im Vorwurf einer *elective dictatorship*[12] bündelten, erhielten zusätzliches Gewicht, als nach dem erneuten Wahlsieg der Konservativen von 1992 diskutiert wurde, ob sich in Großbritannien eine politische Machtkonstellation mit der dauerhaften Dominanz einer Partei herausgebildet habe. Die *British Constitution* schien ein Kernstück ihrer Legitimationsgrundlage verloren zu haben: »It was alternation, indeed, which gave the regime its democratic credentials and reduced demands for constitutional limits on the power of governments or the dispersal of power«.[13] In der Diskussion ging es nicht mehr, wie noch in den 1960er und 1970er Jahren, um einzelne Aspekte der Verfassung. Ihre Gesamtkonstruktion wurde nun als ein zentrales Problem der britischen Politik wahrgenommen.

Die *Labour Party* kritisierte zwar gelegentlich die im Amt des Premierministers konzentrierte Machtfülle und die geringen Kontrollmöglichkeiten des Unterhauses gegenüber der Regierung und dem *Civil Service*. Insgesamt aber überließ sie das Verfassungsthema den kleineren Parteien. Die durch das Mehrheitswahlrecht massiv benachteiligten Liberalen hatten sich schon seit langem für grundlegende konstitutionelle Reformen ausgesprochen, und die Nationalparteien in Schottland und Wales stellten insbesondere die territoriale Ordnung des britischen Staates in Frage. Wegen des Übergewichts der beiden großen Parteien waren die kleineren jedoch nicht in der Lage, die politische Agenda entscheidend zu beeinflussen. Das galt auch für eine Reihe von außerparlamentarischen (häufig den Liberalen nahestehenden) Initiativen, die sich in einzelnen Verfassungsfragen engagierten, z.B. die *Electoral Reform Society* oder die *Campaign for Freedom of Information*. Erst als ihre Themen mit der Gründung von *Charter 88* gebündelt wurden und die Nationalbewegungen in Schottland und Wales einen Aufschwung erlebten, sollte sich das Blatt wenden.

Mit *Charter 88* entstand 1988 eine überaus effektive und publizistisch aktive Verfassungsreformkampagne. Ihr Name war eine doppelte Provokation: Er bezieht sich auf die Charta 77, mit der tschechoslowakische Dissidenten 1977 demokratische Rechte und Freiheiten für ihr Land eingefordert hatten, und auf den Dreihundertsten Jahrestag der *Glorious Revolution*. *Charter 88* verwies auf den vordemokratischen Charakter dieser »Revolution«, seien doch die Rechte und Freiheiten, die die englische Krone dem Parlament als Vertretung der Landbesitzer gewähren musste, nie in eine demokratische Verfassung überführt worden. Großbritannien brauche eine neue Verfassung, die die Zentralisierung und Konzentration der Macht auf London und die Exekutive aufhebt, ein faires Wahlsystem schafft und die Rechte der Bürger gegenüber dem Staat sichert. Die Grundlagen für eine demokratische Erneuerung des Landes müssten verbindlich, nachprüfbar und einklagbar zu einem einheitlichen Verfassungstext zusammengefasst werden.[14] Mit diesen Forderungen konnte *Charter 88* den Reforminitiativen ein intellektuelles und organisierendes Zentrum geben.

Die Wirkung der Verfassungskampagnen lässt sich gut an der Entwicklung in Schottland ablesen. Nach dem gescheiterten Referendum von 1979 über eine größere Autonomie innerhalb des Vereinigten Königreiches schien es zunächst, als sei die *Scottish Question* vom Tisch. Die seit 1979 fest etablierte konservative Mehrheit im Unterhaus stand allen Bemühungen um eine Verfassungsreform entgegen. Zugleich wuchs aber der Unmut über den Status quo. Die Konservativen, in den 1950er Jahren noch die stärkste Partei in Schottland, hatten in den 1960er Jahren ihre führende Position an die *Labour Party* verloren und fielen 1974 sogar hinter die Schottische Nationalpartei zurück. In den drei Wahlen der Ära Thatcher (1979, 1983 und 1987) verringerte sich ihr Stimmenanteil *north of the border* von

31 auf 24 Prozent, und die Zahl ihrer Unterhausmitglieder reduzierte sich von 22 auf 10 der 72 schottischen Mandate. Schottland hatte dem Thatcherismus eine klare Absage erteilt und sah sich dennoch mit konservativen Regierungen und einer Zentralisierungspolitik konfrontiert, die – so die Wahrnehmung – schottischen Interessen entgegenlief. Die Folge war eine Stärkung des Nationalbewusstseins, das politisch nicht nur von der *Scottish National Party*, sondern ebenso von der *Scottish Labour Party* und den schottischen *Liberal Democrats* artikuliert wurde.

Dieser Nationalismus fand sein Hauptsprachrohr in einer überparteilichen Initiative, die von der *Campaign for a Scottish Assembly* ausging. Sie veröffentlichte 1988, mit Bezug auf das historische Datum 1688, einen »Claim of Right for Scotland«, in dem zur Bildung einer Verfassungsversammlung aufgerufen wurde.[15] Im März 1989 trat die *Scottish Constitutional Convention* erstmals zusammen. Neben Repräsentanten der *Labour Party,* der *Liberal Democrats,* der *Greens* und der *Communist Party* gehörten ihr 59 der 72 schottischen Unterhausabgeordneten sowie Vertreter von Kirchen, Gewerkschaften, Wirtschaftsverbänden, Kommunal- und Kulturorganisationen und Universitäten an.[16] *Labour* stellte zwar die größte Gruppe, dominierte aber keineswegs die Diskussionen und Ergebnisse.

Die Versammlung entwickelte eine Konzeption für eine schottische Selbstregierung, die sich deutlich von Hauptelementen der *British Constitution* und des *Westminster Government* abhob.[17] So war der Anspruch, das schottische Volk *selbst* müsse über Verfassungsfragen entscheiden, eine Absage an das Prinzip der alleinigen Souveränität des Londoner Parlaments. Im gleichen Sinne argumentierte die Versammlung, das Schottische Parlament müsse volle Gesetzgebungsrechte in allen Fragen haben, für die bislang das Schottlandministerium zuständig war. Dies richtete sich gegen frühere Dezentralisierungskonzepte, nach denen das Londoner Parlament seine Macht nicht mit anderen Institutionen *teilen*, sondern sie nur *delegieren* sollte (und folglich gewährte Rechte jederzeit zurücknehmen konnte). Parallel zur Absage an den Zentralismus der britischen Politik wandte sich die Versammlung gegen die Konzentration der politischen Macht in der Exekutive. Das Schottische Parlament werde, anders als das Londoner, mit wirksamen Kontrollrechten ausgestattet sein. Seine Arbeitsweise und der politische Stil insgesamt müssten sich vom *Westminster Game* unterscheiden. Dessen konfrontatorischer Charakter sei mit dem in Schottland gepflegten kooperativ-konsensualen Politikansatz nicht vereinbar. Die Kritik verband sich mit der Absage an ein Mehrheitswahlrecht für das Schottische Parlament. Die Versammlung einigte sich auf ein System, nach dem ein (größerer) Teil der Abgeordneten in Einerwahlkreisen und ein (kleinerer) Teil in einem Listenverfahren bestimmt wird. Die *Scottish Constitutional Convention* nahm damit viele der Forderungen der *Charter 88* auf und trug als Teil eines vielfältigen Netzwerkes von Reforminitiativen und Verfassungs(reform)kampagnen maßgeblich zur Herausbildung eines für Großbritannien neuartigen Konstitutionalismus bei.

Ein Merkmal des neuen konstitutionellen Denkens bestand darin, dass es sich an der Schnittstelle von politischem Engagement und akademischer Diskussion entwickelte. Ausgehend von einem grundsätzlichen Reformbedarf der Verfassung zum besseren Schutz der Individualrechte setzte sich zum Beispiel das 1984 in London gegründete überparteiliche *Constitutional Reform Centre* die Aufgabe, die Struktur und das Beziehungsgeflecht der öffentlichen Institutionen des Landes zu analysieren. 1988 legte es eine Publikation mit dem symbolträchtigen Titel *1688–1988. Time for a New Constitution*[18] vor. Unter den Beiträgern waren Politik- und Rechtswissenschaftler sowie Autoren aus der politischen und juristischen Praxis. Unabhängig von den Reforminitiativen hatte das akademische Interesse am Verfassungsthema zugenommen. Politikwissenschaftliche Analysen der Arbeitsweise des Westminster Modells verbanden sich mit staats- und verfassungsrechtlichen Analysen zur Frage, ob sich die Entwicklung der *British Constitution* mit ihren hergebrachten Prinzipien vereinbaren ließ.[19]

Die juristischen Analysen waren für die Argumentation der Reforminitiativen von großer Bedeutung, weil sie einige grundsätzliche Probleme der Verfassungspraxis diskutierten. Dazu zählte insbesondere das Verhältnis der richterlichen Gewalt zur Legislative und Exekutive, das traditionell durch eine Selbstbeschränkung der Gerichte bei der Überprüfung der Gesetzmäßigkeit staatlichen Handelns gekennzeichnet war. Dies hatte sich seit den 1970er Jahren zu ändern begonnen. Die Gerichte beließen es nicht mehr bei der Frage, ob Gesetze in einem ordnungsgemäßen Verfahren zustande gekommen waren, sondern legten zunehmend inhaltliche Überprüfungskriterien an. Schon 1974 forderte ein prominenter Richter und Mitglied des Oberhauses, Lord Scarman, verfassungsrechtlich eindeutig formulierte und abgesicherte Normen, »to protect the individual citizen from instant legislation (...) enacted in breach of human rights.«[20] Und in einem vielfach beachteten Fall vor dem *Appellate Committee of the House of Lords*, also der höchsten Revisionsinstanz, wurde 1985 festgestellt, dass Regierungsentscheidungen, die sich auf die *Royal Prerogative* berufen und daher keiner besonderen gesetzlichen Grundlage bedürfen, gerichtlich nachprüfbar sind, wenn sie bürgerliche Rechte des Einzelnen berühren. Im öffentlichen Recht und insbesondere im Verwaltungsrecht bildete sich in der richterlichen Überprüfungspraxis ein Trend zur Bindung von Regierungs- und Verwaltungshandeln an übergeordnete rechtliche Normen und Prinzipien heraus.

Diese Entwicklung war nicht zuletzt eine Reaktion auf die fast schon peinliche Häufigkeit, mit der die Regierung Prozesse vor dem Europäischen Gerichtshof für Menschenrechte verlor. Britische Staatsbürger mussten sich Rechte einklagen, die ihnen nach den Gesetzen und durch die Gerichte ihres eigenen Landes verwehrt blieben. Großbritannien hatte zwar 1951 die Europäische Menschenrechtskonvention ratifiziert, sie aber nicht in nationales Recht übernommen. Seit den 1970er Jahren begannen Gerichte, ihre Entscheidungen an den Bestimmungen der Konvention zu orientieren. Sie wichen bewusst von dem bis dahin geltenden Grundsatz ab, dass sich die britische Rechtsprechung allein an die Gesetze zu halten hat, die vom Parlament als alleinigem Souverän vorgegeben werden. Dieses verfassungsrechtliche Problem stellte sich grundsätzlich, seitdem sich das Land mit dem Beitritt zu den Europäischen Gemeinschaften im Jahre 1972 verpflichtet hatte, die übergeordnete und unmittelbare Geltung europäischen Rechts anzuerkennen. Daraus waren insbesondere zwei Fragen entstanden: Bindet das Beitrittsgesetz von 1972 alle folgenden Parlamente? Kann ein britisches Gericht ein Gesetz für ungültig erklären, das gegen EG-Recht verstößt? Die Antworten blieben offen, bis das *House of Lords* in seiner Eigenschaft als oberstes Gericht 1990 ein Gesetz für nicht anwendbar erklärte, weil es gegen EG-Recht verstieß. Innerhalb weniger Monate machten sich alle Gerichtszweige diese Interpretation zu eigen. Parallel zur eher politisch begründeten Argumentation der Reformkampagnen hatte sich ein neuer juristischer Konstitutionalismus herausgebildet.[21]

IV. Neues Verfassungsdenken und die Verfassungspolitik von *New Labour*

Die neuen konstitutionellen Denkweisen hatten sich zwar außerhalb der *Labour Party* entwickelt, aber dennoch war sie als der stärkste Gegenspieler der Konservativen und als potentielle Regierungspartei der Hauptadressat der Reformforderungen. Schließlich konnte der konstitutionelle Status quo nur mit den institutionellen Mitteln dieses Status quo überwunden werden. Das Verfassungsthema musste der Partei jedoch geradezu aufgedrängt werden.

Labour nahm bis zum Beginn der 1990er Jahre eine recht zögerliche und uneinheitliche Position in Verfassungsfragen ein. Ein Beispiel hierfür waren die Pläne der *Labour*-Regierungen in den 1970er Jahren, Schottland und Wales ein größeres Ausmaß an Selbstverwaltung zu gewähren. Sie wurden erst nach jahrelangen innerparteilichen Diskussionen durch das Unterhaus gebracht und, ein Zugeständnis an die Reformgegner in der eigenen Partei, zusätzlich den schottischen und walisischen Wählern zur Zustimmung vorgelegt. Die Referenden scheiterten nicht zuletzt daran, dass die *Labour Party* auf beiden Seiten der Abstimmungskampagnen prominent vertreten war. Diese Unentschiedenheit sollte sich wiederholen, als in den 1980er Jahren das Thema einer Wahlrechtsreform in den Vordergrund rückte. Es berührte unmittelbar die Interessen der Partei, hatte sie doch selbst noch bei den Wahlniederlagen von 1979 bis 1987 vom bestehenden Wahlsystem profitiert und mit durchschnittlich 32 Prozent der Wählerstimmen ca. 37 Prozent der Unterhausmandate erhalten. Gleichwohl entwickelten sich in Teilen der Partei Positionen, die den herkömmlichen Begründungen des Wahlsystems (klare Wahlsieger, konkretes Regierungsmandat und stabile Mehrheitsverhältnisse) das Prinzip der fairen Repräsentation entgegensetzten.

Die Ende der 1980er Jahre in der *Labour Party* einsetzende Neuorientierung in Verfassungsfragen war noch kein direktes Ergebnis eines politischen Richtungswechsels, sondern eher eine Reaktion auf neue Konstellationen des Parteienwettbewerbs. Nachdem das liberal-sozialdemokratische Wahlbündnis in der Unterhauswahl von 1987 erneut massiv durch das Wahlrecht benachteiligt worden war, konzentrierte sich die 1988 aus diesem Bündnis hervorgegangene *Liberal Democratic Party* noch stärker als zuvor auf das Verfassungsthema. Damit lief die *Labour Party* Gefahr, dass sich die Liberalen auf ihre Kosten als Kritiker der Konservativen profilierten, bot doch die Verfassungsdiskussion eine Gelegenheit, den Thatcherismus auf eine neue Weise herauszufordern.[22] Eine ähnliche Situation war in Wales und in Schottland entstanden. Beide waren zwar Hochburgen der *Labour Party*, aber sie teilte sich die Gegenposition zu den Konservativen nicht nur mit den Liberalen, sondern auch mit der *Scottish National Party* und *Plaid Cymru*, die ebenfalls auf die »Verfassungskarte« setzten.

Als die schottische *Labour Party* die Beratungsergebnisse der *Constitutional Convention* und die darin enthaltenen Positionen der *Charter 88* akzeptiert und sie nach vielen Widerständen in der Gesamtpartei und ihrer Führung durchgesetzt hatte, schien es, als sei ein Durchbruch geschafft. Die *Labour Party* ging 1992 mit dem Versprechen in die Wahl, das *House of Lords* durch eine demokratisch gewählte Zweite Kammer zu ersetzen, den Forderungen von Schottland und Wales nach Autonomie nachzukommen und mögliche Alternativen zum geltenden Wahlsystem zu prüfen. Damit zeichnete sich ab, dass nach dem allgemein erwarteten Wahlsieg der *Labour Party* Bewegung in die Verfassungspolitik kommen würde. Nachdem die Wahl anders ausgegangen war, sah es zunächst so aus, als hätten die Reformkampagnen ihr Ziel verfehlt. Die Verfassungsdiskussion erhielt jedoch bald neuen Auftrieb, als die Thesen von einer im *Westminster Government* angelegten unkontrollierten Machtausübung der Exekutive durch eine lange Kette von Fehlleistungen und handfesten Skandalen der Konservativen immer neue Bestätigungen zu finden schienen.

In dieser Situation sah die *Labour Party* im Rahmen des Projekts *New Labour – New Britain* auch in der Verfassungspolitik eine Möglichkeit, ihren Anspruch einer Erneuerung der britischen Gesellschaft und Politik zu bekräftigen. Allerdings wirkte die Erfahrung der Wahlniederlage von 1992 nach. Sie hatte gezeigt, dass die Wähler eher verunsichert auf verfassungspolitische Themen reagieren. *New Labour* nahm die Forderungen der Verfassungskampagnen weit genug auf, um sich als Modernisierungspartei darstellen zu können, und sie entschärfte sie weit genug, um den Wählern die Gewissheit zu geben, dass die Verfassung bei einer *Labour*-Regierung in guten Händen liegen würde.[23] Dieser Mittelweg lässt sich an fast allen Einzelthemen ablesen: Vor der Wahl von 1997 sprach sich die *Labour Party* wie die Konservativen und anders als die Liberalen gegen eine komplett neu »geschriebene« Verfassung und gegen die Einführung eines gesetzlichen Kataloges von Grundrechten aus; sie war mit den Liberalen und anders als die Konservativen für eine Politik der Dezentralisierung, für eine Änderung des Wahlrechts und für ein Gesetz zum Schutz der Informationsfreiheit.[24] Zusätzlich machte sie einige der angekündigten Reformen vom Ausgang spezieller Referenden abhängig. Dennoch war der verfassungspolitische Mittelweg mehr als das Ergebnis eines wahltaktischen Kalküls. Die Begründungen des Reformvorhabens vor der Wahl und im Gesetzgebungsprozess[25] machten deutlich, dass *New Labour* eine verfassungspolitische Konzeption vertrat, die sich in vielen Punkten von den Forderungen der Reforminitiativen unterschied.

Der Unterschied zeigte sich schon an der Art und Weise, wie die erste Regierung Blair das Reformprogramm anpackte. Die Verantwortung für seine Einzelmaßnahmen war auf sieben Ministerien verteilt, deren Arbeit von sechs Kabinettsausschüssen sowie einem Ausschuss unter Leitung des Premierministers koordiniert wurde, wobei ein großer Teil der Koordinationsaufgaben bei Lord Irvine, dem *Lord Chancellor* und Justizminister, lag. Bereits an dieser Struktur ließ sich ablesen, dass die Regierung kein Programm der Verfassungs*reform*, sondern ein Programm von Verfassungs*reformen* vorgelegt hatte. So erklärte zum Beispiel Lord Irvine unmissverständlich, die Regierung sähe sich der »long tradition of constitutional reform« verpflichtet und bemühe sich um »specific solutions to specific problems« nach dem Motto »what matters is what works«.[26] Das zeigte sich zum Beispiel daran, dass für die Wahlen zu den schottischen und nordirischen Parlamenten und zur *Welsh Assembly* sowie für die Kommunalwahlen in London und die Europawahlen unterschiedliche Wahlsysteme eingeführt wurden und dass für das reformierte Oberhaus und auch für das Unterhaus (sofern es hier überhaupt zu einer Änderung kommen würde) nochmals mit unterschiedlichen Wahlverfahren zu rechnen war. Ein zweites Beispiel war die asymmetrische Dezentralisierungspolitik, also die Einführung unterschiedlicher institutioneller Formen und Kompetenzzuweisungen für die Selbstregierung in Schottland und Nordirland und die Selbstverwaltung in Wales. Dennoch sprachen viele Kommentatoren von einer neuen Qualität der Verfassungspolitik. Der Reformprozess sei zwar eine Kombination heterogener Einzelinitiativen, aber mit seinem Umfang und seiner Dynamik lasse er sich nicht als eine Fortsetzung der traditionellen Verfassungspolitik fassen. Obwohl die Regierung die Forderungen der Reformkampagnen nur selektiv aufnahm, attestierte sogar Anthony Barnett, einer der »Köpfe« von *Charter 88,* dem Reformprogramm, es ändere in fast jeder Hinsicht und zum Teil sogar tiefgreifend die Art und Weise, in der das Land regiert wird.[27]

Diese »zwar/aber«-Argumentationen haben sich bis heute gehalten. Ihnen ist gemeinsam, dass sie dem Reformprogramm der *Labour*-Regierung eine innere Geschlossenheit absprechen, gleichwohl den kumulativen Effekt der Einzelmaßnahmen betonen. Dieser ergebe sich nicht einfach als Summe der verschiedenen Reformen, sondern daraus, dass viele von ihnen Elemente enthalten, die die bisherigen Grundprinzipien der britischen Verfassung relativieren. Zwar habe sich die Regierung in der Dezentralisierungspolitik sorgfältig bemüht, die Regelungen für die Selbstregierung bzw. Selbstverwaltung Schottlands, Nordirlands und Wales so zu formulieren, dass sie sich mit dem Prinzip der Parlamentssouveränität vereinbaren lassen. Dennoch habe sich so etwas wie ein Quasi-Föderalismus herausgebildet, der dem bisherigen Zentralismus der britischen Politik entgegenläuft. Ebenso habe die Regierung bei der Übernahme der Europäischen Menschenrechtskonvention versucht, die Rechte zur Überprüfung von Gesetzen, die den Gerichten damit zuwachsen, so zu begrenzen, dass sich keine mit dem Parlament konkurrierende Gerichtsbarkeit herausbildet. Dennoch hätten sich aus beiden Reformen für das britische Regierungssystem neue *checks and balances* und Formen einer neuen Rechtskultur ergeben. Ungeachtet aller Lücken des Reformprogramms sei ein Prozess in Gang gekommen, in dem sich der Umfang des gesetzlich fixierten Teils der Verfassung erweitert habe. Einer Rücknahme der Veränderungen mögen zwar keine *rechtlichen* Hindernisse entgegen stehen, da es in Großbritannien weiterhin keinen eindeutigen Bestandsschutz von Verfassungssätzen gibt, *politisch* aber seien viele der Reformen kaum noch rückgängig zu machen.

V. Die Unübersichtlichkeit der gegenwärtigen Verfassungsdiskussion

Obwohl die Regierungen Blair das anfängliche Tempo der Verfassungspolitik nicht beibehalten haben, ist es doch bemerkenswert, mit welcher Konstanz der Reformprozess seit 1997/98 betrieben wird. Sein anhaltender Stellenwert für *New Labour* lässt sich daran ablesen, dass 2003 ein eigenes Ministerium für Verfassungsfragen *(Department for Constitutional Affairs)* eingerichtet wurde. Noch kurz vor den Wahlen vom Mai 2005 trat ein Gesetz in Kraft, mit dem die Voraussetzungen für einen von den legislativen und exekutiven Teilen des politischen Systems unabhängigen *Supreme Court* geschaffen wurden. In ihrem Arbeitsprogramm für das erste Parlamentsjahr der neuen Amtsperiode kündigte die Regierung im Mai 2005 die nächste Stufe der Reform des *House of Lords* an. Beide Themen bergen ein erhebliches Konfliktpotential in sich. Die Arbeit des *Supreme Court* wird früher oder später erneut die Frage nach der Rolle der Gerichtsbarkeit im staatlichen Institutionensystem aufwerfen. Setzen sich in der *Labour*-Fraktion die Befürworter einer ganz oder zum größten Teil gewählten Zweiten Kammer durch, wird mit ihrer demokratischen Legitimation auch die grundsätzlichere Frage nach dem Verhältnis beider Häuser im Gesetzgebungsprozess auf der Tagesordnung stehen.

Ungeachtet zahlreicher Verfassungsreformen in sehr kurzer Zeit haben die Regierungen Blair es bisher jedoch kaum vermocht, der Verfassungsdiskussion einen *New Labour*-Stempel aufzudrücken. Die Lösungsversuche, mit denen die Regierungen auf den konstitutionellen Problemdruck reagierten, der sich über einen längeren Zeitraum aufgebaut hatte, haben zu einer Debatte geführt, in der die Interpretationen des gegenwärtigen Verfassungswandels sich nur in wenigen Punkten einig sind. Dazu gehört insbesondere der Hinweis, dass die Reformen seit 1997 den Machtkern der britischen Verfassung, also die starke Stellung der Exekutive im Regierungssystem, kaum angetastet und damit einen zentralen Punkt der Verfassungskritik der letzten Jahrzehnte unberücksichtigt gelassen haben. Auch mit einer Änderung des Wahlrechts, die zu einer gerechteren Verteilung der Unterhausmandate entsprechend den Stimmenanteilen der Parteien führt,

131

wird kaum noch gerechnet. Solange diese Fragen offen bleiben, werden die Zweifel an der tatsächlichen Substanz und Reichweite des Reformpaketes nicht verstummen.

Wenngleich alles darauf hindeutet, dass *New Labour* entschlossen ist, am Westminster Modell der *British Constitution* festzuhalten, wird intensiv die Frage diskutiert, wie sich die bisherigen Reformen auf die Grundstrukturen der Verfassung auswirken. Interpretationen, die von einem neuem *constitutional settlement* sprechen[28], stehen Sichtweisen entgegen, nach denen die *New Labour*-Reformen eher zur Aufweichung zentraler Verfassungsprinzipien beigetragen haben. Die hergebrachte Verfassung (*customary constitution*) habe ihre Geltung verloren, ohne dass eine neues konstitutionelles Grundarrangement entstanden sei. Die Reformen hätten zu einer eigenartigen Mischform traditioneller und neuer Verfassungselemente geführt, mit der die alte Legitimationsbasis aufgegeben, aber keine neue geschaffen worden sei. Die *Labour*-Regierungen seit 1997 hätten dem politischen Druck der Reforminitiativen und der Verfassungskampagnen in den kleineren Nationen des Königreiches sowie dem Anpassungsdruck an europäische Rechts- und Verfassungsvorstellungen nachgegeben. Mit der zunehmenden Vergesetzlichung und Verrechtlichung könne die britische Verfassung ihren Charakter als *political constitution* und damit gerade die Flexibilität verlieren, durch die sie sich bislang ausgezeichnet habe.[29]

Insgesamt aber herrscht auch in der gegenwärtigen Diskussion die pragmatische Sichtweise eines »open-ended constitutional change« vor. Damit bleibt bis auf Weiteres offen, ob sich das begrenzte Programm *New Labours* zur Modernisierung der politischen Institutionen als Beginn eines weitreichenden Verfassungswandels erweisen oder ob sich das Land, wie so oft in seiner Geschichte, mit einer Verbindung traditioneller und neuer Verfassungselemente arrangieren wird.[30]

Anmerkungen

1 Robert Hazell, The New Constitutional Settlement, in: ders. (Hrsg.), Constitutional Futures. A History of the Next Ten Years, Oxford 1999, S. 230–247, hier S. 230.

2 Vgl. Robert Hazell/Richard Cornes, Introduction, in: R. Hazell (Anm. 1), S. 1–6, hier S. 3, und das Constitutional Update der Constitution Unit an der School of Public Policy des University College London http://www.ucl.ac.uk/constitution-unit/update/.

3 Tony Blair, Preface, in: Scotland's Parliament. Presented to Parliament by the Secretary of State for Scotland by Command of Her Majesty (Cm 3658), Scottish Office 1997, S.V.

4 Zu den Auswirkungen der Reformen auf das politische Institutionensystem vgl. den anschließenden Beitrag von Roland Sturm.

5 Michael Foley, The politics of the British constitution, Manchester-New York 1999, S. 285.

6 Vgl. zum Folgenden den Beitrag von Helmut Weber in diesem Band.

7 Diese Formulierung variiert den von Benedict Anderson entwickelten Begriff der *imagined community* bzw. der *imagined nation*; vgl. ders., Imagined Communities. Reflections on the Origin and Spread of Nationalism, London-New York 1983, S. 14–16.

8 M. Foley (Anm. 5), S. 3.

9 Ebenda.

10 Zur Charakterisierung der britischen Verfassung als »political constitution« vgl. Dawn Oliver, Constitutional Reform in the UK, Oxford 2003, S. 382 ff.

11 Vgl. z.B. Cosmo Graham/Tony Prosser (Hrsg.), Waiving the Rules: the Constitution under Thatcherism, Milton Keynes 1988.

12 Der Begriff war 1976 von dem konservativen Politiker Lord Hailsham in Reaktion auf den *social contract* geprägt worden, den die damalige Labour-Regierung mit den Gewerkschaften geschlossen hatte. Der Pakt demonstriere, dass eine Regierung auf legalem Wege ein sozialistisches Großbritannien herbeiführen könne: » (…) our constitution is wearing out. Its central effects are gradually coming to outweigh its merits, and its central defects consist in the absolute powers in an executive government formed out of one party which may not fairly represent the popular will.« Zitiert nach: Vernon Bogdanor, Conclusion, in: ders. (Hrsg.), The British Constitution in the Twentieth Century, Oxford 2003, S. 689–720, hier S. 702 f.

13 Arthur Midwinter/Michael Keating/James Mitchell, Politics and Public Policy in Scotland, Basingstoke-London 1991, S. 205.

14 Vgl. Anthony Barnett/Caroline Ellis/Paul Hirst (Hrsg.), Debating the Constitution. New Perspectives on Constitutional Reform, Cambridge 1993.

15 Vgl. Owen Dudley Edwards (Hrsg.), A Claim of Right for Scotland, Edinburgh 1989.

16 Die Konservativen verweigerten die Mitarbeit; die SNP zog sich mit der Begründung zurück, in den Beratungen der Versammlung erhalte die mögliche Option für eine staatliche Unabhängigkeit Schottlands zu wenig Raum. Hiervon abgesehen repräsentierte die Versammlung ein breites Spektrum der schottischen Politik und Gesellschaft; vgl. Klaus Stolz, Schottland in der Europäischen Union. Integration und Autonomie einer staatslosen Nation, Bochum 1997, S. 123–127.

17 Vgl. Alice Brown/David McCrone/Lindsay Paterson, Politics and Society in Scotland, Basingstoke-London 1996, S. 63–68.

18 Richard Holme/Michael Elliott (Hrsg.), 1688–1988. Time for a New Constitution, Basingstoke 1988.

19 Vgl. z.B. Jeffrey Jowell/Dawn Oliver (Hrsg.), The Changing Constitution, Oxford 1985 (5. Aufl. 2004), und Ian Harden/Norman Lewis (Hrsg.), The Noble Lie. The British Constitution and the Rule of Law, London 1986.

20 Zitiert nach M. Foley (Anm. 5), S. 130.

21 Vgl. D. Oliver (Anm. 10), S. 89–107.

22 Vgl. Anthony Barnett, This Time. Our Constitutional Revolution, London 1997, S. IX.

23 Vgl. Paul Anderson/Nyta Mann, Safety First. The Making of New Labour, London 1997, S. 271–302; M. Foley (Anm. 5), S. 225 und 245.

24 Vgl. M. Foley (Anm. 5), S. 237.

25 Vgl. Tony Blair, New Britain. My Vision of a Young Country, London 1996, S. 215–222, 269–275; Peter Mandelson/Roger Liddle, The Blair Revolution. Can New Labour Deliver, London 1996, S. 183–210; Lord Irvine of Lairg, Government's Programme of Constitutional Reform. Lecture to the Constitution Unit, University College London, 8 December 1998 http://www.open.gov.uk/lcd/speeches/1998/lc-const.htm; ders., Das Programm zur Verfassungsänderung in Großbritannien, Rede in der Universität München am 12. März 1999, Britische Dokumentation D 3/99, Britische Botschaft, Bonn, 23. April 1999; ders., The Constitutional Revolution in Britain since May 1997, in: The British Council (Hrsg.), Parliamentary Culture in a Time of Change, People and Politics 7, Köln 2000, S. 10–14.
26 Lord Irvine, Government's Programme (Anm. 25).
27 Vgl. Anthony Barnett, Reforming the British Constitution in: The British Council (Hrsg.), The Third Way. People and Politics 3, Köln 1998, S. 12–15, hier S. 13.
28 Vgl. R. Hazell (Anm. 1) und F. Nigel Forman, Constitutional Change in the United Kingdom, London-New York 2002, S. 386.
29 Vgl. z.B. Nevil Johnson, Reshaping the British Constitution. Essays in Political Interpretation, London 2004, und – mit einer weniger traditionellen Begründung – D. Oliver (Anm. 10), S. 388 f.
30 Vgl. V. Bogdanor (Anm. 12), S. 720.

Weiterführende Literatur

Foley, Michael, The politics of the British constitution, Manchester-New York 1999.

Forman, F. Nigel, Constitutional Change in the United Kingdom, London-New York 2002.

Glaeßner, Gert-Joachim/Werner Reutter (Hrsg.), Verfassungspolitik und Verfassungswandel. Deutschland und Großbritannien im Vergleich, Wiesbaden 2001.

Johnson, Nevil, Reshaping the British Constitution: Essays in Political Interpretation, London 2004.

Kastendiek, Hans/Richard Stinshoff (Hrsg.), Changing Conceptions of Constitutional Government. Developments in British Politics and the Constitutional Debate since the 1960s, Bochum 1994.

Oliver, Dawn, Constitutional Reform in the UK, Oxford 2003.

Links

www.charter88.org.uk
www.ucl.ac.uk/constitution-unit
www.dca.gov.uk
www.verfassungen.de

Roland Sturm

Staatsaufbau und politische Institutionen

I. Institutioneller Wandel und die Kontinuität der Macht des Regierungszentrums

Das britische Regierungssystem scheint von außen betrachtet einem umfassenden politischen Wandel unterworfen. In Schottland, Wales und potentiell in Nordirland sind neue Volksvertretungen entstanden, London hat einen direkt gewählten Bürgermeister, der Erbadel wurde fast vollständig aus der Zweiten Kammer des Parlaments, dem Oberhaus, verdrängt und das tausendjährige Amt des Lord Chancellors, des Kopfes der Judikative, wurde in Frage gestellt. Ein *Supreme Court*, außerhalb des Oberhauses, wird künftig die Funktion des obersten Appellationsgerichts übernehmen. Die Premierminister Margaret Thatcher (1979–1990), John Major (1990–1997) und Tony Blair (seit 1997) haben den Beamtenapparat der Londoner Ministerien, den *Civil Service*, umorganisiert und dessen Tradition der überparteilichen Neutralität erschüttert.

So häufig wie nie zuvor in der britischen Geschichte wurden in der Amtszeit Tony Blairs Referenden angekündigt und teilweise auch durchgeführt, um direkt den Volkswillen zu erfragen und umzusetzen. Nicht wenige Kommentatoren sehen darin einen Widerspruch zum Verfassungsgrundsatz der Parlamentssouveränität, nach dem das Letztentscheidungsrecht in allen Angelegenheiten des Landes beim Parlament in London liegt. Dieses Kernprinzip, das bereits durch die Bindewirkung der europäischen Gesetzgebung an Geltung verloren hat, ist seit der Regierungsbildung durch *New Labour* zusätzlich durch die Übernahme der Europäischen Menschenrechtskonvention in britisches Recht (*Human Rights Act* von 1998) und durch die sich entwickelnde eigenständige Gesetzgebung des schottischen Parlaments herausgefordert worden. Der im Jahr 2000 verabschiedete und 2005 in Kraft getretene *Freedom of Information Act* könnte den Abschied von der bisherigen weitgehenden Geheimniskrämerei bedeuten, die das britische Regierungshandeln nicht nur vom Volk, sondern auch gegenüber dem Parlament abschirmte.

Ist Großbritannien also auf dem Weg zu einem anderen Regierungssystem? Wurden die politischen Institutionen des Landes grundlegend ver-

ändert? Oder sind die genannten Reformen nur institutionelle Anpassungs-
prozesse, die die Effizienz und Legitimation der britischen Politik verbessern
und nur deshalb relativ leichtfallen, weil sie den Kern politischer Herrschaft
im Vereinigten Königreich nicht berühren?

Die Grundfrage nach politischer Herrschaft, also nach den Möglichkeiten
politischer Machtausübung und der Legitimation politischer Entscheidungen, wird die folgenden Ausführungen anleiten. Bevor die britischen politischen Institutionen unter diesem Blickwinkel vorgestellt werden, soll kurz
der Staatsaufbau des Vereinigten Königreiches von Großbritannien und
Nordirland dargestellt werden.

II. Der Staatsaufbau

Die territoriale Ordnung des Vereinigten Königreichs folgt keinem gesamtstaatlichen Design, auch keinem durch einen Verfassungstext vorgegebenen. Sie ergab sich in ihrer historisch gewachsenen Form aus einer Fülle
politischer Auseinandersetzungen und damit verbundener Kompromisse,
die gesetzlich festgeschrieben wurden oder sich zu allgemein anerkannten
Konventionen verdichteten. Der britische Staatsaufbau ist deshalb auf allen
politischen Ebenen asymmetrisch. Innerstaatlich spielt das Postulat der gleichen Rechte aller Regionen oder aller Kommunen zur und bei der Selbstverwaltung keine Rolle. Das Parlament in Westminster hat als Souverän das
Letztentscheidungsrecht über alle Aspekte des Staatsaufbaus. Es weist allen
staatlichen Ebenen ihre Aufgaben zu, es hat also die »Kompetenzkompe-
tenz«. Die letztendliche Zuständigkeit (Allzuständigkeit) bei der staatlichen
Aufgabenwahrnehmung liegt im Vereinigten Königreich auf der zentralstaatlichen Ebene. Das Subsidiaritätsprinzip ist der britischen Verfassungsordnung fremd.

Zu den Asymmetrien des Staatsaufbaus gehört zum Beispiel die Tatsache,
dass die Politik der Devolution[1] (also der Übertragung von Staatsaufgaben
an gewählte Versammlungen unterhalb der Ebene des britischen Gesamt-
staates) Schottland, Wales und Nordirland unterschiedliche Rechte zuwies.
Asymmetrisch ist auch die Selbstverwaltung der Metropolregionen des Landes organisiert. Es existiert zwar eine Londoner Stadtverwaltung, aber es gibt
keine gewählte Verwaltungen anderer Metropolregionen. Die Regionalisierung Englands wurde nur für diejenigen Regionen diskutiert, die daran
Interesse zeigten und die Organisation der Kommunalverwaltung der ländlichen Gebiete in England ist durch politische Zufälligkeiten uneinheitlich.

Von 1986 bis 1999 war London die einzige Großstadt der Welt ohne eine Stadtregierung. 1985 hatte die damalige Premierministerin Margaret Thatcher den *Greater London Council* mit Hilfe ihrer parlamentarischen Mehrheit abgeschafft, um der oppositionellen *Labour Party* eine politische Plattform zu nehmen. Nach ihrem Wahlsieg von 1997 präsentierte die *Labour Party* Pläne für eine neue Londoner Stadtregierung, die *Greater London Authority* (GLA). Sie sollte einen direkt gewählten Bürgermeister[2] haben und eine 25-köpfige gewählte Versammlung. 1998 stimmten in einem Referendum 72 Prozent der Abstimmenden (Wahlbeteiligung 35 Prozent) für diesen Plan. Die ersten Wahlen fanden im Jahr 2000 statt. Gewählt wird alle vier Jahre, wie auch sonst bei Kommunalwahlen üblich. Unterhalb der GLA wird London in 32 *boroughs* (Bezirken) und der *City of London* regiert.

England selbst hat, anders als Schottland, Wales und de jure Nordirland, keine regionale Vertretungskörperschaft unterhalb der gesamtstaatlichen Ebene. Die Pläne[3], in einigen englischen Regionen, wo der Wunsch nach einer regionalen Versammlung gesellschaftlich spürbar zu sein schien (North-East, North-West, Yorkshire), diese nach einem erfolgreichen Referendum einzuführen, wurden 2004 wieder zu den Akten gelegt. Der Grund hierfür war das gescheiterte Referendum am 4. November 2004 in der Region North-East. 78 Prozent der Abstimmenden (Wahlbeteiligung: 47,7 Prozent) sprachen sich hier gegen die Einrichtung einer regionalen Volksvertretung aus, unter anderem weil sie diese für zusätzliche unnötige und teuere Bürokratie hielten und sich wenig von ihren Kommunalpolitikern versprachen.

Zwar gibt es in England keine regionalen Parlamente, aber es gibt Regionen. Die acht (mit London neun) englischen Regionen sind Planungsregionen, die von der Zentralregierung abgegrenzt wurden, um staatliche Regionalpolitik (einschließlich der europäischen) umzusetzen und die regionale (einschließlich der lokalen) Wettbewerbsfähigkeit zu verbessern. Den Regionen (mit Ausnahme Londons) sind durch Abordnung bestellte Regionalvertretungen (*Regional Assemblies*) sowie regionale Wirtschaftsagenturen (*Regional Development Agencies*, RDA) zugeordnet, die sich aus Vertretern der regionalen Wirtschaft und Gesellschaft zusammensetzen. Auf der Regierungsseite sind für die Aufgaben der Planungsregionen »Government Offices« verantwortlich.

Die kommunale Ebene ist für die von ihr durch die Zentralregierung zugewiesenen Aufgaben zuständig, wie das Schulwesen, die Sozialwohnungen und andere soziale Dienste, Polizei, Verkehr, Feuerwehr oder Müllentsorgung. Nur ca. 25 Prozent ihres Finanzbedarfs decken die Kommunen durch eine Gemeindesteuer (*council tax*). Der größte Teil ihres Budgets wird durch Zuschüsse des Londoner Schatzkanzlers (Finanzminister) bestritten und damit kontrolliert. Der Schatzkanzler hat auch die Möglichkeit, die Höhe der Gemeindesteuer zu begrenzen. In England existieren zwei Formen der kommunalen Organisation nebeneinander. In den *unitary authorities* gibt es nur eine Verwaltungsebene. In den Zwei-Ebenen-Verwaltungen werden die *counties* (Grafschaften) noch einmal in kleinere Einheiten des ländlichen Raums (*districts*) untergliedert. Unitary Authorities erledigen alle kommunalen Aufgaben. Bei der kommunalen Zwei-Ebenen-Verwaltung fallen die geographisch weiterreichenden Aufgaben in die Zuständigkeit der Counties. Heute gibt es in England 46 Unitary Authorities. Für weitaus die meisten Bürger blieb allerdings die kommunale Zwei-Ebenen-Verwaltung erhalten, für die es auf lokaler Ebene eine deutliche Präferenz gab. Die städtischen Agglomerationen Englands (Tyne and Wear, West Midlands, Merseyside, Greater Manchester, West Yorkshire und South Yorkshire) werden seit der Abschaffung der Grafschaftsebene durch Margaret Thatcher 1985 nur auf der unteren Ebene der früheren Zwei-Ebenen-Verwaltung in 36 Distrikten regiert.

Schottland regelt seine inneren Angelegenheiten nach den Grundsätzen der Devolution-Gesetzgebung weitestgehend selbst. Seine Vertretungskörperschaft ist das schottische Parlament mit 129 Abgeordneten. Auf der lokalen Ebene sind 32 Unitary Authorities für die Kommunalverwaltung zuständig, deren Aufgabenerfüllung, nicht aber deren Finanzierung in die Gesetzgebungskompetenz des schottischen Parlaments fällt. Die walisische Versammlung mit 60 Mitgliedern ist keine gesetzgebende Körperschaft. Sie ist zuständig für die Umsetzung der Gesetzgebung des Unterhauses, wenn diese Tätigkeitsfelder Angelegenheiten betreffen, die als Kompetenzen in der Devolution-Gesetzgebung Wales zugewiesen wurden. Hierzu gehört auch die Kontrolle der Aufgabenwahrnehmung der 22 walisischen Unitary Authorities.

Nordirland ist insofern ein Sonderfall, weil dieser Teil des Vereinigten Königreiches trotz der Einrichtung einer parlamentarischen Vertretungskörperschaft durch das Karfreitagsabkommen von 1998, die im Jahre 2000 zunächst die Arbeit aufnahm, immer wieder (zuletzt im Oktober 2002 auf unbestimmte Zeit) direkt vom Londoner Nordirlandministerium regiert wurde. Der Grund hierfür ist der anhaltende Konflikt zwischen den beiden großen Bevölkerungsgruppen. Die protestantischen Unionisten bestehen auf der Union mit Großbritannien, also auf der Zugehörigkeit Nordirlands zum Vereinigten Königreich; die katholischen Nationalisten streben die Vereinigung mit der Republik Irland an. In beiden Bevölkerungsgruppen gibt es radikale Parteien, die bisher den Konsens verweigern, der für die

Abb. 1: Die Regierungsorganisation des United Kingdom

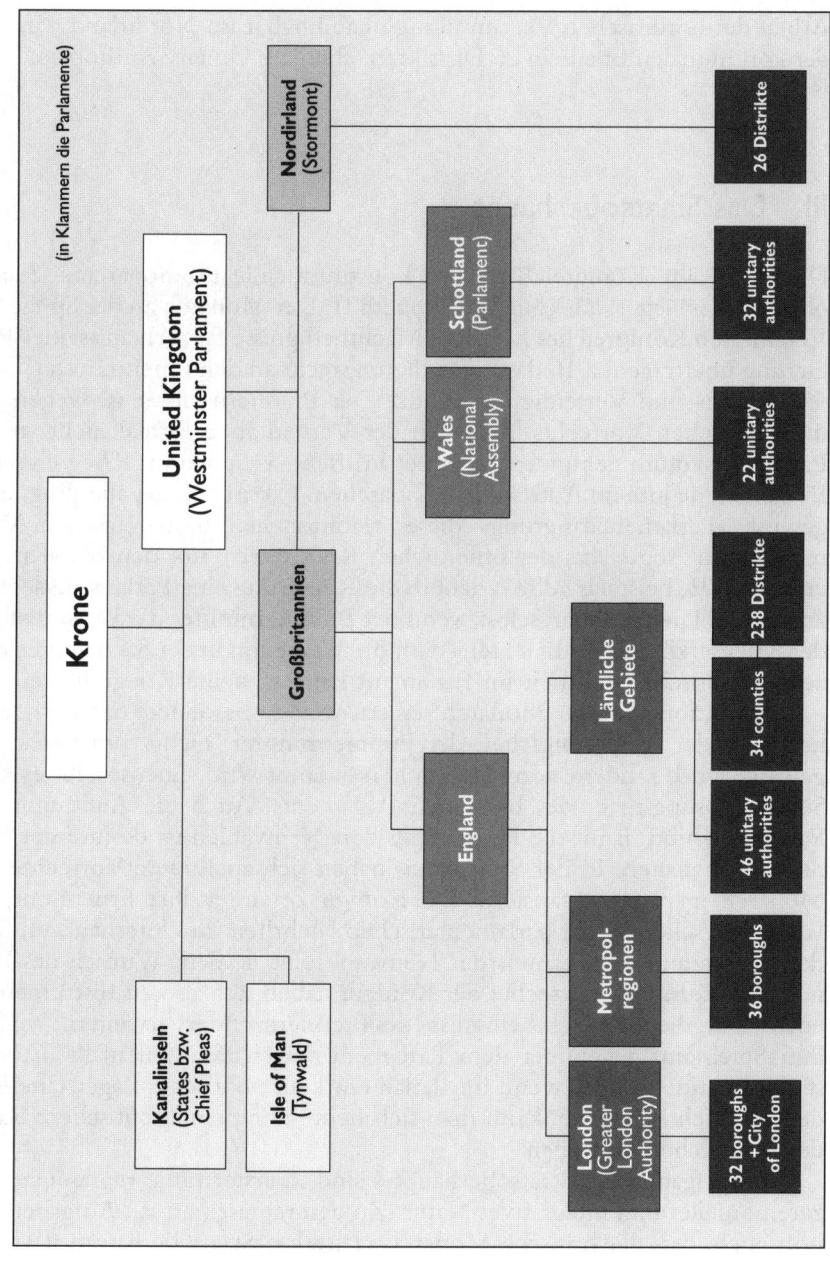

Arbeit der nordirischen Versammlung unabdingbar ist. Nordirland wird auf der kommunalen Ebene in 26 Distrikten, ebenfalls Unitary Authorities, verwaltet.

III. Das Staatsoberhaupt

Das Vereinigte Königreich ist eine konstitutionelle Erbmonarchie. Staatsoberhaupt ist seit 1952 Königin Elizabeth II. Der Monarch an der Spitze des Vereinigten Königreiches hat seine Machtbefugnisse faktisch an »seine« Regierung übertragen, z. B. das Begnadigungsrecht an den Innenminister, oder die Außen- und Verteidigungspolitik. Der Premierminister ist wegen des monarchischen Vorrechts in Fragen der Verteidigung formal nicht an ein Parlamentsvotum gebunden, wenn er britische Truppen im Krieg einsetzt. Er handelt de jure im Auftrag des Monarchen. Faktisch findet allerdings eine gewisse »Parlamentarisierung« dieses traditionellen monarchischen Vorrechts statt. Angesichts der öffentlichen Kontroverse um den Irak-Kriegseinsatz 2003, beispielsweise, erlaubte die Regierung eine Parlamentsdebatte zu diesem Thema. Denn selbst wenn der Premierminister das Parlament bei der Kriegserklärung »missachten« darf, ohne eine ihn in der Sache unterstützende politische Mehrheit im Parlament kann er keine Kriege führen.

Die Fiktion, dass der Monarch regiert, wird insbesondere dadurch deutlich, dass der Regierungschef, der Premierminister, nicht vom Parlament gewählt wird, sondern vom Monarchen ernannt wird. Ebenso gibt es kein Selbstauflösungsrecht des britischen Parlaments. Auch die Auflösung des Parlaments und damit die Festsetzung von Neuwahlen ist de jure der Königin vorbehalten. In der Staatspraxis haben sich auch diese Vorrechte des Monarchen »parlamentarisiert«. Die Königin orientiert ihre Ernennung des Regierungschefs an der parlamentarischen Mehrheit im Unterhaus, und bei der Festsetzung des Termins der Neuwahl folgt sie dem Wunsch des Premierministers. Die Vorrechte der Königin haben sich also zu Instrumenten entwickelt, die die Machtbefugnisse des Premierministers erweitern, weil sie ihm Spielraum gegenüber dem Parlament verschaffen. Allenfalls in Notstandssituationen oder wenn im Parlament kein politisches Lager eine eindeutige Mehrheit hätte, kann man sich heute noch eine politischere Rolle des Monarchen vorstellen.

Die Aufgaben des Staatsoberhauptes sind in erster Linie repräsentativer, zeremonieller und integrativer Natur. Zu den repräsentativen Aufgaben gehört auch, dass der britische Monarch weiterhin Staatsoberhaupt in 15 der

53 Commonwealth-Ländern ist (z. B. in Australien oder Kanada). Die zeremonielle Rolle wird bei der jährlichen Parlamentseröffnung augenfällig. Die Königin verliest im Oberhaus die Thronrede, bei der sie das Programm »ihrer« Regierung bekanntgibt. Faktisch handelt es sich um die aus der Feder des Premierministers stammende Regierungserklärung, an deren Wortlaut der Monarch nichts ändern darf. Zeremoniell sind auch die Ernennungen zu öffentlichen Ämtern und das Verleihen von Orden sowie Berufungen ins Oberhaus, das *House of Lords*, da diese Entscheidungen vom Premierminister getroffen werden. Das Prestige solcher Ehrungen ist in der britischen Gesellschaft noch immer sehr hoch. Für den Premierminister sind sie deshalb auch ein kostengünstiges Instrument, politische Unterstützung zu »belohnen«. Die Königin ernennt unter anderem die Bischöfe der anglikanischen Kirche, deren Oberhaupt sie ist, die Richter und die Spitzen des Militärs. Umstritten ist, inwieweit die britische Monarchie, angesichts nicht enden wollender Skandale und Skandälchen neben der repräsentativen noch ihre integrierende Funktion effizient wahrnehmen kann. Dies betrifft weniger Königin Elizabeth II. als die Zeit nach ihr.

Bis heute hat sich die Institution des Beratergremiums des Monarchen, der *Privy Council*, erhalten, aus dem im 18. Jahrhundert sich das Kabinett des Premierministers entwickelte. George III. war 1784 der letzte Monarch, der versuchte, die Regierungsgeschäfte selbst zu leiten. Danach wurde dies die Aufgabe seines Beauftragten, des Premierministers. Formal gehören dem *Privy Council* heute ca. 500 Personen an. Zu diesen gehören alle gegenwärtigen und früheren Kabinettsmitglieder und weitere führende Persönlichkeiten des öffentlichen Lebens. Eine politische Rolle spielt der *Privy Council* bei vier Gelegenheiten: a) in der Vergangenheit bei der Verfassungsgebung für britische Kolonien, die in die Unabhängigkeit entlassen wurden, b) bei Rechtsfragen, die die Kanalinseln, die Isle of Man oder die Universitäten Oxford und Cambridge betreffen, c) als Appellationsinstanz bei Rechtsstreitigkeiten einiger Commonwealth-Staaten, der anglikanischen Kirche und einiger berufsständischer Organisationen, wie der Vertretung der Ärzteschaft (*British Medical Council*), d) eine neue Aufgabe hat der Privy Council mit der Einrichtung des schottischen Parlaments bekommen. Sein Rechtsausschuss, das *Judicial Committee of the Privy Council* (JCPC), ist nun Streitschlichtungsinstanz in Devolution-Fragen. Im Zusammenhang mit der geplanten Einrichtung eines *Supreme Court* ist beabsichtigt, die juristischen Aufgaben des Privy Council, die ohnehin von den 12 *Law Lords* des Oberhauses ergänzt um weitere Richter auch aus Schottland und den Commonwealth-Staaten wahrgenommen werden, mit den Aufgaben der Law Lords im Oberhaus zusammenzuführen.

IV. Das Parlament

Das politische Machtzentrum hat sich in historischer Perspektive zunächst vom Monarchen zum Parlament und später vom Parlament zur Regierung verlagert. Mit der *Bill of Rights* des Jahres 1689 wurde die Vorherrschaft des Parlaments gegenüber der Krone kodifiziert. Das Verfassungsprinzip der Parlamentssouveränität steht für das Letztentscheidungsrecht des Parlaments. Politische Herrschaft ist nur gebunden an Parlamentsgesetze (*Rule of Law*). Das Parlament selbst ist an kein Regelwerk gebunden. Im Unterschied zu kontinental-europäischen Verfassungen verband sich die Parlamentarisierung des britischen Regierungssystems historisch nicht mit der Demokratisierung im Sinne der Anerkennung des Prinzips der Volkssouveränität. Letztere fand ihren Ausdruck außerhalb des Vereinigten Königreiches in geschriebenen Verfassungen, die auch die Rechte des Parlaments definieren und dadurch beschränken.

Die Durchsetzung des allgemeinen Wahlrechts im 19. und 20. Jahrhundert stärkte zunächst im Zwei-Kammer-Parlament die Stellung des direkt gewählten Unterhauses gegenüber der Kammer des Erbadels, dem Oberhaus. Die Herausbildung politischer Parteien verstärkte diesen Trend, veränderte aber auch das relative Gewicht zwischen Regierung und Parlament. Mit der deutlichen Erweiterung des Kreises der Wahlberechtigten am Ende des 19. Jahrhunderts (*Representation of the People Act*, 1884/85) wuchs die gesellschaftliche Beteiligung an politischen Entscheidungen, und es verfestigten sich die Organisationsstrukturen der politischen Parteien. War vor der Herausbildung moderner Parteistrukturen im 19. Jahrhundert die Regierung von der Willensbildung im Parlament abhängig, so gelingt es heute dem Premierminister, wenn er über eine parlamentarische Mehrheit verfügt, dieses politisch zu disziplinieren.

Dennoch findet sich in vielerlei Konventionen weiterhin die Idee der Parlamentssouveränität und das konstitutionelle Grundprinzip der Parlamentsherrschaft. Hierzu gehört, dass ein Regierungsmitglied dem Parlament angehören muss, dass Minderheitsregierungen möglich sind, weil die Tradition der Mehrheitsfindung im Parlament dem außerparlamentarischen Arrangement zwischen Parteien für eine Koalitionsbildung in der Regierung vorgezogen wird, oder dass ein Parlament souverän und ungebunden jede politische Entscheidung mit einfacher Mehrheit treffen kann. Hierzu gehört auch, dass Abgeordnete sich über Parteigrenzen hinweg als Botschafter ihres gesamten Wahlkreises in Westminster verstehen. Der Arbeitsaufwand für diese Aufgabe ist in jüngster Zeit sogar deutlich gewachsen. Anfang der 1990er Jahre widmeten die Abgeordneten durchschnittlich 20 Prozent ihrer Arbeitskraft dem Wahlkreis. 2003 wuchs dieser Arbeitsanteil auf mehr als ein Drittel, einige Abgeordnete benötigten über die Hälfte ihrer Arbeitszeit für die Wahlkreisarbeit.[4]

1. Das Oberhaus

Das Oberhaus war traditionell die Vertretungskörperschaft des Erbadels, ergänzt durch politische Ernennungen (seit 1958 konnten solche Erhebungen in den Adelsstand auf die Lebenszeit des Amtsinhabers begrenzt werden), sowie Mitglieder des Königshauses, oberste Richter (*Law Lords*) und Bischöfe und Erzbischöfe der anglikanischen Kirche. Die über Tausend Mitglieder des Oberhauses waren nie alle zusammen gekommen, das Oberhaus hätte auch nur Sitzplätze für weniger als die Hälfte von ihnen gehabt. Politisch aktiv waren vor allen Dingen die früheren Politiker. Zwölf auf Lebenszeit ernannte Law Lords nehmen bis heute die Funktion eines obersten Appellationsgerichts des Vereinigten Königreiches wahr. Das Oberhaus hatte durch seine Zusammensetzung immer eine eher konservative parteipolitische Präferenz und kümmerte sich in besonderem Maße um die Interessen des ländlichen Großgrundbesitzes. Allerdings wurde dies in der täglichen Arbeit des Oberhauses weniger deutlich. Einerseits weil unter den aktiven Peers es viele gab und noch immer gibt, die keiner parteipolitischen Richtung zuzuordnen sind (so genannte *cross-bencher*, die sich also weder auf den Regierungs- noch den Oppositionsbänken sehen). Andererseits aber auch, weil das House of Lords sich darauf konzentriert, die oft in Eile entstandene Gesetzgebung im Unterhaus zu korrigieren und sich auch Themen (wie »europäische Integration«) annimmt, die im Unterhaus über weite Strecken marginal bleiben.

Das Oberhaus war also trotz seiner undemokratischen Bestellung (durch Geburt oder durch Ernennung) keineswegs funktionslos und selbst konservative Politiker, wie Margaret Thatcher, konnten nicht auf eine bedingungslose Zustimmung der Oberhausmehrheit zu ihren Entscheidungen vertrauen. Seit 1999 versucht Premierminister Tony Blair, das Oberhaus zu reformieren, wobei ein Ziel lautet, die Mitgliedschaft im Oberhaus durch Geburt zu beenden und ein anderes, ein neues, demokratischeres Berufungsverfahren zu finden. In einem ersten Schritt wurde die Mitgliedschaft im Oberhaus zahlenmäßig auf die Hälfte reduziert, indem die Zahl der Vertreter des Erbadels von 636 auf 92 verringert wurde. Die 92 Übergangsvertreter des Erbadels wurden von den 636 Erblords gewählt. Seit dem Jahre 2000 gab es regelmäßige »Nachwahlen« für diesen Adelsanteil des Oberhauses, wenn einer der Erblords starb, wobei die Wähler nun aus dem Kreis der verbliebenen 92 Erblords kommen mussten. Diese Anomalie sollte eigentlich rasch verschwinden, hielt sich aber bisher, weil eine Gesamtreform des House of Lords umstritten bleibt. Tony Blair wehrt sich gegen eine Volkswahl des House of Lords und im Unterhaus gab es bisher keine Mehrheit für eine Alternativlösung, weder für eine vollständige Ernennung des Oberhauses, noch für mögliche Varianten der Mischung gewählter und ernannter Peers.

Tab. 1: Die Parteien im House of Lords (Stand: 1. 7. 2005)

Gruppierung	Ernannte Lords (*Life Peers*)	Erblords (*Hereditary Peers*)	Bischöfe	Insgesamt
Konservative	159	49	0	208
Labour	211	4	0	215
Liberal Democrats	69	5	0	74
Crossbencher	155	32	0	187
Bischöfe	0	0	25	25
Andere	12	2	0	14
Insgesamt	606	92	25	723

Quelle: http://www.parliament.uk/directories/house_of_lords_information_office/analysis_by_composition.cfm

Die Mehrheit der heutigen Lords wird ernannt, wobei die Vorschläge von der von der Regierung eingesetzten *House of Lords Appointments Commission* gemacht werden. Faktisch bedeutet dies aber ein Zugriffsrecht der Regierung bei Ernennungen, auch wenn die Vorschläge der Opposition mitbedacht werden. Seit 2005 behält sich Tony Blair zudem vor, jährlich zehn Ernennungen alleine zu entscheiden. Für den Premierminister erweitert die Bestellung des House of Lords durch Ernennung nicht nur seine Macht der parteipolitischen Patronage, er kann mit diesem Verfahren auch die Konvention umgehen, dass Minister nur aus dem Parlament hervorgehen dürfen. Möchte er eine Persönlichkeit in seine Regierung berufen, die keinen Sitz im Unterhaus errungen hat, muss er sie lediglich auf Lebenszeit in den Adelsstand erheben. Als Mitglied des House of Lords ist diese dann Parlamentsmitglied.

Der Premierminister kann kein großes Interesse daran haben, das House of Lords etwa durch eine Direktwahl legitimatorisch aufzuwerten und sich dadurch eventuell einen politischen Gegenspieler zu schaffen. Seit 1949 (*Parliament Act*) hat das House of Lords nur noch das Recht, Gesetze (mit Ausnahme von Finanzgesetzen) durch sein Veto 13 Monate aufzuhalten. Dies kann allerdings mit Geschick durchaus zur Gesetzesblockade eingesetzt werden. Das Oberhaus beachtet dabei die *Salisbury Convention*[5], nach der Gesetzesvorhaben, die die Regierungspartei vor der Wahl angekündigt hat, nicht blockiert werden. Machtpolitisch hat der Premierminister also nicht die Blockade seiner Gesetzgebungspläne zu fürchten. Wie im Falle der Krone wächst ihm durch die gegenwärtige Konstruktion der Zweiten Kammer eher weitere politische Entscheidungsfreiheit zu.

2. Das Unterhaus

Das Unterhaus ist der zentrale Ort der Gesetzgebung, der Regierungskontrolle und der Artikulation des Volkswillens. Auch wenn de jure die Regierung nicht vom Parlament gewählt wird, bleibt sie dennoch von ihrer Mehrheit im Unterhaus abhängig. Wenn die Mehrheit im Unterhaus einen Misstrauensantrag gegen die Regierung unterstützt, wird nach einer ungeschriebenen Verfassungskonvention deren Rücktritt erwartet. Insofern kann das britische politische System als parlamentarisches Regierungssystem bezeichnet werden.

Allerdings gelingt es der Regierung, die Verfahren des Unterhauses weitgehend zu dominieren. Die offiziell als parlamentarische Aufgabe anerkannte Oppositionsrolle, verbunden auch mit einer staatlichen Finanzierung des Oppositionsführers, ist mit relativ geringen eigenständigen Ressourcen und einem geringen parlamentarischen Zeitfenster für politische Initiativen ausgestattet. Jedes Jahr stehen der Opposition nur 20 Tage zur Verfügung, an denen sie die im Parlament zu behandelnden Themen vorgeben kann. Von der Opposition in Großbritannien wird nicht erwartet, dass sie eigene Gesetzesvorhaben präsentiert, sondern dass sie öffentlichkeitswirksam – vor allem mit Hilfe der parlamentarischen Gegenrede – die Regierungsvorhaben kritisch begleitet. Deshalb sind auch die »Fragestunden« im Parlament, bei der Regierungsvertreter wöchentlich Auskunft geben müssen, von besonderem öffentlichen Interesse. Tony Blair hat die beiden wöchentlichen 15-Minuten-Termine des Premierministers zu einem halbstündigen Medienereignis mittwochs um 12.00 Uhr zusammengefasst. Allerdings ist das Unterhaus längst nicht mehr das klassische »Redeparlament«, das im Austausch der Argumente von Regierung und Opposition politische Richtungsentscheidungen offenlegt und beeinflusst. Premierminister Tony Blair war nur selten im Parlament, wenn über Gesetzesvorhaben abgestimmt wurde. Selbst bei den Debatten zu dem in der britischen Öffentlichkeit hochkontroversen Thema der Beteiligung des Landes am Irak-Krieg, blieb er nicht, um die Reden im Parlament zu verfolgen.

Die Regierung kontrolliert den Gesetzgebungsprozess:
- dadurch, dass sie ca. 90 Prozent der Gesetze initiiert (*public bills*). Gesetzgebung ist auch möglich durch einzelne Abgeordnete (*private members' bills*), die aber in der Regel nur eine Chance hat, wenn die Regierung bereit ist, sie durch Zugeständnisse im parlamentarischen Zeitplan zu unterstützen. Eine dritte Art von Gesetzen sind *private bills*, mit denen beispielsweise Sonderrechte für Individuen oder Kommunen zugewiesen werden, die von den allgemeinen gesetzlichen Bestimmungen abweichen.
- durch ihre weitgehende Kontrolle der Tagesordnung im Parlament.
- durch ihre Mehrheit in den Ausschüssen bei der Gesetzesberatung (den *standing committees*). Diese Ausschüsse werden ad hoc für die Beratung im anstehenden Gesetzgebungsprozess konstituiert. Sie können 15 bis 50 Abgeordnete umfassen (in der Regel ca. 18), deren Auswahl die Mehrheitsverhältnisse im Parlament berücksichtigt. Gesetzesvorlagen mit weitreichender verfassungspolitischer Bedeutung oder Gesetze, die rasch verabschiedet werden sollen, können auch vom Unterhaus insgesamt beraten werden. Der Parlamentspräsident (*Speaker*) verlässt bei einer solchen Gelegenheit seinen Platz. Dadurch wird das Unterhaus zu einem Ausschuss, dem *Committee of the whole House*.
- falls erforderlich durch eine *guillotine order* (d. h. die Möglichkeit im Gesetzgebungsprozess für Teile oder die gesamte in drei Lesungen und einer Ausschussphase nach der zweiten Lesung voranschreitende Gesetzgebung, eine befristete Debatte zu beschließen; damit kann vermieden werden, dass die Opposition durch Verzögerungstaktik Gesetze verhindert), durch einen *kangaroo*-Beschluss (nur ausgewählte Teile einer Vorlage werden im Parlament diskutiert) oder eine *closure motion* (Beschluss über ein Ende der Debatte). In Verfahrensfragen handelt das Unterhaus aber nur in Ausnahmefällen konfrontativ. 1997 wurde ein neues parlamentarisches Verfahren eingeführt, die *programme motion*, die auf einer Abstimmung des Gesetzgebungszeitplans zwischen Regierung und Opposition beruht.
- durch den Erlass von Verordnungen (*statutory instruments*), die keiner neuen Gesetzgebung bedürfen, weil sie sich aus bestehenden gesetzlichen Kompetenzen der Regierung ergeben (*delegated legislation*). Sie bedürfen dennoch der Zustimmung des Parlaments. Dies kann dadurch geschehen, dass die ursprüngliche Gesetzgebung vorsieht, dass auf diese bezogene Verordnungen automatisch in Kraft treten, wenn das Parlament nicht in einer bestimmten Frist (in der Regel 40 Tage) eine ablehnende Resolution verabschiedet. Oder aber die Zustimmung per Resolution in beiden Häusern des Parlaments ist erforderlich. In keinem der Fälle kann das

Parlament die Verordnung verändern, es kann nur zustimmen oder ablehnen. Regierungen haben den Verordnungsweg auch schon genutzt,
um die ursprüngliche Gesetzgebung umzuschreiben. Die Kontrolle der
Verordnungsflut ist ein ungelöstes Problem des britischen Parlaments, das
durch die Zunahme europäischer Rechtssetzung noch verschärft wurde.
Regierungskritische Stimmen im Unterhaus sind gelegentlich aus den 1979
für die gesamte Breite der Regierungstätigkeit eingerichteten, die Ministerien spiegelnden Ausschüssen (*select committees*) zu hören. Auch in diesen
Ausschüssen hat die Regierung die Mehrheit, aber nicht immer den Vorsitz.
Diese Ausschüsse sind bei den Parlamentariern, die kein Regierungsamt haben, als Ort der Profilierung und politischen Mitsprache sehr beliebt, was
den Fraktionsführungen, die über die Mitgliedschaft in den Ausschüssen entscheiden, ein Patronagepotential an die Hand gibt.

Es wäre verfehlt, davon auszugehen, dass die Regierung immer ihrer
Mehrheit im Parlament sicher sein kann. So stellten Revolten von abweichenden Hinterbänklern (*backbenchers*) auch die Politik dominierender Premierminister wie Margaret Thatcher oder Tony Blair recht häufig in Frage.

Das britische Parlament ist genauso wenig, wie die Parlamente anderer
Demokratien ein exaktes Spiegelbild der Gesellschaft. Etwa zwei Drittel der
Abgeordneten sind zwischen 40 und 60 Jahre alt; die Parlamentarier sind
überwiegend weiß und männlich. Allerdings ist die Zahl der weiblichen
Abgeordneten durch die Frauenförderung der *Labour Party* deutlich gestiegen; ebenso die Zahl der Vertreter ethnischer Minderheiten, insbesondere
bei den Abgeordneten der Labour Party. Die Konservativen eröffnen vor-

Tab. 2: Parlamentssoziologie I:
   Weibliche Abgeordnete und ethnische Minderheiten

Wahljahr	Zahl der weibl. Abgeordneten	Prozent aller Abgeordneten	Zahl der Abgeordneten, die aus ethnischen Minderheiten stammen	Prozent aller Abgeordneten
1983	23	3,5	0	0
1987	41	6,3	4	0,6
1992	60	9,2	6	0,9
1997	120	18,2	9	1,4
2001	118	17,9	12	1,8
2005	127	19,6	15	2,3

Quelle: Gillian Peele, Governing the UK, Oxford 2004[4], S. 204 f. und eigene Ergän-
zungen.

Tab. 3: Parlamentssoziologie II:
Berufe 2001 in Prozent der Abgeordneten der Parteien

Berufsgruppe	Konser-vative	Labour	Liberal Democrats
Juristen	19	7	11
Bildungswesen	4	24	23
Verlage und Journalismus	8	8	7
Verwaltung	1	7	6
Militär	7	< 1	0
Andere akademische Berufe	8	5	11
Unternehmer und leitende Angestellte	29	4	25
Andere Wirtschaftsberufe	7	4	2
Andere Angestelltenberufe	1	18	2
Politiker und ihre Mitarbeiter	11	11	7
Arbeiter	1	12	2
Andere	4	0	2

Quelle: John Kingdom, Government and Politics in Britain. An Introduction, Oxford 2003[3], S. 375.

wiegend den Mittelschichtberufen der Wirtschaft den Weg ins Parlament, während bei der *Labour Party* insbesondere die im öffentlichen Dienst beschäftigten Mittelschichten deren parlamentarische Basis bilden.

Die britischen Parlamentarier sind nicht mehr »ehrenwerte Gentlemen«, die quasi ehrenamtlich und nebenbei sich der Politik widmen. Aus ihrer Zeit stammt noch die Gewohnheit, Parlamentssitzungen an den meisten Tagen erst relativ spät am Vormittag oder erst nachmittags beginnen zu lassen. Auch in Großbritannien hat sich seit den siebziger Jahren des vorigen Jahrhunderts allmählich der Typus des Berufspolitikers durchgesetzt. Der Anteil der Abgeordneten, die einen Beruf außerhalb der Politik ausübten, bevor sie in das Unterhaus gewählt wurden, fiel von 80 Prozent (1951) auf 40 Prozent (1992).[6] 2004 erhielten die Unterhausabgeordneten ein Jahressalär von £ 57 485. Das Unterhausgehalt des Premierministers ist etwas mehr als dreimal so hoch, das eines Kabinettsministers oder des Oppositionsführers mehr als doppelt so hoch. Hinzu kommen eine Reihe von Vergünstigungen, wie die Erstattung der Bürokosten (einschließlich der Kosten für Mitarbeiter), Reisen von und zum Wahlkreis und Wohnungskosten in London für diejenigen Abgeordneten, die weiter entfernte Wahlkreise vertreten. Seit dem In-Kraft-Treten des Freedom of Information Acts sind die Abrechnungen der Abgeordneten der Öffentlichkeit zugänglich. Durchschnittlich erhält ein Abgeordneter im Unterhaus für seine Aufwendungen £ 118 000. Die Mitglieder des House of Lords erhalten kein der Entlohnung der Mitglieder des Unterhauses vergleichbares Einkommen. Seit 2005 beträgt ihr Sitzungsgeld (nur für Anwesende) £ 75, die Erstattung für Bürokosten £ 65 und die Übernachtungspauschale für Mitglieder des Oberhauses von außerhalb Londons £ 150.

V. Die Regierung

Die britische Regierung hat sich zu einer Premierministerregierung entwickelt. Der Premierminister dominiert sein Kabinett. Die politikwissenschaftliche Literatur spricht von einer »Präsidentialisierung« des Amtes des Premierministers und zitiert regelmäßig Lord Hailshams[7] pointiertes Diktum aus dem Jahre 1978, die Premierministerregierung sei eine »Wahldiktatur« (*elective dictatorship*). Verglichen mit anderen Regierungssystemen gibt es in der britischen Politik in der Tat wenige institutionelle Schranken für

Tab. 4: Die britischen Premierminister seit 1945

Premierminister	Partei	Amtszeit	parl. Mehrheit (Mandate)	Wahljahr
Clement Attlee	Labour	1945–1950	146	1945
Clement Attlee	Labour	1950–1951	5	1950
Sir Winston Churchill	Konservative	1951–1955	17	1951
Sir Anthony Eden	Konservative	1955–1957	60	1955
Harold Macmillan	Konservative	1957–1959		
Harold Macmillan	Konservative	1959–1963	100	1959
Sir Alec Douglas-Home	Konservative	1963–1964		
Harold Wilson	Labour	1964–1966	4	1964
Harold Wilson	Labour	1966–1970	96	1966
Edward Heath	Konservative	1970–1974	30	1970
Harold Wilson	Labour	1974	-33	Feb. 1974
Harold Wilson	Labour	1974–1976	3	Okt. 1974
James Callaghan	Labour	1976–1979		
Margaret Thatcher	Konservative	1979–1983	43	1979
Margaret Thatcher	Konservative	1983–1987	144	1983
Margaret Thatcher	Konservative	1987–1990	102	1987
John Major	Konservative	1990–1992		
John Major	Konservative	1992–1997	21	1992
Tony Blair	Labour	1997–2001	179	1997
Tony Blair	Labour	2001–2005	167	2001
Tony Blair	Labour	2005–	65	2005

die Machtausübung eines Premierministers, wenn dieser über eine ausreichende parlamentarische Mehrheit verfügt. Auch innerhalb seiner Regierung ist nicht er seinem Kabinett verantwortlich, sondern seine Entscheidungen werden von den Kabinettsministern meist ohne Debatten akzeptiert. Der Premierminister wählt eigenverantwortlich seine Minister aus. Häufige Kabinettsumbildungen innerhalb einer Amtszeit sind die Regel und gelten nicht als Ausdruck von Regierungskrisen. Sie dienen aus der Sicht des Premierministers zur Effizienzerhöhung und zur Justierung der Machtbalance in der Regierung. Aus der britischen Kabinettsregierung (*cabinet government*) mit dem Kabinett als Diskussionsforum und Entscheidungszentrum, ist spätestens seit der Amtszeit Margaret Thatchers eine Fußnote des politischen Entscheidungsprozesses geworden. Die Minister bleiben für ihre Ressorts verantwortlich, und sie sind in die Kabinettsdisziplin eingebunden, das heißt sie sind verpflichtet, nach außen die Kabinettsentscheidungen zu vertreten.

1. Das Kabinett

Heutige Kabinettssitzungen sind extrem kurz, gemessen an historischen Vorbildern und auch am politischen Problemhaushalt. Sie dauern in der Regel zwischen 30 Minuten und einer Stunde. Bei Tony Blair gibt es nicht einmal eine das Gespräch anleitende Tagesordnung. Der Premierminister spricht zu den Punkten, die er gerade für wichtig erachtet und in der Reihenfolge, die er präferiert. Unterlagen für die Kabinettsmitglieder zu den einzelnen Tagesordnungspunkten, die seit 1916 das *Cabinet Office* vorbereitet, werden nicht zur Verfügung gestellt.[8] Die politischen Vorgaben des Premierministers setzt dieser in Gesprächen mit einzelnen Ministern um. Handelt es sich um politische Probleme mit längerem Vorlauf, so kann auch auf das System der Kabinettsausschüsse zurückgegriffen werden.

Die Kabinettsausschüsse sind in der heutigen Form eine Erfindung der Nachkriegszeit (Regierung Clement Attlee, 1945–1950). Wegen der Tradition der Geheimhaltung britischer Regierungstätigkeit wurde deren Existenz erst in den neunziger Jahren, als der Bruch der Geheimhaltung durch Presseberichte zur Regel geworden war, offiziell bestätigt (Regierung John Major, 1990–1997). Kabinettsausschüsse sind so erfolgreich, weil sie ein Instrument sind, um die Macht des Premierministers gegenüber dem Kabinett zu stärken. Der Premierminister kann beliebig viele, mit beliebiger Struktur (neuerdings auch »Unterausschüsse«) und in beliebiger Zusammensetzung (auch mit der Beteiligung von Spitzenbeamten) solcher Kabinettsausschüsse einsetzen. Damit prägt er nicht nur die Perspektive vor, unter der ein politisches Problem behandelt wird. Die Tatsache, dass Entscheidungen in Kabinettsausschüssen das gesamte Kabinett in der Regel binden, erlaubt dem Premierminister auch durch geschickte Zusammensetzung des Kabinettsausschusses eine von ihm präferierte Minderheitenmeinung im Kabinett durchzusetzen. Ein Beispiel hierfür ist die erste Amtszeit Margaret Thatchers (1979–1983), in der die Premierministerium ihre radikale ökonomische Wende gegen die Mehrheitsmeinung im Kabinett vor allem mit Hilfe ihr wohlgesonnener Kabinettsausschüsse unter ihrem Vorsitz durchsetzte.

Tony Blair hat das System der Kabinettsausschüsse ausgeweitet auf Ad-hoc-Gruppen, *Task Forces* und beratende Ausschüsse ohne Beschlussfassungskompetenz, in die nun auch Experten von außerhalb der Regierung eingebunden wurden. Damit hat er de facto die traditionellen Kabinettsstrukturen weiter entwertet und das Kabinett noch deutlicher zu einem Instrument der Premierministerregierung gemacht. Auf der Ebene der beratenden Kabinettsausschüsse können flexibel auch Koordinationsprobleme mit wichtigen politischen Partnern außerhalb der Regierung integriert werden. Beispiele sind die Mitarbeit der *Liberal Democrats* bei der Verfassungsreform in der ersten Amtszeit Tony Blairs oder die Koordination mit der schottischen Regierung. Für letztere wurde ein gemeinsamer Ministerausschuss eingerichet (*joint ministerial committee*, JMC), der bisher allerdings tagespolitisch noch keine besondere Bedeutung erlangte.

Regierung im britischen Sinne bedeutet weit mehr als das Kabinett. Kabinettsrang haben ca. 20 Minister. Darüber hinaus gibt es eine Vielzahl von Ministern außerhalb des Kabinetts und Parlamentsabgeordnete, die auf der Gehaltsliste der Regierung stehen. Hinzu kommt eine wachsende Zahl von

Tab. 5: Die britische Regierung

Position	1950	1960	1970	1980	1990	2002
Kabinettsminister	18	19	21	22	22	23
Minister ohne Kabinettsrang	63	63	81	85	81	89
Unterhausabgeordnete in bezahlten Regierungsämtern	68	65	85	86	80	88
(in % aller Abgeordneten)	11	10	13	14	12	13
Mitglieder des House of Lords in bezahlten Regierungsämtern	13	17	17	21	22	24
(in % aller Lords)	2	2	2	2	2	3
parliamentary private secretaries	27	36	30	37	47	42
Insgesamt	108	118	132	144	149	154

Quelle: Gillian Peele, Governing the UK, Oxford 2004[4], S. 137.

Unterhausabgeordneten, die als Schritt auf der politischen Karriereleiter als unbezahlte Helfer von Ministern arbeiten *(parliamentary private secretaries)*. Machtpolitisch bedeutet dies, dass der Premierminister weit über 100 der Parlamentarier nicht nur politisch, sondern auch durch Ämtervergabe samt der damit verbundenen Einkommen an sich binden kann. Es stellt sich die Frage, wie sich diese Patronagemacht des Premierministers mit dem »freien Mandat« eines britischen Abgeordneten verträgt.

2. Der Machtapparat des Premierministers

In Großbritannien fehlt eine zentrale Regierungsbehörde beim Regierungs-chef, wie etwa das deutsche Bundeskanzleramt. Die Regierungsarbeit ver-teilt sich zum einen auf das Büro des Premierministers in Downing Street 10 *(Prime Minister's Office,* PMO) und zum anderen auf das *Cabinet Office* (CO), das als organisatorischer Unterbau der Kabinettsarbeit entstand. In der Re-gierungszeit Tony Blairs hat sich der langfristige Trend fortgesetzt, die Ar-beit beider Büros zu verzahnen, ohne dass nun schon eine Art »Ministeri-um« des Premierministers entstanden wäre. Der wesentliche Gedanke, der beide Institutionen trennt, ist die Idee, dass das PMO den parteipolitischen und machtpolitischen Erwägungen des Premierministers Rechnung tragen muss, während das CO eine neutrale Maschinerie des Regierens zur Ver-fügung stellt.

Verzahnung beider Institutionen bedeutete in der politischen Praxis zweierlei. Erstens die Politisierung des *Cabinet Office,* also die Abkehr von der Tradition, dass dieses Amt nach Vorgaben der politisch neutralen Mi-nisterialbürokratie arbeitet. Der Vorreiter dieser Entwicklung war Bernard Ingham, der während der gesamten Amtszeit der Premierministerin Mar-garet Thatcher das Presseamt des PMO leitete und dieses zum Sprachrohr der Regierungschefin umbaute. Wichtigstes Instrument zur Kontrolle des bürokratischen Unterbaus des Premierministers wurde der Einsatz vom Re-gierungschef ausgewählter und ernannter Berater *(special advisers)* für Schlüs-selpositionen. Zweitens bedeutete Verzahnung eine einheitliche Außendar-stellung der Regierungstätigkeit durch das Management der öffentlichen Meinung. Der Versuch der politischen Realität – durch Politikmarketing und Einflussnahme auf die Berichterstattung in den Medien – die Regie-rungsinterpretation aufzuzwingen wird als »*spin*« bezeichnet. Für die »Ver-markter« der Regierung im PMO und im CO wurde der Begriff »*spin doc-tors*« geprägt.

Der massive Einsatz von *special advisers* zur »Politisierung« des Regie-rungshandelns, also zur zentralistischen Kontrolle des Regierungshandelns durch den Premierminister, wurde in der Regierungszeit Tony Blairs zum Gegenstand öffentlicher Kontroversen. Im Unterschied zu Beamten sind »special advisers« mit Zeitverträgen im Civil Service beschäftigt und nicht an die politischen Neutralitätsregeln Whitehalls gebunden. In der Regierungszeit Tony Blairs hat sich deren Rolle auch in den Führungsspitzen der Ministerialverwaltung rasch und deutlich erweitert. Als John Major, der Amtsvorgänger Blairs, sein Amt abgab, hatte er 38 special advisers eingestellt. Acht dieser Mitarbeiter waren in 10 Downing Street beschäftigt. New Labour begann seine Regierungszeit mit 60 special advisers, 2003 waren es schon 81. Davon arbeiteten 27 im Amtssitz des Premierministers, die anderen in den Ministerien.[9]

Der zweite Aspekt der Integration des Regierungsapparates ist das Politikmarketing. Das Budget für Regierungskommunikation verfünffachte sich im Zeitraum 1997 bis 2004.[10] Slogans, Euphemismen und *soundbites* für die Medien täuschen Realitäten und politische Entscheidungssituationen aber eher vor. Politik wurde so zu einer Ware, die man ohne parteipolitische oder ideologische Schranken pragmatisch neu definieren kann und muss, wenn ihre Wirkung beim Publikum nicht ankommt bzw. wenn sie sich nicht günstig darstellen lässt. Zur günstigen Präsentation der Realität kam als weitere Aufgabe die vorteilhafte Präsentation des Parteichefs.

Keinem Minister sollte es möglich sein, diese Vorgaben zu ignorieren oder ohne Absprache eigenständig zu politischen Fragen Stellung zu nehmen. Die Regierungsagenda wurde so abgestimmt, dass ihrer maximalen Öffentlichkeitswirksamkeit keine rivalisierenden Großereignisse, zum Beispiel im Sport oder in der Kultur, entgegenstanden. Zur Kommunikationsstrategie gehörte auch, die möglichen politischen Angriffe der Opposition einzukalkulieren. Der wöchentliche Zeitplan hatte den vorgedachten Regierungsschwerpunkten des Jahres zu entsprechen. Der Irak-Krieg hat zwar die Grenzen politisch-manipulativer Kommunikation deutlich aufgezeigt, aber die Regierung Blair kann sich Regierungshandeln ohne das permanente Bemühen um Themenführerschaft und eine entsprechende Selbstdarstellung ohne Rücksicht auf etwaige widerstrebende Realitäten nicht vorstellen.

3. Die Ministerialverwaltung *(Civil Service)* als Instrument der Politik

Beamte im deutschen Sinne sind in Großbritannien nur in der zentralen Staatsverwaltung zu finden. Hier arbeiten ca. 500 000 Menschen, ca. 3 000 sind Spitzenbeamte. Beamte machen ungefähr 10 Prozent der öffentlich Bediensteten aus. Andere Tätigkeiten im Bereich der öffentlichen Aufgabenerfüllung, wie die von Lehrern oder in den Kommunen, werden von Beschäftigten im Angestelltenverhältnis wahrgenommen, die deshalb auch das Streikrecht haben. Im Unterschied zu deutschen Beamten ist den britischen die parteipolitische Tätigkeit untersagt. Kein britischer Beamter in einer Spitzenposition kann Mitglied des Unterhauses oder des Europaparlaments werden. Beamten mit einer gewissen Distanz ihrer Aufgaben zu den Regierungsaufgaben ist kommunalpolitisches Engagement möglich.

Vom Beamten wird politische Neutralität erwartet. Das heißt nicht, dass er oder sie keinen politischen Standpunkt haben soll. Es bedeutet aber, dass er oder sie diesen Standpunkt jeder Regierungskonstellation anzupassen vermag und die Position der gegenwärtigen Regierung ebenso vehement vertritt wie die der Vorgängerregierung. Intern soll der Civil Service die Freiheit nutzen, möglichst umfassend und ohne parteipolitische Rücksichten Rat zu geben. Die politischen Schlussfolgerungen sind aber den dem Parlament und der Öffentlichkeit verantwortlichen Politikern vorbehalten.

Lange Zeit galt die soziale Geschlossenheit des Civil Service als eine seiner Stärken, aber auch seiner Schwächen. Soziale Geschlossenheit bedeutet, dass der überwiegende Teil der Ministerialbürokratie sich noch immer aus Absolventen der Universitäten Oxford und Cambridge zusammensetzt, die in der Regel auch vor ihrer Universitätszeit angesehene Privatschulen besuchten. Anders als in Deutschland spielt eine juristische Vorbildung für Leitungsaufgaben in Ministerien keine Rolle. Das Ideal des britischen Ministerialbeamten ist der geistig bewegliche, Argumenten und dem »gesunden Menschenverstand« (*common sense*) aufgeschlossene Generalist. Die erfolgreichsten Bewerber sind noch immer diejenigen mit einer sozial- oder geisteswissenschaftlichen Ausbildung. Wiederholte Versuche, die Ministerialbürokratie für Naturwissenschaftler oder die Absolventen anderer Universitäten weiter zu öffnen, scheiterten. Die »Oxbridge-Elite« hat allerdings im letzten Jahrzehnt selbst zunehmend weniger Interesse gezeigt, Staatsämter anzustreben. Dies liegt zum einen an den besseren Gehältern, die im Londoner Finanzzentrum, der City, für Hochbegabte zu verdienen sind und zum anderen an der Politisierung des Civil Service, die politisch geförderten Quereinsteigern bessere Gestaltungschancen in den Ministerien gibt als dem Civil Service.

Ein weiteres Element, das die Geschlossenheit der Civil Service-Gemeinschaft förderte, die Tradition der absoluten Geheimhaltung des Regierungshandelns, ist mit dem im Jahre 2000 verabschiedeten *Freedom of Information Act* deutlich abgeschwächt worden. Wollte man früher etwas über die Regierungsmaschinerie und Einzelheiten von Regierungsentscheidungen relativ aktuell erfahren, war man auf die Memoiren ausgeschiedener Politiker und Beamter, die allerdings zahlreich publiziert wurden, angewiesen. Seit dem Jahre 2005 ist der *Freedom of Information Act* in Kraft. Er verpflichtet ca. Tausend staatliche Stellen, auf Anfrage der Bürger, kostenlos Auskunft über ihre Tätigkeit zu geben. Die Anfragen müssen schriftlich gestellt werden (e-mail ist möglich), sollten aber einen gewissen Kostenrahmen nicht sprengen. Auskünfte können verweigert werden, wenn sie mehr als zweieinhalb Tage Arbeit verursachen bzw. den Ministerien mehr als £ 600 Kosten oder den Kommunen mehr als £ 450 Kosten verursachen. Die staatlichen Stellen sind zu einer Beantwortung der Anfragen aus der Bevölkerung innerhalb von 20 Tagen verpflichtet.

Eine dritte Herausforderung des Civil Service liegt in seiner betriebswirtschaftlichen Umorganisation, die mit seiner Politisierung Hand in Hand geht. Politisierung bedeutet, dass häufig special advisers in den Ministerien nun für die Politikentwicklung verantwortlich sind und die Minister beraten. Der Civil Service soll sich zunehmend damit begnügen, Politik auszuführen. Hierbei sind seit der Amtszeit John Majors Unternehmensstrukturen das Vorbild. Grundgedanke der »*Next Steps*«-Initiative John Majors war es, dass nur ca. 10 Prozent der Arbeit des Civil Service der politischen Innovation und der konzeptionellen Arbeit gewidmet ist. Der Großteil des Arbeitsaufkommens sei das Management von Staatsaufgaben oder die Organisation von staatlichen Dienstleistungen. Diese Aufgaben könne man in spezialisierte Agenturen auslagern, die entweder vom Civil Service oder alternativ von privaten Anbietern getragen werden, abhängig auch davon, wie sich im Wettbewerb der Alternativen die Kostenstruktur darstellt.

Der Vorteil der Auslagerung von Staatsaufgaben war es auch, dass sie mit einer festen Budgetzuweisung verbunden wurde, neue Haushaltsbelastungen also nicht entstehen konnten. Um Qualitätsdezifite durch Einsparstrategien der ihren Haushalt optimierenden Agenturen zu vermeiden, entwickelte die Regierung John Major eine *Citizen's Charter*, die jedem Briten neue Konsumentenrechte gegenüber staatlichen Leistungen bis hin zu Entschädigungen bei staatlichen Fehlleistungen zusagte. Die Lenkung der ausgelagerten Agenturen sollte durch meßbare Zielvorgaben bzw. einen entsprechenden Ressourcenfluss erfolgen.

Tony Blair setzte die Reform der öffentlichen Verwaltung, die mit den Next Steps-Initiativen der Regierung Major begonnen hatten, fort, auch wenn sich die Rhetorik änderte (z. B. *Service First* statt *Next Steps)*. Die Grundidee des *government by contract*, also der Zielvereinbarungen von politischen Entscheidern und der ausführenden Verwaltung, blieb erhalten. Ebenso die Strategie der Verlagerung der Politikumsetzung in nachgelagerte Agenturen und in den Markt unter Beibehaltung der zentralstaatlichen Kontrolle.

An die Stelle ökonomischer (bzw. marktlicher) Lenkungskriterien sollte nun das kommunitaristische Ideal der gemeinsamen Verpflichtung zur Zielerreichung, das *joined-up government*[11,] treten. Vertrauen sollte Marktzwänge ersetzen. Anfangs spielte auch der Versuch eine große Rolle, die »Konsumenten« bzw. die Betroffenen der Politik miteinzubeziehen. In der ersten Amtsperiode der Regierung Blair wurde beispielsweise ein *People's Panel* eingerichtet bestehend aus 5 000 Personen, die ein breites gesellschaftliches Spektrum repräsentieren sollten und deren Aufgabe es war, Vorschläge zur Verbesserung der staatlichen Leistungserbringung zu machen.

Legitimatorisch schien diese Strategie derjenigen der Konservativen Regierungen überlegen, da sie das Element der gesellschaftlichen Selbstverantwortung zur »Entpolitisierung« staatlicher Aufgabenerfüllung hinzufügte. Als die Regierung Blair ihre ehrgeizigen politischen Ziele vor allem in der Gesundheits-, Bildungs- und Verkehrspolitik nicht erreichte, half sie sich damit, noch mehr Ziele vorzugeben. Je mehr Ziele erreicht werden können, desto erfolgreicher sollte die Regierungspolitik sein. Hieraus ergibt sich logisch eine Steuerungsstrategie, die statt auf Vertrauen zu setzen, ein Übermaß an kleinräumigen Kontrollzielen definiert und die der Illusion anhängt, die Politik insgesamt ließe sich quasi wertneutral in Zielvorgaben auflösen, die auch noch über die Zeit verhältnismäßig stabil bleiben müssen, um einigermaßen geordnetes Verwaltungshandeln, das dem Bürger ein gewisses Grundvertrauen in die Berechtigung staatlicher Eingriffe lässt, zu ermöglichen. Vertrauen und Kontrolle geraten in einen Widerspruch. Die Rhetorik des Vertrauens bei gleichzeitiger Praxis ausufernder und effizienzmindernder Detailkontrolle kennzeichnet das Steuerungsdilemma der Regierungspraxis Tony Blairs.

Eine Überfülle an Zielvorgaben bereitet nicht nur Abstimmungsprobleme bei der Zielorientierung und konfrontiert Betroffene mit eher mehr als weniger Staatlichkeit, sondern führt auch zu praktischen Problemen der Dokumentation der Zielerreichung, der Orientierung der politisch Handelnden und der Prioritätensetzung. Hinzu kommt die mangelnde Flexibilität bei der Reaktion auf einen raschen Wandel von »Umweltbedingungen«, die eigentlich einen neuen »set« von Zielvorgaben erfordern würden. Als relativ willkürliche Hilfskonstruktion bei der Orientierung von Politik dienten der Regierung Blair sog. *flagship targets*, die aber eher unter dem Gesichtspunkt ihrer Öffentlichkeitswirksamkeit als im Bezug auf die Aufgabenerfüllung ausgewählt wurden. Im Hinblick auf die Zielerreichung wirkten die Zielvorgaben nicht selten kontraproduktiv. Deutliche Fortschritte, wie bei den schulischen Leistungen, erschienen als Defizite, wenn die Zielvorgaben zu optimistisch gesetzt wurden. Fortschritte bei der Bewältigung von Defiziten auf einem Politikfeld (z. B. kürzere Warteschlangen im *National Health Service*) wurden erkauft durch neue Probleme (eine Welle von Infektionen).

Problematisch ist die Verwaltungssteuerung durch Zielvorgaben auch deshalb, weil sie politische Inhalte, die sich nicht in quantifizierbaren Vorgaben ausdrücken lassen, tendenziell benachteiligt. Umständlich wird diese Art der Politiksteuerung, wenn – wie im Vereinigten Königreich geschehen – das Postulat der Einbeziehung der Betroffenen ernst genommen wird. Je zahlreicher die Zielvorgaben, desto mehr Ansatzpunkte bieten sich für Einsprüche und Widerstand. Angesichts des Aufwands der Prozeduren zur Berücksichtigung der Einsprüche wurde nicht selten das Vermeiden solcher Einsprüche zum unausgesprochenen Politikziel.

Die Debatte um den Sinn und die Effizienz von Zielvorgaben als politischem Steuerungsinstrument wurde nicht nur in der Wissenschaft, sondern auch in der Öffentlichkeit und mit kritischem Unterton sogar in der Regierung Blair geführt. Diese trug den Schwierigkeiten des *targeting* zumindest teilweise Rechnung durch die Reduktion der Ziele zunächst auf 160 von ca. 600 und dann 2003/2004 auf 130. Allerdings zögerte sie auch nicht, Maßstäbe des Erreichens bestimmter Ziele neu zu definieren, um ihre politische »Erfolgsquote« zu verbessern.

VI. Einschränkungen der Macht des Premierministers?

Dem britischen Premierminister ist es bis heute gelungen, seine Machtposition gegenüber der Krone, den beiden Häusern des Parlaments, dem Kabinett und gegenüber dem Civil Service stetig auszubauen. Ja es gelingt dem Premierminister sogar häufig die Wahrnehmung der Regierungsarbeit in der Öffentlichkeit zu manipulieren. Parlamentarischer Widerspruch oder Ministerrücktritte bleiben Episoden solange der Premierminister sich seiner parlamentarischen Mehrheit sicher sein kann. Wenn die Popularität des Premierministers verloren zu gehen droht, reagieren die Abgeordneten allerdings sensibel, denn besonders diejenigen, die mit knappen Mehrheiten ihren Wahlkreis gewonnen haben (*marginal seats*), fürchten um ihre Wiederwahl.

Zu fragen ist, ob zwei Entwicklungen jüngeren Datums die eingespielte Regierungspraxis erschüttern können. Zum einen ist auch Großbritannien, wie alle Mitgliedstaaten der EU, einem Prozess der Europäisierung seiner Politik unterworfen. Zum anderen hat die Einrichtung eines Parlaments in Schottland und einer walisischen Versammlung (Politik der Devolution) Fragen an politische Verfahren und die Kohäsion des Vereinigten Königreiches aufgeworfen.

1. Die Europäisierung der britischen Politik

Die Europäisierung ist ein politisch–gesellschaftlicher Prozess, der angetrieben von der Geschwindigkeit und Reichweite der europäischen Integration einen Veränderungsdruck auf Nationalstaaten und europäische Gesellschaften ausübt. Auf Dauer gestellt wurde die Europäisierung durch die europäische Vertragspolitik, die die institutionellen Kanäle und die Verflechtung von nationalen und europäischen Kompetenzordnungen und Entscheidungsprozessen schuf, welche der Europäisierung Aufgaben und Legitimation geben. Systematisch wird sie durch die Ausrichtung auf übergreifende Zielorientierungen wie die Schaffung eines europäischen Binnenmarktes oder die »Verwirklichung einer immer engeren Union der Völker Europas« (Vertrag über die Europäische Union, Art. 1).

Institutionell hat das britische politische System mit der Einrichtung eines Europaministers (ohne Kabinettsrang) reagiert, und in beiden Häusern des Parlaments wurden Ausschüsse eingerichtet, die sich mit Europafragen beschäftigen. Das Oberhaus arbeitet im Detail. Im Unterhaus wurde nach dem EG-Beitritt des Landes 1974 ein Ausschuss für europäische Gesetzgebung (*Committee on European Secondary Legislation*) eingerichtet, der allerdings bei den Abgeordneten äußerst unbeliebt ist, weil er die europäische Gesetzgebung nur formal prüft und faktisch keinerlei Gestaltungsspielraum hat. Der größeren Bedeutung der Europapolitik in der Amtszeit Tony Blairs wurde durch den Transfer der Europakompetenz vom *Cabinet Office* hin in die unmittelbare politische Nähe des Premierministers (in das *Prime Minister's Office*) Rechnung getragen.

In Sachfragen hat Großbritannien immer weniger europäische Harmonisierung als die meisten anderen Mitgliedstaaten der EU innerstaatlich zu akzeptieren. Was akzeptabel ist und was nicht, richtet sich schon seit den siebziger Jahren vor allen Dingen nach dem wirtschaftlichen Nutzen, den eine EU-Initiative für Großbritannien hat. Beispielhaft hierfür sind die zahlreichen Ausnahmeregeln, die sich das Land gerade auf den Feldern der sozialen Rechte für die in Nizza feierlich verkündete Menschenrechtskonvention sicherte. Das Land hat aber in der politischen Praxis bisher immer die auf die geltenden Verträge bezogene Rechtsprechung des Europäischen Gerichtshofs bei politischen Streitfragen akzeptiert. Damit stellt sich die Frage, ob das Westminster Parlament und damit implizit der britische Premierminister bereit ist, europäisches Richterrecht als vorrangig gegenüber seiner durch die Doktrin der Parlamentssouveränität begründete Kompetenz der Letztentscheidung aller politischer Angelegenheiten des Landes anzuerkennen.

Die gleiche prinzipielle Frage ließe sich im Hinblick auf den 1998 verabschiedeten *Human Rights Acts* (HRA) stellen, der die Europäische Menschenrechtskonvention in wesentlichen Teilen in das britische Recht inkorporierte. Der HRA trat in Schottland, Wales und Nordirland sofort in Kraft, in England erst im Jahre 2000. Es ginge aber wohl zu weit, bereits von einer Verrechtlichung der britischen Politik zu sprechen. Die britische Rechtsprechung im Bezug auf Menschenrechte, kann die Öffentlichkeit aufrütteln und der Gesetzgeber kann aus Urteilen Konsequenzen ziehen. Zwingen hierzu können ihn, im Unterschied zum Europäischen Gerichtshof, die nationalen Gerichte nicht. Es hat sich aber eine »faktische Rechtfertigungs- oder zumindest Erklärungspflicht des Parlaments entwickelt.«[12]

2. Die Devolution-Politik

Die institutionelle Grammatik des Vereinigten Königreiches wurde noch deutlicher in den nicht-englischen Territorien neu geschrieben. Inwieweit die dortigen Reformen des Parlamentarismus oder die Praxis der Koalitionsregierung sich tatsächlich auf den britischen Politikstil auswirken, bleibt umstritten. Fest steht bisher allerdings, dass sie es nicht vermögen, die Dominanz des Premierministers in der britischen Politik auch nur marginal in Frage zu stellen.

Das schottische Parlament hat Gesetzgebungsrecht auf allen Gebieten, die bis 1998 in der Verantwortung des dem Schottlandminister unterstellten *Scottish Office* in Edinburgh und London lagen. Dies verbietet aber dem Westminister Parlament de jure nicht in diesem Bereich ebenfalls gesetzgeberisch tätig zu werden, da weiterhin das Prinzip der Parlamentssouveränität gilt. In der politischen Praxis kommt dies auch vor, aber aus Respekt vor dem schottischen Parlament bisher nur auf dessen Einladung (sog. *Sewel*[13] *motion*). Dies kann für das schottische Parlament ein bequemer Weg sein, unpopuläre Entscheidungen nicht selbst treffen zu müssen. Der zunehmend häufiger werdende Einsatz von Sewel motions hat im Dezember zu einer Untersuchung dieses Instruments durch den Geschäftsordnungsausschusses des schottischen Parlaments geführt. Inwieweit bei einem Konflikt der Zentralregierung mit der schottischen so das Prinzip der Devolution ausgehöhlt werden könnte, muss sich noch zeigen.

Devolution führt heute schon zu unterschiedlichen institutionellen Realitäten in den vier »Teilnationen« des Vereinigten Königreiches, also in England, Wales, Schottland und Nordirland, angefangen von den Wahlsystemen über die Organisation des *National Health Service* bis hin zu Politikergebnissen. In Schottland zeigen sich hier eigenständige Weichenstellungen vor

allem in den Bereichen Bildung, Gesundheit und Kommunalverwaltung.
»Im Bildungsbereich beschloss das Parlament u. a. die Abschaffung von vor-
gelagerten Studiengebühren und eine deutliche Erhöhung der Lehrerbezüge
(plus 21,5 Prozent über drei Jahre). Die bedeutendste Maßnahme im Gesundheitssektor war im Juli 2002 die Einführung kostenfreier häuslicher Betreuung für Menschen über 65 Jahre. Im Bereich der Kommunalverwaltung
konnten die Liberaldemokraten eines ihrer zentralen Ziele umsetzen: Die
Einführung des Verhältniswahlsystems (in der Ausprägung des *Single Transferable Vote*, STV) für die Kommunalwahlen ab dem Jahr 2007.«[14]

Problematisch und ungeklärt bleibt die Frage,[15] ob es legitim ist, dass in
strittigen politischen Fragen, die nichtschottische Themen betreffen, weil
für diese Schottland Kraft Devolution eigene Regelungen trifft, die schottischen Abgeordneten im Westminster-Parlament eine Stimme haben sollen. Denn es besteht die Gefahr, dass die Regierung in englischen und walisischen Angelegenheiten mit Hilfe der schottischen Stimmen gegen die
Mehrheit der Abgeordneten aus England und Wales ihre Gesetzgebung
durch das Parlament bringt. Erhöhte Studiengebühren oder die Privatisierung von Krankenhäusern wurden so schon gegen die Parlamentariermehr-
heit aus England und Wales, aber für England und Wales beschlossen. Bisher
gelingt es noch mit der Hilfe der Parteibindung und der Autorität des Premierministers, hier einen Verfassungskonflikt zu vermeiden.

Das schottische Parlament sollte von Beginn an so etwas wie ein neues
Experiment der Demokratie sein und eventuell auch Vorbildcharakter für
Westminster haben. Der Stil des Parlaments sollte nicht von der Konfrontation der Regierung mit der Opposition bestimmt werden, und die Regierung sollte – anders als in London – nicht einseitig das Parlament dominieren. Deutlich wurde dies schon in der kreisrunden parlamentarischen
Sitzanordnung im Unterschied zum Gegenüber der Regierungs- und Op-
positionsbänke im Westminster Parlament. Das schottische Parlament erhielt
starke Ausschüsse, die auch Gesetzesinitiativrecht wahrnehmen sollten. Durch
Verabredungen bei der Kandidatenaufstellung wurde ein hoher Frauenanteil unter den schottischen Abgeordneten (nicht aber ein bestimmter Anteil
ethnischer Minderheiten) garantiert. Mit Hilfe moderner Kommunikationsmittel sollte der Zugang der schottischen Bevölkerung zum Parlament erleichtert werden. Die neuen Prinzipien des Regierens sollten sein: Machtteilung (zwischen Regierung und Opposition), Rechenschaftslegung (Offenheit), Chancengleichheit (für Frauen) und Teilhabe (Zugänglichkeit). Für
ein abschließendes Urteil über das Gelingen des demokratischen Experi-
ments in Schottland ist es noch zu früh. Zu beobachten ist aber ein fort-
dauernder politisch kultureller Einfluss des Londoner Machtzentrums und

damit eine Tendenz zur Wiederbelebung von Strukturen des Westminster Parlaments und der viel gescholtenen aber die heutige Realität der britischen Politik prägenden Premierministerregierung.

Wales hat bisher keine gesetzgebende Versammlung, auch wenn die Forderung nach einer Gleichbehandlung mit Schottland immer öfter zu hören ist. Die walisische *National Assembly* arbeitet wie eine große Kommunalverwaltung. Sie setzt die britischen Gesetze durch Verordnungen und Verwaltungshandeln um. Aus der Versammlung geht eine Exekutive hervor, die sich als walisische Regierung versteht. Ihr Spielraum hängt stark davon ab, wie konkret die Londoner Gesetzesvorgaben definiert werden.

Der Start der nordirischen Selbstregierung mit zugewiesenen Gesetzgebungsbefugnissen, im Prinzip, wenn auch nicht im gleichen Umfang, wie im schottischen Fall, hängt von der Umsetzung des Karfreitagsabkommens von 1998 ab. Dieses ist geprägt von dem 30-jährigen bewaffneten Konflikt zwischen der katholisch-nationalistischen Bevölkerungsgruppe, die ihre Zukunft in einem vereinigten Irland sieht, und der protestantisch-unionistischen, die sich für den Verbleib Nordirlands im Vereinigten Königreich einsetzt. Die zwischen den nordirischen Konfliktparteien und der britischen und der irischen Regierung vereinbarten institutionellen Regeln der Zusammenarbeit der beiden Bevölkerungsgruppen spiegeln ein tiefes Misstrauen und den Wunsch nach Sicherheit zum Schutz gegen eine mögliche Bedrohung wider.

Die Parlamentsarbeit und die Zusammensetzung der Regierung gemäß dem Karfreitagsabkommen basieren auf dem Prinzip der Machtteilung. An der Regierung sind alle im Parlament (*Stormont*) vertretenen Parteien beteiligt. Abstimmungen sind nur erfolgreich, wenn eine doppelte Mehrheit erzielt wird. Hierfür sind zwei Möglichkeiten vorgesehen: (1) die doppelte Mehrheit bestehend aus der Mehrheit der abstimmenden Abgeordneten und den Mehrheiten in den nationalistischen und unionistischen Lagern; (2) die gewichtete doppelte Mehrheit bestehend aus mindestens 60 Prozent der abstimmenden Abgeordneten und mindestens 40 Prozent der Abgeordneten sowohl des nationalistischen als auch des unionistischen Lagers. Gesetzgebungsvorhaben müssen von Beginn an entsprechend zugeordnet werden. Um diesen Abstimmungsmodus zu ermöglichen, muss jeder Parlamentarier seine Lagerzugehörigkeit selbst benennen.

Zusätzliche Sicherheit für die nordirischen Konfliktparteien sollte deren Einbindung in Ratsformationen geben. Aus nationalistischer Sicht entscheidend ist der irische Nord-Süd-Rat (*North/South Ministerial Council*), der eine Konsultations- und Kooperationsbeziehung zwischen nordirischer und irischer Regierung aufbauen soll. Aus unionistischer Sicht steht dem der Britisch-irische Rat (*British-Irish Council*) gegenüber. Dieser bietet Kooperationsbeziehungen nicht nur mit der britischen und der irischen Regierung, sondern auch mit den Vertretungen der Kanalinseln und der Isle of Man, sowie den durch die Devolutiongesetze entstandenen Institutionen in Schottland und Wales.

VII. Fazit

Über das bevorstehende Ende des Westminster-Regierungsmodells und seine Anpassung an die kontinentaleuropäische Form des Regierens[16] ist in jüngster Zeit immer häufiger nachgedacht worden. Eine genauere Betrachtung des britischen Regierungssystems legt den Schluss nahe, dass sich Elemente der »geschriebenen Verfassung« verstärkt haben, zumindest was Randbereiche der Ausübung politischer Macht betrifft. Diese Veränderungen haben aber die Besonderheiten des britischen Regierungssystems nicht eingeebnet. Das Vereinigte Königreich bleibt unverändert ein relativ einmaliger Fall der kaum eingeschränkten, demokratisch legitimierten Machtausübung des Regierungschefs.

Anmerkungen

1 Vgl. den Beitrag »Vier Nationen im United Kingdom«.
2 Dies betrifft nicht das Amt des Lord Mayor of London, das seit 1191 besteht. Dieser steht der City of London, dem Finanzdistrikt im Herzen der Hauptstadt, vor.
3 Weißbuch der Regierung »Your Region, Your Choice: Revitalising the UK«, 2001.
4 Sir Christopher Foster, British Government in Crisis or the Third English Revolution, Oxford-Portland (Or.) 2005, S. 136.
5 Diese Konvention geht auf eine Entscheidung des Marquess of Salisbury im Jahre 1945 zurück. Als Führer der konservativen Mehrheit im House of Lords wollte er einen Konflikt mit der neuen Labour-Regierung vermeiden, die sich bei ihrer Politik umfassender sozialer und wirtschaftlicher Reformen auf die große Mehrheit berief, die sie in den ersten Unterhauswahlen nach dem Ende des Zweiten Weltkriegs erzielt hatte.
6 Sir Christopher Foster, British Government in Crisis or the Third English Revolution, Oxford-Portland (Or.) 2005, S. 139.
7 Lord Hailsham, The Dilemma of Democracy – Diagnosis and Prescription, London 1978, S. 9.
8 Peter Hennessy, The Blair Style of Government: An Historical Perspective and an Interim Audit, in: Government and Opposition, 33 (1998)1, S. 3–20, hier S. 11.
9 Committee on Standards in Public Life, Ninth Report of the Committee on Standards in Public Life: Defining the Boundaries within the Executive: Ministers, Special Advisers and the permanent Civil Service, London (Cm 5775) 2003, S. 50.

10 Roland Sturm, Tony Blair's Style of Government, in: Bernd Lenz (Hrsg.), New Britain, Passau 2006, S. 25–38.
11 Vernon Bogdanor, Joined-Up Government. Oxford 2005.
12 Stefan Schieren, Die stille Revolution. Der Wandel der britischen Demokratie unter dem Einfluss der europäischen Integration, Darmstadt 2001, S. 282.
13 Benannt nach Lord Sewel einem früheren Minister im Scottish Office.
14 Michael Münter, Verfassungsreform im Einheitsstaat. Die Politik der Dezentralisierung in Großbritannien, Wiesbaden 2005, S. 260.
15 Das ist die so genannte West Lothian-Frage, die der damalige Labour Abgeordnete für West Lothian, Tam Dalyell, schon in den Debatten der Ende der 1970er Jahre gescheiterten Devolution-Politik stellte.
16 Roland Sturm, Großbritannien heute. Ist das Modell der Westminster-Demokratie am Ende?, in: Wolfgang Merkel/Andreas Busch (Hrsg.), Demokratie in Ost und West, Frankfurt a.M. 1999, S. 210–224.

Weiterführende Literatur

Foster, Sir Christopher, British Government in Crisis or the Third English Revolution, Oxford/Portland (Or.) 2005.
Kingdom, John, Government and Politics in Britain. An Introduction, Oxford 2003[3].
Peele, Gillian, Governing the UK, Oxford 2004[4].
Sturm, Roland/Münter, Michael, Das politische System Großbritanniens, Wiesbaden 2007.

Links

www.royal.gov.uk   (Britisches Königshaus)
www.parliament.uk   (Parlament, d.h. Unterhaus und Oberhaus)
www.pm.gov.uk   (Britische Regierung)
www.scottish.parliament.uk   (Schottisches Parlament)
www.scotland.gov.uk   (Schottische Regierung)
www.wales.gov.uk   (Walisische Nationalversammlung & Regierung)
www.niassembly.gov.uk   (Nordirische Versamml.; susp. seit Okt. 2002)
www.northernireland.gov.uk   (Nordirische Regierung; susp. seit Okt. 2002)
www.englandsrdas.com   (Regionale Wirtschaftsagenturen in England)
www.london.gov.uk   (Stadtregierung und Bürgermeister von London)
www.ucl.ac.uk/constitution-unit   (Inform. zum Verfassungswandel allgemein)
www.devolution.ac.uk   (Informationen zur Dezentralisierung)
www.psr.keele.ac.uk/area/uk.htm   (Umfassende Linkliste zur brit. Politik)

Helmut Weber

Recht und Gerichtsbarkeit

I. Einleitung

Im Selbstbild aller Nationen finden sich Facetten, die mit besonderem Stolz betrachtet werden. Mag man sich in Deutschland im Land der Dichter und Denker sehen oder »made in Germany« als Gütesiegel verstehen, mögen die Franzosen das Raffinement ihre Küche oder die Klarheit ihrer Sprache rühmen, so gilt vielen Briten ihr Rechtswesen als herausragend. Dass es »das beste der Welt« sei, ist im öffentlichen Diskurs ein ständig wiederkehrender Topos, und auch die Formulierung von der »Rolls-Royce-Justiz« ist nach wie vor häufig zu finden[1], allenfalls wird gefragt, ob man sie sich überhaupt leisten könne und ob sie jedem Bürger zugänglich sei.

Das ist um so bemerkenswerter, als es *die* britische Justiz gar nicht gibt. Abgesehen von Einzelbereichen wie dem Staatsrecht kennt das Vereinigte Königreich kein gemeinsames Rechtswesen. Vielmehr existieren mehrere eigenständige Rechtsordnungen und Gerichtssysteme: In England und Wales gilt englisches, in Nordirland nordirisches, in Schottland schottisches Recht, und selbst die Kanalinseln und die Insel Man[2] unterhalten eigene Rechtssysteme.

Stehen sich englisches und nordirisches *Common Law* noch recht nahe, so entstammt das schottische Recht einer ganz anderen, römisch und kontinentaleuropäisch geprägten Rechtstradition und unterscheidet sich wesentlich vom englischen. Auf den Kanalinseln gilt je unterschiedliches Feudalrecht fort, und auch Man hat ein Rechtswesen mit eigener Geschichte. Die Rechtsvielfalt ist demnach auf den britischen Inseln weit größer als im föderalen Deutschland.

II. Verfassungsrecht

1. Quellen der Verfassungssätze

Notwendig einheitlich sein muss in einem Zentralstaat allerdings das Staatsorganisationsrecht: die Regeln über die Zusammensetzung des Parlaments, die Bildung der Regierung, das Zustandekommen von Gesetzen. In den meisten Staaten finden sich die Vorschriften darüber und über weitere besonders wichtige Regelungsbereiche wie die Grundrechte und Grundpflichten der Bürger in der jeweiligen Staatsverfassung, etwa in der *Constitution* der Vereinigten Staaten von Amerika (1787) oder im deutschen Grundgesetz (1949). Eine solche, an einem bestimmten historischen Datum erlassene Verfassung existiert im Vereinigten Königreich nicht. Für die dortigen Regelungen zur Staatsorganisation und zum Verhältnis des Staates zu seinen Bürgern gibt es vielmehr ganz unterschiedliche Quellen. Manche der Regelungen finden sich in Einzelgesetzen: u. a. *Magna Carta* (1215), *Bill of Rights* (1689), *Act of Settlement* (1701), *Reform Act* (1832), *Parliament Acts* (1911, 1949). Andere einschlägige Bestimmungen sind Teil des *Common Law*: altüberkommene, von den Gerichten fortentwickelte, aber nicht in Gesetze gefasste Rechtsregeln – dazu gehören etwa die Ausprägungen der *Royal Prerogative* (königliche Vorrechte) wie die Ernennung von Ministern oder die Auflösung des Parlaments. Im Verfassungsrecht verbliebene Lücken werden zum Teil gefüllt durch die *Conventions of the Constitution,* ungeschriebene Grundsätze politischen Charakters, die – anders als die dem *Common Law* entstammenden Regeln – keine Rechtssätze sind, dennoch aber als Teil der Verfassung verstanden werden.

Dies führt zu einem ganz eigentümlichen Ineinandergreifen von Regeln unterschiedlicher Art. Aus den *Parliament Acts* beispielsweise ergibt sich, ob und unter welchen Umständen eine Gesetzesvorlage eine Mehrheit in beiden Häusern des Parlaments finden muss oder ob die Mehrheit allein im Unterhaus genügt; dass das neue Gesetz außerdem der königlichen Zustimmung bedarf, sagt das *Common Law;* dass die Königin diese Zustimmung aber nicht verweigern darf, ist eine *Convention of the Constitution.* Zusammenfassend ist so gesehen also die oft gehörte Aussage richtig, wonach das Vereinigte Königreich zwar kein umfassendes geschriebenes Verfassungsdokument habe, sehr wohl aber eine Verfassung, nämlich eine aus teils geschriebenen, teils ungeschriebenen Einzelregelungen zusammengesetzte, die Letzteren teils mit, teils ohne Rechtscharakter. Daraus ergeben sich spezifisch britische Probleme des Umgangs mit der Verfassung, von denen zwei angesprochen werden sollen.

2. Ungeschriebene Verfassungssätze

Das erste dieser Probleme ist die Feststellung der geltenden ungeschriebenen Verfassungssätze und ihres genauen Inhalts. Bei den dem *Common Law* entstammenden Rechtssätzen ist das gar nicht so schwierig, denn die britischen Gerichte sind geübt darin, mit ungeschriebenem Recht umzugehen und seine präzise Bedeutung herauszuarbeiten. Um so größer ist das Problem bei den Verfassungskonventionen, weil sie keine Rechtssätze und damit den Gerichten im Kern nicht zugänglich sind. Wie unterscheidet man die (verbindlichen) ungeschriebenen Verfassungssätze von den (unverbindlichen) bloßen Traditionen? Was geschieht bei einem Verstoß gegen eine *Convention of the Constitution*? Und wie kann ein solcher Verfassungssatz geändert werden?

Ein Beispiel mag das Problem verdeutlichen: Im 19. Jahrhundert galt es als anerkannter Verfassungssatz, dass Abgeordnete des Unterhauses und Mitglieder des Oberhauses vom Monarchen in das Amt des Premierministers berufen werden durften. Nach Lord Salisbury (bis 1902) entstammten aber alle Premierminister dem Unterhaus. Ist das Zufall? Oder entspricht es einer mittlerweile zwar bewusst eingehaltenen Regel, von der jedoch jederzeit Ausnahmen möglich wären? Oder aber hat sich diese nun schon so lange andauernde Übung irgendwann zwischen 1902 und der Gegenwart zum zwingenden Verfassungssatz des Inhalts verdichtet, dass nur vom Volk gewählte Abgeordnete Premierminister werden können, also nicht mehr, wer kraft adeliger Abkunft oder Erhebung in den Adelsstand im *House of Lords* sitzt? Es gab durchaus Situationen, in denen sich diese Frage stellte. 1940 war für die Nachfolge von Neville Chamberlain als Premierminister nicht nur Winston Churchill (Unterhaus), sondern auch Lord Halifax (Oberhaus) ernsthaft im Gespräch, und Mitte der 1990er Jahre wurde während einer Phase nachlassender Popularität des Premierministers John Major von manchen ein Comeback Margaret Thatchers befürwortet, die seit 1992 als Lady Thatcher dem Oberhauses angehörte.

Die Frage musste nie beantwortet werden, weil die politische Entscheidung letztendlich immer zugunsten der Unterhauspolitiker ausfiel. Wäre aber eine andere Entscheidung möglich gewesen? Was wäre geschehen, wenn Major seinen Rücktritt erklärt, die konservative Parlamentsmehrheit sich für Lady Thatcher ausgesprochen und die Königin diese erneut zur Premierministerin ernannt hätte? Wäre wegen Verstoßes gegen eine Verfassungskonvention ein heftiger Sturm der Empörung ausgebrochen, massive Proteste der Opposition, eine intensive Kampagne der Medien? Dann hätte sich dies zur Verfassungskrise auswachsen können, für die eine politische Lösung hätte gefunden werden müssen, denn eine definitive juristische Lösung scheidet aus: Ein Verfassungsgericht gibt es im Vereinigten Königreich nicht. Wäre umgekehrt eine solche Ernennung ohne große Aufregung hingenommen worden, so hätte man rückblickend gewusst, dass es offenbar doch gar keine neue, solches verbietende Verfassungskonvention gegeben hatte. In gewissem Sinne sind die Verfassungskonventionen also eher deskriptiv denn präskriptiv: In den zweifelhaften Fällen existieren sie, wenn, weil und solange sie eingehalten werden.

3. Verhältnis der Verfassung zum einfachen Recht

Das zweite Problem, das hier angesprochen werden soll, liegt im Verhältnis der Verfassungssätze zum einfachen Recht. Kennzeichnend für Verfassungen ist, dass ihre Bestimmungen nicht so leicht zu ändern sind wie die der einfachen Gesetze und dass sie diesen im Konfliktfall vorgehen. In Deutschland etwa genügt für die Änderung gewöhnlicher Gesetze meist eine einfache Mehrheit im Bundestag. Verfassungsänderungen hingegen bedürfen einer Zweidrittelmehrheit der Mitglieder von Bundestag und Bundesrat. Verstoßen gewöhnliche Gesetze gegen das Grundgesetz, so sind sie nichtig oder das Bundesverfassungsgericht kann sie für nichtig erklären. Versteht man »Verfassung« als höherrangiges Recht mit besonderer Bestandskraft, so mag man durchaus die Ansicht vertreten, dass das Vereinigte Königreich nicht nur keine geschriebene, sondern überhaupt keine Verfassung hat.[3]

Ausgangspunkt des britischen Verfassungsverständnisses ist die *Parliamentary Supremacy* (auch *Parliamentary Sovereignty* genannt): Das Parlament untersteht keiner anderen Instanz. Dies schließt nicht nur einen Verfassungsgeber außerhalb des Parlaments aus, es besagt zugleich, dass sogar das Parlament selbst keine bindenden qualifizierten Mehrheitserfordernisse für die Änderung von Gesetzen (und damit auch von Verfassungsgesetzen) wirksam einführen kann, weil dies die Suprematie der künftigen Parlamente beeinträchtigen würde. Verfassungswidrige Gesetze kann es daher gar nicht geben; jedes neue (mehrheitliche zustande gekommene) Gesetz hätte, selbst wenn man in der Lage wäre, diejenigen Bestimmungen zu benennen, die zusammengenommen die Verfassung bilden, den ihm widersprechenden Teil der alten Verfassung automatisch aufgehoben. Insofern erübrigt sich auch ein Verfassungsgericht: Es könnte, jedenfalls was die Gültigkeit von Gesetzen angeht, allenfalls überprüfen, ob sie wirklich eine parlamentarische Mehrheit erhalten hatten. Man kann daher die Frage nach der britischen Verfassung zugespitzt in einem dritten Sinne beantworten: Es gibt sie, aber sie besteht aus einem einzigen Satz, nämlich dem von der *Parliamentary Supremacy*.

Die Parlamentssuprematie erklärt zugleich die Schwierigkeiten des Vereinigten Königreichs mit der Übertragung legislativer Kompetenzen auf supranationale Einrichtungen wie die der Europäischen Union. Wenn britische Parlamentsgesetze einander widersprechen, gilt, dass im Umfang ihrer Unvereinbarkeit das spätere Gesetz das frühere automatisch aufhebt, auch wenn dies im späteren nicht ausdrücklich angeordnet ist (»*implied repeal*«). So konnte das Parlament des Jahres 1972 ohne weiteres die Beitrittsgesetze zu den Europäischen Gemeinschaften beschließen und damit gewisse Legislativkompetenzen auf die EG übertragen.[4] Nach Gemeinschaftsrecht hatte dies den Effekt, dass im Bereich übertragener Kompetenzen die europäischen Rechtsakte Vorrang vor entgegenstehendem (früheren *oder* späteren) nationalen Recht haben. Das überkommene britische Rechtsverständnis verlangt jedoch, dass das spätere Parlamentsgesetz unvereinbarem früheren Recht immer vorgeht, im Bereich der übertragenen Kompetenzen also auch dem europäischen Recht. Die britischen Gerichte haben pragmatische, im Ergebnis europafreundliche Lösungen für den »Alltagsbetrieb« gefunden[5] – logisch und methodisch ist der Widerspruch keineswegs gelöst. Es bedeutet, dass im Falle eines neuen britischen Gesetzes, das explizit und mit erkennbarem parlamentarischen Willen gegen EU-Recht verstößt, die Gerichte wohl das nationale Gesetz anwenden würden: *Parliamentary Supremacy.*

4. Grundrechte. Die Verfassung und ihre Hüter

Ein ähnliches Problem stellt sich im Hinblick auf die Grundrechte. Eine *Bill of Rights* im Sinne eines modernen gesetzlichen Grundrechtskataloges gibt es nicht. Selbst wenn ein solcher eingeführt würde, böte er für den Bürger dem Parlament gegenüber nicht ohne weiteres auch erhöhten Rechtsschutz, denn jedes spätere, mit einfacher Mehrheit erlassene dagegen verstoßende Gesetz wäre ja nicht etwa »verfassungswidrig«, sondern würde – »*implied repeal*« – das (ältere) Grundrecht insoweit automatisch einschränken.

Dennoch hätte ein Grundrechtskatalog mindestens den Vorteil, öffentlich deutlich zu machen, welches die Grundrechte sind und wie weit sie reichen. Ein Eingriff wäre dem Gesetzgeber dann zwar nicht rechtlich verwehrt, wohl aber tatsächlich erschwert, weil Presse und Öffentlichkeit über die Grundrechte wachen und gegen grundrechtswidrige Gesetze streiten könnten, nicht mit rechtlicher, aber mit politischer Wirkung. Und in der Tat ist das der britische Weg, die Verfassung zu hüten.[6] Was hindert heute eine Regierungspartei daran, z.B. die Legislaturperiode des Unterhauses und damit die eigene Regierungsdauer einfach per Gesetz zu verlängern? Ein qualifiziertes Mehrheitserfordernis zur Verfassungsänderung existiert nicht; die einfache Mehrheit würde genügen.[7] Ein Verfassungsgericht, das ein solches Gesetz für nichtig erklären könnte, existiert ebenfalls nicht. Es ist allein die allgemeine Vorstellung, dass die Öffentlichkeit derartige politische Selbstbedienung nicht dulden würde, was dagegen steht. Umgekehrt bedeutet dies, dass bei entsprechendem nationalen Konsens auch solche Maßnahmen möglich sind: So wurden während beider Weltkriege die Legislaturperioden tatsächlich bis nach dem Kriegsende verlängert. In dieser Weise hat sich die britische Politik die Möglichkeit pragmatischen Handelns ohne zu starke Bindung an feste Rechtsregeln bewahrt. Die Gefahr liegt allerdings darin, dass öffentliche Meinung und nationaler Konsens sich radikalisieren und totalisieren können (auch die britische Geschichte kennt Beispiele dafür) und als Kontrollinstanzen ausfallen, insbesondere wenn es um den Schutz von Personen oder Gruppen geht, die an diesem Konsens nicht teilhaben. Von daher spricht sicher viel für die Schaffung eines britischen Grundrechtsgesetzes.

Ein bemerkenswerter Schritt in diese Richtung ist der *Human Rights Act* von 1998. Obwohl das Vereinigte Königreich an der Schaffung der Europäischen Menschenrechtskonvention von 1950 maßgeblich beteiligt gewesen war, hatte es sie nie in internes Recht umgesetzt. Dies ist erst durch den *Human Rights Act* geschehen, allerdings in eigentümlicher Weise. Britische Gerichte dürfen die Konvention nun berücksichtigen und müssen nationale Gesetze nach Möglichkeit so auslegen, dass sie mit der Konvention vereinbar sind. Gelingt dies jedoch nicht, hat das Gericht keine Kompetenz, das Gesetz zu verwerfen oder außer Anwendung zu lassen. Es kann dann nur die Unvereinbarkeit förmlich feststellen, als Einladung an das Parlament, das nationale Gesetz an die Konvention anzupassen, wofür auch ein neues beschleunigtes Verfahren geschaffen wurde. Unterlässt das Parlament aber die Anpassung, bleibt das konventionswidrige nationale Gesetz verbindlich.

5. Die Teile des Vereinigten Königreiches. »Devolution«

Verfassungsrechtlichen Charakter haben schließlich auch die Rechtsvorschriften, die das Vereinigte Königreich und seine Teile bestimmen. Anders als im Fußball, wo die vier »Nationalmannschaften« von England, Schottland, Wales und Nordirland gleichstufig nebeneinander stehen, sind die staatsrechtlichen Verhältnisse komplizierter: Wales wurde von England schon im 13. Jahrhundert gewaltsam annektiert und im 16. Jahrhundert rechtlich integriert. Die Union Englands mit Schottland (unter Schaffung von Großbritannien) erfolgte 1707 auf der Grundlage eines von den Parlamenten beider Länder ratifizierten Staatsvertrages (*Treaty of Union*). Mit dem schon lange beherrschten, aber formal separaten Königreich Irland (seit 1921 nur noch Nordirland) bildete Großbritannien ab 1801 das Vereinigte Königreich. Ergebnis war ein Zentralstaat mit Regierung und Parlament in London ohne jegliche Zwischenstufe (außer zeitweise für Nordirland) vor der kommunalen Ebene.

Als Teil der Verfassungsreformen seit 1997[8] wurden nun in Schottland und Nordirland wieder Parlamente eingeführt; Wales erhielt eine Nationalversammlung.[9] In der deutschen Presse ist gelegentlich von einer Föderalisierung des Vereinigten Königreiches gesprochen worden. Das ist ein Missverständnis. Kennzeichnend für föderale Systeme ist, dass sich Staaten (Virginia, Maryland; Bayern, Sachsen) unter Beibehaltung ihrer Staatlichkeit eine Überstruktur geben, durch Bildung eines zusätzlichen, übergeordneten Bundesstaates (Föderation). Im Vereinigten Königreich ist es genau umgekehrt. Der dort verwendete Begriff »*Devolution*« (devolvere = hinabrollen) drückt es schon aus: Der Zentralstaat hat einige seiner Kompetenzen zur Ausübung nach unten verlagert. Das Maß dieser verlagerten Kompetenzen ist dabei ganz unterschiedlich: Das neue Parlament in Edinburgh hat ziemlich viele bekommen (mehr als ein deutsches Bundesland), die walisische *Assembly* in Cardiff ziemlich wenige, und ein englisches Regionalparlament ist erst gar nicht eingeführt worden. Entstanden ist also ein gestuftes, manche sprechen von einem asymmetrischen oder auch hinkenden System der Kompetenzverteilung. Und während es nach dem deutschen Grundgesetz unmöglich wäre, ein Bundesland durch einfaches Bundesgesetz aufzulösen und Landesregierung und Landesparlament abzuschaffen, könnte das britische Parlament die regionalen Institutionen, so wie es sie geschaffen hat, auch wieder suspendieren oder beseitigen – rechtlich gesehen. Die *Devolution* war eine politische Entscheidung, und ihr Fortbestand wird von ihrer anhaltenden politischen Unterstützung abhängen. Genau aus diesem Grunde gibt es kein englisches Regionalparlament: Der politische Druck dafür ist in England nicht groß genug.

III. Das englische »*Common Law*«

1. Überblick

»*Common Law*« steht oft für das englische Recht – nur von diesem ist im Folgenden die Rede – in seiner Gesamtheit. Mit dem Begriff verbindet sich dann die Vorstellung von einem Fallrechtssystem, geschaffen und ständig weiter entwickelt von den Anwälten und Richtern an den königlichen Gerichten in London, einem Gerichtswesen mit einer wichtigen Rolle für Laienrichter und Geschworene und einer Ausgestaltung aller Prozesse, auch der Strafprozesse, als Parteienprozess in der Form eines nach strengen Regeln ablaufenden juristischen Zweikampfes der Anwälte.

Hinzu kommt die Vorstellung vom englischen Recht als Mutterrecht der anglo-amerikanischen Rechtsfamilie, einer Gruppe miteinander in unterschiedlichem Grade verwandter Rechtsordnungen; zu diesen gehören das US-amerikanische Recht (mit Einschränkungen in Louisiana), das kanadische (außer Quebec), das australische und das neuseeländische Recht, ferner die Rechte einer Reihe weiterer Länder, die einst dem britischen Weltreich angehörten. Dieser *Common-Law*-Rechtsfamilie wird dann, in England oft *Civil Law* genannt, die kontinentaleuropäische Rechtsfamilie (einschließlich der meisten Rechtsordnungen der lateinamerikanischen und frankophonen Staaten) gegenübergestellt, die stärker im römischen Recht verwurzelt ist.[10]

2. Der Begriff »Common Law«

Vom Wortsinn her bedeutet *Common Law* soviel wie gemeinsames Recht; es bezeichnete ursprünglich den zunächst schmalen Bereich neuer, von den normannischen Herrschern eingeführter Rechtsregeln, die für das ganze Land galten und für die die königlichen Gerichte zuständig waren, im Gegensatz zu lokalen altüberkommenen Rechtsregeln, hinsichtlich derer nur örtliche Gerichte angerufen werden konnten. In ähnlicher Weise drückt der Begriff *Common Law* zugleich auch den Gegensatz des allgemeinen Rechts zu besonderen Rechtskörpern wie denen des Kirchenrechts oder des Rechts der internationalen Kaufleute (etwa bei Geschäften mit der Hanse) aus. Im Lauf der Zeit wurde der Umfang des für ganz England und alle Engländer geltenden Rechtes immer größer; heute ist, in diesem Sinne, nahezu das ganze englische Recht *Common Law*.

Allerdings hat der Begriff daneben eine weitere Bedeutung erlangt. Ähnlich wie das Verfassungsrecht besteht auch das einfache Recht Englands nicht nur aus Parlamentsgesetzen, sondern in zentralen Bereichen aus ungeschriebenen, traditionellen Rechtsregeln. Anders als beim Verfassungsrecht, dem ja kein Verfassungsgericht zur Seite steht, haben aber beim einfachen Recht die Gerichte des Landes durch ihre Rechtsprechung diese Rechtsregeln präzise ausgeformt und entwickeln sie in ihren Urteilen laufend weiter. *Common Law* steht hier für das von den Gerichten ausgebildete Recht im Gegensatz zum *Statutory Law*, dem Gesetzesrecht des Parlaments.[11]

3. Merkmale des englischen Rechts- und Gerichtswesens

Fallrechtssystem und unkodifiziertes Recht

Wenn das englische Recht ein Fallrechtssystem genannt wird, sind dabei zwei Aspekte zu unterscheiden. Vordergründig geht es darum, dass das englische *Common Law* nicht kodifiziert, dass heißt nicht in umfassenden Gesetzbüchern wie etwa im deutschen Bürgerlichen Gesetzbuch (BGB) enthalten ist. Kennzeichnend für die kontinentaleuropäische Rechtsentwicklung war der Erfolg des aus der Ideenwelt der Aufklärung stammenden Kodifikationsgedankens: Das Recht eines Landes sollte in rationaler Weise erneuert und in umfassenden systematischen Gesetzbüchern in der Landessprache jedem Bürger verfügbar sein. Vor diesem Hintergrund entstanden die großen europäische Kodifikationen wie der französische *Code civil* oder das deutsche BGB. Lediglich auf den Britischen Inseln hat sich der Kodifikationsgedanke nicht durchgesetzt. Anstelle eines Neuanfanges auf breiter Front zu einem bestimmten Datum wurde das Recht punktuell und Schritt für Schritt fortentwickelt. Hier spiegelt sich auf dem Gebiet des Rechts die politische und gesellschaftliche Entwicklung wider: So wie – mit Ausnahme der Cromwell-Zeit im 17. Jahrhundert – die englische Geschichte keine echten Revolutionen und abrupten gesellschaftlichen Umbrüche kennt, ist auch dem englischen Recht eine erstaunliche Kontinuität eigen. Dies kann heute noch gelegentlich zur Anwendung jahrhundertealter Rechtssätze führen.

Die englischen Rechtssätze entstammen zum einen der Spruchpraxis der Gerichte. Schon seit dem 13. Jahrhundert wurden wichtige Gerichtsentscheidungen aufgezeichnet. Bis heute ist das präzise und ausführliche englische Aufzeichnungs- und Veröffentlichungswesen auf dem Kontinent unerreicht. Zweite Quelle des englischen Rechts sind die Parlamentsgesetze. Die Feststellung, dass es in England keine Gesetzbücher im Sinne umfassender Kodifikationen gibt, darf nicht zu dem Fehlschluss verleiten, das englische Gesetzesrecht sei unbedeutend. So wie die kontinentalen Parlamente trotz der in ihren Ländern bestehenden Gesetzbücher ständig neue Gesetze zu Einzelpunkten produzieren (Ladenöffnung, Feinstaub, Dosenpfand), so hat auch der britische Gesetzgeber im Laufe der Zeit eine Fülle von Einzelgesetzen hervorgebracht; die Sammlung der allein für England gegenwärtig gültigen Vorschriften umfasst rund fünfzig dicke Folianten.[12]

Induktives Denken und *Precedents*

Die Beobachtung, dass die Zahl der Gesetze in den *Common-Law*-Rechtsordnungen zunimmt, während umgekehrt in den kontinentaleuropäischen Ländern mit dem langsamen Altern ihrer Kodifikationen die Bedeutung der (lückenfüllenden und rechtsfortbildenden) Rechtsprechung der Gerichte wächst, hat bei manchen zur Ansicht geführt, hier könne man einen Prozess der Konvergenz der beiden großen Rechtsfamilien mitverfolgen, beide stünden sich heute schon sehr nahe, die Unterschiede seien kaum noch bedeutsam.

Bei einer solchen Betrachtungsweise kommt allerdings der zweite Aspekt des Begriffes »Fallrechtssystem« zu kurz, nämlich die von Fällen ausgehende spezifische Denk- und Argumentationsweise der *Common-Law*-Juristen. Das Denken kontinentaleuropäischer Juristen verläuft deduktiv, von der abstrakten Regel zum konkreten Fall. Im Vordergrund steht ein (meist dem Gesetz entnommener) allgemeiner Rechtssatz, von dem ausgehend der zu beurteilende Sachverhalt bewertet wird. Bei den *Common-Law*-Juristen ist die Denkweise historisch, empirisch und induktiv; die Argumentation beginnt und endet bei den konkreten, in der Vergangenheit entschiedenen, in den tragenden Entscheidungsgründen bindenden Einzelfällen, den *Precedents*. Arbeitsmethode ist der Vergleich des aktuellen Falles mit den Präzedenzfällen. Ziel ist die Feststellung einer in den wesentlichen Punkten möglichst weitgehenden Übereinstimmung. Für den Gegenanwalt ist es das Ziel, maßgebliche Unterschiede herauszuarbeiten (das so genannte *Distinguishing*). Das Abstrahieren allgemeiner Rechtssätze aus der Summe der Präzedenzfälle dient in England eher didaktischen Zwecken in Lehrbüchern als praktischer Rechtsanwendung.

Das Denken von den Präzedenzfällen her findet bei den *Common-Law*-Juristen sogar dort statt, wo es sich um die Anwendung von Gesetzen handelt. So enthielt das Gesetz über den Warenkauf von 1893[13] in *Section 19* von Anfang an die Möglichkeit eines Eigentumsvorbehalts für den Verkäufer. Davon wurde in England zunächst wenig Gebrauch gemacht. Die erste wichtige Gerichtsentscheidung dazu stammt aus dem Jahre 1976 und betraf eine Vertragsklausel eines Unternehmens namens *Romalpa Aluminium Ltd.* Mittlerweile ist der Eigentumsvorbehalt auch in England gebräuchlicher geworden. Die Juristen beziehen sich nun aber meist gar nicht auf den Gesetzesparagraphen, sondern sprechen von einer *Romalpa*-Klausel und zitieren die Gerichtsentscheidung[14] von 1976: Englischen Juristen ist das bloße Gesetz zu wenig – für sie wird es erst richtig handhabbar durch Gerichtsentscheidungen, die ihm Anschaulichkeit verleihen und die vertraute Arbeit mit Präzedenzfällen ermöglichen. Umgekehrt sind deutsche Juristen bemüht, selbst Rechtssätze, die der gerichtlichen Spruchpraxis entstammen, ins gesetzliche Gefüge so einzubetten, dass man sie als Anwendung des Gesetzes verstehen kann. Ein »Allgemeines Persönlichkeitsrecht« zum Beispiel ist im BGB von 1896 nicht vorgesehen, wurde aber seit den 1950er Jahren von den Gerichten entwickelt. Die deutschen Juristen beziehen sich nun aber bei der Rechtsanwendung nicht in erster Linie auf diese Gerichtsentscheidungen; sie sind erst zufrieden, wenn sie das »Allgemeine Persönlichkeitsrecht« als Fall eines »sonstigen Rechts« im Sinne der Schadenersatzvorschrift des § 823 BGB verstehen und somit von einem Gesetzesparagraphen ausgehen können – auch wenn in diesem von einem Allgemeinen Persönlichkeitsrecht zumindest ausdrücklich gar nicht die Rede ist.[15] Die deutschen Juristen haben also beim Persönlichkeitsrecht Gerichtsentscheidungen in eine Gesetzesstelle verwandelt, die englischen Juristen beim Eigentumsvorbehalt eine Gesetzesstelle in eine Gerichtsentscheidung – die Konvergenz der Denkweisen hat noch ein Stück Weges vor sich.

Die Rollen der Anwälte und die Berufsrichter

In den kontinentaleuropäischen Ländern ist die Rechtskultur seit der Wiederentdeckung des römischen Rechts im Mittelalter durch die wissenschaftliche Durchdringung an den Universitäten geprägt: Im Zentrum steht der Rechtsprofessor; die Anwälte und Richter lernen ihr Fach als Studenten an den Rechtsfakultäten. In England hingegen wird das Recht des Landes erst seit dem 19. Jahrhundert an den Universitäten gelehrt. Vorher lag die Juristenausbildung ganz in den Händen der Rechtsanwälte, und sie war nicht akademisch ausgerichtet, sondern praktisch: Sie führte etwa über eine Anwaltslehre und Prüfungen bei den gildeartigen *Inns of Court* zum Beruf des Prozessanwalts *(Barristers)* – auch heute noch ist ein Jurastudium an der Universität dafür, wenn auch üblich geworden, nicht zwingend erforderlich.

Die englische Anwaltschaft ist zweigeteilt. Etwa 10 Prozent der rund 100 000 Anwälte sind Prozessanwälte, alle anderen sind Allgemeinanwälte: *Solicitors.* Die traditionelle Aufgabenteilung zwischen *Barristers* und *Solicitors* wird oft mit dem Verhältnis von Facharzt zu Hausarzt verglichen. Bei Gesundheitsproblemen geht man zum Hausarzt. Dieser wird durch Rat, Medikamente oder in anderer Weise meist helfen können. Manchmal genügt dies aber nicht, eine Operation ist erforderlich. Dann wird ein Chirurg als Facharzt herangezogen. In ähnlicher Weise ist der *Barrister* der Fachanwalt für Prozessführung. Der *Solicitor* ist die erste Anlaufstelle bei Rechtsproblemen. Er berät, nimmt notarielle Funktionen wahr, verhandelt mit Versicherungen oder Behörden, bereitet einen etwaigen Gerichtsprozess vor. Kommt es aber zu einem solchen, so tritt der *Barrister* hinzu. Früher war seine Beiziehung vor höheren Gerichten zwingend; der *Solicitor* wurde dort gar nicht gehört. Seit einigen Jahren können auch *Solicitors* das *Right of Audience* erwerben. Auf die Praxis hat sich diese wie auch weitere Liberalisierungsmaßnahmen seit 1990[16] erst in begrenztem Maße ausgewirkt.

Die *Barristers* praktizieren meist als selbständige, in Bürogemeinschaften *(Chambers)* organisierte Einzelanwälte, zwei Drittel von ihnen in London. Innerhalb ihres Berufsstandes gibt es eine weitere Unterteilung: Alle beginnen als gewöhnliche *Barristers* und die meisten bleiben dies, trotz der

Bezeichnung als *Junior Counsel,* ihr Leben lang. Einige besonders angesehene unter ihnen – rund zehn Prozent von allen – werden jedoch zu Kronanwälten berufen (*Queen's Counsel* oder *Senior Counsel*). Ein solcher *Q. C.* (oder *Silk,* nach der seidenen Robe des Kronanwalts) trat früher nicht allein auf, sondern brachte noch einen *Junior Counsel* zur Unterstützung mit. Seit 1977 ist dies nicht mehr zwingend erforderlich, wird aber häufig weiterhin so gehandhabt. Bei einem Prozess vor einem höheren Gericht sind auf jeder Seite also meist zwei und zuweilen drei Anwälte beteiligt (ein *Solicitor* und ein oder zwei *Barristers*). Dies verteuert die Prozessführung erheblich und ist einer der Gründe dafür, dass in England weniger prozessiert wird als in Deutschland. (Weitere Gründe sind u. a.: höhere Anwaltshonorare, keine volle Überwälzung der Prozesskosten auf den Verlierer, stark begrenzte Prozesskostenhilfe, geringe Verbreitung von Rechtsschutzversicherungen, Rechtsberatung durch ein Netz von Verbänden wie den *Citizens' Advice Bureaux*.) Die *Solicitors* können als Einzelanwälte praktizieren, die meisten gehören jedoch als Partner oder als Angestellte so genannten *Law Firms* an, gesellschaftsrechtlich organisierten Kanzleien, einige davon mit Hunderten von Anwälten.

Die Richter an den höheren Gerichten in England schlagen diesen Beruf nicht gleich nach ihrer Ausbildung ein, sondern werden aus den Reihen erfahrener Anwälte ins Richteramt berufen. Früher waren es nur die *Barristers*, die dafür in Betracht kamen, mittlerweile gibt es aber auch einige Richter aus den Reihen der *Solicitors*. Mit der Ernennung als Richter am *High Court* geht in der Regel die Erhebung in den Ritterstand[17] einher. Höhere Gerichte sind der *High Court,* der *Crown Court* und der *Court of Appeal,* alle mit Sitz in London, aber mit Gerichtstagen auch an anderen Orten. Der *High Court*[18] ist das zentrale Eingangsgericht für größere Zivilrechtsstreitigkeiten, der *Crown Court* (in der Londoner City als *Central Criminal Court* im »*Old Bailey*«) entsprechend für größere Strafsachen. Für beide ist der *Court of Appeal* die zweite Instanz. Als höchste Instanz kann das *House of Lords* angerufen werden, das also nicht nur die zweite Parlamentskammer ist, sondern auch als oberstes Gericht fungiert. Allerdings sitzt nicht das Plenum des Hauses zu Gericht, sondern sein Rechtsprechungsausschuss (das *Appellate Committee*). Diesem gehören nicht irgendwelche Erbadligen an, sondern hochqualifizierte Richter, die eigens geadelt[19] und als »*Law Lords*« in das *House of Lords* berufen werden. Dies ist ein Beispiel für das englische Talent, Erfordernissen der Zeit (Rechtsprechung als Dritte Gewalt durch qualifizierte unabhängige Richter) nicht durch Abschaffung der alten Strukturen (Parlament als Gerichtshof) Rechnung zu tragen, sondern durch Anpassung innerhalb des überkommenen Rahmens, ohne Bruch mit der Ver-

175

gangenheit. Dabei bleibt die Form gewahrt: Technisch gesehen handelt es sich bei den Entscheidungen der Richter des *House of Lords* nicht um Urteile, sondern um Ausschussempfehlungen, und die Richter tragen nicht Robe und Perücke – es tagt ja »eigentlich« kein Gericht, sondern es findet eine parlamentarische Ausschusssitzung statt. Nach rund anderthalb Jahrhunderten dieses Arrangements wird nun aber die Schaffung eines vom *House of Lords* getrennten *Supreme Courts*[20] für das Vereinigte Königreich geplant, der die Aufgaben des *Appellate Committees* übernehmen soll.

Berufsrichter werden nicht nur an den höheren Gerichten eingesetzt, sondern – neben Teilzeitkräften und Laien – auch an den unteren. Dennoch ist ihre Gesamtzahl, wenn auch in den letzten Jahren deutlich angestiegen, immer noch erstaunlich gering. Sie geht in England (mit Wales) mittlerweile auf die 1 400 zu, liegt in Deutschland aber bei rund 21 000. Unter Berücksichtigung der Bevölkerungszahlen benötigt Deutschland also etwa zehn Mal so viele Richter wie England.

Geschworene, Friedensrichter, *Recorders*

Ein Grund für die geringere Zahl an Berufsrichtern ist, dass in England weniger prozessiert wird. Der Hauptgrund liegt aber darin, dass erhebliche Teile der Rechtspflege Laien und nebenamtlich tätigen Juristen anvertraut ist. Mit den Laien sind allerdings erst in zweiter Linie die Geschworenen gemeint, die als *Jury* am *Crown Court* darüber befinden, ob der Angeklagte die Tat begangen hat. Anders als deutsche Schöffen entscheiden die englischen Geschworenen also nicht auch über Rechtsfragen, sondern nur über Tatsachen, dies aber in alleiniger Zuständigkeit; Aufgabe des Richters ist es, über die Einhaltung der Prozessregeln zu wachen und im Falle eines Schuldspruchs durch die *Jury* die Höhe der Strafe zu bestimmen. Anders auch als die nach einem besonderen Verfahren ausgewählten deutschen Schöffen stellen die englischen Geschworenen einen Querschnitt der Bevölkerung dar; sie werden aus den Personen in den Wählerlisten ausgelost. Der Anteil der Geschworenenprozesse ist jedoch gering. In Zivilsachen kommen Geschworenengerichte nur noch ganz ausnahmsweise vor, und auch in Strafsachen sind sie lediglich im Bereich der Schwerkriminalität zwingend. Im Bereich der mittleren Kriminalität sind sie möglich; es gibt jedoch – heftig umstrittene – Pläne, hier künftig restriktiver zu verfahren.

In erster Linie wirkt sich das Laienelement jedoch bei den rund 500 *Magistrates' Courts* aus. Für den gesamten Bereich der Kleinkriminalität (nicht nur der Bagatellkriminalität, sondern mit einem Strafrahmen bis zu sechs Monaten Freiheitsstrafe) sind nicht die Richter des *Crown Courts* zuständig, sondern Friedensrichter (*Justices of the Peace*). Neben etwa 130 *District*

Judges (Berufsrichtern) sind dies örtliche Honoratioren, die ehrenamtlich Recht sprechen, im ganzen Land an die 30 000 Personen. 97 Prozent aller Strafsachen werden vor diesen Magistratsgerichten angeklagt, nur 3 Prozent beim *Crown Court*.

In anderen als Strafsachen haben die *Magistrates' Courts* nur beschränkte Zuständigkeiten, aber auch an den rund 300 *County Courts*, den Eingangsgerichten für die meisten Zivilfälle, liegt die Rechtsprechung nicht nur in den Händen von Berufsrichtern. Zwar gibt es an den *County Courts* keine Laienbeteiligung, wohl aber die ausgewählter Rechtsanwälte, die tageweise als *Recorders*[21] einen erheblichen Anteil der Fälle entscheiden. Die *County Courts* sind – im Verhältnis zum *High Court* – zuständig für die Fälle mit geringerem Streitwert. Dies erinnert an das Nebeneinander von Amtsgericht und Landgericht in Deutschland. Während die Streitwertgrenze zwischen diesen jedoch bei 5 000 Euro liegt, ist sie in England sehr viel höher angesiedelt, nämlich (mit zusätzlichen Kriterien wie Bedeutung und Schwierigkeit der Sache) in einem Band konkurrierender Zuständigkeit zwischen 25 000 und 50 000 Pfund; das heißt, erst bei (derzeit) etwa 75 000 Euro beginnt die alleinige Zuständigkeit des *High Courts*.

Qualität der Justiz, Reformen

Aus alledem ergibt sich ein zwiespältiges Bild. Auf der einen Seite steht – insbesondere an den höheren Gerichten – eine Berufsjustiz von international anerkannter hoher Qualität. Dieser Standard wird erreicht durch ein System, das mit verhältnismäßig wenigen sehr gut bezahlten[22] und hohes Sozialprestige genießenden Richtern auskommt und daher die besten Juristen dafür auswählen kann. Des Weiteren trägt dazu die exzellente Fallaufbereitung durch zwei oder gar drei Anwälte auf jeder Seite bei. Erkauft wird dies mit einem erschwerten Zugang zur Berufsjustiz. Viele Rechtssachen sind der Laiengerichtsbarkeit übertragen. Prozesse sind teuer. Prozesskostenhilfe *(Legal Aid)* existiert, steht aber jedenfalls in Zivilsachen nur in sehr beschränktem Maße zur Verfügung. Auch der Kreis dessen, was überhaupt justiziabel ist, ist enger als in Deutschland. So fehlt nicht nur eine Verfassungsgerichtsbarkeit, sondern auch eine voll ausgebaute unabhängige Verwaltungsgerichtsbarkeit.[23] Das Prinzip des gesetzlichen Richters im Sinne einer nach objektiven Kriterien eindeutigen Zuordnungsmethode von Fall und Richter ist unbekannt, was eine flexible Ausschöpfung richterlicher Ressourcen, aber auch subtile Einflussnahme erlaubt. Und selbst im Bereich der Berufsjustiz ist die Kritik am Rechtssystem gewachsen, vor allem im Bereich des Strafrechts; sie bezieht sich u. a. auf die unzureichende Überprüfbarkeit von Tatsachenentscheidungen der Geschworenen.[24]

So sind weitere Reformen in der Diskussion, darunter die Liberalisierung des Anwaltswesens, die Öffnung der Richterrekrutierung und Verbesserungen bei der Prozesskostenhilfe. Nicht gerüttelt werden soll allerdings am grundsätzlichen Laienelement in der Gerichtsbarkeit. Das hat zum einen finanzielle Gründe (für die Friedensrichter fallen meist nur Aufwandsentschädigungen an, keine Gehälter und Pensionen[25]). Dahinter steht aber auch der Demokratiegedanke mit dem Wunsch nach unmittelbarer Beteiligung des Volkes an der dritten Gewalt im Staat.

IV. Unterschiede in den Rechtskulturen

Angesichts sehr ähnlicher gesellschaftlicher Werte und Lebensverhältnisse gehen wir im westlichen Europa gerne davon aus, dass auch die Rechtsverhältnisse fast gleich sind und sich allenfalls in Nuancen wie beim Ladenschluss oder der Höchstgeschwindigkeit auf Autobahnen unterscheiden. Wenn dies überwiegend auch zutrifft, so gibt es doch gerade zum Vereinigten Königreich aus deutscher Sicht bemerkenswerte Unterschiede:

– In der deutschen Diskussion ist die Videoüberwachung öffentlicher Plätze zur Verbrechensbekämpfung höchst kontrovers, während niemand sich an der Melde- oder Personalausweispflicht stört. In England ist genau umgekehrt die viel weiter gehende Videoüberwachung fast unstreitig, während Pläne zur Einführung von Personalausweisen als Bedrohung des liberalen Staatswesens heftig bekämpft werden.

– Forderungen nach Senkung der Strafmündigkeitsgrenze von vierzehn Jahren angesichts dreizehnjähriger Serienstraftäter werden von deutschen Politikern als nahezu indiskutabel sogleich verworfen. In England beginnt die Strafmündigkeit mit zehn Jahren, in Schottland mit acht Jahren.

– Bei der Zahl der Strafgefangenen liegen im weltweiten Maßstab betrachtet (an der Spitze: die USA und Russland mit über 700 bzw. rund 530 pro 100 000 Einwohnern) die Länder der Europäischen Union mit Ausnahme einiger der neuaufgenommenen osteuropäischen Staaten im unteren Mittelfeld. Innerhalb dieser Spannbreite allerdings liegt das Vereinigte Königreich mit etwa 140 um fast die Hälfte höher als Deutschland mit etwa 95.[26]

– Der Wahlrechtsverlust ist in Deutschland eine seltene Nebenfolge bei Verurteilungen wegen bestimmter Straftaten wie etwa Wahlfälschung. Im Vereinigten Königreich kann generell nicht wählen, wer eine Freiheitsstrafe im Gefängnis verbüßt, gleichgültig wegen welcher Straftat.

– In Deutschland besteht bei vielen Gerichtsverfahren Anwaltspflicht, im Zivilprozess vom Landgericht an aufwärts ausnahmslos. In England gibt es vor keinem Gericht eine Anwaltspflicht; selbst vor dem *House of Lords* kann man ohne Anwalt prozessieren.

An den Rechtsordnungen des Vereinigten Königreiches insgesamt fällt auf, dass sie trotz auch dort wuchernder Neuproduktion von Gesetzen vergleichsweise schlank sind. Es gibt ganze in Deutschland bis ins kleinste Detail geregelte Lebensbereiche, die dort nicht etwa besser geregelt sind, sondern gar nicht. Ein Beispiel dieser britischen Tradition ist das Namensrecht: Es gibt im Vereinigten Königreich (fast) kein Namensrecht. Namensgebung und Namensführung – Vorname wie Nachname – sind Privatangelegenheit, der Staat mischt sich so wenig ein wie in die Kleidung oder die Haartracht einer Person. Und trotzdem sind die Inseln noch nicht im Chaos versunken ...

Anmerkungen

1 Z.B. Brian Reade, Daily Mirror, 24.3.2005; Martin Partington, Introduction to the English Legal System, 2. Aufl., Oxford 2003, S. 157.

2 Diese Inseln sind allerdings nicht Teil des Vereinigten Königreiches, sondern mit der Krone unmittelbar verbundene Gebiete.

3 Vereinzelt vertreten auch britische Autoren diese Ansicht, z.B. Frederick Ridley, There is no British Constitution: A Dangerous Case of the Emperor's Clothes, Parliamentary Affairs, 41(1988), S. 340 ff.

4 *European Communities Act* 1972 c. 68.

5 Insbesondere mit der Reihe der *Factortame*-Entscheidungen, vor allem: *R. v. Secretary of State for Transport, ex parte Factortame (No. 2)* [1991] A.C. 603.

6 Mehr hierzu siehe Helmut Weber, Wer hütet die Verfassung?, in: Gert-Joachim Glaeßner/Werner Reutter/Charlie Jefferey (Hrsg.), Verfassungspolitik und Verfassungswandel, Wiesbaden 2001, S. 89 ff.

7 Die erforderliche Zustimmung des Oberhauses könnte hierfür allerdings nicht nach dem Verfahren der *Parliament Acts* im Unterhaus ersetzt werden: *Parliament Act* 1911 s. 2.

8 Zu diesen siehe Helmut Weber, Aktuelle Prozessrechtsreformen in England, in: ZZPInt – Zeitschrift für Zivilprozess International, 5 (2000), S. 59 ff.

9 *Scotland Act* c. 46, *Government of Wales Act* c. 38, *Northern Ireland Act* c. 47; alle 1998.

10 Zu den Unterschieden siehe Helmut Weber, Entwicklungspfade europäischer Rechtstraditionen, in: Dieter Holtmann/Peter Riemer (Hrsg.), Europa: Einheit und Vielfalt, Münster 2001, S. 237 ff.

11 Ausführlicher siehe Helmut Weber, Common Law, in: Ergänzbares Lexikon des Rechts, Rechtsgeschichte, Neuwied 1981 ff, 1/270.

12 Halsbury's Statutes of England, 4. Aufl., London 1985 ff.

13 *Sale of Goods Act* 1893 c. 71.

14 *Aluminium Industrie Vaassen BV v. Romalpa Aluminium Ltd.* [1976] 2 All ER 552.

15 Ausführlicher siehe H. Weber (Anm. 10).
16 U.A.: *Courts and Legal Services Act* 1990 c. 41, *Access to Justice Act* 1999 c. 22.
17 Männer: *Knight Bachelor,* Frauen: *Dame Commander of the British Empire.* Es handelt sich um einen nicht vererblichen Status niederen Adels.
18 *High Court of Justice in England and Wales.*
19 Ihr Rang entspricht dem eines *Barons,* der untersten Stufe des Hochadels, ist aber nicht vererblich.
20 Bisher wird »*Supreme Court*« als Kollektivbegriff für alle höheren Gerichte von England (mit Wales) verwendet.
21 *Recorders* gibt es auch an den höheren Gerichten. Prominentestes Beispiel ist *Cherie Booth Q.C.,* die Ehefrau des Premierministers *Tony Blair.*
22 Jahresgehalt eines Richters am *High Court:* ca. 150 000 Pfund.
23 Allerdings ist die Zuständigkeit der (ordentlichen) Gerichte zur Überprüfung von Verwaltungsmaßnahmen (»*Judicial Review*«) in neuerer Zeit stark ausgeweitet worden.
24 Siehe z.B. Bob Woffinden, Miscarriages of Justice, Sevenoaks 1988.
25 Auch die zahlreichen *Recorders* erhalten nur Tageshonorare.
26 Roy Walmsley, King's College London, Prison Population List, 6. Aufl., London 2005.

Weiterführende Literatur

Englisches Recht: *Christoph von Bernstorff,* Einführung in das englische Recht, 3. Aufl., München 2005.
Nordirisches Recht: *Brice Dickson,* The Legal System of Northern Ireland, 4. Aufl., Belfast 2001.
Schottisches Recht: *Helmut Weber,* Einführung in das schottische Recht, Darmstadt 1978.
Verfassungsrecht: *Marius Baum,* Der Schutz verfassungsmäßiger Rechte im englischen Common Law, Baden-Baden 2004.

Links

Einige der im Text genannten historischen Gesetze, teils auch in Übersetzung:
http://www.verfassungen.de/gb/
Alle neueren britischen Gesetze:
http://www.opsi.gov.uk/legislation/index.htm
Informationen und Texte zur Verfassungsreform und zum englischen Rechtssystem:
http://www.dca.gov.uk/
Einige der in den Anmerkungen genannten Veröffentlichungen:
http://www2.hu-berlin.de/gbz/publications/working papers.htm

André Kaiser

Parteien und Wahlen

I. Einleitung

Wenn in parlamentarischen Demokratien starke Wählerbewegungen zu verzeichnen sind, die bisherigen Konstellationen im Parteiensystem erschüttert werden, neue Parteien in das Parlament gelangen und die Regierungsbildung sich als schwierig und langwierig herausstellt, geht der neidische Blick nach Großbritannien. In der Außenwahrnehmung zeichnet sich dieses Land immer noch durch die einfache Regel aus, dass zwei große Parteien auf der Grundlage des relativen Mehrheitswahlrechts den Sieg unter sich ausmachen und der Sieger dann allein eine stabile Regierung bilden kann. Allerdings hat sich auch das britische Parteiensystem seit den frühen 1970er Jahren verändert.

Neben den beiden die Nachkriegsperiode dominierenden Großparteien – links von der politischen Mitte die Labour Party, rechts von der Mitte die Conservative Party – haben ehemals kleine Drittparteien neue Bedeutung erlangt. Durch den sozialen Wandel haben sich die Wählerloyalitäten abgeschwächt, das Wahlverhalten ist entsprechend weniger stabil. Die relative Mehrheitswahl gilt nach den Institutionenreformen, die die Regierung Blair in den vergangenen Jahren durchgeführt hat, nur noch für die Wahlen zum *House of Commons*, und auf regionaler Ebene finden wir längst das vom europäischen Kontinent bekannte Phänomen der Koalitionsregierungen und gelegentlichen Regierungskrisen. Der folgende Beitrag will diese Entwicklungen erfassen und fragen, in welchem Maß unser tradiertes Bild vom Zweiparteiensystem mit einfacher Regierungsbildung in Großbritannien weiterhin Gültigkeit besitzt.

II. Der Wandel des britischen Parteiensystems

Das britische Parteiensystem bildete sich aus dem Parlament heraus. Parteien als Organisationen entstanden schrittweise mit Ausdehnung des aktiven Wahlrechts. Beginnend mit der ersten Wahlrechtsreform von 1832, mussten sie Ressourcen und Strukturen für Wahlkämpfe aufbauen, um die Stimmen der neuen Wählerschichten zu erringen. Entsprechend liegt der Ursprung des Parteiensystems in zwei institutionellen Regelungen begründet, die bis heute prägende Kraft ausüben. Sowohl die Logik des parlamentarischen Regierungssystems, in dem die Mehrheit die Regierung bildet und die Minderheit als Regierung im Wartestand opponiert, als auch das auf dem Grundsatz der territorialen Repräsentation einzelner Wahlkreise beruhende relative Mehrheitswahlrecht, bei dem in jedem Wahlkreis derjenige Kandidat zum Abgeordneten gewählt ist, der die meisten Stimmen erhalten hat – unabhängig davon, wie viele Stimmen das insgesamt sind oder wie groß der Vorsprung vor den anderen Kandidaten ist –, wirken darauf hin, dass zwei große Parteien in Wettbewerb um die politische Macht treten. Bis in das frühe 20. Jahrhundert hinein standen sich so die Conservative Party und die Liberal Party als ernsthafte Anwärter auf die Regierungsübernahme gegenüber. Zwar führten die großen Fragen der zweiten Hälfte des 19. Jahrhunderts – Freihandel und Eigenständigkeit Irlands – zu gelegentlichen Parteiabspaltungen, aber es dauerte bis zum Anfang des 20. Jahrhunderts, ehe sich aus verschiedenen sozialistischen Gruppen und Gewerkschaften die Labour Party als dritte große politische Kraft zusammenfügte. In den Jahren zwischen den beiden Weltkriegen schließlich gelang es dieser Partei sukzessive die Liberal Party als Gegenspielerin der Conservative Party abzulösen. 1924 und 1929 bis 1931 stellte die Labour Party mit James Ramsay MacDonald erstmals den Premierminister, allerdings an der Spitze von den Liberalen geduldeter Minderheitsregierungen.

Von heute aus betrachtet erweist sich die Zwischenkriegszeit als Übergangsphase hin zu einem von der Conservative Party und der Labour Party dominierten Zweiparteiensystem. Dessen Aufstieg bis in die 1960er und die seitdem unübersehbaren Erosionserscheinungen können sowohl mit Hilfe quantitativer Indikatoren als auch auf der Grundlage der Parteiensystemtypologie von Giovanni Sartori[1] qualitativ erfasst werden. Da die Befunde nicht deckungsgleich sind, sollen im Folgenden beide Wege beschritten werden.

Zur Ermittlung der Stabilität bzw. des Ausmaßes an Veränderungen in einem Parteiensystem werden üblicherweise vier Indikatoren verwendet: erstens die *effektive Parteienzahl* auf der Grundlage der abgegebenen Stimmen sowie der erzielten Parlamentssitze; zweitens die *Volatilität*, also der Umfang der Wählerwanderungen von Wahltermin zu Wahltermin; drittens die *Wahlbeteiligung*; im Falle von Zweiparteiensystemen kommt ein Maß für die Dominanz der zwei großen Parteien im Parteiensystem, des so genannten *Parteienduopols*, hinzu (vgl. Tab. 1).

Tab. 1: Indikatoren für Wandel im britischen Parteiensystem 1945 bis 2005

Jahr	Effektive Parteienzahl (Stimmen)	Effektive Parteienzahl (Sitze)	Volatilität (in Prozentpunkten, Stimmen)	Volatilität (in Prozentpunkten, Sitze)	Dominanz des Duopols (in Prozent, Stimmen)	Dominanz des Duopols (in Prozent, Sitze)	Wahlbeteiligung (in Prozent der registrierten Wahlbevölkerung)
1945	2,50	2,05	–	–	88,1	94,53	72,6
1950	2,44	2,07	3,65	14,48	89,6	98,24	83,6
1951	2,13	2,05	7,2	3,68	96,8	98,56	81,9
1955	2,16	2,03	2,35	3,40	96,1	98,73	76,8
1959	2,28	1,99	3,3	3,17	93,2	98,89	78,7
1964	2,53	2,06	5,95	9,84	87,5	98,57	77,2
1966	2,43	2,03	4,15	8,10	89,8	97,78	76
1970	2,45	2,07	5,8	12,86	89,7	98,10	72,2
1974 F	3,13	2,25	14,65	5,61	74,9	94,17	78,9
1974 O	3,15	2,25	3,05	3,62	75,0	93,86	72,9
1979	2,85	2,15	8,45	9,76	80,9	95,75	76
1983	3,11	2,09	11,8	10,22	70,0	93,23	72,8
1987	3,07	2,17	3,4	3,38	73,1	93,08	75,4
1992	3,05	2,27	5,15	6,55	76,3	93,24	77,8
1997	3,18	2,12	12,25	26,57	73,9	88,47	71,5
2001	3,28	2,16	2,5	1,06	72,4	87,86	59,4
2005	3,54	2,46	5,4	7,56	67,5	85,60	61,4

Erläuterung: Die beiden Wahlen von 1974 fanden im Februar und im Oktober statt. *Quelle:* Eigene Berechnungen.

Nach dem Index für die effektive Parteienzahl, der die Parteien jeweils mit ihren Anteilen gewichtet, hat sich auf der Grundlage der parlamentarischen *Sitzverteilung* zwischen 1945 und 2001 das britische Parteiensystem bei knapp über, 1959 sogar knapp unter zwei effektiven Parteien bewegt. Leicht erhöhte Werte waren in diesem langen Zeitraum nur in den beiden Wahlen von 1974 (im Februar dieses Jahres war eine Labour-Regierung ins Amt gekommen, verfügte aber über keine Sitzmehrheit und machte sogleich den Weg für eine erneute Wahl im Oktober frei, um anschließend mit parlamentarischer Mehrheit regieren zu können) sowie 1992 festzustellen. Erst mit der Unterhauswahl von 2005 und einer effektiven Parteienzahl, die einen Wert von fast 2,5 erreichte, kann davon gesprochen werden, dass sich das bisherige Zweiparteiensystem möglicherweise im Übergang zu einem Mehrparteiensystem befindet. Ein ganz anderes Bild vermittelt der auf die *Stimmenanteile* bezogene Index. Hier zeigt sich erstens, dass auf der Ebene des Stimmenwettbewerbs immer schon relevante Anteile an Drittparteien gegangen sind; zweitens aber hielten sich diese Anteile für Drittparteien bis etwa 1970 noch in einem engen Rahmen. Mit den Wahlen von 1974 war dann erstmals die Grenze zu drei effektiven Parteien überschritten, und 2005 schließlich wurde ein Wert von über 3,5 effektiven Parteien erreicht.

Die erheblichen Diskrepanzen zwischen der effektiven Parteienzahl auf der Grundlage von *Stimmen* und *Sitzen* sind leicht zu erklären. Die bei den Unterhauswahlen angewendete relative Mehrheitswahl sorgt dafür, dass sich nur die Stimmenanteile großer Parteien sowie regional konzentrierte Stimmengewinne kleiner Parteien in Parlamentsmandaten auszahlen. Neben großen landesweiten Parteien profitieren davon also auch Regionalparteien, wie im Fall Großbritanniens die Nationalisten in Schottland (Scottish National Party) und Wales (Plaid Cymru).

Mit dem Indikator, der die aggregierten *Wählerwanderungen* erfasst, können wir zusätzlich beschreiben, ob die Veränderungen im Parteiensystem eher kontinuierlich erfolgen oder einzelne Wahlen erkennbar sind, bei denen es zu dramatischen Umwälzungen gekommen ist. Niedrige Volatilitätswerte sprechen für das erstere, hohe Werte weisen auf dramatische Brüche hin. Im Hinblick auf Veränderungen bei den Stimmenanteilen ist der Befund eindeutig. In Großbritannien überwiegt mit im internationalen Vergleich niedrigen Volatilitätswerten die kontinuierliche Veränderung. Von diesem Muster weichen nur die Unterhauswahlen vom Februar 1974 sowie von 1983 und 1997 ab. 1974 erlebte die alte Liberal Party eine Renaissance (vgl. Tab. 2), die in der Zwischenkriegszeit ihre Rolle als große Gegenspielerin der Conservatives an die Labour Party eingebüßt hatte und nun plötzlich ihren Stimmenanteil nachhaltig mehr als verdoppeln konnte. Gleichzeitig kam es zu einem Aufstieg der nationalistischen Parteien in Schottland und in Wales, die zwar im Hinblick auf ihre Stimmenanteile keine große Bedeutung erlangten, wegen der regionalen Konzentration ihrer Anhängerschaften aber erheblich vom System der relativen Mehrheitswahl profitierten. 1983 erlitt die nach dem Regierungsantritt der Conservatives unter Margaret Thatcher scharf nach links gewendete Labour Party ein wahlpolitisches Desaster. 1997 erfolgte spiegelbildlich der Zusammenbruch der Conservative Party, als Tony Blairs Labour Party im neuen Gewand die Regierung übernahm.

Bei der Sitzverteilung erweisen sich die Wahlen von 1950, 1970, 1983 und insbesondere diejenige von 1997 als außergewöhnlich. In allen Fällen spielt hier die Funktionsweise des Wahlsystems eine zentrale Rolle. Bei der relativen Mehrheitswahl können aus geringen Veränderungen in der Stimmenverteilung riesige Verschiebungen in der Sitzverteilung resultieren. In der Regel wird der relative Wahlsieger an den Urnen durch die bewusst angestrebte disproportionale Umwandlung von Stimmen in Sitze mit einem erheblichen zusätzlichen Gewinn von Sitzen prämiert, um klare Regierungsmehrheiten und stabile Regierungen hervorzubringen. 1970, 1983 und vor allem 1997 gelang das auch. Die Wahl von 1950 zeigt aber, dass auch der umgekehrte Zusammenhang gilt. Die Labour-Regierung hatte nur geringfügig an Stimmen eingebüßt, von ca. 48 auf 46 Prozent der abgegebenen Stimmen; ihr komfortabler Sitzvorsprung schmolz aber dadurch so stark, dass sie sich 1950 nur noch ganz knapp behaupten konnte. 1951, als die Labour Party eine neue Wahl anberaumte, um eine stabilere Sitzmehrheit zu

Tab. 2: Wahlergebnisse in Großbritannien 1945 bis 2005

Wahl (Mandate)		Conservative Party		Labour Party		Liberal Democrats		Walisische und schottische Nationalisten		Andere Parteien	
		%	Sitze	%	Sitze	%	Sitze	%	Sitze	%	Sitze
1945	640	39,8	213	48,3	392	9,1	12	0,2	0	2,5	22
1950	625	43,5	299	46,1	315	9,1	9	0,1	0	1,2	2
1951	625	48,0	321	48,8	295	2,5	6	0,1	0	0,6	3
1955	630	49,7	345	46,4	277	2,7	6	0,2	0	0,9	2
1959	630	49,4	365	43,8	258	5,9	6	0,4	0	0,6	1
1964	630	43,4	304	44,1	317	11,2	9	0,5	0	0,8	0
1966	630	41,9	253	47,9	363	8,5	12	0,7	0	0,9	2
1970	630	46,4	330	43,3	288	7,5	6	1,3	1	1,8	5
1974F	635	37,8	297	37,1	301	19,3	14	2,6	9	3,2	14
1974O	635	35,8	277	39,2	319	18,3	13	3,6	14	3,2	12
1979	635	43,9	339	37,0	269	13,8	11	2,0	4	3,7	12
1983	650	42,4	397	27,6	209	25,4	23	1,5	4	3,1	17
1987	650	42,3	376	30,8	229	22,6	22	1,7	6	2,6	17
1992	651	41,9	336	34,4	271	17,8	20	2,3	7	3,5	17
1997	659	30,7	165	43,2	418	16,8	46	2,5	10	6,8	20
2001	659	31,7	166	40,7	413	18,3	52	2,5	9	6,8	19
2005	646	32,3	197	35,2	356	22,0	62	2,1	9	7,4	22

Erläuterung: Liberal Democrats: bis einschließlich 1979 Liberal Party, 1983 und 1987 Alliance (Wahlbündnis der Liberalen mit der Social Democratic Party, die sich von der Labour Party abgespalten hatte), seit 1992 Liberal Democrats. Andere: Hier handelt es sich im Wesentlichen um nordirische Parteien. Zwischen 1950 und 1970 war die Ulster Unionist Party als dominierende Partei eng mit der Conservative Party verbunden. Die nach der Wahl die Regierung bildende Partei ist mit ihrer Sitzzahl unterstrichen.

Quellen: Für 1945–1997 Hans Kastendiek/Karl Rohe/Angelika Volle (Hrsg.), Länderbericht Großbritannien. Geschichte – Politik – Wirtschaft – Gesellschaft, Bonn 1998[2], S. 674; für 2001 http://news.bbc.co.uk/hi/english/static/vote2001/results_constituencies/default.stm (16.5.2006); für 2005 http://news.bbc.co.uk/1/hi/uk_politics/vote_2005/constituencies/default.stm (16.5.2006).

erringen, sollte sich herausstellen, dass sie das Ziel verfehlt hatte. Stattdessen kam es zu einer langen Phase konservativer Regierungen.

Der Aufstieg und die seit den 1970er Jahren erodierende Dominanz der Conservatives und der Labour Party kann am einfachsten mit Hilfe des Duopol-Index verfolgt werden. Hier werden einfach die Stimmen- bzw. die Sitzanteile dieser beiden Parteien addiert. Wenn man davon ausgeht, dass von einem Zweiparteiensystem nur gesprochen werden kann, wenn die beiden größten Parteien annähernd 90 Prozent auf sich vereinigen, dann zeigt sich für die *Stimmenanteile*, dass das Duopol nur bis zur Wahl von 1970 stabil blieb. Ab 1974 ging die Stimmenkonzentration erheblich zurück. Auch hier stellt die Wahl von 2005 einen nochmaligen qualitativen Schritt dar, denn erstmals wurde die 70-Prozent-Marke klar unterschritten. Anders sieht es hinsichtlich der *Sitzanteile* aus. Erst mit den Wahlen ab 1997 wurde die 90-Prozent-Marke, allerdings nur geringfügig, verfehlt. Schließlich ist kurz auf die *Wahlbeteiligung* einzugehen. Die britische Wahlbeteiligung lag immer schon eher im unteren Bereich des in etablierten parlamentarischen Demokratien Üblichen.[2] Erklären lässt sich das vor allem mit Hinweis auf das System der relativen Mehrheitswahl. Je nach Konstellation müssen in vielen Einerwahlkreisen erhebliche Anteile der Wahlberechtigten davon ausgehen, dass ihre präferierte Partei bzw. Kandidatin völlig aussichtslos, die Stimmabgabe also eine »wasted vote« wäre.[3] In dieser Lage ist es durchaus rational, der Wahl fernzubleiben.

Auf Grundlage einer solchen quantitativen Betrachtung kann die Entwicklung des britischen Parteiensystems seit dem Zweiten Weltkrieg in zwei Phasen unterteilt werden: Bis zum Beginn der 1970er Jahre bestand ein stabiles Zweiparteiensystem und zwar sowohl bezüglich der Unterstützung in der Wählerschaft als auch, und noch deutlicher, im Hinblick auf die Kontrolle von Parlamentssitzen im Unterhaus. Seit 1974 hat sich diese Dominanz in der Wählerschaft erheblich abgeschwächt, was sich auch – allerdings weniger deutlich und mit Verzögerung – an den Sitzanteilen im Parlament ablesen lässt. In mancher Hinsicht scheint sich diese Erosion mit den ersten Wahlen im 21. Jahrhundert noch einmal zu verstärken. Es ist allerdings abzuwarten, ob sich die Conservatives nicht doch schnell wieder von ihrer elektoralen Schwäche erholen können, ohne dass die Labour Party dann ihrerseits mit ihren Stimmenanteilen drastisch abstürzt. Käme es wieder zu knapperen Wahlausgängen als in der jüngsten Vergangenheit, könnte sich auch die Wahlbeteiligung schnell wieder erholen und zumindest im internationalen Vergleich durchschnittliche Werte von knapp über 70 Prozent erreichen.

Einen grundsätzlich anderen Zugang – mit dann auch etwas anderen Befunden – bietet der typologische Ansatz von Giovanni Sartori.[4] Danach entspricht das britische Parteiensystem weiterhin dem »klassischen« Fall eines Zweiparteiensystems. Sartori stellt in seiner Typologie folgende Regel auf: Eine Partei wird nur dann als relevanter Teil des Parteiensystems betrachtet, wenn sie über Parlamentssitze verfügt und entweder Koalitions- bzw. Regierungs- oder Störpotential aufweist, d. h. in positiver oder negativer Weise an der Regierungsbildung beteiligt ist. Parteien ohne parlamentarische Basis und selbst kleinere Parlamentsfraktionen fallen aus diesem Analyserahmen heraus. Im britischen Falle bedeutet dies aufgrund des disproportional wirkenden relativen Mehrheitswahlrechts, dass Sartoris Zählregel einem Viertel bis mittlerweile einem Drittel der abgegebenen Stimmen keinerlei Bedeutung für das Funktionieren des Parteiensystems beimisst. Ein Parteiensystem hat nach Sartori dann ein Zweiparteien*format*, wenn zwei Parteien um die Mehrheit der Sitze streiten und eine Partei tatsächlich eine hinreichende parlamentarische Mehrheit gewinnt. Die *Mechanik* eines Zweiparteiensystems ist erst dann gegeben, wenn die siegreiche Partei bereit ist, allein zu regieren, und zumindest eine glaubhafte Chance besteht, dass die unterlegene Partei bei der nächsten Wahl einen Regierungswechsel herbeiführen kann. Diese Unterscheidung von *Format* und *Mechanik* des Zweiparteiensystems ist gerade im britischen Falle von Bedeutung. Selbst in Zeiten unklarer Mehrheitsverhältnisse, wie während der Labour-Regierungen von Februar bis Oktober 1974 und von April 1976 bis Mai 1979 sowie in den 1990er Jahren, als die Regierung Major innerparteiliche Gegner einer vertieften europäischen Integration aus der Parlamentsfraktion ausschließen ließ, war die stärkste Partei bisher immer bereit, die Regierungsverantwortung allein zu tragen. Koalitionen sind in höchstem Maße unbeliebt. Dies bekamen die Liberalen deutlich zu spüren, als sie 1977/78 die Labour-Regierung Callaghan auf der Grundlage eines informellen »Lib-Lab-Pakts« stützten und dafür innerparteilich wie in der Öffentlichkeit unter massiven Druck gerieten.

Selbst wenn ein Zweiparteiensystem-Format mit der gestärkten parlamentarischen Präsenz von Drittparteien nur noch bedingt vorliegt, verhalten sich die britischen Parteien nach der Zweiparteiensystem-Mechanik. Man sollte sich vor der Annahme hüten, dass dahinter ein bloßer Macht- und Überlebenswille der traditionellen Großparteien steht. Vielmehr korrespondiert dies mit fest verankerten Grundeinstellungen der britischen Gesellschaft bezüglich des Funktionierens von Politik. Funktionsfähige Regierungen waren den Briten immer schon ein wichtigeres Ziel als die möglichst genaue Wiedergabe des Spektrums der politischen Meinungen in Repräsentationskörperschaften. Entsprechend mühsam ist es für Anhänger einer an kontinentaleuropäischen Verhältniswahlsystemen orientierten Reform des Wahlsystems, die politische Öffentlichkeit für ihre Ziele einzunehmen. Das britische Zweiparteiensystem bringt in der Sichtweise der Vertreter des Status quo in der Regel eine stabile Einparteienregierung hervor; Koalitionsbildungen sind deswegen unnötig. Die Regierungspartei trägt für die Zeit ihrer Amtsperiode die alleinige politische Verantwortung; die Opposition kann sich in dieser Zeit als Regierung im Wartestand mit der Ausarbeitung eines alternativen Programms und der Kritik an der Regierung profilieren.

Regierungs- und Oppositionspartei sind gezwungen, sich an den ausschlaggebenden Wählern in der politischen Mitte zu orientieren; das Parteienduopol garantiert somit moderate Politik und verhindert Radikalisierung und Fragmentierung der politischen Auseinandersetzung. Der Wähler hat bei seiner Stimmabgabe eine klare Zurechnungsgrundlage und bestimmt direkt den zukünftigen Kurs des Landes. Kritiker wenden dagegen ein, dass die vorgeblichen Vorteile des Zweiparteiensystems zu »*adversary politics*« führen. Nach dieser Interpretation kann das Parteiensystem durch radikale Politikwechsel als Folge von Regierungswechseln zu politischer Instabilität und damit zu unberechenbaren Kurswechseln auf wichtigen Politikfeldern beitragen. Nur eine Wahlsystemreform und die Etablierung eines von der politischen Mitte dominierten Mehrparteiensystems bieten in dieser Perspektive eine Chance zu stabiler Politik. Wir können die Stichhaltigkeit der Argumente in dieser Kontroverse zumindest teilweise überprü-

Abb. 1: Positionen der britischen Parteien auf einer Links-Rechts-Skala 1945 bis 2001

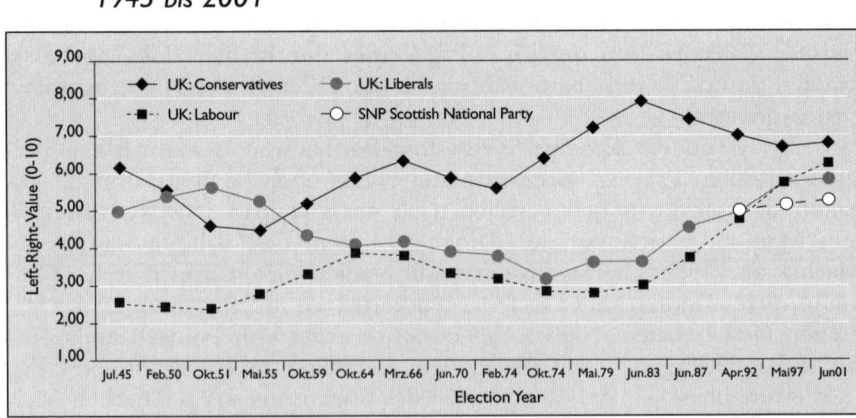

Quelle: Simon Franzmann und André Kaiser, Locating Political Parties in Policy Space. A Reanalysis of Party Manifesto Data, in: Party Politics, 12 (2006) 2, S. 163–188.

fen, indem wir die von den Parteien auf einer Links-Rechts-Dimension eingenommenen Positionen anhand ihrer Aussagen in den Wahlprogrammen ermitteln.[5] »Links« steht dabei für eine aktive staatliche Rolle in der Arbeitsmarkt-, Sozial- und Wirtschaftspolitik mit dem Ziel der Umverteilung von Ressourcen und Lebenschancen zugunsten von sozial Schwächeren, »rechts« meint die entgegengesetzte Position.

Betrachten wir zunächst nur die Positionen von Conservatives und Labour. Von 1945 bis in die 1950er Jahre findet zunächst eine Annäherung in den Grundpositionen statt. Die Daten bestätigen also das Entstehen eines Nachkriegskonsensus in wesentlichen Politikfeldern der Wirtschafts- und Sozialpolitik. Bis in die frühen 1970er Jahre bewegen sich die Positionsveränderungen beider Parteien dann parallel, bevor in der zweiten Hälfte der 1970er Jahre und in den 1980er Jahren eine Polarisierung eintritt. Die Labour Party entwickelt sich programmatisch nach links, die Conservative Party nach rechts. In den 1990er Jahren bewegen sich die Parteien rasant aufeinander zu, wobei insbesondere die Labour Party sich in die politische Mitte bewegt, um für größere Wählergruppen wieder wählbar zu erscheinen. Die Liberal Party, die in den 1980er Jahren zunächst mit der Social Democratic Party, einer Rechtsabspaltung der Labour Party, gemeinsam als Alliance antrat, bevor beide Parteien zu den Liberal Democrats fusionierten, positioniert sich über weite Strecken zwischen den beiden großen Parteien, allerdings immer etwas näher an der Labour Party als an der Conservative Party. Die konsequente Orientierung der Labour Party unter Tony Blair an den Wählern in der politischen Mitte dokumentiert schließlich der Umstand, dass sich die Liberal Democrats heute in wesentlichen Politikfeldern links von der Labour Party befinden. Das gilt auch für die nationalistischen Parteien aus Schottland (Scottish National Party) und aus Wales (Plaid Cymru).[6] Im Ganzen zeigt sich also, dass beide Seiten in der Kontroverse über die Auswirkungen und Implikationen des Zweiparteiensystems ein wenig Recht haben. Insgesamt geht von diesem System eine Tendenz zur Mäßigung und zur Mitte aus. Allerdings zeigen die Entwicklungen der 1970er und 1980er Jahre, dass die Parteien durchaus gegen die Logik des Parteienwettbewerbs im Zweiparteiensystem verstoßen und radikalere Positionen vertreten können. Das bezahlen sie langfristig aber dadurch, dass sie Stimmen und dann auch Wahlen verlieren und wieder in die Mitte zurückkehren müssen. Schließlich wird sichtbar, dass sich das Parteiensystem auch in Großbritannien in den vergangenen Jahrzehnten eher nach rechts bewegt hat.

Die britische Parteienlandschaft hat sich in den vergangenen Jahrzehnten deutlich verändert. Nach einer Phase der Dominanz eines Duopols von

Conservatives und Labour Party sind die alte Liberal Party sowie die nationalistischen Parteien aus Schottland und Wales zu ernsthaften Konkurrenten um Parlamentssitze geworden. Das Zweiparteiensystem ist damit unter Druck geraten, die großen Parteien mussten auf Herausforderungen reagieren. Es wäre aber übertrieben zu sagen, dass es an sein Ende gekommen sei. Denn der politische Prozess ist auch weiterhin von der *Mechanik* des Zweiparteiensystems bestimmt, die sich tief in das politische Bewusstsein eingeprägt hat. Zwar sind Erosionserscheinungen nicht zu übersehen, doch das Parteienduopol verfügt über institutionelle (Wahlsystem), sozialstrukturelle (soziale und regionale Verteilung der Wählerschaft) und habituelle (politische Kultur) Stützpfeiler, die ihm beträchtliche Anpassungsfristen für neue Herausforderungen einräumen und kaum zu überwindende Hürden für Dritt- und Kleinparteien darstellen. Ob also die Dominanz von Conservative Party und Labour Party ernsthaft bedroht ist, hängt vor allem davon ab, wie diese auf das veränderte politische Verhalten der Wähler und auf neue Konkurrenten auf dem politischen Markt reagieren.

III. Sozialer Wandel und Veränderungen im Wahlverhalten

In Großbritannien ist, in stärkerem Maße als in den meisten anderen westeuropäischen Demokratien, seit Ende der 1960er Jahre eine wachsende Bereitschaft zum Parteiwechsel (*volatility*) zu beobachten.[7] Extreme Schwankungen bei den monatlichen Umfrageergebnissen sowie spektakuläre (Erdrutsch-)Siege bei Nachwahlen, aber auch Verschiebungen bei den Einzelergebnissen von einer Unterhauswahl zur nächsten[8] lassen Entwicklungen erkennen, die sich deutlich vom festgefügten Wahlverhalten des »*two class-two party*«-Modells der Nachkriegsjahre abheben, in dem die Labour Party ihre Anhänger vorrangig in der Arbeiterklasse, die Conservative Party dagegen in den Mittelschichten mobilisierte. Von den Parteien verlangt dies eine zunehmende Anpassungsfähigkeit an einen instabiler werdenden Wählermarkt. In der Wahlforschung werden diese Entwicklungen in zwei unterschiedlichen Argumentationsrichtungen diskutiert:[8]
1. Soziologische Erklärungsmodelle leiten Veränderungen der Ergebnisse aus Wandlungen des sozialstrukturellen Fundaments der Parteien ab (Rückgang des schichtgebundenen Wählerverhaltens, Schrumpfen der jeweiligen Milieus durch sozialen Wandel) bzw. verweisen auf eine Lockerung der sozialpsychologischen Bindungen an die Parteien (Rückgang der Parteiidentifikation).

2. Politische Erklärungsmodelle beziehen Veränderungen des Stimmverhaltens auf Sachaussagen, Spitzenkandidaten und Bewertung der Kompetenz von Parteien und nehmen implizit an, dass Wähler sich politisch rational verhalten (Zunahme des Wahlverhaltens aufgrund von Sachpräferenzen; Kompetenzzuweisung anhand makroökonomischer Indikatoren).

Zunächst zu soziologischen Erklärungsmodellen: Inwieweit ist eine Abkehr von schichtgebundenem Wahlverhalten zu erkennen? Britische Politik in der Nachkriegszeit war *Klassenpolitik*. Das Zweiparteiensystem beruhte auf stabilen sozialen Fundamenten, angelehnt an den Gegensatz von Kapital und Arbeit. Andere gesellschaftliche Konfliktlinien – wie z. B. die konfessionelle Spannung zwischen Protestanten bzw. Anglikanern und (irischstämmigen oder schottischen) Katholiken, die in einigen Großstädten das Wahlverhalten zusätzlich beeinflusst hatte – ordneten sich nach und nach dem »class cleavage« unter und verloren an eigenständiger Bedeutung. Zwar hatten die Conservatives regelmäßig eine beachtliche Anhängerschaft auch in der Arbeiterklasse, die »*working class Tories*«, die ihnen erst zur Mehrheitsfähigkeit und damit zur Dominanz verhalf. Weitaus erfolgreicher waren sie aber immer bei den Mittelschichten. Umgekehrt hatte die Labour Party hohe Wähleranteile bei den Arbeitern und konnte nur geringe, in den 1970er Jahren leicht anwachsende Anteile bei den Angestellten erringen.

Seit Beginn der 1970er Jahre hat sich das Wahlverhalten entpolarisiert. Insbesondere in den 1980er Jahren erzielten die Konservativen bei den Facharbeitern Zugewinne und konnten Labour auch in diesem Wählersegment als dominierende Kraft ablösen. Umgekehrt erwuchs den Konservativen mit den Liberal Democrats bei den Mittelschichtenwählern eine ernsthafte Konkurrenz. Und mit der »Neuerfindung« der Labour Party als New Labour unter Tony Blair ebneten sich die schichtenspezifischen Unterschiede nochmals deutlich ein. Diese Entpolarisierungstendenzen verlaufen aber zu uneinheitlich, als dass von einem allgemeinen Rückgang sozialstrukturell bestimmten Wahlverhaltens gesprochen werden könnte. Eine von Ivor Crewe vorgenommene Typologisierung von »traditioneller« und »neuer« Arbeiterklasse zeigt, dass die Labour Party sich selbst in ihrer Schwächephase der 1980er Jahre gut bei den Arbeitern im Norden Großbritanniens sowie bei Arbeitern ohne Wohneigentum, etwas schwächer bei Gewerkschaftsmitgliedern und weitgehend bei Arbeitern im öffentlichen Sektor behaupten konnte (vgl. Tab. 3).

Loyalitätseinbrüche der Labour Party lassen sich bei Arbeitern im Süden, bei Arbeitern mit Wohneigentum, bei nicht gewerkschaftlich gebundenen

Tab. 3: *Wahlverhalten der traditionellen und der neuen Arbeiterklasse, 1987*
in Prozent

	Norden/ Schottland	Mieter	Gewerk- schafts- mitglied	Öffentlicher Sektor
Conservative Party	29	25	30	32
Labour Party	57	57	48	49
Alliance	15	18	22	19
	Süden	Eigen- tümer	Nicht- mitglied	Privater Sektor
Conservative Party	46	44	40	38
Labour Party	28	32	38	39
Alliance	26	24	22	23

Erläuterung: Die heutigen Liberal Democrats traten 1987 unter dem Namen Alliance an.
Quelle: Ivor Crewe, A New Class of Politics, in: The Guardian vom 15. Juni 1987, S. 9.

Arbeitern und bei Arbeitern des privaten Sektors lokalisieren. Hier haben die Konservativen seit den 1980er Jahren teilweise beträchtliche Gewinne erzielt. Es kommt hinzu, dass die Parteien in unterschiedlichem Maße von sozialem Wandel betroffen sind. Gerade die loyalen Kerngruppen der Labour Party befinden sich seit längerem in einem Schrumpfungsprozess, während andere, der Partei fern stehende Gruppen immer mehr an zahlenmäßiger Bedeutung gewinnen. Großbritannien hat sich von einer von der Industriearbeiterschaft zu einer von den Angestellten im Dienstleistungssektor dominierten Gesellschaft gewandelt. Durch die Politik der Thatcher-Regierungen hat sich dieser Trend nicht unbeträchtlich verstärkt: 1979 verfügten 52 Prozent der Wähler über Wohneigentum, 1987 waren es schon 66 Prozent; 1979 waren 7 Prozent Aktienbesitzer, 1987 bereits 19 Prozent; dagegen ist z.B. die Zahl der Gewerkschaftsmitglieder seit den 1970er Jahren dramatisch gesunken. Von all diesen Entwicklungen war die Labour Party negativ, die Conservative Party eher positiv betroffen. Doch die Stimmenverluste der Labour Party waren sehr viel größer, als es der soziale Wandel erklären kann; auf der anderen Seite hat auch die sozialstrukturell begünstigte Conservative Party von den Veränderungen nicht in dem zu erwartenden Maße profitieren können.

Eine das Wahlverhalten beeinflussende Erosion der Parteibindungen ist nur bedingt festzustellen. Zwar ist die Intensität der Parteiidentifikationen deutlich zurückgegangen, weitgehend erhalten geblieben ist aber die allgemeine Bereitschaft, sich einer der beiden Großparteien zuzurechnen.

Der Rückgang der absoluten Zahl parteigebundener Wähler ist mehr die Folge von politischer Unzufriedenheit als von Erosionsprozessen und kann damit unter einer veränderten politischen Konstellation schnell wieder umgekehrt werden. Bemerkenswert ist, dass insbesondere die Labour Party in den 1980er Jahren gegenüber einer immer noch hohen Zahl von Anhängern geringere Wähleranteile zu verzeichnen hatte. Es gelang ihr demnach nicht, die eigene Anhängerschaft ausreichend zu mobilisieren. Dieses Defizit kann nicht soziologisch, es muss politisch erklärt werden. Die Labour Party konnte denn auch unter Tony Blair relativ schnell wieder erhebliche Zuwächse erzielen. Und auch die Konservativen, die seit 1997 eine Schwächephase durchleben, könnten in ähnlicher Weise in kurzer Zeit alte Stärke erreichen. Manches deutet darauf hin, dass ihnen dies unter dem neuen Parteiführer David Cameron in Blairs dritter Amtszeit gelingt. Unzufriedenheit mit der eigenen politischen »Heimat« wird entweder durch Wahlenthaltung oder durch die Wahl einer Drittpartei signalisiert, die damit sozusagen eine Pufferfunktion wahrnimmt. Viel seltener ist der direkte Wechsel von der einen zur anderen großen Partei.

Nun zu den politischen Erklärungsmodellen: Seit den 1970er Jahren gibt es auch in der britischen Wahlforschung Erklärungsmodelle, die einen direkten Zusammenhang zwischen Meinungen bzw. Einstellungen zu aktuellen Sachfragen sowie Bewertungen von Kompetenz und Führungspersonal der Parteien einerseits und der Stimmabgabe andererseits behaupten. Für die Labour Party kann gezeigt werden, dass der programmatische sowie personelle Linksruck der 1970er und der frühen 1980er Jahre mit den damit verbundenen innerparteilichen Auseinandersetzungen und dem Image einer von Extremisten unterwanderten Partei die Loyalität vieler Anhänger überfordert hat. Mit der Rückkehr in das politische Zentrum, die bereits von Blairs Vorgängern Neil Kinnock und John Smith eingeleitet worden war, war dann auch ein wahlpolitisches Wiedererstarken verbunden. Das Beispiel der Unterhauswahl von 1979 zeigt überdies, wie tiefgreifend sich ein einzelnes Ereignis auf die Wahlabsichten auswirken kann. Bis heute ist der dieser Wahl vorausgehende »winter of discontent«, die Streiks vom Winter 1978/79 gegen die Einkommenspolitik der Labour-Regierung, fest im kollektiven Gedächtnis eingeprägt und hat große symbolische Bedeutung.[10] Erst diese Situation ermöglichte den Konservativen unter Margaret Thatcher einen ungefährdeten Wahlsieg. Erst in einigen Jahren wird zuverlässig beurteilt werden können, ob Tony Blairs Entscheidung für eine aktive Beteiligung am Irak-Krieg an der Seite der USA ein ähnlich einschneidendes Ereignis gewesen sein mag. Manches deutet zurzeit darauf hin. Wichtige politische Streitfragen der vergangenen Jahre, allen voran der

Prozess der europäischen Integration, waren mehr innerhalb der Parteien als zwischen ihnen umstritten. Aus den Strukturbedingungen des Zweiparteiensystems folgt, dass beide Großparteien als Sammelbecken unterschiedlicher programmatischer Richtungen fungieren; insofern verweigern sich viele politische Streitfragen der einfachen Links-Rechts-Zuordnung. Der Parteienwettbewerb wird heute vor allem über die Medien ausgetragen. Auch dies hat zu einem Bedeutungszuwachs politischer Faktoren geführt. Die Renaissance der Labour Party in den 1990er Jahren zeigt, wie bedeutsam die Präsentation von Programmatik und Führungspersonal geworden ist. Labour hat eine anfänglich sehr vorsichtige, insbesondere unter Tony Blair aber rasant fortschreitende systematische Revision des Erscheinungsbildes der Partei betrieben.

Beide hier vorgestellten Argumentationsrichtungen der britischen Wahlforschung haben nur Teilentwicklungen beleuchten können. Politische, kurzfristig auf Meinungen und Einstellungen einwirkende, und soziologische, eher langfristig die Wählerschaft strukturierende Faktoren müssen im Zusammenhang gesehen werden. Weder der Typus des rationalen, an Sachfragen orientierten Wählers noch der Typus des fest in seinem sozialen Milieu verankerten Parteianhängers hat die Veränderungen seit den 1970er Jahren, dem Beginn der Erosion des Duopols aus Conservatives und Labour, allein bestimmt.

Das hervorstechendste Merkmal der vergangenen drei Dekaden war eine *»denationalisation of British politics«*[11], die regionale Auseinanderentwicklung der Wahltrends. Zwar waren auch schon zuvor regionale Hochburgen der Parteien auszumachen, doch verliefen die Wählerwanderungen in den Regionen weitgehend parallel. Dies hat sich geändert. An die Stelle von national einheitlichen Veränderungen traten in den 1980er und 1990er Jahren regionale Entwicklungen, die im Süden Großbritanniens zu Gunsten der Konservativen, im Norden zu Gunsten der Labour Party vom nationalen Durchschnitt abwichen. In der Öffentlichkeit hat besonders die schottische Entwicklung Aufmerksamkeit gefunden. Hier erlebten die Konservativen einen dramatischen Einbruch, während Labour sich weitgehend behaupten konnte. Wenngleich die besonderen nationalen Identitäten von Walisern und Schotten eine eigenständige Bedeutung neben der Klassenzugehörigkeit für das Wahlverhalten haben, kann die Regionalisierung des Wahlverhaltens dennoch nicht nur auf Nationalismen zurückgeführt werden.[12] William Miller hat auf das Paradoxon hingewiesen, dass, gegenläufig zur sinkenden Erklärungskraft individueller Sozialstrukturmerkmale auf nationaler Ebene, auf Wahlkreisebene eine zunehmende Schichtenpolarisierung festzustellen ist.[13] Die Wahlentscheidung wird offensichtlich mehr von den sozialen Bedingungen in der Umgebung des Wählers als von seiner individuellen Lage beeinflusst. In mittelschichtentypischen Gebieten wählen alle sozialen Gruppen konservativer, in Arbeiterwohngebieten erhält umgekehrt die Labour Party größeren Zulauf auch von den Mittelschichten. Die Fragmentierung der sozialen Milieus weist somit eine geographische Komponente auf.

Eine Folge dieser Entwicklung ist, dass beide Großparteien ihre Hochburgen auszubauen vermochten und die Zahl der *»marginals«*, der umstrittenen Wahlkreise[14], besonders in England abnahm (vgl. Tab. 4).

Tab. 4: *Anzahl der umstrittenen Wahlkreise[1]*
in Klammern prozentualer Anteil an den Wahlkreisen der Region

Wahljahr	London[2]		Übriges England		Wales		Schottland		Gesamt	
1964	14	(33,3)	157	(33,5)	8	(22,2)	19	(26,8)	198	(32,8)
1966	9	(21,4)	169	(36,0)	9	(25,0)	16	(22,5)	203	(32,6)
1970	12	(28,6)	135	(28,8)	10	(27,8)	19	(26,8)	176	(28,5)
1974 Feb.	27	(29,3)	120	(28,3)	10	(27,8)	20	(28,2)	177	(28,4)
1974 Okt.	26	(28,3)	121	(28,5)	11	(30,6)	30	(42,3)	188	(30,2)
1979	26	(28,3)	95	(22,4)	6	(16,7)	20	(28,2)	147	(23,6)
1983	21	(25,0)	101	(23,0)	14	(38,9)	18	(25,0)	154	(24,4)
1987	22	(26,2)	95	(21,6)	14	(38,9)	18	(25,0)	149	(23,6)
1992	136			(26,0)	11	(28,9)	24	(33,3)	171	(27,0)
1997	140			(26,5)	5	(12,5)	9	(12,5)	154	(24,0)
2001	104			(19,7)	7	(17,5)	8	(11,1)	119	(18,6)
2005	147			(27,8)	9	(22,5)	11	(18,6)	167	(26,6)

1 Ein »umstrittener Wahlkreis« wird hier definiert als ein Sitz, in dem der siegreiche Kandidat einen Vorsprung von höchstens 10 Prozent vor dem Zweitplatzierten erreicht hat.

2 »London« meint für 1964–1970 das Gebiet Zentral-Londons, zwischen Februar 1974 und 1987 das Gebiet des (inzwischen aufgelösten) Greater London Council. Ab 1992 werden die Zahlen für London nicht gesondert ausgewiesen.

Quelle: Eigene Berechnungen.

Während bis zu den Wahlen in den 1970er Jahren insgesamt rund 30 Prozent der Wahlkreise umstritten waren, nahm dieser Anteil seither deutlich ab. Obwohl also die beiden großen Parteien von Wählererosionen bedroht waren und mit der Alliance, heute Liberal Democrats, eine Drittpartei auf der nationalen Ebene den Wettbewerb um Stimmen scheinbar belebt hatte, war der Wettbewerbsgrad der Unterhauswahlen gesunken, wie der Rückgang der »*marginals*« belegt. Für die Labour Party bedeutete dies in den 1990er Jahren schlicht, dass sie nur eine Chance zur Rückkehr an die Macht haben würde, wenn ihr im Süden des Landes ein erheblicher Stimmenzuwachs gelänge. Und genau darauf konzentrierte sich die Partei unter Tony Blair. Für ihn war mit seiner Amtsübernahme als Parteiführer 1994 klar, dass sich die Zukunft von New Labour in den urbanen Regionen Süd- und Mittelenglands entscheiden würde. Entsprechend wurden hier finanzielle und personelle Ressourcen zur Wahlkampfführung konzentriert. Daneben orientierte sich die Partei bei ihrer programmatischen Neuausrichtung stark an den in intensiven Meinungsbefragungen so genannter »focus groups«, also potentiell erreichbarer Wechselwähler, ermittelten Einstellungen zu wichtigen politischen Fragen. Nach dem Wahlsieg von 1997 führte nun umgekehrt der Einbruch der Conservatives zu einem weiterhin niedrigen Anteil an umstrittenen Wahlkreisen. 2001 wurden über vier Fünftel aller Wahlkreise mit Vorsprüngen von mehr als 10 Prozent gewonnen! Auch wenn die Verluste der Labour Party bei der letzten Wahl von 2005 die Abstände haben schrumpfen lassen, zeigt sich, dass für die Conservatives der Weg zu einem Wahlsieg heute ähnlich weit ist wie für die Labour Party in den frühen 1990er Jahren.

IV. Parteien und Wahlen auf der regionalen und europäischen Ebene

Als Teil der institutionellen Reformagenda der Blair-Regierungen[15] wurden in den vergangenen Jahren neue regionale Parlamente (Schottland, Wales, London) eingerichtet, deren Abgeordnete nach einem am deutschen teilpersonalisierten Verhältniswahlrecht orientierten Zweistimmensystem (»Additional Member System«, AMS) gewählt werden.[16] Die Folge ist eine ausgeprägte Ausdifferenzierung des Parteienwettbewerbs, in der die beiden großen Parteien deutlich an Gewicht einbüßen, während kleinere Parteien an Bedeutung gewinnen (vgl. Tab. 5 und 6). Im Ergebnis haben sich Mehrparteiensysteme herausgebildet, wie sie in Kontinentaleuropa üblich sind. An die Stelle von Einparteienregierungen tritt die Notwendigkeit von Koalitionsregierungen bzw. von fallweisen Verhandlungen zwischen den Parteien, um die erforderlichen Mehrheiten in den parlamentarischen Abstimmungen zu erzielen.

In Schottland büßte die lange Zeit dominierende Labour Party erheblich an Unterstützung ein und war gezwungen, mit den Liberal Democrats eine

Tab. 5: Wahlergebnisse zum Schottischen Parlament 1999 bis 2003

Wahl	Wahl-beteili-gung	Labour Party		Scottish National Party (SNP)		Conservative Party		Liberal Democrats	
	%	%	Sitze	%	Sitze	%	Sitze	%	Sitze
1999	58,0	33,6	56	27,3	35	15,4	18	12,4	17
2003	49,0	29,3	50	20,9	27	15,5	18	11,8	17

Wahl	Wahl-beteili-gung	Scottish Socialist Party		Green Party		Unabhängige Abgeordnete	
	%	%	Sitze	%	Sitze	%	Sitze
1999	58,0	2,0	1	3,6	1	–	1
2003	49,0	6,9	6	6,7	7	–	4

Quelle: http://news.bbc.co.uk (16.5.2006).

Koalition zu bilden. Allerdings profitierten nicht so sehr die Nationalisten von der SNP davon, sondern die Green Party sowie eine Linksabspaltung, die Scottish Socialist Party. Insgesamt ist das schottische Parteiensystem gegenüber dem britischen deutlich nach links verschoben. Eine Besonderheit ist hier, dass es unabhängigen Kandidaten gelungen ist, über die Wahlkreisstimme direkt in das Parlament einzuziehen.

Tab. 6: Wahlergebnisse zur Walisischen Nationalversammlung 1999 bis 2003

Wahl	Wahl-beteili-gung	Labour Party		Plaid Cymru (PC)		Conser-vative Party		Liberal Democrats		Unabhän-gige Abge-ordnete	
	%	%	Sitze	%	Sitze	%	Sitze	%	Sitze	%	Sitze
1999	46,0	35,5	28	30,6	17	16,5	9	12,5	6	–	–
2003	38,0	36,6	30	19,7	12	19,2	11	12,7	17	–	1

Quelle: http://news.bbc.co.uk (16.5.2006).

In Wales ist es der Labour Party besser gelungen, ihre vormalige Position zu erhalten, weil Parteien links von ihr erfolglos blieben. Sie regiert hier zwar allein, verfügt allerdings über keine Sitzmehrheit. Die nationalistische Plaid Cymru erlebte nach einem Auftakterfolg 1999 bei der zweiten Wahl einen deutlichen Einbruch.

197

Sowohl in Schottland als auch in Wales ist die Schwäche der Liberal Democrats auffällig. Wegen des Verhältniswahlsystems sind andere Parteien aussichtsreich. Entsprechend büßen die Liberal Democrats ihre auf der britischen Ebene vorhandene Funktion als Alternative für alle Wähler, die mit den beiden großen Parteien unzufrieden sind, ein. Auffällig ist darüber hinaus die vergleichsweise geringe Wahlbeteiligung. Wie auch bei den Europawahlen (siehe unten) zeigt sich, dass die Wähler diese politische Ebene als deutlich weniger relevant als die nationale einschätzen. Regionalwahlen sind auch in Großbritannien »second-order elections«[17]. Das gilt selbst für das mit großen Hoffnungen gestartete schottische Parlament, das ja mit durchaus umfassenden Entscheidungskompetenzen in zahlreichen den Alltag der Bürger berührenden Politikfeldern ausgestattet ist. Natürlich könnte man einwenden, dass auch bei den Unterhauswahlen die Wahlbeteiligung 2001 und 2005 bei 60 Prozent lag (s. Tab. 1). Dafür dürfte aber vor allem verantwortlich sein, dass der Wahlausgang aus Sicht der Bürger schon vor der Wahl feststand und insofern Anhänger der Regierungspartei wie der Opposition gerade in den nicht zu den umstrittenen Sitzen zählenden Wahlkreisen äußerst schwer zu mobilisieren waren.

Das bislang Gesagte wird auch durch die Wahlen zum Londoner Parlament bestätigt. Die Wahlbeteiligung liegt deutlich unter 40 Prozent. Labour und Conservatives sind erheblich schwächer als auf der britischen Ebene, aber es sind weniger die Liberal Democrats, die davon profitieren, als die Green Party und sonstige Kleinparteien. Im Fall von London ist eine interessante Besonderheit, dass es 2004 der europafeindlichen UK Independence Party gelungen ist, mit zwei Abgeordneten in die London Assembly einzuziehen.[18]

Bei der Wahl der britischen Abgeordneten zum Europäischen Parlament gilt seit 1999 ein reines Verhältniswahlsystem mit Listenwahl. Damit wird auf dieser Ebene die ansonsten historisch stark verwurzelte Idee der Repräsentation territorialer Einheiten, also Wahlkreise, durch per Personenwahl direkt bestimmte Abgeordnete durchbrochen. Natürlich handelt es sich auch hier um eine Wahl mit deutlich nachgeordnetem »second order«-Charakter, wie die traditionell niedrige Wahlbeteiligung und die regelmäßige Nutzung des Wahlanlasses zur »Abstrafung« der gerade amtierenden Regierung dokumentieren. Folglich ist es nicht überraschend, dass kleinere Parteien deutlich besser als bei Unterhauswahlen abschneiden. Im Einzelnen zeigen sich allerdings stark fluktuierende Ergebnisse, was den Protestcharakter eines Großteils der Unterstützung kleiner Parteien dokumentiert. In jüngster Zeit ist zusätzlich zu beobachten, dass europakritisch eingestellte Organisationen die internen Differenzen in beiden großen Parteien über den weiteren Prozess der europäischen Integration dadurch zu nutzen versuchen, dass sie als »single issue«-Parteien das Europathema in den Mittelpunkt ihrer politischen Agenda rücken. Unter ihnen war die UK Independence Party bislang am erfolgreichsten (s. Tab. 7).

Tab. 7: Wahlergebnisse zum Europäischen Parlament 1979 bis 2004

Wahl	Wahl-beteili-gung	Conservative Party		Labour Party		Liberal Democrats		Scottish National Party	
	%	%	Sitze	%	Sitze	%	Sitze	%	Sitze
1979	31,6	48,4	60	31,6	17	12,6	–	1,9	1
1984	32,6	38,8	45	34,7	32	18,5	–	1,7	1
1989	36,2	33,0	32	39,0	45	6,2	–	2,6	1
1994	36,4	27,0	18	42,6	62	16,1	2	3,0	2
1999	24,0	35,8	36	28,0	29	12,7	10	2,7	2
2004	38,8	26,7	27	22,6	19	14,9	12	1,4	2

Wahl	Wahl-beteili-gung	Plaid Cymru		Green Party		UK Independence Party	
	%	%	Sitze	%	Sitze	%	Sitze
1979	31,6	0,6	–	–	–	–	–
1984	32,6	0,7	–	–	–	–	–
1989	36,2	0,7	–	14,5	–	–	–
1994	36,4	1,0	–	3,1	–	–	–
1999	24,0	1,9	2	6,2	2	7,0	3
2004	38,8	1,0	1	6,3	2	16,2	12

Erläuterung: 1979 bis 1994 relative Mehrheitswahl, seit 1999 reine Verhältniswahl. Ohne Nordirland, wo drei Abgeordnete gewählt werden. Bis 1999 stellten die Democratic Unionists sowie die Official Ulster Unionists auf der protestantischen Seite und die Social Democratic and Labour Party (SDLP) auf der katholischen Seite jeweils einen Abgeordneten. 2004 ging der katholische Sitz erstmals an Sinn Féin.
Quelle: http://www.europarl.org.uk (16.5.2006).

In Nordirland hat sich nach dem Auseinanderfallen der Fraktionsgemeinschaft von britischer Conservative Party und nordirischen Official Ulster Unionists zu Beginn der 1970er ein völlig eigenständiges Parteiensystem entwickelt. Die britischen Parteien treten dort nicht an. Entsprechend der dominanten ethnisch-konfessionellen Konfliktlinie zerfällt das Parteiensystem in ein größeres, am Verbleib im Vereinigten Königreich festhaltendes protestantisches Lager und ein kleineres, die Vereinigung mit Irland forderndes katholisches Lager. Die beiden Gruppen selbst wiederum sind in ein gemäßigtes und ein militantes Lager gespalten, wobei die militanten Parteien wiederholt mit Abspaltungen zu kämpfen hatten. Zwischen den Lagern stehende interkonfessionelle Parteien sind zwar immer wieder aufgetreten, waren bei Wahlen aber regelmäßig nicht sehr erfolgreich. Am stärksten schnitt hier die Alliance Party ab. Damit ergibt sich eine Konstellation mit vier wichtigen politischen Kräften. Auf der protestantischen Seite war lange Zeit die gemäßigt-bürgerliche Official Unionist Party (OUP) dominant, während die militanten Democratic Ulster Unionists (DUP) um Ian Paisley in der Minderheit blieben. Auf der katholischen Seite dominierte die Social Democratic and Labour Party (SDLP), während Sinn Féin (SF) deutlich abgeschlagen blieb. Das hat sich in jüngerer Zeit grundlegend gewandelt. Mittlerweile haben auf beiden Seiten die militanten Parteien die größere Wählerunterstützung (s. Tab. 8). Das hat vor allem mit dem von der britischen und der irischen Regierung gemeinsam forcierten Friedensprozess zu tun, der bislang eher die Extreme auf beiden Seiten gestärkt hat.

Tab. 8: Wahlen zum Nordirischen Parlament 1973 bis 2003

Wahl	Official Unionist Party (OUP)		Democratic Unionist Party (DUP)		SDLP		Sinn Féin (SF)		Alliance Party		Andere Parteien und Unabhängige	
	%	Sitze	%	Sitze	%	Sitze	%	Sitze	%	Sitze	%	Sitze
1973	35,8	31	10,8	8	22,1	19	–	–	9,2	8	22,1	12
1975	25,4	19	14,8	12	23,7	17	–	–	9,8	8	26,3	22
1982	29,7	26	23,0	21	18,8	14	10,1	5	9,3	10	9,1	2
1996	24,2	30	18,8	24	21,4	21	15,5	17	6,5	7	13,6	9
1998	21,3	28	18,0	20	22,0	24	17,7	18	6,5	6	14,5	12
2003	22,7	27	25,7	30	17,0	18	23,5	24	3,7	6	7,4	3

Erläuterung: Vor 1973 wurde zu den Wahlen zum Stormont, dem nordirischen Parlament, ein Mehrheitswahlsystem mit zusätzlich stark manipulierter Wahlkreiseinteilung angewendet, das zu einer bizarren Dominanz der Unionisten führte. Seit 1973 wird das auch in Irland praktizierte Single Transferable Vote (STV) angewendet, ein Verhältniswahlsystem mit Präferenzstimmgebung, bei dem mehrere Sitze in den Wahlkreisen an diejenigen Kandidaten vergeben werden, die die meisten Erst- und weitere Präferenzstimmen auf sich vereinigen konnten. 1996 wurde die Zahl der Sitze von 78 auf 108 erhöht. Der Stormont wurde immer wieder für längere Zeit suspendiert, wenn der Friedensprozess ins Stocken geriet.

Quelle: http://www.ark.ac.uk/elections/(16.5.2006).

V. Eine Reform des Wahlsystems für das Unterhaus?

Mit den Institutionenreformen der Regierung Blair haben sich auf der regionalen Ebene Parteiensysteme etablieren können, die stark von der britischen Ebene abweichen. Während bei den Wahlen zum Unterhaus trotz der Erosionserscheinungen das alte Duopol von Conservative und Labour Party weiterhin dominiert, haben sich bei den regionalen Wahlen schnell Mehrparteiensysteme entwickelt, die eine parlamentarische Mehrheit für eine Partei unwahrscheinlich werden lassen. Nebeneinander bestehen also in den Landesteilen, in denen regionale Parlamente eingerichtet sind[19], unterschiedliche Spielregeln und Logiken des politischen Wettbewerbs. Natürlich liegt das vor allem daran, dass die Unterhauswahlen weiterhin nach der relativen Mehrheitswahl durchgeführt werden, während auf der regionalen Ebene die Verhältniswahl zur Anwendung kommt. Allerdings sollte man die unterschiedlichen Entwicklungen nicht allein auf diesen Faktor zurückführen.

Regionale Wahlen haben »*second order*«-Charakter: Die Wahlbeteiligung ist niedriger; kleinere Parteien profitieren von Problemen der großen Parteien bei der Mobilisierung ihrer Anhängerschaft; schließlich dienen diese Wahlen vielen Wählern dazu, Unzufriedenheit mit der gerade im Amt befindlichen Regierungspartei auszudrücken. Man kann also nicht einfach die regionalen Entwicklungen hochrechnen und annehmen, dass sich nach einer Reform des Wahlsystems ähnliche Kräfteverhältnisse automatisch auch auf der nationalen Ebene einstellen würden. Dennoch ist nicht zu übersehen, dass die relative Mehrheitswahl in den jeweiligen Schwächeperioden zunächst der Labour Party in den 1980er und 1990er Jahren, nach 1997 dann der Conservative Party dabei geholfen hat, sich organisatorisch, personell und programmatisch zu erneuern, ohne dass diese ernsthaft befürchten mussten, von einer Drittpartei aus der Rolle der »offiziellen« Oppositionspartei verdrängt zu werden.

Obwohl seit den 1970er Jahren in immer neuen Anläufen Forderungen nach einer Abkehr von der relativen Mehrheitswahl erhoben und Alternativen entwickelt wurden, ist nicht damit zu rechnen, dass es alsbald zu einem solchen Schritt kommt. Am besten waren die Chancen für die Reformanhänger in den 1990er Jahren vor dem Wahlsieg von Tony Blair.[20] Wegen der lang anhaltenden Dominanz der Konservativen unter Margaret Thatcher und John Major hatten sich zunehmend auch Kritiker des Status quo in der Labour Party zu Wort gemeldet. Mitte der 1990er Jahre optierte eine parteiinterne Reformkommission (*Plant Commission*) mit knapper Mehrheit gegen den Status quo, ohne sich allerdings deutlich für ein Verhältniswahlsystem auszusprechen.

Mit dem Amtsantritt der Regierung Blair wurde dann in Absprache mit den Liberal Democrats eine unabhängige Kommission unter dem Vorsitz von Lord Jenkins, einem ehemaligen Labour-Minister, der über die Social Democratic Party seinen Weg zu den Liberal Democrats gefunden hatte, einberufen. Diese Kommission stellte schließlich eine Reformoption unter dem Titel »*Alternative Vote plus*« vor, die der Quadratur des Zirkels gleichkam. Zwar handelt es sich der Logik nach um ein dem deutschen teilpersonalisierten Verhältniswahlsystem nachgebildetes Verfahren. Allerdings wurde die Verteilung der Sitze auf mit Mehrheit zu gewinnende Direktwahlkreise und per Verhältniswahl zu verteilende Listensitze so asymmetrisch zugunsten der ersteren vorgesehen, dass auch in Zukunft absolute Sitzmehrheiten im Unterhaus und die Bildung von Einparteienregierungen relativ wahrscheinlich sein würden.

Der Kompromisscharakter dieses Vorschlags führte dazu, dass sich in der politischen Öffentlichkeit so recht niemand für ihn verwenden wollte. Die der Labour-Regierung für die nächste Unterhauswahl 2001 prognostizierte Chance auf eine klare Wiederwahl tat dann ein Übriges, den Vorschlag der Jenkins-Kommission schnell in Vergessenheit geraten zu lassen. Aus der Schublade, in der er momentan ruht, wird er wohl nur dann hervorgeholt werden, wenn der Labour-Regierung allein die Option bleibt, mit den Liberal Democrats eine Koalitionsregierung einzugehen, um eine Abwahl zu vermeiden. In einem solchen Fall wäre wohl die Abkehr vom System der relativen Mehrheitswahl der Preis, den die Labour Party für eine Koalitionszusage der Liberalen zahlen müsste.

Anmerkungen

1 Giovanni Sartori, Parties and Party Systems. A Framework for Analysis, vol. 1, Cambridge 1976.
2 André Blais/Agnieszka Dobrzynska, Turnout in Electoral Democracies, in: European Journal of Political Research, 33 (1998), S. 239–261.
3 Vgl. Maurice Duverger, Les Partis Politiques, Paris 1951; Gary Cox, Making Votes Count. Strategic Coordination in the World's Electoral Systems, Cambridge 1997.
4 Giovanni Sartori (vgl. Anm. 1).
5 Simon Franzmann/André Kaiser, Locating Political Parties in Policy Space. A Reanalysis of Party Manifesto Data, in: Party Politics, 12 (2006) 2, S. 163–188; André Kaiser/Simon Franzmann, New Labours Strategie auf dem politischen Issue-Markt, in: Sebastian Berg/André Kaiser (Hrsg.), New Labour und die Modernisierung Großbritanniens, Augsburg 2006, S. 208–235.

6 Die Positionen von Plaid Cymru sind wegen fehlender Daten im Schaubild nicht eingetragen.

7 Vgl. Ivor Crewe, Great Britain, in: ders./David Denver (Hrsg.), Electoral Change in Western Democracies: Patterns and Sources of Electoral Volatility, London-Sydney 1985, S. 100–150.

8 Spitzenwerte erreichte die Wählerwanderung bei den Wahlen vom Februar 1974, 1983 und 1997 (vgl. Tab. 1).

9 Vgl. Elinor Scarbrough, The British Electorate Twenty Years On. Electoral Change and Election Surveys, in: British Journal of Political Science, 17 (1987), S. 219–246. Allgemein zu den Befunden der Wahlforschung für Großbritannien vgl. Paul Webb, The Modern British Party System, London 2000.

10 Vgl. David Butler/David Kavanagh, The British General Election of 1979, London-Basingstoke 1980, S. 340.

11 David Butler/David Kavanagh, The British General Election of 1987, London-Basingstoke 1988, S. 317; siehe hierzu auch Ron J. Johnston/Charles J. Pattie/J.G. Allsop, A Nation Dividing? The Electoral Map of Great Britain 1979–1987, London 1988.

12 Vgl. Michael Steed, The core-periphery dimension of British politics, in: Political Geography Quarterly, 5 (1986), Supplement, S. 91–103.

13 Vgl. William Miller, Social Class and Party Choice in England. A New Analysis, in: British Journal of Political Science, 8 (1978), S. 257–284; ders., Class, Region and Strata at the British General Election of 1979, in: Parliamentary Affairs, 32 (1979), S. 376–382.

14 Allerdings sind auch so genannte Hochburgen bei Nachwahlen – im Gegensatz zu allgemeinen Unterhauswahlen – keineswegs Garanten für einen Erfolg.

15 Vgl. dazu ausführlich André Kaiser, Mehrheitsdemokratie und Institutionenreform. Verfassungspolitischer Wandel in Australien, Großbritannien, Kanada und Neuseeland im Vergleich, Frankfurt a. M. 2002.

16 Im Unterschied zu Deutschland herrscht allerdings ein »Grabensystem« vor, d. h. die (zahlenmäßig bedeutenderen) Direktmandate werden nicht mit den Listenmandaten verrechnet. Kommunalwahlen werden im Folgenden nicht gesondert betrachtet. Vgl. dazu ausführlich Colin Rallings/Michael Thrasher, Local Elections in Britain. A Statistical Digest, London 2003.

17 Vgl. dazu Karlheinz Reif/Hermann Schmitt, Nine Second-Order National Elections. A Conceptual Framework for the Analysis of European Election Results, in: European Journal of Political Research, 8 (1980), S. 3–44.

18 Es zeigt sich allerdings an diesem Beispiel zugleich, wie schwierig es für »single issue«- bzw. Protestparteien ist, sich langfristig zu konsolidieren. Beide Abgeordnete verließen die UK Independence Party im Zuge einer Spaltung, traten kurzzeitig unter dem Parteinamen Veritas auf und warben für eine Anti-EU-, Anti-Immigrations- und »flat tax«-Plattform, um mittlerweile als Vertreter von One London zusätzlich auch noch gegen die »congestion charge«, die Straßenbenutzungsgebühr im Londoner Zentrum zu streiten.

19 Versuche, auch in den englischen Regionen gewählte Körperschaften einzurichten, sind nach einem gescheiterten Referendum in Nordost-England vorerst eingestellt worden.

20 Zu den folgenden Ausführungen ausführlich André Kaiser (vgl. Anm. 15), S. 248–253 und 335–347.

Weiterführende Literatur

Butler, David/Kavanagh, Dennis, The British General Election of 2001, Basingstoke 2001.

Kavanagh, Dennis/Butler, David, The British General Election of 2005, Basingstoke 2005.

Maor, Moshe, Political Parties and Party Systems. Comparative Approaches and The British Experience, London 1997.

Webb, Paul, The Modern British Party System, London 2000.

Links

http://www.europarl.org.uk
http://news.bbc.co.uk/
http://www.ark.ac.uk/elections/
http://www.direct.gov.uk/Homepage/fs/en
http://www.ukpolitics.org.uk/links.htm

III. Gesellschaft

Gerald Wood

Räumliche Disparitäten und gesellschaftliche Entwicklung

I. »A Nation ever more divided«[1]

Das Vereinigte Königreich ist in sozialräumlicher Hinsicht heute mehr denn je gespalten. Diesen Schluss ziehen Danny Dorling und Phil Rees auf der Basis des umfangreichen Datenmaterials der letzten Volkszählung aus dem Jahre 2001: »Wir haben erwartet, in den Zahlen eine Nation zu entdecken, die wieder zueinander findet. Stattdessen enthüllt die Volkszählung von 2001 eine Nation, die durch ihre Geographie mehr denn je entzweit ist.«[2]

Diese Beobachtung ist insofern überraschend, als die letzten zehn Jahre eine Zeit der ökonomischen und gesellschaftlichen Stabilisierung Großbritanniens waren. Trotzdem hat dies nicht zu einer nennenswerten Reduzierung der räumlichen Ungleichheiten geführt: »Große wie kleine Städte und auch Dörfer erleben den Prozess der Spaltung sowohl innerhalb ihrer eigenen Grenzen als auch untereinander. Diese Spaltung erfolgt zwischen Stadt und Land, Nord und Süd und zwischen den Nationen [des United Kingdom]. Das, was in den frühen 1980er Jahren begann, hat sich ungehindert fortgesetzt.«[3] Die Beständigkeit sozialräumlicher Disparitäten ist auch insofern bemerkenswert, als es in der Vergangenheit nicht wenige staatliche Interventionen gegeben hat, mit der britische Regierungen das Ziel verfolgten, ungleichwertige Lebensbedingungen zu reduzieren bzw. aufzulösen.

In den folgenden Überlegungen geht es darum, die unterschiedlichen Formen sozialräumlicher Disparitäten in Großbritannien in ihren jüngsten Entwicklungen darzustellen und ihre Hintergründe zu beleuchten. Das besondere Interesse gilt der Frage, wie sich die Disparitäten auf verschiedenen räumlichen Maßstabsebenen darstellen. Dabei wird London ein eigener Abschnitt gewidmet, weil es aufgrund seiner ökonomischen, gesellschaftlichen, politischen und kulturellen Sonderstellung einen Spezialfall darstellt. Den Abschluss des Beitrags bildet eine Diskussion über die Optionen staatlichen Eingreifens in die Entwicklungsdynamik räumlicher Disparitäten.

II. Regionale Disparitäten und ihre historischen Wurzeln

Die wirtschaftliche Entwicklung in Großbritannien während der letzten Jahrzehnte ist durch einen anhaltenden Niedergang der so genannten Altindustrien (Kohle, Stahl, Schiffbau etc.), aber auch der Konsumgüterindustrien der Zwischen- und Nachkriegszeit, und durch ein starkes Wachstum der Dienstleistungen charakterisiert.[4] Beide Tendenzen sind Ausdruck einer Restrukturierung der britischen Wirtschaft, bei der vor allem die produktionsorientierten Dienstleistungen eine zentrale Rolle spielen. Während die nördlichen Landesteile, die Midlands und Wales von diesen Veränderungen in Form von Schrumpfung und Niedergang weitgehend negativ betroffen sind, verzeichnen südliche und südöstliche Gebiete Englands ein eindrucksvolles Wachstum ihrer Dienstleistungsökonomie.

Diese Entwicklungen sind das Ergebnis eines langen Prozesses, der bereits mit dem Beginn der Industrialisierung einsetzte. In dieser Zeit waren die peripheren Regionen/Nationen im Norden (Nordengland, Schottland) und im Westen (Wales) die Orte, die dem Industrialisierungsprozess seine entscheidenden Impulse verliehen. Hier entstanden, auf der Grundlage von Kohlevorkommen, große industrielle Komplexe, Menschen zogen massenhaft zu, und es bildeten sich die großen Reviere und Städte des Industriezeitalters heraus. Über eine lange Zeit war diese »industrielle Peripherie«[5] der ökonomische Schwerpunkt der britischen gewerblichen Wirtschaft.

Dies änderte sich ab den zwanziger und dreißiger Jahren des 20. Jahrhunderts infolge der problematischen Weltmarktlage und der nachlassenden Binnennachfrage. Im Gegensatz zu diesen Landesteilen verzeichneten andere Regionen wie beispielsweise die Midlands (aber auch London) in der Nachkriegszeit eine ausgesprochen positive industrielle Entwicklung. Nun waren sie es, die zu den industriellen Kernräumen des Landes aufstiegen (»manufacturing heartland«[6]) – vor allem auf der Grundlage der entstandenen Konsumgüterindustrien und der enormen Nachfrage nach ihren Produkten, die wiederum durch die erhebliche Ausweitung der Massenkaufkraft möglich wurde. Aufgrund der zunehmenden Weltmarktkonkurrenz und der immer geringeren Wettbewerbsfähigkeit britischer Konsumgüter sank die Nachfrage, auch die Binnennachfrage, nach diesen Gütern immer weiter, sodass die britischen Konsumgüterindustrien ab den späten 1970er Jahren ebenfalls von einer massiven Deindustrialisierung betroffen waren. Hiervon waren zum einen die Wachstumsregionen der Nachkriegszeit (inklusive London) tangiert, zum anderen aber auch die Altindustrieregionen, in denen sich die »verlängerten Werkbänke« der Großunternehmen nicht halten konnten.

Auch London blieb von diesen Entwicklungen nicht verschont und verlor einen Großteil seiner industriell-gewerblichen Arbeitsplätze. Diese Verluste wurden aber durch die Expansion der Dienstleistungsökonomie Südostenglands mehr als ausgeglichen. Während große Teile im nördlichen und westlichen Großbritannien durch einen wirtschaftlichen Niedergang charakterisiert waren, erfreuten sich große Teile Süd- und Südostenglands eines wirtschaftlichen Wachstums.

Diese Strukturverschiebungen haben ein recht bemerkenswertes mediales Echo gefunden. In den Massenmedien, aber auch in wissenschaftlichen Veröffentlichungen, wurde das Phänomen einer sich gerade auch in räumlicher Hinsicht spaltenden Gesellschaft seit Ende der 1980er Jahre ausgiebig erörtert und analysiert.[7] Das diskutierte Muster einer zweigeteilten Nation (*North-South Divide*) wird u. a. auf den schon im 19. Jahrhundert sichtbaren Dualismus zwischen »Nord« und »Süd« zurückgeführt.[8] Zwischen dem Norden, industrialisiert und exportorientiert, und dem metropolitanen Südosten, geprägt durch Handel, Finanzdienstleistungen und den Sitz der Regierung, bestanden schon zur industriellen Blütezeit im Viktorianischen Zeitalter deutliche Wohlstandsunterschiede und ein erhebliches Machtgefälle. Die räumliche Konzentration von politischer Macht im Südosten des Landes, zu der im 20. Jahrhundert eine erhebliche Konzentration auch von wirtschaftlicher Macht hinzukam, hat aufgrund der Politik des Zentralstaates mit dazu beigetragen, dass sich der Dualismus zwischen einem ökonomisch schwachen und instabilen Norden und einem wirtschaftlich dynamischeren Süden hat entfalten können.[9]

III. Aktuelle Tendenzen regionaler Disparitäten

1. Wirtschaftlicher Wandel

»North-south divide set to widen«[10] – unter diesem Titel thematisierte der *Guardian* in einem Artikel vom 13. August 2004 die zunehmende Polarisierung der britischen Volkswirtschaft. Eine Expertin des Wirtschaftsforschungsinstitutes *Experian* wird mit den Worten zitiert: »Wir rechnen damit, dass sich das Wachstum des Bruttoinlandproduktes (BIP) im Vereinigten Königreich beschleunigen und sich damit der Vorsprung gegenüber dem Westeuropäischen Mittel vergrößern wird. Gleichzeitig erwarten wir, dass sich die Nord-Süd Spaltung vertiefen wird, wobei die Lücke zwischen den leistungsstärksten und leistungsschwächsten Regionen extremer sein wird als in allen anderen westeuropäischen Staaten.«

Während im Jahr 2000 das britische BIP etwa 17 Prozent des EU25-BIP (bzw. 18 Prozent des EU15-BIP)[11] ausmachte, besteht die Kluft zwischen wirtschaftsstarken und -schwachen Landesteilen (»Großbritannien der zwei Geschwindigkeiten«) weiter fort. So gehören fünf britische Regionen zu den zehn am schnellsten wachsenden Regionen in der EU, gleichzeitig befinden sich unter den leistungsschwächsten EU-Regionen auch britische. Die dynamischeren Landesteile befinden sich vor allem im Südosten Englands (einschließlich London), dessen ökonomische Performance mit der Entwicklung der zehn weltweit leistungsstärksten Volkswirtschaften Schritt halten kann (z. B. mit der Schweiz, Dänemark und Singapur), während Wales, Nordostengland und Yorkshire mit Ländern wie Ungarn, Chile und Israel verglichen werden.[12]

Betrachtet man die Entwicklung der Pro-Kopf-Bruttowertschöpfung in den einzelnen Regionen/Nationen des UK zwischen 1991 und 2001, dann treten zwei Aspekte besonders hervor: die erheblichen interregionalen Unterschiede der wirtschaftlichen Leistungsfähigkeit und die deutliche Zweiteilung des Landes hinsichtlich der Dynamik der ökonomischen Entwicklung zwischen 1991 und 2001 (vgl. Tab. 1).

Tab. 1: Pro-Kopf-Bruttowertschöpfung 1991–2001 (Indexwerte)

Region	1991	1993	1995	1997	1999	2001	Entwicklung 1991–2001 in %
North East	84,5	84,4	83,4	79,9	76,6	76,4	−9,59
North West	90,8	91,0	90,8	89,7	89,7	89,8	−1,10
Yorkshire a.t. Humber	90,4	89,2	89,5	89,1	87,3	86,4	−4,42
East Midlands	94,9	93,9	94,5	95,2	93,4	91,9	−3,16
West Midlands	92,0	92,0	92,9	92,3	91,1	90,4	−1,74
East	109,4	108,6	108,3	108,1	108,6	110,1	0,64
London	130,5	131,9	129,8	132,2	135,0	133,2	2,07
South East	110,2	110,4	111,2	113,4	117,4	120,1	8,98
South West	92,9	92,3	92,2	91,9	90,2	89,3	−3,88
England	101,8	101,7	101,6	102,0	102,4	102,5	0,69
Wales	83,3	82,8	83,4	81,3	79,2	78,9	−5,28
Schottland	99,5	100,2	100,4	98,6	95,8	94,7	−4,82
Nordirland	76,4	78,5	80,0	79,2	78,7	78,4	2,62
United Kingdom	100,0	100,0	100,0	100,0	100,0	100,0	

Quelle: Regional Trends, 38, 2004, S. 169, Tab. 12.1; eigene Berechnung.

Zu den ökonomisch schwächsten Regionen zählen in allen aufgeführten Jahren die nördlichen englischen Regionen, die Midlands, der Südwesten Englands sowie die »keltische Peripherie«, also Schottland, Wales und Nordirland. Ihre Indexwerte liegen zum Teil erheblich unter dem UK-Mittelwert. Die interregionale Ungleichheit zeigt sich besonders deutlich beim Vergleich der Daten für den Nordosten, Wales und Nordirland mit den Daten für den Südosten und London. So erreicht die Bruttowertschöpfung pro Kopf im Jahre 2001 im Nordosten nur 57 Prozent des Wertes für London.

Die hohe Wirtschaftskraft in Südostengland lässt sich vor allem auf den höheren Beschäftigtenanteil in den privaten Dienstleistungen zurückführen, da in diesem Wirtschaftssegment in der Regel höhere Gehälter bezahlt werden, gerade auch im Vergleich zum öffentlichen Dienst. Außerdem verfügt ein größerer Anteil der Beschäftigten über eine höhere formale Qualifikation. In anderen Landesteilen (vor allem in den Midlands und im Norden Englands) ist die Beschäftigung im produzierenden Gewerbe weiter geschrumpft, gleichzeitig sind die Wachstumsspielräume im Dienstleistungsbereich gering. Es wird damit gerechnet, dass sich der Rückgang des produzierenden Gewerbes fortsetzen wird.[13]

Die wirtschaftlich schwächeren Regionen sind zudem durch eine negative Entwicklung der Pro-Kopf-Bruttowertschöpfung zwischen 1991 und 2001 charakterisiert. Besonders dramatisch war dies in Nordostengland. Aber auch in Yorkshire und Humber, Wales, Schottland und Südwestengland hat sich die Pro-Kopf-Bruttowertschöpfung deutlich verschlechtert.[14] Auf der anderen Seite stehen die »Gewinner«: Südostengland, London und, deutlich schwächer, Ostengland In diesen Regionen hat sich die ökonomische Belebung der Wirtschaft nach dem konjunkturellen Einbruch während der frühen 1990er Jahre vor allem vollzogen. Es wird damit gerechnet, dass die Bruttowertschöpfung (in England) in den nächsten Jahren weiterhin jährlich um 2,5 Prozent bis 3 Prozent wachsen wird, gleichfalls aber das interregionale Gefälle der Pro-Kopf-Bruttowertschöpfung im Wesentlichen bestehen bleibt.[15]

2. Einkommens- und Ausgabenentwicklung der Haushalte

Aufgrund der großen interregionalen Unterschiede des BIP und der Bruttowertschöpfung ist auch die Spreizung der Einkommen auffallend groß. Das höchste Pro-Kopf-Haushaltseinkommen wurde 1989 und 1999 in London erzielt, in Nordostengland bzw. Wales hingegen das niedrigste (vgl. Tab. 2). Gemessen an den Pro-Kopf-Haushaltseinkommen in London betrug das

Tab. 2: Haushaltseinkommen und Ausgaben für das Wohnen

	Pro-Kopf-Haushalts-einkommen (in Pfund)		Verfügbares Pro-Kopf-Haushalts-einkommen (in Pfund)		Verfügbares Pro-Kopf-Haus-haltseinkommen (Indexwert)		Durchschnittl. Ausgaben für Wohnen	
							Ausga-ben pro Haushalt (in Pfund)	In % aller Kon-sumaus-gaben
	1989	1999	1989	1999	1989	1999	1999–2002	
North East	7 133	13 215	4 908	9 018	88,3	88,9	47,70	15
North West	7 705	14 200	5 239	9 501	94,2	93,7	53,50	15
Yorkshire and the Humber	7 626	13 872	5 208	9 325	93,7	91,9	54,20	16
East Midlands	7 888	14 430	5 280	9 409	95,0	92,8	56,20	15
West Midlands	7 462	14 538	4 934	9 541	88,7	94,1	56,00	16
East	9 177	16 740	6 097	10 638	109,7	104,9	66,40	17
London	9 960	19 641	6 549	12 207	117,8	120,4	90,30	20
South East	9 254	17 844	6 110	11 055	109,9	109,0	76,40	17
South West	8 182	15 323	5 638	10 073	101,4	99,3	61,40	17
England	8 425	15 948	5 643	10 284	101,5	101,4	65,00	17
Wales	7 232	12 913	4 994	8 870	89,8	87,5	45,90	14
Schottland	7 887	14 910	5 355	9 870	96,3	97,3	53,60	16
Nordirland	6 736	12 792	4 729	8 998	85,1	88,7	34,50	10
United Kingdom	8 271	15 619	5 560	10 142	100,0	100,0	62,30	16

Quelle: Regional Trends, 38, 2004. S. 175, Tab. 12.7; S. 126, Tab. 8.11; eigene Berechnungen.

Einkommen in den einkommensschwächsten Regionen Nordostengland, Wales und Nordirland lediglich 65 bzw. 67 Prozent.

Interessant ist ferner die Einkommensentwicklung. Hier wird insbesondere deutlich, dass die relative Position Londons weiter gestärkt worden ist. So stieg der Indexwert des Nettoeinkommens für London von 117,8 im Jahre 1989 auf 120,4 zehn Jahre später. Für andere Regionen, vor allem die einkommensschwächeren, hat sich die relative Position hingegen zumeist verschlechtert (North West, Yorkshire und Humber, East Midlands, Südwesten). Allerdings konnten Schottland und die West Midlands eine zum Teil spürbare Angleichung der Einkommensentwicklung an den landesweiten Mittelwert verzeichnen.

Nicht nur bei den Einkommen, sondern auch bei den Ausgaben der privaten Haushalte für das Wohnen gibt es große regionale Unterschiede, mit zum Teil engen Wechselwirkungen zwischen beiden. So begünstigen höhere Erwerbseinkommen die Preissteigerung in bestimmten Regionen, gerade für nachgefragte Güter wie den Wohnraum. Auf der anderen Seite führen die relativ hohen Lebenshaltungskosten in Südostengland dazu, dass Arbeitgeber Lohnzuschläge gewähren, um überhaupt Arbeitskräfte finden bzw. halten zu können.

Die regional abweichenden Wohnausgaben der privaten Haushalte sind ein Reflex auf die unterschiedlichen Entwicklungen auf den Wohnungsmärkten in den einzelnen Teilräumen des UK. In Südostengland, wo aufgrund des starken ökonomischen Wachstums und des dadurch bedingten positiven Wanderungssaldos schon seit Jahren ein erheblicher Nachfragedruck herrscht, liegen die Preise für das Wohnen erheblich über den nationalen Mittelwerten. So betrug im Jahre 2002 der durchschnittliche Preis für eine Wohneinheit in London 241 080 Pfund (England: 148 184 Pfund). Im Vergleich hierzu belaufen sich die Kosten in Nordostengland lediglich auf ein Drittel, nämlich auf 81 387 Pfund.[16] Allerdings hat es während der letzten Jahre im gesamten Land deutliche Steigerungen bei den Immobilienpreisen gegeben, gerade auch in den eher peripher gelegenen Regionen (z. B. im Südwesten).[17] Aufgrund der unterschiedlichen Immobilienpreise variiert der Anteil der Ausgaben der privaten Haushalte für das Wohnen an den gesamten Konsumausgaben regional. In London belaufen sie sich auf 20 Prozent aller Konsumausgaben und in Wales auf 14 Prozent. Diese Unterschiede sind relativ konstant, schon 1992 waren sie fast identisch.[18]

Fasst man die Entwicklung bei den Einkommen und den Konsumausgaben – vor allem für das Wohnen – zusammen, dann ergibt sich ein zweigeteiltes Bild: auf der einen Seite besteht zwischen dem Südosten und den meisten anderen Landesteilen ein erhebliches Einkommensgefälle zugunsten des Südostens, gleichzeitig zehren auf der anderen Seite die höheren Lebenshaltungskosten in Südostengland gerade bei Gütern, deren Konsum unverzichtbar ist, die erzielten Einkommensvorsprünge zu einem beträchtlichen Teil wieder auf. Vor diesem Hintergrund ist es verständlich, dass in Südostengland ein erheblicher (politischer) Druck besteht, die Wohnraumsituation zu verbessern, damit die wirtschaftliche Dynamik nicht durch die Engpässe auf dem Wohnungsmarkt gebremst wird.

3. Arbeitsmarkt

Die regionalen Arbeitsmärkte sind nicht zuletzt aufgrund der ökonomischen Entwicklungen ungleich strukturiert und stellen daher unterschiedliche Anforderungen. So gibt es noch immer Regionen mit einem Anteil an Beschäftigten im produzierenden Sektor von bis zu 20 Prozent, während beispielsweise London nur einen Anteil von 6,5 Prozent und Südostengland einen Anteil von 11,1 Prozent aufweisen. Regionen mit einem hohen Beschäftigtenanteil im produzierenden Sektor werden lange brauchen, um ein ähnliches Beschäftigungsprofil wie Südostengland zu erlangen, weil nicht nur die entsprechenden Arbeitsplätze weniger schnell geschaffen werden, sondern weil sich die von einer Dienstleistungsökonomie nachgefragten und die in diesen Regionen bestehenden Qualifikationen erst über einen langen Zeitraum annähern werden.

Die Arbeitslosigkeit in Großbritannien ist im letzten Jahrzehnt spürbar gefallen (vgl. Tab. 3). Gleichzeitig hat sich die in den frühen 1990er Jahren begonnene Angleichung zwischen den britischen Regionen in den letzten Jahren weiter verstärkt. Die Arbeitslosenquoten in den wirtschaftlich schwächeren Regionen (Nordostengland, keltische Peripherie) liegen im Jahre 2003 sehr viel näher am Mittelwert als vier Jahre zuvor. Beispielsweise verringerte sich der Abstand Nordostenglands vom Mittelwert von 3,9 Prozentpunkten im Jahre 1999 auf 1,5 Prozentpunkte im Jahre 2003. Dieser Trend wird allgemein als Zeichen für eine ökonomische Erholung in den weniger dynamischen Regionen des Landes gewertet.

Allerdings darf nicht übersehen werden, dass die Reduzierung bzw. die Angleichung der Arbeitslosenquoten nicht von einem entsprechenden An-

Tab. 3: Arbeitslosenquoten 1999–2003
Prozentwerte (Frühjahrsquartal)

	1999	2000	2001	2002	2003
North East	10,1	9,1	7,4	6,9	6,6
North West	6,5	5,7	5,4	5,7	5,1
Yorkshire and the Humber	6,7	6,2	5,2	5,5	5,5
East Midlands	5,3	5,3	5,0	4,3	4,3
West Midlands	6,9	6,4	5,2	5,7	5,9
East	4,4	3,8	3,8	3,7	4,2
London	7,8	7,3	6,3	6,9	7,1
South East	3,8	3,5	3,2	4,0	3,9
South West	5,0	4,3	3,7	3,7	3,9
England	6,0	5,5	4,8	5,1	5,1
Wales	7,4	6,5	6,2	6,2	4,6
Schottland	7,5	7,7	5,9	6,9	5,7
Nordirland	7,6	7,2	6,3	5,6	5,4
United Kingdom	6,2	5,8	5,0	5,3	5,1

Quelle: Regional Trends, 38, 2004, S. 84, Tab. 5.18.

stieg der Erwerbsmöglichkeiten begleitet wurde. So waren beispielsweise in Nordostengland im Jahre 2003 zwar über 21 000 Personen weniger arbeitslos als im Jahre 1999, gleichzeitig aber hat sich die Zahl der Beschäftigten insgesamt nur um 1 000 erhöht. Es stellt sich also die Frage, was mit den Personen geschehen ist, die weder in der Arbeitslosen- noch in der Beschäftigtenstatistik aufgeführt sind. Eine mögliche Erklärung liegt in der hohen Quote der (älteren) Personen, die aus Krankheits- oder Invaliditätsgründen aus dem Erwerbsleben ausgeschieden sind und daher nicht mehr in der Arbeitslosenstatistik erscheinen, vor allen Dingen in den wirtschaftlichen schwächeren Regionen.[19] Es wird vermutet, dass ein erheblicher Teil dieser Personen einer Beschäftigung nachgeht bzw. dem Arbeitsmarkt zur Verfügung stehen würde, wenn entsprechende Optionen bestünden.[20] Zusätzlich bewirkt die fortgesetzte Abwanderung von Personen im erwerbsfähigen Alter einen weiteren Entlastungseffekt für den Arbeitsmarkt. Insofern lässt die Arbeitslosenstatistik nur bedingt generelle Rückschlüsse auf die ökonomische Entwicklung der Regionen zu; sie muss entsprechend vorsichtig interpretiert werden.

4. Bevölkerungsentwicklung

Während der letzten 30 Jahre hat die Bevölkerung des Vereinigten Königreichs um annähernd sechs Prozent zugenommen. Hinter diesem allgemeinen Trend verbergen sich jedoch zum Teil erhebliche regionale Unterschiede (vgl. Tab. 4). So ist der Londoner Großraum die mit Abstand dynamischste Region. Während Greater London zwischen 1971 und 1981 annähernd zehn Prozent seiner Bevölkerung verlor, wuchs die Stadt zwischen 1991 und 2001 wieder um sieben Prozent. In diesen Zahlen spiegelt sich die wechselvolle ökonomische Entwicklung vom industriellen Niedergang der 1970er und 1980er Jahre zum Boom im Zeichen einer sich ausweitenden Dienstleistungsökonomie während der letzten Dekade. Der Bevölkerungszuwachs Londons macht etwa ein Drittel des gesamten englischen Bevölkerungswachstums von 1991 bis 2001 aus. Ein Teil dieses Zuwachses speist sich aus der internationalen Migration. So ziehen etwa 60 Prozent der aus dem Ausland Zugewanderten in die Hauptstadt. Aber auch andere Regionen, vor allem im Osten und Südosten des Landes, haben ein hohes Bevölkerungswachstum zu verzeichnen, das zum einen aus einer Abwanderung aus dem Londoner Großraum resultiert (Suburbanisierung in die angrenzenden Grafschaften), zum anderen aus der Zuwanderung aus anderen, zumeist nördlichen Landesteilen.

Tab. 4: Bevölkerungsentwicklung 1971–2001

	in Tausend				Veränderungen in %		
	1971	1981	1991	2001	1971 –1981	1981 –1991	1991 –2001
North East	2 678,5	2 636,2	2 587,0	2 518,8	–1,6	–1,9	–2,6
North West	7 107,8	6 940,3	6 843,0	6 767,2	–2,4	–1,4	–1,1
Yorkshire and the Humber	4 902,3	4 918,5	4 936,1	4 970,6	0,3	0,4	0,7
East Midlands	3 651,9	3 852,7	4 011,4	4 182,8	5,5	4,1	4,3
West Midlands	5 146,0	5 186,6	5 229,7	5 282,8	0,8	0,8	1,0
East	4 454,3	4 855,0	5 121,1	5 401,3	9,0	5,5	5,5
London	7 529,4	6 805,0	6 829,3	7 307,9	–9,6	0,4	7,0
South East	6 829,7	7 243,1	7 629,2	8 021,4	6,1	5,3	5,1
South West	4 111,8	4 383,4	4 688,2	4 937,0	6,6	7,0	5,3
England	46 411,7	46 820,8	47 875,0	49 389,7	0,9	2,3	3,2
Wales	2 740,3	2 813,5	2 873,0	2 907,6	2,7	2,1	1,2
Scotland	5 235,6	5 180,2	5 083,3	5 064,2	–1,1	–1,9	–0,4
Northern Ireland	1 540,4	1 543,0	1 607,3	1 689,3	0,2	4,2	5,1
United Kingdom	55 928,0	56 357,5	57 438,7	59 050,8	0,8	1,9	2,8

Quelle: Regional Trends 38, 2004, S. 40, Tab. 3.1.

Die Haushaltsgrößen und die Anzahl der Haushalte werden sich ebenfalls weiter ändern, wobei damit zu rechnen ist, dass aufgrund einer Reihe von Faktoren[21] die Zahl der Haushalte schneller steigen wird als die Gesamtbevölkerungszahl. Zwischen 2001 und 2021 soll die Zahl der annähernd 21 Millionen englischen Haushalte (2002) um 189 000 zunehmen. Der stärkste Zuwachs wird für London (+46 400), den Südosten (+33 900), den Osten (+24 600) und den Südwesten (+22 600) vorhergesagt, für Nordostengland (+3 000) der schwächste. Von diesen Entwicklungen werden insbesondere die Wohnungsmärkte tangiert sein. Vor allem in Südostengland wird der ohnehin angespannte Wohnungsmarkt noch stärker unter Druck geraten, während er in Yorkshire und Humber, den West Midlands und Nordostengland aufgrund eines geringfügigen Überangebotes von Wohnraum bereits heute deutlich entspannter ist.

IV. Kleinräumige Disparitäten

Hinter dem bislang diskutierten Muster von sozialräumlichen Disparitäten *(North-South divide)* verbergen sich ausgeprägte kleinräumige Muster ungleichwertiger Lebensbedingungen. In einer Studie des Cabinet Office aus dem Jahre 1999 wird beispielsweise für Nordwestengland hervorgehoben, dass in Merseyside (Liverpool) eine der höchsten Konzentrationen von Arbeitslosigkeit und sozialem Ausschluss in der EU zu finden sei, während im benachbarten Cheshire eines der höchsten Pro-Kopf-BIP in Großbritannien erwirtschaftet werde.[22] Aber nicht nur zwischen den Städten bzw. innerhalb von Stadtregionen bestehen zum Teil erhebliche Entwicklungsunterschiede, sondern auch innerhalb der (Kern-)Städte selbst.

1. Entwicklungsschwache Städte

Unter den Städten stechen u. a. solche Orte hervor, deren ökonomische Entwicklungspotenziale aufgrund ihrer Geschichte und vor dem Hintergrund des ökonomischen und demographischen Raumgefüges Großbritanniens eher bescheiden sind. Hierzu gehören sowohl ehemalige industriell geprägte Orte im Norden Englands, in Wales und Schottland als auch eher touristische Orte im Süden des Landes. Aber auch im Landesinnern von Cornwall gelegene Orte zählen zu dieser Kategorie.[23] Ein Blick auf Tabelle 5 verdeutlicht die unterschiedliche Entwicklungsdynamik der Städte. Mit Ausnahme der *Provincial Capitals* (z. B. Leeds, York, Glasgow und Edinburgh) erzielen die außerhalb der East Midlands und Südostenglands gelegenen Städte eine erheblich unter dem britischen Durchschnitt liegende volkswirtschaftliche Leistung. Die Hintergründe für diese Entwicklungs-

Tab. 5: Bruttoinlandsprodukt pro Kopf 1998 in ausgewählten Städten
    UK = 100

Darlington	90	Milton Keynes	140
Tyneside	83	Brighton and Hove	81
Greater Manchester	88	Bristol	123
Blackburn	91	Plymouth	91
Merseyside	70	Torbay	69
York	114		
Sheffield	89	*Wales*	
Leeds	106	Central Valleys	67
Nottingham	138	Gwent Valleys	64
Leicester	117	Swansea	79
Stoke-on-Trent	86	Cardiff, Vale of Glamorgan	101
Birmingham	99		
Peterborough	137	*Schottland*	
Cambridge	126	Edinburgh	147
London	148	Glasgow	131
		N. and S. Lanark	76

Quelle: Gripaios 2002, S. 568, Tab. 1 (gekürzt).

schere liegen zum einen in der tiefgreifenden Deindustrialisierung, die sich in den von (Alt-)Industrien geprägten Städten des Landes im Norden, in den Midlands und in Wales seit den 1960er Jahren vollzogen hat. Zum anderen liegen sie in den sich ändernden Trends des Tourismusgewerbes mit einer stärkeren Orientierung der Urlauberströme auf entfernte Ziele im Ausland sowie auf andere (historische) britische Städte mit Binnenlage, worunter die wirtschaftliche Basis ehemals nachgefragter Küstenorte leidet. Und sie liegen schließlich im britischen demographischen und ökonomischen Raumgefüge begründet, das die Schaffung neuer wissensbasierter bzw. unternehmensorientierter Arbeitsplätze in besonders starkem Maße im Südosten und in den *provincial capitals* begünstigt.

2. Suburbanisierung, Gentrifizierung und ihre Folgen

Einen wesentlichen Einfluss auf das Raumgefüge der Nachkriegszeit hat die erhebliche Umverteilung der Bevölkerung und ökonomischer Aktivitäten (Industrie, Dienstleistungen, Handel) von den Innen- und Kernstädten in den suburbanen und ländlichen Raum hinein. Von diesen Entwicklungen, die sich den beiden letzten Jahrzehnten beschleunigt haben, sind fast ausnahmslos alle Städte tangiert, wenngleich auch in unterschiedlicher Intensität.

Die Suburbanisierung ist ein Ausdruck geänderter Standortanforderungen bzw. erhöhter Standortflexibilitäten unterschiedlicher Funktionen (Wohnen, Industrie, Handel, andere Dienstleistungen). Dies hat u. a. zur Folge, dass die Kernstadt nicht mehr notwendigerweise das ordnende Zentrum einer Stadtregion darstellt. Längst haben sich um die Kernstädte herum eigenständige Entwicklungen vollzogen.

Die Abwanderung der Wohnbevölkerung aus den Kernstädten hat mehrere zum Teil gravierende Folgen. Da ein erheblicher Teil der Abwandernden zu den besser Gebildeten und Verdienenden gehört, erhöht sich der Anteil sozial schwacher Gruppen in den Kernstädten. Verschärft wird dieser Trend durch den Zuzug sozial Schwacher infolge internationaler Migration. Gleichzeitig verringert sich durch den Fortzug der besser Verdienenden die Einnahmebasis der Städte bei häufig steigender Belastungen der kommunalen Haushalte. Obwohl von dieser Problematik viele Städte betroffen sind, trifft sie jedoch jene besonders hart, deren ökonomische Dynamik eher schwach ist und in denen sich zudem häufig soziale bzw. sozialräumliche Problemlagen bündeln.

Die sozialräumliche Spaltung in den Städten der »zwei Geschwindigkeiten«[24] zeigt sich besonders in den Innenstädten sowie in den *outer estates,* den Quartieren des sozialen Wohnungsbaus aus der Nachkriegszeit, weil sich hier die sozialen Problemlagen der Städte in Form mehrfacher Benachteiligungen verbinden. Sozialräumliche Disparitäten in den Städten sind selbstverständlich nicht ausschließlich auf die Verlagerung von Wohnbevölkerung, Industrie und Dienstleistungen im Zuge der Suburbanisierung zurückzuführen, sondern auch auf andere Faktoren, wie die Deindustrialisierung, die ja in besonderem Maße die Städte des Industriezeitalters betrifft, oder aber auf den verstärkten Zuzug sozio-ökonomisch schwacher Zuwanderer aus den Commonwealth-Ländern in die Kernstädte. Städte mit sozialräumlichen Polarisierungen finden sich im gesamten Land, also auch in Regionen mit einer insgesamt starken ökonomischen Dynamik wie im prosperierenden Südosten und in den *provincial capitals*.

In den letzten Jahren hat sich ein weiterer Trend der Innenstadtentwicklung vollzogen, der sich deutlich von den bislang beschriebenen Entwicklungen abgrenzt und der häufig mit dem Begriff »Gentrifizierung« bezeich-

Abb. 1: Wapping: Luxuriöses Wohnen in umgestalteten Lagergebäuden (Foto: G. Wood, 2004)

Abb. 2: Schadwell: Leben am unteren Rand der Gesellschaft
(Foto: G. Wood, 2004)

net wird. Hierbei handelt es sich, vereinfachend ausgedrückt, um Prozesse der sozialräumlichen Aufwertung bestimmter Innenstadtquartiere, häufig in Altbaubestand, zumeist durch junge Haushalte mit hohen (doppelten) Einkommen. Warum es zu Prozessen der Gentrifizierung kommt, ist nicht eindeutig geklärt. Allerdings scheint sich die nachfrageorientierte Theorie einer »Zurück-in-die-Stadt-Bewegung« nicht durchzusetzen, sondern eher die Annahme, dass es sich bei der Gentrifizierung um eine der Stationen auf einer Reise handelt, deren weitere Elternschaft und suburbanes, ländliches oder quasi-ländliches Leben umfassen.[25]

Durch Gentrifizierung ist es zu einer Verschärfung der sozialräumlichen Polarisierung in den Städten gekommen, Disparitäten zeigen sich heute häufig auf Quartiersebene (*neighbourhoods*), wie die beiden Abbildungen verdeutlichen. Bei den dargestellten Vierteln handelt es sich zum einen um Wapping (Abb. 1) und zum anderen um den Stadtteil Shadwell (Abb. 2), die beide in den Londoner Docklands liegen.[26] Die Docklands hatten im 20. Jahrhundert infolge der Veränderungen im Güterverkehr (Containerisierung) ihre Rolle als Hafenstandort verloren. Aufgrund einer unter Margaret Thatcher initiierten Stadterneuerungspolitik seit den 1980er Jahren befinden sich große Bereiche der Docklands in einem Prozess des baulichen und sozialen Aufschwungs, darunter auch Wapping, in dem eine wohlhabende, gehobene weiße Mittelschicht lebt. Im Gegensatz hierzu besteht die Bevölkerung Shadwells vorwiegend aus ethnischen Minderheiten (52,5 Prozent der Gesamtbevölkerung sind Bangladeshis), die zudem zu einem großen Teil in kommunalen Mietwohnungen lebt.

V. Die besondere Stellung Londons

»The United Kingdom of London« – mit dieser Schlagzeile überschrieb der Guardian am 5. Juli 2004 einen Artikel, in dem das regionale Ungleichgewicht in der ökonomischen, sozialen und demographischen Entwicklung auf den Gegensatz zwischen London und dem Rest des Landes zugespitzt wurde.[27] Auf der Basis einer Auswertung der Volkszählungsergebnisse des Jahres 2001 durch die Universität Sheffield[28] wird die Volkswirtschaft Großbritanniens plakativ auf ein polares räumliches Muster reduziert, in dem die Hauptstadt eine omnipräsente und omnipotente Rolle innehat, während der Rest des Landes – das »provinzielle Archipel« – als Raum dargestellt wird, der nicht nur wirtschaftlich, sondern auch demographisch und sozial immer weiter abzusinken droht. Als Beispiel wird die Beschäftigungsentwicklung im Banken- und Finanzsektor angeführt, wo es zwischen 1991 und 2001 eine Zunahme von über 1,7 Millionen Arbeitsplätzen gegeben hat, allerdings im Wesentlichen konzentriert auf den Londoner Großraum.

Über die räumliche Konzentration des Wachstums hinaus verdeutlichen die angeführten Zahlen auch die zunehmende Abhängigkeit der gesamten Volkswirtschaft von der City, also vom global operierenden Banken- und Finanzsektor in London. Dies hat zur Folge, dass sich die staatliche Politik stark an den Erfordernissen dieses Sektors orientiert. Das wird u. a. am Beispiel der Steuerung des überlasteten Immobilienmarktes in Südostengland deutlich. Hier werden keine fiskalischen Gegenmaßnahmen getroffen, z. B. in Form von höheren Abgaben auf Immobiliengewinne. Stattdessen überlässt die Regierung die Lösung des Problems der ins Uferlose steigenden Immobilienpreise der Bank of England, die durch erhöhte Kreditzinsen gegenzusteuern versucht.

Das nach wie vor bestehende Ungleichgewicht des britischen ökonomischen, sozio-ökonomischen und demographischen Raumgefüges ist in mehrfacher Weise von besonderem Belang. Zum einen ist es ein Ausdruck der historisch zu sehenden zunehmenden Peripherisierung aller außerhalb des Südostens gelegenen Landesteile, da sich in London und seinem weiteren räumlichen Umfeld die Schaltstellen der politischen und wirtschaftlichen Macht konzentriert haben.[29] Zum anderen sind regionale Disparitäten nicht nur während der Regierungszeit der Konservativen Partei kaum geringer geworden, sondern auch unter der gegenwärtig regierenden Labour Partei. Dies ist insofern von Bedeutung, als die Wurzeln der Partei traditionell in den industriell geprägten Regionen des Landes liegen, die jedoch den Verlust des Großteils von über 700 000 Arbeitsplätzen in der Industrie ebenso verkraften müssen wie die relativ schwache wirtschaftliche Erholung in der Regierungszeit von Tony Blair. Eine weitere Verschlechterung der relativen Position dieser Landesteile gegenüber London bzw. dem Südosten könnte dazu führen, dass die für die Labour Partei bislang »sicheren« Parlamentsitze in Zukunft stärker umkämpft und damit schwerer zu halten sein werden. Schon heute vollzieht sich bereits auf kommunaler Ebene ein erheblicher Umschwung (so wird die Stadt Newcastle seit der letzten Kommunalwahl nicht mehr von der Labour Partei regiert, sondern von der Liberalen Partei).

Eine weitere politische Herausforderung besteht darin, die enormen Unterschiede innerhalb Londons (sowie auch in anderen Städten des Landes) in den Griff zu bekommen. Innerhalb der Stadtgrenzen von London befinden sich 10 der 15 am stärksten benachteiligten Stadtbezirke im gesamten Königreich, und über die Hälfte aller Stadtbezirke Londons zählen zu den 50 am stärksten benachteiligten Stadtbezirken im gesamten Land. Gleichzeitig weist London die landesweit höchste regionale Wettbewerbsfähigkeit auf, die höchste Quote wissensbasierter Unternehmen sowie das höchste Pro-Kopf-Haushaltseinkommen. Diese zum Teil auf kleinsträumlicher Ebene bestehenden Widersprüche sind eine schwere Hypothek für den sozialen Zusammenhalt nicht nur in London, sondern prinzipiell in allen Teilräumen des Landes.

VI. »Decentering the Nation« Perspektiven zukünftiger Entwicklung

In der Vergangenheit hat es zahlreiche Versuche gegeben, den hier diskutierten räumlichen Disparitäten entgegenzuwirken. Die Regionalpolitik und die Stadtpolitik sind zwei der wichtigsten Interventionsformen des Staa-

221

tes in die auseinanderstrebenden räumlichen Entwicklungslinien. Allerdings sind die räumlichen bzw. sozialräumlichen Probleme heute keineswegs als gelöst zu betrachten, weder die regionalen noch die inner-urbanen, noch die Problemlagen zwischen »Stadt und Land«.

In dieser Situation stellt sich die Frage, wie mit den überkommenen räumlichen Disparitäten, vor allem mit den auseinanderstrebenden ökonomischen Entwicklungslinien, politisch angemessen umgegangen werden kann. Zum Abschluss dieses Beitrags soll eine Position von drei Raumwissenschaftlern vorgestellt werden, in der ein dezidierter Umbau bisheriger Steuerungsarrangements favorisiert wird. Dieser Diskussionsbeitrag wird jedoch keineswegs als einzige Möglichkeit oder gar als »Königsweg« zur Verringerung räumlicher Disparitäten angesehen, wohl aber als ein dringend benötigter Anstoß zu einer Debatte über den politischen Umgang mit räumlichen Disparitäten.

In ihrem Beitrag »Decentering the Nation – A radical approach to regional inequality« führen Ash Amin, Doreen Massey und Nigel Thrift die sich verschärfenden regionalen Disparitäten auf die ihrer Meinung nach zutiefst ungleiche und undemokratische Verteilung politischer Macht im Vereinigten Königreich zurück.[30] Diese Machtasymmetrie ist durch den Sitz des Königlichen Hofes und des Parlamentes historisch angelegt und hat sich bis heute verstetigt. Parlament und Westminster (Regierungssitz) bilden das geographische Machtzentrum des Vereinigten Königreichs, wo alle nationalen Entscheidungen getroffen werden, auch wenn sie eine ausgesprochen regionalpolitische Komponente besitzen. So verschärfen sowohl die Infrastrukturinvestitionen der Regierung im Süden bzw. Südosten des Landes als auch der Wegfall von Investitionen in überkommenen Wirtschaftszweigen, der sich vorwiegend auf die nördlichen Landesteile auswirkt, den bestehenden Nord-Süd-Gegensatz.[31]

Die Entwicklungen in den Regionen stehen also nicht unverbunden nebeneinander, sondern sind in vielfältiger Weise miteinander verknüpft. Dies betrifft nicht nur das Handeln des Zentralstaates, sondern vollzieht sich auch im Rahmen von Eigendynamiken der einzelnen gesellschaftlichen Subsysteme. Als ein Beispiel lässt sich die Abwanderung qualifizierter junger Menschen in die *escalator region* London/Südosten anführen, die im Wesentlichen eine Folge des für sie unzureichenden Stellenangebotes auf den regionalen Arbeitsmärkten ist. Durch diese Migrationsströme gewinnt der dynamischere Landesteil weiteres Potenzial hinzu, während die Regionen, die per Saldo Bevölkerung verlieren, eine weitere Einbuße ihrer Produktivfaktoren hinnehmen müssen. Regionale Entwicklungsschwäche bzw. -stärke sind also keine rein endogenen Erscheinungen (im Sinne eines »Versagens«

oder eines »Erfolges« von Regionen), sondern durch staatliches Handeln und durch die Eigendynamiken gesellschaftlicher Subsysteme beeinflusste Phänomene.

Vor dem Hintergrund dieser Analyse fordern Amin, Massey und Thrift ein grundsätzliches Überdenken bestehender Arrangements staatlicher Steuerung im Interesse nicht nur der bislang benachteiligten Regionen, sondern ebenso des Großraums London, da eine zentralstaatliche Regionalpolitik sich auch der Widersprüche, die hier bestehen, annehmen müsste. Neben einer möglichst weiten Streuung ökonomischer Aktivitäten des Staates wird auch eine umfassende Dezentralisierung der Regierung und öffentlicher Einrichtungen und Projekte gefordert.

Dezentralisierung steht für die Autoren als ein Projekt zur Schaffung einer »*multinodal nation*« (einer vielfach verknüpften Nation), in der es keine »Bittsteller« gegenüber dem starken Zentrum mehr gibt, sondern eine neue räumliche Machtkonfiguration im Sinne eines alternativen Regionalismus. Eine regionale Dezentralisierung, wie sie gegenwärtig debattiert wird, wird zwar nicht rundheraus abgelehnt, aber als ein Mittel zur Reformulierung der Machtasymmetrie zwischen Zentrum und Peripherie kritisch hinterfragt. Die Autoren geben keine Matrix möglicher neuer räumlicher Konfigurationen vor, sondern betonen, dass eine Ausweitung der Demokratie durch die gesamte britische Gesellschaft hindurch notwendig sei, und zwar in jeder möglichen räumlichen und institutionellen Konfiguration.

Dieser Vorschlag setzt ein radikales Umdenken, einen tiefgreifenden kulturellen Wandel im Land voraus. Er hinterfragt überkommene Vorstellungsbilder von »Nation« und »Region«, vor allem, wenn sie als einseitig voneinander abhängige (Raum-)Kategorien interpretiert werden. Ohne ein solches Umdenken erscheint es kaum möglich, die festgefahrenen Muster der Ungleichheit aufzubrechen. Allerdings ist es ein langer Weg, bis ein über Jahrhunderte gewachsenes Arrangement politischer Steuerung nachhaltig umgestaltet werden kann. Die im Jahr 2004 ausgesetzte Dezentralisierung in England (gescheiterte Volksabstimmung in Nordostengland im November) gibt einen klaren Hinweis darauf, wie langwierig und schwierig sich dieser Prozess gestalten wird.

Anmerkungen

1 Daniel Dorling/Phil Rees, A nation ever more divided, in: Town and Country Planning, 72 (2003) 9, S. 270–271, hier S. 270.
2 Ebenda, S. 270.
3 Ebenda, S. 271.

4 Vgl. Campaign for the English Regions (CFER), The North-South Divide: Regional Solutions to a National Problem – CFER brief, 17. Mai 2000, (http://www.cfer.org.uk/library.htm, aufgerufen am 2. 9. 2005).

5 Ron Martin, The political economy of Britain's north-south divide, in: Jim Lewis/Alan Townsend (Hrsg.), The North-South Divide. Regional Change in Britain in the 1980s, London 1989, S. 20–60, hier S. 23.

6 Ron Martin (Anm. 5), S. 24.

7 Vgl. u. a. Doreen Massey/John Allen (Hrsg.), Uneven Re-Development. Cities and Regions in Transition, London u. a. 1988; Linda McDowell/Philip Sarre/Chris Hamnett (Hrsg.), Divided Nation. Social and Cultural Change in Britain, London u. a. 1989; John Osmond, The Divided Kingdom, London 1988; Jim Lewis/Alan Townsend (Anm. 5).

8 Vgl. Ron Martin (Anm. 5), S. 27.

9 Vgl. Ash Amin/Doreen Massey/Nigel Thrift, Rethinking the regional question, in: Town and Country Planning, 72 (2003) 9, S. 271–272, hier S. 271.

10 Ben Willis, North-south divide set to widen, in: The Guardian vom 13. August 2004.

11 Vgl. Eurostat (http://epp.eurostat.cec.eu.int), abgerufen am 7. 7. 2005.

12 Vgl. CFER (Anm. 4).

13 Vgl. English Regions Network u. a., Regional Futures: England's Regions in 2030, Final Report, http://www.emra.gov.uk/news/documents/Regional_Futures_final_report.pdf, abgerufen am 2. 9. 2005, S. ES2.

14 Wenn man berücksichtigt, dass die Bevölkerung im selben Zeitraum in Nordostengland abgenommen hat, dann erscheint die Verschlechterung der Zahlen noch dramatischer.

15 Vgl. English Regions Network u. a. (Anm. 13), S. ES1.

16 Vgl. Office for National Statistics, Regional Trends 38, London 2004, S. 97, Tab. 6.9.

17 Vgl. Werner Sabiers, Ende des Höhenfluges, in: Süddeutsche Zeitung vom 5. August 2005, S. V2/1.

18 Vgl. Anne Green, Sozioökonomischer und sozialgeographischer Überblick, in: Hans Kastendiek/Karl Rohe/Angelika Volle (Hrsg.), Länderbericht Großbritannien, Bonn 1994, S. 85–108, hier S. 95.

19 Vgl. Steve Fothergill/John Grieve Smith, Mobilising Britain's Missing Workforce. Unemployment, incapacity benefit, and the regions, (http://www.catalystforum.org.uk/pubs/paper32a.html, abgerufen am 7. 9. 2005), S. 1.

20 Vgl. Michael Anyadike-Danes, The Real North-South Divide? Regional Gradients in UK Male Non-Employment, in: Regional Studies, 38 (2004), S. 85–95.

21 Hierzu gehören u. a. eine steigende Anzahl junger Menschen, die nicht mehr zu Hause leben, eine Zunahme von Ein-Eltern-Haushalten und von Einpersonenhaushalten, auch in den älteren Altersgruppen.

22 Vgl. Cabinet Office, Sharing the Nation's Prosperity: Variations in Economic and Social Conditions Across the UK, London 1999.

23 Vgl. Peter Gripaios, The Failure of Regeneration Policy in Britain, in: Regional Studies, (2002), S. 568–577.

24 »Two-speed cities«, vgl. Anne Green, The Geography of Poverty and Wealth, Warwick 1994.

25 Vgl. Liz Bondi, On the journeys of the gentrifiers: exploring gender, gentrification

and migration, in: Paul Boyle/Keith Halfacre (Hrsg.), Gender and Migration in the Developed World, London 1999, S. 204–222.

26 Vgl. K. Zehner, Sozialräumliche Fragmentierung in London. Das Beispiel der Stadtteile Wapping und Shadwell, in: geographie heute, 25 (2004) 220, S. 28–32.

27 Larry Elliott, The United Kingdom of London, in: The Guardian vom 5. Juli 2004.

28 Daniel Dorling/Bethan Thomas, People and Places: A 2001 Census Atlas of the UK, London 2004.

29 David Smith, North and South, London 1994, hier S. 282–310.

30 Ash Amin/Doreen Massey/Nigel Thrift, Decentering the Nation. A radical approach to regional inequality, (http://www.catalystforum.org.uk/pubs/paper19a.html, abgerufen am 7. 9. 2005), S. 1. ; siehe auch dies., Rethinking the regional question, in: Town and Country Planning, 72 (2003) 9, S. 271–272.

31 Vgl. Roland Sturm, Großbritannien. Wirtschaft – Gesellschaft – Politik, Opladen 1997[2], S. 70.

Weiterführende Literatur

Gardiner, Vince/Matthews, Hugh, The Changing Geography of the United Kingdom, London – New York 2000[3].

Hamnett, Chris, Unequal City. London in the Global Arena, London – New York 2003.

Mitchell, Richard/Dorling, Daniel/Shaw, Mary, Inequalities in life and death. What if Britain were more equal? Bristol 2000.

Perrons, Diane, Globalization and Social Change. People and places in a divided world, London – New York 2004.

Links

http://www.cfer.org.uk/library.htm
http://www.emra.gov.uk/
http://www.catalystforum.org.uk/
http://epp.eurostat.cec.eu.int

Ken Roberts

Class im Selbstverständnis der britischen Gesellschaft

I. *Class* als Thema der Öffentlichkeit

Vor fünfzig Jahren war es üblich, dem von Klassengegensätzen geprägten Großbritannien die offeneren und demokratischeren Vereinigten Staaten von Amerika gegenüberzustellen. Großbritannien wurde wahrgenommen als ein Land, in dem die vormodernen Klassenunterschiede weiterhin Bestand hatten. Es gab die Monarchie und mit Adelstiteln versehene Aristokraten, die die Zweite Kammer des Parlaments, das *House of Lords*, bildeten. Die Absolventen der privaten Eliteschulen (der so genannten *public schools*), stellten mehr als die Hälfte aller Studierenden an den beiden Top-Universitäten Oxford und Cambridge. Die Töchter der Oberschicht, die Debütantinnen, wurden am Hofe der Monarchin vorgestellt, sie besuchten die Londoner Bälle und wurden in die höhere Gesellschaft eingeführt. Diese Bälle gehörten zu den jährlich wiederkehrenden High-Society-Veranstaltungen wie auch die Segel- bzw. Ruderregatten in Cowes und Henley sowie das Tennisturnier in Wimbledon oder das Pferderennen in Ascot. Menschen, die zwar großes Talent besaßen, denen aber Titel, Beziehungen, der richtige Akzent oder das Gespür für sozial angemessene Kleidung fehlten, schienen kaum eine Chance zu haben, ins Establishment vorzudringen und Spitzenpositionen im Staatsdienst, in der juristischen Zunft, in der Finanzwelt (gemeinhin als *The City* bekannt) oder in der Wirtschaft zu erringen. Tatsächlich war die soziale Mobilität zur damaligen Zeit kaum niedriger als die in den USA oder im übrigen Europa: Die vormodernen Klassenunterschiede waren in Großbritannien lediglich in ungewöhnlich hohem Maße sichtbar. Seither haben sie jedoch an Bedeutung verloren und ihr Verlust wird heutzutage mitunter beklagt, da die verbliebenen Traditionen (insbesondere die Monarchie) als wichtige Touristenattraktionen gelten.

Das Verblassen des Adels zog wesentlich mehr Aufmerksamkeit auf sich als die Herausbildung einer neuen und weniger sichtbaren Oberschicht, deren Kern der Geldbesitz – genauer riesige Vermögen – bildet. Die ökonomische Ungleichheit hat zugenommen, das Land hat heute mehr Multimillionäre als jemals zuvor. Die Mitglieder dieser neuen Oberschicht halten die besten Privatschulen am Laufen, aus denen immer noch mehr als die Hälfte aller Studierenden an den Universitäten Oxford und Cambridge kommen. Die beiden Hochschulen wiederum sind immer noch der sicherste Weg in die oberen Ränge des Beamtentums, der City, des Rechtswesens und anderer einflussreicher Berufe.

Mit dem Niedergang der Aristokratie verschwand der Klassenbegriff aus den (Wahl-)Programmen der politischen Parteien, allerdings nicht im Sinne eines simplen Ursache-Wirkung-Zusammenhangs. Parteien, die die Regierungsübernahme anstrebten, wollten ihre Anziehungskraft niemals auf nur eine Klasse beschränken, sondern alle Schichten vertreten. Heutzutage ist der Begriff »Klasse« aus dem Wortschatz der Politiker gestrichen. Der Labour Party gelang 1997 (nach 18 Jahren Opposition) die Rückkehr an die Regierung nur, nachdem sie betonte, dass sie *New* Labour sei und sich sowohl an die Mittelschichten als auch an die klassischen Wähler aus der Arbeiterschaft richte. Die Regierungsmitglieder New Labours sprechen von den Armen, den Niedrigqualifizierten und den sozial Ausgegrenzten, aber niemals von der Arbeiterklasse. Margaret Thatcher, Premierministerin von 1979 bis 1990, erklärte einst, so etwas wie »Gesellschaft« gebe es nicht, sondern lediglich Individuen und Familien. New Labour hat diesen Ausspruch abgewandelt: »Es gibt keine sozialen Klassen, sondern nur …«

II. Debatten über *class* in der britischen Soziologie

Anders als die Parteien hat die britische Soziologie den Klassenbegriff keineswegs aufgegeben. Eine ihrer zentralen Diskussionen der letzten Jahre drehte sich um die Frage, ob die »Antennen« der Politiker womöglich korrekt justiert sind: Sind die Klassenunterschiede heute weniger ausgeprägt? Ist Klassenzugehörigkeit kein geeigneter Indikator mehr, um z. B. das Wahlverhalten zu erklären? Die Begründungen, warum *class* wahrscheinlich oder möglicherweise weniger wichtig geworden ist, stellen sich dabei als wesentlich beeindruckender als die harten Fakten, die anzeigen würden, dass tatsächlich ein Rückgang zu verzeichnen ist. Folgende Thesen werden ins Feld geführt.[1]

1. Die Ausweitung des Bürgerstatus

Vertreter dieses Arguments beziehen sich auf die Ansicht Thomas Marshalls, dass der Status der Bürger im historischen Verlauf erweitert und vertieft wurde, indem der ursprünglichen rechtlichen Dimension (dem Schutz durch Gesetze) eine politische (das Wahlrecht) und im Folgenden noch eine soziale Dimension hinzugefügt wurde (der durch den Wohlfahrstaat garantierte Anspruch auf ein Basiseinkommen, Gesundheitsfürsorge, angemessene Wohnung, Bildung etc.).[2] So wird behauptet, dass ehemals klassengebundene Vorteile, wie etwa umfassende Bildungsmöglichkeiten, nun allen zugänglich seien und sich die Klassenunterschiede deshalb verringert haben. Dem ließe sich entgegenhalten, dass in den letzten Jahrzehnten die staatlichen Sozialtransfers im Vergleich zu anderen Einkommensarten zurückgeblieben sind und der private Sektor in den Bereichen Bildung, Rente, Gesundheit, Wohnen und Freizeit eine zunehmende Bedeutung bekommen hat.

2. Der Bedeutungsverlust von Gemeinschaft

Ein weiteres Argument ist die Auflösung der gemeinschaftlichen Lebensformen, die sich gebildet hatten, als viele Arbeiter zumeist ein Leben lang im gleichen Betrieb beschäftigt waren, ähnliche Jobs hatten und in Arbeitervierteln wohnten. Diese Erfahrungen hätten zu starken Gruppenloyalitäten, zu einem Wir-Gefühl geführt, in dem Klassenbewusstsein und auf diesem aufbauende Bewegungen verankert werden konnten. Diese Gemeinschaften seien durch den Rückgang der Industriearbeitsplätze, die Schließung der Kohlebergwerke, die Verbreitung des Autos als privatem Transportmittel, das Fernsehen und den Wegzug in die Vorstädte zerstört worden. Es ist allerdings die Frage zu stellen, ob diese Entwicklungen zu einer generellen Aufhebung der Klassengesellschaft geführt haben oder eher zur Auflösung ganz bestimmter Formen von Klassengesellschaft und von Klassenbewusstsein.

3. Der zunehmende Konsum

Das Wachstum der Konsumausgaben, vor allem für über die Grundbedürfnisse hinaus reichende Dinge wie Urlaub, modische Kleidung oder Restaurantbesuche, wird als weitere Begründung für den Rückgang der Klassenunterschiede angeführt. Individuen und Gruppen würden ihre Identität nicht länger darüber definieren, was sie produzieren, sondern darüber, was sie konsumieren. Auch dies führe zu einer abnehmenden Bedeutung von *class*, da die Menschen üblicherweise auf Grund ihrer Beschäftigung in die entsprechenden Klassen eingeteilt worden seien. Dem ist jedoch zu erwidern, dass die Konsumfähigkeit vom Einkommen abhängt und somit unvermeidlich klassengebunden ist. Zudem fügen der konsumbezogene Lebensstil und eine ebensolche Identität den Klassenunterschieden nur eine weitere Dimension hinzu.

4. Die Bedeutung anderer Formen gesellschaftlicher Differenzierung

Heutige Gesellschaften ließen sich, so ein weiterer Einwand, nicht als Klassengesellschaften bezeichnen, weil damit andere Formen gesellschaftlicher Differenzierung wie Geschlecht, ethnische Zugehörigkeit und Religion zu wenig berücksichtigt werden. Die Differenzen zwischen den Geschlechtern sind zwar tendenziell zurückgegangen, sie wurden allerdings im Zuge der zweiten Welle des Feminismus wesentlich kontroverser diskutiert als früher und entwickelten sich dadurch zu einem alternativen politischen Mobilisierungsmoment. Ethnische und religiöse Unterschiede haben aufgrund der Einwanderung und der Globalisierung Einzug in das tägliche Leben der meisten Menschen gehalten. Als Folge dieser Entwicklungen, so wird argumentiert, sei *class* von seiner einstigen Stellung als wichtigster sozialer Trennlinie verdrängt worden. Entgegenzuhalten wäre, dass die Schichtzugehörigkeit nicht zwingend zurückgegangen sein muss, sondern dass sie sich – häufig in bisher unüblicher Weise – mit anderen sozialen Unterschieden vermischt, da die Erfahrungen von Männern und Frauen gleich welcher ethnischen oder religiösen Verankerung klassenspezifisch geprägt sind.

5. Postmoderne

Den angeführten Trends wird zugeschrieben, einen neuen postmodernen Zustand herbeigeführt zu haben. Soziale Positionen und Identitäten seien weniger stabil und zunehmend individualisierter geworden. So wird die Ansicht vertreten, dass wir nicht mehr eine einzelne und fest gefügte Hauptidentität besitzen, sondern viele Identitäten, die je nach Situation und Anforderung ein- bzw. ausgeschaltet werden. Diese seien zudem kurzlebiger und wandelbarer, so dass wir z. B. unseren Lebensstil und damit unsere Identität bei jedem Einkauf verändern könnten. Als Folge dieser Entwicklungen – so die These – lebten wir in einer Ära der »Identitätspolitik«, in der zentrale politische Auseinandersetzungen über die Frage, wer »wir« sind, geführt und politische Loyalitäten entsprechend eingefordert würden. Dem stehe eine zu Ende gehende Ära gegenüber, in der Zugehörigkeiten klar erkennbar waren (z. B. zu einer bestimmten Klasse) und in der Politiker nicht versuchten, Identitäten zu konstruieren (weil diese bekannt waren), sondern beanspruchen mussten, die »Normalbürger« zu repräsentieren.

Betrachtet man allerdings die Realität, so ist es sehr schwer, Belege für irgendeine der genannten Behauptungen zu finden. Die meisten quantitativen Befunde aus Großbritannien und anderen Ländern lassen darauf schließen, dass es sich bei den Thesen vom grundlegenden Wandel der Identitäten um eine akademische Modeerscheinung handelt.[3]

6. Belege für den Bedeutungsverlust von *class*

Die stichhaltigen Beweise für einen Bedeutungsverlust von *class* wiegen allerdings geringer als die Gründe, die dafür zu sprechen scheinen.

a) Auflösung von Wählerbindungen

Das am häufigsten benannte Anzeichen für die abnehmende Bedeutung von *class* ist die schwächere Verbindung zwischen beruflicher Tätigkeit und Wahlverhalten. Die Sachlage ist eindeutig: Zwischen 1964 (als entsprechende Daten erstmals erhoben wurden) und 1970 fiel der Anteil der höherqualifiziert Beschäftigten, die konservativ wählten, nicht unter 60 Prozent, während er seit 1983 nie über 55 Prozent lag und sogar bis auf 38 Prozent absank. Im Gegenzug lag der Anteil der Arbeiter, die für die Labour Party stimmten, in den 1960er Jahren stets mindestens bei 64 Prozent. Dieses Niveau wurde seither nicht mehr erreicht, der Anteil ging bis auf 42 Prozent zurück. Gleichwohl bleibt die Klassenzugehörigkeit (definiert über die berufliche Tätigkeit) der beste Indikator des Wahlverhaltens in Bezug auf die großen Parteien, wie Tabelle 1 belegt. Zudem kann argumentiert werden, dass sich *class* und Politik nicht entkoppelt haben, sondern

Tab. 1: Stimmabgabe nach sozialer Klasse[4] bei der Unterhauswahl 2001
in Prozent

	AB	C1	C2	DE	Gesamt
Konservative	39	36	29	24	33
Labour	30	38	49	55	42
Lib Dem	25	20	15	13	19
Andere	6	6	7	8	6
Gesamt	100	100	100	100	100

Quelle: Eigene Berechnung nach David Butler/Dennis Kavanagh, The British General Election of 2001, Basingstoke 2002, S. 257 [Die Zahlen beziehen Nordirland nicht ein]

dass sich die großen Parteien als Antwort auf die veränderten Klassenstrukturen ebenfalls neu ausrichten.

b) Neue Soziale Bewegungen

Diejenigen sozialen Bewegungen, die sich bereits vor dem Zweiten Weltkrieg etablierten, wie etwa die Gewerkschaften, gründeten eindeutig auf der Zugehörigkeit zu einer Klasse. Bei den später aufkommenden Neuen Sozialen Bewegungen hingegen – die u. a. sich mit den Themen Frieden, Umwelt, globaler Ungerechtigkeit, Frauen, Verbraucherschutz, Einwanderung, Minderheitenrechte und dem in Großbritannien besonders umkämpften Tierschutz beschäftigen – stand dies nicht im Vordergrund, auch wenn ihre Aktivisten zumeist dem Bildungsbürgertum entstammten. Die großen Risiken unserer Zeit, wie z. B. Krieg oder ökologische Katastrophen, haben keinen spezifischen Klassenbezug. Daneben ist anzufügen, dass einige der umstrittenen Themen der letzten Unterhauswahlkämpfe (z. B. Einwanderung oder Kriminalität) bei weitem nicht so stark auf *class* basieren wie die Streitfragen des alten Industriezeitalters.

c) Zurückhaltung bei der eigenen Zuordnung zu einer sozialen Klasse

Mike Savage und andere haben kürzlich darauf hingewiesen, dass ein Großteil der erwachsenen Bevölkerung Vorbehalte zeigt, sich in Umfragen (ohne vorgegebene Antwortkategorien) einer sozialen Klasse zuordnen.[5] Die meisten stimmen zu, dass es »da draußen« durchaus Klassen gebe, sie werden aber bedeutend vorsichtiger, wenn sie sich selbst einordnen sollen. Sie antworten dann beispielsweise »Meine Eltern gehören zur Arbeiterklasse, aber …« oder »Ich vermute, dass man mich zur Mittelklasse zählen würde, aber …«. Wie groß die Zurückhaltung auch sein mag, die meisten ordnen sich dennoch der einen oder anderen Schicht zu, zumeist entweder der Mittel- oder der Arbeiterschicht. Ihre Identitäten sind immer noch mit der Art ihrer beruflichen Tätigkeit verbunden. Viele Belege und Argumente sprechen tatsächlich für einen Rückgang der Arbeiterklasse. Umstritten aber ist, ob sich daraus auf ein Ende der Klassengesellschaft in Großbritannien schließen lässt, zumal diese These in einer Zeit aufgestellt wird, in der sich die ökonomischen Ungleichheiten – den Trend der letzten hundert Jahre umkehrend – massiv vergrößert haben und in der eine Debatte über die Entstehung einer »Unterklasse« geführt wird.

Unabhängig von der Frage, ob ein Rückgang von *class* zu verzeichnen ist, besteht in der Soziologie Einigkeit über einen Wandel der Klassenstruktur. So hat sich die prozentuale Verteilung der Bevölkerung auf die einzelnen

Klassen verändert, mit unvermeidbaren Auswirkungen auf die soziale Mobilität und auf die politische Entwicklung. Einige Wissenschaftler vertreten die Ansicht, dass es auch qualitative Veränderungen in der Formierung sozialer Schichten gegeben habe, die eine »Erneuerung« oder ein »Umdenken« des analytischen Zugangs erforderten.[6] Während die Schichtzugehörigkeit früher unumstritten ökonomische Wurzeln hatte – Klassen bildeten sich durch Menschen mit verwandten Berufen und ähnlichen Erfahrungen auf dem Arbeitsmarkt – argumentieren Kultursoziologen, dass heutzutage nichtmaterielle Aspekte wesentlich mehr Bedeutung haben. Diese Position folgt dem *cultural turn* der Soziologie, der mit der gestiegenen Bedeutung von Kultur in allen Bereichen des Lebens im derzeitigen postindustriellen/postmodernen Zeitalter begründet wird. In der Forschung führte dies zur stärkeren Betonung von Fragen, wie Klasse erlebt und gelebt wird, sowie zur genaueren Betrachtung von Unterschieden innerhalb von Großgruppen wie der Mittel- oder der Arbeiterklasse.[7]

Der *cultural turn* war eine Reaktion darauf, dass sich die akademischen Debatte auf die Frage konzentriert hatte, wie sich der Wandel der Sozialstruktur mit einem Klassen-Modell erfassen, mit welchen Kategorien sich die Zugehörigkeit zu den sozialen Gruppen »klassifizieren« und wie sich die Mobilität zwischen diesen Gruppen messen lässt. Die Kritik daran mag berechtigt sein. Sie übersieht jedoch, dass die Quantifizierung immer nur *ein* Aspekt der Analysen war, und sie ändert auch nichts daran, dass sich mittels der üblichen Messmethoden (insbesondere der Zuordnung von Personen zu Berufskategorien) immer noch recht zuverlässige Prognosen abgeben lassen, z. B. über schulische Erfolge der Kinder, Freizeitgestaltung, Krankheits- und Sterblichkeitsraten, Heiratsalter, Geburtenwahrscheinlichkeit, Armutsrisiko sowie Erfolge im Sport und in den Künsten.

III. Die Klassenstruktur der britischen Gesellschaft

Es ist unmöglich über *class* zu sprechen, ohne gleichzeitig ein Klassenmodell einzuführen oder eines zu übernehmen. Man benutzt Begriffe wie oben oder unten, wie Mittel- oder Arbeiterklasse und konstruiert dabei bereits Vorstellungen der wichtigsten Klassen und der Unterschiede zwischen ihnen. Es ist ebenfalls unmöglich, Klasse systematisch im Verhältnis zu anderen gesellschaftlichen Faktoren zu analysieren, ohne die Einzelperson bestimmten Kategorien oder Skalenwerten zuzuordnen. Die verschiedenen Klassen-Modelle, die nicht nur in der wissenschaftlichen, sondern auch in der öffentlichen Diskussion verwendet werden, haben also durchaus eine Berechtigung. Seit 1998 gibt es in Großbritannien ein neues offizielles Klassenmodell, dessen Verwendung von den Sozialwissenschaften vorgeschlagen und von der Regierung übernommen wurde. Es stellt die leicht modifizierte Version eines schon 1972 vom Oxforder Soziologen John Goldthorpe entworfenen Schemas dar, das dieser im Zuge einer großangelegten Studie zur sozialen Mobilität entwickelte.[8]

Tab. 2: Das offizielle britische Klassenmodell nach 1998[1]

Kategorien der offiziellen Statistik und der Sozialforschung	Übliche Kategorien in der akademischen und öffentlichen Diskussion
1.1. Arbeitgeber (in Großunternehmen) und höheres Management	Mittelklasse *(Service Class)*
1.2. Höher qualifiziertes Fachpersonal	
2. Normal qualifiziertes Fachpersonal	
3. *Intermediate* (z.B. Büroangestellter, Sekretärin, Sachbearbeiter)	*Intermediate Classes*
4. Kleinunternehmer und Selbstständige	
5. Handwerker	Arbeiterklasse
6. *Semi-Routine* (z.B. Koch, Busfahrer, Friseur, Verkäufer)	
7. *Routine* (z.B. Bedienung, Putzkraft, Bote)	
8. Langzeitarbeitslose; Personen, die noch nie beschäftigt waren	Unterklasse, ausgeschlossene Gruppen

1 Offiziell werden nur die Kategorien 1–8 verwendet. Die Begriffe auf der rechten Seite wurden von mir hinzugefügt.

Das Modell ordnet Personen nach ihrer beruflichen Tätigkeit zu und gruppiert die Berufe nach ihrer Markt- und Arbeitssituation. Die Marktstärke einer Tätigkeit richtet sich nach der Bezahlung, berücksichtigt aber auch weitere Merkmale wie Aufstiegschancen und Arbeitsplatzsicherheit. Die Arbeitssituation bezieht sich auf die Freiheits- bzw. Kontrollgrade sowie die Entscheidungskompetenz gegenüber den anderen Beschäftigungsgruppen. Wenn man die Tätigkeiten gemäß ihrer typischen Markt- und Arbeitssituation zuordnet, dann bildet sich eine begrenzte Anzahl von Clustern, die oben angeführten Klassen. Es gibt zwei zentrale Klassen, die Mittelklasse *(Service Class)* und die Arbeiterklasse sowie zwei *Intermediate Classes* und die Unterklasse.

Zu bedenken ist, dass dieses Modell nicht konsequent linear aufgebaut ist. Die Mittelklasse befindet sich zweifelsohne oberhalb der Arbeiterklasse, allerdings sind Personen, die einfache Bürotätigkeiten ausüben, in vielerlei Hinsicht weniger begünstigt als manche handwerklich Beschäftigten. Umgekehrt sind einige Selbstständige vielen Mitgliedern der Mittelklasse voraus, z. B. beim Einkommen. Nicht alle Selbstständigen sind unterhalb der Mittelklasse anzusiedeln, und es wird auch nicht behauptet, dass jeder Angehörige der *Intermediate Classes* über der Arbeiterklasse steht. Ein Kritikpunkt an diesem Modell ist das Fehlen einer Oberklasse. Ob es einen Klassenunterschied gibt zwischen erfahrenen, angestellten Führungskräften einerseits und Firmenchefs bzw. Geschäftsführern mit relevantem Aktienbesitz und äußerst hoher Vergütung andererseits, ist durchaus diskussionswürdig. Das Modell wurde allerdings für die Umfrageforschung entworfen, in der die übliche Frage nach dem Beruf keine Oberklasse ausweist, weil die diese Klasse so klein ist, dass sich (außer bei einer ungewöhnlich großen Stichprobe) kaum aussagekräftige Daten ergäben. Für andere Analysen ließe sich eine entsprechende Kategorie problemlos hinzufügen.

IV. Sozialer Wandel und Klasse

1. Auf dem Weg zur Mittelklassen-Gesellschaft

Der zahlenmäßige Rückgang der Arbeiterklasse und das Wachstum der Mittelschichten sind langfristige Tendenzen. Die Verbreiterung der Mittelklasse begann schon im späten 19. Jahrhundert, als große Kapitalgesellschaften gegründet und Gesundheitsdienste, Bildung sowie öffentliche Verwaltung ausgeweitet wurden. Zur selben Zeit erlebte die Industrie eine große Nachfrage nach Wissenschaftlern und Technikern. Diese Entwicklungen zogen den Ausbau von weiterführenden Schulen und Universitäten nach sich. Sie öffneten sich für junge, talentierte Menschen und zwar nicht nur für solche, deren Eltern in der Lage waren, für die Ausbildung der Kinder zu zahlen. Dennoch umfasste die Mittelklasse zur Zeit des Ersten Weltkriegs nur wenig mehr als zehn Prozent aller Beschäftigten. Über zwei Drittel aller Arbeiter leisteten schwere körperliche Arbeit. Der Aufstieg von Kindern aus der Arbeiterschicht in die Mittelklasse wurde abgelöst durch die anhaltende Wanderung von Menschen aus ländlichen Gebieten in die Städte – eine Entwicklung, die bereits im gesamten 19. Jahrhundert zu beobachten war.

Seit dem Ersten Weltkrieg ist ein stetiger Rückgang der britischen Arbeiterschicht zu verzeichnen, aber da sie bis in die 1950er Jahre hinein immer noch die Mehrheit stellte, hatte dies noch keine Auswirkungen auf ihr Klassenbewusstsein. Aus heutiger Sicht können die 1950er und 1960er Jahre als die goldenen Jahre der *working class* gelten. Die Gewerkschaften waren dem Höhepunkt ihres Einflusses nahe; in den 1970er Jahren waren mehr als die Hälfte aller Arbeitnehmer gewerkschaftlich organisiert (siehe Tab. 4 auf S. 242). Die Labour Party stellte zwischen 1945 und 1979 insgesamt 17 Jahre die Regierung. Das Jahrhundert war geprägt vom Aufstieg der Gewerkschaften, der Labour Party und anderer Organisationen der Arbeiterschaft, wie den *co-ops* (Einkaufsgenossenschaften) und den Arbeiterclubs. Der Rundfunk, später Fernsehen und Kino, Fußball, andere Unterhaltungsindustrien sowie Konsumgüter und konsumentenorientierte Dienstleistungen wurden auf die Arbeiterklasse ausgerichtet. Vor dem Zweiten Weltkrieg war sie von Erwerbslosigkeit und Armut heimgesucht, nach 1945 verschwanden diese Geißeln. Der Wohlfahrtstaat wurde ausgebaut, Vollbeschäftigung erreicht und die Löhne der Arbeiterschaft stiegen stärker als andere Einkommen. Waschmaschinen, Autos und Urlaub in fernen Ländern wurden auch für größere Teile der *working class* zur Normalität. Die These von der Verbürgerlichung der Arbeiter, die in materieller, sozialer, kultureller und politischer Hinsicht in die Mittelschicht eingegliedert würden, ist von der Soziologie jedoch verworfen worden. Zur damaligen Zeit schien es realistisch, von einer weiterhin wachsenden Arbeiterschicht auszugehen. Die Labour Party könnte dauerhaft die Regierung stellen, wenn nur alle Arbeiter für »ihre« Partei stimmten. Dennoch gab es in den späten 1950er Jahren innerhalb der Labour Party so genannte Revisionisten, die die Position vertraten, dass die Partei, würde sie sich auf ihre Wählerbasis in der Arbeiterklasse beschränken und nicht auch die wachsenden Mittelschichten ansprechen, vor der Gefahr stand, eine permanente Oppositionspartei zu werden.

Heutzutage sind nurmehr rund 35 Prozent aller Erwerbstätigen in Arbeiterberufen beschäftigt: Die Arbeiterklasse ist eine Minderheit. Zwei zentrale Gründe sind hierfür sowie für die Ausweitung der Mittelschicht anzuführen. Zum einen führten die Veränderungen der Wirtschaftsstruktur zu einer Verlagerung von Jobs vor allem aus der Rohstoff- und der verarbeitenden Industrie in den Dienstleistungssektor. Zwar wird häufig übersehen, dass nicht jede Dienstleistung hohe formale Qualifikationen erfordert, denn diesem Sektor sind Bars und Restaurants ebenso zuzurechnen wie Banken und Universitäten und letztere beschäftigen sowohl Hausmeister und Küchenpersonal als auch Professoren. Insgesamt gilt dennoch, dass in der Rohstoff- bzw. verarbeitenden Industrie die niedrigeren formalen Qualifikationsniveaus überwiegen, während die höheren im Dienstleistungsbereich stark repräsentiert sind. Ein zweiter Grund für den Rückgang der

Arbeiterklasse ist der Wandel von Tätigkeiten innerhalb des Industriesektors, vor allem im produzierenden Gewerbe. Die menschliche Arbeitskraft wurde zunehmend durch neue Technologien ersetzt, was wiederum neue Stellen für Menschen schuf, die solche Geräte entwerfen, warten und bedienen.

Dies heißt jedoch nicht, dass der Produktionsumfang des verarbeitenden Gewerbes langfristig geschrumpft ist. Es ist vielmehr der Landwirtschaft gefolgt, deren Output heutzutage höher ist als in den 1850er Jahren, als der Agrarsektor der bei weitem größte Arbeitgeber war. Zwar ist für die Beschäftigung in der Tat eine Entindustrialisierung zu konstatieren – betrachtet man aber die Produktionsleistung, so kann davon keine Rede sein. Wie alle älteren, vollentwickelten Industriegesellschaften, hat auch Großbritannien Arbeitsplätze an Niedriglohnländer verloren, aber es sind nicht vorwiegend die niedrig qualifizierten Arbeiterjobs, die gegenwärtig gefährdet sind, weil sie weiterhin für die möglichst marktnahe Endmontage von Produkten gebraucht werden. Auch die Arbeitsplätze im konsumentennahen Dienstleistungsbereich müssen überwiegend dort angesiedelt sein, wo die Kunden leben und ihr Geld ausgeben, d. h. diese Tätigkeiten sind kaum ins Ausland zu verlegen. So findet derzeit besonders in der Informationsverarbeitung, in Call Centers sowie in Forschung und Entwicklung (wo die Arbeit auch in geographischer Entfernung vom Auftraggeber geleistet werden kann) eine Verlagerung von Arbeitsplätzen statt. Die alten Industrieländer haben heute keinen Vorteil mehr aufgrund ihrer besser ausgebildeten Bevölkerung, denn Schwellenländer und die neuen EU-Mitgliedstaaten verfügen über Arbeitskräfte mit ebenso guter Ausbildung, die äußerst arbeits- und weiterbildungswillig sowie für die Unternehmer vergleichsweise kostengünstig sind.

Die britische Klassenstruktur ist durch die beiden skizzierten Entwicklungen grundlegend verändert worden. In der Vergangenheit hatte sie eine pyramidenartige Form mit einer breiten Basis und zunehmend weniger Stellen auf den jeweils höheren Ebenen. Vor einem halben Jahrhundert prognostizierten die meisten Beobachter dann die Entwicklung hin zu einer Rautenform, mit den meisten Jobs in der Mitte. Heutzutage hat die Klassenstruktur die Gestalt einer dreiteiligen Säule mit einer ähnlich großen Anzahl von Arbeitsplätzen in der Mittelklasse, den *Intermediate Classes* und der Arbeiterklasse. Dabei unterscheiden sich männliche und weibliche Beschäftigungsprofile immer noch voneinander und gleiches gilt für die Klassenstrukturen. Bei den Frauen gleichen sie aufgrund der großen Zahl weiblicher Beschäftigter im niedrig qualifizierten Dienstleistungssektor der erwähnten Rautenform, bei den Männern haben sie die Gestalt einer Sanduhr.

2. Soziale Mobilität

Die britische Soziologie unterscheidet bei der Frage, wie sich die veränderte Klassenstruktur auf die sozialen Aufstiegschancen (und Abstiegsmöglichkeiten) auswirkt, zwischen einer *absoluten* und einer *relativen* Mobilität. Die *absolute* Rate der Mobilität bezeichnet den Prozentsatz von Menschen, die von einer Klasse in eine andere auf- oder absteigen. *Diese Rate hat sich in den letzten Jahrzehnten deutlich erhöht.* So hatten 1972 ca. 16 Prozent und Anfang der 1990er Jahre rund 26 Prozent der Arbeitersöhne den Aufstieg in die Mittelklasse geschafft, während 1972 ca. 15 Prozent und zu Beginn der 1990er Jahre rund 18 Prozent der Mittelklassensöhne den umgekehrten Weg gegangen waren. Die *relative* Rate der Mobilität bezieht sich dagegen nicht auf die reinen Zahlen für den Wechsel zwischen den sozialen Klassen, sondern auf die Möglichkeit von Kindern mit einer *verschiedenen* Klassenherkunft, im Laufe ihres Lebens eine bestimmte Position einzunehmen. Waren 1972 ca. 16 Prozent der Arbeitersöhne in die Mittelklasse aufgestiegen (siehe oben), konnten 59 Prozent der Mittelkassensöhne ihre Position halten. Im Vergleich, in *Relation*, zu den Söhnen aus der Arbeiterklasse hatten die Söhne aus der Mittelklasse also eine vier Mal höhere Chance auf eine Mittelklassenposition.[9]

Die Unterscheidung zwischen der *absoluten* und *relativen* Rate der Mobilität ist wichtig, weil sie deutlich macht, dass die veränderte Klassenstruktur keinesfalls eine Gleichheit der Lebenschancen hervorgebracht hat. Die Rate der *relativen* Mobilität – also die Chancen von Personen unterschiedlicher sozialer Herkunft, eine bestimmte Position zu erreichen – hat sich seit dem Ende des 19. Jahrhunderts (seither gibt es verlässliches Datenmaterial) *nicht* verändert. Die Klassenstruktur ist nicht offener und durchlässiger geworden, sondern eher noch rigider und abgeschotteter. Nach wie vor ist es von unschätzbarem Vorteil, in eine privilegierte Familie hineingeboren zu werden. Klassenunterschiede bestimmen immer noch ganz entscheidend die Lebensperspektiven. So besuchen heute 80 Prozent aller Kinder von Eltern, die im höheren oder höchsten Management beschäftigt sind, eine Universität, während dies nur 15 Prozent aus der Arbeiterklasse schaffen.

Trotz der konstanten Durchlässigkeitsrate ziehen die Größenveränderungen der sozialen Schichten Folgen für die *absoluten* Zahlen der aufwärts bzw. abwärts gerichteten Mobilität nach sich. Vereinfacht gesprochen: Je größer die Arbeiterklasse, desto geringer sind die sozialen Aufstiegschancen eines Kindes aus dieser Schicht. Im Gegenzug bedeutet dies: Je größer die Mittelklasse, desto besser sind die Aufstiegschancen für Arbeiterkinder. Wenn sich nun die Mittelklasse zahlenmäßig mehr als verdoppelt, wie dies in Großbritannien im Laufe des 20. Jahrhunderts geschehen ist, dann werden viele der neuen Positionen von sozialen Aufsteigern übernommen, da zu wenig Mittelklassekinder existieren, um diese auszufüllen. Durch das Anwachsen der Mittelklasse vermindert sich zugleich auch das Risiko des sozialen Abstiegs für Angehörige dieser Schicht.

Tab. 3: Söhne, die in der sozialen Klasse ihrer Väter verblieben
in Prozent

	Geburtenjahrgänge						
	Vor 1900	1900 bis 1909	1910 bis 1919	1920 bis 1929	1930 bis 1939	1940 bis 1949	1950 bis 1959
Mittelklasse	51	49	61	69	67	62	73
Arbeiterklasse	76	75	73	67	60	53	50

Quelle: Stephen Aldridge, Social Mobility: A Discussion Paper, London 2001, Ziff. 25.

In Tabelle 3 wird von lediglich zwei Klassen ausgegangen, d. h. alle Arbeitersöhne, die nicht in ihrer sozialen Schicht verblieben, entwickelten sich aufwärts in die Mittelklasse, während alle Söhne dieser Klasse, wenn sie ihren Status nicht beibehielten, abgestiegen sind. Aus den Daten ist ersichtlich, dass sich im Laufe der Zeit sowohl der Anteil der den Status haltenden Mittelklassesöhne als auch der Prozentsatz der aufsteigenden Arbeiterkinder erhöht hat. Der Grund dafür liegt aber nicht – wie oben bei der Diskussion der *relativen* Mobilitätsrate gezeigt wurde – in einer Veränderung der Durchlässigkeitsrate, sondern in der veränderten britischen Klassenstruktur.

Dennoch sind die Trends der *absoluten* Mobilitätsraten außerordentlich wichtig. Während des größten Teils des 20. Jahrhunderts war die britische Arbeiterklasse eine demographisch stabile Einheit. Dies war das Resultat ihrer schieren Größe, vor allem bis in die 1950er Jahre hinein. Stets zuvor und selbst für einige Jahre danach, waren die Mitglieder der Arbeiterklasse Menschen, die in diese Klasse hineingeboren worden waren. Die meisten Arbeiterkinder blieben also in ihrer sozialen Schicht. Dadurch wurde die Entwicklung einer starken Arbeiterkultur und eines kollektiven Interesses an einer Verbesserung der Lebens- und Arbeitsbedingungen gefördert. Heutzutage ist es für Eltern dieser Klasse sinnvoller und realistischer darauf zu hoffen, dass ihre Kinder individuell vorankommen. Die höhere *absolute* soziale Mobilität wird der Arbeiterklasse auf lange Sicht ihre begabtesten und ambitioniertesten Mitglieder entziehen. Junge Menschen der Arbeiterklasse – die früher in Arbeiterjobs beschäftigt und in den Gewerkschaften bzw. parteipolitisch aktiv waren – besuchen nun Universitäten und übernehmen Mittelklassetätigkeiten. Die Arbeiterklasse des 21. Jahrhunderts unterscheidet sich fundamental von ihrem Pendant der vorangegangenen einhundert Jahre. Die neue Arbeiterschicht ist nicht nur zahlenmäßig kleiner, sondern sie ist aufgrund des Aufstiegs zahlreicher Mitglieder auch demographisch wesentlich instabiler. Für die Mittelklasse stellte sich der Umbau der vergangenen Jahrzehnte gerade umgekehrt dar. Im 20. Jahrhundert war sie klein und demographisch wenig stabil, heutzutage ist dies anders.

3. Die neue Mittelklasse

Aufgrund ihrer bis heute anhaltenden Ausdehnung war die Mittelklasse während des 20. Jahrhunderts eine sich stets verändernde Bevölkerungsgruppe. Die Mehrzahl derjenigen, die heute in gut bezahlten Berufen arbeiten, hatten keine privilegierten Startbedingungen, sondern sie sind aus einfacheren Verhältnissen in diese Positionen gelangt. Es ist also verständlich, dass sie ihren Aufstieg den eigenen Anstrengungen und Fähigkeiten zuschreiben. All dies ist allerdings Veränderungen unterworfen: Die Mittelklasse des 21. Jahrhunderts wird anders sein. Weniger Kinder dieser Schicht als früher erleben einen sozialen oder ökonomischen Abstieg. Die Mittelklasse reproduziert sich in zunehmenden Maße aus sich selbst heraus. Dadurch wird sie in gewisser Weise auch exklusiver bzw. abgeschotteter: Die Wahrscheinlichkeit von Heiraten untereinander nimmt zu, Freundschaften überschreiten seltener die Klassengrenzen und Vereinigungen, denen sich Erwachsene der Mittelschicht anschließen, haben zumeist nur wenige Mitglieder aus der Arbeiterklasse.[10]

Diese Entwicklungen führen gleichwohl nicht zu einer triumphierenden und zufriedenen Mittelklasse, im Gegenteil. Ein größerer Anteil der Bevölkerung hat nun typische, altbekannte Mittelschichtängste. So mag sich das Abstiegsrisiko für Kinder dieser Gruppe real verringert haben, für viele Eltern jedoch scheint das Risiko hoch zu sein. Nicht alle Kinder der Mittelklasse sind begabt und hochmotiviert, viele müssen gedrängt und überredet werden, und mitunter sind sie enormem Druck ausgesetzt, in der Schule erfolgreich zu sein.[11] So sind die Eltern darauf bedacht, ihnen den Besuch guter Schulen zu ermöglichen, wobei sich heutzutage nur noch wenige Familien die Privatschulkosten leisten können. Sie suchen stattdessen staatliche Schulen mit gutem Ruf und herausragenden Prüfungsergebnissen.[12] Eltern achten zudem darauf, dass ihre Kinder Abschlussnoten erzielen, die den Besuch guter Universitäten erlauben. Doch unter heutigen Bedingungen garantiert auch eine hochwertige akademische Ausbildung noch keine große Karriere.

Da die Mittelklasse mehr als ein Drittel der Beschäftigten umfasst (und in Kürze auf über 40 Prozent steigen wird) ist es unmöglich, dass all ihre Mitglieder Berufe mit überdurchschnittlichem Status, Einkommen und Lebensstandard ausüben. Schon heute besucht ein Drittel jedes Jahrgangs eine Universität, die von der Regierung gesetzte Zielmarke liegt bei 50 Prozent. Zweifellos werden einige der Absolventen nur durchschnittliche Jobs mit ebensolcher Bezahlung bekommen. Innerhalb der Mittelklasse sind die Einkommensdifferenzen riesig – wesentlich größer als innerhalb der Arbeiterklasse – und die Karriereleiter ist langgestreckt. Die Mittelschicht als solche hat weiterhin die Form einer Pyramide und die meisten, die unten anfangen, werden kaum in die Nähe der Spitze vorstoßen. Anders als früher ist die Mittelklasse heute nicht länger eine kleine Minderheit, die von der Macht der Arbeiterschaft bedroht wird und sich gegen sie zu verteidigen sucht. In Zeiten der zahlenmäßigen Ausweitung, ihrer größeren Reproduktion aus sich selbst heraus und der sozialen Abschottung vergleichen Angehörige der Mittelklasse ihre Lebensumstände nicht mehr mit denen der benachteiligten Arbeiterklasse, sondern mit Menschen in anderen Mittelklasseberufen – und nicht alle werden mit ihrer Lage und dem eigenen Vorankommen zufrieden sein.

Innerhalb der Mittelklasse hat es immer Unterschiede gegeben: zwischen hoch qualifizierten Beschäftigten mit wichtigen unternehmensspezifischen Fähigkeiten und entsprechendem Wissen (*managers*) und solchen mit berufsbezogenen Qualifikationen, die in verschiedenen Firmen einzusetzen sind (*professionals*); zwischen Menschen, deren Karrieregrundlagen durch Ausbildung in Kindheit und Jugend gelegt wurden und solchen, die sich hochgearbeitet haben; zwischen Beschäftigten des öffentlichen und des privaten Sektors. Daraus ergeben sich unterschiedliche Interessenlagen (z. B. können die im öffentlichen Dienst stehenden Mitglieder der Mittelklasse der traditionellen Opposition der Mittelschicht gegen höhere Steuern und Staatsausgaben kaum etwas abgewinnen). Die Unterschiede werden durch das gemeinsame Interesse des Vorankommens verdeckt. Nicht zuletzt hat die ganze Mittelklasse etwas zu verlieren: ihre übergeordneten Vorteile gegenüber den *Intermediate Classes* und der Arbeiterklasse.

Die soziologischen Studien der letzten Jahre über die Mittelklasse hatten vor allem deren Lebensstil zum Gegenstand. Unterschiede innerhalb der Schicht zeigen sich zwar nicht nur an diesem Punkt, sie sind dort aber besonders sichtbar. So werden von einigen Autoren z. B. diese Lifestyle-Gruppen unterschieden: (1) Die *country set*-Gruppe, die am Wochenende eine Landpartie (ins eigene Ferienhaus) unternimmt und häufig Range Rover fährt; (2) die Gruppe der *inner-city gentrifiers*, die in zuvor heruntergekommene Wohnviertel ziehen und diese neu beleben; (3) die Asketen, denen Gesundheit und Fitness wichtig sind; (4) die Kunstliebhaber.[13] Kategorisierungen dieser Art werden häufig herangezogen, um die These zu untermauern, dass sich Klassen heute vor allem auf kultureller Grundlage (und nicht mehr vornehmlich entlang der beruflichen Tätigkeit) bilden und dass die traditionellen Klassenunterschiede weniger bedeutsam werden. Allerdings vollziehen Mittelklassegruppen, die sich aufgrund ihres Lebensstils voneinander unterscheiden wollen, damit automatisch auch eine Trennung zwischen der Gesamtheit dieser (Mittelklasse-)Gruppen auf der einen und den niedrigeren Klassen auf der anderen Seite.[14]

4. Die Arbeiterklasse des 21. Jahrhunderts

Der Abbau von Arbeiterjobs seit den 1960er Jahren hatte eine deutliche Schlagseite. Die größten Verluste waren in den Bereichen Bergbau, Stahl, Maschinenbau sowie anderen Industrien des produzierenden Gewerbes zu verzeichnen und betrafen vorrangig Berufe mit (schwerer) körperlicher Arbeit. Heutzutage finden Arbeiter vor allem im Dienstleistungssektor Beschäftigung. Ihre Zahl nahm in den letzten Jahren am schnellsten in der Gastronomie, im Reinigungsgewerbe, in den Krankenhäusern, im Einzelhandel sowie bei Wachdiensten zu.[15] Die für die Arbeiterklasse traditionellen Tätigkeiten sind tendenziell niedrig entlohnt und heute vorwiegend in kleineren Unternehmen und nicht mehr in Kohlegruben, Stahlwerken oder Fabriken zu finden, in denen früher Hunderte und manchmal Tausende weitgehend ähnliche Tätigkeiten verrichteten. Die heutigen Arbeiter sind an ihren Einsatzorten (z. B. an Universitäten oder in Kliniken) nicht selten in der Minderheit.

Seit Mitte der 1970er Jahre liegt die Erwerbslosigkeit in Großbritannien im Durchschnitt über den Werten der ersten dreißig Nachkriegsjahre. Zwar hat das Land zu Beginn des 21. Jahrhunderts eine der niedrigsten Arbeitslosenquoten innerhalb der EU, allerdings sind die offiziellen Daten – wie in anderen Ländern auch – nur bedingt aussagekräftig, da eine erhebliche Zahl so genannter *discouraged workers* in den Statistiken nicht mehr auftaucht: junge Menschen, die Zuflucht in diversen Bildungsanboten (Umschulung, Berufsvorbereitung) gesucht haben; ältere Arbeitnehmer im Vorruhestand; andere erwerbslose Erwachsene, die als chronisch krank gelten. So kommt es, dass in rund einem Sechstel aller britischen Haushalte mit Erwachsenen im erwerbsfähigen Alter niemand eine bezahlte Beschäftigung hat. In einigen Arbeiterwohngebieten, in deren Nähe früher große Industriebetriebe angesiedelt waren, leben mehr als die Hälfte aller Haushalte von staatlicher Unterstützung, und es kommt verschärfend hinzu, dass die Transferleistungen im Vergleich zu den Einkommen aus Arbeit und Vermögen gesunken sind. Es ist dieser Kontext, in dem die Diskussion geführt wird, ob es in Großbritannien eine Unterklasse bzw. ausgeschlossene Gruppen gibt, und wenn ja, wie diese wieder in die Gesellschaft integriert werden können.

Zur heutigen Situation der *working class* gehört schließlich auch, dass sie weniger organisiert ist als zuvor. Gemessen an der Zahl der Mitglieder sind die Gewerkschaften nur noch halb so stark wie Ende der 1970er Jahre:

Tab. 4: Mitgliedschaft und Organisationsgrad der britischen Gewerkschaften

	Zahl der Mitglieder	Organisationsgrad[1]
1945	7 875 000	42,2 %
1965	10 325 000	41,6 %
1979	13 498 000	53,0 %
1985	10 716 000	45,0 %
1990	9 947 000	39,2 %
1995	7 070 000	29,0 %
2000	6 924 000	27,2 %
2005	6 677 000	26,2 %

1 Anteil der Gewerkschaftsmitglieder unter allen Beschäftigten.
Quellen: Robert Taylor: The Trade Union Question in British Politics. Government and Unions since 1945, Oxford/Cambridge 1993, S. 381 f.; Heidi Granger: Trade Union Membership 2005, London 2006, S. 15. Den Daten liegen leicht abweichende Berechnungen des Organisationsgrads zugrunde.

Arbeitnehmer, die auf eine Vielzahl kleiner Betriebe verteilt sind, lassen sich schwierig organisieren und repräsentieren. Heute ist die Gewerkschaftsmitgliedschaft unter Hochqualifizierten weiter verbreitet als in der klassischen Arbeiterschaft. Insofern hat die britische Gewerkschaftsbewegung die Arbeiterschicht verloren. Das Gleiche geschah auch mit anderen Organisationen. Die Konsumgenossenschaften sind gewöhnliche Einzelhändler geworden und zahlreiche Arbeiterclubs mussten schließen, da sie mit der Unterhaltungsindustrie nicht konkurrieren konnten. Das einstige Gemeinschaftsgefühl in den Arbeiterwohngebieten ist dahin. Wenn die sozialen Kontakte und Bindungen vor Ort nicht durch Umzüge zerbrochen sind, wurden sie aufgelöst durch das Fernsehen, welches die Menschen »drinnen« hält, und das Auto, das ihnen erlaubt, »draußen« etwas zu unternehmen. Insgesamt meinte es die Entwicklung der letzten Jahrzehnte also nicht eben gut mit der Arbeiterklasse. Hinzu kommt, dass die arbeitsplatzzentrierte Kultur dieser Schicht einstmals männlich geprägt war und die Arbeiter zumeist *native-born white British* waren. Diese traditionelle Kultur ist durch die Transformation Großbritanniens in eine multikulturelle Gesellschaft (es sind die Arbeiterwohngebiete, die am stärksten multikulturell geprägt sind) und die Zunahme der Frauenerwerbstätigkeit grundlegend verändert worden. Hält man sich die skizzierten Trends vor Auge, so ist es nicht verwunderlich, dass immer wieder vom Rückgang der Klassenbindungen die Rede ist.

V. Politik und *Class*

Bei Betrachtung der Unterhauswahlergebnisse der beiden großen Parteien seit 1945 ist es hilfreich, die Zeitspanne in einen Abschnitt vor 1997 und einen danach zu unterteilen. Vor 1997 blieb der Stimmanteil der Konservativen (mit Ausnahme des Jahres 1974) relativ konstant und lag zumeist über 40 Prozent. Labour hingegen erging es anders, denn es zeigte sich ein deutlicher Abwärtstrend. Während das Ergebnis zwischen 1945 und 1970

Tab. 5: Ergebnisse der beiden großen Parteien bei den Unterhauswahlen seit 1945 in Prozent

	Konservative	Labour Party
1945	39,7	47,7
1950	43,3	46,1
1951	48,0	48,8
1955	49,6	46,4
1959	49,4	43,8
1964	43,3	44,1
1966	41,9	47,9
1970	46,4	43,0
Feb. 1974	37,8	37,2
Okt. 1974	35,7	39,3
1979	43,9	36,9
1983	42,4	27,6
1987	42,2	30,8
1992	41,9	34,4
1997	30,7	43,2
2001	31,7	40,7
2005	32,3	35,2

Quelle: John Bartle/Anthony King (Hrsg.), Britain at the Polls 2005, Washington 2006, S. 221.

nie unter 43 Prozent sank, ereichte die Partei in der Folgezeit (bis 1997) niemals mehr als 39 Prozent und stürzte 1983 gar auf unter 28 Prozent ab.

Die Soziologie hat eine Erklärung für die Erfahrung »Old« Labours anzubieten: die sich verändernde britische Klassenstruktur. Die im Jahr 1900 (maßgeblich von den Gewerkschaften) gegründete Labour Party wurde stets als Partei der Arbeiterklasse gesehen und hierher kam auch der überwiegende Teil (rund 80 Prozent) ihrer Wählerstimmen. Allerdings wurde diese Basis im Laufe der Zeit immer kleiner und umfasste in den 1990er Jahren weniger als die Hälfte der Bevölkerung. Nach vier aufeinanderfolgenden Wahlniederlagen (1979, 1983, 1987, 1992) übernahmen zwischen 1992 und 1997 die Parteireformer (die sich Modernisierer nannten) das Kommando. Sie gaben der Partei ein neues Image und hoben New Labour aus der Taufe. Die historische Verpflichtung, sich für die Verstaatlichung der Produktionsmittel einzusetzen, wurde aus dem Parteistatut gestrichen. Das neue Führungspersonal entwickelte gute Beziehungen zur Wirtschaft und versicherte den Mittelschichten, dass es keine Steuererhöhungen geben werde. Die Neuausrichtung sollte funktionieren: Der Stimmanteil New Labours stieg 1997 auf über 43 Prozent, die Partei erreichte bei dieser Wahl und auch 2001 überwältigende Mandatsmehrheiten im Unterhaus und wurde auch 2005 wiedergewählt, wenn auch mit knapper Mehrheit. New Labour übernahm viele Positionen der Konservativen, vor allem bei der Modernisierung des Wohlfahrtstaates und anderer öffentlicher Dienstleistungen. Dem privaten Sektor wurde die Erbringung einiger dieser Dienstleistungen ermöglicht, der Bevölkerung standen in einigen Bereichen (z. B. Schule) mehr Wahlmöglichkeiten zur Verfügung und nicht zuletzt sollte sich »Arbeit wieder lohnen«, was vor allem bedeutete, dass Menschen in Arbeit deutlich mehr verdienen sollten, als sie über Sozialleistungen erreichen konnten.

Wenn die Labour Party vor 1997 aufgrund der sich verändernden Klassenstruktur an Unterstützung verlor, warum gab es dann keinen langfristigen Aufwärtstrend der Konservativen? Die Antwort liegt in der damaligen demographischen Instabilität der Mittelklasse, was die Aufmerksamkeit auf einen außerordentlich wichtigen Aspekt lenkt: Die berufliche Tätigkeit oder selbst ein bestimmtes Klassenbewusstsein haben niemals direkt dazu geführt, dass Arbeiter die Labour Party oder Angehörige der Mittelschicht die Konservativen wählten. Jede Partei musste stets auch diejenigen Wähler explizit für sich gewinnen, die ihrem Image oder ihren Inhalten zuneigten. Auch Labour musste von Anfang an intensiv um Unterstützung in der Arbeiterklasse werben. Dies war ein mühsamer Prozess, und es sollte bis 1945 dauern, bis eine Labour-Regierung erstmals über eine Parlamentsmehrheit verfügte.

Die Ausweitung der Mittelklasse führte zu einer Vergrößerung derjenigen Wählergruppe, die aufgrund ihrer Klassenzugehörigkeit der Konservativen Partei positiv gegenüber stehen müsste. Seit den 1950er Jahren ist es dieser Partei allerdings nicht gelungen, eine wirklich breite Unterstützung in dieser »neuen« und aufwärtsstrebenden Mittelklasse zu gewinnen, insbesondere unter denjenigen, die aufgrund einer akademischen Ausbildung aufgestiegen waren. Die Verankerung in der Arbeiterklasse und die politischen Loyalitäten dieser Aufsteiger sind durch ihre Lebens- und Berufserfahrungen zwar abgeschwächt worden, sie wurden aber nicht zu ähnlich überzeugten Konservativen wie andere, die in die Mittelschicht hineingeboren wurden und konservative Eltern hatten.

Die Unterhauswahl von 1997 scheint einen politischen Epochenwechsel zu markieren, der die Folge der ökonomischen und gesellschaftlichen Umwälzungen während der Regierungszeit Margaret Thatchers in den 1980er Jahren ist. New Labour hat viele ihrer Reformen übernommen und abgesichert. Das Neue der Nach-1997-Ära ist, dass alle wichtigen Parteien vor allem den Teil der Wählerschaft anzusprechen versuchen, den sie als *middle Britain*, manchmal auch als *hard working middle Britain* bezeichnen. Wirklich gemeint ist damit die Mittelklasse. Sie macht von ihrem Wahlrecht tatsächlich Gebrauch, und aus ihr kommen die so genannten *chattering classes*, die Meinungsmacher der Gesellschaft. Das Sozialprofil der Unterhausabgeordneten der großen Parteien ist immer ähnlicher geworden. Die meisten von ihnen verfügen über einen akademischen Abschluss, und viele haben schon kurz nach der universitären Ausbildung politische Karrieren begonnen, häufig als Mitarbeiter bzw. Berater von Politikern oder in einem den Parteien nahestehenden Think Tank. Sie haben keine Verwurzelung durch langjährige Erfahrungen in anderen Tätigkeiten. Der direkte Weg in die aktive Politik in der Labour Party führt heute nicht mehr über betriebliche oder gewerkschaftliche Betätigung, und das Engagement bei den Konservativen ist nicht länger ein typischer zweiter Karriereweg für Immobilienbesitzer oder Wirtschaftsexperten. Politiker interessieren sich nun vornehmlich für Machterwerb bzw. -erhalt, politische Aussagen richten sich nach Meinungsumfragen. Alle Parteien haben Mobilisierungsprobleme, was sich u. a. in den niedrigen Wahlbeteiligungen der letzten Jahre zeigt. Auch die Mitgliederzahlen sind im Vergleich zu den 1950er und 1960er Jahren deutlich zurückgegangen. Die Parteiführungen können damit relativ gut umgehen, indem sie die Wahlkämpfe vor allem über die Medien führen. Unterstützer sind gefragt und nicht so sehr Mitglieder, die sich intensiv am politischen Entscheidungsprozess beteiligen wollen. Für die Wahlwerbung per Telefon oder E-Mail lässt sich auch bezahltes Personal finden. So scheint es heute einfacher zu sein, einen Großspender davon zu überzeugen, der Partei eine Million Pfund zukommen zu lassen, als 100 000 Menschen zu finden, die bereit wären, je 10 Pfund zu zahlen.

Insgesamt hat sich die Verbindung zwischen sozialer Schicht und Parteipräferenz zwar gelockert, sie bleibt aber weiterhin von erheblicher Bedeutung. Tatsächlich erlaubt die Klassenzugehörigkeit – verglichen mit anderen Indikatoren – auch heute noch die präziseste Vorhersage der Stimmabgabe. Gleichwohl sind die Meinungen zu gesellschaftlich-politischen Themen heute kaum noch (wenn überhaupt) an die soziale Schicht gekoppelt. So sind etwa die Antworten auf die Frage, ob die Verteilung von Reichtum und Einkommen als gerecht oder ungerecht empfunden wird, nur schwach mit der sozialen Klasse verbunden. Die Mehrheit der Arbeiterklasse hält die gegenwärtige Verteilung für ungerecht, dies gilt aber auch – trotz leicht niedrigerer Werte – für die Mittelklasse (siehe Tab. 6).

Tab. 6: Ist die Verteilung von Reichtum und Einkommen gerecht?
Ja-Antworten in Prozent

Offizielle Kategorien des britischen Klassenmodells (vgl. Tab. 2)							
1	2	3	4	5	6	7	Gesamt
31	34	28	44	24	25	22	29

Quelle: Gordon Marshall u. a., Social Class in Modern Britain, London 1988, S. 186.

Aus diesen Befunden kann man verschiedene Schlüsse ziehen. Es lässt sich argumentieren, dass die Verbindung von sozialer Schicht und Parteipräferenz nur noch der Tradition folgt und somit auch veränderlich ist. Andererseits kann darauf verwiesen werden, dass die Ungleichheiten zwischen den Klassen hinsichtlich Einkommen, Sterblichkeitsrate, Bildungschancen und vielem mehr mindestens so groß wie früher, wenn nicht sogar größer sind als je zuvor, auch wenn sich die ojektiv unterschiedlichen Klasseninteressen nicht mehr als konträr formulierte Positionen und Ideologien zur gegenwärtigen Situation und künftigen Entwicklung des Landes gegenüberstehen. Die britische Bevölkerung geht nach wie vor davon aus, dass es einen engen Zusammenhang zwischen *class* und *politics* gibt und dass Regierungen eine soziale Schicht zu Lasten einer anderen bevorzugen. Statt von einer weiteren Abschwächung der Bedeutung von *class* für die Parteipräferenz auszugehen, sollten wir also nicht die Möglichkeit ausschließen, dass es zu einer neuen Konsolidierung von Klasseneinstellungen und zu entsprechenden programmatischen Orientierungen innerhalb des Parteienspektrums kommt. Dabei könnte auch eine Rolle spielen, dass die Labour Party seit ihrem Wandel zu

New Labour nicht mehr als die Partei angesehen wird, die sich am meisten für die Belange der *working class* einsetzt:

Tab. 7: Soziale Klasse und Einschätzung von New Labour, 1998
in Prozent

	Welcher Klasse gehören Sie selbst an?	Welcher Klasse, glauben Sie, ist die Regierung besonders verpflichtet?
Oberklasse	1	35
Mittelklasse	41	36
Arbeiterklasse	55	27
Weiß nicht	3	2

Quelle: BBC 1998.

Zur Zeit ist ungewiss, wie sich die veränderten Klassenstrukturen auf die weitere politische Entwicklung auswirken wird. Die britische Politik könnte sich wie in der Zeit zwischen 1918 und 1945 in einer Übergangsphase befinden. Damals wurden die Liberalen von der Labour Party als zweite große Partei neben den Konservativen abgelöst. Die Veränderungen des Parteiensystem seit den 1970er Jahren deuten aber darauf hin, dass das britische Parteienduopol (die Vorherrschaft zweier großer Parteien, die sich in mehr oder weniger großen Zeitabständen in der Regierung ablösen) seine frühere Geltungskraft verloren hat. Die Liberaldemokraten, die früheren Liberalen, sind gemessen an ihren Wählerstimmen zu einer dritten Kraft in England geworden und sie kämpfen in Schottland und Wales mit den Konservativen und den Nationalparteien *(Scottish National Party* bzw. *Plaid Cymru)* sogar um den zweiten Platz hinter Labour. Noch ist nicht absehbar, wie sich in dieser Konstellation die Wahlchancen der Konservativen künftig entwickeln werden. Profitieren sie oder alle jetzigen Oppositionsparteien davon, wenn *New Labour* bei der nächsten Unterhauswahl erneut Stimmenverluste hinnehmen muss? Was geschieht, so ein Szenario, wenn es zu einem *hung parliament* kommt, in dem keine Partei eine regierungsfähige Mehrheit besitzt? Bilden sich dann neue Regierungs- und Oppositionsblöcke heraus, die das Parteiensystem verändern? Oder, so ein anderes Szenario, könnte zur gegenwärtigen Mitte-Rechts-Politik der beiden großen Parteien eine linke Alternative entstehen, die ihre Anhänger aus der *working class* (der sich – wie erwähnt – keine der beiden großen Parteien annimmt, obwohl sie immer noch ein Drittel der Bevölkerung ausmacht) und den verbliebenen Resten von *Old Labour* rekrutiert, aber auch Rückhalt bei den Beschäftigten des öffentlichen Dienstes und bei enttäuschten Teilen der Mittelklasse findet? Was auch passiert, *class* hat sich keineswegs überlebt und wird auch künftig eine Rolle in der britischen Gesellschaft und Politik spielen.

Anmerkungen

1 Eine ausführliche Darlegung der Argumente für und gegen die These vom Rückgang der Klassenbindung findet sich bei David J. Lee/Bryan S. Turner (Hrsg.), Conflicts About Class, London 1996.

2 Thomas H. Marshall, Citizenship and Social Class and Other Essays, Cambridge 1950.

3 Vgl. etwa Tim Phillips/Mark Western, Social change and social identity: Postmodernity, reflexive modernisation and the transformation of social identities in Australia, in: Fiona Devine u. a. (Hrsg.), Rethinking Class: Culture, Identities, Lifestyle, Basingstoke 2005.

4 Diese Unterteilung in soziale Klassen (AB, C1, C2, DE) wird sowohl in der Wahl- wie auch in der kommerziellen Marktforschung eingesetzt. Die Gruppe AB umfasst hoch- und höherqualifizierte Berufe (*professional, managerial, executive*), C1 steht für klassische Bürotätigkeiten (*routine white-collar*), C2 bezeichnet Facharbeiter (*skilled manual*), DE sind ungelernte Arbeiter (*unskilled manual*).

5 Mike Savage/Gaynor Bagnall/Brian Longhurst, Ordinary, ambivalent and defensive: class identities in northwest England, in: Sociology, 35 (2001), S. 875–892.

6 Rosemary Crompton u. a., Renewing Class Analysis, Oxford 2001; Fiona Devine u. a. (Anm. 3).

7 Fiona Devine, Class Practices: How Parents Help Their Children Get Good Jobs, Cambridge 2004; Beverly Skeggs, Formations of Class and Gender, London 1997; Beverly Skeggs, Class, Self, Culture, London 2004; Valerie Walkerdine/Helen Lucey/June Melody, Growing Up Girl: Psychosocial Explorations of Gender and Class, Basingstoke 2001.

8 John H. Goldthorpe/Catriona Llewellyn/Clive Payne, Social Mobility and Class Structure in Modern Britain, Oxford 1987.

9 Vgl. Ken Roberts, Class in Modern Britain, Basingstoke 2001, S. 199.

10 Yaojun Li u. a., Dynamics of social capital: trends and turnover in associational membership in England and Wales, 1972–1999, in: Sociological Research Online, 7 (2002), S. 3; Ders./Mike Savage/Andrew Pickles, Social capital and social exclusion in England and Wales (1972–1999), British Journal of Sociology, 54 (2003), S. 497–526.

11 Walkerdine/Lucey/Melody (Anm. 7).

12 Diese Suche wird erleichtert durch die Bekanntgabe von Prüfungsergebnissen (z. B. Durchschnitt der Abiturnote pro Fach und Schule), die in Großbritannien in landesweiten Ranglisten, den *school league tables*, veröffentlicht und regelmäßig auch in den großen Tageszeitungen abgedruckt werden (Anm. d. Übers.).

13 Mike Savage u. a., Property, Bureaucracy and Culture, London 1992; Tim Butler/Mike Savage (Hrsg.): Social Change and the Middle Classes, London 1995; Derek Wynne, Leisure, Lifestyle and the New Middle Class, London 1998.

14 Wendy Bottero, Class identities and the identity of class, in: Sociology, 38 (2004), S. 985–1003.

15 Marten Goos/Alan Manning, Lousy Jobs and Lovely Jobs: The Rising Polarization of Work in Britain, Working Paper, Centre for Economic Performance, London 2003.

Weiterführende Literatur

Butler, Tim/Savage, Mike (Hrsg.), Social Change and the Middle Classes, London 1995.

Devine, Fiona u. a. (Hrsg.), Rethinking Class: Culture, Identities, Lifestyle, Cambridge 2005.

Lee, David J./Turner, Bryan S. (Hrsg.), Conflicts About Class, London 1996.

MacDonald, Robert (Hrsg.), Youth, the Underclass and Social Exclusion, London 1997.

Skeggs, Beverly, Class, Self, Culture, London 2004.

Walkerdine, Valerie/Lucey, Helen/Melody, June, Growing Up Girl: Psychosocial Explorations of Gender and Class, Basingstoke 2001.

Links

Für Informationen über in Großbritannien angewendete Klassenmodelle:
www.sociologyonline.co.uk/ClassNew.htm
www.soc.surrey.ac.uk/sru/SRU9.html

Für das Thema »soziale Randgruppen« sind folgende Seiten besonders hilfreich:
www.jrf.org.uk
www.socialexclusionunit.gov.uk
www.lowpay.gov.uk

Zu den neuen und alten Wohlhabenden in Großbritannien die Seite:
www.wsws.org/articles/2001/apr2001/rich-a30.shtml

Für allgemeine sozialpolitische Fragestellungen:
www.policylibrary.com/welfare

Sebastian Berg

Einwanderung und multikulturelle Gesellschaft

I. Britische Erfahrungen mit der Immigration

Immigration und Multikulturalismus sind Phänomene, die die britische Gesellschaft immer wieder kontrovers diskutiert hat. Im Allgemeinen beziehen sich die Debatten um Veränderungen und Konsequenzen, die damit verbunden waren, auf die Zeit nach 1945. Damit wird ausgeblendet, dass Immigration nach Großbritannien ein weitaus älteres Phänomen ist, das bis ins Altertum zurückreicht, vor allem aber ein Nebenprodukt der Entstehung des britischen Kolonialreiches war. Mit dem Imperialismus entwickelte sich ein spezifisches Selbstverständnis, demzufolge Großbritannien als ökonomische Führungsmacht und politisches Zentrum besondere Aufgaben wahrzunehmen und Verantwortung zu übernehmen hatte. Was der britische Schriftsteller Rudyard Kipling 1899 affirmativ als »The White Man's Burden« bezeichnete, lässt sich auch als zugleich paternalistische und internationalistische Selbstverpflichtung zur »Zivilisierung« der Welt beschreiben.[1] Diese eigentümliche Ambivalenz in der Haltung zu den »Fremden« und damit auch zu ImmigrantInnen, in der sich weltoffene und tolerante mit autoritären und belehrenden Elementen mischen, ist bis heute spürbar. Ein gutes Verhältnis zu den (ehemaligen) Kolonien war (und ist nach wie vor) erwünscht, gleichzeitig erwartet der britische Staat aber gerade in jüngster Zeit wieder verstärkt die Anpassung an »britische Werte«. Dies wird seit Verabschiedung des *Nationality, Immigration and Asylum Act* 2002 auch offiziell eingefordert: Der Erwerb der britischen Nationalität ist seitdem an das Ablegen eines Loyalitätsgelöbnisses zum britischen Staat geknüpft.

Das Zusammenleben von Weißen und Nicht-Weißen (oder besser, ethnischen Minderheiten) ist mittlerweile in weiten Teilen des Landes, insbesondere in den Großstädten, gelebte Normalität. Erleichtert wird dies dadurch, dass öffentliche Einrichtungen wie Schulen, Bibliotheken, Krankenhäuser und Behörden sich als multilingual und bis zu einem gewissen Grad als multikulturell begreifen. Sie sind beim Angebot ihrer Dienstleistungen für spezielle Bedürfnisse verschiedener ethnischer Gruppen sensibilisiert und versuchen gezielt, auch in der Zusammensetzung ihres Personals die ethnische Vielfalt der lokalen Bevölkerung zu repräsentieren. Außerdem, so wird im britischen Alltagsdiskurs häufig behauptet, sind mittlerweile viele kulturelle Mitbringsel der ImmigrantInnen und kulturelle Gepflogenheiten ihrer Nachkommen aus dem Leben auch der weißen britischen Bevölkerung nicht mehr wegzudenken – dies zeigt sich in der Vorliebe für bestimmte Nahrungsmittel, Musikrichtungen und Kleidungsstile, aber auch in der Popularität von öffentlichen Ereignissen wie dem *Notting Hill Carnival*, der sich vom Protest gegen rassistische Polizeiübergriffe in weniger als zwanzig Jahren zu einem der größten Volksfeste des Landes gewandelt hat.

Trotz solcher positiver Entwicklungen sind dem kulturellen Pluralismus in Großbritannien Grenzen gesetzt. Nicht allen Angehörigen von ethnischen Minderheitengruppen ist erlaubt, gleichberechtigt an diesem Pluralismus teilzuhaben: Die Situation von Asylsuchenden wird bei der Diskussion der multiethnischen Gesellschaft Großbritanniens häufig ignoriert. Die geregelte Einwanderung von Nicht-EuropäerInnen (für alle EU-Bürger/Innen herrscht heute Freizügigkeit, für irische Staatsbürger galt das schon immer) wird auf einem niedrigen, von den jeweiligen britischen Regierungen als sozialverträglich eingestuften Niveau gehalten. Schließlich wird, wie erwähnt, außereuropäischen Einwanderern und Flüchtlingen die Anpassung an bestimmte, als »britisch« definierte Werte vorgeschrieben, obgleich keine Einigkeit darüber herrscht, worin diese im Detail bestehen.

II. Immigration und Immigrationsgesetzgebung seit 1945

Die Hauptphase der Einwanderung nach Großbritannien reichte von 1948 bis 1962. In der Migrationsforschung als *Push and Pull Factors* bezeichnete Bedingungen, die Wanderungsprozesse hervorrufen oder begünstigen, lagen auch in dieser Zeit für die entsprechenden Migrationsgruppen vor. Als *Push Factor* lässt sich die systematische ökonomische Unterentwicklung der (ehemaligen) Kolonien in der Karibik und auf dem indischen Subkontinent durch die britische Kolonialmacht diagnostizieren, die zur Entstehung einer »Überschussbevölkerung« führte, für die es keine Arbeitsplätze gab. Als *Pull Factor* wirkte der Wirtschaftsaufschwung in Großbritannien, der vor allem auf die Errichtung des Wohlfahrtsstaates zurückzuführen war und zu einem Mangel an Arbeitskräften in bestimmten Sektoren führte.[2] Dass Großbritannien nicht, wie beispielsweise Westdeutschland, auf Arbeitskräfte aus der südeuropäischen Peripherie setzte, lag am Selbstverständnis als kolonialem »Mutterland«, das sich für die Unterstützung der Kolonien im Zweiten

Weltkrieg erkenntlich zeigen, aber auch eine drohende revolutionäre Situation in der Karibik befrieden wollte.

Der *British Nationality Act* von 1948 garantierte daher allen Menschen aus dem *Commonwealth*, die ins »Mutterland« kommen wollten, die britische Staatsangehörigkeit. Einige der neuen kommunalen oder staatlichen Dienstleistungsbetriebe wie der *National Health Service* oder *London Transport* legten zunächst gezielte Rekrutierungsprogramme in der Karibik auf. In den späten vierziger und den fünfziger Jahren galten die *African Caribbeans* als leichter »integrierbar« als die *Asians*, weil sie die englische Sprache beherrschten, aber auch, weil man glaubte, dass sie (angeblich mangels einer eigenen) die »britische Kultur« stärker verinnerlicht hätten. Etwas später, ab Mitte der fünfziger Jahre, folgte dennoch auch die Einwanderung aus Südasien, vor allem aus Indien und Pakistan. In diesem Fall füllten die Migranten (in der Tat vorwiegend Männer) Lücken in der Arbeiterschaft der Kohle-, Stahl- und Textilindustrie. So erklären sich auch die regionalen Unterschiede bei der Ansiedlung im Vereinigten Königreich, die im Wesentlichen bis heute Bestand haben: Während ein großer Teil der *African Caribbeans* im Großraum London lebt, lagen die Ziele der *Indians* und *Pakistanis* meist weiter nördlich in den Industriestädten der Midlands, Yorkshires und Lancashires.

Beide Gruppen von ArbeitsmigrantInnen waren überrepräsentiert in ungelernten und angelernten Tätigkeiten, die schlecht bezahlt und im Schichtbetrieb organisiert waren. Die Aufnahme im »Mutterland« war dabei keineswegs freundlich. Vielmehr sahen sich die Einwanderer einem traditionellen, biologistischen Rassismus ausgesetzt, der als weit verbreitete *Colour Bar* in fast allen gesellschaftlichen Institutionen anzutreffen war und den Besuch eines *Pub* ebenso sehr erschwerte wie die Suche nach einer Bleibe. Die Feindseligkeit der weißen britischen Bevölkerung hatte ihre sozioökonomische Wurzel weniger in der Konkurrenz um Arbeitsplätze (davon gab es genug), als im Streit um den knappen und in den alten Industriestädten dringend sanierungsbedürftigen Wohnraum. Auch wenn keine »Ghettos« im amerikanischen Sinn entstanden, lebten die ImmigrantInnen meist in den ältesten und besonders schlecht ausgestatteten innerstädtischen Vierteln – gemeinsam mit den ärmsten Angehörigen der weißen *Working Class*.

Im Jahr 1958 kam es zu Übergriffen auf ImmigrantInnen in Nottingham und im Londoner Stadtteil Notting Hill, die sich zu Straßenschlachten ausweiteten, mehrere Nächte andauerten und zum Tod eines Einwanderers führten. Die Reaktion der Regierung auf die Vorfälle war defensiv. Immigration wurde als Problem definiert, das den öffentlichen Frieden gefährdet und daher eingeschränkt werden muss. Daher wurde 1962 der *Commonwealth Immigrants Act* verabschiedet, obgleich bis zu diesem Zeitpunkt

Tab. 1: Die wichtigsten Immigrations- und Staatsbürgerschaftsgesetze im 20. Jahrhundert

1905 Aliens Act Verantwortliche Regierung: *Conservatives*	Verbot der Einreise von Armen, Kranken, Nichtsesshaften, Prostituierten
1914 Aliens Restriction Act Verantwortliche Regierung: *Liberals*	Allgemeine Beschränkung der Zuwanderung und der Bewegungsfreiheit der Fremden
1919 Aliens Act Verantwortliche Regierung: *Liberals*	Bestrafung von Fremden für die Anstiftung zum Aufruhr und zu Arbeitskämpfen
1948 British Nationality Act Verantwortliche Regierung: *Labour*	Britische Staatsbürgerschaft für Einwanderer aus dem *Commonwealth*: freie Einreise, freie Wahl von Arbeitsplatz und Wohnsitz
1962 Commonwealth Immigrants Act Verantwortliche Regierung: *Conservatives*	Gutscheinsystem (*Vouchers*) zur Regelung der Einwanderung: Kategorie A für Einwanderer mit Arbeitsverträgen (z. B. London Transport); Kategorie B für Einwanderer mit bestimmter Ausbildung (z. B. Krankenpflege); Kategorie C für alle anderen (jährliche Obergrenze); C 1965 abgeschafft (von *Labour*-Regierung)
1968 Commonwealth Immigrants Act Verantwortliche Regierung: *Labour*	*Patriality*-Bestimmung: Freie Einwanderung nur noch für Menschen, die (oder deren Eltern) bereits britische Staatsbürgerschaft haben
1971 Immigration Act Verantwortliche Regierung: *Conservatives*	Befristete Arbeitserlaubnisse für Einwanderer (für ein Jahr und einen bestimmten Arbeitsplatz, verlängerbar, Möglichkeit zur permanenten Aufenthaltserlaubnis nach vier Jahren)
1981 British Nationality Act Verantwortliche Regierung: *Conservatives*	Drei Kategorien von Staatsbürgerschaft: *British, British Overseas, British Dependent Territories; Ius Sanguinis* ersetzt *Ius Soli* (Kinder werden nicht mehr dann britische Staatsbürger, wenn sie in GB geboren sind, sondern nur noch, wenn mindestens ein Elternteil britischer Staatsbürger ist)

erst etwa 500 000 MigrantInnen ins Land gekommen waren. Zwar war schon vorher über gesetzliche Regelungen nachgedacht worden, um die Zuwanderung zu kontrollieren, die britischen Regierungen befürchteten jedoch negative Auswirkungen einer Einwanderungsgesetzgebung auf das Verhältnis zu den (ehemaligen) Kolonien. Die britische Politik hatte daher zunächst versucht, durch Vereinbarungen mit den Regierungen bzw. Verwaltungen der Herkunftsländer dafür zu sorgen, dass die Emigration reguliert und begrenzt wurde.

Das Gesetz von 1962 sowie die folgenden von 1968, 1971 und der *Nationality Act* von 1981 schränkten die Zuwanderungsmöglichkeiten immer mehr ein, schafften die privilegierte Position der *New Commonwealth* Bevölkerung bezüglich der britischen Staatsbürgerschaft allmählich ab und ersetzten schließlich das *Ius Soli* (das »Gesetz des Bodens«, das allen in Großbritannien Geborenen die britische Staatsbürgerschaft einräumte) durch das restriktivere *Ius Sanguinis* (das »Gesetz des Blutes«, das die Staatsbürgerschaft denen vorbehielt, die zumindest einen britischen Elternteil hatten). Wie das Gesetz von 1962 sind auch die Gesetze von 1968 und 1981 als Versuche zu interpretieren, befürchtete soziale Spannungen zu verhindern. 1968 war das Jahr eines massiven Vertrauensverlustes in die damalige *Labour*-Regierung und der Proteste (bei denen der konservative Politiker Enoch Powell eine herausragende Rolle spielte) gegen eine mögliche Einreise von *Asians* aus Kenia, die als Angehörige der ehemaligen Kolonialadministration auf der Flucht vor der dortigen Afrikanisierungspolitik waren. 1981 kam es im Zuge der Reformpolitik der Premierministerin Margaret Thatcher (1979–1990) zu sozialen Span-

Tab. 2: Zusammensetzung der britischen Bevölkerung (April 2001)

Gruppe	Gesamtzahl	Anteil an Gesamt- bevölkerung in %	Anteil an nicht-weißer Bevölkerung in %
White	54 153 898	92,1	
Mixed	677 177	1,2	14,6
Asian/Asian British	2 331 423	4,0	50,3
Indian	*1 053 411*	*1,8*	*22,7*
Pakistani	*747 285*	*1,3*	*16,1*
Bangladeshi	*283 063*	*0,5*	*6,1*
Other Asian	*247 664*	*0,4*	*5,3*
Black/Black British	1 148 738	2,0	24,8
Black Caribbean	*565 876*	*1,0*	*12,2*
Black African	*485 277*	*0,8*	*10,5*
Black Other	*97 585*	*0,2*	*2,1*
Chinese	247 403	0,4	5,3
Andere ethnische Minderheiten	230 615	0,4	5,0
Alle ethnischen Minderheiten	4 635 296	7,9	100
Gesamtbevölkerung	58 789 194	100	

Quelle: Commission for Racial Equality, Population – Census 2001, http://www.cre.gov.uk/duty/reia/statistics_census.html (Die Begriffe zur Kategorisierung verschiedener Gruppen ethnischer Minderheiten folgen der Quelle bzw. der Einteilung im Zensus.)

nungen und so genannten »race riots«. Das Gesetz von 1971 war dagegen eine Vorleistung für den anstehenden EG-Beitritt: Die Mitgliedsstaaten wollten sichergehen, dass MigrantInnen Großbritannien nicht als Sprungbrett nutzen konnten, um auf kontinentaleuropäische Arbeitsmärkte zu gelangen.

Als Folge der Einwanderungspolitik bis 1981 machen die »alteingesessenen« ImmigrantInnen mit britischer Staatsbürgerschaft und ihre Nachkommen heute knapp acht Prozent der britischen Bevölkerung aus.

Die offizielle Zahl eines Anteils von 7,9 Prozent ethnischer Minderheiten an der Gesamtbevölkerung Großbritanniens, wie sie durch den Zensus von 2001 ermittelt wurde, enthält aber wohl nur einen Teil der Flüchtlinge und Asylsuchenden, die insbesondere in den letzten zwei Jahrzehnten ins Land kamen. Waren die rechtlichen Bestimmungen Anfang der neunziger Jahre, gemessen am europäischen Standard, noch relativ »großzügig«, sind sie seitdem durch im Zwei- bis Dreijahresabstand verabschiedete Gesetze kontinuierlich verschärft worden. Dem offensichtlichen Ziel – der Reduktion der Zahl der Asylsuchenden – dienten zwei Strategien: der Export des »Problems« und die Abschreckung der Flüchtlinge. Der Export erfolgte über die möglichst weite Auslegung der Drittstaatenregelung (wer auf dem Weg nach Großbritannien bereits durch ein anderes EU-Land – oder mittlerweile viele weitere Länder – gekommen ist, wird dorthin abgeschoben) und die problematische Festlegung »sicherer Herkunftsländer« (seit 2004 kann ein *Immigration Officer* entscheiden, ob ein bestimmtes Herkunftsland für einen individuellen Flüchtling »sicher« ist, selbst wenn grundsätzlich Bedenken bezüglich der Menschenrechtslage bestehen). Die Abschreckung bedient sich Maßnahmen wie

– der Unterbringung in *Detention Centres* (»Auffanglagern«), der Verpflichtung zu gemeinnütziger Arbeit und der regelmäßigen Meldepflicht (Regelungen, die an die Behandlung von Straftätern erinnern);

– der immer drastischeren Straffung der Asylverfahren – gegen eine Ablehnung muss innerhalb von fünf (!) Werktagen Berufung bei einem *High Court* eingelegt werden; dieser entscheidet aufgrund der Aktenlage, ob es zu einer erneuten Verhandlung kommt oder nicht;

– der Kriminalisierung von Flüchtlingen, die ohne Papiere einreisen (obwohl sie sich damit, so der *Refugee Council*, lediglich wie Flüchtlinge verhalten);

– des Stopps jeglicher finanzieller Unterstützung abgelehnter Asylsuchender, damit sie das Land verlassen (allenfalls ihre Kinder werden weiter versorgt, allerdings zu diesem Zweck notfalls von ihren Eltern getrennt).

Vereinzelt gibt es auch Rücknahmen bestimmter drakonischer Maßnahmen oder Innovationen, die den Alltag der Betroffenen erleichtern: Das System der Lebensmittelgutscheine (das 1999 an die Stelle finanzieller Barzahlungen getreten war) ist wieder abgeschafft worden. Anerkannte Flüchtlinge können sich um »Integrationsdarlehen« bewerben (die mit den finanziellen Mitteln bestritten werden, die der britische Staat spart, indem er an Asylsuchende nur reduzierte Unterstützungssätze von 90 Prozent auszahlt). Dennoch lässt sich in Großbritannien eine kontinuierliche Aushöhlung der Genfer Flüchtlingskonvention feststellen, die das Asylrecht politisch Verfolgter festschreibt. Dies wurde 2001 vom damaligen Innenminister Jack Straw auch implizit bestätigt: »[T]here is a limit of the number of applicants, however genuine, that you can take.«[3] Straw schlug daher die Festlegung einer absoluten Höchstgrenze für die Anerkennung von Asylsuchenden oder eine Quotenregelung für einzelne Länder vor. Auch eine zeitlich befristete Zuerkennung des Flüchtlingsstatus wird immer wieder diskutiert.[4]

Die Hauptstrategie britischer Regierungen, mit dem Phänomen der Einwanderung umzugehen, bestand also in der Verabschiedung immer restriktiverer gesetzlicher Regelungen. Flankiert wurden sie aber von einer zielgerichteten Integrationspolitik, die zum Ziel hatte, durch Rassismus und Ausgrenzung hervorgerufene Diskriminierung und Benachteiligung zu unterbinden. Obgleich diese beiden Strategien als widersprüchlich charakterisiert werden können, wurden sie häufig als komplementär und einander bedingend angesehen. Immer wieder zitiert wird in diesem Kontext ein Ausspruch des langjährigen *Labour*-Politikers und späteren stellvertretenden Parteivorsitzenden Roy Hattersley von 1968: »Limitation without integration is inexcusable, integration without limitation is impossible«.[5]

Integration wurde von den britischen *Labour*-Regierungen bereits in den sechziger Jahren als gesamtgesellschaftliche Aufgabe und nicht als von den ImmigrantInnen selbst zu erbringende »Vorleistung« angesehen; sie formulierten daher die *Race Relations*-Gesetze. Der 1976 verabschiedete und 2000 erweiterte *Race Relations Act* etablierte die *Commission for Racial Equality* als zentrale Aufsichts-, Beratungs- und Informationseinrichtung, deren Anordnungen rechtsverbindlich sind (die amtierende *Labour*-Regierung plant jedoch für 2008 die Auflösung der *Commission for Racial Equality* in ihrer jetzigen Form und ihre Integration in eine allgemeine Antidiskriminierungsbehörde[6]). Die wichtigste Reform des Jahres 2000 bestand in der Ausdehnung des Zuständigkeitsbereiches der *Commission* auch auf die Arbeit der Polizei. Hintergrund waren die umstrittenen Befunde des *Macpherson Report* (1999).[7] Er enthielt die Ergebnisse der Arbeit einer Untersuchungskommission, die die Strafverfolgung des 1993 in London ermordeten schwarzen Jugendlichen Stephen Lawrence aufgearbeitet und in ihrem Abschlussbericht der Londoner *Metropolitan Police* »institutionellen Rassismus« vorge-

Tab. 3: Die Race Relations-Gesetze

1965 Race Relations Act Verantwortliche Regierung: *Labour*	Verbot rassistischer Diskriminierung (*Colour Bar*) an öffentlichen Orten; Einrichtung eines *Race Relations Board* mit beratender und schlichtender Funktion
1968 Race Relations Act Verantwortliche Regierung: *Labour*	Verbot rassistischer Diskriminierung auf dem Arbeits- und Wohnungsmarkt sowie bei Dienstleistungen; Einrichtung einer *Community Relations Commission* (beratende Funktion) und Stärkung des *Race Relations Board* (berechtigt, auf Antrag Betroffener Fälle von Diskriminierung vor Gericht zu bringen)
1976 Race Relations Act Verantwortliche Regierung: *Labour*	Verbot rassistischer Diskriminierung im Bildungswesen, in der Werbung, in nicht-staatlichen Organisationen; Ausdehnung auf »indirekte Diskriminierung« (nicht-intendierte Diskriminierung, z. B. die Vorgabe, Dienstuniformen zu tragen, die traditionellen Kleidungsvorschriften widersprechen); Zusammenführung von *Community Relations Commission* und *Race Relations Board* zur *Commission for Racial Equality* mit erweiterten Befugnissen (berechtigt, von sich aus Diskriminierungen zu ahnden und rechtsverbindliche Anordnungen zu treffen)
2000 Race Relations Amendment Act Verantwortliche Regierung: *Labour*	Ausweitung der Befugnisse (berechtigt, polizeiliche Diskriminierung und »institutionellen Rassismus« zu ahnden)

worfen hatte. Es ist allerdings nicht ganz klar, inwieweit die *Commission for Racial Equality* tatsächlich in der Lage ist, Einfluss auf die polizeiliche Arbeit zu nehmen, da die neuere Gesetzgebung zur inneren Sicherheit (unter anderem der *Prevention of Terrorism Act* von 2000) die Polizei von der Kontrolle durch andere Institutionen wieder weitgehend befreit.

Neben der *Race Relations*-Gesetzgebung der britischen Regierungen gab es, vor allem seit den achtziger Jahren, auch auf lokaler Ebene integrationspolitische Maßnahmen. Federführend waren dabei die *Labour*-Stadträte mehrerer Großstädte, die auf die militanten Proteste vor allem verarmter schwarzer Jugendlicher in den Jahren 1980 (Bristol), 1981 (London, Liverpool, Manchester) und 1985 (Birmingham) reagierten.[8] Die Unruhen waren Ausdruck sozialer Unzufriedenheit mit den schwierigen Lebensbedingungen in den Großstädten, die aus der Sparpolitik der Thatcher-Regierungen resultierten, wurden aber auch durch das Verhalten der Polizei provoziert, die vielerorts schwarze Jugendliche besonders argwöhnisch beobachtete und überdurchschnittlich häufig festnahm.[9] Die Großstädte entwickelten daraufhin Programme, die als *multiculturalism* oder *municipal antiracism* bekannt wurden (zu den Unterschieden zwischen beiden Begriffen siehe Teil IV) und im Kern folgende Punkte beinhalteten:

- Kontrolle und Reform der lokalen Behörden (einschließlich der Polizei);
- eine Vergabe kommunaler Arbeitsplätzen an Angehörige ethnischer Minderheitengruppen, die ihrem Anteil an der Bevölkerung entspricht;
- multikulturelle Erziehung an öffentlichen Schulen;
- gezieltes Werben für ein positives Verständnis von ethnischer und kultureller Vielfalt in der Öffentlichkeit.

Waren diese Initiativen zunächst Gegenstand erbitterter Auseinandersetzungen zwischen Thatcher-Regierung und radikalen *Labour Councils*, sind sie im Verlauf der neunziger Jahre in einer entpolitisierten Form weitgehend akzeptiert worden und nun nicht mehr nur auf *Labour*-regierte Städte beschränkt. Diskutiert wird heute allerdings, ob auch die am stärksten marginalisierten Gruppen innerhalb der ethnischen Minderheiten von diesen Strategien profitieren konnten oder ob sie eher zur Etablierung einer Schicht von selbsternannten *Community Leaders* und *Race Relations*-SpezialistInnen, der so genannten *Race Relations Industry*, geführt haben. Außerdem ist seit den neunziger Jahren zunehmend umstritten, ob angesichts des Erstarkens islamistischer Gruppen in Großbritannien ein Festhalten an multikulturellen Programmen überhaupt noch zeitgemäß ist oder ob nicht von den ethnischen Minderheitengruppen vielmehr eine stärkere Anpassung an die britische Mehrheitsgesellschaft einzufordern wäre.

Zusammenfassend lässt sich feststellen, dass der britische Staat seit 1945 durchgehend eine Doppelstrategie verfolgte: Er versuchte einerseits, die Zuwanderung (zunehmend restriktiv) zu regulieren und andererseits, durch integrationspolitische Maßnahmen ein problemloses Zusammenleben von weißer Mehrheit und ethnischen Minderheiten zu gewährleisten.[10]

III. Materielle Lebenssituation und kulturelle Identitäten

Generell gilt noch immer, dass die materielle und sozioökonomische Lebenssituation von Angehörigen ethnischer Minderheiten prekärer ist als die der weißen (und insbesondere der weißen britischen) Bevölkerung, obgleich sich verschiedene Schichten herausgebildet und diese Stratifikationsprozesse dafür gesorgt haben, dass es heute nicht mehr sinnvoll ist, die Gesamtheit der Angehörigen ethnischer Minderheiten als *Underclass* oder *Working Class Fraction* zu definieren.[11] Darüber hinaus ist bei einigen Gruppen stärker als bei anderen eine Annäherung an die ökonomischen Lebensbedingungen der weißen Bevölkerung zu beobachten (insbesondere bei den *Chinese* und den *Indians*). Was die beruflichen Qualifikationen betrifft, haben sie die weiße Mehrheit in einigen Fällen bereits übertroffen.

Diesen positiven Entwicklungen stehen aber auch alarmierendere Zahlen gegenüber: So liegt die Arbeitslosenrate der ethnischen Minderheiten fast dreimal so hoch wie die der weißen Mehrheit und beträgt durchschnittlich etwa 13 Prozent. Eher noch größer ist die Diskrepanz von Minderheiten und weißer Bevölkerung in Bezug auf die Langzeitarbeitslosigkeit. Es gibt jedoch große Unterschiede zwischen den verschiedenen Minderheitengruppen: Im Vergleich von Arbeitslosigkeit, Einkünften, Bildung, Wohnraum und Gesundheit stellt sich die Situation der *Bangladeshis* insgesamt als besonders schwierig dar. *Pakistanis*, *Black Africans* und *African Caribbeans* nehmen einen mittleren Platz ein, während sich die soziale Situation der *Chinese* und der *Indians*, wie bereits angedeutet, weit weniger von der der weißen Bevölkerung unterscheidet. Der Zensus von 2001 differenzierte erstmals auch nach Religionszugehörigkeit. Dabei stellte sich heraus, dass die britischen Muslime die am stärksten benachteiligte religiöse Gruppe sind.

Neben diesen ethnisch-religiösen gibt es auch regionale Unterschiede: In vielen Städten des altindustriellen Nordens leiden die Angehörigen ethnischer Minderheiten unter dem Verschwinden der traditionellen Fabrikarbeitsplätze innerhalb der letzten 25 Jahre. Die Konsequenz sind extrem hohe Arbeitslosenzahlen in einzelnen innerstädtischen Vierteln, aber auch starke ethnische Segmentierungen in der lokalen Gesellschaft, da mit den Betrieben auch die wichtigsten (oder in einigen Fällen einzigen) Kontaktzonen zwischen weißer und Minderheitenbevölkerung verschwanden.[12] Für viele Menschen liegt der einzige Ausweg aus dieser Situation im Versuch, als Kleinunternehmer zu überleben. Auch wenn dies in einigen Fällen zu durchaus beeindruckenden Erfolgsgeschichten führte, gilt für die überwiegende Mehrheit der Geschäfte (Lebensmittel- und Zeitungsläden, Imbissstände, kleine Taxiunternehmen), dass sie unterkapitalisiert sowie auf massive Selbstausbeutung angewiesen sind und nur als Familienbetriebe überleben können.

Daneben hat sich in den letzten 20 Jahren eine akademisch gebildete Mittelklasse entwickelt, die nicht unwesentlich das Resultat aktiver Rekrutierungsmaßnahmen im Rahmen multikultureller und antirassistischer Lokalpolitik ist. Zu dieser Mittelklasse gehören vor allem jüngere, in Großbritannien sozialisierte und ausgebildete Menschen, die im öffentlichen Dienst arbeiten. Es gibt allerdings Anzeichen, dass sich am oberen Ende dieses Spektrums eine *Glass Ceiling*, eine »unsichtbare« Grenze, befindet, die den Zugang zu den zehn Prozent der Spitzenjobs im Lande verwehrt und einem weiteren Karriereaufstieg von VertreterInnen dieser Mittelklasse ein Ende setzt. Am gegenüberliegenden Ende des Klassenspektrums laufen Angehörige ethnischer Minderheiten Gefahr – gemeinsam mit weißen Langzeitarbeitslosen, ArbeitnehmerInnen in prekären Arbeitsverhältnissen und aus unterschiedlichen Gründen dem Arbeitsmarkt nicht zur Verfügung stehenden Menschen – Teil einer *Underclass* zu werden, die unter umfassender sozialer und ökonomischer Marginalisierung (*Social Exclusion*) leidet. Zu dieser *Underclass* zählen auch die meisten der lediglich befristet geduldeten und von Abschiebung bedrohten Asylsuchenden.

Die Erfahrung von Rassismus ist allen ethnischen Minderheitengruppen gemeinsam. Dass sie sich mit den verschiedensten Formen von Diskriminierung und Benachteiligung (von schlechterer Bezahlung bis zur lebensbedrohenden physischen Gewalt) auseinandersetzen und sie in ihre Lebensgestaltung einbeziehen müssen, unterscheidet den Alltag ethnischer Minderheiten von dem der weißen Bevölkerung. Es spricht daher viel dafür, sie nach wie vor als *Class Fractions* zu begreifen, Gruppen, die z.B. zur *Working Class* oder zur *Middle Class* gehören, aber innerhalb dieser *Classes* durch rassistische Diskriminierung partiell ausgegrenzt werden. Bei der *Commission for Racial Equality* werden jährlich etwa 130 000 rassistisch motivierte Straftaten registriert. Dabei richten sich aktuell besonders viele gegen die asiatischen Gruppen, da sie mit Muslimen und diese wiederum mit dem Islamismus gleichgesetzt werden. Vielfach wurde befürchtet, dass sich dieser Trend nach den Anschlägen von London im Juli 2005 noch verstärken würde.[13]

Es lässt sich jedoch beobachten, dass von Seiten der Minderheitengruppen Rassismus keineswegs toleriert wird. Der Eindruck, unter strengster polizeilicher Überwachung zu stehen, aber andererseits kaum den Schutz der Polizei zu genießen, sorgt schon seit Jahrzehnten für Proteste und war nach Ansicht vieler BeobachterInnen auch einer der Auslöser für die Unruhen in Nordengland im Frühsommer 2001. Dass die Polizei Angehörige ethnischer Minderheiten stärker kontrolliert und weitaus häufiger verhaftet als weiße BritInnen, wurde sowohl von der *Commission for Racial Equality* als auch von den VerfasserInnen des *Macpherson Report* kritisiert. Aus den entschiedenen Reaktionen der Betroffenen auf rassistische Übergriffe und polizeiliche Feindseligkeit spricht jedoch mehr und mehr ein Selbstbewusstsein, das sich im Zuge der langen Präsenz ethnischer Minderheitengruppen in Großbritannien herausgebildet hat.

In den britischen Kultur- und Sozialwissenschaften ist es zu einem Allgemeinplatz geworden, die Identität der ImmigrantInnen und insbesondere ihrer Nachkommen als »fragmentiert« oder »hybrid« zu bezeichnen.[14] Dabei ist jedoch eine Tendenz zu beobachten, wonach Hybridität ausschließlich als Ergebnis eines Prozesses definiert wird, bei dem die kulturellen Traditionen und Praktiken aus den Herkunftsländern einerseits und die persönliche Geschichte und Lebenssituation in Großbritannien andererseits bewusst in eine neue, kulturrelativistische, kritische und emanzipatorische Identität transformiert werden. Obgleich das für viele Biografien gerade derjenigen zutreffen mag, die sich politisch, publizistisch oder künstlerisch für die Rechte und Interessen der Angehörigen ethnischer Minderheiten einsetzen, gibt es ohne Zweifel auch eine gegenläufige Entwicklung – die Konstruktion essentialistischer, subjektiv »aus einem Guss bestehender« Identitäten.[15] Als Basis derartiger Konstruktionen dient in einigen Fällen die Hautfarbe, in anderen die Religionszugehörigkeit.

Während AktivistInnen auf der politischen Linken, vor allem in den siebziger und achtziger Jahren, die Formulierung eines politischen Projektes auf der Grundlage einer geteilten »schwarzen« Identität forderten, die auf der Erfahrung von Rassismus basiere und daher *African Caribbeans* und *Asians* gemeinsam sei, betonen andere die Differenz. Die »Einheit« aller ethnischer Minderheitengruppen war wohl auch immer mehr politisches Ziel als Realität. Es gab wiederholt Auseinandersetzungen zwischen *African Caribbeans* und *Asians*, aber auch zwischen unterschiedlichen Gruppen von *Asians*, wie beispielsweise bei gewalttätigen Konflikten zwischen muslimischen und Sikh-Jugendlichen 1997 im Londoner Stadtteil Southall.[16] Zudem distanzierten sich nach den Ausschreitungen in Nordengland im Jahr 2001 *Hindu Community Leaders* von den muslimischen Gemeinden und betonten, es seien Muslime (und nicht etwa alle Gruppen von *Asians*), von denen die Gewalt ausging.[17] Zweifellos gibt es außerdem innerhalb der jeweiligen Gruppen zahllose Unterschiede, basierend u. a. auf Generations-, Klassen- und Religionszugehörigkeit. Auch das Geschlecht spielt eine Rolle und die Frage, ob Angehörige ethnischer Minderheiten in Großbritannien oder anderswo geboren sind. Empirische Untersuchungen zu diesen Differenzen, die über das hinausgehen, was sich aus dem Zensus ablesen lässt, liegen bislang allerdings kaum vor.[18]

Eine Frage, die dagegen in den letzten zehn Jahren mehrfach gestellt wurde (vor allem im Zuge der neuen Politik der *Devolution*, die das Thema der kulturellen Identitäten der britischen Teilnationen und Regionen auf die Tagesordnung setzte), ist die nach der »britischen Identität« der ImmigrantInnen und ihrer Nachkommen in einer Situation, in der im *United*

Kingdom zunehmend eine Eigenständigkeit der schottischen, walisischen, englischen und nordirischen Identitäten diskutiert wird. Hier liegen unterschiedliche Ergebnisse vor. Jim Pines stellte fest, dass sich etwa ein Drittel der *African Caribbeans* und *Asians* als britisch betrachtete.[19] Tariq Modood spricht sogar von zwei Dritteln innerhalb der Gruppe der *British Asians*. Er verweist allerdings auf die Schwierigkeit herauszufinden, ob »britisch« als identifikatorische oder lediglich als offiziell-legale Selbstzuschreibung verstanden wird.[20] Deutlich ist auf jeden Fall, dass bei den Angehörigen ethnischer Minderheiten offenbar eine weitaus größere Schwierigkeit mit einer englischen als mit der britischen Identität besteht. Nur sechs Prozent der *African Caribbeans* und sieben Prozent der *Asians* bezeichnen sich selbst als »englisch« (anstelle von »britisch«). Offenbar gibt es weniger Probleme mit dem Begriff »schottisch«. Dies ist wohl einerseits darauf zurückzuführen, dass Schottland häufig (zu Unrecht) als nicht am britischen Imperialismus beteiligt angesehen wird, und andererseits, dass in Schottland eine explizit multiethnische Version von nationaler Identität vertreten wird.[21] Auffällig ist, dass sich die Diskussion um nationale Identitäten weitestgehend auf die Immigration aus dem *New Commonwealth* beschränkt. Die Selbstbeschreibungen und -bilder von Flüchtlingen werden dagegen nicht thematisiert.

Dass Religion für die Konstruktion von Identität eine bedeutende Rolle spielt, wird gerade in Bezug auf die britischen Muslime zunehmend als Problem gesehen. Die Zentralität von Religion gilt aber nicht nur für Muslime. Sie unterscheidet alle ethnischen Minderheitengruppen von der säkularisierten und vielfach agnostischen weißen Bevölkerung. Auch die Mehrheit der *African Caribbeans* unterstreicht die wichtige Funktion, die Religion in ihrem Leben hat, und 90 Prozent der *Asians*, zu denen neben Muslims auch Sikhs, Hindus und Buddhisten gehören, geben an, dass Religion eine zentrale Rolle für ihre Lebensgestaltung spielt.[22] Auffällig ist, dass gerade im Fall der Muslime neue religiöse Strömungen entstehen, die mit den subtilen konfessionellen Unterschieden, die typisch für den südasiatischen Islam sind, nur noch wenig gemein haben. Gelegentlich wird daher von der Entstehung eines britischen Islam gesprochen, der an das Leben in einer säkularen europäischen Gesellschaft angepasst, in seinen Strategien damit umzugehen aber doch sehr vielfältig ist.[23] Nicht zuletzt die Anschläge von London im Sommer 2005, die Versuche muslimischer Geistlicher und *Communities*, Antworten auf den sich damit offenbarenden gewalttätigen Islamismus zu finden, aber auch die zahlreichen Übergriffe auf britische Muslime in den Wochen danach, zeigen, dass das Thema Religion sehr wahrscheinlich zu einem der großen Streitpunkte bei der Diskussion um die Zukunft Großbritanniens als multiethnischer und multikultureller Gesellschaft werden kann. Komplizieren wird sich diese Debatte durch die ständig zunehmenden sozialen Stratifikationsprozesse und kulturellen Differenzierungen der unterschiedlichen Bevölkerungsgruppen, denen die traditionellen Kategorien *der* »Einwanderer«, *der* »Asians«, *der* »African Caribbeans«, oder *der* »ethnischen Minderheiten« kaum noch gerecht werden.

IV. Politische Partizipation

In den ersten Jahren der Nachkriegsimmigration waren Selbsthilfeorganisationen auf ethnischer Basis die einzig möglichen Betätigungsfelder politisch aktiver ImmigrantInnen. In den Basisstrukturen von Gewerkschaften und Parteien waren sie meist nicht sehr willkommen (hier bildete lediglich die kleine *Communist Party of Great Britain* eine gewisse Ausnahme). Die bekanntesten Beispiele für autonome Organisationen waren die *West Indian Standing Conference* (WISC), die sich als Reaktion auf die rassistische Gewalt in Nottingham und Notting Hill 1958 gründete, die *Indian Workers Association* (IWA) und die *Pakistani Workers Association* (PWA). Ihre Aktivitäten waren beeinflusst von Vorgaben der Regierungen und Hochkommissariate ihrer Herkunftsländer. Sie agierten als Anlaufstellen bei allen Problemen »ihrer« ImmigrantInnen und versuchten, vor allem durch Lobbyarbeit, Einfluss auf die Immigrations- und *Race Relations*-Gesetzgebung zu nehmen. Außerdem protestierten sie natürlich gegen den damals allgegenwärtigen Rassismus. Ihr Verhältnis zur *Labour Party* war ein permanenter interner Streitpunkt, insbesondere nachdem die Partei 1964 die Regierung übernommen hatte und den *Commonwealth Immigrants Act* nicht, wie in der Opposition angekündigt, aufhob, sondern durch die Abschaffung der *C-Vouchers* (der Visa für all diejenigen, die weder einen in Großbritannien gesuchten Beruf ausübten, noch vor der Einreise einen Arbeitsvertrag unterschrieben hatten) sogar noch verschärfte.[24]

Die erste Koalition von *Grassroots*-Gruppierungen, in der ImmigrantInnen und Weiße zusammenarbeiteten, war die *Campaign Against Racial Discrimination* (CARD), die sich 1964 zusammenfand. Viele der weißen AktivistInnen kamen aus der britischen Friedensbewegung und vom linken Flügel der *Labour Party*. Ziel ihrer Aktivitäten, in deren Mittelpunkt ebenfalls vor allem die Lobbyarbeit stand, war es, einen möglichst wirkungsvollen und umfassenden *Race Relations Act* zu erwirken. CARDs Nähe zur *Labour Party* wurde von anderen Gruppen kritisiert und provozierte 1967 die Übernahme durch eine jüngere Generation von AktivistInnen und schließlich die

Auflösung der Organisation.[25] Die neue, zweite Generation politisch Aktiver entstand zu dieser Zeit unter dem Einfluss von *Civil Rights* und *Black Power*-Bewegungen in den USA. In den folgenden Jahren kam es in Großbritannien zu vielfältigen politischen Aktionen mit unterschiedlichsten Widerstandsformen gegen Diskriminierung an den Arbeitsplätzen, gegen die Kriminalisierung schwarzer Jugendlicher und gegen die häufigen Übergriffe der Polizei. Dabei spielten auch kulturelle Protestformen eine wichtige Rolle – das bekannteste Beispiel ist der schon erwähnte *Notting Hill Carnival*. Allgemein gelten die siebziger Jahre als das Jahrzehnt der *Grassroots Community Politics*.[26]

Die politische Arbeit in autonomen Strukturen war zum Teil eine bewusst gewählte Strategie, zum Teil aber wie erwähnt auch eine Folge der fast allgegenwärtigen Diskriminierung in Organisationen wie den Gewerkschaften oder der *Labour Party*. Sich für die Belange der Angehörigen ethnischer Minderheiten einzusetzen, galt politischen Organisationen nach wie vor als unpopulär. Erst der Erfolg des Thatcherismus, der die Schwäche der Linken offenbarte, führte zu einer Entwicklung hin zu einer stärkeren Verzahnung von außerparlamentarischer und parlamentarischer Arbeit unter dem Dach der *Labour Party* und damit auch zur Sensibilisierung dieser Partei für die politischen Belange ethnischer Minderheiten. Begünstigt wurde dies dadurch, dass sich die Partei um 1980 für kurze Zeit zu einem Sammelbecken progressiver Interessengruppen und politischer Strömungen zu entwickeln schien. Ab 1983 entbrannte in der *Labour Party* ein Streit um die Zulassung von *Black Sections*, einer nur Angehörigen ethnischer Minderheiten offenstehenden Unterorganisation mit garantierter Vertretung im Parteivorstand. Er führte zwar nie zur Einrichtung einer derartigen (den Frauensektionen vergleichbaren) Struktur in der Partei, trug aber maßgeblich dazu bei, dass 1987 erstmals vier Angehörige ethnischer Minderheiten ins Unterhaus gewählt wurden.[27] Seitdem ist ihre Zahl kontinuierlich, wenn auch langsam, auf heute 15 angestiegen. Dabei verfügt die *Labour Party* mit 13 Abgeordneten nach wie vor fast über ein Vertretungsmonopol. Diese Entwicklung klingt nach einer Erfolgsgeschichte, tatsächlich spiegelt sich im Parlament aber bei weitem noch nicht die »ethnische Komposition« der britischen Bevölkerung – dazu wären etwa 52 Abgeordnete aus den Minderheitengruppen nötig.

Bis einschließlich 2001 galt der *Labour Party* die überwiegende Mehrheit der Stimmen der *African Caribbeans* und *Asians* bei den Unterhauswahlen als sicher, allerdings nur in geringerem Ausmaß die der *Chinese*.[28] Dies änderte sich jedoch in den letzten Jahren als Folge der Verabschiedung der Antiterrorgesetze und mit den Kriegen in Afghanistan und im Irak. Die Wahlergebnisse von 2005 deuten darauf hin, dass muslimische WählerInnen ihre Entscheidung gezielt davon abhängig machten, welche Position die betreffenden KandidatInnen zur Kriegsfrage einnahmen.[29] Dabei half es der *Labour Party* wenig, dass ihr alle vier muslimischen Parlamentsabgeordneten angehörten. Generell bekundeten bei Meinungsumfragen im März 2005 nur noch 58 Prozent der registrierten und voraussichtlich wählenden *Asians* und 74 Prozent der *African Caribbeans* ihre Absicht, für *Labour* zu stimmen. Als Wahlalternative profitierten davon bislang vor allem die *Liberal Democrats*. Aber auch der aus der *Labour Party* ausgeschlossene Parlamentarier und Gegner des Irakkriegs George Galloway wurde für das Linksbündnis RESPECT in Bethnal Green und Bow gewählt, wo er sich gegen die schwarze *Labour*-Abgeordnete Oona King durchsetzte. Der Wahlkreis gehört zu einem Teil von East London, in dem besonders viele Muslime leben.

Insgesamt sind Angehörige ethnischer Minderheiten heute in drei verschiedenen Arten von Organisationen aktiv: Nach wie vor finden sich, vor allem auf lokaler Ebene, Selbsthilfe-, Lobby- und Widerstandsgruppen mit einer häufig ethnisch oder religiös weitgehend homogenen Basis zusammen. Daneben existiert die bereits oben angesprochene *Race Relations Industry*, die auf professioneller Basis Antidiskriminierungs- und Gleichstellungspolitik betreibt. Schließlich sind Angehörige ethnischer Minderheiten in zunehmend prominenten Positionen in Parteien, Stadträten und Parlamenten vertreten. Die Gründung »eigener« Parteien, wie der *Islamic Party of Britain*, war bisher weitgehend erfolglos. Dabei spielt das britische Mehrheitswahlrecht eine Rolle, jedoch auch die sozioökonomische, religiöse und weltanschauliche Zersplitterung der ethnischen Minderheitengruppen in Großbritannien.[30]

V. Multikulturelle Gesellschaft?

Dass die britische Gesellschaft eine multi*ethnische* geworden ist und zukünftig bleiben wird, wird heute allenfalls in einem politischen Spektrum bestritten, das von einzelnen VertreterInnen des rechten Flügels der *Conservative Party* bis zur *British National Party* und zur *National Front* reicht. Dabei fällt auf, dass Parteien der radikalen Rechten, was den Rückhalt in der Bevölkerung und die Stimmen bei kommunalen und landesweiten Wahlen betrifft, weniger »erfolgreich« sind als ihre Äquivalente auf dem europäischen Festland. Ob die britische Gesellschaft sich nicht nur als multi*ethnisch*, sondern auch als multi*kulturell* versteht, ist eine weitaus schwerer zu beantwortende Frage. Auf konzeptioneller Ebene ist hier zunächst zwischen gemäßigteren und radikaleren Versionen von Multikulturalismus zu unterscheiden. Während die gemäßigten Konzepte von einer hegemonialen Mehrheitskultur und separaten gruppenspezifischen »Subkulturen« ausgehen,[31] besteht in den Augen derer, die radikalere Ansätze vertreten, eine Gesellschaft aus einer losen Assoziation von gleichrangigen Gruppenkulturen.[32]

Ein gemäßigter, vor allem appellativer und erzieherisch wirkender Multikulturalismus wurde in den meisten (*Labour*-regierten) britischen Großstädten vor allem seit den achtziger Jahren gepflegt. Er beschränkte sich hauptsächlich darauf, ethnische (und damit kulturelle) Vielfalt als Bereicherung für die britische Gesellschaft darzustellen (vgl. Teil I). KritikerInnen warfen dieser Art von Multikulturalismus vor, Ethnizität und Kultur gleichzusetzen, somit Differenzen zu reproduzieren und zu verabsolutieren und schließlich die strukturelle Dimension von Rassismus (wie sie im Macpherson Report diagnostiziert wurde) zu ignorieren. Multikulturalismus in diesem Sinn wurde häufig als »Steelbands, Saris and Samosas approach« karikiert. Als alternatives Konzept versuchten einige linke *Labour*-Councils vor allem in den achtziger Jahren, explizit antirassistische Politikstrategien zu entwickeln, die gezielt strukturelle und institutionelle Veränderungen herbeiführen sollten. Sie waren jedoch ebenfalls mit konzeptionellen Problemen behaftet und konnten in einem weitgehend feindlich eingestellten politischen Umfeld nur bedingt Erfolge erzielen.[33]

Tony Blairs *Labour*-Regierung trat 1997 mit dem Plan an, Strategien für eine Vertiefung des Multikulturalismus zu entwickeln und beauftragte eine Kommission unter Leitung des Politikwissenschaftlers Bhikhu Parekh mit einer Bestandsaufnahme der aktuellen Situation. Die Arbeitsgruppe sollte auch konkrete Empfehlungen aussprechen. Ihr Bericht wurde 2000 unter dem Titel *The Future of Multi-Ethnic Britain* veröffentlicht.[34] Eine der Kernaussagen, nämlich die, dass der Begriff *Britishness* rassistische und ausgrenzende Konnotationen habe, wurde in weiten Teilen der Öffentlichkeit und von der Mehrheit der Medien massiv kritisiert.[35] Generell plädierte der Report für einen radikaleren Multikulturalismus, der Gesellschaft nicht nur als Assoziation von Individuen, sondern auch als »community of communities« begreifen sollte. Einige der praktischen Vorschläge wurden in den vergangenen Jahren umgesetzt – von der Entwicklung von *Equality Strategies* in allen Ministerien bis zur Würdigung von Soldaten aus den ethnischen Minderheitengruppen, die an den Weltkriegen teilgenommen hatten. Ob sich daraus aber eine grundsätzliche Wandlung des britischen Multikulturalismus ergibt, ist bislang und insbesondere angesichts der zunehmenden Auseinandersetzung mit dem radikalen Islamismus schwer einzuschätzen.[36]

Während die Untersuchungsberichte von Macpherson und Parekh Handlungsbedarf in erster Linie beim britischen Staat sahen, entwickelte sich die Diskussion um Rassismus und Multikulturalismus seit 2001 in eine andere Richtung. Nach den Unruhen im Frühsommer und den Anschlägen vom 11. September erlebte der Begriff der »Integration« eine Renaissance und wurde (dies ist die Argumentationsrichtung des *Cantle Report*, der sich mit den Auseinandersetzungen in Oldham, Burnley und Bradford befasste) als beidseitige Anstrengung interpretiert: Angehörige ethnischer Minderheiten sollten sich verstärkt um ihre Integration bemühen und sich an »britische Werte« anpassen, der Staat sollte einen Rahmen zur Verfügung stellen, der dies ermöglichte (zum Beispiel durch Sprachkurse).[37] David Blunkett, von 2001 bis 2004 Innenminister, übernahm diese Perspektive und distanzierte sich vom »Laissez-Faire Pluralismus« der Vergangenheit. Die Anschläge von London beschleunigten diesen Prozess. Zwar ist es womöglich verfrüht, mit Arun Kundnani vom antirassistischen *Institute of Race Relations* festzustellen, dass Großbritanniens »multicultural settlement« an sein Ende gekommen ist.[38] Auf jeden Fall aber erscheint seine Zukunft zur Zeit sehr gefährdet.

VI. Schlussbetrachtung: Einwanderung, Multikulturalismus und britische Gesellschaftspolitik

Die Entwicklung zur multiethnischen und (zumindest bis zu einem gewissen Grad) zur multikulturellen Gesellschaft ist Teil der generellen politischen und sozioökonomischen Wandlungsprozesse in Großbritannien seit 1945. Die Phase der aktiven Rekrutierungspolitik und der »offenen Grenzen« für Einwanderer aus dem *New Commonwealth* (1948–62) entspricht der Zeit der ökonomischen Modernisierung und des Aufbaus des *Welfare State*. Die in kurzer Folge verabschiedeten und immer restriktiver werdenden *Commonwealth Immigrants Acts* finden ihre Parallele im versuchten »Krisenmanagement« der britischen Wirtschafts- und Gesellschaftspolitik der sechziger und siebziger Jahre. Die grundlegende Neuorganisation der Einwanderungspolitik nach neokonservativen Prinzipien (und der Abschied von einer »besonderen Verantwortung« für den *Commonwealth*) ist Bestandteil der »langen Wende« der Thatcher-Ära. Die Neuausrichtungen seit 1997 unterliegen mit ihrer Mischung aus autoritären und fürsorglichen Elementen, die beide als Bestandteile eines »modernen« und »weltoffenen« Multikulturalismus vermittelt werden, der Logik von *New Labours* – »förderndem und forderndem« – »workfare state«.

Zugleich reagierte die Politik während all dieser Phasen auf gesellschaftliche Diskurse, die bezüglich der Frage von Multiethnizität (und in weitaus geringerem Maße bezüglich der von Immigration) langsam liberaler wurden. Dennoch haben bestimmte Grundprämissen dieses Diskurses, die schon in den fünfziger und sechziger Jahren formuliert wurden, kaum an Einfluss verloren:

- Das Zusammenleben mit ethnischen Minderheitengruppen, deren Vorfahren von außerhalb Europas stammen, wird zunächst einmal als Problem definiert;
- daher ist eine strikte Begrenzung der Zuwanderung, die aber ökonomische Erfordernisse zu berücksichtigen hat, notwendig;
- nur so lassen sich »harmonious race relations« gewährleisten.

Diese Grundprämissen bilden den Kern dessen, was John Solomos und Les Back als »racialisation« (Rassenkonstruktion) in der britischen Politik bezeichnet haben.[39] Dabei kam es häufig zu einer parteiübergreifenden Linie in der Einwanderungs- und Integrationspolitik. Sie kann zum Beispiel daran abgelesen werden, dass, trotz gelegentlicher Ankündigungen zu Oppositionszeiten, Gesetzesverschärfungen einer von der jeweils anderen Partei getragenen Vorgängerregierung nach einem Amtswechsel fast nie rückgängig gemacht wurden.[40] Durch das Festhalten an diesem politischen Konsens reagierte die britische Politik wohl nicht nur auf einen gesellschaftlichen Diskurs, sondern trug wesentlich zu seiner Reproduktion bei.

Große Übereinstimmungen zwischen den Parteien lassen sich auch im Asylrecht feststellen. Es entwickelte sich in den letzten 20 Jahren zu einer zusätzlichen Dimension der Einwanderungspolitik, die aufgrund weltweit zunehmender Migrationsprozesse und der Suche nach EU-weiten Begrenzungsmechanismen Reaktionen von den britischen Regierungen verlangte. Diese bestanden bislang vor allem in der Entwicklung immer neuer Abschreckungsmaßnahmen sowie in jüngster Zeit vereinzelten Versuchen, zum Beispiel durch die Propagierung von Schuldenerlassen (auf EU- und G8-Ebene), auch Fluchtursachen zu bekämpfen.

Währenddessen ist die Präsenz von nunmehr alteingesessenen ethnischen Minderheitengemeinden für weite Teile der britischen Bevölkerung zu einer relativen Normalität geworden. Dass Menschen in öffentlichen Funktionen nicht nur verschiedenste Hautfarben haben, sondern auch religiöse Symbole tragen (von den Kopftüchern muslimischer Frauen bis zu den Dreadlocks der Rastafarians), erzeugt in Großbritannien keine Kontroversen mehr. Diese »Unaufgeregtheit« verweist auf die Stärken des britischen Einwanderungsmodells gegenüber dem kontinentaleuropäischen Gastarbeitermodell. Dennoch spielt der problematische Begriff »*Race*« weiterhin eine

Rolle in vielen gesellschaftlichen Diskursen. Außerdem existiert ein deutlicher Wohlstandschauvinismus, der mittlerweile sogar von nicht unerheblichen Teilen der Angehörigen ethnischer Minderheitengruppen geteilt wird. In den Worten von A. Sivanandan, einem der Veteranen der britischen Antirassismusbewegung, sind es die neuen Armutsflüchtlinge gleich welcher Hautfarbe, die zu den »new blacks« in der Wahrnehmung weiter Teile der britischen Gesellschaft geworden sind.[41]

Die Einwanderer aus dem *New Commonwealth* und ihre Nachkommen sind in Großbritannien »angekommen«. Dies zeigt sich in ihrer zunehmenden sozialen Stratifikation ebenso wie im Variationsreichtum ihrer kulturellen Identitäten, die sich im Zuge ihrer Erfahrungen und ihrer Lebenssituation in Großbritannien herausgebildet haben. Es zeigt sich aber auch in den Protesten gegen bestimmte juristische und politische Entscheidungen – von der Zulassung von Märschen der *National Front* durch vorwiegend von Angehörigen ethnischer Minderheiten bewohnte Stadtviertel bis zur britischen Teilnahme am Irakkrieg 2003. Derartige Kritik wahrzunehmen, *Social Exclusion* und Rassismus zu bekämpfen und sich den Nöten und Bedürfnissen neuer MigrantInnen und Flüchtlinge anzunehmen – all dies wird in Großbritannien weiterhin eine gesamtgesellschaftliche Aufgabe bleiben. Diese Probleme können auf Dauer weder mittels Abschottung nach außen gelöst, noch durch Integrationsdruck nach innen den Angehörigen ethnischer Minderheiten aufgebürdet werden.

Anmerkungen

1   Rudyard Kipling, Rudyard Kipling's Verse. Definitive Edition, London, 1974, S. 323f.

2   Siehe dazu: E. Ellis Cashmore, Barry Troyna, Introduction to Race Relations, London 1990².

3   Observer 20. Mai 2001, zit. in: John Solomos, Race and Racism in Britain, London 2003³, S. 74.

4   Für kritische Analysen der britischen Asylpolitik siehe die Schriften des *Refugee Council*, www.refugeecouncil.org.uk/index.htm (3. 8. 2005).

5   Zitiert in: Peter Fryer, Staying Power. The History of Black People in Britain, London 1984, S. 381.

6   Die umstrittene neue *Commission for Equality and Human Rights* soll sich nicht nur mit Diskriminierung und Benachteiligung von Frauen, ethnischen Minderheiten und Menschen mit Behinderungen befassen, sondern in Folge der neuen EU-Vorgaben auch die Rechte von religiösen und sexuellen Minderheiten sowie von SeniorInnen schützen.

7   William Macpherson u. a., The Stephen Lawrence Inquiry. Report of an Inquiry by Sir William Macpherson of Cluny, London 1999.

8 Inwieweit die Unruhen als schwarze Revolten oder primär als soziale Unruhen zu verstehen sind, ist umstritten. Siehe dazu: Franck Düvell, Die sozialgeschichtliche Dekodierung des »schwarzen« Aufruhrs in Großbritannien zwischen 1979 und 1989, Bremen 1998.

9 Siehe dazu: Stuart Hall u. a., Policing the Crisis: Mugging, the State, and Law and Order, Basingstoke 1978.

10 Zur Zeit bemüht sich die britische Regierung um eine Vereinfachung der etwa 50 verschiedenen Bestimmungen zu Einreise, Studium, Ausbildung und Arbeit in Großbritannien. Vgl. Alan Travis, Migrants »must send cash home«, in: Guardian Weekly vom 29. Juli bis 4. August 2005, S. 9.

11 Zum Verhältnis von »Race« und Class siehe: Robert Miles, Rassismus. Einführung in die Geschichte und Theorie eines Begriffs, Hamburg 1991, vor allem S. 131–171.

12 Siehe dazu: A. Sivanandan, Poverty is the New Black, in: Race and Class, 42 (2001) 2, S. 1–5, hier S. 4.

13 Siehe dazu: Vikram Dodd, Two in three Muslims say they consider leaving, in: The Guardian Weekly vom 29. Juli bis 4. August 2005, S. 7.

14 Der Begriff kommt ursprünglich aus der postkolonialen Theorie, wird jedoch auch für die Entstehung »neuer Ethnizitäten« in Großbritannien angewendet. Vgl. Stuart Hall, New Ethnicities, in: James Donald, Ali Rattansi (Hrsg.), »Race«, Culture and Difference, London 1992, S. 252–259.

15 Für einen aktuellen Einblick in die Vielfalt der Identitäten unter jungen britischen Muslimen siehe den Artikel von Madeleine Bunting, Young, Muslim and British, in: *The Guardian* vom 30. November 2004, S. 17ff.

16 Siehe dazu: Yasmin Alibhai-Brown, Race Relations in New Britain, in: Muhammad Anwar, Patrick Roach, Ranjit Sondhi (Hrsg.), From Legislation to Integration? Race Relations in Britain, Basingstoke 2000, S. 178–195, hier S. 193.

17 Vgl. Arun Kundnani, From Oldham to Bradford. The Violence of the Violated, in: Race and Class, 43 (2001) 2, S. 105–110, hier S. 110.

18 Eine Ausnahme ist die Studie von Tariq Modood u. a., Britain's Ethnic Minorities: Diversity and Disadvantage, London 1997.

19 Vgl. Jim Pines, Rituals and Representations of Black Britishness, in: David Morley, Kevin Robins (Hrsg.), British Cultural Studies. Geography, Nationality, and Identity, Oxford 2001, S. 57–66, hier S. 60.

20 Vgl. Tariq Modood, British Asian Identities. Something Old, Something Borrowed, Something New, in: David Morley/Kevin Robins (Anm. 19), S. 67–78, hier S. 74.

21 Das heißt nicht, dass es in Schottland keinen Rassismus gibt. Zur schottischen Tendenz, Rassismus als englisches Phänomen zu verstehen, siehe: Robert Miles, A. Dunlop, The Racialisation of Politics in Britain: Why Scotland is Different, in: Patterns of Prejudice, 20 (1986) 1, S. 23–32.

22 Vgl. Tariq Modood (Anm. 20), S. 70f.

23 Vgl. Philip Lewis, Islamic Britain. Religion, Politics, and Identity among British Muslims: Bradford in the 1990s, London 1994, und Haleh Afshar, Rob Aitken, Myfanwy Franks, Feminisms, Islamophobia and Identities, in: Political Studies, 53 (2005) 2, S. 262–283.

24 Für einen Überblick zur Frühzeit politischer Aktivität von Angehörigen ethnischer Minderheiten siehe: Kalbir Shukra, The Changing Pattern of Black Politics in Britain, London 1998, S. 9ff.

25 Zur Geschichte von CARD siehe: B. Heinemann, The Politics of the Powerless: A Study of the Campaign Against Racial Discrimination, Oxford 1972.

26 Für einen Überblick über die Auseinandersetzungen der siebziger Jahre siehe: Institute of Race Relations, The fight against racism. A pictorial history of Asians and Afro-Caribbeans in Britain, London 1986.

27 Korrekter gesagt waren sie die ersten nicht-weißen Abgeordneten seit 1924, als Shapurji Saklatvala den Wahlkreis Battersea North für die *Communist Party* gewann. Auch 1892, 1895, 1900 und 1922 hatte es jeweils einen indischstämmigen Parlamentarier gegeben. Bei den vier 1987 gewählten handelte es sich um Diane Abbott (Hackney North/Stoke Newington), Paul Boateng (Brent South), Bernie Grant (Tottenham) und Keith Vaz (Leicester East).

28 Die Registrierung für die Teilnahme an Wahlen und die tatsächliche Wahlbeteiligung liegen bei den Angehörigen ethnischer Minderheiten allerdings unter dem Durchschnitt.

29 Vgl. Robert Leach, The 2005 General Election, http://www.palgrave.com/politics/coxall/update3.htm (3. 8. 2005).

30 Dies kommt immer wieder auch bei Aufstellungsverfahren in der *Labour Party* zum Ausdruck, wo es häufig mehrere asiatische/muslimische Kandidaten gab, die gegeneinander antraten und dadurch in vielen Fällen einem weißen Konkurrenten zum Erfolg verhalfen.

31 »Subkultur« meint hier einfach »Teilkultur«, nicht eine Kultur mit einem inhärent subversiven Potenzial. Diese Version von Multikulturalismus beschreiben z. B. Floya Anthias, Nira Yuval Davis, Racialized Boundaries. Race, Gender, Colour, and Class and the Anti-Racist Struggle, London 1992, S. 158.

32 Eine solche Version findet sich in: Hans Vorländer, Der Kampf um die Deutungsmacht. Nationale Identität und Staatsbürgerschaft in den USA, in: Hans Vorländer, Dietrich Herrmann, Nationale Identitäten und Staatsbürgerschaft in den USA. Der Kampf um Einwanderung, Bürgerrechte und Bildung in einer multikulturellen Gesellschaft, Opladen 2001, S. 15–54, hier S. 31.

33 Zu den Debatten um antirassistische Politik siehe: Paul Gilroy, Problems in antiracist strategy. Runnymede Trust Lecture, London 1987; Alastair Bonnett, Antiracism, London 2000, und Sebastian Berg, Antirassismus in der britischen Labour Party. Konzepte und Kontroversen in den achtziger Jahren, Frankfurt a. M. 2000.

34 The Runnymede Trust (Hrsg.), The Future of Multi-Ethnic Britain, London 2000.

35 Kritik kam dabei auch von linken und liberalen KommentatorInnen. Siehe: Review Symposium. Report of the Commission on the Future of Multi-Ethnic Britain: UK, North American and Continental European Perspectives, in: Journal of Ethnic and Migration Studies, 26 (2000) 4, S. 719–738. Die pauschale Medienkritik führte dazu, dass die konkreten Vorschläge in der öffentlichen Diskussion wenig beachtet wurden.

36 Zu den Details der Umsetzung und für eine Einschätzung siehe: Claus-Ulrich Viol, Back to the Future of Multi-Ethnic Britain. What Has Become of the Parekh Report?, in: Hard Times, 77 (2004), S. 2–7.

37 Vgl. Ted Cantle u. a., Community Cohesion. A Report of the Independent Review Team, London 2001.

38 Vgl. Arun Kundnani, The Death of Multiculturalism, http://www.irr.org.uk/cantle/index.htm (23. 7. 2002).

39 Vgl. Les Back/John Solomos (1995), Race, Politics and Social Change, London 1995.

40 Es gibt Ausnahmen, wie zum Beispiel die Aufhebung der *Primary Purpose* Regelung (Überprüfung, ob eine Ehe primär zum Zweck des Nachzugs nach Großbritannien geschlossen worden war) durch die *Labour*-Regierung 1998.

41 A. Sivanandan (Anm. 12).

Weiterführende Literatur

Anwar, Muhammad/Roach, Patrick/Sondhi, Ranjit (Hrsg.), From Legislation to Integration?, Race Relations in Britain, Basingstoke 2000.

Bulmer, Martin/Solomos, John (Hrsg.), Racism, Oxford 1999.

Fryer, Peter, Staying Power. The History of Black People in Britain, London 1984.

Mason, David, Race and Ethnicity in Modern Britain, Oxford 2000[2].

Solomos, John, Race and Racism in Britain, London 2003[3].

Links

http://www.blacklondon.org.uk   Black Londoners Forum
http://www.carf.demon.co.uk   Campaign against Racism and Fascism
http://www.cre.gov.uk   Commission für Rachial Equality
http://www.mabonline.info/english   Muslim Association of Britain
http://www.statistics.gov.uk   National Statistics Online
http://www.obv.org.uk   Operation Black Vote
http://www.psi.org.uk   Policy Studies Institute
http://www.runnymedetrust.org   Runnymede Trust
http://www.s-light.demon.co.uk   Searchlight

Ingrid von Rosenberg

Gender in der britischen Gesellschaft

I. Das Genderkonzept

Der Begriff *gender*, wie er heute meist verwandt wird, hat sowohl im Englischen wie als Lehnwort im Deutschen erst eine kurze Geschichte. Lange auch im Englischen nur zur Bezeichnung des Geschlechts in der Grammatik gebraucht, wurde er 1968 von dem Amerikaner Robert J. Stoller mit seinem Buch *Sex and Gender* zunächst in die Psychologie übertragen, um soziokulturell determinierte Funktionen und Eigenschaften von Männlichkeit und Weiblichkeit vom biologischen Geschlechtsunterschied abzugrenzen. Schnell verbreitete sich diese Differenzierung in allen Geistes- und Sozialwissenschaften im englischsprachigen Kulturraum, dann auch im deutschsprachigen, wo ein entsprechendes gegensätzliches Wortpaar nicht zur Verfügung stand. Der Begriff eignete sich sehr gut, um die mit den physischen Unterschieden begründeten Ungleichheiten in der sozialen Stellung von Männern und Frauen zu hinterfragen, und kam daher gerade recht für die so genannte »Zweite Frauenbewegung« (*second wave feminism*). Diese begann im Zuge der weltweiten Bürgerrechts- und Protestbewegungen der 1960er Jahre, das historisch gewachsene hierarchische Geschlechterverhältnis in der westlichen Kultur kritisch zu beleuchten.

Das Gender-Konzept, wie es dann in den 1970er Jahren theoretisch ausgebildet wurde und auch heute noch verwandt wird, hatte vor allem drei Charakteristika. Zum einen sah es die Kategorie Gender als veränderlich im Gegensatz zur Kategorie Sex, die als biologisch gegeben und damit als unwandelbar galt. Zum zweiten ging man bei den Kategorien Sex und Gender nur von zwei Möglichkeiten aus, die als binäre Oppositionen gedacht wurden: männlich – weiblich. Und drittens erkannte man, dass die unterschiedlichen sozialen Positionierungen der beiden Geschlechter mit der Machtverteilung in der Gesellschaft zu tun haben. Zu den beiden ersten Aspekten hat sich die Theoriebildung inzwischen weiter entwickelt. Seit den späten 1980er Jahren im Zuge poststrukturalistischer Ansätze ist auch die natürliche Gegebenheit des Körpers in Frage gestellt worden: Nicht nur die gesellschaftliche Rollenverteilung mit der Herausbildung gewisser »typisch männlicher« bzw. »typisch weiblicher« Eigenschaften (z. B. Draufgängertum gegenüber Fürsorglichkeit) gilt als konstruiert und daher variabel, sondern der Körper selbst. Die Amerikanerin Judith Butler ist die prominenteste Vertreterin dieser Position, und sie ist dafür heftig angegriffen worden, z.B. von der Britin Sheila Jeffries. Diese fürchtet, dass eine solche umfassende Relativierung, die auch vor den körperlichen Unterschieden nicht Halt macht, jedem Kampf gegen Ungerechtigkeiten den Boden entziehen könnte. Allerdings hat Butlers Theorie, die Sex wie Gender als Ergebnis von Performanz sieht, inzwischen von einer anderen Seite Unterstützung erfahren.

Obwohl es schon immer Menschen gab, die psychisch und/oder physisch weder eindeutig männlich noch eindeutig weiblich waren oder sich wahrnahmen, wendet die Gender-Theorie sich erst seit kurzem verstärkt der ganzen Vielfalt geschlechtlicher Zwischenformen zu wie Transvestitentum, Transsexualität, Transgender. Die in letzter Zeit viel diskutierte so genannte »Metrosexualität«, bei der Geschlecht als Ergebnis einer freien Wahl äußerer Zeichen spielerisch behandelt wird, scheint Butler vollends zu bestätigen (dazu am Ende des Beitrags mehr). Von »echten« Zwischenpositionen ist jedoch nur eine kleine Zahl von Menschen betroffen, in Großbritannien etwa 1 550–5 000,[1] die sich zudem meist psychisch oder gar operativ um eine Einordnung in das binäre System bemühen. Daher ist es sinnvoll, das Hauptaugenmerk darauf zu richten, wie die beiden zahlenstärksten Geschlechter, Männer und Frauen einschließlich der Homosexuellen beiderlei Geschlechts, in der britischen Gesellschaft infolge tradierter Machtverhältnisse positioniert waren und was sich daran in den letzten Jahrzehnten geändert hat. Die Soziologin Amy S. Wharton begründet, warum es wichtig ist, bei der Analyse einer Gesellschaft Gender zu berücksichtigen: »It is one of the organizing principles of the social world: it organizes our identities and self-concepts, structures our interactions, and is one basis upon which power and resources are allocated.«[2]

II. Die Entwicklung der Geschlechterpositionen in Großbritannien

Es scheint nicht ohne symbolische Bedeutung, dass der Begriff Gender aus der englischen Sprache stammt. Obwohl auch in England seit dem Mittelalter ohne Frage das Patriarchat herrschte, haben dort Frauen immer wieder eine herausragende Rolle gespielt. Bekanntlich hatte England bereits im 16. Jahrhundert eine der mächtigsten Herrschergestalten der europäischen Geschichte: Elisabeth I. Umfassend gebildet in humanistischer Tradition und klug eheliche Fesseln vermeidend, regierte sie das Land mit Umsicht und Mäßigung, schaffte religiösen Frieden im Inneren und legte das Fundament für Englands Großmachtstellung. Natürlich war sie eine Ausnahmeerscheinung, aber es gab – wie einige von Shakespeares Komödien spiegeln, z. B. *Was Ihr Wollt* oder *Der Kaufmann von Venedig* – auch andere selbstbewusste adlige Damen, von denen einige einem großen Haushalt vorstanden, und die Witwen reicher Kaufleute führten in der Regel die Geschäfte ihrer verstorbenen Männer weiter. Nach neueren Erkenntnissen lag dem Geschlechterverhältnis bis ins 17. Jahrhundert ein so genanntes *one-sex model* zugrunde, nach dem Männer und Frauen nicht als grundverschiedene Wesen angesehen wurden, sondern nur als unterschiedlich weit entwickelt.[3] Auch wenn Männer als die Krone der Schöpfung galten, ließ das Modell doch Ausnahmefiguren unter den Frauen zu.

Das 18. Jahrhundert ist mit Blick auf das Geschlechterverhältnis in Großbritannien besonders interessant. Einerseits herrschte eine im europäischen Vergleich besonders offene Sexualmoral, die auch Frauen Initiative zugestand, wie zahlreiche Romane z. B. von Daniel Defoe, Henry Fielding oder Lawrence Sterne belegen. Andererseits begann sich das so genannte *two-sex model* herauszubilden, dem zufolge Männern und Frauen aufgrund ihrer biologischen Differenz völlig verschiedene psychische Eigenschaften und Fähigkeiten zugeschrieben wurden, eine Vorstellung, die stark zur Herausbildung der »getrennten Sphären« im 19. Jahrhundert beitrug. Doch bevor im viktorianischen England die extreme Trennung und Hierarchisierung der Geschlechter sich vielleicht noch markierter als anderswo in Europa durchsetzen konnte, sorgte eine gegenläufige Denkrichtung für einen kurzen Moment emanzipatorischer Möglichkeiten. Zur Zeit der Amerikanischen und Französischen Revolution, als die Ideale der Aufklärung die Politik bestimmten, lieferten Descartes' Theorien von der Unabhängigkeit des Geistes vom Körper und der Gleichwertigkeit aller rationalen Wesen Frauen wie Catherine Macaulay, Mary Hays und besonders Mary Wollstonecraft, Autorin des berühmten Buchs *A Vindication of the Rights of Woman* (1792), Argumente, um für eine bessere Mädchenbildung zu plädieren und mehr Arbeitsmöglichkeiten und sogar das Wahlrecht für Frauen zu fordern. Doch der Augenblick war kurz.

Als Angstreflex auf die Französische Revolution setzte in England eine politische Reaktion ein, die mit anderen emanzipatorischen Entwicklungen auch die Keime einer ersten Frauenbewegung erstickte. Die Industrielle Revolution, das sich stabilisierende kapitalistische System und der Evangelikalismus, eine auf strenge Moral abzielende Reformbewegung innerhalb der Anglikanischen Kirche, taten ein Übriges, um das notorische, binäre Geschlechterverhältnis des Viktorianismus mit seinen getrennten Sphären zu verfestigen, wobei allerdings die Klassenlage für Unterschiede sorgte. Während in der Arbeiterklasse Männer und Frauen aus ökonomischer Notwendigkeit gleichermaßen Lohnarbeit leisten mussten, trennten sich die Lebenswelten in der Mittelklasse. Die Leitfunktionen in Wirtschaft und Politik behielten sich die Männer vor, während die Frauen im Einklang mit dem *two-sex model* in aller Regel auf ihre Rolle als »Engel im Haus« verwiesen wurden. Intellektuelle wie John Ruskin beschrieben in einflussreichen Anweisungen zur Erziehung die Geschlechter als vollkommen verschieden, aber einander ergänzend und leiteten daraus unterschiedliche Erziehungsziele ab.[4] Während Jungen – nach Ruskin das aktive und kreative Geschlecht – Sprachen und Wissenschaften gründlich studieren sollten, brauchten Mädchen nur genug zu wissen, um die Interessen ihrer künftigen Männer verstehen zu können.

Es war genau diese zweitklassige Erziehung, gegen die sich der Protest der Ersten Frauenbewegung um die Mitte des 19. Jahrhunderts vor allem richtete. Zunächst war es freilich ein Mann, der Philosoph, Ökonom und Unterhausabgeordnete John Stuart Mill, der in einem berühmten Traktat *The Subjection of Women* (1869) die verdeckte Funktion der schlechten Frauenbildung als gezieltes Mittel der Unterdrückung besonders öffentlichkeitswirksam anprangerte. Eine Reihe von Frauen engagierte sich dagegen praktisch für die Verbesserung der Mädchenbildung durch Gründung und Leitung weiterführender Schulen und der ersten Universitäts-Colleges.[5] Nur zögerlich verliehen die Universitäten den Absolventinnen auch die verdienten akademischen Grade: die Londoner Universität als erste 1878, Oxford 1919 und Cambridge erst 1949. Kurz nach der Bildungskampagne setzten zwei weitere Protestbewegungen ein. Die so genannten »Neuen Frauen« (*New Women*) demonstrierten durch private Symbolhandlungen wie Rad fahren, rauchen, Alkohol trinken, tragen von Reformkleidern und nicht zuletzt literarische Aktivitäten ihren Anspruch auf Gleichberechtigung, während die Suffragetten seit den 1890er Jahren für das Frauenwahlrecht kämpften. Besonderes Aufsehen erregten die spektakulären Aktionen und Hungerstreiks der von Emmeline Pankhurst und ihren Töchtern geleiteten *Women's Social and Political Union* (WSPU). Dennoch erreichten Frauen das Wahlrecht erst 1918 als Lohn für ihren Einsatz im Ersten Weltkrieg, und das galt auch nur für Frauen über 30. Erst zehn Jahre später durften auch die Frauen wie die Männer mit 21 Jahren wählen.

Beide Weltkriege förderten die Frauenemanzipation. Im Ersten Weltkrieg hatten Frauen in Munitionsfabriken, als Bus-, Straßenbahn- und LKW-Fahrerinnen, in Büros und Verwaltung Aufgaben erfüllen müssen, die vorher als strikt männliche Domänen galten. Im Zweiten Weltkrieg wurden sie sogar wie die Männer eingezogen und stellten zwölf Prozent der Armee. Obwohl nach beiden Kriegen, als die Männer von der Front heimkehrten, ein relativer Rückgang der Frauenarbeit zu verzeichnen war, stieg das weibliche Beschäftigungsniveau in der ersten Hälfte des Jahrhunderts doch stetig: 1951 betrug der Anteil der Frauen an der Gesamtzahl der Beschäftigten 30,8 Prozent. Allerdings waren Frauen kaum in höherrangigen Berufen und Positionen vertreten: Dort wuchs ihr Anteil von fünf Prozent 1921 bis 1966 nur auf neun Prozent.[6] Auch im Privatbereich vollzogen sich in der ersten Hälfte des 20. Jahrhunderts große Veränderungen. Die Lockerung des traditionellen Sexualverhaltens im Ersten Weltkrieg sowie die Verbreitung der Erkenntnisse von Pionieren der Sexologie wie Marie Stopes und Havelock Ellis trugen zum langsamen Verschwinden der viktorianischen Doppelmoral bei, die nur Männern das Recht auf Lust eingeräumt hatte, und die Entwicklung und gesellschaftliche Durchsetzung neuer Verhütungsmittel sorgten für kleinere Familien. Auch im Bereich gesetzlicher Gleichstellung war einiges geschehen. Fiel bis ins späte 19. Jahrhundert das gesamte Vermögen der Frau bei der Heirat dem Mann zu, war bereits seit 1870 das Eigentumsrecht schrittweise reformiert worden. Durch neue Gesetze von 1923 und 1937 wurden auch die Scheidungsbedingungen für Männer und Frauen immer weiter angeglichen. Dennoch blieben noch genügend rechtliche wie soziale Ungleichheiten bestehen, um der Zweiten Frauenbewegung ab den 1960er Jahren Nahrung zu geben.

War die Erste Frauenbewegung ungefähr zeitgleich in den USA und Großbritannien entstanden, erhielt die Zweite Frauenbewegung entscheidende Impulse aus den USA. Dort hatten die Bürgerrechtsbewegung und der Einsatz gegen den Vietnamkrieg den Sinn auch für die eigenen Defizite geschärft und Betty Friedans bahnbrechendes Buch *The Feminine Mystique* (1963) den Mythos von der erfüllenden Hausfrauenrolle zerstört. In Großbritannien entstand die Neue Frauenbewegung etwas später, 1968, und wurde zunächst vor allem von Frauen getragen, die sich in sozialistischen Gruppen in der Kampagne für nukleare Entwaffnung (CND) engagiert hatten. Sie entwickelte sich zu einer sehr komplexen Bewegung, die sich unter der Einwirkung unterschiedlichster theoretischer Einflüsse in verschiedene Richtungen aufspaltete, Höhen und Tiefen des Zuspruchs erlebte und, obwohl mehrfach totgesagt, immer noch lebendig ist.

Man kann vielleicht von zweierlei Arten feministischer Debatte sprechen: eine mehr auf praktische Veränderungen abzielende und eine mehr theoretisch-philosophisch ausgerichtete. Obgleich beide Richtungen immer auch parallel liefen, waren die Gewichte über die Zeit doch verschieden verteilt. In den 1960er und frühen 1970er Jahren überwog die praktische Variante, die an die liberale Tradition der Ersten Frauenbewegung anknüpfte: Es wurde um erweiterte Bildungs- und Berufschancen sowie stärkere politische Beteiligung gekämpft. Die Wahl der ersten Premierministerin 1979 bedeutete leider kein Signal für eine schlagartige Verbesserung, hatte sich Margaret Thatcher doch statt systematischer Frauenförderung die Wiederbelebung traditioneller Familienwerte auf die Fahne geschrieben. Die Frauenbewegung reagierte mit einer verstärkten Hinwendung zu theoretischen Grundsatzdebatten. Ab Mitte der 1970er Jahre entfalteten sich spannende philosophische Diskussionen unter dem starken Einfluss vor allem französischer Theoretiker und Theoretikerinnen[7] über das Verhältnis von Frauen zum Körper, insbesondere zu Sexualität und Mutterschaft, zur Sprache, zur Macht, zur Natur, zur Geschichte. Als in den 1990er Jahren, vor allem unter dem Einfluss postkolonialer Theorie, Zweifel aufkamen an der grundsätzlichen Gleichheit der Position aller Frauen, spaltete sich die Debatte, schnell mit dem Schlagwort »Post-Feminismus« belegt, noch weiter auf.[8]

Die Zweite Frauenbewegung in Großbritannien war nie eine große nationale Bewegung, sondern bestand immer aus einer Vielzahl heterogener Einzelgruppierungen mit unterschiedlichen Schwerpunkten. Dennoch kam es im Februar 1970 zu einem nationalen Kongress der *Women's Liberation Movement* im Ruskin College, Oxford, an dem ca. 400 Frauen teilnahmen und bei dem vier Reformziele formuliert wurden: (1) gleicher Lohn für gleiche Arbeit, (2) gleiche Bildungs- und Berufschancen für Frauen, (3) 24stündige Kinderbetreuung, (4) freie Verhütungsmittel und das Recht auf Abtreibung. Später kamen noch weitere Ziele hinzu, aber schon diese ersten gliedern sich in grundsätzlich zwei Bereiche: den privaten, körper-, sexualitäts- und familienorientierten und den öffentlichkeits- und berufsorientierten. Ich möchte diese Zweiteilung übernehmen, wenn ich im Folgenden den erreichten Stand der Gleichberechtigung in der britischen Gesellschaft zu skizzieren suche.

III. Frauen im Privatleben

1. Ehe, Familie, Heterosexualität

Die Forderung nach dem Recht auf die Bestimmung über den eigenen Körper einschließlich Fruchtbarkeit und größtmöglichem Lustgewinn erhielt neuen Auftrieb durch Schriften wie Germaine Greers leidenschaftliches Plädoyer *The Female Eunuch* (1970). Greer folgerte: »Women do have sexual desires [...] If marriage and family depend upon the castration of women let them change or disappear.«[9] Tatsächlich büsste die Ehe an Attraktivität ein. Die Zahl der Heiraten ging, nachdem sie 1972 noch einen Höhepunkt mit 480 285 erreicht hatte, zurück, und andere Lebensformen, insbesondere das Alleinleben und nichteheliche Lebensgemeinschaften nahmen kontinuierlich zu. 2005 lag die Zahl letzterer bei 2,2 Millionen. Allerdings hat kürzlich auch die Zahl der Eheschließungen, wieder etwas zugenommen: Sie stieg von 2001 bis 2003 um 7,4 Prozent. Ob sich hier eine konservative Tendenz bemerkbar macht oder einfach ideologische Entspannung, ist schwer zu sagen. Noch immer bilden Ehepaare mit und ohne Kinder ohnehin die Norm mit sieben von zehn Familien unter den zwölf Millionen Familien in Großbritannien. Unter den Ethnien gibt es, kulturell bedingt, große Unterschiede. Während unter Weißen und Schwarzen der Anteil der nicht-ehelichen Gemeinschaften mit zwölf bzw. elf Prozent besonders hoch ist, liegt er bei Indern bei zwei Prozent, bei Pakistanis und Bangladeshis bei fast null Prozent. Dies hängt vermutlich mit dem traditionell starken Zusammenhalt asiatischer Familien und einem konservativeren Frauenbild zusammen.

Aus der Ideologie der Selbstbestimmung und des privaten Glücks folgt auch die Forderung nach Trennung bei nicht erfüllten Erwartungen. So wundert es nicht, dass die Zahl der Scheidungen seit den 1950er Jahren gestiegen ist, besonders nachdem die *Labour*-Regierung 1969 das Scheidungsrecht weiter modernisiert und das Schuldprinzip durch das Zerrüttungsprinzip ersetzt hatte, ein Schritt, der in der Bundesrepublik erst 1977 vollzogen wurde. Gab es 1950 nur 30 000 Scheidungen in Großbritannien, waren es 2004 beachtliche 167 116.

Eng mit dem Glücksanspruch zusammen hängt die grundsätzliche Trennung von Sexualität und Fortpflanzung, die schon von den frühen Sexologen gefordert wurde. Eine der größten Kampagnen der Neuen Frauenbewegung galt dem Bezug von Verhütungsmitteln und der Abtreibung auf Kosten des *National Health Service* (NHS). Die Erfindung der Pille 1961 und ihrer Verschreibung ab 1967 wurden als das Ende der Jahrhunderte alten Angst der Frauen vor unerwünschter Schwangerschaft gefeiert, auch wenn ab 1977 Frauen aus gesundheitlichen Bedenken verstärkt wieder zu anderen Mitteln griffen. Eine kleine Gruppe von Feministinnen, die *Abortion Law Reform Association* (ALRA) hatte bereits seit 1936 beharrlich für eine Legalisierung der Abtreibung gekämpft, die besonders in Arbeiterfamilien üblich war und, unsachgemäß durchgeführt, oft zu Gesundheitsschäden führte. Die liberalen 1960er Jahre machten auch dieses Gesetz möglich. Von der ALRA angeführte Demonstrationen und andere Aktionen führten zum *Abortion Act* von 1967, dem ersten Reformgesetz zur Abtreibung in Europa. Innerhalb von 28 Wochen (heute 24) übernahm bei einer von zwei Ärzten bestätigten Indikation der NHS die Kosten eines Abbruchs. Nachdem die DDR 1972 vorangegangen war, wurde in der BRD erst 1974 ein entsprechendes Gesetz erlassen, sodass es zeitweilig einen regelrechten Abtreibungstourismus aus der BRD nach Großbritannien gab.

Unausweichliche Folge dieser Entwicklungen war eine sinkende Geburtenrate. Heute liegt die durchschnittliche Kinderzahl in Großbritannien bei 1,8 und damit unter der natürlichen Erhaltungsrate der Bevölkerung. Noch bemerkenswerter ist vielleicht der Zusammenbruch der Erwartungen, dass Kinder in einer Ehe geboren werden. Tatsächlich ist – wie die Zahl der nicht-ehelichen Gemeinschaften – auch die Zahl der unehelich geborenen Kinder stark gestiegen und damit auch die Rate der allein erziehenden Eltern, auf die natürlich auch der Anstieg der Scheidungen Einfluss hatte; 90 Prozent davon sind Frauen. Die Zahl unehelicher Geburten lag 2004 bei 2,3 Millionen. Dahinter verbirgt sich ein Anstieg um zwölf Prozent allein zwischen 1996 und 2004. Der Anteil der Alleinerziehenden ist unter schwarzen Müttern besonders hoch: Ca. 45 Prozent ziehen ein oder mehrere Kinder allein auf, gefolgt von weißen Müttern mit ca. 25 Prozent, während es unter den Bangladeshi nur 9,6 Prozent sind.

Ein besonderes Thema in der öffentlichen Diskussion sind die unverheirateten Teenager-Mütter, deren Rate europäischen Rekord darstellt. Sie hat sich erhöht von 7,5 Prozent aller Familien 1971 auf 21 Prozent 1994, obwohl ca. die Hälfte aller Teenager-Schwangerschaften abgebrochen wurde. Dies hat, angeheizt von den Medien, zu Feindseligkeit in der Öffentlichkeit geführt, da die Mehrzahl dieser Mütter aus der so genannten »Unterklasse« stammt und mit ihren Kindern in Armut lebt (definiert als Einkommen 60 Prozent unter dem nationalen Durchschnitt), sodass die Sozialhilfe einspringen muss. Die Boulevardpresse hat für diese jungen Mütter den abfälligen Begriff *pramfaces* (Kinderwagengesichter) geprägt. Vielfältige Gründe werden diskutiert. Während meistens fehlende Sexualaufklärung in der Schule, mangelnde Reife und Sorglosigkeit angeführt werden, zeigt die Kulturwissenschaftlerin Angela McRobbie Verständnis: Gerade bei einer Schicht, die schlechte bis gar keine Berufsaussichten habe, sei der Wunsch, dem Leben durch Kinder einen Sinn zu geben, verständlich.[10] *New Labour* versucht offensichtlich, durch finanzielle Maßnahmen erzieherisch zu wirken. Nach ihrem Regierungsantritt wurde das Kindergeld (*child benefit*), das direkt an die Mütter ausgezahlt wurde, ersetzt durch eine Steuerermäßigung für Eltern, von der Sozialhilfeempfänger natürlich nicht profitieren. Außerdem wurde 1998 ein Arbeitsbeschaffungsprogramm für junge, allein erziehende Eltern aufgelegt (*New Deal for Lone Parents*), das zur Eingliederung in den Arbeitsmarkt anregen soll. Im Jahre 2002 hatten auf diesem Wege 175 600 Alleinerziehende einen Job angenommen. Allerdings sagt die Statistik nichts über die Dauer der Beschäftigung.

2. Homosexualität

In den Kontext der sexuellen Befreiung gehört auch die rechtliche und gesellschaftliche Gleichstellung der männlichen und weiblichen Homosexuellen, zu denen sich in Großbritannien ungefähr acht bis zehn Prozent der Bevölkerung rechnen. Männliche Homosexualität hatte bis in die 1960er Jahre immer unter Strafe gestanden, bis 1861 sogar unter der Todesstrafe. Weibliche Homosexualität dagegen wurde nicht verfolgt, weil sie offiziell als nicht vorhanden galt.[11] Umdenken in Sexologie und Psychologie führte allmählich zu der Einsicht, dass gleichgeschlechtliche Neigungen weder ein widernatürliches Gebaren noch soziales Fehlverhalten oder eine Krankheit sind, sondern Teil der Persönlichkeit. So war in den 1960er Jahren die Zeit reif für ein weiteres liberalisierendes Gesetz der *Labour*-Regierung, den *Sexual Offences Act* von 1967. Er schaffte – ein Jahr früher als in der DDR und ganze sechs Jahre vor der BRD – die juristische Bestrafung männlicher Homosexualität ab, allerdings mit einer ganzen Reihe von Einschränkungen, die erst durch ein Gesetz von 2003 beseitigt wurden.

Den Boden für die gesellschaftliche Akzeptanz bereitete vor allem die 1970 nach amerikanischem Vorbild gegründete *Gay Liberation Front*. Sie propagierte Offenheit nach außen und Solidarität untereinander und war damit maßgeblich an der Verwandlung einer diskreten Subkultur in eine sich selbstbewusst nach außen darstellende Bewegung beteiligt. Der Ausbruch von AIDS in den 1980er Jahren bremste allerdings vorübergehend die fortschreitende Akzeptanz wieder, da er alten Vorurteilen neue Macht verlieh. Lesbentum dagegen wurde nicht nur immer selbstbewusster zur Schau getragen, sondern von einem kleinen, radikalen Teil der Frauenbewegung sogar als Quintessenz der Weiblichkeit idealisiert und als die einzige Möglichkeit, sich dem Patriarchat ganz zu entziehen. Heute gilt schwul oder lesbisch sein der Mehrheit der Briten als normale Variante sexueller Orientierung. Dazu hat vermutlich nicht zuletzt die Populärkultur beigetragen mit beliebten Seifenopern, die unter Schwulen spielen wie z. B. *Queer as Folk,* und einzelnen homosexuellen Figuren in beliebten anderen Serien wie z. B. in *East Enders, Coronation Street* und *Little Britain*. Mit der Senkung des Zustimmungsalters auf 16 Jahre, dasselbe, das für Heterosexuelle gilt, wurde 2000 ein weiterer Schritt zur rechtlichen Gleichstellung der Homosexuellen getan. Ein weiteres Gesetz ist geplant, das – wie in Deutschland seit 2001 – »registrierte Partnerschaften« unter Schwulen und Lesben legalisiert und ihnen gleiche Rechte wie heterosexuellen Ehepaaren bei der Alters- und Sozialversorgung und beim Besitz einräumt, allerdings noch nicht das Adoptionsrecht.

3. Gewalt in den Geschlechterbeziehungen

Ein weiteres zentrales Anliegen der Frauenbewegung war der Kampf gegen Gewalt in den Geschlechterbeziehungen. Er begann 1971 mit Erin Pizzeys erstem Frauenhaus in Chiswick. Dieses *Women's Aid Centre*, eine Zuflucht für geprügelte Frauen und ihre Kinder, wurde nicht nur Vorbild für heute 126 solche Einrichtungen im Land, sondern für unzählige überall in der Welt. 2004 wurde auch ein erstes Männerhaus eröffnet, da inzwischen auch Gewalt gegen Männer in der Ehe als Problem erkannt ist. Schwieriger gestaltete sich der Kampf für eine gesetzliche Verfolgung derartiger Delikte. Es wurde zwar ein Gesetz erlassen, der *Domestic Violence and Matrimonial Proceedings Act (1976),* doch erwiesen sich die heikle Beweisführung und Vorurteile der Justiz als Hindernisse für wirksame Verurteilungen. Ähnlich unbefriedigend ist bis heute – nicht nur in Großbritannien – die gerichtliche Ahndung von Vergewaltigungen trotz der Verabschiedung eines Gesetzes 1999 (*Sexual Offences Amendment Act*), das die Verhöre für die Opfer weniger traumatisch machen soll. Vergewaltigung in der Ehe ist überhaupt erst seit 1990 ein Delikt. Ein neuer *Sexual Offences Act* von 2003 hat vor allem die Bestrafung für den Missbrauch Minderjähriger verschärft und auf der anderen Seite die Einschränkungen für Homosexuelle reduziert.

IV. Frauen im öffentlichen Leben

1. Bildung und Ausbildung

Wie erwähnt, stand der Kampf um gleiche Bildungschancen am Anfang der Ersten Frauenbewegung. Er wurde von der Zweiten Frauenbewegung wieder zum Ziel erhoben, obwohl im Laufe der ersten Hälfte des 20. Jahrhunderts die rechtlichen Voraussetzungen dafür zumindest an den Schulen bereits geschaffen worden waren. Schon vor dem Zweiten Weltkrieg besuchten annähernd gleich viele Mädchen wie Jungen die staatlichen Gymnasien, wenn auch der Frauenanteil an den 69 000 Studierenden von 1938 erst ca. 25 Prozent betrug. Das änderte sich mit der Welle der Universitäts-Neugründungen und dem Ideologiewandel in den 1960er Jahren.

Inzwischen schneiden die Mädchen bei den Schulexamen besser ab als die Jungen, obwohl sich in jüngster Zeit der Abstand wieder etwas verringert hat. Beide Geschlechter haben unter der Blair-Regierung ihre Leistungen steigern können, d. h. jedes Jahr nahmen mehr junge Leute an den Abschlussexamina teil und immer mehr erzielten gute Noten. Im Jahre 2004 schrieben sich 5,8 Millionen Jungen und Mädchen für das GCSE-Examen (*General Certificate of Secondary Education;* enspricht unserer Mittleren Reife) ein, und 97,6 Prozent bestanden es auch.[12] Mehr Mädchen erzielten die Bestnote A auf einer Skala bis G, nämlich 6,5 Prozent, gegenüber 4,6 Prozent der Jungen. 13,5 Prozent der Mädchen, aber nur 10,1 Prozent der Jungen erreichten ein B. Auch bei den einzelnen Ethnien schneiden Mädchen besser ab. Ihr Anteil an den besten Kandidaten bei den GCSE-Examen ist allerdings sehr unterschiedlich. Die besten Leistungen erzielen Kinder chinesischer Herkunft, gefolgt von indisch-britischen, vermutlich eine Folge des traditionell hohen Stellenwerts der Bildung in ihren Heimatkulturen. So überrascht es nicht, dass Mädchen chinesischer Herkunft alle anderen überflügeln mit 90 Prozent Bestnoten. Bei den Schwarzen ist der Geschlechterunterschied besonders markiert. Während unter den Jungen karibischer Herkunft nur 25 Prozent beste Noten erreichten, waren es unter den schwarzen Mädchen 40 Prozent, die damit bessere Ergebnisse erzielten als weiße Jungen. Als ein wichtiger Grund, warum Jungen allgemein hinter die Mädchen zurückgefallen sind, wird von einigen Experten die so genannte »*lad culture*« (ungefähr: eine Macho-Straßenkultur) vermutet, die von der Schule ablenkt (dazu mehr im letzten Abschnitt). Auch bei den *a-level*-Examen (unserem Abitur vergleichbar) liegen die Mädchen vorn. 40 Prozent des Jahrgangs nahmen 2004 teil, und 96 Prozent bestanden, wovon 69 Prozent Noten von A bis C erreichten. 23,7 Prozent der Mädchen erzielten A-Noten gegenüber 21 Prozent der Jungen.

Mittlerweile streben auch mehr junge Frauen als Männer an die Universitäten: 2003 waren es 46,7 Prozent der Schulabgängerinnen mit entsprechend guten *a-levels*, nämlich 1,3 Millionen, aber nur 40,4 Prozent der jungen Männer, die 1 Million ausmachten. Frauen stellen heute 56 Prozent der Studierenden. Auch bei den Universitätsabschlüssen schneiden Frauen besser ab: 61 Prozent von ihnen erzielten Bestnoten (*first-class* und *upper-second-class degrees*) gegenüber 54 Prozent der männlichen Absolventen. Man sollte meinen, dass so gute Schul- und Universitätsergebnisse automatisch auch zu besseren Berufsaussichten führen, aber so einfach ist es nicht.

2. Berufstätigkeit

Gleiche Berufschancen waren ebenfalls ein erklärtes Ziel des Ersten Frauen-
kongresses, und die *Labour*-Regierungen der 1970er Jahre versuchten, durch
zwei Gesetze die Voraussetzungen dafür zu schaffen: den *Equal Pay Act* von
1970 und den *Sex Discrimination Act* von 1976. Damit sollten gleicher Lohn
für gleiche Arbeit und gleiche Einstellungschancen durchgesetzt werden.
Die neu eingerichtete *Equal Opportunity Commission* (EOC)[13], der *Advisory,
Conciliation and Arbitration Service* (ACAS, eine Beratungs- und Vermittlungs-
behörde) und letztlich die Gerichte sollten über die Realisierung wachen.
Das waren wichtige Schritte, doch konnte die Gleichstellung auf dem Arbeitsmarkt bis heute nicht vollständig erreicht werden.

In Großbritannien sind 69 Prozent aller Frauen im erwerbsfähigen Alter
berufstätig (höher ist der Anteil nur in den USA und in den skandinavischen
Ländern). Bei den weißen Frauen sind es 71, bei den Frauen mit karibischer,
indischer und pakistanischer Herkunft 65, 55 und 24 und bei Frauen aus
Bangladesh 17 Prozent. Frauen machen mit 46 Prozent heute fast die Hälfte
aller britischen Beschäftigten aus.[14] Die gestiegene Beschäftigungsrate von
Frauen in den letzten Jahrzehnten war das Ergebnis einer Vielzahl von »*push
and pull*«-Faktoren. Auf der gesellschaftlichen Seite waren es ein hohes Job-
angebot (die Arbeitslosenquote liegt bei nur vier Prozent) und der Wandel
von einer Industrie- in eine Service-Gesellschaft, der eine Feminisierung der
Arbeitswelt bedeutete. Auf der privaten Seite waren es so diverse Faktoren
wie die wachsende Zahl allein lebender Frauen, hohe Lebenshaltungskosten und veränderte Einstellungen, z. B. die gewachsene Unpopularität des
Hausfrauendaseins und der Wunsch, sich im Beruf zu verwirklichen.

Der »Karriere-Sexismus« ist freilich noch nicht überwunden, d. h. Männer und Frauen sind noch immer traditionsgemäß in bestimmten Berufs-
sparten konzentriert, die unterschiedlich gut honoriert werden. Überwiegend Männer arbeiten z. B. im Bauwesen, in der Energiewirtschaft und im
produzierenden Gewerbe (90, 77 und 75 Prozent), Frauen dagegen in den
schlechter bezahlten Bereichen Einzelhandel, Gesundheit und Soziales, Bü-
roarbeit und Erziehung (69, 80 und 72 Prozent). Der Volksmund hat daraus
die »fünf Cs« gemacht: *cleaning, catering, caring, cashiering, clerical work* (putzen,
bedienen, versorgen, kassieren, im Büro arbeiten). Das ohnehin geringe Einkommen der Frauen in diesen Sparten ist noch weiter dadurch geschmälert,
dass 44 Prozent von ihnen (aber nur 11 Prozent ihrer männlichen Kollegen)
Teilzeitarbeit haben. Das entspringt zwar zum Teil dem Wunsch, Berufstätigkeit und Familienpflichten in Einklang zu bringen, wird aber besonders
schlecht bezahlt: 50 Prozent verdienen weniger als fünf Pfund in der Stunde.

Erhalten Frauen in Vollzeitbeschäftigung im Durchschnitt noch immer 18 Prozent weniger Lohn als Männer, so sind es bei Frauen mit Teilzeitbeschäftigung gar nur 40 Prozent des Stundenlohns, den ein Mann mit Vollzeitjob bekommt – ein gravierender Unterschied.

Lange war die Ehe das entscheidende Kriterium für die Entscheidung, ob eine Frau arbeiten ging oder nicht. Vom Ende des 19. Jahrhunderts bis in die 1930er Jahre war der Anteil der arbeitenden Ehefrauen infolge der Ausbreitung des Mittelklasse-Modells der Rollenteilung sehr gering. 1939 blieben neun von zehn Ehefrauen ganz zu Hause. Das hat sich völlig geändert. Heute ist es für die meisten verheirateten Frauen selbstverständlich, weiter zu arbeiten. Eine Entscheidungssituation kommt erst mit der Mutterschaft, aber auch da liegt die Rate der positiven Entscheidungen hoch: 52 Prozent der Mütter mit Kindern unter fünf Jahren arbeiten, 65 Prozent davon Teilzeit. Laut einer Studie der EOC machten nur ein Zehntel der Frauen, die 2001 entbunden hatten, vom gesetzlich möglichen Elternurlaub Gebrauch, der mit 18 Monate der kürzeste in Europa ist. Man sieht daran, dass Frauenarbeit zu einem wichtigen Charakteristikum der britischen Gegenwartskultur geworden ist, gleichermaßen – wenn auch aus verschiedenen Motiven – gewollt von den Betroffenen wie von der Politik.

Dennoch gibt es Unterschiede, z.B. Klassenunterschiede. Besonders hoch ist der Anteil der arbeitenden Mütter bei den höher qualifizierten: Sie fürchten einen Rückschlag in der Karriere, wenn sie aussetzen. Im Jahre 2000 arbeiteten 73 Prozent der Mütter von Kindern unter 13 Jahren, die einen akademischem Abschluss hatten. Dagegen ist gerade unter den Müttern mit schlechtem Schulabschluss der Anteil derer, die nicht arbeiten, mit 85 Prozent besonders hoch: Sie sind die Zielgruppe des *New Deal for Lone Parents*. Als Gründe lassen sich vermuten: die mangelnde Attraktivität entfremdeter Arbeit, zu geringer Verdienst und die Schwierigkeit, Kinderbetreuung zu finanzieren. Die vom Ersten Frauenkongress geforderte kostenlose Rund-um-die-Uhr-Kinderbetreuung konnte nämlich noch nicht verwirklicht werden. Immerhin hat *New Labour* 1998 ein ehrgeiziges Projekt gestartet, die *National Childcare Strategy,* in die bisher eine Billion Pfund Lottogelder und Steuern investiert worden sind. 1998 wurden Vorschulplätze für alle Vierjährigen geschaffen, 2004 für alle Dreijährigen. Insgesamt stehen heute für 31,5 Prozent der Kinder unter acht Jahren Betreuungsplätze zur Verfügung.

Und wie sieht es mit den Karrierechancen aus? Optimistisch sprach kürzlich John Carvel im *Guardian* von »Cracks in the glass ceiling«.[15] Es gibt noch immer ganze Bereiche, in denen Frauen in Entscheidungs- und Leitungspositionen stark unterrepräsentiert sind. Nur 8,3 Prozent der höheren Richter und Polizeibeamten sind Frauen, 9 Prozent der Universitätsprofessoren, 9,1 Prozent der Chefredakteure nationaler Zeitungen und 1 Prozent der Führungskräfte in der Armee.[16] Obwohl auch nur 9,7 Prozent der einflussreichsten Manager Frauen sind, ist es doch die Wirtschaft, die am wenigsten Vorurteile hat, die Talente intelligenter Frauen zu nutzen. Der Anteil der weiblichen Abteilungsleiter in großen Firmen ist zwischen 2000 und 2004 von 20 auf 25 Prozent gestiegen, und sie verdienen nach John Carvels Recherche sogar besser als ihre männlichen Kollegen. Im ganzen ist die Zahl weiblicher Manager in den letzten 30 Jahren beachtlich gestiegen. Betrug ihr Anteil 1974 nur 2 Prozent, lag er 2004 bei 31,1 Prozent. Allerdings gilt das nicht für die allergrößten Konzerne: 33 der 105 größten Firmen haben keine einzige weibliche Direktorin. Noch in einem anderen Bereich machen Frauen unerwartete Fortschritte: beim Geldbesitz. Höhere Verdienste durch bessere Bildung, dazu Erbschaften und Scheidungszusagen haben dazu geführt, dass das Vermögen von Frauen gewachsen ist. Wenn man einer Studie der Investic Private Bank glauben darf, stellen Frauen zurzeit 25 Prozent mehr Millionäre, und 360 000 Frauen besitzen eine halbe Million Pfund und darüber.[17] Allerdings sollte man die große Zahl armer Frauen nicht vergessen, vor allem allein erziehender Mütter und Rentnerinnen, die häufig von drei Pfund pro Tag leben müssen.[18]

2. Frauen in der Politik

Obwohl Frauen seit 1928 das uneingeschränkte aktive und passive Wahlrecht besitzen, sind sie noch immer nicht in den politischen Entscheidungsgremien angemessen vertreten. Stellvertretend soll hier ihre Repräsentanz auf der höchsten Ebene, in der nationalen Politik, betrachtet werden. Ein Blick auf die Frauenpolitik der beiden großen Parteien mag den gegenwärtigen Zustand verständlicher machen.

Obwohl Großbritannien mit Margaret Thatcher eine der energischsten Regierungschefinnen des 20. Jahrhunderts hatte, betrieben weder sie, wie erwähnt, noch die Konservative Partei bisher systematische Frauenförderung. In ihrem Kabinett gab es – bis auf eine kurze Phase – keine einzige Frau, und der Anteil der weiblichen Abgeordneten im Unterhaus lag nach ihrem ersten Wahlsieg 1979 bei mageren 19 von 635. Auch bei den folgenden Wahlen stieg er nur langsam auf 23 im Jahr 1982, 41 im Jahr 1987 und 60 im Jahr 1992 (davon 37 Labourabgeordnete). Im Gegensatz zu den Konservativen begann die Labour Party 1993 mit einem gezielten Frauenförderprogramm: In besonders sicheren Wahlkreisen wurden reine Frauenlisten aufgestellt.[19] Auf diese Weise zogen 1997 bei Blairs Erdrutschsieg 101 Frauen für Labour ins Unterhaus, die schnell den Spitznamen *»Blair Babes«* erhielten. Hinzu kamen noch einige Frauen aus den anderen Parteien, so dass die Zahl der weiblichen Abgeordneten auf 120 stieg und sich damit auf einen Schlag verdoppelte. Inzwischen ist die Zahl auf 128 gestiegen, was noch immer nicht sehr viel im internationalen Vergleich ist. Das Parlament in Schottland und die Nationalversammlung in Wales geben sich progressiver und streben einen Frauenanteil von 50 Prozent an. In Wales ist dieses Ziel bereits verwirklicht, in Schottland sind 39,5 Prozent erreicht. Nur in Nordirland liegt der Frauenanteil mit 13 Prozent noch unter dem von Westminster. Tony Blair hat von Anfang an auch gezielt Frauen in sein Kabinett berufen, 1997 waren es fünf, inzwischen sind es sieben von 25 Ministern. Allerdings wurde keiner von ihnen eines der finanzintensiven Ressorts anvertraut; die meisten von Frauen besetzten Posten haben mit klassischen Frauenaufgaben wie Erziehung, Ernährung, Kultur zu tun.

Auch im Oberhaus, in dem Frauen überhaupt erst seit 1958 zugelassen sind, wächst der Frauenanteil, besonders seit Abschaffung der erblichen Sitze, die nur Männern zufielen. Es wirkt fast wie ein Symbol des Ziels von *New Labour*, mehr Frauen und mehr ethnische Minderheiten in die Politik einzubeziehen, dass zurzeit Baroness Amos, eine schwarze Britin, geboren in Guyana und Entwicklungshilfeministerin im Kabinett von 2001, Vorsitzende des Oberhauses ist. Das Unterhaus hatte seine erste Vorsitzende bereits 1992 mit der *Labour*-Abgeordneten Betty Boothroyd.

Das Staatsoberhaupt ist zwar eine Frau, doch hat auch Elizabeth II. sich in ihrer langen Regierungszeit nicht gerade erkennbar für die Förderung der Gleichberechtigung engagiert. Dennoch trug die Königin, deren Public Relations-Berater schon mehrfach ein feines Gespür für aktuelle Trends bewiesen haben, kürzlich der steigenden Bedeutung von Frauen im öffentlichen Leben mit einer symbolischen Geste Rechnung. Am 11. März 2004 lud sie 180 der verdienstvollsten Frauen aus allen Bereichen von Mode und Medien bis Politik und Wissenschaft zu einem von den Medien stark beachteten Frauenlunch in den Buckingham-Palast.

Bevor Frauen stärker in die offizielle Politik integriert wurden, haben sie sich – in der Tradition der Suffragetten – außerparlamentarisch engagiert. Herausragend war vor allem ihr pazifistischer Einsatz, in den 1950er Jahren für die CND, in den 1970ern bei den *Northern Irish Peace People* für Frieden in der Bürgerkriegsregion, später in den 1980er Jahren gegen die Stationierung amerikanischer Atomraketen. Besonders in Erinnerung geblieben sind die medienwirksamen Protestaktionen (Tanz auf dem Silo, Menschenkette um die Militärbasis) der Frauen unterschiedlichster politischer Herkunft, die von 1981 bis 1991 kontinuierlich ein Friedenslager rund um die Militärbasis Greenham Common unterhielten, in der Atomraketen gelagert waren.

Eine weitere spontane Frauenbewegung entstand während des Bergarbeiterstreiks von 1984/85, als viele Frauen aus den Bergarbeiterfamilien unter dem Slogan *Women against pit-closures* ihre Männer im Kampf gegen geplante massenhafte Zechenschließungen durch die Thatcherregierung unterstützten.

3. Frauen im Kulturbetrieb

Das Feld der Kultur im engeren Sinn ist so weit, dass hier nur Schlaglichter möglich sind. Die neue Frauenbewegung hat zunächst die akademische Welt verändert. Die Betrachtung von Gender-Aspekten wurde vor allem in den Geistes- und Sozialwissenschaften eingeführt, und es kam sogar zur Gründung von eigenen Instituten für Frauen- und *Gender-Studies* mit entsprechenden Professuren. Die großen akademischen Verlage wie z. B. Oxford University Press, Cambridge University Press und Routledge richteten Reihen zu Gender-Themen ein, in denen bis heute eine unübersehbare Fülle von Titeln erschienen ist. Dominierten anfangs Untersuchungen zu Geschichte und Literatur der Frauen, folgte eine breite und vielfältige Theoriedebatte, besonders in der Soziologie, in den Literatur-, Kultur- und Medienwissenschaften. Eine Fülle von Zeitschriften zu Gender-Fragen boten zusätzliche Foren, z. B. *Women's History Review, The Feminist Review, Journal of Gender Studies.*

Das gesteigerte Bewusstsein für Gender-Fragen und die veränderte Position von Frauen spiegelten sich auch in den Künsten und auf dem Kulturmarkt. Der Roman bot Frauen schon seit seinen Anfängen im 18. Jahrhundert Chancen, da er im häuslichen Rahmen sowohl geschrieben wie rezipiert werden konnte. Während männliche Autoren große Gesellschaftspanoramen präsentierten, setzten Autorinnen von Jane Austen über die Brontë-Schwestern und George Elliot bis zu den »Neuen Frauen« wie George Egerton und Sarah Grand sich meist mit den Belangen von Frauen auseinander, d. h. mit Themen wie Liebe, Ehe, Mutterschaft mit der eingeschränkten Position von Frauen in der Gesellschaft. Der Modernismus zu Beginn des 20. Jahrhunderts mit seiner Hinwendung zu individuellen psychischen Welten kam der traditionellen weiblichen Aufmerksamkeit für Gefühle entgegen, und so ist es nicht verwunderlich, dass Autorinnen wie Virginia Woolf und Dorothy Richardson entscheidend zur Ausarbeitung einer neuen Technik zur Wiedergabe innerer Vorgänge, dem Bewusstseinsstrom (*stream of consciousness*), beitrugen. Seit den 1960er Jahren hat eine

Vielzahl von Schriftstellerinnen, meist akademisch gebildet, die Einsichten postmoderner Philosophie und feministischer Theorien zum Teil ernsthaft, meist aber eher spielerisch in fantasievolle Erzähltexte umgesetzt, in denen neue Möglichkeiten weiblichen Seins versucht werden.[20] Zur Blüte dieser frauenorientierten Literatur in den 1960er und 1970er Jahren gehörte auch die Gründung spezieller Frauenverlage wie z. B. Virago, Pandora und The Women's Press., die inzwischen meist von großen Konzernen aufgekauft worden sind. Auch viele der damals eröffneten Frauenbuchläden gibt es nicht mehr.

In der Lyrik gelang Frauen relativ spät der Durchbruch zur Prominenz. Abgesehen von herausragenden Einzelgestalten wie Christina Rossetti und Elizabeth Barrett Browning im 19. Jahrhundert galt Lyrik mit ihrem strengen Formanspruch als männliche Domäne, auch wenn natürlich schon immer auch Frauen Gedichte geschrieben haben. Selbst in den Jahrzehnten nach dem Zweiten Weltkrieg war die Lyrikszene noch beherrscht von großen männlichen Figuren wie Philip Larkin oder Ted Hughes mit der einen Ausnahme Sylvia Plath, die durch ihr persönliches Schicksal fast noch berühmter wurde als durch ihr Werk. Erst die stärkere Popularisierung und Medialisierung des Lyrikmarktes in den 1990er Jahren mit Aktionen wie dem Plakatieren von Gedichten in der Londoner U-Bahn (*Poetry on the Underground*) oder Lesungen in Supermärkten und an anderen öffentlichen Orten (*Poetry Places Scheme*) hat auch für Frauen ein Forum geschaffen, auf dem sie stärker wahrgenommen werden. Heute behandeln Lyrikerinnen ein Themenspektrum, das weit über spezielle »Frauenbelange« hinaus reicht, beherrschen eine große Formenvielfalt und haben die gleichen – guten oder schlechten – Aussichten auf Ruhm wie Männer: Wendy Cope und Carol Ann Duffy sind genauso bekannt wie Simon Armitage oder Paul Muldoon.[21]

Je mehr Institutionen involviert sind in die Vermittlung weiblicher künstlerischer Produktionen, desto schwieriger ist es für Frauen auch heute noch, sich durchzusetzen. So fällt auf, dass es nur wenige Dramatikerinnen gibt, deren Werke von den großen Theatern im In- und Ausland gespielt werden. Zu diesen Ausnahmen gehören Sarah Kane, Caryl Churchill und Timberlake Wertenbaker, in deren Stücken es um die Themen Herrschaft und Gewalt am Beispiel von Frauenschicksalen geht. Dabei war im Zuge der Zweiten Frauenbewegung eine äußerst lebendige und vielfältige Theaterszene weiblicher Gruppen entstanden, die jedoch auf Straßen- und *Fringe*-Theater als Spielstätten angewiesen blieben. Das etablierte männlich dominierte kommerzielle Theater lehnte die stark ideologischen, feministisch und sozialistisch orientierten, dazu oft körperbetonten Stücke ab.

Große Schwierigkeiten haben auch Filmregisseurinnen, obwohl es Erfolgsgeschichten gibt wie die der in Indien geborenen Gurinder Chadha, der mit *Kick It Like Beckham* 2003 ein internationaler Erfolg gelang. Der Anteil an Regisseurinnen ist in Großbritannien im internationalen Vergleich besonders gering: Nur neun von 300 im Jahre 2002 gedrehten Filme wurden von Frauen gemacht. Seit kurzem gibt es einige Initiativen zur gezielten Förderung weiblicher Talente wie z. B. das von Rachel Millward 2005 gestartete Frauen-Film-Festival mit Namen *Birds Eye View*, bei dem junge Regisseurinnen sich mit kurzen Filmen vorstellen können.

Auf dem Kunstmarkt haben Frauen ebenfalls relativ schlechte Chancen. Schon in der Vergangenheit gelangten nur wenige Künstlerinnen zu Bekanntheit wie Angelica Kaufmann im 18. Jahrhundert, Gwen John sowie Dora Carrington und Vanessa Bell im frühen 20. Jahrhundert. Auch heute haben es nur vereinzelte britische Künstlerinnen zu Ruhm und beträchtlichem Einkommen gebracht, obwohl an den Kunstschulen genauso viele junge Frauen wie Männer studieren. Es ist signifikant, dass unter den bisher 21 Gewinnern des angesehensten britischen Kunstpreises, des Turner-Preises, nur zwei Frauen waren. Zu den Künstlerinnen, die dem Markt zu gefallen wissen, zählen neben Paula Rego, die einen magischen Realismus vertritt, und die Turner-Preis-Trägerin Rachel Whiteread mit ihren suggestiven Abgussformen von Hohlräumen vor allem Tracy Emin und Sarah Lucas. Ihre zur Schau gestellten sexuell suggestiven (Emins Bett und Lucas' Matratzeninstallation sind Legende geworden) stellen weibliche Varianten der äußerst erfolgreichen Sensationskunst der New British Artists der 1980er und 1990er Jahre dar. Interessant ist, dass es unter der wachsenden Zahl asiatisch- und schwarz-britischer Künstler relativ viele Frauen gibt, die sich fantasievoll vor allem mit Identitätsthemen beschäftigen, besonders gern im Medium der Fotografie, so Sonya Boyce, Ingrid Pollard, Joy Gregory und Chila Kumari Burman.

V. Der gegenwärtige Stand der Gender-Debatte

Wie die Betrachtung der einzelnen Facetten des Gender-Themas gezeigt hat, ist die Gleichberechtigung von Männern und Frauen in Großbritannien zwar erheblich vorangetrieben worden, aber noch keineswegs erreicht. So ist es kein Wunder, dass die britische Frauenbewegung seit kurzem wieder neuen Auftrieb erhalten hat, nachdem in den 1990er Jahren die Töchter der Feministinnen gemeint hatten, das Wichtigste sei schon erreicht und den Rest würde ihre »Mädchenmacht« (*girlie power*) schon richten, worunter eine

Mischung aus Selbstvertrauen und dem Einsatz weiblicher Waffen verstanden wird. Natasha Walter ist eine der führenden Vertreterinnen des so genannten »Neuen Feminismus«. In ihrem Buch *The New Feminism* von 1998 hebt sie hervor, wie widersprüchlich die Ergebnisse der Frauenemanzipation sind: »Women are unequal: their voices are drowned out in the corridors of power; they earn on average half as much as men; they are more likely to live in poverty than man do. But individual women are also feeling powerful. They are freer than ever before, and they are using that freedom to gain a hold in the workplace, to live their lives as they want and to look with optimism to the future.«[22] Walter fordert eine Abkehr von den Theoriedebatten und eine Rückkehr zum Kampf um konkrete ökonomische Ziele wie gleichen Lohn und mehr Führungspositionen für Frauen. »Above all,« schreibt sie, »the new feminism is material.«[23] Ähnliche Positionen vertreten auch die Beiträgerinnen zu einem von der feministischen Soziologin Sylvia Walby vorgelegten Sammelband *New Agendas for Women* (1999).

Natürlich hat die feministische Debatte über neue Frauenrollen als Gegenreaktion auch Debatten über neue Männerrollen ausgelöst. In den *Gender-Studies* war viel die Rede vom »neuen Mann«, der den alten sexistischen Macho und Patriarchen ablösen sollte: ein fürsorglicher, seine Gefühle zulassender Mann. In der Praxis blieb dieser Typ allerdings eine kleine Minderheit und auf die gebildete Mittelschicht beschränkt. Noch immer erledigen die Frauen auch bei voller Berufstätigkeit den größten Teil von Hausarbeit und Kinderpflege, weshalb ihnen nur 13,5 Stunden Freizeit in der Woche bleiben im Gegensatz zu den 46 Stunden der Männer. Nur 23 Prozent der Männer übernehmen wenigstens den Abwasch.[24] Stattdessen ist ein neuer Prototyp aufgetaucht, mindestens in den Medien: der »*new lad*«, eine Art Gegenstück zum »*girlie*«. Der Begriff knüpft an den »*old lad*« früherer Zeiten an, einen seiner Maskulinität, besonders seiner physischen Kraft und sexuellen Potenz sicheren jungen Mannes.

In der Arbeiterschicht ist das Leitbild des »*lad*« besonders gut angekommen. Hier dient es zur Kompensation echter Probleme, nämlich des Verlusts von Millionen von Jobs in der Schwer- und verarbeitenden Industrie, die traditionell zu Identitätsbildung beitrugen. Die Servicegesellschaft kann aufgrund ihrer schlechten Schulerfolge vielen keinen Ausgleich bieten. Etliche junge Männer aus der Arbeiterschicht kompensieren ihre Frustration durch »*laddish behaviour*«, das leicht in »*loutish behaviour*« (rüpelhaftes Benehmen) umschlägt: männliches Imponiergehabe, das besonders gern in der Gruppe zur Schau gestellt wird und schnell die Grenze zu physischer Gewalt überschreitet. Inzwischen beschäftigt sich die Soziologie intensiv mit den Problemen dieser Teilgruppe der männlichen Bevölkerung.[25] Sie sind auch die

291

Hauptzielgruppe des *New Deal*-Programm für 18- bis 24-Jährige, das die Blair-Regierung 1998 startete.

Wie eingangs gesagt, gibt es seit kurzem besonders in Großbritannien ein neues Interesse an den echten und gespielten »Intersexuellen«. Vermutlich hat die postmoderne Vorstellung von der Wandelbarkeit der Identität das alte Interesse an solchen Geschlechterpositionen intensiviert, die nicht binär fixiert sind, sondern einen Wechsel zulassen. Den Betroffenen selbst lag allerdings seit den 1960er Jahren zunächst am Herzen, ihre gesellschaftliche Anerkennung durch Gründung von Interessengruppen nach amerikanischem Vorbild durchzusetzen. Die Medienwelt dagegen hat vor allem Interesse an der spektakulären Oberfläche, was wiederum von einigen Prominenten gern zu Publicity-Zwecken ausgenutzt wird. Fußballstar David Beckhams Vorliebe für weibliche Modeaccessoires hat seinen Bekanntheitsgrad sicher noch gefördert. Ist Gender also eine Sache freier Wahl geworden? Der Schein trügt. Das Spiel der so genannten »metrosexuellen« Männer mit dem femininen Erscheinungsbild können sich nur prominente Film-, Sport- und Modestars leisten. Frauen wagen die umgekehrte Verkleidung kaum. Unter der heiteren Oberfläche spielerischer Wahl gibt es noch immer massive Ungleichheiten zwischen den Geschlechtern.

Anmerkungen

1   Surya Monro, Gender Politics. Citizenship, Activism and Sexual Diversity, London 2005, S. 194.
2   Amy S. Wharton, The Sociology of Gender. An Introduction to Theory and Research, Malden/USA-Oxford 2005, S. 10.
3   Vgl. Thomas Laqueur, Making Sex. Body and Gender from the Greeks to Freud, Cambridge/Mass. 1990.
4   John Ruskin, Sesame and Lilies, London–New York 1970 (1864).
5   Wegweisend waren die North London Collegiate School (1850) und das Cheltenham Ladies' College (1858). Die ersten Frauencolleges öffneten in Cambridge: Girton (1873, gegründet in Hitchin 1869 von Emily Davies) und Newnham (1876).
6   Martin Pugh, Women and the Women's Movement in Britain, Basingstoke 2000^2 (1992), S. 288.
7   Besonders einflussreich waren die Schriften der Psychoanalytiker Jacques Lacan, Julia Kristeva, Luce Irigaray sowie die Theorien zu Ideologie und Macht von Louis Althusser und Michel Foucault.
8   Die Aufmerksamkeit richtete sich mehr als bisher auf die Unterschiede in den Lebensbedingungen von Frauen, z.B. Frauen in den ehemaligen Kolonien oder in der Diaspora gegenüber Frauen der weißen Mehrheit im UK oder in den USA. Zur Entwicklung der Theoriedebatte vgl. Chris Weedon, Feminism, Theory and Politics of Difference, Oxford-Malden, Mass. 1999.
9   Germaine Greer, The Female Eunuch, London 1999 (1970), S. 111.

10 Angela McRobbie, Teenage Mothers. A New Social State?, in: Angela McRobbie, Feminism and Youth Culture, Basingstoke 2000[2] (1991), S. 159–179.

11 1921 scheiterte ein Gesetzesentwurf zum Verbot weiblicher Homosexualität, weil ein Mitglied des Oberhauses davor warnte, Englands Frauen auf Ideen zu bringen. Vgl. Jeffrey Weeks, Sex, Politics and Society. The Regulation of Sexuality since 1800, London-New York 1997[2] (1981), S. 105.

12 Die Zahlen sind vor allem folgender Website entnommen: www.news.bbc.co.uk/ 1/hi/education/3598812.stm 20. 5. 2005. Die Ergebnisse von 2005 liegen zwar schon vor, sind aber noch nicht vollständig veröffentlicht worden.

13 Die EOC nimmt vielfältige Aufgaben wahr, von der Beratung öffentlicher Stellen und der Regierung bei Gesetzesvorlagen über Kampagnen, Veröffentlichung von wissenschaftlichen Studien bis zur individuellen Hilfestellung.

14 Die Zahlen sind der Broschüre der EOC, Facts about Women & Men in Great Britain 2005, der Website der EOC (www.eoc.org.uk) und der Website www. statistics.gov.uk/genderstatistics entnommen.

15 John Carvel, Cracks in glass ceiling as women managers win pay breakthrough, in: The Guardian vom 15. September 2004, S. 3.

16 Equal Opportunities Commission, Sex and power: who runs Britain?, 2005, Januar 2005.

17 Vgl. Helen Carter, Report finds that women are getting rich faster than men, in: The Guardian vom 19. Juli 2005.

18 Wie schwer es auch für die vielen ist, die vom gesetzlichen Mindestlohn leben, hat die Journalistin Polly Toynbee experimentell ausprobiert und beschrieben in ihrem Buch »Hard Work. Life in Low-Pay Britain«, London 2003.

19 Diese Listen behindern allerdings die Chancen einer anderen benachteiligten Gruppe, die deshalb – erfolglos – protestierte: schwarze Männer.

20 Wichtige Pionierinnen waren Doris Lessing, A.S. Byatt, Angela Carter, Jeannette Winterson, Michèle Roberts. Jüngere Autorinnen dieser Richtung sind Jackie Kay, Ali Smith, Zadie Smith.

21 Einige der Informationen zur Situation von Frauen auf dem Lyrikmarkt verdanke ich einer Dresdner Diss. in Arbeit: Ines Detmers, Muses of Their Own. Die britische Lyrikszene und Inszenierungen lyrischer Subjektivität bei Jackie Kay, Eleanor Brown und Lavinia Greenlaw.

22 Natasha Walter, The New Feminism, London 1998, S. 221.

23 Ebenda, S. 6.

24 Moyra Grant, Feminism: Political Success or Economic Disaster?, in: Lynton Robins/Bill Jones (Hrsg.), Debates in British Politics Today, Manchester-New York 2000, S. 206–217, hier S. 210.

25 Vgl. z.B. Linda McDowell, Redundant Masculinities? Employment Change and White Working Class Youth, Oxford 2003; Mike O'Donnell/Sue Sharpe, Uncertain Masculinities. Youth, Ethnicity and Class in Contemporary Britain, London 2000.

Weiterführende Literatur

Pugh, Martin, Women and the Women's Movement in Britain, 1914-1999, Basingstoke 2000[2] (1992).

Rowbotham, Sheila, A Century of Women. The History of Women in Britain and the United States in the Twentieth Century, Harmondsworth 1999 (1997).

Weedon, Chris, Feminism, Theory and the Politics of Difference, Oxford-Malden, Mass. 1999.

Weeks, Jeffrey, Sex, Politics and Society. The Regulation of Sexuality since 1800, London-New York, 1997 (8. Abdruck der 2. Auflage von 1989) (1981).

Wharton, Amy S., The Sociology of Gender. An Introduction to Theory and Research, Malden, Mass.-Oxford-Carlton, Australia 2005.

Zweiniger-Bargielowska, Ina (Hrsg.), Women in Twentieth Century Britain, Harlow 2001.

Links

www.statistics.gov.uk/focus/gender
www.statistics.gov.uk/focus/ethnicity
www.eoc.org.uk
www.eoc-law.org.uk
www.new.bbc.co.uk
www.ywca.org.uk
www.womenandequalityunit.gov.uk
www.literacytrust.org.uk

IV. Kultur

Emma Wisby

Bildung und Bildungspolitik[1]

I. Einleitung

In England entwickelte sich die Bildungspolitik nach dem Zweiten Weltkrieg auf Basis des 1944 verabschiedeten Bildungsgesetzes, das die Schulpflicht für Kinder im Alter von fünf bis fünfzehn Jahren einführte. Obwohl die Privatschulen, von denen einige zu den renommiertesten Schulen des Landes zählen, ihre starke Stellung halten konnten, wurden dort nur rund sieben Prozent der Schüler unterrichtet. Dieser Anteil hat sich bis heute nicht verändert. Die staatlichen Schulen, die unter der Aufsicht von demokratisch gewählten kommunalen Bildungsbehörden (*Local Education Authority*, LEA) standen, gliederten sich, aufbauend auf den Primarschulen, in ein dreigefächertes System weiterführender Schulen bestehend aus den *secondary modern schools* und den *secondary technical schools* (Realschulen mit einem allgemeinen bzw. technisch orientierten Lehrangebot) sowie den *grammar schools* (Gymnasien). In den 1970er Jahren waren die meisten Schulen jedoch zu allgemein zugänglichen Gesamtschulen mit einem umfassenden Lehrplan umgewandelt worden. Bis zu dieser Zeit gab es einen relativ breiten Konsens zwischen Zentral- und Kommunalregierung sowie der Lehrerschaft über die Bildungspolitik, und die Lehrer hatten ein hohes Maß an Unabhängigkeit. Allerdings entstand damals die Auffassung, dass die LEAs und die Lehrer ihre Autonomie zum Nachteil der Schüler und der Gesellschaft missbrauchten. Die Schulen sollten, wie alle öffentlichen Dienstleister, effizienter und bedarfsorientierter werden, sei es durch mehr marktwirtschaftlichen Wettbewerb und/oder größere zentralstaatliche Kontrolle.

Seit den 1980er Jahren hat die Bildungspolitik diese Elemente verknüpft. Der neue Ansatz hat sich, obwohl das widersprüchlich erscheint, in der Praxis für die staatliche Kontrolle als effektiv erwiesen. So hat beispielsweise die Einführung der freien Schulwahl (*parental choice* bzw. *open enrolment*) einen harten Wettbewerb zwischen den Schulen bewirkt, wobei die Zentralregierung ihre Lenkungsfunktion durch die Vorgabe von Leistungszielen und durch die Kontrolle der Lehrpläne wahrt. Obwohl diese Instrumente von der konservativen Regierung Margaret Thatchers (1979–1990) eingeführt wurden, hat die New Labour-Regierung sowohl den Wettbewerb als auch die zentrale Kontrolle wesentlich ausgebaut. Sie begründete ihre Politik ausdrücklich damit, dass sie ihr Ziel einer größeren sozialen Gerechtigkeit durch eine Modernisierung des öffentlichen Schulsektors erreichen will. Allerdings wird New Labour zunehmend mit den negativen Auswirkungen des Wettbewerbssystems konfrontiert. Zu nennen sind hier insbesondere die Auseinanderentwicklung der Schulen bezüglich der sozialen Herkunft ihrer Schüler sowie – damit verbunden – das Scheitern der Versuche, die Leistungslücke zwischen Schulkindern aus begünstigten und benachteiligten sozialen Schichten zu schließen. Gleichwohl erscheint es momentan unwahrscheinlich, dass diese Probleme eine dauerhafte Abkehr von den marktorientierten Reformen in Gang setzen werden.

II. Die wachsende Anerkennung des Gesamtschulideals: 1944 bis 1979

Nachdem 1902 die Schulpflicht bis zum Alter von elf Jahren eingeführt worden war, verbesserten sich zwar die Bildungsmöglichkeiten, aber die Chancen auf den Besuch weiterführender Schulen, insbesondere über das 14. Lebensjahr hinaus, blieben ungleich verteilt. Erst mit dem Bildungsgesetz von 1944 wurde *landesweit* ein Schulsystem mit Primar- und Sekundarstufe eingerichtet, das die Schulpflicht für Kinder von fünf bis fünfzehn, später sechzehn Jahren vorschrieb. Die 1902 geschaffenen kommunalen Bildungsbehörden (LEA) erhielten nun größere Zuständigkeiten. Die Verantwortung für das Schulsystem wurde in einer »Partnerschaft« zwischen Zentralregierung und kommunalen Verwaltungen sowie – in geringerem Ausmaß – der Lehrerschaft wahrgenommen. Häufig bezeichnete man es als »national system, locally administered«.

Anmeldungen an Grundschulen – für Schulkinder im Alter von fünf bis elf Jahren – waren ausschließlich im jeweiligen Einzugsgebiet möglich. Im Gegensatz dazu wählten die weiterführenden Schulen (elf bis sechzehn bzw. achtzehn Jahre) ihre Schüler aus. Dies beruhte auf der Annahme, dass ein Kind allgemein praktische, technische oder akademische Talente hat. Ein mündlicher Test am Ende der Grundschulzeit bestimmte, welche der weiterführenden Schulen besucht wurde, wobei das Gymnasium mit seiner akademischen Ausrichtung das höchste Ansehen genoss.

Im Laufe der Jahre wurde das dreigliedrige Schulsystem jedoch zunehmend unpopulär, und die Rufe nach gemeinsamer Schulbildung (*comprehensive education*) ertönten immer lauter. Jede Schule sollte nach einem breit gefächerten Lehrplan unterrichten und für eine ausgewogene Mischung an

Schülern sowohl hinsichtlich ihrer intellektuellen Fähigkeiten als auch in Bezug auf ihre soziale Herkunft verantwortlich sein. Für eine längere gemeinsame Schulzeit wurde mit bildungs-, wirtschafts- und sozialpolitischen Argumenten geworben. Aus bildungspolitischer Sicht wurde die Kategorisierung in praktisch und akademisch veranlagte Schüler in Zweifel gezogen und die Entscheidung für einen Schultyp, insbesondere zu einem so frühen Zeitpunkt, in Frage gestellt.[2] Das ökonomische Argument hob hervor, dass von Gesamtschulen ein höherer Bildungserfolg für alle Schüler und damit die Verbesserung ihrer beruflichen Möglichkeiten zu erwarten sei.[3] Die Verfechter sozialpolitischer Motive erhofften sich von der Mischung der Schüler eine Stärkung des gesellschaftlichen Zusammenhalts. In den 1960er Jahren gewannen diese Argumente an Einfluss und die LEAs wurden angehalten, ein Gesamtschulsystem einzuführen sowie die Schüler aus den jeweiligen Schulbezirken aufzunehmen und nicht nach ihren spezifischen Fähigkeiten auszuwählen.

Ursprünglich war die Übernahme des Gesamtschulsystems für die LEAs freiwillig. Der Hauptgrund hierfür war, dass die Schüler der Gymnasien überwiegend der Mittelklasse entstammten und die Regierung den Verlust von Wählerstimmen bei Abschaffung dieser Schulen befürchtete. Tatsächlich zogen Gymnasien weiter die begabteren und besser gestellten Schüler an, so dass an vielen Orten keine Gesamtschulen entstehen konnten.

Zwischen 1974 und 1979 setzte die Labour-Regierung dann die Gesamtschule auf gesetzlichem Wege als Regelfall durch. Die Verpflichtung aller LEAs auf eine einheitliche Struktur für die weiterführenden Schulen stand jedoch in deutlichem Gegensatz zu den Überzeugungen der Konservativen Partei. Als sie 1979 die Macht übernahm, bedeutete der Regierungswechsel denn auch das Ende dieser Politik.

III. Die neoliberale Antwort: 1979 bis 1997

Während der Regierungszeiten Margaret Thatchers (1979–1990) und John Majors (1990–1997) erlebte Großbritannien eine noch nie da gewesene Fülle an Bildungsgesetzen und – weit wichtiger – eine grundlegende Neuausrichtung der Bildungspolitik. Die Betonung lag nunmehr auf Differenzierung und Auswahl, und dies dokumentierte einen deutlichen Wandel hin zu einer marktwirtschaftlichen Auffassung von Bildung.

Angesichts des ökonomischen Abschwungs in den westlichen Industrienationen seit Beginn der 1970er Jahre wuchs in Großbritannien schon allein aus wirtschaftlichen Gründen die Ablehnung eines »aufgeblähten Staates« (*swollen state*), der sich in den Nachkriegsjahren entwickelt hätte. Dies verband sich bei den Konservativen mit der Kritik an der unzureichenden marktwirtschaftlichen Ausrichtung des öffentlichen Dienstes. Im Bildungswesen konzentrierten sich die Einwände auf die Zuteilung von Schulplätzen nach Wohnbezirken durch die LEAs. Wenn die Schulen einen derart abgeschlossenen Markt (mit gesicherten Marktanteilen) hätten, dann gebe es für diese keinen Anreiz, sich innovativ und kunden-, d.h. elternorientiert zu verhalten. Gleichzeitig sahen die Konservativen die LEAs als vom so genannten »Bildungsestablishment« dominiert. Gemeint waren damit vornehmlich die Lehrer und die sie ausbildenden Universitäten. Sie seien linkslastig und würden höchst fragwürdige »progressive« oder »kindorientierte« Lehrmethoden anwenden. Dies habe eine niveaulose Einheitlichkeit des Systems und das Absinken von Bildungsstandards bewirkt. Als Antwort setzten die Konservativen auf eine marktwirtschaftliche Orientierung des Bildungssektors. Die Differenzierung von Schultypen wurde gefördert und die Eltern erhielten größere Möglichkeiten bei der Schulwahl für ihre Kinder. Verknüpft wurde dies mit einer Schulfinanzierung nach Schülerzahl. Gleichzeitig übertrug die Regierung zahlreiche Kompetenzen der LEAs (z.B. Finanzentscheidungen) direkt auf die einzelnen Schulen, was diesen mehr Unabhängigkeit im Umgang mit ihren Kunden verschaffen sollte.

Obwohl die Konservativen die stärkere Elternorientierung propagierten, wollten sie die Kontrolle über die zu erreichenden Ergebnisse der Schulen nicht aus der Hand geben. Um diese Entwicklungen zu verstehen, ist es hilfreich, einen Blick auf allgemeine Trends im Verhältnis von Staat und öffentlichem Sektor zu werfen. Die Kombination aus Vielfalt, Auswahl und Dezentralisierung im Bildungswesen einerseits und dessen größere Verantwortlichkeit gegenüber dem Staat andererseits verweist auf die Entwicklungstendenz liberaler Demokratien, die Andrew Gamble als »freie Wirtschaft« und »starker Staat« bezeichnet hat.[4] Damit verbunden ist die Verteilung von Sozialleistungen durch »Quasi-Märkte«.[5] Dieses System geht einher mit dem Wandel der Koordination des öffentlichen Sektors durch die Regierung hin zu einem Modell, das als »Fernsteuerung« (*steering at a distance*) bezeichnet werden kann. Obwohl Dezentralisierungsprozesse nachgeordneten Einrichtungen eine größere Selbständigkeit einzuräumen scheinen, verbleibt die gesamte strategische Kontrolle beim Staat, da seine Leistungsvorgaben erreicht werden müssen.[6] Dies wird umgesetzt durch eine Reihe von Bewertungskriterien und durch Ranglisten (*league tables*), die in marktorientierten Systemen immer häufiger anzutreffen sind. Sie werden als Beitrag zu besserer Kundeninformation und größerer Verantwortung gegenüber der Öffentlichkeit gerechtfertigt, ermöglichen der Regierung aber gleichzeitig die Überprüfung und Steuerung der Anbieter. Die Ranglisten beeinflussen zudem die Entscheidungen der Nutzer, was wiederum den Druck auf die Anbieter erhöht, die von der Regierung gesetzten Ziele zu erreichen.[7] In Aufnahme dieser Trends beschloss die konservative Regierung einen detaillierten Katalog von Leistungskriterien für den Bildungssektor. Es wurde noch direkter eingegriffen, z. B. durch die Einführung eines landesweit einheitlichen Lehrplans (*National Curriculum*) und daran gekoppelter Beurteilungen aller Schulen, wobei sich diese Entwicklungen ergänzten. Im Folgenden werden die Prozesse der Marktorientierung und Zentralisierung genauer betrachtet.

1. Marktorientierung

Ausgangspunkt der Reformen war im Jahr 1979 die Entscheidung, die LEAs nicht mehr auf ein Gesamtschulsystem zu verpflichten. Eine zentrale Bestimmung des Bildungsgesetzes von 1980 erleichterte den Eltern die Auswahl zwischen verschiedenen von den LEAs getragenen Schulen. Um die Eltern bei ihrer Entscheidung zu unterstützen, wurde den LEAs vorgeschrieben, Informationen über die Schulen und deren Prüfungsergebnisse zu veröffentlichen. Das Gesetz führte zudem einen Förderplan (*Assisted Places Scheme*) ein, der akademisch begabten Kindern aus ärmeren Familien den Besuch privater Eliteschulen durch finanzielle Zuwendungen ermöglichen sollte. Neben der finanziellen und politischen Unterstützung der Privatschulen hatte der Förderplan den weiteren Effekt, dass dem staatlichen Sektor die besonders talentierten Schüler entzogen wurden.[8]

Die ersten wirksamen Beschränkungen der finanziellen Autonomie der LEAs zeigten sich 1984, als die Regierung damit begann, Haushaltsmittel für spezifische Projekte festzulegen. Das Bildungsgesetz von 1986 erhöhte

Tab. 1: Die marktorientierten Reformen der Konservativen, 1979 bis 1997

Maßnahmen	Jahr/e
Förderplan: *Assisted Places Scheme*	1980
Reform der schulischen Verwaltungsgremien	1986
City Technology Colleges	1988
Grant Maintained Schools	1988
Lokales Management der Schulen	1988
Vollständige Freigabe der Schulwahl (*open enrolment*)	1980, 1988
Specialist Schools	1993
Neue Gymnasien (Vorschlag im Weißbuch)	1996

Quelle: Eigene Zusammenstellung.

den Einfluss von Eltern und lokaler Wirtschaft auf die schulischen Verwaltungsgremien auf Kosten der LEAs. Das Gesetz etablierte auch die *City Technology Colleges* (CTC), die zwar zumeist staatlich finanziert wurden (in einigen Fällen gab es eine Teilfinanzierung durch örtliche Unternehmen), aber vollständig außerhalb des Einflusses der LEAs standen.

Der *Education Reform Act* der Konservativen im Jahr 1988 war das umfassendste Gesetz zur Bildungspolitik seit 1944. Es enthielt zahlreiche Maßnahmen, die entscheidende Schritte hin zur Marktorientierung darstellten. Erstens gab das Gesetz den staatlichen Schulen die Möglichkeit, aus der jeweils zuständigen LEA auszutreten (*opt-out*) und die Schule selbstverwaltet und mit direkter Finanzierung durch die Zentralregierung zu führen (*Grant Maintained Schools*). Aber auch für diejenigen Schulen, die sich gegen diese Option entschieden und weiterhin mit ihrer LEA zusammenarbeiteten, gab es Neuerungen: Durch das *Local Management of Schools* (LMS) erhielten sie größere Eigenverantwortung für ihre Budgets und das *day-to-day-management*. Für alle Schulen galt, dass nun mindestens 85 Prozent der Haushaltsmittel der LEAs den Schulen direkt zugewiesen wurden. Noch wichtiger war jedoch, dass nur noch 20 Prozent dieser Zuweisung als Grundfinanzierung gezahlt wurden, während sich die restlichen 80 Prozent nach der Anzahl und dem Alter der Schüler richteten. Besonders einschneidend war die Verknüpfung dieser Pro-Kopf-Finanzierung mit der freien Schulwahl. Nach der ersten Ausweitung der elterlichen Wahlrechte im Jahr 1980 blieben die freigewählten Schulanmeldungen zunächst beschränkt, und die Schulbezirke wurden aufrechterhalten, damit alle Schulen weiterhin bestehen konnten. Die ab 1988 völlig freigegebene Schulwahl beseitigte diese Einschränkungen und erhöhte die Verantwortung der Schulen, genügend Schüler anzuwerben. Die nachfolgende Gesetzgebung förderte neue Schultypen (so genannte *Specialist Schools* für Technik, Sprachen, Kunst und Sport) innerhalb des staatlichen Sektors. Diese Schulen erhielten zusätzliche Mittel für die Spezialisierung und durften einen Teil ihrer Schüler nach Begabung selbst auswählen. Die Summe dieser Maßnahmen beschränkte den Einfluss der LEAs auf ein Minimum und begründete die Anfänge eines Bildungsmarkts. Dennoch hatte die Zentralregierung in der Zwischenzeit ihre Macht mittels verschiedener Maßnahmen ausgebaut.

2. Zentralisierung

Das Gesetz von 1988 führte nicht nur zu einer Beschleunigung der Wettbewerbs- und Marktorientierung, sondern bedeutete symbolisch und realiter eine Zentralisierung der Entscheidungsmacht. Den Kern des Gesetzes bildete die Einführung des Nationalen Lehrplans und des damit verbundenen Beurteilungssystems. Damit wurde die dezentrale Kontrolle des Lehrplans staatlicher Schulen abgelöst, die 1944 eingeführt worden war. Sie bestand aus Prüfungen der Schüler im Alter von 16 und 18 Jahren durch Prüfungskommissionen, die enge Verbindungen zu Universitäten, LEAs und Lehrergewerkschaften hatten.[9]

Der landesweite Lehrplan stellte einen direkten staatlichen Eingriff in den Unterricht dar. Für die drei Kernfächer Englisch, Mathematik und Naturwissenschaften sowie für sieben weitere Grundlagenfächer wurden die Lehrinhalte und Lernziele vorgeschrieben. Alle Kinder zwischen 5 und 16 Jahren sollten nach einem umfassenden und ausgewogenen Lehrplan unterrichtet werden. Seine Einhaltung wurde durch ein kompliziertes landesweites Testsystem für Schüler im Alter von 7, 11, 14 und 16 Jahren kontrolliert. Damit sollten die Verantwortlichkeit der Schulen erhöht und die Auswahl durch die Kunden (Eltern) ermöglicht werden: Da alle Schulen nach dem gleichen Lehrplan unterrichteten, führten die Beurteilungen zu wichtigen Informationen über deren Leistungsfähigkeit. Zudem sollten mit der Einführung des Lehrplans aber auch spezifische Werte gestärkt werden – Werte, die wohl kaum gefördert würden, wenn man die Schulen allein den Kräften des Markts überließe.

Viele Konservative, die sich zur Bedeutung von Marktkräften in der Bildung bekannten, beharrten gleichwohl darauf, dass alle Kinder »das umfassende Wissen und Verständnis erlangen, das für ihre eigene Entwicklung und die Stärkung der britischen Gesellschaft notwendig ist«[10]. Sie vertraten die Auffassung, dass immer noch Handlungsbedarf bestehe, um den Eigeninteressen des Bildungsestablishments und deren »progressiven« Bildungsmodellen entgegenzutreten, die traditionelle Werte ebenso bedrohten wie

Tab. 2: Die zentralisierenden Reformen der Konservativen, 1979 bis 1997

Maßnahmen	Jahr/e
Landesweit einheitlicher Lehrplan	1988
Landesweite Schulvergleiche	1988
National Curriculum Council	1988
School Examinations and Assessment Council	1988
Office for Standards in Education (Ofsted)	1992
School Curriculum and Assessment Authority	1993
Funding Agency for Schools	1993
Teacher Training Agency	1994
Qualifications and Curriculum Authority (QCA)	1997

Quelle: Eigene Zusammenstellung.

das Bildungsniveau und die Wettbewerbsfähigkeit. Diese Sorge wurde z. B. dadurch offensichtlich, dass die Regierung auf einer Betonung der britischen und europäischen Geschichte im Geschichtsunterricht bestand.[11] Die administrative Umsetzung des Lehrplans mit Hilfe der Einrichtung von *quasiautonomous non-governmental organisations*, kurz *Quangos*[12], war ein weiteres Merkmal der Zentralisierung der Bildungspolitik unter den Konservativen. Im Gegensatz zur Nachkriegszeit mit der umfassenden Beteiligung gewählter kommunaler Vertreter und der Lehrerschaft, stellen diese Organisationen ein wichtiges Instrument dar, mit dem Regierungen Einfluss auf das Bildungssystem ausüben können (für Beispiele siehe Tab. 2). Auch mittels Inspektionen übt die Zentralregierung eine beträchtliche Kontrolle über die Arbeit der Schulen aus. Seit den 1990er Jahren wird diese Arbeit von einer neuen Regulierungsbehörde koordiniert, dem *Office for Standards in Education* (Ofsted).

Als die Konservativen im Jahr 1997 die Regierungsmacht an New Labour verloren, war als Ergebnis ihrer Politik eine tiefgreifende Reform der traditionellen Rollenverteilung und der Beziehungen in der »dreiseitigen Partnerschaft« von Zentralregierung, LEA und Schule/Lehrer vollzogen mit weitreichenden Veränderungen der Struktur und des Inhalts der schulischen Ausbildung. Obwohl es viele Hoffnungen auf einen grundlegenden Wandel der Bildungspolitik unter New Labour gab, stellte die Partei die Grundzüge der konservativen Reformen nicht in Frage.

IV. New Labour und der Versuch, Wahlfreiheit und Gleichheit in Einklang zu bringen

Es gilt zu beachten, dass Wahlfreiheit, Wettbewerb, Selbstverwaltung und Leistungsorientierung sowie Zentralisierung und Regulierung heutzutage globale Trends der Bildungspolitik sind.[13] Insofern ist die Anerkennung dieser Prinzipien kein besonderes Merkmal New Labours. Dennoch bedeutete sie eine erhebliche Abkehr von der bisherigen Programmatik der Labour Party. Die Philosophie New Labours und die daraus resultierenden politischen Aktivitäten sind ein wichtiges Beispiel für den Versuch, die ideologischen Gräben zwischen der alten und der neuen Position zu überwinden. Mit ihren Grundzügen ist die Bildungspolitik New Labours im Bekenntnis der Regierung zum so genannten »Dritten Weg« verankert. In der breit geführten Diskussion um dieses Konzept[14] vertreten New Labour und Tony Blair persönlich eine Variante, die die Bedeutung eines pragmatischen Ansatzes und einer kreativen Verbindung von neoliberalem Kapitalismus und traditioneller Sozialdemokratie betont. Gleichzeitig erkannte die Regierung ausdrücklich die Befürchtung negativer Auswirkungen von Quasi-Märkten an und verpflichtete sich, für mehr soziale Gerechtigkeit zu sorgen.[15] Dabei lautet die zentrale Frage, wie der Markt reguliert werden kann, um eine moralischere und gerechtere Gesellschaft zu etablieren.

Vielen Kommentatoren galten die offensichtlichen Widersprüche des New Labour-Ansatzes als unüberwindlich: Wie können soziale Gerechtigkeit und Integration erreicht werden, wenn man gleichzeitig marktwirtschaftliche Prinzipien fördert, die notwendigerweise Gewinner und Verlierer zur Folge haben?[16] Andere wiederum sahen durchaus Möglichkeiten eines alternativen Ansatzes, wenn die Regierung ausreichend in Märkte des öffentlichen Sektors eingriffe. Für die meisten blieb jedoch unklar, was mit dem Dritten Weg genau erreicht werden sollte.[17] Wie dem auch sei, wie hoch das Potential einer Politik des Dritten Wegs auch ist, in der Realität hat New Labour keine wesentlich neue Bildungspolitik betrieben. Die Regierung verfolgte einen marktwirtschaftlichen Kurs, der sogar über den der Konservativen noch hinausging, indem weitere Privatisierungen vollzogen

Tab. 3: Die wichtigsten Initiativen New Labours seit 1997

Marktorientierung	Zentralisierung
Bestandsaufnahme und Zielvereinbarungen (1997)	Abschaffung des *Assisted Places Scheme* (1997)
Einrichtung der *Beacon Schools* (»Leuchtturmschulen«) (1998)	Betonung von Standards und Leistungsfähigkeit der Schulen (1997)
Weiterführung der Schülerauswahl nach Fähigkeiten im Gymnasialbereich (1998)	Landesweite Strategie zur Förderung des Lesens, Schreibens und Rechnens (1997) – später unter den breiteren *Primary and Secondary Strategies* zusammengefasst (2003)
Teilauswahl der Schüler nach Begabung auch für *Specialist Schools* (1998)	Reduzierung der Klassengrößen in der Vorschule (1998)
Fresh Start (1998)	*Sure Start* (1998)
Fair Funding: *Community, Voluntary and Foundation Schools* (1998)	*Education Action Zones* (1998)
Ausweitung der *Specialist Schools* (1998, 2002)	Konzentration auf städtische Gebiete mittels des Programms *Excellence in Cities* (1999)
Academies (2002)	*Extended Schools* (Pilotprojekt ab 2002)
	Children's Agenda (2004)

Quelle: Eigene Zusammenstellung.

wurden. Einige Beobachter vertraten den Standpunkt, dass dies im Ergebnis einige der fortschrittlicheren Ansätze der Politik New Labours untergrub.[18]

Im Folgenden werden drei zentrale Aktionsfelder der Bildungspolitik New Labours untersucht: das Bekenntnis zum Abbau sozialer Benachteiligung, die Konzentration auf die Verbesserung schulischer Leistungen sowie die Verbindung von Qualität und Schulvielfalt. In Tabelle 3 findet sich eine Zusammenstellung der wichtigsten politischen Maßnahmen in diesen drei Bereichen. Um die Kontinuität mit der konservativen Politik im Sinne der Kombination von Wettbewerbsorientierung und Zentralisierung aufzuzeigen, ist die Tabelle entsprechend aufgeteilt.

Ein Ziel der folgenden Ausführungen ist es, diese Kontinuitäten zu umreißen. So gibt Tabelle 4 einen ersten knappen Überblick über das Schick-

Tab. 4: Kontinuitäten zwischen der Politik der Konservativen und New Labour

Politikbereich	Konservative	New Labour
Individuelle staatliche Unterstützung zum Besuch einer Privatschule	*Assisted Places Scheme*	Abgeschafft 1997
Initiativen zur Förderung (Bevorzugung) benachteiligter Gegenden	Ablehnung	*Education Action Zones Excellence in Cities*
Forcierung der Beteiligung des privaten Sektors im staatlichen Bildungssystem	*City Technology Colleges*	*Education Action Zones Excellence in Cities* stehen für Beteiligung des privaten Sektors offen Teilfinanzierung der *Academies* durch private Organisationen
Zentrale Vorgaben der Lehrinhalte	Landesweiter Lehrplan	Beibehalten Landesweite Strategie zur Förderung des Lesens, Schreibens und Rechnens mit zentraler Vorgabe der Lehrinhalte und Unterrichtsmethoden Zusammenfassung dieser Strategien unter den breiteren *Primary and Secondary Strategies*
Betonung landesweiter Test	Einführung landesweiter Schulvergleiche	Beibehalten. Einführung grundlegender Tests im Alter von 7, 11 und 14 sowie von Zielvorgaben für diese Tests Grundsätzliche Beibehaltung von Zielvorgaben, Leistungsindikatoren

(noch Tab. 4)

Politikbereich	Konservative	New Labour
		und Schulranglisten. Kleinere Modifikation bei Schulranglisten aufgrund der Anerkennung der unterschiedlichen Herkunft der Schülerschaft
Förderung der Vielfalt der Schultypen	Unterstützung für Gymnasien *Grant Maintained Schools* *City Technology Colleges* *Specialist Schools*	Beibehaltung der Gymnasien sowie der Trennung in *Grant Maintained Schools* (umbenannt in *Community* bzw. *Foundation Schools*) und Schulen im Bereich der LEAs *Specialist Schools; Beacon Schools;* Bekenntnisschulen; *Academies*
Übertragung von Finanz- und Managementverantwortung auf die Einzelschule (Dezentralisierung)	*Grant Maintained Schools* Lokales Management der Schulen	*Grant Maintained Schools* und lokales Management ersetzt durch *Fair Funding*: Jetzt 100 Prozent des Budgets auf Einzelschule übertragen statt vorher 85 Prozent Schulen erhalten Option, *Foundation School* zu werden: bei dauerhaft hoher Leistung ist größere Freiheit und Eigenständigkeit möglich
Wahlfreiheit der Eltern	Vollständige Freigabe der Schulwahl (*open enrolment*)	Beibehalten *Specialist Schools* dürfen bis zu 10 Prozent ihrer Schüler nach Begabung auswählen
Einsatz halbstaatlicher Organisationen zur Beratung bzw. Kontrolle	Einrichtung von *Quangos*, wie z.B. *Teacher Training Agency* (TTA), *Office for Standards in Education* (Ofsted) oder *Qualifications and Curriculum Authority* (QCA)	Bestehende Organisationen beibehalten und weitere neu gegründet Organisationen tragen nun die Bezeichnung *Non-Departmental Public Bodies* (NDPB)

Quelle: Carol Campbell/Geoff Whitty, From New Right to New Labour: What's new in English Education Policy?, in: Merle Tönnies (Hrsg.), Britain under Blair, Heidelberg 2003, S. 106 f.

sal der Kernelemente konservativer Bildungspolitik (vgl. Tab. 1 und 2) in der Regierungszeit New Labours. Im Zentrum des Kapitels stehen aber die Schwierigkeiten New Labours, marktwirtschaftliche Ansätze und soziale

Gerechtigkeit miteinander zu verbinden. Bei der Darstellung der daraus resultierenden mangelnden Kohärenz innerhalb der drei oben angeführten politischen Handlungsstränge werden auch Veränderungen benannt, die notwendig wären, um ein echtes bildungspolitisches Alternativprogramm umzusetzen.

1. Das Problem sozialer Benachteiligungen

Obwohl Labours traditionelle Programmatik, gegen Ungleichheiten vorzugehen, nicht in dem von vielen erhofften Ausmaß verfolgt wurde, gab es dennoch in der Sozial- und Bildungspolitik eine Reihe von ermutigenden Vorhaben. Die wichtigste Initiative zur Bekämpfung sozialer Ausgrenzung war wahrscheinlich *Sure Start*.[19] Zielgruppe des Programms sind Kinder bis zu drei Jahren und deren Familien aus benachteiligten Gegenden. Der Zielgruppe stehen zahlreiche Angebote zur Verfügung, die die Bereiche Gesundheit, Bildung und Soziales abdecken. Insofern verkörpert *Sure Start* einen dringend benötigten ganzheitlichen Ansatz, der die unterschiedlichen Aspekte von Sozialpolitik miteinander verbindet. Diese Kombination von Bildungsförderung und sozialer Unterstützung ist auch charakteristisch für das neue Programm *Extended Schools*. Mit ihm sollen erweiterte Angebote in allen Grund- und weiterführenden Schulen eingeführt werden, darunter Lernhilfen und Familienlernangebote, sowie Kontakte zu verschiedenen speziellen Hilfseinrichtungen vermittelt werden.[20] Darüber hinaus gibt es Pläne für Schulen mit einem noch umfassenderen Angebot (*Full Service Extended Schools*), die allen sozialen Gruppen des jeweiligen Stadtteils Zugang zu einer breiten Palette an Kursen und Einrichtungen sowie zu Dienstleistungen in den Bereichen Kinderbetreuung, Gesundheit und Soziales ermöglichen sollen.

Viele der Bemühungen, gegen Benachteiligung und Ungleichheit speziell mittels Bildungspolitik vorzugehen, standen am Anfang der Regierungszeit New Labours. Der viel versprechende Slogan unmittelbar nach der Unterhauswahl von 1997 lautete: »Hohe Bildungsqualität für die Mehrheit, statt höchste Qualität für ein paar wenige.« Diesen programmatischen Anspruch symbolisierten vor allem die Abschaffung des *Assisted Places Scheme* der Konservativen und die Verwendung der dadurch frei gewordenen Mittel für die Reduzierung der Klassengrößen in staatlichen Grundschulen. Zugleich sollten die *Specialist Schools* stärker auf die lokalen Bedürfnisse orientiert werden: Anstatt den Sonderstatus und ihre zusätzlichen Finanzmittel dafür einzusetzen, Vorteile im örtlichen Wettbewerb mit anderen Schulen zu erlangen, sollten sie nun enger mit der Gemeinschaft vor Ort und den benachbarten Schulen zusammenarbeiten. Im Jahr 1998 kamen die so genannten *Beacon Schools* (»Leuchtturmschulen«) hinzu, die als Einrichtungen mit weit überdurchschnittlicher Leistung bei der Entwicklung lokaler Bildungsmärkte aktiv werden sollten.

Das Gesetz von 1997 etablierte zudem ein Programm zur Verbesserung der Bildungsleistungen in benachteiligten Gegenden (*Education Action Zones*, EAZ). Dieses Ziel sollte vor allem durch die Zuweisung zusätzlicher Mittel (Finanzen und Personal) erreicht werden. Die 1998 eingerichteten EAZs umfassten jeweils eine Gruppe unterdurchschnittlicher Schulen in Gegenden mit besonders großer sozialer Ausgrenzung. Jeder Zone wurde ein Zuschuss in Höhe von 750 000 £ zugewiesen und die teilnehmenden Schulen erhielten größere Freiheiten bei der Bezahlung der Lehrer, um die besten von ihnen anzulocken. Auch wurde den Schulen erlaubt, die Gewichtung der Lehrinhalte zu verändern, um den Bedürfnissen ihrer Schüler besser gerecht zu werden, z. B. durch mehr Zeit für Lesen, Schreiben und Rechnen oder die Einführung berufspraktischer Elemente. Beabsichtigt war auch, dass die EAZs eine Teilfinanzierung durch private Sponsoren einwerben sowie durch private Partner betrieben werden können und dadurch ein Potential zur Privatisierung bieten.[21] In dieser Hinsicht wurden die *Education Action Zones* als Modellbeispiel für den Dritten Weg New Labours präsentiert, der zum Abbau von Benachteiligungen auch auf die Beteiligung des privaten Sektors bei Regierungsmaßnahmen setzt.[22]

Die EAZs wurden später der Initiative *Excellence in Cities* (EiC) eingegliedert, mit der Leistungsmängel von Schulen in allen großen Städten Englands angegangen werden sollten. Das Programm startete 1999 und umfasste neben den EAZs sechs weitere Handlungsfelder. So gab es u. a. für besonders begabte Schüler zusätzliche Lernangebote, während den schwächeren Schülern Mentoren und spezielle Lernunterstützungsgruppen zur Verfügung standen. Durch so genannte *City Learning Centres* wurden der gesamten örtlichen Gemeinschaft Bildungs- und Lernmöglichkeiten bereitgestellt. Zudem übertrug EiC den *Specialist Schools* und den *Beacon Schools* in städtischen Gebieten die besonders wichtige Aufgabe, andere Schulen bei der Bekämpfung schlechterer Leistungen zu unterstützen. Zwei weitere Programme New Labours können mit diesen Initiativen insofern in Verbindung gebracht werden, als auch sie darauf ausgerichtet sind, Mittel in benachteiligten städtischen Gegenden einzusetzen: Während allerdings die Initiative *Fresh Start* im Wesentlichen auf die Umwidmung ohnehin bereitgestellter Finanzmittel zur Neubelebung besonders leistungsschwacher Schulen setzte, wurde die Bereitstellung von zusätzlichen Millionen aus staatlichen Haushaltsmitteln für die umstrittene Einrichtung der *Academies* – eines neuen Schultyps für innerstädtische Gebiete – von einer Finanzspritze privater Sponsoren von zwei Millionen Pfund abhängig gemacht. Erste Untersuchungsergebnisse deuten darauf hin, dass die EiC-Initiative zur Verbesserung schwacher Leistungen im Bildungsbereich beigetragen hat. Dennoch besteht weiterhin das Problem der ungleichen Zusammensetzung der Schülerschaft, und auch die angestrebten Niveaus der Lernzielerfüllung wurden nicht erreicht. Dies hat Fragen nach der Angemessenheit zusätzlicher Investitionen in »benachteiligte« Schulen sowie nach der langfristigen Wirkung des Konzeptes einer kostenintensiven Anschubfinanzierung bei den *Academies* aufgeworfen.

2. Die Verbesserung der Schulen

Sowohl im Wahlprogramm von 1997 als auch im Weißbuch *Excellence in Schools* desselben Jahres stellte die Regierung fest, dass »Standards, nicht Strukturen« maßgebend seien, und sie verpflichtete sich zur »unablässigen« Konzentration auf die Steigerung dieser Standards.[23] Um dieses Ziel zu erreichen, wurde als eine der ersten Regierungshandlungen eine Steuerungs- und Kontrollabteilung (*Standards and Effectiveness Unit*) innerhalb des Bildungsministeriums aufgebaut. Sie konzentrierte sich auf eine Kampagne zur Steigerung des Niveaus im Lesen, Schreiben und Rechnen sowie zur Verbesserung des Benehmens und der Unterrichtsteilnahme zunächst in den Grund- und später in den weiterführenden Schulen. Mit den »Nationalen Strategien für Lesen, Schreiben und Rechnen« erhielt die Regierung vor allem die Möglichkeit, detailliertere Vorgaben für die Lehrpläne zu machen und regelmäßige landesweite Schülertests zu verordnen. Im Gegenzug wurde die Umsetzung der Strategien durch Weiterbildungskurse standardisiert, die den Lehrern besondere Lehransätze vermittelten. Den Schülern werden in den Tests Leistungsziele gesetzt, und die detaillierten Daten werden zur Überprüfung des Erfolgs genutzt. Vorschriften und Überwachung solcher Art sind verbunden mit einem erweiterten Zugriff des Zentralstaats auf versagende Schulen. Erfolgreiche Schulen – das heißt jene, die die vorgegebenen Ziele der Regierung erfüllen – werden mit weiteren Freiheiten belohnt. Im Gegensatz dazu stehen erfolglosen Schulen harte Maßnahmen, aber auch gezielte Unterstützungen ins Haus. Es ist kaum verwunderlich, dass die meisten Schulen, die »Sondermaßnahmen« unterliegen oder die Schließung befürchten müssen, in sozioökonomisch benachteiligten Gegenden liegen. Hier zeigt sich das zentrale Problem des Regierungsansatzes zur Verbesserung der Schulen: Er stellt weder den Einfluss der gegebenen Schulstrukturen auf die Lernerfolge der Kinder in Rechnung, noch berücksichtigt er ausreichend die systematischen Effekte, die sich zum Beispiel aus dem sozialen Status und der ethnischen Zugehörigkeit ihrer Familien ergeben.[24] Dies ist der Grund, weshalb Bildungssoziologen der Orientierung an schulischer Effizienz und Verbesserung – und damit auch dem Konzept von New Labour – seit langem kritisch gegenüber stehen.

Zum einen wird die von New Labour favorisierte Art der Schulpolitik kritisiert, weil sie das Ausmaß, bis zu dem einzelne Schulen soziale Ungleichheiten überwinden können, überschätze. Die Strukturen von Ungleichheit bleiben, wie die Geschichte öffentlicher Bildung in den meisten Ländern zeigt, verblüffend beständig. Dies belegt, dass es zwar für *eine* Schule möglich sein kann, die Ziele und Chancen einer bestimmten Gruppe zu verändern, dass es aber unwahrscheinlich ist, dass *alle* Schulen dies ohne grundlegendere gesellschaftliche Veränderungen leisten können. Zum anderen aber – und dies ist noch wichtiger – hat die Forschung gezeigt, dass selbst bei gleichen Bedingungen Kinder besser gestellter Eltern tendenziell schneller vorankommen als Kinder mit weniger vorteilhaftem Hintergrund. Daraus folgt: Wenn alle Schulen so gute Ergebnisse erzielen würden wie die besten von ihnen, dann wäre der Bildungserfolg noch stärker vom sozialem Status abhängig, als er es heute schon ist.[25] Tatsächlich zeigte eine kürzlich von der Regierung in Auftrag gegebene Untersuchung die Defizite des eigenen Ansatzes bei der Förderung sozialer Gerechtigkeit auf.[26] Ein Resultat war, dass alle Grundschüler im Jahr 2004 bessere Leistungen in Englisch und Mathematik erzielten als 1998, dass aber Kinder aus Familien mit höherem Einkommen größere Fortschritte machten als benachteiligte Schüler. Diese Ergebnisse haben bereits ein Umdenken veranlasst. Insgesamt legte die Studie eine Fokussierung auf die benachteiligten *Schüler* nahe und weniger auf die *Schulen* in benachteiligten Gegenden, wie dies z.B. bei EiC der Fall war. Allerdings wird die Wirkung solcher Initiativen ernsthaft untergraben, wenn New Labour weiterhin eine Politik der stärkeren Differenzierung, der Förderung elterlicher Schulwahl und der schärferen Auslese betreibt.

3. »Exzellenz und Vielfalt«

Neben dem Schwerpunkt »Verbesserung der Schulen« konzentrierte sich New Labour auf die »Modernisierung« des Gesamtschulsystems durch eine stärkere Differenzierung zwischen den Schulen. Hierbei wurde ein direkter Zusammenhang zwischen Differenzierung und höheren Standards für alle Schüler geltend gemacht. New Labour sprach sich für das weitere Bestehen von Gymnasien aus und beließ es weitgehend bei der von den Konservativen eingeführten Unterscheidung zwischen Schulen in Zuständigkeit der LEAs und den *Grant Maintained Schools*. Die bereits errichteten *City Technology Colleges* blieben ebenfalls erhalten. Hinzu kamen *Beacon Schools* und weitere Bekenntnisschulen sowie *Specialist Schools* und die vorgenannten *Academies*, die wie *Specialist Schools* eine besondere Ausrichtung haben und zusätzliche Mittel erhalten. Nun muss eine Spezialisierung der Lehrpläne natürlich nicht automatisch eine klare Unterscheidung der Schulen mit sich bringen und in der Tat verstehen sich viele *Specialist Schools* als Gesamtschulen. Allerdings haben die zusätzlichen Ressourcen und das schiere Prestige des Namens sehr wohl einen Effekt auf die Anwerbung von Schülern.[27]

Es zeigt sich, dass diese Schulen einen relativ hohen Schüleranteil aus den Mittelschichten und dementsprechend niedrigere Anteile aus der Arbeiterschaft und von farbigen Schülern haben als kommunale Schulen der LEA. Dies führt zu einem sich selbst verstärkenden »erfolgreichen Kreislauf« mit hoher Zielerfüllung der Regierungsvorgaben und Popularität bei den wohlhabenderen Familien. Das Bildungsgesetz von 1998 erlaubte den *Specialist Schools* bis zu zehn Prozent ihrer Schüler nach Begabung auszuwählen. Nur eine Minderheit der Schulen sucht die Schüler allerdings im Alter von elf Jahren nach ihrer Begabung für ganz bestimmte Fächer aus. Im Allgemeinen ist die Auswahl nach Interesse für und Begabung in Musik und Tanz genauso üblich, um den Zugang akademisch begabter Kinder aus Mittelklassefamilien zu forcieren. Darüber hinaus hat die Forschung zur Schulwahl versteckte Auswahlmechanismen aufgedeckt und gezeigt, wie sozial besser gestellte Eltern lernen, die »wahren« Zulassungskriterien zu entschlüsseln.[28]

Bezeichnenderweise hat die Tatsache, dass die *Specialist Schools* in Bezug auf die Leistungsvorgaben der Regierung wesentlich besser abschneiden als andere Schulen, der Differenzierungspolitik einen Schub verschafft.[29] Dass dieser Erfolg größtenteils der Struktur ihrer Schülerschaft geschuldet sein dürfte, scheint nicht überall zur Kenntnis genommen worden zu sein. Statt guter Schulen für alle Kinder hat diese Politik eine Polarisierung bei der Aufnahme von Schülern erreicht und ein mehrstufiges System von weiterführenden Schulen geschaffen, das auf der sozialen Herkunft der Kinder basiert.[30] Belege für eine solche Entwicklung finden sich in der wachsenden Forschung zur elterlichen Schulwahl[31], und die Ergebnisse werden durch die Entwicklung des privaten Bildungssektors bestätigt. Trotz des raschen Anwachsens der Mittelschichten in den vergangenen fünfzig Jahren blieb der Schüleranteil im Privatsektor bei rund sieben Prozent.[32] Er ist nicht gestiegen, weil es einigen Gruppen der Mittelklasse gelungen ist, bestimmte Teile des staatlichen Bildungsangebots zu »kolonisieren«, so dass diese für ihre Kinder »sicher« sind, und dabei gleichzeitig Arbeiterkinder von der besten staatlichen Versorgung auszuschließen.

V. Schlussbetrachtung

Es bleibt abzuwarten, ob die jüngsten Belege für die ungleichen Erfolgsaussichten von Schülern unterschiedlicher sozialer Schichten einen Impuls für neue politische Initiativen geben, die tatsächlich damit beginnen, einige Auswüchse des bestehenden Systems zu beschneiden. Um zu verhindern, dass die Vielfalt der Bildungseinrichtungen eine Hierarchie erzeugt, ist die Zusammenarbeit aller Schulen einer Gegend im Interesse der bestmöglichen Versorgung aller Schüler geboten.[33] Zumindest verbal setzt sich die Regierung für solch eine Kooperation ein. Es ist jedoch fraglich, ob eine ernsthafte, langfristige und fruchtbare Kollegialität zwischen Schulen entstehen kann, deren rechtliche und wirtschaftliche Basis verschieden ist, die sehr unterschiedliche Schülerschaften haben und die über die Ranglisten in Konkurrenz zueinander stehen.[34] Das grundlegende Problem ist jedoch die elterliche Schulwahl. Es ist nachvollziehbar, dass sich die Bildungspolitik insbesondere an die Mittelschichten richtet und ihre Erwartungen an die Zukunft ihrer Kinder anspricht, da aus dieser Gruppe die Wechselwähler kommen, die heutzutage Wahlen entscheiden. Die Herausforderung für New Labour ist es, diese wahltaktische Logik im Regierungshandeln zu berücksichtigen und gleichzeitig die Möglichkeiten für ungerechtfertigte bzw. nicht zu rechtfertigende Vorteile der Mittelschichten zu begrenzen.

An dieser Aufgabe sind frühere Labour-Regierungen gescheitert, während konservative Regierungen sie stets beiseite geschoben haben. Wenn ein öffentliches Meinungsklima geschaffen werden soll, das die Politik einer ausgeglicheneren Aufnahme von Schülern unterstützt, dann muss die Bedeutung gemischter Schulen noch stärker deutlich werden. Nach Martin Thrupp müssen hierzu noch nicht einmal die sozialen Kosten eines stark abgeschotteten Schulsystems im Mittelpunkt stehen.[35] Es komme vielmehr darauf an, die negativen Effekte einer marktorientierten Bildungspolitik so aufzufangen, dass für eine Mittelschichtenfamilie die Wahl einer bestimmten weiterführenden Schule nicht mehr die alles entscheidende Frage für die Zukunft ihrer Kinder ist. Nur wenn die Regierung gezielt Maßnahmen gegen die gegenwärtige Verteilung der Kinder auf die verschiedenen Schulen ergreift, wird New Labour den Anspruch erheben können, eine Partei der sozialen Gerechtigkeit im Bildungswesen zu sein.

Anmerkungen

1 Teile dieses Beitrags basieren – mit freundlicher Genehmigung der Verfasser – auf Carol Campbell/Geoff Whitty, From New Right to New Labour. What's new in English education policy?, in: Merle Tönnies (Hrsg.), Britain under Blair, Heidelberg 2003, S. 101–122; Geoff Whitty, New Right and New Labour: Continuity and Change in Education Policy, in: Hans Kastendiek/Richard Stinshoff/Roland Sturm (Hrsg.), The Return of Labour – A Turning Point in British Politics?, Berlin-Bodenheim 1999, S. 191–219. Ich danke zudem Geoff Whitty für hilfreiche Kommentare zu einer früheren Version dieses Beitrags. Für alle verbliebenen Fehler bin ich selbstverständlich allein verantwortlich.

2 Denis Lawton, Education and Labour Party Ideologies. 1900–2001 and Beyond, Abingdon 2005.

3 Terry Haydn, The strange death of the comprehensive school in England and Wales 1965–2002, in: Research Papers in Education, 19. Jhrg. (2004), Heft 4, S. 415–432.

4 Andrew Gamble, The Free Economy and the Strong State, London 1988.

5 Vgl. z.B. Julian Le Grand/Will Bartlett (Hrsg.), Quasi-Markets and Social Policy, London 1993.

6 Guy Neave, On the Cultivation of Quality, Efficiency and Enterprise: An Overview of Recent Trends in Higher Education in Western Europe, 1968–1988, in: European Journal of Education, 23. Jhrg. (1988) Heft 1/2, S. 7–23, hier S. 11.

7 Nick Adnett/Peter Davies, Schooling reforms in England: from quasi-markets to competition?, in: Journal of Education Policy, 18. Jhrg. (2003), Heft 4, S. 393–406.

8 Tony Edwards/John Fitz/Geoff Whitty, The State and Private Education: An Evaluation of the Assisted Places Scheme, London 1989.

9 Geoff Whitty, Education, economy and national culture, in: Robert Bocock/Kenneth Thompson (Hrsg.), Social and Cultural Forms of Modernity, Cambridge 1992, S. 267–320.

10 Hillgate Group, The Reform of British Education, London 1987, S. 4.

11 Vgl. Geoff Whitty, Making Sense of Education Policy, London 2002.

12 Anm. des Übersetzers: *Quangos* sind von der Regierung berufene Beratungs- und Entscheidungsgremien, die staatliche Aufgaben wahrnehmen, aber nicht als Teil der öffentlichen Verwaltung organisiert sind und sich damit einer demokratischen Kontrolle entziehen können.

13 Stephen Ball, Labour learning and the economy: a policy sociology perspective, in: Michael Fielding (Hrsg.), Taking Education Really Seriously: Four Years Hard Labour, London 2001.

14 Vgl. Anthony Giddens, The Third Way: The renewal of social democracy, Cambridge 1998; Sally Power/Geoff Whitty, New Labour's education policy: first, second or third way?, in: Journal of Education Policy, 14. Jhrg. (1999), Heft 5, S. 535–546.

15 Tony Blair, The Third Way: New politics for the new century, London 1994; Michael Barber, The Learning Game: Arguments for an Education Revolution, London 1997.

16 Vgl. Terry Haydn (Anm. 3).

17 Vgl. Power/Whitty (Anm. 14).

313

18 Z.B. Sally Tomlinson, Education in a Post-Welfare Society, Buckingham 2001.

19 Vgl. Department for Education and Employment, Sure Start, London 1999.

20 Department for Education and Skills, The Five Year Strategy for Children and Learners, London 2004; DfES, Every Child Matters, London 2004.

21 Vgl. beispielhaft James Tooley, Education Action Zones, in: Economic Affairs, Juni 1998.

22 Department for Education and Employment, The Learning Age: a Renaissance for a New Britain, London 1998.

23 Department for Education and Employment, Excellence in Schools, London 1997.

24 Ian Plewis/Harvey Goldstein, Excellence in Schools – a failure of standards, in: British Journal of Curriculum and Assessment, 8. Jhrg. (1998), Heft 1, S. 17–20.

25 Peter Mortimore/Geoff Whitty, Can School Improvement Overcome the Effects of Disadvantage?, London 1997.

26 Ruth Kelly, Education and Social Progress, keynote speech, Institute of Public Policy Research, July 2005.

27 Geoff Whitty, Developing Comprehensive Education in a New Climate, in: Melissa Benn/Clyde Chitty (Hrsg.), A Tribute to Caroline Benn: Education and Democracy, London 2004, S. 97–110.

28 Vgl. Diane Reay/Stephen Ball, Making their minds up: family dynamics and school choice, in: British Educational Research Journal, 24. Jhrg. (1998), S. 431–448.

29 Vgl. Gillian Penlington, Why New Labour found itself converted to church schools, in: Parliamentary Brief, 2. Jhrg. (2001), S. 42–43.

30 Stephen Gorard/Chris Taylor, The composition of specialist schools in England: track record and future prospects, in: School Leadership and Management, 21. Jhrg. (2001), Heft 4, S. 365–381.

31 Geoff Whitty/Sally Power/David Halpin, Devolution and Choice in Education: The School, the State and the Market, Buckingham 1998.

32 Tania Burchardt/John Hills/Carol Propper, Private Welfare and Public Policy, York 1999.

33 Geoff Whitty (Anm. 27).

34 Vgl. Adnett/Davies (Anm. 7), Geoff Whitty (Anm. 27).

35 Martin Thrupp, Schools Making a Difference: Let's be realistic! School mix, school effectiveness and the social limits of reform, Buckingham 1999, S. 195.

Weiterführende Literatur

Ball, Stephen, Strategies and the Education Market – The Middle Classes and Social Advantage, London 2003.

Giddens, Anthony, The Third Way, Cambridge 1998.

Giddens, Anthony, The Third Way and its Critics, Cambridge 2000.

Lawton, Denis, Education and Labour Party Ideologies. 1900–2001 and Beyond, Abingdon 2005.

Phillips, Robert/Furlong, John (Hrsg.), Education, Reform and the State: Twenty Five Years of Politics, Policy and Practice, London 2001.

Power, Sally u. a., Education and the Middle Class, Buckingham 2003.

Whitty, Geoff, Making Sense of Education Policy, London 2002.

Links

www.number-10.gov.uk; Homepage des Premierministers mit Nachrichten zur aktuellen Arbeit der Regierung (z. B. auch im Bereich der Bildungspolitik).

www.dfes.gov.uk; Internetauftritt des Bildungsministeriums. Die Seite *Research and Statistics* bietet einen Zugang zu allen veröffentlichten Statistiken im Bereich Bildung und Ausbildung. Detaillierte Forschungsberichte zum Bildungswesen und zur Bildungspolitik finden sich auf der Seite *Research Programme*.

www.direct.gov.uk; Informationen zur Regierungsarbeit nach Themenbereichen (darunter Bildung); Links zu anderen Ministerien und vielen weiteren Organisationen.

http://education.guardian.co.uk; umfassender Überblick zu allen Themen des Bildungssektors.

www.qca.org.uk; Homepage der *Qualifications and Curriculum Authority*, die u. a. die Lehrpläne und die landesweiten Tests entwickelt sowie die Qualifikationen in den Schulen, in Colleges und am Arbeitsplatz überwacht.

www.tda.gov.uk; Seite der *Training & Development Agency*, die für Anwerbung, Weiterbildung und Personalentwicklung sämtlicher Beschäftigter im Bildungswesen zuständig ist.

www.ofsted.gov.uk; der Internetauftritt der obersten Aufsichtsbehörde (*Office of Standards in Education*) des britischen Bildungswesens.

www.parliament.uk; Informationen über die Arbeit des britischen Parlaments (Unterhaus und Oberhaus); zahlreiche parlamentarische Veröffentlichungen können heruntergeladen werden. Von besonderem Nutzen sind die Seiten des Bildungsausschusses im Unterhaus: www.parliament.uk/parliamentary_committees/education_and_skills_committee. cfm).

www.teachernet.gov.uk; Regierungsseite für den Bildungssektor.

Peter Humphreys

Medien und Medienpolitik

I. Medien, Gesellschaft und Politik

1. Die Entwicklung der Massenmedien und die britische Gesellschaft

Während der vergangenen hundert Jahre hat sich die britische Medienlandschaft für gewöhnlich im Gleichschritt mit den gesellschaftlichen Veränderungen fortentwickelt. In jüngerer Zeit vollzog sich ein umfassender technologischer Wandel, der mit einer radikalen Veränderung der ökonomischen und regulatorischen Strukturen der elektronischen Kommunikation verbunden war. Die Presse, die sich bereits im 19. Jahrhundert zu mechanisieren begann, wurde im frühen 20. Jahrhundert vollständig industrialisiert und kommerzialisiert. Sie hatte stets eine Tendenz zur Konzentration. Die Einführung neuer Produktionstechniken in den 1980er Jahren, wie Fotosatz und computergestützte Textsysteme, veränderte die Arbeitsbedingungen für Druckereimitarbeiter und Journalisten grundlegend, führte aber kaum zu Neugründungen von landesweiten Zeitungen. Die britische Presse spiegelte schon immer die verschiedenen sozialen Schichten Großbritanniens wider: Es gibt mehrere Qualitätszeitungen für die gebildeten Mittelschichten, zwei Zeitungen aus dem mittleren Segment, die sich vorwiegend an eine zunehmend in den Vorstädten lebende Angestelltenschicht richten sowie einige Boulevardblätter (wegen ihrer markanten Aufmachung häufig *red-top tabloids* genannt), die ihre Leserschaft hauptsächlich in der Arbeiterschaft finden.

Beim Rundfunk lag das Monopol bis 1954 bei der *British Broadcasting Corporation* (BBC). Diese zeichnete sich lange Zeit durch eine paternalistische und kulturell elitäre Grundorientierung aus. Die BBC sah ihre Aufgabe darin, einen Beitrag zur nationalen Einheit und zur Bildung zu leisten, wie auch als Unterhaltungssender aufzutreten. Kurz nach dem Zweiten Weltkrieg wurde der Rundfunk durch das Fernsehen ergänzt und wenig später wurde auch das BBC-Monopol mit der Einführung des privaten Fernsehens aufgebrochen, der die Zulassung kommerzieller Radiosender folgte. Dies forderte die BBC heraus, sich zu modernisieren und sich dem Geschmack eines breiteren Publikums anzunähern. In der Folgezeit entwickelten sich

Radio und Fernsehen zu einem außerordentlich beliebten Medium, das jedoch weiterhin vom Ethos des öffentlichen Dienstes durchzogen war. Beide spielten eine bedeutende Rolle im täglichen Leben der Menschen, die einen beachtlichen Teil ihrer Freizeit damit verbrachten. Gemeinsam mit einer neuen Generation von Zeitungsverlegern und Journalisten beförderten Rundfunk- und Fernsehmacher in den 1960er und 1970er Jahren wesentlich die Veränderung der britischen Gesellschaft und Kultur. Die Entwicklung neuer populärer Fernsehformate trug dazu bei, soziale Schranken abzubauen, überkommene Obrigkeitshörigkeit zu überwinden und traditionelle Werte in Frage zu stellen. Ebenso verdrängte das Fernsehen die Presse als wichtigste Nachrichtenquelle und veränderte somit die politische Kommunikation. Die Einführung neuer Medien, wie etwa des Kabel-, Satelliten- oder Digitalfernsehens sowie von Breitband und Internet, hat die Medienlandschaft erneut grundlegend umgekrempelt. Dies führt, zumindest sehen das die Optimisten so, zu einem neuen elektronischen Kommunikationssystem, das den Konsumenten/Bürger stärkt und die letzten Spuren medialer Vormundschaft verbannt.

2. Die Medien und die politische Parteinahme bzw. Neutralität

In Großbritannien gibt es, wie in anderen angelsächsischen Ländern auch, eine lange und ausgeprägte Tradition eines relativ unabhängigen Journalismus. Im Printbereich war der Markt (und nicht der staatliche Einfluss) schon immer vorherrschend, und die Presse konnte im internationalen Vergleich gesehen weitgehend frei von Regulierungen arbeiten. Journalistische Unabhängigkeit wurde jedoch durch die Eigentümer eingeschränkt. Seit dem frühen 20. Jahrhundert bestimmten mächtige Medienbesitzer, die klare politische Vorstellungen verfolgten, die journalistische Ausrichtung ihrer Zeitungen. Dies führte dazu, dass die Zeitungen in Großbritannien in politischer Hinsicht stets eindeutig positioniert waren − ganz anders als Radio und Fernsehen. Zeitungen wie die *Daily Mail* und der *Telegraph* wurden als konservative Zeitungen angesehen, während der *Daily Mirror* und der *Guardian* der Labour Party nahe standen. In der Nachkriegsära neigte die Mehrheit der landesweiten Zeitungen meist den Konservativen zu. Allerdings hat sich dies in den vergangenen Jahren verändert. Am bemerkenswertesten war dabei die Abwendung der Blätter des Medienzars Rupert Murdoch von der konservativen Agenda, die exemplarisch sichtbar wurde in der Unterstützung *New Labours* durch die auflagenstärkste britische Tageszeitung *The Sun* während der letzten drei Unterhauswahlen.

Politikwissenschaftler sind sich uneins, ob die Parteilichkeit der Presse einen signifikanten Einfluss auf die britische Wählerschaft hat. Einige vertreten die Auffassung, dass dies lediglich die Grundeinstellungen der Wähler verstärke, statt diese zu prägen. Andere sehen einen erheblichen Einfluss auf die Wahlentscheidung, insbesondere wenn sie sehr knapp ausgeht, wie z. B. 1992. Die Behauptung der *Sun*, diese Wahl zugunsten der Konservativen umgebogen zu haben, kann einiges an Glaubwürdigkeit für sich reklamieren.

Obwohl das britische Fernsehen sehr viel stärker durch den Staat reguliert wird, ist es von Politisierung bemerkenswert frei geblieben. Die durch Gesetz und Regulierung festgeschriebene Unparteilichkeit führte dazu, dass das Fernsehen die öffentliche Meinung eher zu informieren suchte, anstatt sie zu beeinflussen. Die öffentlichen Rundfunkanstalten, insbesondere die BBC, sind seit langem für ihre Unabhängigkeit bekannt. Im Fall der BBC kann dies auf zwei Umstände zurückgeführt werden: zum einen auf die einflussreiche Rolle der Beamten des Post-Ministeriums bei der Gründung des Senders, was zur Übernahme des Unparteilichkeitsprinzips des britischen öffentlichen Dienstes in der BBC führte; zum anderen darauf, dass sich die BBC in den ersten Jahrzehnten insbesondere auf britische Nachrichtenagenturen (die bekannteste war Reuters) stützte, die eine Tradition politischer Neutralität pflegten.[1] Seit den 1950er Jahren profitierte der unabhängige Fernsehsektor (ITV) von der recht schwachen politischen Kontrolle, die die private Eigentümerschaft mit sich bringt. In jüngerer Zeit gilt dies auch für Kabel- und Satellitenanbieter, wie vor allem BSkyB.

Von den ersten Tagen des Rundfunks/Fernsehens bestand politische Einigkeit über die Unparteilichkeit dieses Mediums. Auch die Rundfunk- und Fernsehpolitik wurde überwiegend im Konsens gestaltet (mit Ausnahme der Amtszeit von Premierministerin Thatcher), was u. a. bedeutete, dass die Regierungen die Argumente und den Rat der Regulierungsbehörden, von parteiübergreifenden Ausschüssen sowie unabhängigen Kommissionen aufnahmen.

3. *Packaging politics:* Der Wandel der politischen Kommunikation in Großbritannien

Seit Beginn der Thatcher-Ära (und sich verstärkend in der Regierungszeit von *New Labour*) wurden die Regierungen sehr erfahren und raffiniert im Umgang mit den Medien. Bob Franklin ist der Auffassung, Politiker seien so geschickt im Verkaufen ihrer Positionen, dass die Medien von den Politikern abhängig geworden sind, ja sich sogar mit ihnen absprechen, obwohl sie diese eigentlich kontrollieren sollten.[2] Eine gänzlich anders gelagerte Kritik argumentiert, dass die Medien in ihrem Verhalten gegenüber Politikern übermächtig, aggressiv und sogar zerstörerisch geworden seien. Nach der Ansicht John Lloyds tragen die Massenmedien zum wachsenden öffentlichen Zynismus gegenüber der Politik bei, der sich beispielsweise in einer sinkenden Wahlbeteiligung widerspiegelt.[3] Welche Auffassung nun auch zutreffender ist, die politikwissenschaftliche Forschung bestätigt mehrere eindeutige Entwicklungen der politischen Kommunikation[4]: Heute liegt ein höheres Augenmerk auf den politischen Führungskräften. Die Berichterstattung über die parlamentarische Arbeit ist zurückgegangen. Negative Wahlwerbung – primär gegen die Konkurrenz gerichtete Kampagnen statt positiver Darstellung eigener Positionen – nimmt zu. Es geht mehr um die Präsentation, weniger um Inhalte. Parteien und Politiker werden zunehmend Meister in der Technik des *spin doctoring*. Dieses Konzept umfasst ein ganzes Bündel von Maßnahmen: das Gewähren oder Verweigern von Zugang zu Informationen, z.B. Interviews oder Presseinformationen; die Vermittlung/Vorgabe einer ganz spezifischen Interpretation eines Vorgangs, also der Versuch, einer Nachricht den »richtigen Dreh« (*spin*) zu geben; der Rückgriff auf flotte, zitierfähige »Sprüche« (*sound bites*) und das Anbieten gefälliger Fototermine; die prompte und entschiedene Zurückweisung negativer Berichte sowie das Unterdrucksetzen von Verlegern und Journalisten, üblicherweise mittels der Drohung, diesen in Zukunft den Zugang zu Informationen und/oder Personen vorzuenthalten. Dieser neue Charakter politischer Kommunikation ist sowohl durch veränderte Medienstrukturen als auch durch politischen Absichten verursacht: einerseits aufgrund des großen Zuwachses an Medien und des Aufkommens der 24-Stunden-Nachrichtensender, andererseits aufgrund des verschärften Wettbewerbs um Aufmerksamkeit erregende Nachrichten.

II. Die Strukturen der britischen Presselandschaft

1. Die Regulierung der Presselandschaft

Obwohl das Vereinigte Königreich keine ausdrückliche Verfassungsgarantie der Pressefreiheit kennt, wird dieser Grundsatz dennoch als wichtiges Element der »ungeschriebenen Verfassung« angesehen. Britische Regierungen haben in der Regel nicht in die Pressefreiheit eingegriffen, die staatliche

Zensur ist weitestgehend auf Themen der »nationalen Sicherheit« beschränkt. Die Presse wird nicht subventioniert; Zeitungen und Zeitschriften sind kaum staatlicher Regulierung ausgesetzt. Die größte Einschränkung für Presseveröffentlichungen ergibt sich aus den vergleichsweise restriktiven britischen Gesetzen gegen Verleumdung, die zumindest den Vermögenden einige Möglichkeiten bieten, Wiedergutmachung für negative Berichterstattung einzufordern (für Verleumdungsklagen besteht kein Anrecht auf Prozesskostenhilfe, so dass diese Option dem Normalbürger nicht immer offen steht). Auf der anderen Seite ist die Privatsphäre als solche nur schwach geschützt, was zwar dem investigativen Journalismus entgegenkommt, gleichzeitig aber auch zu aufdringlichem Boulevardjournalismus geführt hat. Seit Einführung des Presserats im Jahr 1947 wird die britische Presse durch ein Selbstregulierungsgremium kontrolliert. Allerdings wurde der Presserat nie als effektiver Förderer journalistischer Standards wahrgenommen und in den 1980er Jahren setzte sich die Auffassung durch, dass er an der Kontrolle des Boulevardjournalismus gescheitert war. Gemäß der Empfehlung einer offiziellen Untersuchungskommission wurde er deshalb durch die *Press Complaints Commission* (PCC) ersetzt. Trotz andauernder Kritik an der vorgeblichen Schwäche der PCC haben sowohl konservative Regierungen als auch *New Labour* die Selbstregulierung der Presse einer gesetzlichen Regelung vorgezogen.

2. Marktstruktur und Konzentration der Presse

Die Struktur der britischen Presse hat stets auch die sozialen Unterschiede widergespiegelt.[5] Zeitungen eines qualitativ hochwertigen Niveaus wie *Daily Telegraph*, *Observer* und *Times*, die bereits im 19. Jahrhundert etabliert waren, richteten sich an die gebildete Mittelschicht. *Daily Mail* und *Daily Express*, 1896 bzw. 1900 gegründet, bedienten das mittlere Segment des nationalen Zeitungsmarktes und wandten sich hauptsächlich an Leser aus dem Angestelltenmillieu. Die bereits seit 1843 erscheinende Sonntagszeitung *News of the World* belegt, dass es seit langem einen Markt (vornehmlich in der Arbeiterschaft) für auf Unterhaltung ausgerichtete Zeitungen gibt, die hauptsächlich über Prominente, Sport, Sex und Kriminalität berichten und dem unteren Marktsegment zuzurechnen sind. In den letzten Jahrzehnten ist *The Sun*, die heute als typisches britisches Boulevardblatt gelten kann, zum Marktführer dieses Sektors geworden. Seit den 1960er Jahren übersteigt die Auflage der Boulevardzeitungen die des mittleren Marktsegments. Etwa die Hälfte der täglich verkauften Zeitungen sind Boulevard, das mittlere Marktsegment erreicht etwas mehr als ein Viertel und knapp unter ein Viertel der verkauften Blätter entfällt auf die qualitativ höherwertigen Zeitungen.[6] Die letztgenannten Blätter erschienen lange Zeit nur im traditionellen großen Zeitungsformat (*broadsheet*), die meisten bieten heute allerdings auch kleinformatige Ausgaben (*tabloid*) mit identischem Inhalt an (der *Independent* erscheint seit kurzem nur noch im Kleinformat). Die Sonntagszeitungen teilen sich ebenfalls in Boulevardblätter (*News of the World, Sunday Mirror, Sunday People, Daily Star Sunday*), den mittleren Sektor (*Mail on Sunday, Sunday Express*) und das Qualitätssegment (*Sunday Times, Sunday Telegraph, Observer, Independent on Sunday*).

Die Gesamtauflage aller britischen Zeitungen geht seit langem zurück. Im Bereich der Tageszeitungen ist sie seit den 1970er Jahren von rund 14 Millionen auf etwa 12 Millionen Exemplare gesunken. Dennoch ist die britische Presse eine der dynamischsten in Westeuropa und im europäischen Vergleich sind in London die meisten landesweiten Zeitungen ansässig. Tunstall/Machin schreiben hierzu: »Nirgendwo sonst gibt es eine vergleichbare Dichte von wettbewerbsstarken und angriffslustigen Boulevardblättern. [...] Die Tatsache, dass (seit 1986) nicht weniger als fünf seriöse hochwertige Tageszeitungen ihren Stammsitz in London haben, ist in Europa ebenfalls unerreicht.«[7] Der Wettbewerb um die Leser war deshalb stets äußerst scharf. Während der 1990er Jahre brach ein erbitterter Preis- und Auflagenkampf in der britischen Presse aus, insbesondere zwischen der *Times*, die Rupert Murdoch gehört, und dem *Daily Telegraph* mit dessen (damaligem) Eigentümer Conrad Black. *Financial Times* und *Guardian* sind unbeschadet davongekommen, da sie über eine außerordentlich treue Leserschaft aus dem Geschäftsleben bzw. der politischen Linken verfügen. Der *Independent* jedoch war schwer angeschlagen und beschuldigte die *Times* und Murdoch des Preisdumpings. Dies führte zum Versuch einiger Unterhausabgeordneter, eine spezielle Regelung gegen Wettbewerbsverzerrungen in der Pressebranche zu erreichen, die jedoch keine Mehrheit fand.[8]

Der britische Zeitungsmarkt teilt sich in regionale Märkte und den nationalen Markt. Anfang 2004 gab es rund 1300 regionale Zeitungen (von denen lediglich 100 täglich erschienen), die mit 35,6 Millionen verkauften Exemplaren pro Woche mehr als die Hälfte der Gesamtauflage aller Zeitungen ausmachten. Nur vier Unternehmen beherrschen 64 Prozent des regionalen Zeitungsmarktes: *Trinity Mirror, Newsquest, Daily Mail and General Trust* und *Johnston Press*. Die Top Ten der regionalen Herausgeber kommen auf 88 Prozent der Auflage.[9] Die meisten britischen Regionalmärkte sind durch lokale Monopole gekennzeichnet, selbst in den großen Städten. So kontrolliert der *Evening Standard* (*Daily Mail and General Trust*) den Londoner Markt, die *Manchester Evening Post* (*Guardian Media Group*) denjenigen der mittelenglischen Metropole und die *Evening Times* (*Newsquest*) beherrscht den Markt in Glasgow. Durch das Erscheinen kostenloser Zeitungen wurde die Pressekonzentration etwas zurückgedrängt, allerdings gehört *Metro*, die in vielen Großstädten als kostenlose Zeitung angeboten wird, zu einem der größten Pressekonzerne, dem *Daily Mail and General Trust*. Die größte regionale Zeitung ist der *Scottish Daily Record*, der ebenso wie einige andere schottische Zeitungen in ganz Schottland verbreitet ist. Die meisten Bürger des Vereinigten Königreichs lesen eine Regional- oder eine Lokalzeitung und – weil die Regionalpresse weitgehend der regionalen und lokalen Kommunikation dient – eine der überregionalen Zeitungen *(national papers)*, um sich (zusätzlich zum Fernsehen) über das nationale und internationale Geschehen zu informieren. Trotz seiner vielfältigen inhaltlichen und qualitativen Ausprägung ist auch der nationale Pressemarkt (wie sein regionales Pendant) bezüglich der Eigentümerstruktur hochgradig konzentriert: Die größten vier Unternehmen beherrschen 87 Prozent des Markts.

Tab. 1: Eigentümer landesweiter Zeitungen im Jahr 2005

Unternehmen	Marktanteil (März 2005)	Zeitungen	Eigentümer
News International	37,5 %	Sun, Times, Sunday Times, News of the World	News International (Rupert Murdoch)
Daily Mail and General Trust	18,8 %	Daily Mail, Mail on Sunday	Lord Rothermere
Trinity Mirror	17,5 %	Daily Mirror, Sunday Mirror, People	Victor Blank
Northern and Shell	13,1 %	Daily Express, Daily Star, Sunday Express, Daily Star Sunday	Richard Desmond
Telegraph Group/ The Business	6,5 %	Daily Telegraph, Sunday Telegraph, The Business	Gebrüder Barclay
Guardian Media Group	3,2 %	Guardian, Observer	Scott Trust
Pearson	1,7 %	Financial Times	Vorstand Pearson
Independent Newspapers	1,7 %	Independent, Independent on Sunday	Tony O'Reilly

Quellen: MediaGuardian, Media Directory 2005, S. 18, sowie Daten von ABC, veröffentlicht in MediaGuardian, 18. 4. 2005, S. 8. – Erläuterung: News International ist ein Unternehmen des von Rupert Murdoch kontrollierten Medienkonzerns News Corporation.

III. Die Strukturen im Rundfunk- und Fernsehsektor

1. Das Duopol

In den frühen Tagen des Rundfunks entschied sich Großbritannien gegen die Einrichtung eines kommerziellen Rundfunksystems wie in den USA. Stattdessen wurde der Zugang zu den Frequenzen beschränkt und ein öffentlicher Rundfunk etabliert. Die BBC, die 1927 durch eine *Royal Charter* als öffentliches Unternehmen gegründet wurde, bestand bereits seit 1922 als staatsnahes Privatunternehmen unter dem Namen *British Broadcasting Company*, dem das Rundfunkmonopol gewährt war. Sie nahm während des Generalstreiks von 1926 eine regierungsfreundliche Haltung ein und behielt diese auch während der Wirtschaftskrisen der 1930er Jahre bei. Dennoch gelang es der BBC nach dem Zweiten Weltkrieg schnell ihren berühmten Ruf der Staatsferne zu begründen, der durch das zunehmend die Unabhängigkeit betonende Selbstverständnis sowohl des Managements als auch der Journalisten untermauert wurde. Hinzu kam die Finanzierung durch eine spezielle Rundfunkgebühr, die alle Haushalte mit Radio- bzw. später Fernsehgeräten zu entrichten hatten. Die Höhe der Gebühr wurde zwar von der Regierung bestimmt, die BBC konnte aber über die Verwendung der Einnahmen im Rahmen der durch *Royal Charter* und Satzung festgelegten Aufgaben frei entscheiden. Diese Satzung wurde von Zeit zu Zeit geändert und insofern ist die relativ unabhängige BBC letztlich auch der Kontrolle des Parlaments unterworfen. In der Tat könnte die Gebührenfestsetzung die Möglichkeit bieten, politischen Druck auf die BBC auszuüben. Ein solches Vorgehen würde jedoch der Regierung schaden, weshalb dies bisher auch keine getan hat. Sogar Margaret Thatcher verschleierte den von ihr ausgeübten finanziellen Druck auf die BBC durch eine Bindung der Gebührenerhöhung an die Inflationsrate, obwohl die Sendekosten tendenziell stärker stiegen als die Inflationsrate. Die BBC wird durch einen Vorstand (*Board of Governors*) reguliert und nach außen repräsentiert. Die Vorstandsmitglieder werden durch das zuständige Ministerium, gegenwärtig das Ministerium für Kultur, Medien und Sport, ernannt. Allerdings haben sich die Vorstände stets als Vertreter des öffentlichen Interesses verstanden und nicht als politische Statthalter. Daher werden sie nicht nur in ihrer Regulierungsfunktion, sondern auch als Hüter der Unabhängigkeit der BBC angesehen.

Während des Zweiten Weltkriegs weitete die BBC den Unterhaltungsanteil ihrer Sendungen erheblich aus, hauptsächlich um die Moral der Bevölkerung zu stärken, wobei sich diese Programmänderung als dauerhaft erwies. Nach dem Krieg sah sich die BBC immer stärker kommerzieller

Konkurrenz ausgesetzt: Zunächst durch das 1954 eingeführte Privatfernsehen, dem eine heftige politische Kampagne zugunsten der Werbeindustrie (die Nutzen aus der sich entwickelnden Konsumgesellschaft ziehen wollte) vorangegangen war, dann während der 1960er Jahre durch Piratensender jenseits der Landesgrenzen und schließlich durch die Zulassung privater Rundfunkstationen ab 1972. Diese kommerzielle Konkurrenz hat sich zweifellos positiv auf das Fernseh- und Radioprogramm der BBC ausgewirkt. Die BBC musste ihr bisher kulturell eher elitäres und stilistisch nicht besonders aufregendes Programm beleben und dem Publikumsgeschmack anpassen. Unmittelbar nach dem Krieg erweiterte die BBC ihr Radioangebot von einem auf drei Sender, darunter einen für Unterhaltung und einen mit inhaltlich anspruchsvollerer Ausrichtung. 1963 wurde ein zweiter Fernsehkanal etabliert. Während BBC1 ein stärker am Massengeschmack orientiertes Programm anbot, widmete sich BBC2 intellektuelleren Themen wie Kultur und Zeitgeschehen, die nur kleinere Teile des Publikums ansprachen. Die BBC musste zwar auf die neuen Wettbewerber reagieren, aber diese standen auch unter einem Einfluss der BBC. So übernahmen die neuen privaten Rundfunk- und Fernsehsender viel von der Grundhaltung der BBC, die Programme als Dienstleistung für die Öffentlichkeit zu verstehen. Zudem war die BBC der Ausbildungsort vieler Mitarbeiter der neuen Konkurrenten. Nicht zuletzt waren die kommerziellen Stationen nicht nur durch gesetzliche Regelungen gebunden, sondern sie fühlten sich auch dem vom Vorbild der BBC geprägten Ethos der politischen Neutralität verpflichtet. Ihr privatwirtschaftlicher Status begründete zudem eine große Unabhängigkeit vom Staat.

Bis in die 1980er Jahre blieb die Kommerzialisierung des privaten Rundfunk- und Fernsehsektors relativ begrenzt, weil die Fernsehstationen durch die *Independent Broadcasting Authority* (IBA; zuvor *Independent Television Authority*) und die kommerziellen Radiostationen durch die *Radio Authority* streng reguliert waren. Die Mitglieder dieser Aufsichtsbehörden wurden wie der BBC-Vorstand von der Regierung ernannt. Durch detaillierte Vorgaben zur Programmgestaltung wurde der private Fernsehsender ITV faktisch dazu gezwungen, die zweite Säule des Duopols im TV-Sektor zu bilden. Inhalt und Ausmaß der gesendeten Werbung wurden ebenfalls kontrolliert. Die Sendestationen von ITV waren im Besitz der IBA, die damit sowohl für die Programmausstrahlung als auch als Aufsicht von ITV zuständig war. Die IBA hatte das Recht, Programme und Werbesendungen von ITV vor deren Ausstrahlung zu prüfen und in die Programmgestaltung einzugreifen. Darüber hinaus lizenzierte (und überwachte) sie die 15 regionalen ITV-Gesellschaften. Die IBA konnte diese Lizenzen zurückziehen bzw. nicht verlängern und machte gelegentlich auch von diesem Recht Gebrauch. Erst in den 1980er Jahren veränderte sich diese äußerst starre Regulierungsstruktur durch den Einfluss neuer Technologien sowie durch gezielt eingesetzte, weitreichende Deregulierungsmaßnahmen der Regierung.

Im Jahr 1982 wurde das Duopol des öffentlichen Fernsehens durch die Einführung von Channel 4 aufgebrochen. Obwohl er sich durch Werbung finanziert, ist Channel 4 ein gemeinnütziger öffentlicher Sender mit dem besonderen Auftrag, Publikumsinteressen abzudecken, die von anderen Sendern nicht berücksichtigt werden. Dazu gehören Nachrichten, Zeitgeschehen, Bildung, Religion und multikulturelle Programme, die alle in der besten Sendezeit ausgestrahlt werden müssen. Mit dem Rundfunkgesetz von 1990 wurde Channel 4 vom Status einer Tochtergesellschaft der IBA in den einer öffentlich-rechtlichen Körperschaft überführt, die von der IBA-Nachfolgebehörde *Independent Television Commission* (ITC) lizenziert und kontrolliert wird. Da Channel 4 ausschließlich zugekaufte, d. h. fremdproduzierte Beiträge sendet, hat er maßgeblich zur Unterstützung unabhängiger TV-Produktionsfirmen und zur Entwicklung der britischen Filmindustrie beigetragen. Während die Konservativen über eine Privatisierung von Channel 4 nachdachten, fühlt sich New Labour verpflichtet, den öffentlich-rechtlichen Status des Senders zu erhalten. Gleichzeitig mit der Gründung von Channel 4 im Jahr 1982 wurde ein eigener öffentlich-rechtlicher Sender für Wales eingerichtet (S4C; Sianel 4 Cymru = Channel 4 Wales), der direkt aus dem Etat des Finanzministerium finanziert wird. Die Aufsicht liegt bei der *S4C Authority*, deren Mitglieder ebenfalls vom Ministerium für Kultur, Medien und Sport ernannt werden. Der Sender hat die Verpflichtung, einen großen Teil seiner Programme in walisischer Sprache auszustrahlen. 1997 wurde ein fünfter Fernsehkanal, Channel 5, gegründet, der aber weniger öffentlich-rechtlichen Verpflichtungen unterliegt als die übrigen terrestrischen Anbieter.

In den 1990er Jahren kam es durch das Bezahlfernsehen von BSkyB via Satellit (zunächst ab 1989 unter dem Namen Sky TV) und durch die britischen Kabelbetreiber zu einer massiven Neugründung von Sendern. Der Aufbau derart vieler Kanäle wurde durch die Einführung der digitalen Satellitentechnik ermöglicht, der bis zum Ende des Jahrzehnts das Digitalkabel und der digitale Antennenempfang folgten. Abgesehen von Vorgaben in Sachen Verbraucherschutz, Geschmack, Unparteilichkeit oder angemessener Berichterstattung hat die Aufsichtbehörde ITC den Kabel- und Satellitensendern keine inhaltlichen Vorgaben gemacht. Als Ergebnis der neuen Technologien und der Deregulierungspolitik war Ende der 1990er Jahre das Duopol des Fernsehsektors durch eine dreigleisige Struktur ersetzt: (1) die gebührenfinanzierte

BBC, (2) die werbefinanzierten öffentlich-rechtlichen Sender (wobei Channel 4 dem öffentlich-rechtlichen Charakter am stärksten entspricht und Channel 5 am geringsten), (3) die kaum regulierten Satelliten- und Kabelkanäle, die sich hauptsächlich über Abonnements, teilweise auch durch Werbung finanzieren.

2. Technologischer Wandel: Die Einrichtung des Mehrkanalfernsehens

Seit den 1980er Jahren unterliegt das britische Rundfunk- und Fernsehwesen tiefgreifenden Veränderungen. 1980 konnten die Briten innerhalb einer Woche aus 300 Stunden Fernsehprogramm auswählen, das von drei Sendern (BBC1, BBC2, ITV) angeboten wurde. 20 Jahre später konnten die Empfänger von Mehrkanalfernsehen aus 40 000 Programmstunden aussuchen, welche von über 250 Sendern produziert wurden. Zudem wuchs die Zahl der über Antenne empfangbaren Sender mit Channel 4 (1982) und Channel 5 (1997) auf fünf.[10] Mit dem Start des Digitalfernsehens ging die Expansion weiter. 2004 wurden in Großbritannien über eine Million Stunden Fernsehen von über 370 Kanälen ausgestrahlt (ohne *Pay-per-view* und interaktive Angebote). Ende des ersten Quartals 2005 konnten 61,9 Prozent der britischen Haushalte Digitalfernsehen empfangen, davon über die Hälfte via Satellit (BSkyB), ein Drittel über Antenne und die übrigen via Kabel. Da außerdem knapp 750 000 Kabelabonnenten analog ausgestrahltes Mehrkanalfernsehen empfangen, erreicht dieses Angebot mittlerweile 65 Prozent aller Haushalte.[11] Vor zwei Jahrzehnten spiegelte das britische Fernsehen die Werte eines stark regulierten Duopols wider. Heutzutage ist die Themenvielfalt wesentlich größer. 2004 erzielten Unterhaltungssender rund ein Viertel (24 Prozent) des digitalen Marktanteils. Kinder-, Sport- und Freizeitkanäle kamen auf 18, 11 bzw. 8 Prozent. Auf die Nachrichtensender entfielen 18 Prozent. Die multikulturelle Gesellschaft Großbritanniens spiegelt sich in einem Marktanteil von 16 Prozent für zielgruppenspezifische Sender wider.[12] Viele der Unterhaltungs- und Kinderprogramme stammen aus den USA.

Die BBC hat mit Billigung der Regierung die Herausforderung des Mehrkanalfernsehens angenommen. Sie entwickelte eine Reihe digitaler Nischenkanäle, die sich an ein bestimmtes Publikum wenden, darunter einen Jugend- und einen Kinderkanal (BBC3 und CBBC). Auch Kultur- und Bildungsprogramme (BBC4), politische Berichterstattung (BBC Parliament) und ein 24-Stunden-Nachrichtenkanal (BBC News 24) werden angeboten. Nach dem Scheitern des Versuchs von ITV, über Antenne einen digitalen Bezahlsender aufzubauen, gründete die BBC im November 2002 (in Kooperation mit *Crown Castle* und BSkyB) einen digitalen Antennensender mit dem Namen *Freeview*, über den verschiedene Fernseh- und Rundfunkkanäle kostenlos zu empfangen sind. Weitere Spezialangebote können zusätzlich abonniert werden. *Freeview* erfreute sich schnell wachsender Beliebtheit und wurde Ende 2004 in mehr als 4,5 Mio. britischen Haushalten gesehen. Beinahe 70 Prozent des Zuwachses von Digitalfernsehen in Großbritannien geht auf den neuen Kanal zurück[13], womit eine beschleunigte Entwicklung des Digitalfernsehens bewirkt wurde. Der Erfolg von *Freeview* stellt zumindest für das Basisangebot von BSkyB und Kabelanbietern eine Herausforderung dar. Neben der BBC gründeten auch andere beliebte Sender wie ITV (mit ITV2 bzw. ITV3) und Channel 4 (mit *FilmFour* und *FilmFour Weekly*) neue Kanäle, um im Wettbewerb zu bestehen.

Selbst in der Ära des Mehrkanalfernsehens behauptete die BBC ihre Führungsposition. Im Jahr 2004 betrug der durchschnittliche Zuschaueranteil für die zwei wichtigsten Kanäle (BBC1, BBC2) 34,7 Prozent. Der Zuschaueranteil von ITV ist dagegen deutlich zurückgegangen. Trotzdem sind BBC1 bzw. ITV die meistgesehenen Fernsehsender, und es ist BBC2, Channel 4 sowie Channel 5 eindrucksvoll gelungen, trotz des härteren Wettbewerbs ihr Publikum zu halten.

Tab. 2: Prozentualer Zuschaueranteil 1981–2004

Sender	1981	1985	1990	1995	2000	2004
BBC1	39	36	37	32	27,2	24,7
BBC2	12	11	10	11	10,8	10
ITV	49	46	44	37	29,3	22,8
Channel 4	–	7	9	11	10,5	9,7
Channel 5	–	–	–	–	5,7	6,6
Andere	–	–	–	–	16,6	26,2

Quelle: Broadcasting Audience Research Board (BARB), 2005. Siehe http://www.barb.co.uk.

Diese Zahlen gelten für den gesamten Zuschaueranteil. Das Bild verändert sich, wenn die Daten auf die Empfangsart bezogen werden. Aber auch wenn der Anteil von Spartensendern in Haushalten mit Kabel- und Satellitenempfang wesentlich höher ist, so halten selbst dort die öffentlich-rechtlichen Sender einen wichtigen Zuschaueranteil, und sie sind besonders erfolgreich beim digitalen Antennenempfang (*Freeview*).

Im Zeitalter des Mehrkanalfernsehens ist die Entwicklung eines einzelnen Kanals weniger bedeutsam als das gesamte Programmangebot eines Sen-

Tab. 3: Prozentualer Zuschaueranteil nach Empfangsart, 2004

Sender	Antenne (terrestrisch)	Antenne (digital)	Kabel (digital)	Satellit (digital)
BBC1	33,0	27,8	17,5	17,3
BBC2	15,1	11,6	5,7	5,3
ITV	29,1	23,0	18,5	17,2
Channel 4	13,5	11,4	6,5	6,1
Channel 5	8,8	8,9	5,0	3,6
Andere	0,4	17,4	46,9	50,5

Quelle: Ofcom, Communications Market 2005, S. 211. Die Originaldaten stammen vom BARB.

ders. Die öffentlich-rechtlichen Sender (BBC, ITV, Channel 4, Channel 5) haben die Bandbreite ihrer Kanäle ausgeweitet, um im neuen Wettbewerb bestehen zu können. Tabelle 4 zeigt, dass diese Sender über Jahre hinweg stabile Zuschaueranteile in Haushalten mit Mehrkanalempfang haben; BBC, Channel 4 und Channel 5 konnten sogar leicht zulegen.

Tab. 4: Prozentualer Zuschaueranteil in Haushalten mit Mehrkanalempfang

Sender	2001	2002	2003	2004
BBC	28,7	29,5	29,4	29,5
ITV	21,0	21,0	21,1	20,9
Sky	9,8	9,1	9,2	8,1
Channel 4	7,7	8,4	8,1	8,5
Channel 5	4,3	4,6	4,7	5,1
UKTV	3,6	4,0	4,1	4,2
Viacom	4,4	4,2	4,3	4,1
Flextech	2,3	2,6	2,6	2,8
Discovery	1,8	2,0	2,2	2,3
Turner	2,2	1,9	2,1	1,9
Disney	1,6	1,4	1,3	1,4
Andere	12,5	11,3	11,0	11,2

Quelle: Ofcom, Communications Market 2005, S. 214. Die Originaldaten stammen vom BARB.

Für das Radio lassen sich ähnliche Entwicklungen wie beim Fernsehen beobachten. 2005 gab es 372 Radiosender in Großbritannien, von denen 215 digital empfangen werden konnten (*Digital Audio Broadcasting*, DAB). Die BBC bleibt der führende Sender auf nationaler Ebene, während die Privatsender bei den Lokalradios vorne liegen. Die fünf gesamtbritischen Radiostationen der BBC hatten Mitte 2004 über 42 Prozent Zuhöreranteil, wohingegen die 14 landesweit ausgestrahlten Privatsender lediglich auf knapp über 10 Prozent kamen. Lokale Privatsender erreichten über 35 Prozent der Zuhörer, demgegenüber wurden die 43 Lokalradios der BBC nur von rund 11 Prozent der Zuhörer genutzt. In absoluten Zahlen (Anzahl der Personen, die mindestens fünf Minuten pro Woche den jeweiligen Sender hören) hatten die landesweiten Radioprogramme der BBC 28,6 Millionen Hörer, die nationalen Privatsender kamen auf 13,1 Millionen. Im Lokalfunk erreichten die Privatsender 25,9 Millionen Hörer gegenüber 10,2 Millionen bei der BBC.[14]

3. Reformen der Regulierung für elektronische Medien

Die Neuordnung des britischen Rundfunks und Fernsehens seit den 1980er Jahren ist zum Großteil auf die Einführung neuer Technologien – wie dem Kabel-, Satelliten- und Digitalempfang – zurückzuführen. Dadurch wurde die Begrenztheit der Sendefrequenzen überwunden, die das Duopol der öffentlich-rechtlichen Sender rechtfertigte. Die Strukturveränderung der Medienlandschaft wurde auch durch eine gezielte Politik unterstützt. Sowohl die Konservativen Regierungen von Margaret Thatcher (1979–1990) und John Major (1990–1997) als auch die Labour-Regierung unter Tony Blair (seit 1997) verfolgten eine Politik der Deregulierung des Rundfunk- und Fernsehwesens, die sich treffender als »liberalisierende Re-Regulierung« bezeichnen lässt.[15]

Das Rundfunkgesetz von 1984 führte den Grundsatz zurückhaltender Regulierung (*light touch regulation*) ein, der allerdings nur für die »neuen Medien« galt. Dieses Prinzip wurde mit dem Rundfunkgesetz des Jahres 1990 auf den Sender ITV ausgedehnt, wodurch dessen öffentlich-rechtlicher Charakter abgeschwächt wurde. Aus der vormaligen IBA wurde die ITC, die nicht mehr als Sendeveranstalter agiert. Sie ist nunmehr eine reine Aufsichtsbehörde und für die Lizenzierung bzw. Regulierung aller Privatsender in Großbritannien zuständig, inklusive der Fülle neuer Kabel- und Satellitensender (eine Aufgabe, die sie von der kurzlebigen *Cable Authority* übernahm). Hinzu kam die Beschränkung des Ermessensspielraums der ITC bei der Vergabe von Sendelizenzen, die stattdessen im Rahmen einer Auktion an den Meistbietenden versteigert wurden (verbunden mit der Verpflichtung zur Einhaltung einer Mindestqualität). Diese für die Thatcher-Zeit typische Entscheidung unterwarf die ITV-Sender dem kommerziellen Wettbewerb. Das Rundfunkgesetz von 1996 minderte die öffentlich-rechtlichen Anforderungen an ITV weiter und förderte durch die Einführung des digitalen

Antennenempfangs entscheidend die Entwicklung des Mehrkanalfernsehens. New Labours *Communications Act* von 2003 ist die bisher letzte Wegmarke dieses Deregulierungsprozesses und setzt die Reformen im Bereich elektronischer Kommunikation konsequent fort.

Die Digitaltechnik, die individuell abrufbare Programme und Fernsehen über das Internet ermöglicht, bringt für die Medienpolitik neue Herausforderungen mit sich. Im Digitalzeitalter wird die Angemessenheit des traditionellen öffentlich-rechtlichen Systems in Frage gestellt. Die werbefinanzierten öffentlichen Sender, insbesondere ITV, sehen sich vor Probleme gestellt, ihren öffentlichen Auftrag mit den Erfordernissen des wettbewerbsorientierten Mehrkanalfernsehens zu vereinbaren. So wird gefordert, die strengen Eigentümerregelungen zu lockern, da die Programmvielfalt durch die große Zahl von Kanälen im digitalen Zeitalter gesichert sei. Auch die Stellung der BBC wird hinterfragt, weil der Einstieg in die neuen Medien keine angemessene Verwendung der erhobenen Gebühren sei, und selbst die Gebührenfinanzierung der BBC als solche steht zur Debatte.

Als New Labour 1997 nach 18 Jahren konservativer Regentschaft ins Amt kam, hatte es zunächst den Anschein, als ob kaum Veränderungen in der Medienpolitik vorgenommen würden. Die Investitionen der BBC in neue Medien wurden gefördert, die zunehmend kommerzielle Ausrichtung der Privatsender gebilligt und die Einführung des Digitalfernsehens vorangetrieben.[16] Im Dezember 2000 veröffentlichte die Regierung jedoch ein Weißbuch, mit dem neue Akzente gesetzt wurden, insbesondere hinsichtlich weiterer Deregulierung und einer Zusammenführung der Medienaufsicht.[17] Nach kontroverser öffentlicher Diskussion, insbesondere über die geplante Lockerung der Eigentümerregelungen, wurde das Rundfunkgesetz im Jahr 2003 verabschiedet.[18]

Das Kernstück der Reform war die Einrichtung des *Office of Communications* (Ofcom). Diese neue einheitliche Aufsichtsbehörde wacht seit Dezember 2003 über die wirtschaftlichen, technischen wie auch die inhaltlichen Aspekte des gesamten elektronischen Kommunikationssektors. Die Funktion wurde zuvor von fünf verschiedenen Organisationen wahrgenommen: ITC, *Radio Authority*, *Office of Telecommunications* (Regulierer des TK-Bereichs), *Broadcasting Standards Commission*, *Radiocommunications Agency*. Nach den Ausführungen des Weißbuchs soll Ofcom dazu beitragen, »Großbritannien zum dynamischsten und wettbewerbstärksten Kommunikationsmarkt der Welt«[19] zu entwickeln. Eine weitere Aufgabe ist es, die Sendeinhalte im öffentlichen Interesse zu kontrollieren. Um dem Anliegen der Regierung nachzukommen, dass Regulierer sowohl auf Interessen der Konsumenten (im Markt) wie auch der Bürger (in der Gesellschaft) eingehen, wurde

Ofcom gesetzlich verpflichtet, ein *Consumer Panel* und ein *Content Board* einzurichten, die an der Kontrolle der Sendeinhalte beteiligt sind.

Das neue Regelwerk setzte auch mehrere EU-Richtlinien um, die einen unionsweiten Regulierungsrahmen für den Kommunikationssektor vorgeben, mit dem Ziel, den Wettbewerb voranzutreiben und die Aufsichtsdichte in den zusammenwachsenden Märkten zurückzuführen. Die Lizenzierung der Infrastrukturbetreiber und damit verbundener Dienste (*communication carriage providers*) wurde abgeschafft. Jedoch sieht das Gesetz weiterhin die Lizenzierung der Sender vor, eine Aufgabe, die im Einklang mit den EU-Vorgaben zur Überwachung der Sendeinhalte bei den Mitgliedstaaten liegt. Die Infrastrukturbetreiber sind zudem verpflichtet, die Digitalprogramme der öffentlich-rechtlichen Sender, also von BBC, ITV (Channel 3), Channel 4, Channel 5, S4C Digital sowie den Teletext auszustrahlen.

Das Rundfunkgesetz sieht einen dreistufigen Aufbau der inhaltlichen Kontrolle vor, der dem Mehrkanalfernsehen gerecht werden soll. Die erste Stufe betrifft alle Sender hinsichtlich grundlegender Anforderungen an den Sendeinhalt wie Geschmack und ethische Kriterien, Werbe- und Sponsorenregeln, Verpflichtung zur Unparteilichkeit und Sorgfalt, Zugang für Behinderte sowie den durch EU-Regeln festgelegten Grundsatz, dass die Mehrzahl der Sendungen aus europäischer Produktion stammen soll. Die schärferen Regeln der zweiten und dritten Kontrollebenen gelten nur für die öffentlich-rechtlichen Sender. In der zweiten Stufe soll Ofcom sicherstellen, dass vergleichsweise einfach messbare Verpflichtungen erfüllt werden, wie z. B. die Sicherung der Anteile unabhängiger und eigener Produktionen sowie der Anteil von regionalen Produktionen und Regionalprogrammen, Nachrichten und Zeitgeschehen in der Hauptsendezeit. Diese Auflagen sind in den jeweiligen Sendelizenzen festgeschrieben (bei der BBC in der Charter bzw. Satzung). Ihre Einhaltung wird vom Ofcom überwacht. Es gibt eine unterschiedliche Intensität der Auflagen, wobei BBC und Channel 4 am stärksten reguliert sind, Channel 5 am wenigsten stark.

Die dritte Ebene soll die (wesentlich schwieriger messbaren) generellen Anforderungen an öffentlich-rechtliches Fernsehen überprüfen. Diese bestehen u. a. in einem abwechslungsreichen und qualitativ hochwertigen Programm, das die Vielfalt der britischen Kultur widerspiegeln soll. Die Erfüllung dieses Anspruchs ist in den Lizenzen (BBC: Satzung) fixiert, die Kontrolle soll aber durch die Sender selbst geleistet werden. Demnach haben die Sendeverantwortlichen von BBC, S4C, ITV, Channel 4 und Channel 5 hierfür zu sorgen. Die Sender müssen deshalb Programmpläne vorlegen, die ihrem jeweiligen öffentlich-rechtlichen Auftrag entsprechen (wiederum enger gefasst für die BBC und Channel 4, weniger strikt für Channel 5) sowie einen jährlichen Bericht über die Erfüllung ihres Auftrags abgeben, wie es die BBC bereits seit einigen Jahren tut. Die Aufsichtsbehörde Ofcom beurteilt diese Selbstkontrollen der Sender und legt periodisch eigene Berichte über die Lage des öffentlich-rechtlichen Fernsehens vor.

Um gegen Fehler und/oder Versäumnisse der Sender vorgehen zu können, hat Ofcom die Macht, die Einhaltung der Regeln entsprechend durchzusetzen. Im Fall der BBC liegt diese Kompetenz immer noch beim Board of Governors und letztlich beim Ministerium für Kultur, Medien und Sport. Dennoch unterliegt die BBC der Aufsicht durch Ofcom derart, dass Ofcom Geldstrafen verhängen kann, wenn die BBC gegen Regeln der ersten und zweiten Stufe verstößt. Auch in der jährlichen Programmplanung hat die BBC die Positionen von Ofcom zu berücksichtigen. So nahm die Behörde unmittelbar nach ihrer Gründung eine umfassende Untersuchung des öffentlich-rechtlichen Rundfunk- und Fernsehsektors vor, den auch die BBC zur Kenntnis nehmen musste, da Ofcom wettbewerbsrechtliche Kompetenzen für den gesamten Marktes besitzt und damit letztlich auch die Marktstellung und den Einfluss der BBC kontrolliert.

Mit dem Regelwerk von 2003 wurde die zunehmende Deregulierung der TV-Eigentümerstrukturen seit der Zeit der konservativen Regierung fortgesetzt und der Betrieb von ITV ohne Regionalgesellschaften ermöglicht. Im Hinblick auf die Besitzverhältnisse von ITV wurde jedoch die Bestimmung des Rundfunkgesetzes von 1990 beibehalten, welche Eigentümern landesweiter Zeitungen mit mehr als 20 Prozent Marktanteil verbietet, eine eigene Fernsehlizenz oder mehr als 20 Prozent an einem Fernsehsender zu besitzen. Diese Regelung soll auch in Zukunft alle potentiellen Versuche des Medienmoguls Rupert Murdoch (dessen vier überregionale Zeitungen weit über 20 Prozent Marktanteil haben, vgl. Tab. 1 verhindern, die Kontrolle über ITV zu übernehmen. Gleichwohl hob das Gesetz von 2003 für Channel 5 die obige Beschränkung auf und gestattete erstmals die Vergabe terrestrischer Sendelizenzen an außereuropäische Investoren. Damit wurde Murdoch die Chance eröffnet, Channel 5 früher oder später seinem Konzern einzuverleiben. Es ist nun möglich, dass entweder ITV oder Channel 5 (und möglicherweise beide) in US-Eigentümerschaft übergehen, auch wenn im Jahr 2005 der europäische Medienkonzern RTL seine Besitzanteil an Channel 5 ausgeweitet hat. Das Gesetz von 2003 entschärfte zudem die Eigentumsregelungen für Rundfunksender und hob das Verbot auf, gleichzeitig Sendelizenzen für landesweit ausgestrahlte Fernsehsender und Radiostationen zu besitzen. Mit ihrem Liberalisierungskurs wollte die Regierung Anreize für höhere Investitionen schaffen und die Wettbewerbsfähigkeit der britische Medien auf dem globalen Markt stärken.

Die Reform der Eigentumsregelungen war politisch jedoch so umstritten, dass die Regierung eine neue, restriktive Maßnahme in das Gesetz aufnahm: den so genannten *plurality test*. Wenn die Meinungsvielfalt verletzt zu werden droht, kann der zuständige Minister ein Veto gegen Übernahmen bzw. Zusammenschlüsse einlegen. Ausschlaggebend für sein Urteil soll die Pluralität der Eigentümer sowie die Breite des Fernseh- und Rundfunkangebots sein. Wie sich dies in der Praxis bewährt, bleibt abzuwarten. Kritiker sind ohnehin der Ansicht, dass dieser Passus nur eingefügt wurde, um die Verabschiedung des Gesetzes sicherzustellen.

4. Marktstruktur und Konzentration des Rundfunk- und Fernsehsektors

Bis in die 1980er Jahre wurde das britische Fernsehen von BBC und ITV beherrscht. Beide Sender waren traditionell Komplettanbieter, d. h. ihre jeweiligen Produktionsabteilungen stellten die meisten Programmteile selbst her. Mit der Gründung von Channel 4 entwickelte sich ein neues Modell, bei dem alle Sendungen zugekauft bzw. im Auftrag erstellt wurden. Andere Unternehmen wie *Carlton* (führend bei ITV) und Channel 5 agierten ähnlich. Mit der Einführung eines internen Marktes (*Producer Choice*) öffnete sich in den 1990er Jahren auch die BBC für externe Produktionen. Hinzu kam, dass mit dem Rundfunkgesetz von 1990 den Sendern BBC, ITV, Channel 4 und Channel 5 (ab 1997) vorgeschrieben wurde, mindestens ein Viertel des jährlichen Programms durch unabhängige Produktionsfirmen herstellen zu lassen. Daraus entwickelte sich eine große und breit gefächerte private Produktionsindustrie in Großbritannien. Im Jahr 2004 erzielte der Privatsektor mit 1,3 Milliarden Pfund einen weitaus größeren Umsatz als BBC (984 Millionen) oder ITV (606 Millionen). Dabei ist anzumerken, dass ein starker Konzentrationsprozess bei den privaten Produzenten festzustellen ist. Die vier größten Firmen (Hi Entertainment, All3Media Group, Talkback Thames, Endemol UK) erzielten 2004 jeweils über 100 Millionen Pfund Umsatz, die drei folgenden Unternehmen (TWI, Television Corporation, RDF Media) zwischen 50 und 100 Millionen. Schätzungen gehen davon aus, dass diese sieben Firmen etwa die Hälfte des privaten Marktes für sich beanspruchen.[20]

Bis in die 1990er Jahre hatte ITV eine vielschichtige Eigentümerstruktur. Dies erklärt sich zum einen aus der dezentralen Organisation mit fünfzehn eigenständigen Regionalsendern und zusätzlich einem Frühstücksfernsehkanal. Zum anderen garantierte die strenge Regulierungspolitik der IBA die breit gestreute Eigentümerschaft. Bis 1990 wurde alle ITV-Sender von unterschiedlichen Unternehmen, mit jeweils wiederum vielfältiger interner Eigentümerstruktur, betrieben. Mehrfachbeteiligungen ließ die IBA eingedenk ihres regionalen Ansatzes und in Wahrnehmung des öffentlichen Auftrags zur Gewährleistung der Meinungsvielfalt nicht zu. Erst das Rundfunkgesetz von 1990 gestattete den Besitz von zwei ITV-Lizenzen, jedoch durfte kein Besitzer eines als »groß« klassifizierten Senders einen weiteren großen übernehmen. 1993 wurde diese Bestimmung gelockert, mit der Ausnahme der beiden Londoner Sender. Das Rundfunkgesetz 1996 ermöglichte einen weiteren Konzentrationsprozess, indem nicht mehr die Zahl der ITV-Lizenzen begrenzt wurde, sondern ein Unternehmen, das 15 Prozent oder mehr Zuschaueranteil[21] erzielte, keine weiteren Lizenzen erwerben durfte. In der Folge übernahmen zwei ITV-Gesellschaften (*Carlton* und *Granada*) die meisten der sechzehn ITV-Sender. Das Rundfunkgesetz der Blair-Regierung schaffte sowohl die Begrenzung in Bezug auf den Zuschaueranteil als auch das Verbot des gemeinsamen Besitzes von zwei Londoner Sendelizenzen ab. Dies ermöglichte den beiden in England verbliebenen ITV-Eigentümern *Carlton* und *Granada*, sich zu einer einzigen Gesellschaft, einer Art ITV-AG, zusammenzuschließen. Die *Scottish Media Group* übernahm die wichtigsten schottischen Lizenzen (*Grampian and Scottish*), so dass heute nur noch Ulster TV und Channel TV konzernunabhängig sind. Zwar unterliegen die ITV-Lizenzen weiterhin bestimmten Auflagen für ein Regionalprogramm und regionale Produktion, der Konzentrationsprozess wirft jedoch Zweifel hinsichtlich der zukünftigen regionalen Verankerung von ITV auf.

Das britische Bezahlfernsehen ist ebenfalls durch hohe Marktkonzentration gekennzeichnet. Der führende Anbieter ist BSkyB, dessen größter Anteilseigner mit 35 Prozent die *Sky Global Corporation* ist, die zu Rupert Murdochs *News Corporation* gehört. Deren britischer Ableger *News International* verlegt vier landesweit erscheinende Zeitungen, die 2005 einen gemeinsamen Marktanteil von 37,5 Prozent erzielten (Tab. 1). Mit über 7,6 Mio. Abonnenten (Ende 2004) beherrscht BSkyB rund zwei Drittel des Pay-TV-Marktes. Den größten Teil des verbleibenden Drittels teilen sich zwei Kabelgesellschaften: NTL mit rund zwei Mio. und Telewest mit rund 1,3 Mio. Abonnenten. Der Kabelfernsehmarkt unterliegt gleichfalls einem starken Konzentrationsprozess. Im Jahr 1992 gab es noch 29 Gesellschaften. Der Start des frei empfangbaren Senders *Freeview* Ende 2002 eröffnete einen verschärften Wettbewerb, da er eine kostenlose Alternative für eine Grundversorgung mit Mehrkanalfernsehen bot. Schon 2004 gelang es Freeview, mehr Abonnenten als BSkyB und die Kabelanbieter zu gewinnen, worauf diese mit individuell abrufbaren und interaktiven Innovationen wie z.B. Sky+ (dem persönlichen Videoaufnahmedienst von BSkyB) reagierten.[22] Während NTL lediglich einen Bezahlfernsehsender anbietet und die Programme zukauft, unterhalten BSkyB und Telewest eine Vielzahl von Sendern, deren Programme überwiegend selbst produziert sind. BSkyB besitzt Sport- und Filmkanäle, den 24-Stunden-Nachrichtensender *Sky News* und den Unterhaltungskanal *Sky One*. Die *Telewest*-Gesellschaft *Flextech* betreibt eine Reihe von Digitalkanälen und strahlt zusammen mit dem Kooperationspartner *BBC Worldwide* (dem kommerziellen Ableger der BBC) zehn so genannte UKTV-Kanäle aus. Weitere bedeutende Unternehmen im britischen Mehrkanalfernsehmarkt sind die weltweit tätigen Konzerne *Time Warner, Viacom* und *Walt Disney*.

Bereits vor dem In-Kraft-Treten des Rundfunkgesetzes von 2003 war der private Radiosektor von sieben Gesellschaften geprägt, die 2002 einen Anteil von 86 Prozent aller Zuhörern des kommerziellen Radios hatten: GWR 26,6, Capital 16,5, EMAP 13,7, Chrysalis 13,2, SRH 7,6 Wireless 7,1 und Virgin 3,9 Prozent.[23] Das Gesetz von 2003 erlaubte einen weiteren Konzentrationsprozess, was 2005 zum Zusammenschluss von Capital und GWR zu GCap Media führte. Dieser Konzern ist nun der Branchenprimus in Bezug auf Umsatz, Zahl der Radiostationen und Höreranteil. Auch Fernsehgesellschaften haben im Radiomarkt investiert. Die *Scottish Media Group*, Inhaberin zweier schottischer ITV-Lizenzen, hat die Radiosparte von *Virgin* übernommen, die *News Corporation* besitzt 19,9 Prozent an *Wireless*, die den landesweiten Sender *Talksport* und 17 Lokalradios betreibt.[24]

IV. Aktuelle Themen und Kontroversen der Medienpolitik

1. Qualitätsverlust der Medien?

Immer wieder wird behauptet, dass aufgrund des zunehmenden Wettbewerbs um Zuschauer und Leser das Niveau der britischen Medien rasant verfallen sei. Bob Franklin etwa spricht von der Entstehung eines neuen Journalismus mit veränderten Prioritäten, den er für die Verdrängung des seriösen Journalismus verantwortlich macht und den er als *Newszak* bezeichnet (eine Anspielung auf den Begriff *Muzak*, zu deutsch Berieselungsmusik).[25] Nach Franklin sind journalistische Standards stetig zurückgegangen, was er auf den Druck zurückführt, Zuschauer und Leser in einer nun stark wettbewerbsorientierten Medienlandschaft zu gewinnen. Hinzu kommen die Deregulierungspolitik und damit verbundene Veränderungen des Arbeitsumfeldes, der Rückgang gewerkschaftlichen Einflusses, der zahlenmäßige Anstieg freiberuflicher Journalisten sowie zunehmend unsichere Beschäftigungsbedingungen in der Medienbranche. Der Nachrichtenjournalismus sei Teil einer kommerzialisierten Unterhaltungsindustrie geworden und präsentiere seine Inhalte in einer wenig seriösen und zunehmend reißerischen Form.

In einigen Bereichen, insbesondere der Boulevardpresse, ist in der Tat eine unübersehbare Entwicklung zur Promi-Berichterstattung und zum Sensationsjournalismus zu beobachten. Jeremy Tunstall beschreibt die rasante Verbreitung des Boulevardjournalismus seit Ende der 1960er Jahre, als sich der Wettbewerb sprunghaft verschärfte, was in dem verbissenen Preiskampf der Zeitungen in den 1990er Jahren gipfelte.[26] Ebenso gibt es im Fernsehbereich Hinweise, dass insbesondere das Programm von ITV seit den zurückhaltenderen Regulierungsregeln aus den 1990er Jahren seichter geworden ist. In seinem Jahresbericht 2005 äußert Ofcom Bedenken hinsichtlich der Entwicklung der öffentlich-rechtlichen Sender und konstatiert, dass »in bestimmten Genres die Zahl der Sendungen, die dem öffentlich-rechtlichen Auftrag entsprechen, sinkt«[27]. Hervorgehoben wird der Rückgang der Ausstrahlung britischer Fernsehproduktionen ebenso wie der von Nachrichten in der Hauptsendezeit bei den werbefinanzierten öffentlich-rechtlichen Sendern. Bei den Digitalsendern der BBC ist ein Rückgang der Nachrichtensendungen zu beobachten und die Sendezeit für Kultur und Zeitgeschehen hat sich bei allen Sendern außer Channel 5 reduziert. Das Kinderprogramm wurde bei BBC1, Channel 4 und Channel 5 eingeschränkt. Auf der anderen Seite sind ein weiterer Anstieg von Information (außer beim ITV 1) und ein Rückgang der nonfiktionalen Unterhaltung zu verzeichnen. Bei Channel 4 wird ein starker Zuwachs bei Dramen und Serien registriert, hingegen geht dieses Sendeformat bei ITV1 und Channel 5 zurück.

2. Wettbewerbsverzerrung und die Zukunft der BBC

Das wichtigste medienpolitische Thema ist fraglos die Zukunft des öffentlich-rechtlichen Rundfunks/Fernsehens im digitalen Zeitalter und im Besonderen die Zukunft der BBC. Kommerzielle Anbieter kritisieren die BBC scharf, da sie – ausgestattet mit öffentlichen Finanzmitteln, den Rundfunkgebühren – einen unfairen Wettbewerb im Bereich der neuen Medien führe. Diese Märkte, so wird behauptet, seien durch keinerlei Marktversagen gekennzeichnet, was die traditionelle Begründung für ein öffentlich-rechtliches Engagement war. Auch die teilweise kommerzielle Ausrichtung der BBC wird in Frage gestellt. Der 1994 gegründete gewerbliche Ableger *BBC Worldwide* kooperiert mit Sendern wie *Flextech* (*Telewest*) und *Discovery Chan-*

nel, um den internationalen Markt zu bedienen. Festzuhalten ist allerdings, dass *BBC Worldwide* weitgehend unabhängig von den anderen BBC-Sendern arbeitet, nicht auf die Einnahmen der Gebühren angewiesen ist und seine Gewinne an die BBC abführt. Dennoch sind manche Beobachter der Auffassung, dass die BBC in die neuen Medienmärkte nicht einsteigen dürfe und auf die öffentliche Grundversorgung beschränkt sein solle.

Die weitere Aufrechterhaltung und die Legitimität der obligatorischen Gebührenerhebung zur Finanzierung der BBC stehen in der digitalen Ära ebenfalls zur Debatte. So fordert ITV, die BBC müsse einen Teil der Gebühren den anderen Sendern mit öffentlich-rechtlichem Auftrag zur Verfügung stellen. Eine Umverteilung der Gebühreneinnahmen wird auch von der Regulierungsbehörde Ofcom befürwortet. Der einflussreiche Experte David Elstein plädiert in einem von der Konservativen Partei in Auftrag gegebenen Gutachten für die vollständige Abschaffung der Gebühren und den Übergang zum Abonnementfernsehen.[28] Die Blair-Regierung hingegen scheint die BBC als zentrale Säule des öffentlich-rechtlichen Rundfunks und Fernsehens erhalten zu wollen. Der Sender ist bei weitem der größte Auftraggeber für britische Programmproduktionen, und trotz der Kritik interessierter Kreise an den Aktivitäten von *BBC Worldwide* ist er der wichtigste Vertreter Großbritanniens auf den internationalen Märkten. Bei der Umstellung von analoger auf digitale Sendetechnik wird die BBC (und *Freeview*) als zentraler Akteur angesehen. Zudem hat eine im Regierungsauftrag erstellte Studie festgestellt, dass die BBC bei den britischen Zuschauern nach wie vor hohes Ansehen genießt – trotz der stark gewachsenen Zahl von Fernsehsendern. In einem Regierungspapier vom März 2005 zur Überprüfung der *Royal Charter* der BBC wird für eine Verlängerung derselben um weitere zehn Jahre plädiert.[29] Die Gebührenerhebung soll weiterhin Grundlage der Finanzierung bleiben, nach der vollständigen Umstellung auf digitale Sendetechnik allerdings erneut überprüft werden. Die Untersuchung anderer Finanzierungsoptionen für die BBC ist für 2016 vorgesehen. Es soll dann auch die Frage geprüft werden, ob die Sicherstellung öffentlich-rechtlichen Rundfunks und Fernsehens in Großbritannien möglicherweise eine Ausweitung der Finanzausstattung erfordert.

Anmerkungen

1   Vgl. Jeremy Tunstall/David Machin, The Anglo-American Media Connection, Oxford 1999, S. 91 f.
2   Vgl. Bob Franklin, Packaging Politics. Political Communications in Britain's Media Democracy, London 1994.

3   Vgl. John Lloyd, What the Media Are Doing to Our Politics, London 2004.

4   Vgl. John Bartle/Dylan Griffiths (Hrsg.), Political Communications Transformed. From Morrison to Mandelson, Basingstoke 2001.

5   Vgl. Jeremy Tunstall, Newspaper Power. The National Press in Britain, Oxford 1996, S. 7–17.

6   Vgl. MediaGuardian, Media Directory 2005, London 2005, S. 13.

7   Tunstall/Machin (Anm. 1), S. 140.

8   Peter Humphreys, New Labour policies for the media and the arts, in: David Coates/ Peter Lawler (Hrsg.), New Labour in Power, Manchester 2000, S. 221–239, hier S. 229–231.

9   Vgl. MediaGuardian (Anm. 6), S. 20 f.

10 Department of Trade and Industry/Department for Culture, Media and Sport, A New Future for Communications. The White Paper, London 2000, S. 1.1.2.

11 Ofcom, The Communications Market 2005, London 2005.

12 Ebenda, S. 209.

13 Ebenda, S. 181.

14 Vgl. MediaGuardian (Anm. 6), S. 175 f.

15 Peter Humphreys, Mass Media and Media Policy in Western Europe, Manchester 1996, S. 305–308.

16 Vgl. Peter Humphreys (Anm. 8), S. 222.

17 Department of Trade and Industry/Department for Culture, Media and Sport (Anm. 10).

18 The Communications Act 2003.

19 Department of Trade and Industry/Department for Culture, Media and Sport (Anm. 10), S. 10.

20 Vgl. Ofcom (Anm. 11), S. 202–204.

21 Der Zuschaueranteil wird anhand der Zuschauerzahlen aller Sender durch das Broadcasting Audience Research Board (BARB) ermittelt.

22 Ofcom (Anm. 11), S. 181.

23 David Ward/Oliver Carsten Fueg/Alessandro D'Armo, A Mapping Study of Media Concentration and Ownership in Ten European Countries, Comissariat voor de Media (Niederlande) und David Ward, 2004, S. 209.

24 Vgl. Ofcom (Anm. 11), S. 36 f.

25 Bob Franklin, Newszak and News Media, London 1997.

26 Vgl. Jeremy Tunstall (Anm. 5), S. 31 f.

27 Vgl. Ofcom (Anm. 11), S. 231.

28 David Elstein u. a., Beyond the Charter, The BBC After 2006, London 2004.

29 Department for Culture, Media and Sport, Review of the BBC's Royal Charter, London 2005.

Weiterführende Literatur

Curran, James/Seaton, Jean, Power without Responsibility: The Press and Broadcasting in Britain, London 1997⁵.

Franklin, Bob, British Television Policy: A Reader, London 2001.

Gibbons, Tom, Regulating the Media, London 1998.

Graham, Andrew/Davies, Gavyn , Broadcasting, Society and Policy in the Multi-media Age, Luton 1997.

Negrine, Ralph (Hrsg.), Television and the Press since 1945, Manchester 1998.

Links:

http://www.bbc.co.uk   British Broadcasting Corporation
http://www.bbcgovernors.co.uk   BBC Governors
http://www.channel4.com   Channel 4
http://www.itv.com   ITV
http://www.sky.com   BskyB
http://www.ofcom.org.uk   Office of Communications (Ofcom)
http://www.culture.gov.uk   Department of Culture, Media and Sport
http://www.pcc.org.uk   Press Complaints Commission (PCC)
http://www.mediaguardian.co.uk   MediaGuardian
http://bectu.org.uk   Broadcasting, Entertainment, Cinematograph and Theatre Union (Bectu)
http://nuj.org.uk   National Union of Journalists (NUJ)
http://vlv.org.uk   Voice of the Listener and Viewer
http://www.cpbf.org.uk   Campaign for Press and Broadcasting Freedom

Jana Gohrisch

Populär- und Jugendkulturen

Die Verbindung von Jugend und Populärkultur scheint auf den ersten Blick so sinnfällig und logisch, wie sie beim zweiten Hinschauen problematisch wird. Zwar haben Jugendliche in Großbritannien und anderswo in der westlichen Welt ein besonderes Verhältnis zu Rock- und Popmusik. Wie bei allen anderen der vielfältigen Ausprägungen von Populärkultur kommen die Rezipienten der in unzählige Stile und Richtungen aufgegliederten populären Musik jedoch aus allen Altersgruppen. Alter ist damit nur eine Kategorie, unter der sich Populärkultur betrachten lässt. Daneben gilt es, die soziale und ethnische Zugehörigkeit ebenso einzubeziehen wie das Geschlecht, die geographische Herkunft oder den Lebensort. Diese Kategorien machen zugleich die Unterschiede hinsichtlich der sozialen Erfahrungen der Jugendlichen sichtbar, aus denen ihre verschiedenartigen Interessen und Bedürfnisse erwachsen, die aber nur zu oft hinter der homogenisierenden Rede von »der« Jugend zu verschwinden drohen.

Der folgende Überblick stellt erstens verschiedene kulturwissenschaftliche Interpretationsansätze und Begriffsbestimmungen von Populärkultur vor und erläutert am Beispiel der *Music Hall* den Umgang mit Populärkultur im 19. Jahrhundert. Mit populärer Literatur und Musik sowie dem Internet werden zweitens ausgewählte Bereiche der britischen Populärkulturen des 20. Jahrhunderts in ihren ökonomischen und politischen Implikationen vorgestellt. Der dritte Abschnitt analysiert jugendliche Subkulturen nach dem Zweiten Weltkrieg und zeigt, welche Funktionen Rockmusik für Jugendliche erfüllen kann. Der vierte Teil fasst die Ergebnisse zusammen.

I. Populärkulturen und Kulturwissenschaft im historischen Kontext

1. Was ist Populärkultur?

Raymond Williams zeichnet in seinem Buch *Keywords* die Bedeutungen des Begriffs »popular« nach. Dieser ist vom Lateinischen »popularis« (»zum Volk gehörend«) abgeleitet und wird in Großbritannien seit dem späten 18. und dem 19. Jahrhundert mit »allgemein beliebt« und »weitverbreitet« assoziiert. Die Bezeichnung »Populär- oder Volkskultur« stammt allerdings nicht von den Produzenten oder Konsumenten dieser Kultur selbst, sondern von denjenigen, die diese von außen betrachten.[1] Zwei ältere Bedeutungsschichten des Wortes aus dem 16. und späten 17. Jahrhundert verweisen folglich zum einen auf eine Minderwertigkeit populärer Werke (wie in *popular literature* oder *popular press* im Unterschied zur Hochliteratur bzw. zur Qualitätspresse) und zum anderen auf Werke, die bewusst verfasst wurden, um breiten Anklang zu finden (wie sie die Fügungen *popular journalism* oder *popular entertainment* nahelegen). Der moderne Wortgebrauch setzt die Kriterien der allgemeinen Verbreitung und Beliebtheit dominant, bewahrt aber Elemente der älteren, eher negativen Bedeutungsschichten. »Populärkultur« mag vor dem englischsprachigen Hintergrund zunächst ungewohnt klingen; der Begriff wird in der deutschsprachigen Kulturwissenschaft und Soziologie allerdings regulär verwendet und soll daher auch hier benutzt werden.

Die Soziologie definiert Populärkultur als »Alltagskultur, die Gesamtheit der in einer Gesellschaft für die Mehrheit der Bevölkerung üblichen ›alltäglichen‹ Verhaltensformen, Bedarfsstrukturen und sozialen Gewohnheiten. Die Populärkultur wird gewöhnlich über Analysen der Massenmedien, der Kunst, Werbung, des Sports und des Konsum- und Freizeitverhaltens ermittelt.«[2] Damit sind bereits zentrale Bereiche der Populärkultur benannt, die einen weiten Kulturbegriff signalisieren. Kultur umfasst nicht nur den Prozess der intellektuellen, geistigen und ästhetischen Entwicklung oder künstlerische und intellektuelle Tätigkeiten und ihre Ergebnisse, sondern die gesamte Lebensweise eines Volkes, einer Menschengruppe oder einer bestimmten historischen Periode.[3] Dies schließt Lebensformen ebenso ein wie Ideale und Symbole, Wertvorstellungen und Wissen, materielle Gestaltungsformen der Umwelt und Institutionen des menschlichen Zusammenlebens.[4]

Die Geschichte der kulturwissenschaftlichen Beschäftigung mit Populärkultur im englischsprachigen Raum und besonders in Großbritannien ist gekennzeichnet von einer je nach historischem oder sozialem Kontext verschiedenen Verknüpfung der Begriffe »Kultur« und »populär«. John Storey führt in seiner Einführung *An Introduction to Cultural Theory and Popular Culture* sechs einander teilweise überschneidende Definitionen auf.[5] Je nachdem, welche kulturwissenschaftliche Theorie und politische Weltsicht ihnen zugrunde liegt, akzentuieren diese Definitionen die bereits erwähnten Bedeutungsbestandteile von Populärkultur unterschiedlich stark. Sie lassen sich danach differenzieren, womit sie Populärkultur kontrastieren: mit Massenkultur, Hochkultur, der Kultur der Arbeiterklasse oder der des Volkes. Populärkultur erscheint dann als das jeweils »andere«. Das führt zu einem widersprüchlichen Bild von Populärkultur, die aus ein und demselben Grund – ihrem hohen Bekannt- und Beliebtheitsgrad – einmal als gut bejaht und einmal als schlecht verworfen wird.

Zunächst ist Populärkultur also (1) die Kultur, die viele Menschen mögen. Verbreitung und Ansehen lassen sich durch Statistiken belegen, geben aber keine Auskunft über die kulturellen Gebrauchszusammenhänge konkreter Konsumentengruppen. Daher ist eine rein auf Quantität beruhende Definition nicht ausreichend. Populärkultur umfasst (2) vor allem jene kulturellen Texte und Praktiken, die dem Standard der Hochkultur nicht entsprechen. Dieser scheinbar zeitlose Qualitätsmaßstab beruht auf Kriterien wie formaler Komplexität und moralischem Gehalt, über die sich ein schöpferisches Subjekt kreativ ausdrückt. Populärkultur hingegen bedient ein Massenpublikum mit kommerziell produzierter Massenware ohne Tiefgang und ästhetische Finesse. Diese Sicht wird im späteren 19. und früheren 20. Jahrhundert von Matthew Arnold und F.R. Leavis vertreten. Bis in die Mitte des 20. Jahrhunderts blickten Kulturkritiker dieser Prägung von den Höhen der Hochkultur in die Niederungen der kleinbürgerlichen wie proletarischen Massenkultur und pflegten einen Diskurs der Kultivierten über die Kultur der Unkultivierten. Diese Herangehensweise beruht auf dichotomen Wertungsmustern, lässt die Funktionen von Populärkultur außer Acht und übersieht im Übrigen, dass auch die so genannte Hochkultur den Gesetzen des Warenmarkts unterworfen ist.

Damit ist Populärkultur (3) zugleich als Massenkultur definiert. Hier steht die Wirkung auf die als wahllos konsumierend gedachten Rezipienten im Mittelpunkt, die durch den formelhaften Charakter der Produkte weiterhin passiv gehalten werden. Diese Betrachtungsweise wurde in den vierziger Jahren des 20. Jahrhunderts von den politisch links stehenden Philosophen der Frankfurter Schule Max Horkheimer und Theodor Adorno begründet. Sie lässt den Rezipienten wenig Spielraum für eigene Aktivität, sondern betont die manipulierende und damit systemstabilisierende Funktion von Populärkultur. Politisch konservative Kritiker der Massenkultur, wie Matthew Arnold oder F.R. Leavis, warnen dagegen vor dem Qualitätsverfall, der aus den »anarchischen« populären Genres auch auf die Hochkultur durchschlägt. Im Interesse des politischen Status quo wollen sie (zum Beispiel durch verbesserte Bildungsangebote für die unteren bürgerlichen wie proletarischen Schichten) eine Öffentlichkeit heranziehen, der minderwertige Massenkultur nichts anhaben kann.

Im Gegensatz zu dieser ablehnenden Auffassung von Populärkultur lässt sich diese (4) als Kultur begreifen, die vom Volk für das Volk gemacht wird.[6] Mit kritischem Blick auf die besonders über ihre Einstellungen und Lebensanschauungen definierte Arbeiterklasse gilt Populärkultur als eine wichtige Quelle des (symbolischen) Widerstands gegen den Kapitalismus. In Großbritannien findet sich diese sozialkritische Sichtweise in den Arbeiten von Raymond Williams, Richard Hoggart und E.P. Thompson aus den 1950er und 1960er Jahren. Neben seinem kulturbewahrenden Impetus läuft dieser Zugang allerdings Gefahr, Populärkultur als rebellisch und radikal zu verklären und ihre gleichfalls vorhandenen konservativen Züge zu verdrängen. Seit den 1970er Jahren wurden am *Centre for Contemporary Cultural Studies* der Universität Birmingham Untersuchungen zum Verhältnis von Populärkultur und kollektiven Identitäten im Bezug auf Generation, Geschlecht und Ethnizität erarbeitet, die die Spannung zwischen den subversiven und den konservierenden Elementen der Populärkultur betonen.

Vertreter der aus diesem Umfeld hervorgegangenen neueren *British Cultural Studies* deuten Populärkultur (5) als den Bereich, in dem sich untergeordnete soziale Gruppen der Eingliederung in die herrschende Ordnung entziehen, die sie ausbeutet und unterdrückt. Gleichzeitig versuchen die oberen Klassen, ihre Hegemonie und damit die dominante Ordnung (statt durch Zwang) durch Konsens und freiwillige Einpassung der Beherrschten zu sichern.[7] Dieses Konzept vermittelt zwischen dem Verständnis von Populärkultur als manipulierender Massenkultur »von oben« (im Sinne der Frankfurter Schule) bzw. als authentischer Widerstandskultur »von unten« (in der Tradition der älteren britischen Kulturwissenschaft). Befürworter dieser neueren Lesart, wie Stuart Hall oder John Storey, interpretieren die Phänomene der Populärkultur als Orte ideologischer Auseinandersetzung zwischen dominanten und untergeordneten Klassen und Kulturen. Damit ist ihr Interesse an Populärkultur nicht nur akademischer, sondern politischer Natur, denn es richtet sich auf die gesellschaftlichen Machtverhältnisse, die das Alltagsleben prägen.

Unter dem Vorzeichen des Postmodernismus gilt Populärkultur (6) vielen Theoretikern als wenig brauchbare Kategorie, weil sich ihrer Meinung nach Hoch- und Massenkultur in der Kunstproduktion (zum Beispiel der *Pop Art*) kaum noch unterscheiden.[8] Während die einen, wie Susan Sontag oder Jean-François Lyotard, dies als Sieg über eine künstliche und elitäre Unterteilung begrüßen, beklagen die anderen, wie Frederic Jameson (in Übereinstimmung mit der Frankfurter Schule), den letztendlichen Triumph des Kommerzes über die Kultur. Eine mittlere Position, wie die von John Fiske, betrachtet als Populärkultur das, was die Menschen aus den Angeboten der Kulturindustrie für sich machen und wozu sie sie in ihrem Alltag benutzen. Offen bleibt aber, ob daraus ein stabiles gesellschaftliches Protest-potential erwachsen kann oder ob sich die neuen Verwendungsweisen kul-tureller Gegenstände nur im ewigen Kreislauf von Innovation und deren profitorientierter Vermarktung erschöpfen.

Bei der Populärkultur handelt es sich also um eine historisch variable Er-scheinung, die von verschiedenen theoretischen Schulen ganz unterschied-lich definiert wird. Je nach ihren bewusst formulierten oder unbewusst eingeflossenen politischen Zielsetzungen betonen die Betrachter entweder die aktivierende oder die konservierende Seite von Populärkultur, die beide gesellschaftskritische Elemente enthalten können. Dabei lassen sich hinsicht-lich der Konsumenten zwei verschiedene Muster beobachten. Die tätigkeits-betonte Sicht unterstreicht die kreative Auseinandersetzung der Akteure und Adressaten dieser Kultur mit den angebotenen Objekten, die sie für ihre Zwecke nutzen. Die konservierende Sicht hingegen rückt die ökonomischen Strukturen und politischen Machtverhältnisse in den Blick und zeigt, wie Populärkultur dazu beiträgt, den politischen Status quo zu bewahren. Jede Beschäftigung mit Populärkultur muss daher nach den konkreten Interes-sen der Produzenten und Konsumenten in deren jeweiligen gesellschaftli-chen Umfeld fragen, um die komplexen Formen und Funktionen dieses vielfältigen Phänomens zu erschließen.

2. Populärkultur im 19. Jahrhundert

Bei allen Unterschieden ist den sechs Definitionen eines gemeinsam: Sie beruhen auf der Annahme, dass die moderne Populärkultur erst entstand, als mit der industriellen Revolution die kapitalistische Marktwirtschaft zur bestimmenden Wirtschaftsform wurde. Das war in Großbritannien bereits im frühen 19. Jahrhundert und damit eher als in den anderen westlichen Ländern der Fall. Vor der Industrialisierung und Urbanisierung hatte Groß-britannien zwei Kulturen: eine allen Klassen gemeinsame, regional stark differenzierte, meist mündlich tradierte Kultur (mit gelegentlichen karne-valesken Zügen), aus der sich die Oberschicht aber schon seit dem 16. Jahr-hundert immer mehr zurückgezogen hatte, und eine schriftzentrierte Eli-tekultur, die nur von der herrschenden Klasse produziert und konsumiert wurde.[9]

Drei historische Besonderheiten förderten die Entstehung einer nicht mehr von allen sozialen Schichten geteilten Populärkultur. Im Zuge der Industrialisierung bildeten sich (1) die kapitalistische Marktwirtschaft und mit ihr die bürgerliche Gesellschaft heraus. Dieser Prozess veränderte die

Produktions- und Wirkungsbedingungen von Kultur grundlegend. Die industrielle Massenproduktion konzentrierte große Menschenmengen in den Zentren der Produktion und führte zur Herausbildung gleicher Lebensbedingungen und daraus entspringender Bedürfnisse. Die Urbanisierung trennte (2) die unterschiedlichen Klassen räumlich und schuf zum ersten Mal in der britischen Geschichte ganze Stadtteile, die nur von Arbeiterfamilien bewohnt wurden. Parallel zu diesen ökonomischen und sozialen Veränderungen wirkten sich (3) auch politische Entwicklungen auf die Populärkultur aus. Aus Furcht vor dem Vorbildcharakter der Französischen Revolution wurden die Protest- und Reformbewegungen der Arbeiter unterdrückt und ihre politischen Organisations- und kulturellen Äußerungsformen diszipliniert. Man versuchte, populäre Freizeitbeschäftigungen gesetzlich zu unterbinden. Auch die Anstrengungen der (evangelikalen) religiösen Erneuerer trugen dazu bei, den rebellischen Charakter volkstümlicher Freizeitbeschäftigungen nach und nach zurückzudrängen. Auf diese Weise konnten sich bürgerliche kulturelle Werte unter den (Fach)Arbeitern verbreiten. Doch auch die sozialistischen Reformer (etwa die Anhänger von Robert Owen) blickten anfangs nicht minder besorgt auf die Populärkultur. Allerdings trieb sie nicht die Angst vor einer Revolution, vielmehr sahen sie die zukünftigen Revolutionäre durch Unmoral und Ausschweifungen von eigenständigem Handeln abgelenkt und in die Arme der herrschenden Klassen getrieben. Eine der kontroversesten Formen von Populärkultur im 19. Jahrhundert war das Varieteetheater (*Music Hall*), das über lange Zeit als Inbegriff des Kulturverfalls galt.

1832 eröffnete in Bolton (Lancashire) die *Star Music Hall* als erstes Varietee in England.[10] Bereits seit Jahrhunderten fand auf Kneipenbühnen, in Wirtshäusern und auf Sommerbühnen im Freien volkstümliche Unterhaltung durch Schausteller und Jahrmarktspiele statt. Aus diesen Quellen sowie aus musikalischer Farce *(burletta)* und Zirkusvergnügungen speist sich die für die *Music Hall* charakteristische Komik, die zwei Aspekte hat. Einerseits beinhaltet sie Abstruses und Skurriles, wozu auch die Ausstellung körperlicher Missbildungen zählt, was in der Literatur besonders auf die Romane von Charles Dickens ausstrahlte. Andererseits schließt sie groteske Schimpf- und Prügelszenen ebenso ein wie drastische Anzüglichkeiten und freche Gesänge. Der respektlose Umgang mit politischen wie bildungsbürgerlichen Inhalten und sexuellen Tabus gab dieser Komik das rebellische Moment, das den herrschenden Klassen so missfiel und ihren Reformeifer herausforderte. Das Markenzeichen der *Music Hall* war das zur allgemeinen Belustigung dargebotene, aus der Straßenballade entstandene Vortragslied *(song)* in Strophenform mit wiederkehrendem Refrain, den das Publikum begeistert mitsang. Zum Ende der Show erklang vor allem seit dem späten 19. Jahrhundert häufig ein gefühlsbetontes Lied, das die vom oft zynischen und verletzenden Humor erhitzten Gemüter mit Themen wie Familie, Liebe und Heimat wieder beruhigen sollte. Dieser Linie entstammt die heutige, z. B. von Elton John perfektionierte Rockballade, die seit der zweiten Hälfte des 20. Jahrhunderts als Medium gemeinsamen öffentlichen Gefühlsausdrucks von Musiker und Publikum ein zentrales Element angloamerikanischer Popmusik bildet. Elton Johns Einspielung von »Candle in the Wind«, das er zur Trauerfeier für Lady Diana in der Westminster Abtei im September 1997 gesungen hatte, ist denn auch die mittlerweile meistverkaufte Popsingle in Großbritannien.[11]

Nach und nach entwickelte sich das Varietee zu einer kulturellen Institution und einer sich finanziell lohnenden Investition. Als Vorgänger der modernen Unterhaltungsindustrie ist die *Music Hall* ein Paradebeispiel für die Verflechtung von kapitalistischen Wirtschaftsformen und Populärkultur. Mit dem steigenden Lebensstandard und zunehmender Freizeit (im Gefolge wirtschaftlichen Aufschwungs und reduzierter Arbeitszeit) seit der Mitte des Jahrhunderts, konnten sich immer mehr Arbeiter und Angehörige der unteren Mittelschicht diese Unterhaltung auch leisten. Auf der Grundlage des großen Bedürfnisses nach Musik bildeten sich nun im späteren 19. Jahrhundert, parallel zum Konzentrationsprozess in der Industrie, auch im Unterhaltungsgeschäft Monopole. Mit der Einführung des Tonfilms in den 1920er Jahren wich die *Music Hall* dann schließlich dem Kino als Ort der Massenunterhaltung, ohne jedoch völlig an Bedeutung zu verlieren. Satire und Sozialkritik schwächten sich allerdings mit der Anpassung an den Geschmack der breiteren Mittelschichten ab, die die *Music Halls* zunehmend bevölkerten. Die zupackend-derbe Sprache und die sexuelle Offenheit traten hinter eine romantisierende Darstellung allgemein-menschlicher Erfahrungen zurück, die (vor dem Hintergrund der britischen Weltherrschaft) auch chauvinistische Züge trug. Spott und Kritik tauchen in den 1950er und 1960er Jahren in satirischen Radioprogrammen und Situationskomödien des Fernsehens, wie *Till Death Do Us Part* (deutschen Zuschauern als *Ein Herz und eine Seele* vertraut), wieder auf. Sie prägen auch den anarchischen Witz der Sketchserien und Filme von *Monty Python* aus den 1960er und 1970er Jahren, die bis heute kaum an ihrer (internationalen) Bekanntheit eingebüßt haben.

Trotz aller bürgerlicher Reformbemühungen und kommerzieller Eingriffe in das Alltagsleben der unteren Klassen im 19. Jahrhundert gelang es nie, die Populärkultur vollständig zu kontrollieren und damit zu zähmen. Während sie in ihren unpolitischen und unkritischen Formen einerseits dem

Erhalt der sozialen Ordnung diente, sorgte sie andererseits doch immer wieder für Unruhe durch ihre Fähigkeit zu schockieren und gegen eben diese Ordnung zu rebellieren. Es ist dieses widersprüchliche Potential von Anpassung und Aufbegehren, das alle modernen Formen der Populärkultur mit ihren Vorläufern aus dem 19. Jahrhundert teilen.

II. Populärkulturen heute

Die Veränderungen in der Arbeitswelt besonders seit dem Zweiten Weltkrieg, wie Entpersönlichung, Spezialisierung, Flexibilisierung und schließlich zunehmende Dauerarbeitslosigkeit, lassen die Identifikation mit Arbeit als zentralem Lebenssinn für immer weniger Menschen zu. Die Berufsarbeit dient klassen- und geschlechterübergreifend sowie unabhängig von der ethnischen Zugehörigkeit zunehmend lediglich dem reinen Gelderwerb, während die Freizeit als eigentlicher Bereich sinnstiftender Persönlichkeitsentwicklung gesehen wird. Die daraus resultierenden kulturellen Ansprüche an die Freizeit haben einen neuartigen Umgang mit Kultur hervorgebracht, der sich vor allem in den verschiedenen Formen von Medienunterhaltung niederschlägt. Im Zeitalter der beschleunigten Globalisierung sind Populärkulturen immer weniger national oder regional spezifisch, sondern länderübergreifend.

Populärkulturen umfassen heute ein kaum noch überschaubares Spektrum von Lebensweisen und kulturellen Praktiken. Dennoch sind viele Genres, Themen und Motive, ihre Vermittlungsformen und Rezeptionsweisen bereits im 19. Jahrhundert und früher angelegt. Im Bereich der Printmedien, aber auch als selbständige Formen in Kino und Fernsehen, auf Video und DVD, gehören dazu die Genres der Trivialliteratur: Familien- und Liebesromane bzw. -filme (die vor allem Frauen bevorzugen), Horrorgeschichten, Kriminalromane und Thriller, Reise- und Abenteuererzählungen, Science Fiction und Phantastik, historische und zeitgeschichtliche Erzähltexte sowie Heimatromane bzw. -filme. Ihre mehr oder weniger standardisierte Gestaltung variiert je nach Bildungsgrad ihrer Rezipienten. Diese kommen aus allen Schichten und favorisieren je nach Geschlecht, Alter oder ethnischer Zugehörigkeit verschiedene Genres und Ausprägungen von Kultur. Nicht abstrakte ästhetisch-moralische Kriterien, sondern die konkreten Entstehungsbedingungen und Funktionszusammenhänge dieser trivialen, d. h. weit verbreiteten und leicht verständlichen, Literatur und ihrer Pendants im Film sollten deren Bewertungsmaßstäbe liefern.

Dies gilt auch für die Formen der Musik, die sich über ihre besondere soziale Qualität, die klassenübergreifende Popularität, definieren.[12] Populäre Musik ist demnach Musik, die sich den aktuellen technologischen Gegebenheiten anpassen lässt, die über Aufführungsorte und elektronische Verbreitung Massen erreicht und die praktischen Nutzen für ihre Rezipienten hat, weil sie sie unterhält und ihre Gefühle und Lebensauffassungen ausdrückt. Aus der untrennbaren Verbindung von Musik, Technik und Ökonomie ergeben sich zum einen immer wieder neue soziale, technische und musikalische Möglichkeiten, zum anderen führt die Verflechtung von Musik und Ökonomie tendenziell zur musikalischen Standardisierung, die sich in den immer rascher aufeinanderfolgenden Moden zeigt. Diese folgen den Absatzinteressen der Musikindustrie und werden durch transnationale Konzerne sowie das Internet weltweit verbreitet. Damit erweitert die industriell produzierte populäre Musik zwar die Ausdrucksformen, reproduziert aber gleichzeitig den sie tragenden Gesellschaftszusammenhang, in den alle diese Ausprägungen durch ihre Kommerzialisierung eingebunden bleiben.

Seit den 1960er Jahren wird die gesellschaftliche Bedeutung von Populärkultur sichtbar auch durch die politische und staatliche Anerkennung von Popmusikern wie Erfolgsautoren vermittelt. Für seine erste Wahlkampagne 1997 gab sich der heutige Premierminister Tony Blair mit dem als »cool« apostrophierten Sound von *Britpop* ein jugendlich-frisches Image, um die Jugend zu bewegen, seiner Politik zuzustimmen. Damit erhob Blair, der bis heute – ähnlich wie der Saxophonspieler Bill Clinton – seine (kurze) Vergangenheit als Rockmusiker öffentlich ausstellt, diese musikalisch heterogene, aber eben in Großbritannien produzierte und vermarktete populäre Musik zum Signum eines sich wirtschaftlich festigenden und sich kulturell erneuernden Großbritanniens. Das ultimative, alle Altersgruppen erfassende *Britpop*-Ereignis der letzten Jahre war jedoch Elton Johns Aufführung von »Candle in the Wind«, mit der er nicht nur die Trauer von Millionen um ihre »people's princess« ausdrückte, sondern vor allem die Popmusik für offizielle Zeremonien salonfähig machte.[13]

Bereits 1965 hatte Königin Elizabeth II. den *Beatles* die Auszeichnung *Member of the Order of the British Empire* für ihre wirtschaftlichen und künstlerischen Leistungen verliehen und sie damit als gesellschaftlich akzeptable Familienunterhaltung sanktioniert.[14] Nach unzähligen anderen Künstlern vor und nach ihr erhielt 2001 die internationale Erfolgsautorin J.K. Rowling den Titel *Officer of the British Empire*. Rowlings Harry-Potter-Romane werden in allen Schichten und Altersstufen, besonders aber von Jugendlichen und Frauen, gelesen. In mehr als 200 Sprachen übersetzt, sind sie, wie die

Songs der *Beatles*, mittlerweile einer der größten Exportschlager der britischen Kulturindustrie, die sich damit einmal mehr auch den amerikanischen Markt erobert hat. Mit ihren Anleihen aus dem phantastischen Genre sind sie J.R.R. Tolkiens Trilogie *Lord of the Rings* verwandt, die den Kampf zwischen Gut und Böse in eine ferne (aber deutlich südenglisch-ländliche) Welt voller eigenartiger Wesen verlagert. Rowlings Bücher spielen dagegen in einer sozial gehobenen Umgebung der 1980er und 1990er Jahre und verbinden das Märchenhafte mit Alltäglichem. Harry Potter erwirbt an einer Privatschule für Hexen und Zauberer unter der Leitung eines weisen Direktors das Rüstzeug, das ihn darauf vorbereitet, den Herrn der Dunkelheit zu besiegen.

Die bekannten kulturellen Muster aus Tolkiens, aber auch aus unzähligen anderen populären Texten und Filmen dieses Genres, sorgen für rasche Wiedererkennung und das identitätsstiftende Vergnügen, sich als Teil einer durch gemeinsame Interessen verbundenen Gruppe fühlen zu können. Namensgebung und Charakterisierung, Erzählstrukturen und Fabel enthalten klare Orientierungen und Werturteile als Gegenpole zur wachsenden Verunsicherung und Ohnmacht des einzelnen in einer immer undurchschaubarer werdenden Welt voller sozialer Ungerechtigkeiten, Kriege und Katastrophen. Rowlings wie Tolkiens Romane (sowie ihre kommerziell erfolgreichen Filmversionen), die hier als Beispiele für populäre Literatur genügen sollen, enthalten sowohl persönlichkeitserweiternde wie systemstabilisierende Elemente. So sind sie einerseits konservierende Ordnungsfiktionen und bieten andererseits Freiräume, in denen die Rezipienten ihren Wunsch nach einer besseren Welt und ihre Handlungsmächtigkeit zugunsten des Guten wenigstens imaginativ ausleben können.

Die für alle Beteiligten nützliche Verbindung von Populärkultur mit Politik und Wirtschaft wird auch in der medialen Existenzweise des englischen Königshauses als »reality soap opera«, als gelebte Seifenoper, etwa in der sensationsbetonten Darstellung der königlichen Familienverhältnisse in der Boulevardpresse deutlich. Ein jüngeres Beispiel einer königlichen Selbstinszenierung war die *Party at the Palace* am 3. Juni 2002, zu der die Königin 12 000 Gäste in den Buckingham Palace geladen hatte. Die Feierlichkeiten zum 50. Thronjubiläum, die die Größen des britischen Pop einschließlich Sir Paul McCartneys zusammenbrachten, verfolgten 15 Millionen britische und 200 Millionen Fernsehzuschauer in aller Welt.[15] Das adelte nicht nur den bereits geadelten Ex-Beatle und mit ihm die Rockmusik, die Großbritannien wieder »groß« machte, sondern gab zugleich der Königin und ihrer Familie ein modernes Aussehen. Noch 1997, bei der Beerdigung von Lady Diana, konnte nur das Eingreifen von Tony Blair

349

verhindern, dass die Bevölkerung sich von der Monarchie abwandte, weil diese der geschiedenen Frau des Thronfolgers nicht die ihr – in den Augen der Öffentlichkeit – gebührenden Ehren einer »Herzenskönigin« zukommen lassen wollte. Auf die emotionale Bindungskraft theatralischer Spektakel rund um die Königin hat schon der britische Verfassungstheoretiker Walter Bagehot hingewiesen, dem es vor dem Hintergrund der zweiten Wahlrechtsreform 1867 vor allem um die Einbindung der nun erstmals wahlberechtigten Bevölkerungsgruppen in die politisch-gesellschaftlichen Strukturen ging. Seither hat das Königshaus die durch Printmedien und elektronische Medien immens erweiterten Möglichkeiten immer wieder mit Erfolg genutzt, um Rückhalt bei den Untertanen zu gewinnen. So lässt sich die aus öffentlichen wie privaten Geldern finanzierte königliche Jubiläumsfeier je nach Blickwinkel als sensationelle Unterhaltung mit Musik und Feuerwerk, als gigantische kostenlose Werbeaktion für Musik und Musikindustrie oder als hegemonialer Akt all jener interpretieren, denen die bestehenden Eigentums- und Machtverhältnisse Gewinn und Stabilität bringen.

Ein verhältnismäßig junger, dafür aber sehr expansiver Bereich der Populärkultur ist die Nutzung des Internets, das auch in Großbritannien als demokratische Alternative zu den festgefügten politischen Strukturen gepriesen wird. Wie die industrielle Revolution des 19. Jahrhunderts wälzt auch die Computerrevolution mit der Arbeits- zugleich die Freizeitwelt um. Sie eröffnet sowohl neue Verdienstquellen als auch neue Möglichkeiten, die eigene Persönlichkeit zu entfalten und Unterhaltungsbedürfnisse zu befriedigen. Solche kreativ-demokratischen Momente verbergen sich hinter Webseiten, Diskussionsgruppen (*Chatrooms*) und Webtagebüchern (*Blogs*), die es den Nutzern gestatten, selbstbestimmt Informationen zu suchen, zu generieren und zu verbreiten. Sie fördern die Identifikation über Interessengruppen und den Ausbau einer Öffentlichkeit, die unabhängig von den etablierten Medien ist. Das Internet gibt seinen Nutzern das Gefühl, ihr Leben selbst kontrollieren zu können, anstatt nur der Kontrolle ausgesetzt zu sein. Auf diese Weise bringt die Globalisierung mit der weltweiten Integration von Ökonomie, Kultur und Politik zwar eine kulturelle Homogenisierung mit sich, die sich in weltweit gleichen Trends niederschlägt. Zugleich bedeutet Globalisierung jedoch auch eine dezentralisierte kulturelle Ermächtigung des Einzelnen, Randständigen und Lokalen.[16] Das zeigt sich in Großbritannien an hybriden Musikformen, wie *Jungle* oder *Bhangra*, oder schlägt sich in den Speisekarten britischer Städte nieder, wo das allgegenwärtige *Chicken Tikka Masala* inzwischen zum vorgeblich populärsten Gericht Großbritanniens avanciert ist.[17]

III. Jugendkulturen und Rockmusik

Sichtbar altersgebundene und dennoch klassenspezifische Jugendkulturen entstanden in Großbritannien erst in den 1950er Jahren. Die nach dem Krieg erhöhte Geburtenrate, wirtschaftliche Prosperität (die aber nie alle Gesellschaftsschichten gleichmäßig erfasste) und technische Entwicklungen rückten zum ersten Mal Jugendliche als eine besondere Konsumentengruppe in den Blick der Freizeitindustrie. In rascher Folge bzw. parallel zueinander traten (zunächst vor allem in London) zahlenmäßig meist kleine jugendliche Subkulturen an die Öffentlichkeit. Sie definierten sich über bestimmte Rockmusikrichtungen, einen besonderen Kleider- und Verhaltenscode sowie über Lebensauffassungen, die von denen der dominanten bürgerlichen Kultur abwichen. Diese Subkulturen wurden, mit wenigen Ausnahmen, von den männlichen Jugendlichen der weißen Arbeiterklasse getragen.

Da die Freizeit seither für Jugendliche der zentrale Raum der Selbstfindung geblieben ist, spielt für sie bis heute die populäre Musik eine zentrale Rolle[18]. In den 1950er Jahren waren die Musikprogramme von Funk und Fernsehen jedoch am Geschmack und an den Werten des kleinbürgerlichen Mittelstands orientiert. Die große Mehrheit der Jugendlichen fand sich von der Swingmusik aus den 1930er Jahren nicht angesprochen und wandte sich stattdessen dem amerikanischen *Rock'n'Roll* zu, der ihrer emotionalen Befindlichkeit eher entgegenkam. Nicht die melodische Qualität, sondern Klang und Rhythmus waren (und sind) die entscheidenden ästhetischen Kriterien dieser – vor allem dem afroamerikanischen *Rhythm & Blues* – verpflichteten Musik. Der Klang als körperbezogenes, sinnlich unmittelbares Darstellungsmittel erlaubte es den Jugendlichen letztendlich, die Rockmusik ihren eigenen Freizeitbedürfnissen anzupassen und ihr einen neuen, in ihrem Lebensalltag begründeten Gebrauchszusammenhang zu geben. *Rock'n'Roll* versinnbildlichte für die britischen Arbeiterjugendlichen die Sehnsucht nach einem emotional erfüllten Leben jenseits der Zwänge von Schule, Elternhaus und Beruf. Dick Hebdige, der bereits 1979 mit *Subculture. The Meaning of Style* ein noch heute aktuelles Buch zu diesem Thema veröffentlichte, spricht von einer »gestohlenen Form«, an der sich eine von der dominanten Kultur nicht gebilligte Identität herauskristallisieren konnte, »a stolen form – a focus for an illicit delinquent identity«.[19]

Rockmusik ist also kein Phänomen einer klassenlosen Jugend, denn die Zugehörigkeit zur gleichen Generation macht soziale Unterschiede nicht vergessen. Erst die Vermarktung der jeweiligen Stilrichtung durch die Musikindustrie und, damit verbunden, die Einebnung ihres Widerstandspotentials, lässt Rockmusik als jugendlich schlechthin erscheinen. Der überwältigende Erfolg der *Beatles* erklärt sich denn auch daraus, dass sie ihre soziale Herkunft gerade nicht verleugneten, sondern die Arbeiterjugend als unkonventionell und lebenslustig vorführten.[20]

Die erste sichtbare proletarische Subkultur war am Anfang der 1950er Jahre die der *Teddy Boys*. Sie entstammten dem ungelernten Teil der Arbeiterjugend und wollten über aggressive Selbstbehauptung ihr Ausgeschlossensein aus der Konsumgesellschaft kompensieren. Sie orientierten sich, wie ihre Nachfolger die *Rocker* und *Skinheads* in den späten 1960ern, an den ursprünglichen Formen des *Rock'n'Roll*. Die in den Mittsechzigern prominenten *Mods* (von *modernists*) hingegen waren Kinder und Jugendliche aus den Schichten der qualifizierten Arbeiter, die am Wohlstand der sich entwickelnden Konsumgesellschaft teilhatten. Entgegen der *Beatles*-Euphorie waren *The Who* (neben den frühen *Rolling Stones* und anderen) die Lieblingsgruppe der *Mods*, mit der sie gemeinsam die Konsumgesellschaft parodierten. Während die *Who* nach Konzerten gern ihre Instrumente zerschlugen, karikierten die *Mods* die Konsumrituale durch übertriebenen Kleiderkult, rauschende Klubnächte und aufgeputzte italienische Motorroller. Die Idealisierung der eigenen Jugend in »My Generation« (1965) von den *Who* konnte aber nur für den Moment die dominanten bürgerlichen Werte zurückweisen, denn ein Zukunftskonzept bot diese Subkultur ihren Anhängern nicht. Dafür lieferte sie der Musikindustrie die Zutaten zu einer Modewelle, die als Mythos vom *Swinging London* in die Kulturgeschichte eingehen sollte.[21]

In den späten 1960ern entfalteten sich so unterschiedliche Subkulturen, wie die der *Skinheads* und *Hippies*, zu denen Anfang der 1970er die *Glam Rockers* kamen. Wenig später lenkten Reggaemusiker und *Rastafarians* mit ihrem Protest gegen Rassismus und Rechtsradikalismus die Aufmerksamkeit auf die Lebenslage der Migranten (*Rock Against Racism*). In den 1980er Jahren fasste mit *Bhangra* in Großbritannien eine (bereits in Indien populäre) Richtung Fuß, die *Disco Music* mit musikalischen Traditionen aus dem Pandschab verschmolz und heute über eigene Labels und Vertriebsformen verfügt. In einem Dialog zwischen farbigen und weißen Musikern entstehen so immer neue Mischformen, die – wie *Bhangramuffin* mit der Kombination von *Bhangra*, *Raggamuffin* und technischen Effekten – auch die verschiedenen ethnischen Traditionen untereinander verbinden.

Mitte der 1970er Jahre entwickelte sich mit den *Punks* zum ersten Mal eine jugendliche Subkultur, die nicht vorwiegend auf einer proletarischen Trägerschicht basierte. Vor dem Hintergrund neoliberaler Wirtschaftspolitik unter Margaret Thatcher erreichten Arbeitslosigkeit und Sinnverlust bisher ungekannte Ausmaße unter den Jugendlichen aller sozialen Schichten. »Anarchy in the UK« hieß die 1977 von den *Sex Pistols* veröffentlichte erste *Punk Rock*-Single, die auf die bürgerliche Öffentlichkeit so wirkte (und wirken sollte) als wäre der Alptraum der Kritiker der Massenkultur des späten 19. Jahrhunderts (wie Matthew Arnold ihn in *Culture and Anarchy* von 1869 beschworen hatte) endgültig wahr geworden. Die Punkkultur löste zunächst einen Sturm der Entrüstung und Abscheu aus, gewann dann aber immer mehr Anhänger und Nachahmer und ist bis heute eine der folgenreichsten Entwicklungen in der britischen Populärkultur und Rockmusik geblieben. *Punk* als Programm forderte nicht nur die etablierten Konventionen des inzwischen lebensfernen *Art Rock* heraus, sondern die monopolisierte Musikindustrie und mit ihr die gesamte Gesellschaft.

Die *Sex Pistols* »lieferten der Krise eine kulturelle Symbolik, die die Pathologie dieser Gesellschaft ins Monströse steigerte, gaben dem Verfall eine anschauliche und greifbare Form, in dem sie ihn in Chaos und Anarchie übersetzten«[22]. Sowohl die äußere Erscheinung der *Punker*, gekleidet in zerrissenem Wohlstandsmüll und gespickt mit Sicherheitsnadeln, als auch ihre aggressiv lärmende Musik brachten mit destruktiver Wut die Hoffnungslosigkeit von Jugendlichen zum Ausdruck, die keine politischen Handlungsmöglichkeiten für sich sahen. *Punk Rock* gab zum einen der Rockmusik ihre soziale Dimension zurück und sorgte zum anderen für die Dezentralisierung der Musikindustrie durch kleine unabhängige Labels, was später auch dem *Britpop* zugute kam. Im Gefolge der bedingungslosen Verneinung aller Normen und Werte durch die Punkkultur entstand in Großbritannien erstmals auch eine von Frauen und ihren Lebenserfahrungen bestimmte Rockrichtung (*Rock Against Sexism*).

Während alle diese Stile in immer kleineren Fangemeinden fortleben, entwickeln sich unzählige Mischformen (oft als Ableitungen aus amerikanischen Vorlagen). Sie werden, einschließlich der dazugehörigen Lebensstile und Anschauungen, seit der Gründung von *Music Television* (MTV) 1981 weltumspannend über Musikvideos vermarktet. *New Wave*, *House* und *Acid House* (*House* in Verbindung mit dem Konsum von *Ecstasy*), *Techno*, *Rave* oder die verschiedenen Varianten von *Britpop* sind nur einige von vielen Stilen, die nicht mehr Teil so deutlich sichtbarer Subkulturen sind wie noch ihre Vorläufer bis in die 1980er Jahre. Die partybetonten *House-*, *Techno-* und vor allem *Rave*szenen stilisieren endloses Tanzen zum politischen Statement und lassen so Raum für die konkret politisch engagierten, aber dennoch nicht unumstrittenen Formen der Rockmusik, wie sie zum Beispiel Bob Geldof praktiziert.

IV. Zusammenfassung und Ausblick

Jede kulturelle Epoche bringt unter Rückgriff auf bereits Vorhandenes ihre eigenen Populär- und Jugendkulturen ebenso wie deren Kritiker hervor, die beide jeweils an konkrete Trägerschichten und deren Sozialerfahrungen gebunden sind. Die meisten Konsumenten rezipieren Populärkultur schlicht als Kultur. Die meisten Kritiker hingegen stehen ihr skeptisch gegenüber, haben aber die unverhohlene Ablehnung der frühen Jahre abgelegt und betrachten das Phänomen nun mit gemischten Gefühlen. Was die einen beunruhigt(e), erfreut die anderen und umgekehrt, denn Populärkultur kann sowohl rebellischen Identitäten und utopischen Sehnsüchten einen Ort geben als auch für die systemstabilisierende Einpassung ihrer Konsumenten in die bestehende Ordnung sorgen.

Mit dem Wandel der Arbeitsgesellschaft nimmt die Bedeutung der Freizeit als nicht-entfremdeter Lebensbereich zu, der sinnstiftende Beschäftigung ebenso gestattet wie die Rückbindung der Lebenserfahrung an den eigenen Körper über Sport oder Musik.

Der ständig wachsende Bedarf an Freizeitvergnügungen bietet nicht nur der Unterhaltungsindustrie ein reiches Betätigungsfeld, sondern auch den Kulturwissenschaftlern. Während zur Theorie der Populärkultur viel publiziert wird, fehlt es an Überblicksdarstellungen, die sich den großen Zusammenhängen zwischen den Phänomenen sowie deren politischen und gesellschaftlichen Hintergründen widmen. Dem stehen unzählige fachwissenschaftliche Publikationen zu Einzelaspekten gegenüber, die den interessierten Lesern zwar nur schwer eine eigene Zusammenschau ermöglichen, ihnen aber eine Vorstellung davon geben, welche beeindruckende Vielfalt die schnelllebige Populärkultur heute umfasst.

Anmerkungen

1   Vgl. Raymond Williams, Keywords. A Vocabulary of Culture and Society, London 1988[2], S. 237.
2   Karl-Heinz Hillmann, Wörterbuch der Soziologie, Stuttgart 1994[4], S. 680.
3   Vgl. Raymond Williams (Anm. 1), S. 90.
4   Vgl. Karl-Heinz Hillmann (Anm. 2), S. 460.
5   Vgl. John Storey, An Introduction to Cultural Theory and Popular Culture, Harlow 1997[2], S. 7–19.
6   Diese Auffassung findet sich schon bei Johann Gottfried Herder, der zur Zeit der Herausbildung bürgerlicher Nationen in der zweiten Hälfte des 18. Jahrhunderts Volksdichtung verschiedener Regionen übersetzte und veröffentlichte.
7   Das Hegemoniekonzept geht auf Antonio Gramsci zurück, der der als vereinfacht

empfundenen Klassenopposition des Marxismus ein differenzierteres Herrschaftsmodell entgegenstellte.

8 Postmodernismus ist ein Phänomen, das seit den späten 1960er Jahren ausgehend
von den USA sowohl in der Kunstpraxis als auch in der Kulturkritik als Erklärungs-
muster der heutigen Gesellschaft Anklang gefunden hat. Der Begriff impliziert eine
Abkehr von der einst avantgardistischen, nun aber in Konventionen erstarrten künstlerischen Moderne. Dieser steht eine erneuerte Kunst und Kulturkritik gegenüber,
die über eine entfesselte Imagination versucht, die manipulierenden Strukturen und
den Warenfetischismus der spätkapitalistischen Gesellschaft zu unterlaufen.

9 Vgl. Peter Burke, Popular Culture in Early Modern Europe, Aldershot 1994[2].

10 Vgl. Peter Wicke/Kai-Erik Ziegenrücker/Wieland Ziegenrücker (Hrsg.), Handbuch der populären Musik, Zürich 2001[4], S. 341 f, 495 f.

11 Vgl. Simon Frith, Popmusic, in: Simon Frith/Will Straw/John Street (Hsrg.), The
Cambridge Companion to Rock and Pop, Cambridge 2001, S. 93–108, hier S. 93.
Während Rockmusik vor allem auf die Bedürfnisse und Erfahrungen von Jugendlichen bezogen ist, richtet sich Popmusik nicht an bestimmte Publikumsegmente. Sie
kombiniert vielmehr Stilelemente und Klang des Rock mit der universellen Ver-
käuflichkeit des Schlagers.

12 Vgl. Wicke/Ziegenrücker/Ziegenrücker (Anm. 10), S. 389–398.

13 Vgl. Simon Frith (Anm. 11), S. 93 f.

14 Vgl. Ian Chambers, Urban Rhythms. Pop Music and Popular Culture, Basingstoke-
London 1985, S. 62.

15 Vgl. Michael Karwowski, Fifty years of British popular culture, in: Contemporary
Review, 281 (2002), S. 100–106; Mark Duffett, »A strange blooding in the ways of
popular culture«? Party at the Palace as hegemonic project, in: Popular Music and
Society, 27 (2004), S. 489–507.

16 Vgl. Stuart Hall, The Local and the Global: Globalization and Ethnicity, in: Anthony
King (Hrsg.), Culture, Globalization and the World-System, New York-London
1991, S. 19–39, hier S. 34.

17 John Storey, Inventing Popular Culture. From Folklore to Globalization, Malden-
Oxford 2003, S. 108.

18 Vgl. Peter Wicke, Rockmusik. Zur Ästhetik und Soziologie eines Massenmediums,
Leipzig 1987, S. 41, 85, 93, 97. Für die Darstellung zu Jugendkulturen und Rockmusik bin ich besonders Peter Wickes Buch verpflichtet, das noch heute als Stan-
dardwerk betrachtet werden kann, weil es musikwissenschaftliche, soziologische und
ökonomische Aspekte der Rockmusik analytisch verbindet sowie die Ergebnisse der
britischen kulturwissenschaftlichen Forschung zu diesem Thema kondensiert und wei-
terentwickelt. Die Überlegungen Wickes sind auch in seine länderübergreifende his-
torisch-kritische Darstellung der populären Musik seit dem 18. Jahrhundert eingegangen, die 1998 unter dem Titel »Von Mozart zu Madonna, Eine Kulturgeschichte der
Popmusik« erschien und bei Suhrkamp 2001 neu aufgelegt wurde. Als weitere Quelle
dient nur die schon »klassische« Studie *Resistance Through Rituals. Youth Subcultures in
Post-War Britain,* die Stuart Hall und Tony Jefferson im Auftrag des *Centre for Contemporary Cultural Studies* an der Universität Birmingham herausgaben (London 1991).

19 Dick Hebdige, Subculture. The Meaning of Style, London-New York 1979, S. 50.

20 Vgl. Peter Wicke (Anm. 18), S. 109.

21 Ebenda, S. 123.

22 Ebenda, S. 195 f.

Weiterführende Literatur

Frith, Simon/Straw, Will/Street, John (Hrsg.), The Cambridge Companion to Rock and Pop, Cambridge 2001.

Hall, Stuart/Jefferson, Tony (Hrsg.), Resistance Through Rituals, Youth Subcultures in Post-War Britain, London 1991[8].

McRobbie, Angela, Feminism and Youth Culture: From »Jackie« to »Just Seventeen«, Basingstoke 1991.

Osgerby, Bill, Youth in Britain since 1945, Oxford 1998.

Links

David Gauntlett, http://www.theory.org.uk. 10. 10. 2005. – Gesellschaftstheorie für Fans der Popkultur, Popkultur für Fans von Gesellschaftstheorie.

Manchester Institute of Popular Culture, http://www.mipc.mmu.ac.uk. 10. 10. 2005. – Das MIPC der Manchester Metropolitan University beschäftigt sich mit zeitgenössischen urbanen Kulturen.

Ken Sanes, Transparency, http://www.transparencynow.com. 10. 10. 2005. – Die Website stellt an Beispielen einzelne Phänomene der Populärkultur vor.

St. James Encyclopedia of Popular Culture, eBook Version, Gale Virtual Reference Library, 2003, http://www.gale.com/gvrl. 10. 10. 2005. – Umfassendes, fünfbändiges Nachschlagewerk zu Ideen, Personen, Ereignissen und Produkten der Populärkultur mit Schwerpunkt USA.

Gerd Stratmann

Zwischen Markt und Kultur
Der britische Gegenwartsroman

I. Die Literaturszene in Großbritannien

Seit Beginn der 1980er Jahre hat sich in Großbritannien eine Literaturszene herausgebildet, die sich in wichtigen Punkten verblüffend von ihrem deutschen Gegenstück unterscheidet. Sie prägt nicht nur die Produktions-, Vermittlungs- und Rezeptionsformen von Belletristik, sondern bis zu einem gewissen Grad auch deren Themen und Strukturen. Zu den bestimmenden Faktoren und Konventionen dieser Szene gehören, um nur die auffälligsten zu nennen: die extreme Kommerzialisierung des Buchmarktes, das ständige, freilich nicht immer eingestande Mitdenken des »anderen« Marktes jenseits des Atlantiks, der spektakuläre und folgenreiche Zirkus der großen literarischen Preisverleihungen, die geradezu unbefangene Bereitschaft der »hohen« Literatur, mit der Popkultur und den Massenmedien zu fraternisieren, ihre andererseits ebenso bemerkenswerte Kooperation mit akademischen Institutionen und schließlich die Selbstverständlichkeit, mit der Verleger, Autoren und Leser Identitäts-Etikette wie »Black British Writing« oder »The Scottish Novel« auf das Sortiment projizieren.

Es versteht sich von selbst, dass solche Besonderheiten des Literaturbetriebs die Entwicklungen und Tendenzen britischer Gegenwartsliteratur keineswegs vollständig zu erklären vermögen, einer Literatur, die sprichwörtlich reich an exzentrischen Individualisten ist. Aber wenn man diese zugleich unverwechselbare und ein wenig fremde literarische Kultur besser verstehen will, lohnt es sich durchaus, zunächst die genannten Rahmenbedingungen – samt ihren Auswirkungen auf die literarische Produktion – genauer zu betrachten.

II. Der Literaturmarkt

Der britische Literaturmarkt bietet zunächst ein widersprüchliches Bild. Er setzt etwa halb soviel um wie der deutsche Markt (der seinen neun Milliarden-Euro-Umsatz vor allem den globalen Riesen wie Bertelsmann und

Holtzbrinck verdankt), produziert aber jährlich mit inzwischen etwa 125 000 Titeln fast eineinhalbmal so viele Neuerscheinungen. Großbritannien ist damit, an seiner Bevölkerungszahl gemessen, mit weitem Abstand der Weltrekordler unter den nationalen Buchproduzenten und wird selbst in absoluten Zahlen nur noch von China überflügelt. Etwa zehn Prozent vom Umsatz, also fast eine halbe Milliarde Euro, entfallen dabei auf die Belletristik. Und noch ein scheinbarer Widerspruch: Der britische Buchmarkt erscheint zugleich provinzieller (wenn man die extrem geringe Zahl von literarischen Übersetzungen aus anderen Sprachen bedenkt) und, in seinem Verzicht auf protektionistische Barrieren, »globaler« als der deutsche Markt, dessen nationale Preisbindung noch 2002 vom Bundestag in den Rang eines Gesetzes erhoben wurde. Großbritannien ist dagegen neben Finnland das einzige Land in der EU, welches die entsprechende Regelung, das so genannte *Net Book Agreement* (NBA), ersatzlos aufgab. Das geschah im Herbst 1995. Gründe waren neben dem Druck aus Brüssel der quasi-thatcheristische Glaube an die Segnungen totaler Liberalisierung, das zunehmende Drängen der schon damals mächtigen Buchhandelsketten sowie, vor allem, die Erkenntnis, dass sich angesichts des völlig ungeregelten US-Marktes eine britische Preisbindung ohnehin nicht aufrechterhalten ließe. Der amerikanische Groß- und Internethandel war bereits dabei, sie systematisch zu unterlaufen.

Seitdem ist in der Literaturszene der Insel nichts mehr ganz so, wie es war. Mit atemberaubenden Tempo fiel im Verlagswesen und im Buchhandel eine geheiligte Tradition nach der anderen. Selbst der Tourist in den Londoner Buchläden ahnt angesichts der Billigaktionen (»3 Romane für den Preis von 2!«), welch ein Preis- und Verdrängungskrieg hinter den Kulissen toben muss. Auf allen Ebenen des Buchgeschäfts ist die Konzentration mittlerweile dramatisch fortgeschritten. Während sich heute in Deutschland die zehn größten Filialisten (angeführt von Thalia und Hugendubel) 27 Prozent des Branchenumsatzes teilen, wird in Großbritannien dieser Anteil schon von den zwei größten Handelsketten (W.H. Smith und Waterstone's mit jeweils etwa 14 Prozent) übertroffen. Die »freien« Buchhändler sind dagegen auf klägliche 13 Prozent abgesunken, und die Analysten sagen voraus, dass sie schon sehr bald vom Online-Handel (inzwischen etwa 8 Prozent) und sogar den Supermärkten/Warenhäusern (7 Prozent) eingeholt werden.[1] Im Verlagswesen sieht die Machtkonzentration ganz ähnlich aus. Die *Top Ten*, zu einem großen Teil in der Hand amerikanischer, australischer und auch deutscher Medienkonzerne, machen heute schon fast zwei Drittel des nationalen Umsatzes unter sich aus.

Natürlich muss sich ein derart kommerzialisierter und globalisierter Kontext auch auf die Literatur auswirken. In einem Wettbewerb, der den klei-

nen Verlagen und Händlern die Luft nimmt, entscheiden statt der sprich-
wörtlichen Gentleman-Verleger alten Schlags immer häufiger die Buch-
halter über die Aufnahme ins Sortiment. Was keinen Profit verspricht, ist
gefährdet – und das gilt in der schönen Literatur bekanntlich für vieles.
Beispielsweise haben manche der alten Verlage unter den Pressionen der
Handelsketten, etwa der von Waterstone's praktizierten 50-Prozent-Regel,
ihre Lyrik-Listen eingestellt (wie z. B. Oxford University Press) oder auf
zwei bis drei neue Autoren pro Jahr reduziert. Selbst Bloodaxe Books,
der größte Verlag für zeitgenössische Lyrik, musste sein Sortiment für mehrere Jahre einfrieren, um zu überleben.[2] In den meisten Verlagen wurden
außerdem die Lektorate völlig abgeschafft – Lektorieren schien zu teuer und
für den Erfolg nicht unbedingt notwendig. Dafür hat die Figur des literarischen Agenten eine auffällige Aufwertung erfahren.[3]

Britische Autoren und Autorinnen fühlen sich heutzutage abhängig von
ihren Agenten, die, auch und gerade in den USA, ihre Texte und Auftritte
in Verhandlungen mit den Verlagen, den Medien und Kulturinstitutionen
vermarkten. Die großen Agenturen symbolisieren die Globalisierung der
britischen Literatur vielleicht am deutlichsten. Fast alle von ihnen sind inzwischen »cross-ponders«, d. h. verfügen über eigene Filialen jenseits des
Großen Teichs oder haben sogar ihren Hauptsitz in die USA verlegt, wie
übrigens auch eine Reihe von prominenten Autoren. Im Jahre 2002 demonstrierte Graham Swift (seit seinem Booker Prize-Sieger *Waterland* einer der Großen) mit Unterstützung seines offenbar brillanten Agenten, dass
in der neuen Welt des Buchkommerzes auch die romantische Vorstellung
vom Hausverlag, der »seine« Autoren liebevoll betreute und ein Leben lang
an sich band, keine Zukunft mehr hat. Anstatt das Manuskript seines neuen
Romans *Light of Day* seinem Verlag Picador anzuvertrauen, hatte es Swift
durch seinen Agenten in einer Art Auktion einer Gruppe von konkurrie-
renden Verlegern anbieten lassen; mehr noch – gegen alle bestehenden Verträge stellte er auch seine Backlist, also die Verwertungsrechte an seinen
älteren Büchern, zum Verkauf. Kommentatoren wie Michael Sissons, der
Direktor der großen Agentur Peters Fraser & Dunlop, sahen im Fall Swift
rückblickend einen symbolträchtigen Moment (»a defining moment«[4]), der
einen Paradigmenwechsel im Literaturbetrieb signalisierte. Die alten ver-
tragsrechtlichen Modelle und übrigens auch das alte Copyright schienen
sich überlebt zu haben. Der Romancier trat nun als sein eigener Unternehmer und Vermarkter auf; der Autor war, um noch einmal Sissons zu
zitieren, König (»the writer is king«).

Aber natürlich konnte das nur auf die verschwindend kleine Minderheit zutreffen, deren Werke einen Profit garantierten oder zumindest

versprachen. Für diese Minderheit sind die Möglichkeiten in der Tat fast grenzenlos. Britische Verleger handeln offenbar mehr und mehr wie Manager von Fußballclubs oder Plattenfirmen. Sie suchen nach dem Star; sie zahlen, wenn sie ihn/sie entdeckt zu haben glauben, exorbitante Vorschüsse (inzwischen bis zu einer Million Pfund) und setzen dann nicht selten eine fast hysterische Werbemaschinerie in Bewegung. Denn nur ein *superseller* kann die Verluste wettmachen, die die meisten anderen belletristischen Bücher ihnen einbringen. Dabei spielt die Qualität des ausersehenen Textes durchaus eine Rolle – aber eben nur eine unter anderen. Der sensationelle und kometenhafte Aufstieg von Zadie Smith bietet hier ein lehrreiches Beispiel. *White Teeth* war zweifellos ein brillanter Debutroman; aber der schwindelerregende Vorschuss, den Smith aufgrund ihres halbfertigen Manuskriptes erhielt, hatte viel damit zu tun, dass sie auch als Person wie geschaffen schien, die Phantasie des Marktes zu beflügeln. Sie war nicht nur eine photogene Frau (die inzwischen sogar für *Vogue* Modell stand), mit gerade einmal 24 Jahren nicht nur hinreißend jung, sondern zudem gemischter, nämlich jamaikanisch-englischer Herkunft und verfügte damit, wie einige Kritiker leicht spöttisch vermerkten, über den »multikulturellen Appeal«, der sich seit den neunziger Jahren auf dem britischen Kulturmarkt so gut verkaufen lässt.[5]

Doch so leicht sollte man es sich mit dem Spott als deutscher Beobachter nicht machen. Immerhin gelingt es dem britischen Literaturmarkt, einer kleinen, aber höchst eindrucksvollen Phalanx anspruchsvoller Erzähler im Bewusstsein einer erstaunlich breiten Öffentlichkeit und manchmal sogar auf den Bestsellerlisten einen Platz zu verschaffen. Das ist mehr, als man von den deutschen Buchmachern behaupten kann. Die aggressiven Werbemethoden der Verleger und der Professionalismus der Agenten haben dazu beigetragen, dass hochkomplizierte Romanciers wie Martin Amis, Ian McEwan, Jeanette Winterson und Salman Rushdie eine hierzulande kaum vorstellbare Medienpräsenz haben. Sie sind nicht nur, bis hinunter zu den Boulevardblättern und den kommerziellen TV-Kanälen, allgegenwärtig als Kulturkritiker, Rezensenten, Drehbuchschreiber, *Creative Writing*-Lehrer usw., eine ganze Reihe ihrer Werke wurde auch vom britischen Fernsehen oder Kino adaptiert. Mit anderen Worten: die – anspruchsvolle – Literatur in Großbritannien ist in vielerlei Hinsicht kommerzieller als in Deutschland; aber sie ist auch ungleich bekannter und populärer, und sie spielt auf den meisten Parketts der britischen Gegenwartskultur eine deutlich größere Rolle. Diese merkwürdig zweideutige Mischung von Marktbesessenheit und Popularität, von fragwürdigem Glamour und kultureller Wirkung, die die Bücherszene auszeichnet, findet sich nirgendwo so anschaulich illustriert wie in den Ritualen des Booker Prize, dem Höhepunkt des literarischen Jahres in Großbritannien.

III. Zwischen Preisrummel und Universität

Es gibt in Großbritannien inzwischen fast fünfzig literarische Preise, auf die sich zeitgenössische Romanciers Hoffnung machen können, darunter »spezialisierte« Preise für bestimmte Autorengruppen oder Sparten (wie den Orange Prize für Autorinnen oder den Saga Prize »for books of wit and humour by authors over 50«). Der Booker Prize (für »the best full-length novel of the year«) ist mit heute 50 000 Pfund der höchstdotierte Literaturpreis. Aber er ist viel mehr. Längst ist er zu einem bestimmenden Faktor des gehobenen Buchmarktes geworden; und viele Kritiker glauben ernsthaft, dass es vor allem »der Booker« gewesen sei, der den literarischen Roman in das Rampenlicht der populären Kultur katapultiert habe (» … the Booker-led explosion of literary fiction«[6]). Die *shortlists* des Booker-Preises definieren nicht nur einen stillschweigend praktizierten Kanon englischsprachiger Gegenwartsliteratur, sondern auch die Vorstellungen der Öffentlichkeit davon, was Literatur, zumal »britische« Literatur, überhaupt sei.

Als der Preis 1968 von dem Lebensmittelkonzern mit dem sinnigen Namen Booker gestiftet wurde, konnte davon noch keine Rede sein. Die ersten Verleihungen blieben gleichsam innerliterarische Angelegenheiten, so exklusiv, so steif und so abgehoben wie heute noch die Verleihung des Büchner-Preises in Frankfurt. Ungefähr im Jahre 1981 – Sieger war damals Salman Rushdies *Midnight's Children* – begann die unglaubliche Öffentlichkeitskarriere des Preises. Sie war u. a. der perfekten Inszenierungspraxis zu verdanken, welche inzwischen so aussieht: Im August gibt die kleine Jury die *longlist* bekannt (mit etwa 20 verbliebenen Kandidaten – von ursprünglich etwa 120). In allen Buchläden werden daraufhin diese Bücher in den Blickpunkt gerückt; die Wettbüros wie Ladbrokes geben ihre Quoten bekannt; die gesamte Presse, einschließlich des Boulevards, stellt Titel und Autoren vor und diskutiert die Prognosen im Stil der Pferderenn-Vorberichte. 2005 etwa sah man nach Erscheinen der *longlist* allgemein ein Kopf-an-Kopf-Rennen der hohen Favoriten Julian Barnes' *Arthur & George* (4:1) und Ian McEwans *Saturday* (5:1) voraus, mit Kazuo Ishiguros *Never Let Me Go* als attraktivem 20:1-Außenseiter. Der *Observer* (vom 14. August) titelte: »The Odds-on Couple«. Drei Wochen später erscheint dann die *shortlist* – mit noch sechs Titeln. Deren Autoren ist der Bestseller-Erfolg in der Regel schon sicher; ihre Bücher finden sich, versehen mit grellbunten Banderolen (»Shortlisted for the Booker Prize!«), in allen Schaufenstern. Am Ende steht der mit Spannung erwartete Oktobertag, an dem die Jury über den Sieg entscheidet. Die anschließende Bekanntgabe des Preisträgers und das festliche Dinner mit den Autoren der *shortlist* werden dann live im Fernsehen übertragen.

Mit anderen Worten: Der Booker Prize ist, wie das Regatta-Duell zwischen Oxford und Cambridge, ein Teil britischer *popular culture* geworden. Man erkennt die Zweideutigkeit. Einerseits erfüllt der Preis eine eklatant kommerzielle Funktion. Zu Beginn des Herbstes platziert, wenn das jährliche Buchgeschäft in seine heiße Phase tritt, soll er den Verkauf ankurbeln, zunächst für das preisgekrönte Buch und die Titel von *shortlist* und *longlist,* dann aber auch insgesamt für das Jahresschlussgeschäft. Und nicht zu vergessen – der Preis wird finanziert, in Absprache mit der Buchindustrie, von Großkonzernen, deren schwankendes Schicksal ihn durchaus berührt. Als im Jahre 2000 die Booker AG, und damit auch der Booker Prize, von der Supermarktkette Iceland aufgekauft wurde, nahm man als weiteren Sponsor die Firmengruppe Man AG mit ins Boot, weshalb der Preis seitdem offiziell Man Booker Prize heißt.

Dieser kommerziell motivierte Verleihungs-Zirkus hat aber andererseits viel dazu beigetragen, dass Autoren wie Antonia Byatt und Ian McEwan, Julian Barnes und Timothy Mo, Rushdie und Ishiguro einem viel breiteren Publikum bekannt wurden als vergleichbar wichtige deutsche Romanciers. Nicht ohne Neid muss man zugeben, dass sich jenseits des Kanals eine höchst anspruchsvolle Erzählliteratur einen Platz auf dem populären Kultur- und Medienmarkt erobert hat und deshalb erstaunlich viele neugierige Leser findet. Man sollte hier daran erinnern, dass solche Virtuosität in der Popularisierung »hoher« Kultur auch andere britische Institutionen auszeichnet. Beispielsweise ist die Filmindustrie unaufhörlich und erfolgreich damit beschäftigt, durch neue *heritage*-Versionen, Aktualisierungen oder Parodien auch die eigenen Klassiker zum Teil der heutigen Populärkultur zu machen. Die Grenzen zwischen »hoher« und »populärer« Kultur scheinen in England viel durchlässiger als im Lande Goethes: »The central position of opera, of Shakespeare and Jane Austen in the commercial and popular market-place clearly indicate a collapse of category boundaries.«[7]

So darf man behaupten, dass der Booker Prize mit seinen Kandidatenlisten seit mehr als zwei Jahrzehnten eine Art Kanon begründet, einen Kanon der Romanliteratur, die hohe ästhetische Ansprüche mit einem ebenfalls hohen Grad potentieller Popularität verbindet. Das Reglement des Findungsprozesses sorgt dafür, dass dieses Ziel ziemlich häufig erreicht wird.

Die Jury sieht sich konfrontiert mit dem überwältigenden Erwartungsdruck einer großen Öffentlichkeit, die sich naturgemäß eine Spitzengruppe und einen Gewinner wünscht, mit denen sie sich identifizieren kann. Allzu experimentelle oder schwierige Werke haben in einem solchen Kontext keine guten Chancen. Aber das heißt keineswegs, dass die im Modus eines simplen Realismus erzählenden Autoren Favoriten wären. Blickt man auf die Listen der letzten Jahre, so findet man im Gegenteil viele postmoderne Bücher, Romane also, die brillant mit anderen Texten oder Textsorten spielen, die Grenzen zwischen Fiktion und Realität verschwimmen lassen, verschiedene Zeitebenen ineinander schachteln und durch selbstironische Kommentare den Leser immer wieder aus der Illusion reißen.

Ein gutes Beispiel ist Antonia Byatts Roman *Possession*, der 1990 den Preis gewann und daraufhin in Großbritannien und weltweit ein Bestseller wurde. Im Mittelpunkt steht eine detektivische Handlung. Zwei zeitgenössische Figuren, eine Dozentin und ein Forschungsassistent, versuchen einem literaturgeschichtlichen Geheimnis auf die Spur zu kommen: der romantischen Liebesbeziehung zwischen zwei (fiktiven) viktorianischen Dichtern, Henry Ash und Christabel LaMotte. Ein großer Teil des Buches besteht aus Exzerpten aus (wiederum fiktiven) Dichtungen, Biographien, Briefen, Tagebüchern, wissenschaftlichen Artikeln, die meisten von ihnen viktorianisch, manche auch modern. Diesem intertextuellen Feuerwerk jedoch stehen Elemente gegenüber, die das Buch auch für den unvorbereiteten Leser spannend oder anrührend machen. Die mühsame Rekonstruktion der verborgenen Geschichte treibt die Handlung voran; die beiden parallelen Liebeshandlungen mit ihren wunderbaren Fügungen und ihrem glücklichen Ende komplettieren eine Romanze, deren Realitätsferne von der Autorin zwar ironisiert wird (u. a. durch den Untertitel »A Romance«), aber eben doch nie so radikal, dass die Süffigkeit des Textes Schaden litte. Damit bietet *Possession* das Paradebeispiel einer typisch britischen Literaturmode, die Kritiker u. a. als »domestizierte Postmoderne«[8] bezeichnet haben, also als eine besonders publikumsfreundliche Aufbereitung der neuesten literarischen Spieltheorien. Die einheimischen Favoriten auf der *longlist* des Jahres 2005 – neben Barnes, McEwan und Rushdie auch Ali Smith (*The Accidental*) und Zadie Smith (*On Beauty*) – lassen sich alle dieser Tradition des »weichen« Postmodernismus zuordnen.

Was die Romane dieser Autoren so eindrucksvoll erscheinen lässt, ist also eine erzähltechnische und strukturelle Komplexität, die trotzdem für ein großes Publikum lesbar und vergnüglich (d. h. witzig, spannend, farbig) bleibt. Die meisten von ihnen beherrschen das ganze Repertoire postmoderner Tricks, sind vertraut mit dem Stand der literaturtheoretischen Debatte, wie sie häufig in ihren Interviews, Essays und innerhalb ihrer Romane durch »metafiktionale« (selbstironische) Kommentare zu erkennen geben. Einer der Gründe für solche Professionalität liegt darin, dass die zeitgenössische britische Literatur nicht nur mit der Populärkultur, sondern auch mit der akademischen Kritik viel engere Beziehungen unterhält als die deutsche. 1970 gründete der Literaturprofessor Malcolm Bradbury, der sich übrigens selber als Verfasser von Universitätsromanen einen Namen machte (*Eating People is Wrong,* 1959; *The History Man,* 1975), seinen legendären Studiengang *Creative Writing* an der University of East Anglia; zu den ersten Absolventen gehörten Ian McEwan und Kazuo Ishiguro. Angesichts solcher Erfolge fanden sich auch sogleich einige Nachahmer.

Aber erst in den 1990er Jahren entwickelte sich das *Creative Writing*-Studium zu einer Massenbewegung. Es gibt inzwischen mehr als 200 Postgraduiertenprogramme, davon 85 mit einem eigenen Grad als Abschluss; zusammen mit den entsprechenden Graduierten-Kursen sollen sie im Jahre 2004 fast 110 000 *Creative Writing*-Studierende in die Universitäten gezogen haben.[9] Mittlerweile gibt es sogar ein nationales Forschungsinstitut, das *UK Centre for Creative Writing Research through Practice* (der University of Wales in Bangor). Die Gründe für diese spektakuläre Entwicklung sind vielfältig und werden von manchen Kommentatoren eher zynisch beurteilt. Vor allem die ehemaligen Fachhochschulen, die von Margaret Thatcher sämtlich in Universitäten umgewandelt wurden, entdeckten die *Creative Writing*-Studiengänge als nützliche Goldesel (»useful cash cows«); denn sie erforderten praktisch keine Investitionen, lockten aber Tausende von Gebühren zahlenden Studenten an.

Unabhängig von solchen Motiven hat sich diese neue Institutionalisierung von Kreativität als ziemlich folgenreich für die Literatur erwiesen. Die Studiengänge schulen nicht nur Hunderttausende von anspruchsvolleren Lesern, sie produzieren überdies Hunderte, wenn nicht Tausende von neuen Autoren, die – häufig über Agenten – nach Publikationsmöglichkeiten suchen. Man muss vermuten, dass viele der weniger erfolgreichen Bücher unter den etwa 10 000 (!) neuen Literaturtiteln eines Jahres aus der Feder solcher *Creative Writing*-Absolventen stammen. Die Warnung des *Guardian,* die englische Literatur drohe allmählich »zur ausschließlichen Zuständigkeit des Universitätssystems« zu werden[10], erscheint zwar deutlich übertrieben, aber es ist wahr, dass sehr viele, wahrscheinlich sogar die meisten britischen Autoren zeitweise als Dozenten in den akademischen *Creative Writing*-Kursen tätig sind. Für manche von ihnen, etwa die Poeten (den *poeta laureatus* Andrew Motion nicht ausgenommen), ist dies sogar der einzige Weg, sich über Wasser zu halten – gleichsam eine staatliche Subvention für die Literatur, die, anders als die Befreiung des britischen Buchhandels von der Mehrwertsteuer, den Betroffenen selbst zugute kommt.

Doch es geht hier noch um eine andere Auswirkung der *Creative Writing*-Welle. Auch viele der prominenten Romanciers lassen sich, gegen entsprechende Honorare, für die reputiertesten Studienprogramme anwerben. Jim Crace und Antonia Byatt, Michèlle Roberts und Diran Adebayo – sie alle und zahlreiche andere Erfolgsautoren lehrten zeitweise an der Universität. Sie sind nicht nur Künstler, sondern auch professionelle Literaturtheoretiker und -didaktiker. Damit erscheint in dieser literarischen Kultur der Austausch zwischen kreativer Praxis und akademischer Theorie viel selbstverständlicher als anderen Orts. Sehr viele der bedeutenden britischen Erzähler der Gegenwart bewegen sich, zugespitzt gesagt, zwischen der Universität und dem Markt: Sie verbinden ein großes, an klassischen Vorbildern und postmoderner Theorie orientiertes Repertoire ausgefeilter Erzähltechniken mit der – zuweilen problematischen – Entschlossenheit, sich bei aller Originalität doch an die (durch die *shortlists* des Booker Prize angedeuteten) Toleranzschwellen des Publikums zu halten.

Auch die Literaturwissenschaft, so stellt man leicht amüsiert fest, hat den Kanon, der sich aus diesen Listen extrapolieren lässt, im großen und ganzen ohne viele Widerworte übernommen. Selbstverständlich gibt es Ausnahmen – *enfants terribles* wie Martin Amis, der es nicht einmal in die *shortlists* schaffte, obwohl ihn manche Kritiker für den wichtigsten Romancier der Gegenwart halten,[11] oder Einzelgängerinnen wie Angela Carter, der trotz aller unbestreitbaren Popularität die Anerkennung der Zunft verweigert wurde[12].

Eine dritte Funktion des Booker Prize – neben der Verkaufsförderung und der Kanonbildung – bleibt noch zu nennen. Der Preis steht nämlich nicht nur britischen Autoren offen, sondern auch Romanciers aus den Ländern des Commonwealth sowie aus der Irischen Republik. Das spielte in den ersten zehn Jahren des Preises noch eine vergleichsweise geringe Rolle; es gab nur drei nicht-britische Preisträger, darunter V.S. Naipaul. Mit Beginn der achtziger Jahre änderte sich das schlagartig. In den 25 Jahren seit 1981 (und dem Sieg von Salman Rushdies *Midnight's Children*) findet man noch zehn, d. h. weniger als 50 Prozent gebürtige Briten in der Liste der Sieger; die anderen stammen u. a. aus Irland (Roddy Doyle) und Neuseeland (Keri Hulme), aus Südafrika (J.M. Coetzee) und Kanada (Margaret Atwood, Michael Ondaatje, Yann Martel), aus Nigeria (Ben Okri) und Indien (Arundhati Roy). Auf den *shortlists* dieser Jahre tummelten sich Dutzende weiterer Commonwealth-Autoren. Die Bedeutung solcher Globalisierung kann man kaum überschätzen. Der Booker Prize legte einem großen Publikum ausgesuchte englischsprachige Romane aus fünf Kontinenten nahe und vermittelte ein immer internationaleres und multikulturelleres Bild zeitgenössischer Erzählkunst.

Zu einem Zeitpunkt, da der englische Roman vielen Kritikern als altmodisch, provinziell und introvertiert[13] galt, wurde die – so Richard Todd – »literarische Energie, die einst vom Zentrum des Empire in die koloniale Peripherie geströmt war, durch eine postkoloniale Umkehrung zurückgeleitet in das geschwächte Herz«[14]. Das ist pathetisch; aber das Pathos versucht die populäre Faszination wiederzugeben, mit der das britische Publikum die zum Teil ungewohnt experimentellen und unenglischen Texte aufnahm, angefangen mit Rushdies *Midnight's Children*. Keine andere Institution hat die literarische Multikulturalität so erfolgreich popularisiert wie der Booker Prize. Es war eine fast zwangsläufige Folge, dass sich angesichts solcher ermutigender Vorbilder auch mehr und mehr »einheimische« Autoren mit asiatischem bzw. karibischem Hintergrund fanden, die sich aus der literarischen Provinz befreiten und sich von dem großen globalen Panorama des postmodernen Romans inspirieren ließen. Das Ergebnis dieses Prozesses war eine Literatur, die mit ihrer Vielstimmigkeit und ihrem Reichtum dem amerikanischen *mainstream* längst wieder ebenbürtig ist.

Der Man Booker Prize hat sich also, alles in allem, als der große Glücksfall für die britische Erzählliteratur erwiesen. Er hat sie kommerziell erfolgreicher, populärer und multikultureller gemacht. Kein Wunder, dass mit gewaltiger Verspätung auch der deutsche Buchmarkt beschloss, das Rezept zu kopieren. Im Jahre 2005 wurde der Deutsche Buchpreis etabliert (für den besten Roman deutscher Sprache aus der Jahresproduktion), komplett mit *longlist*, *shortlist* und möglichst medienwirksamer Verkündung des Preisträgers am Tag vor der Eröffnung der Frankfurter Buchmesse. Ob diese Kopie dem deutschen Gegenwartsroman einen ähnlichen Erfolgsschub verschaffen wird, kann man eher bezweifeln.

IV. Der Gegenwartsroman – britische Sonderwege

Dass der britische Roman meist eine »Synthese von Realismus und Experiment« (so der Titel einer einschlägigen deutschen Dissertation[15]) anstrebt, ist beinahe zur Binsenwahrheit geworden. Die zahllosen Spielarten solcher Synthese lassen sich hier nicht einmal andeuten. Stattdessen sollen drei Aspekte bzw. Tendenzen der britischen Erzählliteratur kurz angeleuchtet werden, die dem Ausländer besonders auffallen: ihre »Abstammung« vom

Realismus der Nachkriegszeit; die Intensität, mit der sie sich an der Reflexion – und Konstruktion – der kulturellen Identitäten im heutigen Großbritannien beteiligt; und schließlich ihr virtuoser »intertextueller« Umgang
mit der eigenen Kulturgeschichte. Wiederum werden hierbei die Unter-
haltungsgattungen (was der Engländer »genre fiction« nennt, also Thriller,
Science Fiction, Frauenromane usw.) außer Acht gelassen.

1. Das realistische Erbe

Die britische Romanliteratur seit 1945 bietet ein derart verwirrendes Bild,
dass sich Verallgemeinerungen zu verbieten scheinen. Über eine Reihe von
Leitmotiven und Entwicklungslinien besteht jedoch erstaunliche Einigkeit.
Beispielsweise sehen die meisten Kritiker die fraglichen sechs Jahrzehnte in
zwei ungefähr gleich lange Phasen gegliedert. In den späten siebziger Jahren
begann der Siegeszug der Postmoderne in England, im Vergleich zu den
USA gemildert durch leserfreundliche Kompromisse und außerdem deutlich verspätet; die Amerikaner Vonnegut, Pynchon und Barth hatten ihre
frühen modellhaften Werke bereits Anfang der sechziger Jahre herausge-
bracht.

Vor dieser Wasserscheide liegt gleichsam die Nachkriegszeit. Sie begann,
in den frühen fünfziger Jahren, mit einer kurzlebigen, aber emotional heftigen Strömung, die man (sehr zum Ärger der beteiligten Autoren) mit dem
Etikett der »Angry Young Men« bedachte. Bei den entsprechenden Werken
handelte es sich – neben ein paar Dramen wie dem Kultstück *Look Back in
Anger* von John Osborne (1956) – vor allem um eine Reihe von realistisch
erzählten und entschieden in der britischen Nachkriegsgegenwart angesie-
delten Romanen. Genannt werden immer dieselben Titel: *Lucky Jim* von
Kingsley Amis (1954), *Hurry On Down* von John Wain (1953), *Room at the
Top* von John Braine (1957), *Saturday Night and Sunday Morning* von Alan
Sillitoe (1958). Ihr *setting* war meist die Provinz; ihre jungen männlichen
Protagonisten stammten aus der Arbeiterklasse oder der unteren Mittel-
schicht, fanden sich aber im Niemandsland zwischen den verschiedenen
Klassenkulturen wieder, eine Situation, auf die sie mit Verweigerung, Zy-
nismus oder Hedonismus reagierten.

Alle diese Romane gaben sich geradezu anti-modernistisch, orientierten
sich eher an der satirisch-pikaresken Tradition des 18. Jahrhunderts als an
den modernen Subtilitäten psychologischen Erzählens à la Henry James oder
James Joyce. Sie eroberten sich ihr Publikum, weil sie offenbar dem Zeitgeist
eine neue Stimme gaben. Was vor allem den jungen Lesern gefiel, war der
authentische Ton einer neuen Schicht, war die witzige Frechheit und pro-

vozierende Frivolität. Rückblickend erkennt man auch die Schwächen dieser Literatur, deren Autoren fast alle zeitlebens dem Ruhm der eigenen Debuts hinterher rannten: eine gewisse Provinzialität, eine Neigung zum allzu gefälligen *happy ending* und natürlich einen ausgeprägten Machismo.

Es besteht jedoch kein Zweifel daran, dass der britische Roman, auch der heutige, den *Angries* Wichtiges verdankt. Dazu gehört, als besonders folgenreiche Neuorientierung, die Unbefangenheit, mit der sie sich den zeitgenössische Subkulturen und den Medien öffneten. Zunächst gilt das für den Film – die *Angries* flirteten geradezu mit dem Kino, schrieben Drehbücher, gründeten sogar Produktionsfirmen (wie Osborne) und arbeiteten an der Verfilmung ihrer Romane mit. Bis heute ist die Kooperation, ja Verflechtung zwischen dem Roman einerseits und dem Kino bzw. Fernsehen andererseits eine beneidenswerte Stärke der britischen Kultur geblieben. Grenzgänger zwischen dem verbalen und dem visuellen Erzählen (z. B. Hanif Kureishi und Dennis Potter) haben virtuose intermediale Formen und »Übersetzungen« geschaffen; und viele Romane verdanken die meisten ihrer Fans den Verfilmungen oder Fernsehfassungen (z. B. Ishiguros *Remains of the Day,* Jeanette Wintersons *Oranges Are Not the Only Fruit* und John Fowles' *The French Lieutenant's Woman).*

Auch mit der Populärkultur ließen sich die Erzähler der fünfziger Jahre in unerhörter Weise ein, also etwa mit der Popmusik und den Jugendkulturen. Wiederum zieht sich ein roter Faden von Texten wie Colin MacInnes' *Absolute Beginners* (1959) bis zu den vielen zeitgenössischen Romanen, in denen die Popmusik nicht nur eine thematische Rolle spielt, sondern das Erzählen auch strukturell beeinflusst. Die bekanntesten Fälle sind vielleicht Kureishis *The Black Album* (1995), Adebayos *Some Kind of Black* (1996) und Rushdies *The Ground Beneath Her Feet* (1999); aber es gibt noch zahlreiche andere.[16]

Dies war keineswegs die einzige Hinterlassenschaft der fünfziger Jahre. Die ironische Neukonstruktion eigener Identität zwischen zwei Kulturen – das war ein Muster, welches bis heute eine ganz auffällige Rolle im britischen Roman spielt. Es taugte auch für die späteren, meist ebenfalls selbstironischen Geschichten von feministischen, regionalen oder postkolonialen Identitätsfindungen.

2. Identitäten im Roman

Man darf nicht vergessen: Das »Vereinigte« Königreich erlebte in den vergangenen Jahrzehnten der Devolutionsbestrebungen und der Multikulturalisierung eine beispiellose Vermehrung subkultureller Ansprüche. Innerhalb der vier Nationen des Königreichs, also in Schottland, Wales, Nordirland und inzwischen auch in »Little England«, versuchte man die jeweils eigene Identität neu zu erfinden. Ähnliches galt für die Subkulturen, die sich als »Asian-British« bzw. »Black British« bezeichnen. Damit wuchs auch allerorten das Bedürfnis nach neuen Bildern, Mythen und Geschichten, die zwischen den Erlebnissen der Ausgrenzung und der Integration vermittelten. Es war gerade der Roman, der solche Bedürfnisse aufnahm und sich, teilweise provokativ, in die Identitätsdebatten einmischte. Kureishis *The Buddha of Suburbia* (1990) und *The Black Album* (1995), Adebayos *Some Kind of Black* (1996) und Andrea Levys *Never Far from Nowhere* (1996) – um nur vier besonders erfolgreiche Beispiele zu nennen – erzählen alle eine Entwicklungsgeschichte, deren Held/Heldin lernt, die eigene Zwischenexistenz zu verstehen bzw. neu zu konstruieren. Karim Amir (aus Kureishis *Buddha*), mit englischer Mutter und indischem Vater, bejaht ausdrücklich seine hybride Identität: »I am an Englishman born and bred, almost [...] a funny kind of Englishman, a new breed as it were, having emerged from two old histories.«[17] Zweifellos haben solche fiktionalen Entwürfe zum Selbstbewusstsein einer jungen Generation von »new Brits« (z. B. jungen Briten mit asiatischem oder karibischem Hintergrund) beigetragen und zugleich ein weißes Publikum gelehrt, *Britishness* neu zu definieren.

Es sind keineswegs nur Entwicklungsromane, die die britischen Autoren zur subkulturellen Selbstfindung beigesteuert haben. Alistair Grays postmoderne und geradezu labyrinthische Pseudo-Biographie *Lanark: A Life in 4 Books* (1981), die zwischen einem realistisch gezeichneten Nachkriegs-Glasgow und einer phantastischen Stadt namens Unthank hin- und herspringt, gilt beispielsweise als ehrgeizigster Versuch, die zeitgenössische schottische Befindlichkeit verschlüsselt zu vermitteln – so wie andererseits die eher parodistisch-spielerische Satire von Julian Barnes *England, England* (1998) als eine Art Textbuch zur britischen/englischen nationalen Identität Karriere gemacht hat. Ähnlich werden andere Werke der britischen Gegenwartsliteratur (wie etwa Ishiguros *Remains of the Day* oder Swifts *Waterland)* bestimmten Identitätsdebatten zugeordnet, zuweilen gegen den Willen der Autoren.

Sogar auf der institutionellen Ebene finden sich solche Etikettierungen. Es gibt Verlage für »Black British Writing« wie *The Xpress* und eine expandierende akademische Literaturkritik innerhalb der *Black British Studies.*[18] Es gibt natürlich auch eigene Verlage und Reihen für *women's writing* (wie die überaus erfolgreiche Virago Press) und seit einiger Zeit sogar einen eigenen literarischen Preis, den sehr gut dotierten *Orange Prize*. Was die engagierten Frauen angeht, so lässt sich ihr Anteil an der Renaissance des britischen Romans seit den späten 1970er Jahren gar nicht hoch genug einschätzen. Anknüpfend an die große Leitfigur Doris Lessing, haben Autorinnen wie Angela Carter, Fay Weldon und Jeanette Winterson paradigmatische Modelle weiblicher Identitätsfindung entworfen.[19]

So hat sich der Roman immer wieder eingemischt in die kulturellen Gärungsprozesse, die die britische Gesellschaft erlebte, hat neue Identitäten reflektiert oder gar entworfen und alte dekonstruiert. Kein Wunder also, dass manche Beobachter ihm bescheinigen, letztlich sei er seiner Tradition skeptischer Wirklichkeitskritik treu geblieben – trotz aller postmoderner Kabinettstücke.

3. Intertextuelle Experimente

Andererseits ist es gerade auch seine virtuose Experimentierfreude, welcher der britische Roman der letzten zwei Jahrzehnte seine interessant schillernde Reputation verdankt – es ist, um einen Schlüsselbegriff der Postmoderne zu zitieren, seine einfallsreiche »Intertextualität«. Viele der bekannten Autoren konfrontieren bzw. verschränken in ihren Werken eine zeitgenössische Realität oder Perspektive mit anderen, scheinbar vergangenen Welten (genauer gesagt: Texten). Sie tun das spielerisch-parodistisch wie David Lodge, der in seiner brillanten »akademischen Romanze« *Small World* (1984) die von Konferenz zu Konferenz hastenden Literaturprofessoren mit den fahrenden Gralsrittern der Artuswelt parallelisiert; oder phantastisch wie Peter Ackroyd in *Hawksmoor* (1985) und Nigel Williams in *Witchcraft* (1987), zwei Romane, in denen die religiösen Fanatismen des späten 17. Jahrhunderts, im einen Falle Satanistenmorde, im anderen Hexenverfolgung, auf geheimnisvolle Weise und mit blutigen Folgen ins London des 20. Jahrhunderts zu »sickern« scheinen (»seepage« nennen das die neuen Theoretiker); oder kritisch dekonstruierend wie Marina Warners *Indigo* (1992), eine postkoloniale Neuerzählung von Shakespeares *Tempest*-Geschichte, die nun ebenfalls ins 20. Jahrhundert hineinreicht. So wird, wie Ansgar Nünning einprägsam formuliert, der Gegenwartsroman zu einer »Echokammer, in der viele Stimmen der englischen Kulturgeschichte widerhallen«[20] – und, so sollte man hinzufügen, z. B. auch der indischen und karibischen Kulturgeschichte.

Die entsprechenden Romane verblüffen häufig durch anachronistische Verfremdungen, Montagen und die Verschachtelung von Vergangenheit und Gegenwart, des Privaten mit dem Politischen (besonders spektakulär in Rushdies *Midnight's Children,* dessen Held, am Tag der Unabhängigkeit Indiens geboren, fortan seine persönliche Biographie in die indische Nationalgeschichte projiziert und umgekehrt). Solche Spiele mit den Erzählkonventionen sind nicht bloß geistreich; sie vermitteln skeptische Reflexion –

über die fließende Grenze zwischen Geschichte und Fiktion, über das Ende der Großen Erzählungen, die alles abschließend deuten wollen, sogar über die vergessenen Verknüpfungen zwischen Kultur- und Naturgeschichte. In Graham Swifts *Waterland* (1983) beispielsweise erzählt der Geschichtslehrer Tom Crick, da er nicht mehr an die Versionen der Historiker glaubt, stattdessen die katastrophenreiche Geschichte seiner Familie, die sich ständig überlagert mit der regionalen sowie mit der nationalen Historie. Zugleich entwickeln und verändern sich die Geschicke der Cricks wie die Flussläufe und Küstenlinien der Moorlandschaft in East Anglia (noch eine Geschichte im Roman) und scheinen sich am Ende doch zu schließen wie der geheimnisvolle Lebenszyklus des Aals, der ebenfalls erzählt wird.

Eine ähnliche postmoderne Skepsis findet sich inzwischen auch in anderen Nationalliteraturen. Als spezifisch britisch aber beeindruckt gerade den deutschen Beobachter, wie erfolgreich hier eine Literatur mittels ihrer intertextuellen Strategien das kulturhistorische Erbe für die eigene Gegenwart neu erobert. Zahlreiche Autoren haben sich an dieser besonders raffinierten, weil ironisch-kritischen *Heritage*-Pflege beteiligt, haben alchemistische, puritanische, romantische oder viktorianische »Geschichten« in ihre Gegenwartshandlungen eingeflochten – zuletzt auch zwei der sechs *shortlist*-Kandidaten 2005: Zadie Smith, die in *On Beauty* einen Kultroman der klassischen Moderne (E.M. Forsters *Howards End*) parodistisch in die Gegenwart transponiert, und Julian Barnes mit seiner viktorianisch-betulich erzählten, aber natürlich ständig verfremdeten Geschichte von Arthur (Conan Doyle) und George (*Arthur and George*).

V. Fazit

Am Ende fügen sich alle diese Aspekte zum Bild einer Literatur, die sehr zentral in ihrer Kultur platziert scheint – einer Literatur, die ungewöhnlich dicht vernetzt ist mit den anderen kulturellen Feldern und Akteuren, sowohl mit der Markt- und Medienwelt als auch mit der Universität, mit dem zeitgenössischen Pop ebenso wie mit den eigenen klassischen Kulturtraditionen. Sie wirkt typisch britisch mit ihren kritisch-pragmatischen Einmischungen in die laufenden Identitätsdebatten und Kulturkämpfe des Landes sowie mit ihrer Vorliebe für das witzige, zuweilen skurrile Spiel mit Konzepten und Texten.

Britisch schließlich ist sie auch und gerade in ihrer Integration so vieler postkolonialer Stimmen – aus der heimischen Szene und aus den Kulturen des ehemaligen Empire. Zuspitzend darf man sagen, dass London nirgendwo so überzeugend als Mittelpunkt des Commonwealth fungiert wie im Bereich der schönen Literatur.

Anmerkungen

1 Vgl. die Daily Mail vom 29. März 2005, die in einem nicht gezeichneten Artikel (»Book Trading is Booming«) die entsprechenden Analysten-Prognosen vorstellte. Die statistischen Zahlen zum britischen und zum deutschen Literaturbetrieb bzw. Buchhandel sind den Bänden des Book Sales Yearbook (einem umfangreichen statistischen Jahresbericht des Branchenverlags Booksellers Publications) sowie den entsprechenden Jahresbänden des Börsenvereins des deutschen Buchhandels (Buch und Buchhandel in Zahlen) entnommen.

2 Vgl. David Morleys Einführungsreferat zu einer Tagung der Universität Warwick (»Crisis in Poetry Publishing«), dokumentiert unter www2.warwick.ac.uk/fac/arts/english/undergrad/modules/second/en 238/small_presses/poetry_in_crisis/-108k-. Die »50-Prozent-Regel« läuft daraus hinaus, dass Waterstone's bei schwer verkäuflichen Büchern (z.B. Lyrik-Publikationen) bis zu 50 Prozent vom Verkaufspreis einbehält und damit jeden denkbaren Gewinn unmöglich macht.

3 Vgl. Eric de Bellaigue, British Book Publishing as a Business since the 1960s [The British Library Studies in the History of the Book], London 2004, S. 204ff.

4 Vgl. Robert Crum, The Literary Lottery, in: The Observer vom 17. März 2002.

5 Vgl. ebenda.

6 Werbetext auf dem Umschlag der Taschenbuchausgabe von Richard Todd, Consuming Fictions. The Booker Prize and Fiction in Britain Today, London 1996.

7 Clive Bloom, Literature, Politics and Intellectual Crisis in Britain Today, Basingstoke – New York 2001, S. 27.

8 Zuerst vielleicht bei Ulrich Broich, John Fowles' »The Enigma« and the Contemporary British Short Story, in: Reingard Nischik/Barbara Korte (Hrsg.), Modes of Narrative. Approaches to American, Canadian and British Fiction. Presented to Helmut Bonheim, Würzburg 1990, S. 179–189, hier S. 187.

9 Vgl. Ciar Byrne, Universities Cash in on Creative Writing Courses As Aspiring Novelists Abandon the Lone Struggle, in: The Independent vom 15. April 2004.

10 David John Taylor, Too Many Creative Accountants, in: The Guardian vom 13. Oktober 2004.

11 Vgl. Steven Earnshaw, Novel Voices, in: Clive Bloom/Gary Day (Hrsg.), Literature and Culture in Modern Britain. Vol. 3: 1956–1999, Harlow/Essex 2000, S. 51–75, hier S. 70f.

12 Vgl. Susannah Clapps Nachruf in der London Review of Books vom 12. März 1992, sowie Richard Todd (Anm. 6), S. 76.

13 Als der Kritiker, der die Provinzialität des britischen Romans Ende der 1960er Jahre am überzeugendsten diagnostizierte, gilt Bernard Bergonzi, The Situation of the Novel, London 1970 u. 1979.

14 Richard Todd (Anm. 6), S. 77f. (meine Übersetzung).

15 Bruno Zerweck, Die Synthese aus Realismus und Experiment. Der englische Roman der 1980er und 1990er Jahre aus erzähltheoretischer und kulturwissenschaft-

licher Sicht, Trier 2001. Ausführliche Darstellungen zu einzelnen Entwicklungen und Autoren des britischen Romans sowie auch zu den wichtigsten institutionellen Rahmenbedingungen finden sich in dem überaus nützlichen Handbuch von Brian Shaffer (Hrsg.), A Companion to the British and Irish Novel 1945–2000, Oxford 2005.

16 Claus-Ulrich Viol, Jukebooks. Contemporary British Fiction, Popular Music, and Cultural Value, Heidelberg 2006.
17 Hanif Kureishi, The Buddha of Suburbia, London 1990, S. 3.
18 Mit eigenen kritischen Sammelbänden und Anthologien wie Courttia Newland/Kadija Sesay (Hrsg.), IC3.The Penguin Book of New Black Writing in Britain, London 2000.
19 Vgl. dazu auch den Beitrag von Ingrid von Rosenberg in diesem Band.
20 Ansgar Nünning, Der englische Roman des 20. Jahrhunderts (UNI-Wissen), Stuttgart u. a. 1998.

Weiterführende Literatur

Bloom, Clive/Day, Gary (Hrsg.), Literature and Culture in Modern Britain. Vol. 3: 1956–1999, Harlow/Essex 2000.
Bradbury, Malcolm, The Modern British Novel, Harmondsworth 1994.
Nünning, Ansgar, Der englische Roman des 20. Jahrhunderts, Stuttgart u. a. 1998.
Shaffer, Brian (Hrsg.), A Companion to the British and Irish Novel 1945–2000, Oxford 2005.
Todd, Richard, Consuming Fictions. The Booker Prize and Fiction in Britain Today, London 1996.

Links

www.the-tls.co.uk
www.lrb.co.uk

Peter Drexler

Film und Fernsehen

I. Historischer Überblick

Film und Fernsehen sind in Großbritannien eng miteinander verflochten, und dies nicht nur aufgrund der wachsenden technischen und ökonomischen Konvergenz zwischen den beiden Medien, sondern auch aus kulturpolitischen Gründen, die in die Frühzeit des britischen Kinos und Rundfunks zurückreichen. 1927 wurde die BBC, die seit ihrer Gründung im Jahr 1922 eine privatwirtschaftlich organisierte *Company* gewesen war, in eine öffentlich-rechtliche, dem Ziel des *public service* verpflichtete *Corporation* umgewandelt; ihr bisheriger *General Manager* John Reith wurde ihr erster *Director-General*. Im selben Jahr kehrte John Grierson aus den USA zurück, wo er Probleme der Massenkommunikation studiert hatte. Er trat an den Sekretär des *Empire Marketing Board* (EMB), Stephen Tallents, mit dem Vorschlag einer Förderung für Produktionen heran, die dem Ziel dienten, »to bring the Empire alive«[1]. Die Gründung des *EMB Film Unit* markiert nicht nur den Beginn der britischen Dokumentarfilm-Bewegung sondern auch den einer öffentlich-rechtlichen Förderung des britischen Kinos. John Caughie hat auf die zeitliche Nähe der beiden Ereignisse und die ähnlichen Prämissen der beiden Projekte hingewiesen, die er aus der schottischen Herkunft von Reith und Grierson erklärt: ein erzieherisches Ethos, das in dem calvinistischen Erbe der *Kirk*, der *Church of Scotland,* wurzelte, ein demokratisches Bildungsideal, verbunden mit einem paternalistischen Engagement für das Gemeinwesen.[2] Dieses Engagement, das sowohl das Reithsche Konzept der BBC als einer nationalen Bildungsinstitution als auch das Griersonsche Ideal des Kinos als eines Mediums der Aufklärung und nationalen Kommunikation prägen sollte, ist zu einer Konstante in der Debatte um die kulturellen und ökonomischen Rahmenbedingungen von Film und Fernsehen in Großbritannien geworden.

Hinzu kommt, dass die notorische Schwäche der britischen Filmwirtschaft immer wieder staatliche Eingriffe – in der Form von Quoten, Einfuhrbeschränkungen und steuerlichen Begünstigungen für britische Produktionen oder der Förderung des Fernsehens als Filmproduzent – notwendig gemacht hat. Schon früh stellte die übermächtige US-Filmindustrie eine

Bedrohung der britischen dar, nicht nur aus ökonomischen Gründen, sondern auch wegen der sprachlichen und kulturellen Gemeinsamkeiten zwischen den USA und Großbritannien. Dieses prekäre Sonderverhältnis hat bereits zu Beginn des 20. Jahrhunderts die britische Filmindustrie in tiefe Krisen gestürzt und zeitweise fast zum Verschwinden gebracht. Großbritannien, das in der Frühzeit des Kinos zwischen 1895 und 1910 zu den avanciertesten Filmnationen gehörte, geriet mit dem Ersten Weltkrieg in eine wirtschaftliche Dauerkrise, von der Hollywood profitierte, nicht nur durch erdrückende Absatzerfolge auf dem britischen Markt, sondern auch durch eine ständige Abwanderung von britischen Regisseuren, Schauspielerinnen und Schauspielern und technischem Personal.

Von den 1920er Jahren bis in die Gegenwart lässt sich ein regelmäßiger Wechsel von Strukturkrisen und kurzlebigen Erholungsphasen der britischen Filmindustrie feststellen: der mit dem Namen des Exil-Ungarn Alexander Korda verbundene Boom in den frühen 1930er Jahren, das nach Hollywood-Muster aufgebaute Rank-Imperium der 1940er Jahre, die kurzlebige Attraktion des *Swinging London* für Regisseure und Investoren in den 1960er Jahren und die so genannte Renaissance des britischen Films in der Thatcher-Ära. Dabei erwiesen sich die staatlichen Kontrollmaßnahmen in der Regel als wirkungslos: die Quotengesetze der 1920er und 1930er Jahre, die dem britischen Markt eine Fülle künstlerisch wertloser *Quota Quickies* bescherten, ebenso wie die nach dem Zweiten Weltkrieg beschlossenen Strukturhilfen für den britischen Film, die *National Film Finance Corporation* (NFFC) und die so genannte Eady-Abgabe, ein Fonds der Filmwirtschaft, der sich aus Abgaben der Kinobesitzer speiste.

Spätestens seit den 1980er Jahren ist die Rolle des Fernsehens nicht nur als Finanzierungsquelle, sondern auch als ästhetischer Einflussfaktor für den britischen Film nicht mehr zu übersehen. Mit dem Regierungswechsel von 1979 wurden Film-Fernseh-Kooperationsmodelle, die sich bereits in den USA und in Deutschland bewährt hatten, auch in Großbritannien aktuell. Nachdem sich infolge der Krise Hollywoods in den 1970er Jahren die US-amerikanischen Investoren weitgehend aus Großbritannien zurückgezogen hatten, befand sich die britische Filmindustrie an einem Tiefpunkt. Die Thatcher-Regierung tat ein Übriges, indem sie die staatliche Filmförderung weiter beschnitt und die Branche sich selbst überließ.

Die »Renaissance« des britischen Films in diesen Jahren ist indessen nicht primär diesen marktradikalen Rosskuren zu verdanken, sondern einer Reihe von Entwicklungen, die bis in die 1970er Jahre zurückreichen. In dieser Zeit hatte sich, abseits des US-finanzierten *Mainstream*-Kinos, eine Kultur von Filmkooperativen gebildet, die sich 1976 in der *Association of Independent Pro-*

ducers (AIP) organisierten und deren experimentelle und kritische Potentiale sich in den 1980er Jahren im Rahmen neuer Filmförderungsmodelle entfalten sollten. Durch die Gründung von *Channel Four* im Jahr 1982 eröffnete sich die Möglichkeit, künstlerisch anspruchsvolle Filme zu finanzieren, und zwar durch Werbeeinnahmen der den Sender tragenden *Independent Broadcasting Authority* (IBA). Diese Symbiose von Fernsehen und Filmproduktion sollte sich für die »Renaissance« des britischen Films als ungleich effektiver erweisen als die aufwändig vermarkteten und Oscar-prämierten Produktionen, mit denen britische Filmemacher Hollywood auf seinem eigenen Terrain besiegen wollten, wie Hugh Hudsons *Chariots of Fire* (1981) und Richard Attenboroughs *Gandhi* (1982), die als Symbole des Wiederaufstiegs der britischen Filmwirtschaft in den 1980er Jahren gefeiert wurden.

Im Unterschied zu Margaret Thatcher und ihrem Nachfolger John Major trat Tony Blairs *New Labour* 1997 mit einer klaren Agenda in der Filmpolitik an. Die Filmförderung wurde dem neu gegründeten *Department for Culture, Media and Sport* übertragen, und es wurden die gesetzlichen Voraussetzungen für eine neue Art der Förderung durch Lotterieeinnahmen geschaffen, die *New Labour*, zusammen mit Steuerabschreibungen, zu einem wirksamen Instrument der Kulturpolitik machte. 1998 veröffentlichte die *Film Policy Review Group* der Regierung ihren Bericht *The Bigger Picture*, in dem sie ihre Maßnahmen vorstellte, die in den folgenden Jahren implementiert wurden, darunter vor allem die Gründung des *Film Council*, der nunmehr als zentrale Förderungsinstanz fungierte. Sowohl was Zuschauerzahlen als auch die Zahl der jährlich produzierten Filme und die Einnahmen angeht, weist die britische Filmproduktion seitdem eine deutlich steigende Tendenz auf. Dies ist allerdings nicht vorrangig auf die Aktivitäten des *Film Council* zurückzuführen, sondern auf die Attraktivität Großbritanniens als Investitions- und Produktionsstandort für US-amerikanische Firmen, die hier sowohl die technische Expertise und künstlerische Kompetenz als auch günstige steuerliche Bedingungen finden.[3] Das heißt, auch bei besten Standortbedingungen ist die britische Filmindustrie nur in Kooperation mit der US-amerikanischen überlebensfähig.

Bei einer Anhörung vor einem Expertenausschuss der Regierung zum Thema »Is there a British Film Industry?« (2003) sagte der Regisseur Alex Cox: »Our culture is not the same as that of the US. […] To lose our capacity to make British films about Britain in the UK is like losing our capacity to paint, or to write poetry.«[4] Damit verlieh er einem verbreiteten Unbehagen Ausdruck, das sich auf eine Reihe von neueren Entwicklungen bezieht: auf die Abhängigkeit vom US-Markt, die nivellierende und selektive Programmgestaltung der Multiplex-Kinos, die immer weniger britische Filme zeigen[5], und auf den Verlust nationaler Substanz in vielen Filmen mit britischen Themen und britischem Personal. In seinem Jahresüberblick des *Film and Television*-Handbuchs von 2005 konstatiert Eddie Dyja, dass die erfolgreichen britischen Filme, auch wenn sie typisch britische Geschichten erzählen, selten ohne einen »nod to their US partners« auskommen: »The Americanisation of British cultural themes is the price British producers have to pay for aspiring to compete on the global stage.«[6] Dies kann unterschiedliche Formen annehmen: US-britische *Star-Vehicles* wie *Four Weddings and a Funeral* (Mike Newell, 1994) mit Andie MacDowell und Hugh Grant; »transatlantische« Plots wie *Calendar Girls* (Nigel Cole, 2002), Koproduktionen wie die *Harry Potter*-Filme mit britisch-US-amerikanischem Cast und Produktionsstab; Filme, in denen sich eine typisch »britische« Story mit US-amerikanischen *Entertainment*-Elementen verbinden, wie *Billy Elliot* (Stephen Daldry, 2000), die britische Äquivalente US-amerikanischer Erfolgsformeln erproben wie der Tarantino-Ableger *Lock, Stock and Two Smoking Barrels* (Guy Ritchie, 1998) oder britische Figuren und Geschichten in die USA verpflanzen, wie die Verfilmung von Nick Hornbys Roman *High Fidelity* (Stephen Frears, 2000).

II. Britische Filmkulturen

1. Film und Devolution

Wenn man sich in der gegenwärtigen Lage die Frage nach den charakteristischen Merkmalen der britischen Filmkultur stellt, wird man vor allem die Heterogenität verschiedener Teilkulturen herausstellen müssen. Damit reflektiert sie Differenzen und Konflikte innerhalb der britischen Gesellschaft, insbesondere die unter dem Stichwort Devolution subsumierten Entwicklungen, die mit der Wiedereinrichtung von Parlamenten in Nordirland und Schottland sowie der Bildung einer Nationalversammlung in Wales ihren vorläufigen Abschluss fanden. Damit hat sich ein Prozess beschleunigt, der in den Thatcher-Jahren begann, als die nationalen Gruppierungen im so genannten *Celtic Fringe*, die der Konservativen Partei fern standen und von der Regierung in ihren kulturellen und wirtschaftlichen Interessen vernachlässigt wurden, sich immer stärker von der englischen Hegemonialkultur entfremdeten und auf ihre eigenen Traditionen besannen.

Die Entstehung nationaler Filmkulturen und -institutionen wie die *Film Councils* von Schottland, Wales und Nordirland oder das jährliche *Festival of*

Film and Television in the Celtic Countries sind Indikatoren dieses Prozesses. Mit Produktionen, die auch internationales Aufsehen erregten, wie Danny Boyles Film über die jugendliche Drogenszene in Edinburgh, *Trainspotting* (1995), und das walisische Pendant dazu, Kevin Allens Cardiff-Film *Twin Town* (1997), oder die Belfast-Komödien *With or Without You* (Michael Winterbottom, 1999) und *Wild About Harry* (Declan Lowney, 2000) sind nicht nur als sarkastische Diagnosen urbaner Subkulturen oder als urbane Komödien zu verstehen, sondern auch als filmische Reflexionen fragiler Nationalitätskonstruktionen, wie der politisch-kulturelle Subtext dieser Filme andeutet.[7] Die Distanzierung von herkömmlichen Themen und Repräsentationsformen von *Welshness, (Northern) Irishness* oder *Scottishness* ist ein gemeinsames Merkmal des Kinos des *Celtic Fringe*, und das bedeutet mit der entschiedenen Hinwendung zu Gegenwartsthemen vor allem eine Haltung von »black humour and irreverence« gegenüber Traditionen und »national or regional tropes and stereotypes«[8]. Die »Dekolonisierung« (Martin McLoone) der Filmkulturen der *Celtic Fringe* bedeutet Kritik, Satire und Überwindung von filmischen Stereotypen im Sinne romantischer oder folkloristisch-komischer Aspekte aus der Perspektive einer englischen »Leitkultur«, vor dem Hintergrund eines »devolved British cinema« (Duncan Petrie).

Diese Tendenzen beschränken sich indessen nicht auf den *Celtic Fringe*, sondern sind auch innerhalb der Regionen deutlich erkennbar, die von den ökonomischen Umbrüchen der 1980er und 1990er Jahre am stärksten betroffen waren: die vormals hoch industrialisierten Gebiete der *Midlands* und des Nordens. Filme wie *The Full Monty* (Peter Cattaneo, 1997), *Brassed Off* (Mark Herman, 1996), *TwentyFourSeven* (Shane Meadows, 1997), *Billy Elliot* (Stephen Daldry, 2000) verbindet ein starker *sense of place* und eine kritische Sensibilität für die mit der Deindustrialisierung verbundenen kulturellen Verluste. Mit ihrer Fokussierung auf *working class*-Themen und -Milieus nehmen diese Filme Traditionen des sozialkritischen *New Wave*-Kinos der 1950er und 1960er Jahre auf, etwa Jack Claytons *Room at the Top* (1958), Karel Reisz' *Saturday Night and Sunday Morning* (1960) und Tony Richardsons *The Loneliness of the Long-Distance Runner* (1962), allerdings mit veränderten Akzenten, in denen sich die ökonomischen und sozialen Verwerfungen der dazwischen liegenden Jahrzehnte manifestieren.

Anders als die aufbegehrenden und sich ihrer Männlichkeit und Klassenzugehörigkeit gewissen Figuren des *New Wave*-Kinos sind die Protagonisten der Filme der 1990er Jahre gebrochene Charaktere, welche die Bedrohung oder den Verlust ihres Arbeitsplatzes in der Regel auch als Gefährdung ihrer Maskulinität erfahren. Besonders drastisch wird dies in der international erfolgreichen Komödie *The Full Monty* vorgeführt, in der eine Gruppe von

Arbeitslosen in Sheffield ihre Probleme dadurch »löst«, dass sie ihre keineswegs attraktiven Körper als Stripper einem Publikum johlender Frauen in einem heruntergekommenen *working men's club* präsentiert. Diese farcenhafte Lösung verdeutlicht, dass es dem Film nicht um soziale Konflikte und deren Bewältigung geht, sondern um die Vermittlung eines Lebensgefühls: dass der männliche Körper – ebenso wie die vormals industrialisierte Region – veränderbar, »umkodierbar«, ist für neue Funktionen in einer postindustriellen Gesellschaft von Dienstleistungen und *leisure and culture industries*. Den audiovisuellen Medien kommt dabei eine wesentliche Rolle zu, weil sie die Probleme dieser Regionen reflektieren, den Tourismus fördern und einen Beitrag zur wirtschaftlichen Restrukturierung leisten.[9]

2. Black Film

Populäre britisch-indische TV-Serien wie *Meet the Magoons* oder *Goodness Gracious Me*, Erfolgsfilme wie *East Is East* (Damien O'Donnell, 1999) und *Bend It Like Beckham* (Gurinder Chadha, 2002), der wachsende Einfluss des indischen Bollywood-Kinos in Großbritannien und die mächtige Präsenz afrikanischer und karibischer Künstler in der Musikszene sind Indikatoren einer multikulturellen Durchdringung des Alltagslebens in Großbritannien, die nicht nur die Medien, sondern auch andere Bereiche wie Küche, Freizeit, Mode und Design umfasst. Dies alles trotz des alltäglichen Rassismus und rassistisch motivierter Gewalt, die die Schlagzeilen beherrscht. Jedoch lassen sich Veränderungen im Verhältnis verschiedener ethnischer Gruppen untereinander und im Verhältnis zur *Mainstream*-Kultur in den vergangenen zwanzig Jahren konstatieren, die Film und Fernsehen sensibel registrieren. Dieser Wandel lässt sich beschreiben in Analogie zur erwähnten Devolution des britischen Films als eine »Dekolonisierung« des hegemonialen – weißen – Blicks in den Medien, der es schwarzen und asiatischen Regisseurinnen und Regisseuren seit den 1980er Jahren zunehmend ermöglichte, über die Produktion und Verteilung ihrer Bilder und Erzählungen selbst zu verfügen.

Die Filme der 1950er und 1960er Jahre, die im Gefolge der Immigration aus der Karibik und Südasien nach dem Zweiten Weltkrieg entstanden, waren sozialkritische *race relation films* wie Basil Deardens *Sapphire* (1959) oder Roy Barkers *Flame in the Street* (1961), die aus weißer Sicht »Probleme« der schwarzen Präsenz in Großbritannien reflektierten und Schwarze entweder als Opfer weißer Intoleranz oder als Sozialprobleme darstellten[10], und auch die ersten Dokumentarfilme schwarzer Regisseure zu Fragen der Immigration und Integration, die in den 1970er Jahren entstanden, etwa Horace Ovés *Reggae* (1970) und *Pressure* (1975) waren noch primär den Zielen der Analyse, Therapie und Lösung von »Rassenproblemen« verpflichtet: ein »cinema of duty«, wie es Cameron Bailey 1992 formulierte.[11] Erst in den 1980er Jahren, mit der radikalen Wende der Innen- und Kulturpolitik der Thatcher-Regierung und der Verschärfung der Rassenkonflikte, wie sie mit den Unruhen von Toxteth und Brixton 1981 manifest wurden, bildete sich unter Künstlern und Intellektuellen verschiedener Minoritäten ein Bewusstsein gemeinsamer Interessen heraus.

Damit gewann auch das Projekt *Black Film* als »umbrella political term«[12] für asiatische, afrikanische und karibische Filmemacher Konturen – *black*, um den politischen Gegensatz zum weißen britischen *Mainstream* und die Identität der Interessen innerhalb der Kunst- und Medienlandschaft zu artikulieren. *Channel Four* mit seinem Auftrag, die künstlerischen Impulse auch von ethnischen Minderheiten zu fördern, hat dabei eine große Rolle gespielt. Viele der von schwarzen *Independent*-Produktionen und Workshops gedrehten Filme, z. B. John Akomfrahs *Handsworth Songs* (1986; *Black Audio Film Collective*), Maureen Blackwoods und Isaac Juliens *The Passion of Remembrance* (1986; *Black Workshop, Sankofa*), wurden für das Fernsehen produziert. Dies gilt auch für Stephen Frears' und Hanif Kureishis Film *My Beautiful Laundrette* (1985), der mit seiner Thematisierung von Homosexualität, Rassismus und Thatcher-Kapitalismus großes Aufsehen erregte und eine Oscar-Nominierung erhielt.

Kureishis Werk ist paradigmatisch für viele Künstler der asiatischen Diaspora in Großbritannien. In den späten 1970er und frühen 1980er Jahren schrieb er Theaterstücke, die den Alltagsrassismus und das Leben asiatischer Immigranten thematisieren. Danach benutzte er Fernsehen und Film als Plattform seiner Interventionen (z. B. mit der BBC-Adaption seines Romans *The Buddha of Suburbia*, 1993, und dem Film *My Son the Fanatic*, 1997, einer Kritik am islamischen Fundamentalismus). In jüngerer Zeit hat er sich mit Romanen wie *Intimacy* (1998, verfilmt von Patrice Chereau, 2000) und *Gabriel's Gift* (2001) und dem Drehbuch zu *The Mother* (Roger Michell, 2003) von seinen ethnischen Themen entfernt in Richtung auf »persönliche« Konflikte – vielleicht Symptome eines veränderten Zeitgeists, was die Diskurse über Rassismus und die Lage ethnischer Minderheiten in Großbritannien angeht.[13]

Auch bei Gurinder Chadha, der erfolgreichsten britisch-asiatischen Regisseurin der Gegenwart, haben sich seit ihren Anfängen mit satirischen TV-Kurz- und Dokumentarfilmen (etwa *I'm British But ...*, 1989) die Schwerpunkte ihres Schaffens deutlich verlagert. Während ihr 1993 für *Channel*

Four produzierter erster langer Spielfilm *Bhaji on the Beach* noch eindeutig kritische Akzente setzte in der Darstellung einer Gruppe von Frauen indischer Herkunft in ihrer Auseinandersetzung mit der britischen Kultur, sind ihre neueren Filme, *Bend It Like Beckham* (2002) und *Bride and Prejudice* (2005) dezidiert für den *Mainstream* produziert. Der erstere erzählt die Erfolgsgeschichte einer jungen asiatischen Britin, die sich gegen die Widerstände ihrer Familie als Fußballerin durchsetzt und ein Stipendium für eine US-amerikanische Universität gewinnt. Der letztere ist eine multiethnische, »globalisierte« Version von Jane Austens Roman *Pride and Prejudice*, in der Elemente des Bollywood- und des Hollywood-Kinos sich ungezwungen verbinden. Diese Entwicklung von einem »cinema of duty« zu einem des kulturellen *Crossover* macht deutlich, dass sich »schwarze« Filmemacher in einem Segment der internationalen Filmindustrie erfolgreich etabliert haben. Dies gilt allerdings nur mit Einschränkungen. Während bestimmte Themen und Genres (Jugend-, Musik- und *comedy*-filme), die auch im *Mainstream* florieren, sich durch »schwarze« Inhalte Popularität verschaffen können, verharren andere – politische und experimentelle – Filme weiterhin in einem Ghetto marginalisierter *low budget*-Produktionen.[14]

III. Kontinuitäten und Traditionen

Bei aller Heterogenität der gegenwärtigen Filmszene in Großbritannien sind eine Reihe von Traditionen wirksam, die den Charakter des britischen Kinos seit dem frühen 20. Jahrhundert prägen. »The more things change, the more some things at least stay the same«[15], schreibt Brian McFarlane in einem Überblick zur Entwicklung des britischen Kinos der 1990er Jahre. Er bezieht sich damit vor allem auf die »literary/theatrical tradition«, den »realist strain«, das Fortleben von traditionellen britischen Genres im Kino der Gegenwart und »comedy« als genreübergreifende Kategorie.[15]

1. Social Realism

Was McFarlane als »realist strain« bezeichnet, wird von vielen Filmhistorikern als die charakteristische Entwicklungstendenz des britischen Films und Fernsehens angesehen. Der dafür verwendete Begriff des *Social Realism* ist dabei nicht als Gattungsbegriff zu verstehen, sondern als Sammelbezeichnung für eine Reihe von Stilrichtungen und programmatischen Gruppierungen wie das von John Grierson initiierte *Documentary Film Movement* der 1930er und 1940er Jahre, das *Free Cinema* und das *New Wave Cinema* der 1950er und frühen 1960er Jahre, sozialkritische Fernsehgenres und die seit den 1980er Jahren erkennbaren Transformationen des sozialkritischen Films in den Regionen, von denen bereits die Rede war.

Wenn Grierson zur Kennzeichnung des von ihm geprägten Begriffs des *documentary film* von einer kreativen Interpretation der Wirklichkeit spricht[16], dann weist er dem Film damit nicht nur eine beobachtende Haltung zur Realität zu, sondern eine eingreifende, gesellschaftlich verändernde. Dieser Impuls und die Fokussierung auf die Lebens- und Arbeitsbedingungen der *working class* sind Leitmotive verschiedener Ausprägungen des *Social Realism*, wie er sich in Zeiten gesellschaftlicher Umbrüche manifestiert. Nach der Welle der sozialkritischen Filme der 1950er und 1960er Jahre setzt vor allem das Fernsehen diese Tradition mit neuen Genres und Formaten wie Reportage, Fernsehspiel und Feature fort.

In dieser Tradition steht auch das Werk von zwei profilierten britischen Filmemachern der Gegenwart, Ken Loach und Mike Leigh. Bei allen Gemeinsamkeiten – Engagement für soziale Gerechtigkeit und Insistieren auf Freiheit von kommerziellen Zwängen – sind Unterschiede nicht zu übersehen. Während in den Filmen Loachs stets ein marxistisch geprägter Klassenstandpunkt auszumachen ist, der den Zuschauer zur Parteinahme auffordert, ist Leighs Arbeitsweise indirekt und explorativ. Seine Filme formulieren keine unmittelbare Kritik, etwa an Institutionen und gesellschaftlichen Praktiken, vielmehr spüren sie sozialen Fragen in der Intimität und Banalität menschlicher Alltagsbeziehungen nach.

Loachs vierzig Jahre umspannendes Œuvre reicht von seinen frühen Theater- und Fernsehproduktionen, die stilistisch und thematisch den Filmen der *New Wave* verpflichtet sind, bis in die Gegenwart postindustrieller Arbeitswelten. In den 1960er Jahren inszenierte er u. a. Episoden der sozialkritischen BBC-Polizeiserie *Z Cars* und Fernsehspiele zu gesellschaftlichen Problemen wie Obdachlosigkeit (*Cathy Come Home*, 1966) oder das Leben von Frauen der *working class* (*Poor Cow*, 1967). Danach folgten Spielfilme wie *Kes* (1969) und *Family Life* (1971). Da Loach in den Thatcher-Jahren Probleme mit der Finanzierung seiner Projekte hatte, produzierte er vorwiegend Dokumentarfilme für das Fernsehen. In den 1990er Jahren trat er mit einer Reihe von auch international beachteten und ausgezeichneten Spielfilmen hervor, die brisante Themen aufgriffen, darunter *Hidden Agenda* (1990), ein Thriller über die britische Nordirland-Politik, und *Ladybird, Ladybird* (1994), die Geschichte einer ledigen Mutter im Kampf gegen die Sozialbehörden. Mit *Land and Freedom* (1995) und *Carla's Song* (1996) verließ

Loach das Milieu seiner bisherigen Filme und wandte sich historischen und internationalen Themen zu, dem Spanischen Bürgerkrieg im erstgenannten, und der Revolution in Nicaragua im letztgenannten Film. Diese Tendenz hat sich in den letzten Jahren deutlich verstärkt mit Filmen wie *Bread and Roses* (2000), einer Geschichte über die Arbeitsbedingungen mexikanischer Immigranten in Kalifornien, und *Ae Fond Kiss* (2004), einer Liebesgeschichte zwischen einer irischen Katholikin und einem jungen Muslim.

Leigh ist ähnlich wie Loach vom Theater zum Fernsehen gekommen, für das er bereits in den 1960er Jahren Stücke schrieb, die an seine Theaterarbeit anschlossen. Seine eigentliche Spielfilmproduktion begann 1971 mit *Bleak Moments*. In den 1970er Jahren folgten mehrere Fernsehspiele im Rahmen der Reihe *Play for Today* der BBC (etwa die Satiren *Nuts in May*, 1976, und *Abigail's Party*, 1977). Das Politische wird in Leighs Filmen eher im alltäglichen Detail angedeutet, etwa wenn in *High Hopes* (1988) die beiden Hauptcharaktere, Shirley und Cyril, ihren Kaktus »Thatcher« nennen, oder wenn in *Life Is Sweet* (1990) eine Figur, Aubrey, dem Thatcherschen *Enterprise*-Ethos folgend, ein Restaurant eröffnet und, als keine Gäste kommen, sich an seiner Bar betrinkt und das Etablissement zertrümmert. Mit diesen und anderen Filmen hat Leigh eine Art *Comédie Humaine* der Thatcher-Jahre inszeniert und auch in seinen neueren Produktionen, die ihm internationale Anerkennung brachten, vor allem *Naked* (1993), *Secrets and Lies* (1996), *Career Girls* (1997) und *All or Nothing* (2002) die Chronik der laufenden (Alltags-)Ereignisse in Großbritannien fortgeschrieben.

2. Art Cinema

Mit dem Begriff *Art Cinema* verbinden sich ästhetische Konzepte wie das der Avantgarde, des Experimentellen, der Moderne, des Films als Werk eines individuellen Stils und Gestaltungswillens, eines *auteur*.[17] Solche Tendenzen, wie sie für das kontinentaleuropäische Kino seit den 1920er Jahren typisch sind, haben sich in Großbritannien, wenn man von einigen Ansätzen wie dem *Free Cinema* der 1950er Jahre und einzelnen Regisseuren wie Lindsay Anderson, Nicolas Roeg und Ken Russell in den 1960er und 1970er Jahren oder alternativen Filmbewegungen wie dem *Workshop Movement*, dem *London Film-makers Co-op* und der *Independent Filmmakers Association* absieht, nicht durchsetzen können. Erst in den 1980er Jahren, als mit *Channel Four*, dem *Arts Council* und dem *British Film Institute* (BFI) Förderungsinstitutionen für diese Bewegungen zur Verfügung standen, konnte sich mit Regisseuren wie Peter Greenaway, Derek Jarman, Sally Potter und Isaac

Julien ein britisches *Art Cinema* etablieren, das in den 1990er Jahren mit Regisseuren wie Patrick Keiller, Andrew Kotting und John Maybury seine Fortsetzung fand.[18]

Peter Greenaway und der 1994 verstorbene Derek Jarman sind bereits in den 1990er Jahren kanonische Figuren des britischen *Art Cinema* geworden, weil sie mit großer Radikalität versucht haben, dem Film neue Ausdrucksmöglichkeiten zu erschließen. Beide sind von der Malerei zum Film gekommen, und für beide war der Film stets nur ein Teil ihres künstlerischen Repertoires. Aufschlussreich ist Greenaways Weg zum Film, der ihn zunächst als Cutter von Dokumentarfilmen zum *Central Office of Information* führte, wo er ein tiefes Misstrauen gegen den Dokumentarismus der Grierson-Schule und ihren Faktizitätsanspruch fasste. Davon zeugen Kurzfilme wie *Windows* (1975), *Dear Phone* (1977), *A Walk Through H* (1978) oder *The Falls* (1980), die er als »artificial documentaries« oder »bogus documentaries« bezeichnete. In ihnen verbindet sich ein obsessives Interesse am Zählen, Klassifizieren und Katalogisieren mit einer malerischen Komposition der Einzeleinstellung, die der *mise en scène* den Vorrang vor der Montage gibt und auch die Kamerabewegung auf ein Minimum reduziert. Dahinter steht eine Ästhetik, die den Film im Dialog mit anderen Künsten begreift: der Malerei (*The Draughtsman's Contract*, 1982), der Architektur (*The Belly of an Architect*, 1986), dem Theater (*The Baby of Macon*, 1993) und der Literatur (*Prospero's Books*, 1991). Damit wird der Film zum Bestandteil eines kunst- und kulturgeschichtlichen Archivs mit der Tendenz zum Gesamtkunstwerk, wie es sich auch in anderen Aktivitäten Greenaways manifestiert: in Ausstellungen wie *The Physical Self* (Rotterdam 1991) oder *The Stairs* (Genf 1994) oder in Opernprojekten wie *The Death of Webern and Others* (1994 ff.).

Ein vergleichbarer Anspruch bestimmt das Œuvre Derek Jarmans, der als Maler, Autor, Bühnenbildner, Landschaftsgärtner und Filmemacher gearbeitet hat. Nachdem er in den 1960er Jahren im Umkreis des Pop-Künstlers David Hockney und als Bühnenbildner für Oper und Ballett tätig war, kam Jarman 1970 zum Film durch seine Ausstattung von Ken Russells *The Devils*. Seine Distanz zum *Mainstream*-Kino artikuliert sich zum einen in einer programmatischen Entscheidung für das Super-8-Format, das ihm – anders als der 35-mm-Film – Freiheit des künstlerischen Ausdrucks gewährleistete. Dies ermöglichte ihm auch den Zugriff auf private Aufnahmen (*home movies*), die eine Verbindung zwischen der eigenen Biographie und der Geschichte herstellen ließen. Seine Filme umkreisen das Thema des homosexuellen Künstlers in der Gesellschaft, wobei die historischen Bezugsfiguren, der Shakespeare der Sonette in *The Angelic Conversation* (1985), der

Komponist Benjamin Britten in *War Requiem* (1989), der Renaissance-Maler Caravaggio in *Caravaggio* (1986) oder der Philosoph Ludwig Wittgenstein in *Wittgenstein* (1992) Facetten dieser Problematik reflektieren. Die häufigen Anachronismen in diesen Filmen, die unmittelbare Bezüge zwischen der historischen Zeit der Filme und der Gegenwart herstellen, machen auf die Omnipräsenz der Geschichte in der Gegenwart aufmerksam: als beständiges Skandalon der gesellschaftlichen Ächtung der Homosexuellen, die er als fortzuschreibendes Projekt einer *Gay History* begriff, das in der Zeit des *gay-baiting* und der AIDS-Hysterie der Thatcher-Jahre sein öffentliches Engagement erforderte.[19]

3. Heritage Film

Mit dem Begriff *heritage film* verbinden sich vorwiegend negative Assoziationen. Ursprünglich zur Kennzeichnung einer Serie von Filmen gebraucht, die während des Zweiten Weltkriegs gedreht wurden, um das nationale und literarische Erbe in den Dienst der Kriegsanstrengungen zu stellen[20], wurde *heritage film* in den 1990er Jahren ein polemisch verwendetes Schlagwort. Hugh Hudsons *Chariots of Fire* (1981) wurde in seiner Verbindung von Hurrapatriotismus, Nostalgie und neoliberalem Leistungsdenken als Exponent des Thatcherschen *Enterprise*-Ethos gedeutet und mit diesem Etikett versehen.[21] Dem folgten in den 1980er und 1990er Jahren eine Reihe von Filmen mit ähnlichen Eigenschaften, darunter, wie Andrew Higson ausführt, die Projektion einer »elite, conservative vision of the national past«, eine »museum aesthetic«, die filmische Umsetzung von »culturally prestigious and canonic literary and theatrical properties«. Damit verbinden sich bestimmte formale Merkmale: ein eher episodischer, undramatischer Handlungsaufbau und eine zurückhaltende Kameraästhetik (lange Einstellungen, Tiefenschärfe, Halbnahe und Halbtotale statt Nahaufnahmen etc.). Das Resultat ist ein filmisches Qualitätsprodukt, »somewhere between the art house and the mainstream«, mit kalkulierten Marketingstrategien in ausgewählten Kinos platziert, vor allem »in the crucial North American market«.[22]

Als *heritage*-Filme gelten Verfilmungen vor allem der Romane des 19. und frühen 20. Jahrhunderts, wie Jane Austens *Emma* (Douglas McGrath, 1996), E.M. Forsters *A Room with a View* (James Ivory, 1986) oder George Eliots *Middlemarch* (BBC 1994), Shakespeare-Verfilmungen wie *Henry V* (Kenneth Branagh, 1989) und historische Biopics wie *Elizabeth* (Shekhar Kapur, 1998) oder *Gandhi* (Richard Attenborough, 1982). Die ideologischen Vorbehalte gegen diese Filme sind im Kontext der Debatte über die

Thatchersche *Enterprise Culture* zu verstehen. Ihre Kritiker beklagten vor allem das Entstehen einer *Heritage Industry*, in der das kulturelle Erbe zum Gegenstand einer durchgreifenden Vermarktung zu werden drohe[23], wie sie sich in der immer unverhohleneren Verflechtung von Tourismus- und Filmindustrie zeige.[24] Diese Debatte hat sich mittlerweile entschärft, weil Film und Tourismus in Großbritannien – nicht zuletzt durch *New Labours* erfolgreiche Wirtschaftspolitik – als wesentliche Wachstumsfaktoren anerkannt werden. Hinzu kommt, dass die ideologischen Parameter der 1990er Jahre durch neuere Thesen, etwa über *gender*-spezifische Rezeptionsunterschiede[25], in Frage gestellt wurden.

Zudem hat sich das Label *heritage film* als ungewöhnlich wandlungsfähig erwiesen, wenn man neuere Entwicklungen betrachtet, etwa Sally Potters *Orlando* (1992), in dem sich *heritage*-Elemente mit denen des *Art Cinema* und des Frauenfilms verbinden, John Maddens *Shakespeare in Love* (1999) mit einer Mischung aus postmodernen Pastiche-Elementen, Farce und Melodrama, oder hybride Produktionen wie der erwähnte Film *Bride and Prejudice* von Gurinder Chadha. Im Lichte dieser Entwicklungen erscheint *heritage film* als flexibel verwendbares Label für ein Genre der britischen Filmkultur, dessen Ursprünge bereits um 1910 auszumachen sind, als filmisches Konstrukt britischer Tradition und Kultur, vor allem, um der Herausforderung Hollywoods zu begegnen.[26] Wenn Alan Parker den *heritage film* als »the Laura Ashley school of film-making« bezeichnet[27], dann klingt das zunächst sehr abwertend. Aber im Grunde beschreibt er damit nur den Status eines identifizierbaren Qualitätsprodukts, das – vergleichbar mit anderen britischen Exportartikeln wie bestimmte Textilwaren oder Gebäcksorten – ein bestimmtes Flair von *Britishness* transportiert und sich dem Wandel von Moden und Stimmungen anpassen muss, um sich auf dem internationalen Markt zu behaupten.

4. Comedy

Ähnlich wie *heritage* ist *comedy* ein Markenzeichen für exporttaugliche Produkte der britischen Filmkultur. In Großbritannien haben sich in den 1930er Jahren unter dem Einfluss der *Music Hall*-Tradition des 19. und frühen 20. Jahrhunderts Formen der *working class*-Komödie entwickelt, die sich vor allem durch Slapstick-Elemente und die Persönlichkeit des Entertainers auszeichnen. Daneben etablierte sich der Typus der literarischen Komödie, die von ausgefeilten Plots und witzigen Dialogen lebt, z. B. Alexander Kordas Welterfolg von 1933, *The Private Life of Henry VIII*, oder Anthony Asquiths Dramenverfilmungen, etwa von Shaws *Pygmalion* (1939). Während im Zweiten Weltkrieg vor allem die *Music Hall*-Variante dominierte, gewann mit den berühmten *Ealing*-Komödien der Nachkriegszeit (benannt nach ihrem Produktionsort, den *Ealing Studios* bei London) wieder der literarische Typus an Bedeutung.[28] Diese Filme, die durch Schauspieler wie Alec Guiness und Peter Sellers und Titel wie *The Ladykillers* (Alexander Mackendrick, 1955), *Kind Hearts and Coronets* (Richard Hamer, 1949) oder *Passport to Pimlico* (Henry Cornelius, 1949) bis heute als Klassiker des britischen Filmhumors gelten, spiegeln den Zeitgeist der Nachkriegsjahre – zwischen Aufbegehren gegen staatliche Institutionen und unvermeidlicher Anpassung und Selbstddisziplinierung. Dies gilt auch für die Erfolgsserien der folgenden Jahrzehnte: etwa die Serie der klamaukhaften *Carry On*-Filme der 1960er Jahre, die ihre Komik vor allem aus sexuellen Anzüglichkeiten bezogen, oder die BBC-Serie *Monty Python's Flying Circus*, die mit ihrem tabuverletzenden Humor und bizarren Wortwitz dem Lebensgefühl der frühen 1970er Jahre Ausdruck verlieh.

Seit den 1960er Jahren gehen vom Fernsehen entscheidende Impulse aus, sowohl was die Rekrutierung neuer Talente als auch die filmische Weiterentwicklung von TV-Formaten angeht, wie das Beispiel des *Monty Python*-Teams zeigt, dessen Mitglieder in den 1970er und 1980er Jahren eine Reihe erfolgreicher Filmkomödien, darunter *Monty Python's Life of Brian* (Terry Jones, 1979), *Brazil* (Terry Gilliam, 1984), *A Fish Called Wanda* (John Cleese, 1988), gedreht haben. Auf der anderen Seite hat das Fernsehen eine ganze Reihe von brillanten Komödien hervorgebracht, die außerhalb dieses Mediums kaum Wirkung hatten, wie etwa die von Dennis Potter, der mit Miniserien wie *The Singing Detective* (1986) und *Lipstick on Your Collar* (1993) Fernsehgeschichte schrieb.

Wenn man die Entwicklung der Film- und Fernsehkomödie seit den 1990er Jahren betrachtet, fallen Tendenzen ins Auge, die auf der einen Seite die Kontinuität bewährter Traditionen belegen, andererseits interessante Neuentwicklungen erkennen lassen. So lässt sich beispielsweise das Fortwirken der *Music Hall*-Tradition in den *Mr Bean*-Komödien und *The Full Monty* ausmachen, oder das Fortleben der Gaunerkomödie à la *Ladykillers* in *Lock, Stock and Two Smoking Barrels*, während die britisch-indischen Fernsehserien *Goodness Gracious Me* und *Meet the Magoons* eine »hybride« Form der Komödie bezeichnen, die ihre Wirkung aus dem kalkulierten Missverstehen kultureller Codes und spielerischer Verletzung kultureller Tabus bezieht.

Der populärste Typus der Filmkomödie seit den 1990er Jahren dürfte indessen die so genannte *romantic comedy*[29] sein. In diese Kategorie gehören international erfolgreiche Filme wie *Four Weddings and a Funeral* (Mike Ne-

well, 1994), *Notting Hill* (Roger Michell, 1999), die *Bridget Jones*-Filme von
2001 und 2004 von Sharon Maguire und Beeban Kidron, *About a Boy* (Chris
und Paul Weitz, 2002) und *Love Actually* (Richard Curtis, 2003). Gemeinsame Merkmale dieser Filme sind
- (meist) gut konstruierte Plots (in vielen Fällen von dem derzeit wohl
  brillantesten britischen Drehbuchautor Richard Curtis geschrieben), die
  sie in die Tradition der literarischen Komödie stellen;
- romantische Liebesgeschichten, die sich nach lösbaren Verwicklungen zu
  einem Happy End fügen;
- in einem urbanen *middle class*-Milieu angesiedelte Handlungen;
- ein oft britisch-amerikanischer Cast: z. B. Hugh Grant, Colin Firth, Re-
  née Zellweger, Gwyneth Paltrow, Julia Roberts, Andie MacDowell;
- ein Humor, der sich aus den sympathischen Versager-Qualitäten der
  Hauptfiguren speist (in der Regel von Hugh Grant in den genannten
  Filmen verkörpert).

Der letztgenannte Aspekt greift bewährte Mittel der britischen »comedy of
incompetence« auf, wie sie aus der klassischen Komödie, etwa dem erwähnten *Ealing*-Typus, bekannt sind.[30] Wenn man diese Komödien mit ihrem
Schwanken zwischen märchenhaftem *wish-fulfilment* und Versagensängsten
als Ausdruck eines Zeitgeistes nimmt, wird man sie sicher überfrachten.
Aber man wird durch nuancierte Vergleiche – etwa zwischen *Four Weddings
and a Funeral* (1994) und *Love Actually* (2004), mit dem Richard Curtis ein
Jahrzehnt danach an sein früheres Drehbuch angeknüpft hat – etwas von
dem gewandelten Klima der frühen 1990er Jahre mit seinen sympathischen
Verklemmtheiten und Unbestimmtheiten und der bombastischen *feelgood*-
Stimmung des postmillenialen Britanniens spüren und dies durch weitere
Fallstudien und Detailuntersuchungen belegen können, wenn man sich als
Filmhistoriker in der Mitte des 21. Jahrhunderts (oder früher) über dieses
Korpus an Filmen beugt.

Anmerkungen

1   Zit. in John Caughie, Broadcasting and Cinema 1: Converging Histories, in: Charles
    Barr (Hrsg.), All Our Yesterdays. 90 Years of British Cinema, London 1986,
    S. 189–205, hier S. 190.
2   Vgl. ebenda, S. 192 f.
3   Vgl. dazu Neil Watson, Hollywood UK, in: Robert Murphy (Hrsg.), British Cinema
    of the 90s, London 2000, S. 80–87. Zahlenangaben zur britischen Filmproduktion,
    Zuschauerzahlen etc. finden sich in den jährlich erscheinenden Handbüchern des
    British Film Institute, den *BFI Film and Television Handbooks*, sowie unter www.brit-
    films.com.

4 Zit. in: Eddie Dyja, UK Film, Television and Video: Overview, in: Eddie Dyja (Hrsg.), BFI Film and Television Handbook 2004, S. 2. http://www.bfi.org.uk/bookvid/books/handbook/overview/2004.html. 15. 10. 2004.

5 Vgl. Stuart Hanson, Spoilt for Choice? Multiplexes in the 90s, in: Robert Murphy (Anm. 3), S. 48–59.

6 Eddie Dyja, UK Film, Television and DVD/Video: Overview, in: Eddie Dyja (Hrsg.), BFI Film and Television Handbook 2005, S. 2. http://www.bfi.org.uk/bookvid/books/handbook/overview2005.html. 14. 3. 2005.

7 Vgl. Martin McLoone, Internal Decolonisation? British Cinema in the Celtic Fringe, in: Robert Murphy (Hrsg.), The British Cinema Book, 2nd edition, London 2001 (zuerst 1997), S. 184–190, hier S. 185 f.

8 Ebenda, S. 185, 190.

9 Vgl. dazu Julia Hallam, Film, class and national identity: re-imagining communities in the age of devolution, in: Justine Ashby/Andrew Higson (Hrsg.), British Cinema, Past and Present, London 2000, S. 261–273. Hallam weist darauf hin (S. 262), dass *The Full Monty* und *Brassed Off* im Rahmen europäischer Fördermaßnahmen in Yorkshire gedreht wurden. Ähnliches gelte für *Trainspotting* (Glasgow) und *Twin Town* (Cardiff).

10 Vgl. Jim Pines, British Cinema and Black Representation, in: Robert Murphy (Anm. 7), S. 177–183, hier S. 179.

11 Vgl. Sarita Malik, Beyond »The Cinema of Duty«? The Pleasures of Hybridity: Black British Film of the 1980s and 1990s, in: Andrew Higson (Hrsg.), Dissolving Views. Key Writings on British Film, London 1996, S. 202–215, hier S. 203 f.

12 Sarita Malik (Anm. 11), S. 204.

13 Vgl. Barbara Korte/Claudia Sternberg, Bidding for the Mainstream? Black and Asian British Film since the 1990s, Amsterdam, New York 2004, S. 46 f.

14 Vgl. ebenda, S. 204–207.

15 Brian McFarlane, The More Things Change ... British Cinema in the 90s, in Robert Murphy (Anm. 7), S. 273–280, hier S. 273, 274, 275 f.

16 Vgl. Ian Aitken (Hrsg.), The Documentary Film Movement. An Anthology, Edinburgh 1998, S. 76–93.

17 Vgl. dazu John Caughie/Kevin Rockett, The Companion to British and Irish Cinema, London 1996, S. 7–9.

18 Vgl. Claire Smith, Travelling Light: New Art Cinema in the 90s, in: Robert Murphy (Anm. 3), S. 145–155.

19 Vgl. Kirsten Wächter, Derek Jarman – the Last Renaissance Artist, in: Journal for the Study of British Cultures, 5 (1998) 2, S. 181–194.

20 Vgl. Charles Barr, Introduction: Amnesia and Schizophrenia, in Charles Barr (Anm. 1), S. 12.

21 Vgl. vor allem Andrew Higson, Re-presenting the National Past: Nostalgia and Pastiche in the Heritage Film, in: Lester Friedman (Hrsg.), British Cinema and Thatcherism: Fires Were Started, London 1993, S. 109–129.

22 Andrew Higson, The Heritage Film and British Cinema, in: Andrew Higson (Anm. 11), 232–248, hier 233 f.

23 Vgl. Robert Hewison, The Heritage Industry, London 1987, und John Corner/Sylvia Harvey (Hrsg.), Enterprise and Heritage. Crosscurrents of National Culture, London 1991.

24 Vgl. Amy Sargent, Making and selling heritage culture: style and authenticity in

historical fictions on film and television, in: Justine Ashby/Andrew Higson (Anm. 9), S. 301–315.

25 Vgl. Sheldon Hall, The Wrong Sort of Cinema: Refashioning the Heritage Film Debate, in: Robert Murphy (Anm. 7), S. 191–199.

26 Vgl. Andrew Higson, Waving the Flag: Constructing a National Cinema in Britain, Oxford 1995, S. 26 ff.

27 Zit. in Andrew Higson (Anm. 11), S. 243.

28 Einen historischen Überblick dazu gibt Richard Dacre, Traditions of British Comedy, in: Robert Murphy (Anm. 7), S. 233–240.

29 Vgl. Robert Murphy, Citylife: Urban Fairy-tales in Late 90s British Cinema, in Robert Murphy (Anm. 7), S. 292–300.

30 Nick James, They Think It's All Over: British Cinema's US Surrender, in: Robert Murphy (Anm. 7), S. 301–309, hier S. 303.

Weiterführende Literatur

Barr, Charles (Hrsg.), All Our Yesterdays. 90 Years of British Cinema, London 1986.

Caughie, John/Kevin Rockett, The Companion to British and Irish Cinema, London 1996.

Cooke, Lez, British Television Drama. A History, London 2003.

Helbig, Jörg, Geschichte des britischen Films, Stuttgart 1999.

Hill, John/Martin McLoone (Hrsg.), Big Picture, Small Screen. The Relations between Film and Television, Luton 1996.

Murphy, Richard (Hrsg.), The British Cinema Book, London 2001 (zuerst 1997).

Vahimagi, Tise, British Television. An Illustrated Guide. Oxford 1994.

Links

http://www.brit.films.com
http://www.bfi.org.uk/
http://www.ukfilmcouncil.org.uk/
http://www.culture.gov.uk/

Christiane Eisenberg/Tony Mason

Sport und Sportpolitik

I. Sport – eine britische »Erfindung«

Der moderne, als Wettkampf betriebene Sport ist britischen Ursprungs. Pferderennen, Cricket, Boxen und Wettläufe waren schon in der Frühen Neuzeit populäre Vergnügungen. Weitere Disziplinen kamen im 19. Jahrhundert hinzu: Association Football (»Soccer«) und Leichtathletik, Rudern, Schwimmen, Tennis, Golf und Eislaufen. Auch die weltweite Verbreitung des Sports ging von Großbritannien aus. Überall dort, wo Briten Kolonien gründeten, Handelsstützpunkte eröffneten oder – so in Kontinentaleuropa – bei der Industrialisierung mitwirkten, ein Studium aufnahmen oder sich in einem Badeort einquartierten, betrieben sie ihre *sports*, und innerhalb kurzer Zeit machten die Einheimischen mit.

Dieser Kulturtransfer war derart erfolgreich, dass das englische Wort *sport* heute kaum irgendwo auf der Erde einer Übersetzung bedarf. Aus britischer Perspektive erschien er indes als eine eher zweifelhafte Entwicklung. Auf der einen Seite war es gelungen, ein Element der *national culture* in andere Umgebungen zu verpflanzen; das konnte man als Bestätigung für die eigene Überlegenheit betrachten. Auf der anderen Seite stieß der Kulturtransfer frühzeitig an seine Grenzen, weil im Allgemeinen nur die Übung und die Prinzipien der Wettkampforganisation, nicht aber die »Kulturbedeutung« (Max Weber) des Sports übernommen wurden. Je eifriger die Schüler von ihren britischen Lehrmeistern lernten und den Sport auch für sich selber zu einer nationalen Sache machten, desto weiter entfernten sie sich daher von deren Vorstellungen.

Zu den für Ausländer schwer nachvollziehbaren Komponenten der britischen Sporttradition gehörte an erster Stelle der Sportsgeist, d. h. bestimmte moralische Anforderungen an die Athleten, die Wettkampf-Organisatoren und die Zuschauer. Diese Anforderungen waren komplex und in mancher Hinsicht durchaus widersprüchlich. Zwar sollte die Teilnahme freiwillig sein und Freude bereiten, das war das oberste Gebot; dennoch wurde Sport als Disziplinschule betrachtet, und so hatten die Beteiligten Selbstkontrolle und ein spezifisches Ehrgefühl (*fairness, good sportsmanship*) unter Beweis zu stellen. Es galt die Regeln zu befolgen, Betrug zu unterlassen, dem Schiedsrichter zu folgen und sich anständig mit dem Gegner auseinander zu setzen. Die Athleten sollten *disinterestedness*, d. h. die Fähigkeit zu verlieren, demonstrieren und allzu offensichtliches Leistungsstreben vermeiden. Dennoch sollten sie ihren Sport ernst nehmen. Einen Beruf daraus zu machen, war wiederum verpönt und systematisches Training nicht vorgesehen. Ohne Zweifel spielten beim Ethos der *gentlemen-sportsmen* Snobismus und Klassendünkel eine Rolle. Dies erwies sich schon für die Lohnabhängigen im eigenen Land als Problem, und so wurde in verschiedenen Sportarten, so im Fußball, die Kategorie des *professionals* eingeführt. Noch schwieriger gestaltete sich indes die Kommunikation mit sportfreudigen Ausländern, die mit Begriffen wie *fairness* und *sportsmanship* oftmals gar nichts anzufangen wussten und wie selbstverständlich den Sieg um jeden Preis anstrebten.

Eine zweite Besonderheit der britischen Sporttradition, die sich kaum auf andere Länder übertragen ließ, war die gewachsene Vielfalt kleiner, zum Teil recht informeller *clubs* und *societies* für die einzelnen Disziplinen. Nicht ganz so zahlreich waren die von Honoratioren organisierten *governing bodies*, also die Aufsichtsorgane für die Wettkampforganisation und die Regeleinhaltung. Doch herrschte auch auf dieser Ebene Zersplitterung vor, denn die Zuständigkeit der *governing bodies* war oftmals nur auf ein County begrenzt. Männer- und Frauensport waren getrennt organisiert, ebenso der Amateur- und der Berufssport. Außerhalb Großbritanniens, wo Effizienz von Anfang an ein Gesichtspunkt war, nahm sich bezeichnenderweise kaum eine junge Sportnation die britische Organisationsvielfalt zum Vorbild. Dort vereinigten die Klubs und Vereine häufig mehrere Disziplinen und waren entsprechend größer. Sie standen zum Teil in Abhängigkeit von Regierungsstellen, der Armee oder Arbeitgebern. Und bei ihren *governing bodies* handelte es sich um straff organisierte Dachverbände, die ihre Mitgliedsorganisationen und die diesen angeschlossenen Personen in peniblen Statistiken auswiesen. In Großbritannien hatte hingegen kaum jemand eine konkrete Vorstellung davon, wie viele *sportsmen* und *sportswomen* es im Lande eigentlich gab.

Drittens waren die neuen Sportnationen leistungsorientierter als die »Erfinder« des modernen Sports und, da sich das sportliche Expertenwissen verallgemeinerte und verselbständigte, in vielen Fällen bald auch leistungsfähiger. Spätestens nach der Jahrhundertwende mussten die Briten erfahren, dass ihr internationaler Vorsprung nicht von Dauer war, und die ersten Niederlagen einstecken. Beispielsweise entwickelte sich das Fußballspiel in Südamerika geradezu phänomenal, und bei den Olympischen Spielen 1912 in Stockholm wurde deutlich, welche Fortschritte die skandinavischen Länder gemacht hatten. Die Leistungen der britischen Athleten erschienen im Vergleich dazu nun oftmals dürftig – und das ramponierte das nationale Image.

Ohnehin erwies sich die sportliche Kommunikation mit anderen Ländern für die Briten als schwierig, und das nicht nur wegen ihrer besonderen Vorliebe für Cricket, jenes unverständliche Spiel, mit dem im Grunde nur die Untertanen des Empire etwas anzufangen wussten. Lange bevor sich ein internationaler Sportverkehr herausgebildet hatte, gehörten für sie nämlich »internationale« Turniere zwischen den vier *home countries* (England, Schottland, Wales und Irland) zum Sportalltag. Dieser interne Nationalismus führte dazu, dass die britischen *governing bodies* die von Franzosen, Niederländern und Deutschen gegründeten internationalen Sportverbände, die nach der Jahrhundertwende entstanden, gering schätzten. Besonders notorisch zeigte sich das in der Weigerung der englischen Football Association (FA), der »Mutter aller Fußballverbände«, sich der 1904 gegründeten Fédération Internationale de Football Association (FIFA) anzuschließen. Nachdem die Engländer (wie auch die anderen britischen FAs) im Jahr 1907 schließlich eingelenkt hatten, traten sie 1920 und dann, nach einer kurzen Rückkehr, 1928 wieder aus und blieben bis 1946 isoliert vom internationalen Fußballsport.[1]

Sollten die Briten längerfristig ihren sportlichen Sonderweg fortsetzen oder sich den internationalen Entwicklungen anpassen? Das war eine Frage, die sich im 20. Jahrhundert nicht nur *sportsmen* immer wieder stellten, sondern auch Journalisten und Regierungsvertreter. Gab es eine Kompromissformel, die es erlaubte, die eine Option zu wählen, ohne die andere aufzugeben? Welche Interventionsmöglichkeiten standen Reformkräften zur Verfügung? Wer konnte die Koordination übernehmen? Der Sport selber, die Regierungen oder der Markt?

II. Die erste Hälfte des 20. Jahrhunderts

Die Ausgangslage zu Beginn des 20. Jahrhunderts stellte sich relativ übersichtlich dar. Neben dem Wildwuchs der *clubs*, *societies* und der *governing bodies*, zu denen mittlerweile auch noch Betriebssportinitiativen hinzugekommen waren, existierte ein einigermaßen organisiertes Sportleben lediglich in den Schulen und bei den Streitkräften. Bereits seit Mitte des 19. Jahrhunderts sah der Lehrplan nicht nur der weiterführenden Schulen, also der (privaten) Public Schools und der (öffentlichen) Grammar Schools, Sportunterricht und hier primär Mannschaftsspiele vor, um die körperliche Entwicklung der Kinder und die Verbundenheit mit Vaterland und Empire zu fördern. Auch an den Elementary Schools, die von der Mehrheit der

Kinder zwischen dem sechsten und dreizehnten Lebensjahr besucht wurden, organisierten sportfreudige junge Lehrer entsprechende Angebote. Zunächst fand dieser Unterricht nur nach Schulschluss (und nur für die Jungen) statt. Doch im Jahr 1906 gab der *Board of Education* die Genehmigung, Sport als reguläres Schulfach einzuführen. Der *Education Act* von 1918 verlangte schließlich von den kommunalen Schulbehörden, die Hälfte der Kosten für Spielfelder und Schwimmbäder aufzubringen.

Die Army und die Royal Navy hatten ebenfalls schon im 19. Jahrhundert die erzieherischen Funktionen sportlicher Wettkämpfe erkannt. Wegen seines militärischen Nutzens war zunächst nur der Reitsport der Offiziere gefördert worden. Doch kamen seit den 1880er Jahren auch Leichtathletik, Boxen und Fußball hinzu. Diese Disziplinen sollten die körperliche Fitness der Soldaten und Matrosen erhöhen, den Mannschaftsgeist verbessern und die Kampfmoral stärken. Darüber hinaus sollten sie den Militärdienst für potentielle Berufssoldaten attraktiver machen, nicht zuletzt für die gehobenen Schichten. Während des Ersten Weltkriegs gewann der Militärsport dann beträchtlich an Prestige, weil die militärische Führung den Nutzen von Training und Wettkampf für die Ausbildung kleiner Eliteeinheiten erkannt hatte. Alle Versuche, die Regierung zur Finanzierung und allgemeinen Förderung dieser staatstragenden Angelegenheit zu bewegen, waren indes zum Scheitern verurteilt, weil die britische Wirtschaft kurz nach dem Krieg in die Rezession abglitt und die Steuereinnahmen zurückgingen.

Neue Impulse erhielt die Diskussion über eine öffentliche Förderung des Sports erst wieder in den 1930er Jahren, als die faschistischen Regierungen in Italien und Deutschland sich damit brüsteten, sie hätten einen neuen, athletisch durchgebildeten Menschentypus gezüchtet. Britische Besucherdelegationen, die dorthin pilgerten, zeigten sich besonders beeindruckt von den Fortschritten in der körperlichen Erziehung der Jugend.[2] Doch trat bei solchen Informationsreisen auch die zunehmende Politisierung des Sports deutlich hervor, und so hielt die britische Regierung an der traditionellen Sicht fest, dass Sport und Politik voneinander getrennt bleiben sollten. Auch die *governing bodies* wollten keine Hilfe »von oben«. Zwar akzeptierten sie einen 1935 von Militärs, Staatsvertretern und Sportfunktionären gemeinsam gegründeten *Central Council of Recreative Physical Training* (CCRPT), weil er ihnen die Möglichkeit eröffnete, nach außen mit einer Stimme zu sprechen. Gegenüber öffentlichen Subventionen blieben sie jedoch skeptisch, ebenso wie die zahlreichen *clubs* und *societies* im Lande: Ein *National Fitness Council*, der 1937 vom *Board of Education* als britische Antwort auf die nationalsozialistische Freizeitorganisation »Kraft durch Freude« ins Leben gerufen wurde, scheiterte auf der ganzen Linie, weil die Basis nicht kooperierte. Von 16 000 Fragebögen, die an Sportgemeinschaften aller Art geschickt wurden, um den Finanzbedarf zu ermitteln, wurden nur 689 zurückgesandt.[3]

Nicht einmal der Zweite Weltkrieg brachte eine grundlegende Änderung dieser Haltung. Zwar gewann die Idee, dass Sport an der Front wie an der »Heimatfront« für die Regeneration der Kräfte und für Zerstreuung sorgen könnte, erneut an Popularität, und in der Diskussion über die Nachkriegsordnung wurde auch die gesellschaftliche Rolle des Sports erörtert. Als jedoch die Regierung mit dem Beveridge Report von 1942 einen Plan zur Reform der Sozialversicherung unterbreitete, war vom Sport keine Rede mehr. Die *British Olympic Association* (BOA) sah sich daher zu einer – letztlich erfolglosen – Nachfrage veranlasst, und auch einflussreiche Sportfunktionäre wie zum Beispiel Stanley Rous, damals Generalsekretär der FA und zugleich ein erfolgreicher Spendensammler für wohltätige Zwecke, gaben ihrer Hoffnung Ausdruck, die Regierung würde den Wiederaufbau des Sports doch noch aktiv unterstützen. Ganz erfolglos blieben diese Interventionen nicht. So erinnerte der *Education Act* von 1944 die Kommunen an ihre Zuständigkeit für die Sportstätten in weiterführenden Schulen. Das neugegründete Bildungsministerium gab einigen *governing bodies* eine kleine Summe für die Beschäftigung von Trainern. Der Etat des erwähnten CCRPT wurde subventioniert, und es gab Regierungsunterstützung für die Olympischen Spiele 1948 in London, die ohne diese Finanzspritze wohl kaum hätten durchgeführt werden können. Insgesamt blieb der Sport für die Regierung jedoch auch jetzt noch eine Nebensache. Erste Priorität hatten die Wiederbelebung der Wirtschaft und die Errichtung eines funktionierenden Sozial- und Gesundheitssystems.[4]

III. Kurswechsel seit den 1950er Jahren

Neue Aktualität bekam die öffentliche Diskussion im Verlauf der 1950er Jahre. Stimulierend wirkte hier zunächst die deprimierende Erfahrung, dass die »Erfinder« des Sports mittlerweile nicht nur mit dem Kommerzsport der USA und dem Staatssport der Sowjetunion nicht mehr mitzuhalten vermochten, sondern immer öfter auch nicht mehr mit kleinen europäischen Ländern. Bei den Olympischen Spielen 1948 im eigenen Land waren die britischen Athleten der Konkurrenz hinterhergelaufen, -geschwommen und -gerudert, und auch im nicht-olympischen Cricket gab es große Enttäuschungen. Besonders schwarz war das Jahr 1950. Am 29. Juni gewannen die Westindischen Inseln zum ersten Mal ein Test-Match[5] gegen England, und das auch noch auf dem heiligen Rasen von Lord's Cricket Ground in London. Fast zur selben Zeit verlor das englische Fußballteam in Brasilien bei seiner ersten Weltmeisterschaftsteilnahme glanzlos gegen die USA, und am zweiten Tag des Tennisturniers von Wimbledon schied der letzte britische Spieler im Herreneinzel aus.

Mindestens ebenso aufrüttelnd wie solche Niederlagen, die sich in den folgenden Jahren wiederholten, wirkte die sich verändernde gesellschaftliche Umwelt auf den Sport in Großbritannien aus. Spätestens gegen Ende der 1950er Jahre lebten die Briten nach ihrer Wahrnehmung in einer Überflussgesellschaft. Die meisten von ihnen, insbesondere junge Leute, hatten nun genügend Geld, um sich lang ersehnte Konsumgüter zu kaufen, und auch die Freizeit nahm zu. Das erhöhte die Nachfrage nach Sport an der Basis. Darüber hinaus sahen Politiker und viele ältere Briten sportpolitischen Handlungsbedarf, weil sie sich über zeittypische Entwicklungen Sorgen machten: Der Wohlstand schien einherzugehen mit Respektlosigkeiten junger Leute gegenüber Autoritäten und einem Anstieg der Jugendkriminalität. Die amerikanische Massenkultur wurde immer beliebter. Und zu allem Überfluss wurde im Jahr 1959 der Wehrdienst als Disziplinschule für die männliche Jugend abgeschafft.

Nachdem eine Forschergruppe am *Institute of Physical Education* der Universität von Birmingham herausgearbeitet hatte, wie sehr man im Sportstättenbau und in der allgemeinen Sportfinanzierung anderen europäischen Ländern hinterherhinkte, und ernsthaft die Frage erörtert hatte, ob Großbritannien sich nicht völlig aus dem internationalen Sportverkehr zurückziehen solle, setzte der *Central Council for Physical Recreation* (CCPR), ein Nachfolgeorgan des CCRPT, im Jahr 1957 ein *Committee on Sport and the Community* ein. Als Chairman des Committee fungierte John Wolfenden, ehemaliger Headmaster einer Public School und zugleich *Oxford Blue* (d. h. Repräsentant der Universität Oxford) im Hockey. Er kooperierte intensiv mit Lady Albemarle, die seit 1960 ein weiteres *Committee on the Youth Service* leitete. Beide Gremien beleuchteten die Wechselbeziehungen zwischen Sport und Gesellschaft erstmals aus einer dezidiert sozialpolitischen Perspektive. Dabei bestimmten sie als ihre wichtigste Zielgruppe die 15- bis 20-Jährigen, von denen viele der Schule bereits entwachsen seien, ohne dass sie in die Klubs der Erwachsenen aufgenommen würden; in dieser Hinsicht stelle sich die Situation junger Frauen als besonders schwierig dar. Was eine Reform der Organisationsstruktur des Sports anging, blieb das Wolfenden Committee, das speziell diesen Aspekt behandeln sollte, jedoch eher zurückhaltend. Kein Zweifel, die Koordination zwischen den Sportverbänden der einzelnen Disziplinen wie auch mit der BOA und dem CCPR sei verbesserungsbedürftig, aber ein öffentliches Interesse an einer neuen Organisation, die diese Koordination bewerkstelligen sollte, bestehe in Großbritannien nicht. Ein kleiner *Sports Development Council* zur Verteilung von Regierungsgeldern, der entweder dem Lord President of the Council, einem Minister ohne Portfolio, verantwortlich sein oder direkt vom *Chancellor of the Exchequer* berufen werden solle, sei völlig ausreichend.[6]

Die Empfehlung, einen *Sports Development Council* mit Beratungsfunktion zu gründen, machten sich im Verlauf der 1960er Jahre sowohl die *Conservatives* als auch die *Labour Party* zu eigen. 1966 wurde schließlich von der Labour-Regierung unter Harold Wilson ein solches Gremium errichtet: der *Sports Council*. 1970 versah ihn die nun konservative Regierung mit einer Royal Charter (einer rechtlichen Privilegierung) und ergänzenden Funktionen, und 1972 wurde zusätzliches Personal bewilligt. Beide Maßnahmen sollten nicht zuletzt die Abhängigkeit von den Staatsfinanzen verschleiern, denn derart enge, weil institutionalisierte Beziehungen zwischen Sport und Regierung hatte es bis dahin nicht gegeben.

IV. Die Förderung des Breitensports

Als der Sports Council im Jahr 1972 seine Arbeit aufnahm, hatte er vier Aufgaben. An erster Stelle sollte er ganz allgemein das Verständnis für die Bedeutung von Sport und Erholung in der modernen Gesellschaft wecken. Zweitens galt es, die Sportstättensituation zu verbessern. Die dritte Aufgabe bestand darin, die Öffentlichkeit dazu zu bewegen, die Sportanlagen auch zu nutzen, d. h. die aktive sportliche Betätigung der Zeitgenossen anzuspornen. Viertens schließlich sollten britische Athleten auf internationalem Parkett erfolgreicher abschneiden.[7]

Der Beginn war vielversprechend, machte sich der *Sports Council* für seine Kampagne doch einen Slogan des Europarats, »Sport for All«, zu eigen. Dieser Slogan bezog sich auf die Idee, dass Sport und körperliche Ertüchtigung ein Bürgerrecht und die Bereitstellung geeigneter Rahmenbedingungen eine öffentliche Aufgabe seien. Deswegen widmete sich der Sports Council in den ersten zehn Jahren seines Bestehens in besonderem Maße dem Sportstättenbau. Die Ergebnisse waren beeindruckend. Außer zahlreichen Schwimmbädern wurden neue Mehrzweck-Sportzentren gebaut, sodass sich deren Anzahl von 27 im Jahr 1972 auf 770 im Jahr 1981 erhöhte. Allwettersportplätze, oftmals mit Laufbahnen und Flutlichtbeleuchtung, gehörten ebenfalls zu diesem Bauprogramm, das im Übrigen von den Kommunen mitgetragen, manchmal sogar in Konkurrenz zum *Sports Council* durchgezogen wurde. Die 1970er Jahren waren das Jahrzehnt des 20. Jahrhunderts, in dem öffentliche Freizeitzentren in britischen Städten und Ortschaften obligatorisch wurden. Die Kommunen bauten zwischen 1971 und 1989 insgesamt 1 000 neue Sportanlagen und 700 neue Schwimmbäder.

Die Erhöhung des allgemeinen Niveaus sportlicher Fähigkeiten erwies sich jedoch als schwierig, insbesondere wenn es darum ging, solche Bevölkerungsgruppen zu mobilisieren, die sich bislang durch Abstinenz ausgezeichnet hatten. Auch die größten Optimisten im *Sports Council* mussten bald einsehen, was man an der Basis ohnehin schon wusste, dass nämlich die Sportbeteiligung eine Funktion sozialer Ungleichheit sowie der ethnischen Zugehörigkeit und des Geschlechts war. Bereits 1973 hatte ein *Select Committee of the House of Lords on Sport* empfohlen, die Freizeitpolitik bevorzugt auf die Innenstädte auszurichten, und ein *White Paper* aus dem Jahr 1975 forderte den *Sports Council* auf, seine Förderpolitik mit den Bemühungen der Regierung zur Sanierung städtischer Problemzonen in Übereinstimmung zu bringen. Eine Erhebung führte zwar zu dem Ergebnis, dass die Anzahl sportlich aktiver Erwachsener, die im Jahr 1979 9,8 Millionen betragen hatte, bis 1984 auf 12,4 Millionen und bis 1989 auf 13,2 Millionen angewachsen war. Doch war es wohl primär die vollständigere Erfassung der ohnehin bereits Aktiven, die zu dieser Zunahme führte, und das waren gutverdienende Männer aus gelernten Arbeiterberufen sowie höhere Angestellte und Angehörige freier Berufe. Es handelte sich mithin um dieselbe soziale Gruppe, die auch das Erziehungs- und Gesundheitssystem in besonderem Maße zu nutzen wusste.

Demgegenüber wurde der so genannte »Wolfenden Gap« der 15- bis 20-Jährigen, die eigentliche Zielgruppe der regierungsoffiziellen Sportkampagne, noch immer nicht erreicht – was von wissenschaftlichen Begleitern als Beleg für das Scheitern des »Sport for All«-Programms betrachtet wurde.[8] Peter McIntosh und Valerie Charlton, zwei prominente Sportwissenschaftler, stellten sogar die Annahme, dass Sport wichtige soziale Funktionen erfülle, grundsätzlich in Frage. Er trage keineswegs immer zur Demokratisierung bei, sondern in bestimmten Situationen auch zur Reproduktion und Verschärfung sozialer Gegensätze. In ihrem Gegenvorschlag einer alternativen Fitness- und Gesundheitspolitik bezogen sie sich auf das traditionelle britische Sportverständnis, wonach man die Sache um ihrer selbst willen betreiben sollte. Das Ziel bestehe darin, Fertigkeiten zu vermitteln, zur Entwicklung von Persönlichkeiten beizutragen und – davon war bislang in der Tat wenig zu hören gewesen – Spass zu haben![9]

Um sein Anliegen, die Verbesserung der Leistungen britischer Athleten bei internationalen Wettkämpfen, voranzubringen, rief der *Sports Council* 1976 eine *Sports Aid Foundation* ins Leben. Die Stiftung sollte öffentliche und private Gelder mobilisieren und auf breiter Basis zur Finanzierung verbesserter Trainingsmöglichkeiten beitragen. Allerdings entwickelte sich dieses Projekt nicht so, wie es geplant war. Denn ein wachsender Anteil des Fonds wurde in die *governing bodies* umgeleitet, und zwar mit der klaren Maßgabe, dass diese es an ihre Spitzenathleten weitergeben sollten. Auf den zugrunde liegenden Widerspruch zwischen den Zielen »allgemeine Hebung des Leistungsniveaus« und »Förderung absoluter Spitzenleistungen« hatten Kritiker schon frühzeitig hingewiesen. Beides zugleich zu wollen, erinnerte überdies an die Politik, mit der die Sowjetunion und die DDR ihre starke Position im Weltsport zementiert hatten, und diese Vorbilder wollte niemand allzu offensichtlich imitieren. Damit war der *Sports Council* auch im Spitzensport gescheitert.

V. Spitzensportförderung als öffentliche Aufgabe

Heute wissen wir, dass es sich bei der den osteuropäischen Staaten unterstellten Fähigkeit, Spitzenleistungen durch eine Förderung des Breitensports vorzubereiten, um einen Mythos handelte, denn ihre sportliche Basis war weder breit noch gesund. Ihr Erfolgsgeheimnis lag vielmehr in der gezielten Talentsuche unter Kindern, in der Errichtung von Sportinternaten und in der rücksichtslosen Umsetzung sportwissenschaftlicher Forschungsergebnisse begründet. Auch die Konzentration auf die olympischen Disziplinen war ein wichtiger Faktor. Interessanterweise kristallisierte sich im Laufe der 1980er Jahre eine vorsichtige Präferenz für solche Maßnahmen auch in Großbritannien heraus. Allerdings bezog man die Anregungen dazu nicht aus der Sowjetunion und der DDR, sondern aus einer ganz anderen Gesellschaft: Australien.[10] In Canberra war auf Initiative der Regierung 1981 das *Australian Institute of Sport* gegründet worden, nachdem die australische Mannschaft von den Olympischen Spielen 1976 ohne Goldmedaillen zurückgekehrt war. Das Institut sollte die besten Athleten des Landes in den modernsten Sportstätten zusammenziehen und sie dem Stand der Sportwissenschaft entsprechend betreuen. Die zentrale Medaillenfabrik in Canberra konzentrierte sich zunächst auf sieben Sportarten. Für weitere vier Disziplinen wurden in anderen Städten staatliche Sportinstitute errichtet. Hinzu kam im Jahr 1985 eine *Australian Sports Commission* als Koordinationsstelle für den Breiten- und Spitzensport.[11] Nachdem es für Australien bei den *Commonwealth Games* des Jahres 1990 eine Medaillenflut gegeben hatte, behauptete diese Kommission einen ursächlichen Zusammenhang zwischen dem Finanzierungsniveau und den internationalen Erfolgen einer Sportart. Die Botschaft war eindeutig, und sie wurde auch in Großbritannien gehört. Angehörige des sportpolitischen Establishments und Spitzenathleten zeigten sich gleichermaßen dafür empfänglich. Und die neue Regierung Major handelte.

John Major war ein ehrlicher Fan der beiden Nationalsportarten Cricket und Fußball. Überdies glaubte er an den erzieherischen Wert und die positiven Nebeneffekte des Sports für die Individuen wie auch für die Gesellschaft. Sport war für ihn ein Teil der britischen Kultur; er wurde daher auch dem neuen *Department of National Heritage* überantwortet, das Major nach dem Wahlsieg der Konservativen im Jahr 1992 errichtet hatte. Die Entschiedenheit, mit der seine Regierung sich der Sportförderung zuwandte, war möglicherweise auch manch einer Reminiszenz an die emotionale Macht dieses genuin britischen Kulturphänomens geschuldet, die sich in diesen Jahren aufdrängte. Millionen Fernsehzuschauer hatten im Juli 1990 das unsichere, aber aufregende Sich-Vorkämpfen des englischen Fußballteams ins Halbfinale der Weltmeisterschaft in Deutschland verfolgt und dann miterlebt, wie am Ende alles auf die unglücklichste Weise, nämlich in einem Elfmeterschießen, verloren ging – die deutsche Revanche für 1966. Der Sommer 1992 brachte bei den Olympischen Spielen in Barcelona einen sensationellen britischen Medaillensegen in der Leichtathletik, auf der Radrennbahn und auf der Ruderstrecke. Und sogar einer der größten Literaturerfolge dieses Jahres, Nick Hornbys Roman »Fever Pitch«, handelte von sportlichen Leidenschaften. All das erzeugte ein günstiges Klima für die Förderung des Spitzensports. Dennoch dürfte die Regierung eher die Bewerbung Manchesters um die Olympischen Spiele 2000 im Auge gehabt haben. Nach der gescheiterten Olympiabewerbung Birminghams, die in der Bevölkerung auf wenig Gegenliebe gestoßen war, unterstützte John Major Manchesters Werbekampagne im Jahr 1993 jedenfalls nicht nur mit warmen Worten, sondern vorsichtshalber auch mit der stolzen Summe von fast zwei Millionen Pfund aus Steuergeldern.

Dieses sportpolitische Engagement der Regierung war, wenig überraschend, mit einer neuen Prioritätensetzung verbunden: Der Förderschwerpunkt lag jetzt deutlich bei den Spitzenathleten, während der Sportstättenbau und die Motivation sportlicher Aktivitäten in der Bevölkerung nur noch rhetorische Garnierung waren. Die internationalen Erfolge würden auf das ganze Land ausstrahlen – diese fromme Hoffnung war gewissermaßen die sozialpolitische Komponente der Neuakzentuierung. Der *Sports Council* wurde 1994 restrukturiert: Ein alle britischen Nationen umfassender *United Kingdom Sports Council* (»UK Sport«) war nun verantwortlich für die Gesamtplanung, und die regionalen *Sports Councils*, darunter der von England (»Sport England«), sollten sich auf die Leistungssteigerung im Spitzensport konzentrieren. Die bis dahin ebenfalls verfolgten Ziele, Förderung des Gesundheitssports, des Breitensports und anderer informeller Freizeitaktivitäten, wurden aufgeben.

Immerhin fand ein vom *Department of National Heritage* veröffentlichtes Papier mit dem Titel »Sport. Raising the Game« im Jahr 1995 noch einmal anerkennende Worte für den Schulsport und verlangte, dass bis zum Jahr 2000 für jedes Schulkind geeignete Sportstätten vorhanden sein sollten. Und John Major schloss sich der Klage darüber an, dass auf diesem Gebiet seit dem Arbeitskampf der Lehrer 1984/85 und der darauf folgenden Reform des Bildungssystems ein bedauernswerter Rückgang zu verzeichnen sei. Das setzte ihn allerdings der Kritik aus, hatten sich doch die Konservativen zwischen 1987 und 1995 dafür eingesetzt, dass rund 5000 Schulen ihre Spielfelder verkauften und Sportlehrer entlassen wurden. Genau an diesem Punkt hakte im Jahr 1997 ein sportpolitisches Dokument mit dem Titel »Labour's Sporting Nation« ein. Der Schulsport sei, so New Labour, eine unverzichtbare Säule des Erziehungssystems und genauso wichtig wie die Berufsausbildung, die akademische Bildung und die moralische Erziehung; deshalb müsse der Staat fördernd tätig werden. Der Verkauf von Schulsport-Anlagen werde im Fall eines Wahlsiegs von New Labour umgehend gestoppt, und der »Wolfenden Gap« werde endgültig geschlossen.

Aufs Ganze gesehen war »Labour's Sporting Nation« ein ausgewogeneres, durchdachteres und differenzierteres Konzept als das konservative »Raising the Game«. Es verzichtete weitgehend auf modische Floskeln und zeigte sich durchaus traditionsbewusst. Das Ziel einer Demokratisierung des Sports wurde unterstrichen, und dabei ging es den Verfassern um das ganze Spektrum der Körperschulung, wozu auch z.B. Aerobic, Bewegungsübungen und Tänze gezählt wurden. Allerdings fehlte auch nicht der Hinweis auf die Notwendigkeit britischer Spitzenleistungen bei internationalen Wettkämpfen. Jeder habe das Recht, nach sportlicher Exzellenz zu streben, aber sollte auch seinerseits dazu beitragen, »to put Britain back on the sporting map«. Damit meinte New Labour übrigens nicht nur internationale Erfolge britischer Athleten. Die Spitzensportförderung diene auch dem Ziel, London bzw. Großbritannien als Sitz internationaler Sportorganisationen und als Austragungsort spektakulärer Events attraktiver als bisher zu machen. Bezeichnenderweise sprach sich New Labour schon vor den Parlaments-

wahlen im Mai 1997 für eine Bewerbung um die Austragung der Fußballweltmeisterschaft 2006 aus.

Dass der Fußball wesentlich zu New Labours Wahlsieg beitrug, darf man
bezweifeln. Dennoch setzte New Labour in den 1990er Jahren ohne Vorbehalte auf dieses »coole« Thema. Schon vor der allgemeinen Begeisterung
für die Europameisterschaft 1996 hatte Tony Blair angekündigt, dass New
Labour künftig eine dezidierte Fußballpolitik betreiben wolle. Konkret
plante er, mehr Geld für einen Football Trust und den Aufbau einer Football
Taskforce zu bewilligen, die zusammen mit den Mächtigen der FA, Sozial-
arbeitern und der Polizei das Phänomen Hooliganism und die darin zum
Ausdruck kommende Unzufriedenheit der Fans erforschen sollte.[12] Nach
dem Wahlsieg demonstrierten weitere prominente Politiker von New Labour ihre Verbundenheit mit dem Fußball, und die ersten beiden Minister,
die für das 1997 errichtete *Department of Culture, Media and Sport* (DCMS)
zuständig waren, Tony Banks und Kate Hoey, »outeten« sich als Fans von
Chelsea FC bzw. Arsenal London. Soweit waren die Konservativen niemals
gegangen.

All dies zeigte, dass die Regierung bei der Finanzierung und Organisation
des britischen Spitzensports im Allgemeinen und des Fußballs im Besonderen nun eine weitaus aktivere Rolle spielen wollte als jemals zuvor. Die Basis
der Klubs und Verbände blieb intakt, und nach wie vor galt die Freiwilligkeit des Engagements als Schlüssel zum Erfolg. Es gab allerdings auch
schon deutliche Stimmen aus der Regierung, die zum Ausdruck brachten,
dass diese historisch gewachsenen Strukturen letztlich Modernisierungshin-
dernisse seien. Wohin die Entwicklung führen würde, zeigte sich auf dem
Gebiet des Mediensports.

VI. Die Kommerzialisierung des Sports

Das Fernsehen hatte seit Jahrzehnten Veränderungen im Sportleben bewirkt, allerdings eher indirekt. Die Offiziellen des britischen Fußballs zum
Beispiel gaben ihr Einverständnis zu Live-Übertragungen nur in Ausnahmefällen, weil sie um die Einnahmen aus Eintrittsgeldern fürchteten. Neben den Fußballweltmeisterschaften, den olympischen Wettkämpfen und
einigen anderen internationalen Sportereignissen von besonderer Bedeutung wurden bis Mitte der 1960er Jahre nur das englische und das schottische Fußball-Pokalfinale direkt übertragen. Darüber hinaus erzeugte das
Fernsehen ein Massenpublikum für Snooker (Billard) und Springreiten.

Die Übertragungen wurden im Allgemeinen von der BBC, der British Broadcasting Corporation, durchgeführt und aus den Lizenzgebühren finanziert. Vor der Gründung von ITV (Independent Television) im Jahr 1955, einem Sender, der sich aus Werbeeinnahmen finanzierte, gab es keine kommerzielle Konkurrenz. Die BBC machte öffentlich-rechtliches Fernsehen und pflegte gute Beziehungen zu den Sportverbänden, die dem Sender ihrerseits das Übertragungsmonopol gewährten, und zwar zu einem sehr niedrigen Preis. Eine von der Regierung erstellte Liste setzte schließlich zehn größere Sportveranstaltungen fest, die weder exklusiv an die BBC noch an ITV gehen durften. Infolgedessen wurden die Veranstaltungen oftmals von beiden zugleich übertragen, dennoch entfielen in der Regel mindestens doppelt so viele Zuschauer auf die BBC.[13]

Mit der Zeit wurde Fernsehfußball zu einem Massenvergnügen. Das Finale der Weltmeisterschaft 1966 zwischen England und der Bundesrepublik Deutschland zog so viele Zuschauer wie nie zuvor an, erstmals auch zahlreiche Frauen. Als die internationale Konkurrenz im Sport für Großbritannien immer härter wurde, verliehen Nahaufnahmen, Wiederholungen, Zeitlupen und – seit den 1970er Jahren – das Farbfernsehen dem Geschehen eine neue, bis dahin nie gekannte Dramatik. Jedermann und jedefrau schauten zu, und das meist bei der nationalen Institution BBC. Am Ende des erwähnten Weltmeisterschaftsfinales von 1966, als England sein drittes, bis heute umstrittenes Tor schoss, sagte der Kommentator Kenneth Wolstenhome: »Some people are on the pitch. They think it's all over«, und als dann erneut ein Schuss von Geoff Hurst ins deutsche Netz ging, ergänzte er: »it is now«. Dieser legendäre Kommentar, der zum geflügelten Wort wurde, gelangte kürzlich auf Platz 4 eines Wettbewerbs von BBC Radio, in dem die Zuhörer »the broadcasting phrase of the twentieth century« bestimmen sollten. Er rangierte noch vor Churchills Kriegsreden.

Die Gewohnheit der Fernsehübertragungen von Sportveranstaltungen blieb erhalten, bis die modernisierte *Conservative Party* unter Margaret Thatcher dem freien Markt erlaubte, das BBC-Monopol zu unterminieren. Ebenso blieb die Liste der Sportveranstaltungen von nationalem Rang in Gebrauch – bis 1990. In diesem Jahr begann eine neue Ära des Fernsehsports, denn *British Satellite Broadcasting* schloss sich mit Rupert Murdochs *Sky TV* zusammen. 1992 gingen 304 Millionen Pfund für die fünfjährigen Übertragungsrechte der Spiele in der neuen Premier League über den Tisch. 1997 bezahlte Sky TV für die folgenden vier Jahre sogar 670 Millionen Pfund. Bis 2001 wuchs der Kaufpreis auf 1,1 Milliarden Pfund für drei Jahre an, eine Summe, die auch für den gegenwärtigen, bis 2007 laufenden Vertrag bezahlt wurde (allerdings für mehr Spiele als zuvor). In einer kurzen Zeitspanne war der über 100 Jahre alte Berufsfußball zu einem Big Business geworden. Auch andere Sportarten, z. B. Cricket und Rugby, schlossen Verträge mit Sky TV, was bei den Verbänden und Vereinen zum Aufbau einer geschäftsmäßigen Verwaltung durch leistungsorientierte Direktoren, bezahlte Manager und in einigen Fällen auch zum Börsengang führte. Neben den kommerziellen Sendern engagierte sich nun auch die Werbeindustrie immer stärker. Die *International Marketing Group* knüpfte Verbindungen mit Ausrüstungs- und Bekleidungsfirmen für Golf und Tennis, um die Nutzungsrechte für sich und jene Profisportler geltend zu machen, für die sie als Vermittler auftrat. Spitzensportler aus allen Disziplinen versuchen, ähnlich hohe Einnahmen wie die Profifußballer zu erlangen. Nach dem Vorbild der Unterhaltungsindustrie legen sie sich Agenten zu, um ihre finanziellen Interessen auch durchzusetzen.

VII. Neuere Entwicklungen

Mit Blick auf den Business-Charakter großer Sportereignisse haben sich in den letzten Jahren auch die Regierungen immer intensiver engagiert.[14] Mit Hilfe von Subventionen wurde die lange vergessene Tradition des Schulwettkampfes wiederbelebt, um bei der kommenden Generation Leistungsbereitschaft und Siegeswillen auszubilden. Rund 600 Sportkoordinatoren sind angestellt worden, um außerhalb des Unterrichts Wettkämpfe der Schulen untereinander zu organisieren. Heute sind 20 000 Grundschulen und 5 000 weiterführende Schulen in diesen Sportverkehr involviert. Die Secondary Schools sind aufgerufen, Fächerschwerpunkte zu bilden, und können sich in diesem Rahmen auch auf Sport spezialisieren.[15]

Obwohl kaum jemand mehr die Lösung politischer und sozialer Probleme vom Sport erwartet, besteht nach wie vor Konsens, dass die Sache für die Lebensführung der Bürger von großer Bedeutung ist.[16] Bezeichnenderweise hat das Home Office im Jahr 2000 ein Programm »Positive Future« aufgelegt, um 10- bis 19-jährigen Jugendlichen in den ärmsten Regionen von England und Wales Sportgelegenheiten zu verschaffen. Man will auf diese Weise der Kriminalität, dem Drogenmissbrauch und asozialem Verhalten entgegentreten und die jungen Leute direkt mit Themen wie rüpelhaftem Verhalten, Gesundheitsproblemen und Körperimages konfrontieren. Über 70 000 Jugendliche, drei Viertel davon junge Männer, sind mit einem breiten Spektrum neuer Sportarten, vom BMX-Radfahren über Tanzen, Klettern an künstlichen Wänden bis hin zu Kanuwanderungen, bekannt gemacht worden.

Eine besonders spektakuläre Entwicklung, welche sich auch massiv auf die Beziehungen zwischen Regierung und Sportverbänden ausgewirkt hat, sind die neuen Möglichkeiten der Sportfinanzierung mit Hilfe der im Jahr 1994 begonnenen *National Lottery*. Von jedem Pfund, das die Lottospieler einzahlten, gingen 28 Pence in einen Wohlfahrtstopf, aus dem auch öffentliche Ausgaben für den Sport finanziert wurden. Innerhalb kurzer Zeit belief sich die so zusammengekommene Sporthilfe auf über 200 Millionen Pfund jährlich, und auch als diese Summe nach einem gewissen Rückgang der Gesamteinnahmen reduziert wurde, betrug sie noch immer 150 Millionen Pfund.

Der so erzeugte Aufschwung des britischen Sports hatte indes auch seinen Preis, denn der Geldsegen floss aus Steuergeldern (auch die Lotterie-Abgabe war letztlich eine Steuer), und so fand nicht nur eine penible Abrechnung, sondern auch eine Erfolgskontrolle statt. Beides brachte eine Flut von Formblättern und bürokratischen Aufwand mit sich. Hinzu kam, dass die Förderung bei ausbleibender Leistung auch wieder entzogen werden konnte. Bereits 1996, nach einer erbärmlichen Vorstellung der britischen Athleten bei den Olympischen Spielen in Atlanta (mit einer einzigen Goldmedaille rangierte das United Kingdom auf Platz 36 des Medaillenspiegels), wurde der Chef d'Equipe in die Downing Street zitiert, um kritische Fragen des Premierministers zu beantworten.

Die Lotteriegelder für den Spitzensport werden von *UK Sport*, der nationalen Abteilung des Sports Council, durch dessen Tochter *World Class Performance Scheme* verteilt. *Sport England* und die anderen regionalen Abteilungen des *Sports Council* fördern einzelne Sportarten direkt, um die Rekrutierungsbasis zu verbreitern. Beide konzentrieren sich auf Disziplinen, die bei internationalen Wettbewerben die größten Siegchancen haben, und die »top twenty« erhalten 80 Prozent der zur Verfügung stehenden Summe. Darüber hinaus hat die Förderung von Elitetrainern höchste Priorität erhalten. Alle Sportarten, die Geld beantragen, müssen eine auf vier Jahre veranschlagte Finanzplanung vorlegen und drei Fragen beantworten: 1. Weist Ihre Sportart eine zunehmende Beteiligung auf? 2. Ist sie im Spitzensport erfolgreich? 3. Sind Sie in der Lage, ihre Sportart mit modernen Methoden effizient und effektiv zu organisieren und zu verwalten?

Die größte Einzelzahlung bisher ging an die *Football Foundation* (so lautet seit 2000 der neue Name des mittlerweile auf ein Vermögen von rund 500 Millionen Pfund angewachsenen Football Trust), um damit den Breitensport in dieser Disziplin zu fördern. Möglicherweise hatte die Regierung registriert, dass in einer Erhebung, in der die Bevölkerung nach den wichtigsten Sporterfolgen gefragt worden war, der Gewinn der Fußballweltmeisterschaft weit vor allen anderen Wettkampfsiegen genannt wurde. Auf jeden Fall unterstreicht die besondere Berücksichtigung des Fußballs, dass der Staat seine Förderung ergebnisbezogen vergibt. Die Zeit, als die *British Olympic Association* nur alle vier Jahre um öffentliches Geld ersuchte, um ein Team zu den Olympischen Spielen zu schicken, ist lange vorbei.

Trotz der Regierungsaktivitäten ist in der Binnenstruktur des britischen Sports bislang alles beim Alten geblieben. Nach wie vor gibt es keine aus dem Sport selber hervorgegangene Organisation, die für die Basis sprechen würde – ein Befund, der nicht nur die Tradition freiwilligen Engagements im Sport zum Ausdruck bringt, sondern auch die Lebendigkeit und nachhaltige Anerkennung dieses Prinzips unterstreicht. Ohne die unzähligen Helfer, die Beiträge einsammeln, die Wettkämpfe verabreden, den Transport organisieren und dann am Ende den Umkleideraum auskehren, könnte der britische Sport kaum als eine populäre Angelegenheit überleben – und das ist er ohne Zweifel, denn hinsichtlich ihrer aktiven Sportbeteiligung liegen die Briten in der europäischen Spitzengruppe.[17] Noch immer gibt es rund 400 Sportverbände für 120 Sportarten. Alle Modernisierungsanstrengungen der Regierungen haben es noch nicht vermocht, eine schlankere, effizientere Struktur durchzusetzen. Der CCPR fordert jedoch mittlerweile ein separates Sportministerium, das – anders als zur Zeit – unabhängig von den Belangen der im DCMS ebenfalls vertretenen Kultur und der Medien einen Sitz im Kabinett beanspruchen kann. Die Chancen dafür stehen so schlecht nicht, weil die Regierung an der Überzeugung festhält, dass man nationales Prestige durch Sporterfolge kaufen kann.

Was ist angesichts dieser Entwicklung vom britischen Sportsgeist übriggeblieben? Im Verlauf des 20. Jahrhunderts haben die Briten eine gelassene Haltung zum Sport entwickelt, die mit den alten Idealen durchaus zu vereinbaren ist. Dazu gehört vor allem die Einsicht, dass Niederlagen keine Katastrophe bedeuten, weil doch letztlich alles nur ein Spiel ist. Eine machtvolle Verbindung von Geld, Technologie und internationalem Prestigedenken der Politik macht es jedoch schwierig, dieses Sportverständnis aufrechtzuerhalten. Zumindest an seiner Spitze ist der britische Sport längst von einem weltweiten konkurrenz- und profitorientierten Professionalisierungsprozess eingeholt worden, in dem die Werte *fair play* und *sportsmanship* nicht mehr viel gelten.

Londons Bewerbung um die Austragung der Olympischen Spiele 2012 war kürzlich von Erfolg gekrönt. Als das IOC seine Entscheidung verkündete, wurde sie mit einem Jubel begrüßt, wie man ihn auch hören würde, wenn die englische Fußballmannschaft den World Cup gewonnen oder ein Brite in Wimbledon gesiegt hätte. Dennoch blieb der Chairman von *UK*

Sport skeptisch. Denn im Jahr 2012 wird sich der Anteil übergewichtiger Briten in der Bevölkerung vervierfacht und das Reservoir junger Talente verkleinert haben.[18] Es ist also damit zu rechnen, dass die Briten ihrer Tradition, bei Olympia nichts Bemerkenswertes zustande zu bringen, auch künftig treu bleiben werden.

Anmerkungen

1   Vgl. Christiane Eisenberg, The Rise of Internationalism in Sport, in: Martin H. Geyer/Johannes Paulmann (Hrsg.), The Mechanics of Internationalism. Culture, Society and Politics from the 1840s to the First World War, Oxford 2001, S. 375–403, hier S. 389 ff.; dieselbe u. a., FIFA 1904–2004. 100 Jahre Weltfußball, Göttingen 2004, S. 56 ff.

2   Vgl. Board of Education (Hrsg.), Physical Education in Germany (= Physical Education Pamphlets, No. 109), London 1937, sowie Parliamentary Debates, House of Commons. Official Report [Session 1936/37], 5. Serie, Bd. 322, Sp. 199 f., 207 f., 226 f., 233.

3   Die Zahlen nach Public Record Office, Ministry of Education ED 113/50 National Fitness Council, Minutes No. S.G. (38)I, 25. 2. 1938. Zum institutionengeschichtlichen Hintergrund: Mariel Grant, The National Health Campaigns of 1937–38, in: Derek Fraser (Hrsg.), Cities, Class and Communication, Hemel Hempsteadt 1990, S. 216–233.

4   Vgl. ausführlich: Richard Holt/Tony Mason, Sport in Britain 1945–2000, Oxford 2000, Kap. 2.

5   Test Matches sind Vergleichswettkämpfe zwischen England und den ehemaligen Kolonien bzw. Dominions. Sie umfassen in der Regel fünf Spiele und dauern fünf Tage.

6   Vgl. The Wolfenden Committee Report, Sport and the Community, London (CCPR) 1960, und H.J. Evans, Service to Sport. The Story of the CCPR 1935–72, London (Sports Council) 1974.

7   Vgl. John F. Coghlan/ Ida M. Webb, Sport and British Politics since 1960, London 1990, S. 21 ff.

8   Die wichtigsten Befunde werden referiert von Ilse Hartmann-Tews, Sport für alle!? Strukturwandel europäischer Sportsysteme im Vergleich: Bundesrepublik Deutschland, Frankreich, Großbritannien, Schorndorf 1996, Kap. VI; vgl. auch Eleni Theodoraki, Structural Change in Britain and its Implication for Sport, in: Klaus Heinemann (Hrsg.), Sport Clubs in Various European Countries, Schorndorf 1999, S. 225–241, hier S. 227 ff. Neueste Daten in: Game Plan: A Strategy for Delivering Government's Sport and Physical Activity Objectives, London (DCMS/Strategy Unit Report) 2002.

9   Vgl. Peter McIntosh/ Valerie Charlton, The Impact of the Sport For All policy 1966–1984, London (Sports Council) 1984.

10 Vgl. Holt/Mason (Anm. 4), insb. Kap. 7, sowie Jeffrey Hill, Sport, Leisure and Culture in Twentieth Century Britain, London 2002.

11 Dazu ausführlich Richard Cashman, Paradise of Sport. The Rise of Organised Sport in Australia, Oxford 1995.

12 Vgl. Independent vom 22. Januar 1995.
13 Vgl. ausführlich Holt/Mason (Anm. 4), Kap. 5, sowie Garry Whannel, Fields in Vision: television sport and cultural transformation, London 1992.
14 Vgl. Game Plan (Anm. 8).
15 Vgl. The Guardian vom 11. Dezember 2003 und vom 7. Februar 2005; Education Guardian vom 2. August 2005.
16 Vgl. Independent vom 23. Februar 2003; The Guardian vom 7. März 2005.
17 Vgl. Dieter H. Jütting, Sportvereinssysteme in Europa: nationale Strukturen – europäische Gemeinsamkeiten – vergleichende Bemerkungen, in: ders. (Hrsg.), Sportvereine in Europa zwischen Markt und Staat, Münster 1999, S. 35–59, hier S. 43 ff. Die offiziellen britischen Daten sind etwas pessimistischer, weil sie den Vergleich mit den skandinavischen Ländern in den Vordergrund rücken; vgl. Game Plan (Anm. 8), Tab. 1.1.–1.4.
18 Vgl. das Interview mit der Chairwoman von UK Sport, Sue Campbell, in: Independent vom 23. November 2003.

Weiterführende Literatur

Cox, Richard/Jarvie, Grant/Vamplew, Wray (Hrsg.), Encyclopedia of British Sport, Oxford 2000.
Eisenberg, Christiane, »English sports« und deutsche Bürger. Eine Gesellschaftsgeschichte 1800–1939, Paderborn 1999.
Hill, Jeffrey, Sport, Leisure and Culture in Twentieth-Century Britain, Basingstoke 2002.
Holt, Richard/Mason, Tony, Sport in Britain 1945–2000, Oxford 2000.
Mason, Tony (Hrsg.), Sport in Britain. A Social History, Cambridge 1989.

Links

http://www2.umist.ac.uk/sport/SPORTS %20HISTORY/index2.html
Richard Cox's Sports History Bibliographical Service and Internet Gateway.

V. Wirtschaft und Sozialpolitik

Andreas Busch

Großbritannien in der Weltwirtschaft

I. Einleitung

Großbritannien ist ein in die Weltwirtschaft weitgehend integriertes Land,
das durch seine führende Rolle im Zeitalter der Industrialisierung und seine
wirtschaftliche Vorherrschaft in weiten Teilen des 19. Jahrhunderts großen
Einfluss auf die Entwicklung des internationalen Handels und die ihn begleitenden Institutionen nahm. Wenngleich das Land diese Führungsposition nicht halten konnte und fast während des gesamten 20. Jahrhunderts
mit wirtschaftlichen Problemen konfrontiert war, zählt es dennoch heute zu
den führenden Ökonomien der Welt.

II. Von der Wiege der Industrialisierung zum wirtschaftlichen Problemfall

Großbritannien ist das Land, in dem die »Industrielle Revolution« ihren
Ausgang nahm. Zwar existierten gewerbliche Betriebsstätten, vor allem in
der Baumwoll-, Woll- und Tuchproduktion schon seit einiger Zeit, doch
nur in relativ kleinem Maßstab und über das Land verstreut. Mehrere Faktoren trugen im späten 18. und frühen 19. Jahrhundert dazu bei, dass sich
innerhalb weniger Jahrzehnte Großbritannien (und ihm folgend ein großer
Teil der Welt) radikal veränderte.

Reformen der Landgesetzgebung, die die Nutzungsrechte an den gemeinschaftlichen Acker- und Weideflächen an Großgrundbesitzer übertrugen,
führten zu einer Beseitigung des Freibauerntums und zu einer Bevölke-
rungswanderung in die Städte. Dort stellten die Landflüchtlinge (gemeinsam
mit der ohnehin stark wachsenden Bevölkerung) ein Arbeitskräftepotential
dar, das die zukünftige Industrie nutzen konnte – zu (für die Unternehmer)
günstigen Löhnen und Bedingungen, da die meisten Arbeiter keine andere
Möglichkeit hatten, ihren Lebensunterhalt zu verdienen. Technische Entwicklungen wie die Spinnmaschine, der mechanische Webstuhl, die Dampf-

maschine und Fortschritte bei der Eisenproduktion bereiteten den Boden für eine Vervielfältigung der Produktivität von Arbeit und die Entstehung von Fabriken.

Gleichzeitig sorgte ein weitverzweigtes Netz von Kanälen (und zunehmend auch Straßen) im ganzen Land für gute und billige Transportbedingungen sowohl für Rohstoffe wie Kohle und Eisenerz zu den Fabrikationsstätten als auch für Endprodukte zu den Märkten und Seehäfen. Ein einheitlicher Absatzmarkt ohne Zollgrenzen stand im eigenen Land zur Verfügung. Und schließlich sorgte ein weltumspannendes Handelsnetz der Seefahrernation Großbritannien für umfassende Wirtschaftsbeziehungen mit und einen Warenabsatz in der ganzen Welt.

Tab. 1: Bruttoinlandsprodukt pro Kopf in konstanten US-Dollar, 1820–2000

Jahr	GB	D	F	USA	GB relativ[1]
1820	1706	1077	1135	1257	147,5 %
1850	2330	1428	1597	1806	144,7 %
1900	4492	2985	2876	4091	135,4 %
1918	5459	2983	2396	5659	148,4 %
1935	5799	4120	4086	5467	127,2 %
1950	6939	3881	5271	9561	111,2 %
1960	8645	7705	7546	11328	97,6 %
1970	10767	10839	11664	15030	86,1 %
1980	12931	14114	15106	18577	81,2 %
1990[2]	16430	15929	18093	23201	86,1 %
2000[2]	19817	18596	20808	28129	88,0 %

1 »GB relativ« stellt das BIP Großbritanniens relativ zum Durchschnitt des BIP von Deutschland, Frankreich und den Vereinigten Staaten dar.
2 Angaben für D 1990 und 2000 beziehen sich auf das vereinigte Deutschland.
Quelle: Angus Maddison, The World Economy: Historical Statistics, Paris 2001, Tab. 1 c und 2 c sowie eigene Berechnungen.

Wegen dieser günstigen Voraussetzungen zog Großbritannien seinen europäischen Nachbarnationen wirtschaftlich rasch davon. Wie Tabelle 1 zeigt, erreichte das britische Pro-Kopf-Bruttoinlandsprodukt im Jahr 1820 1706 Dollar, während es in Deutschland lediglich bei 1077 Dollar, in Frankreich bei 1135 Dollar und in den Vereinigten Staaten bei 1257 Dollar lag. Verglichen mit dem Durchschnitt dieser drei Länder war das britische Sozialprodukt pro Kopf beinahe 50 Prozent höher.

Eine im Vergleich zu den europäischen Nachbarn höhere Wachstumsrate (vgl. Tab. 2) führte dazu, dass dieser Vorsprung im weiteren Verlauf des

19. Jahrhunderts erhalten blieb. Obwohl Westeuropa und insbesondere die Vereinigten Staaten sich mit hohen Wachstumsraten (und protektionistischer Handelspolitik) an die Verfolgung machten, blieb der britische Vorsprung bis zum Ende des Jahrhunderts deutlich erhalten. Lediglich bezogen auf das Welt-Sozialprodukt begann der britische Anteil zu schrumpfen (vgl. Tab. 3) – doch das war vor allem Ausdruck einer rasch fortschreitenden Entwicklung in anderen Teilen der Welt. Das bevölkerungsmäßig vergleichsweise kleine Großbritannien konnte nicht auf Dauer einen Anteil von beinahe einem Zehntel der Weltproduktion halten.

Tab. 2: Wachstumsrate des Bruttoinlandsprodukts in Prozent, 1820–2001

	1820–1870	1870–1913	1913–1950	1950–1973	1973–2001
GB	2,05	1,90	1,19	2,93	2,08
Westeuropa	1,68	2,11	1,19	4,79	2,21
USA	4,20	3,94	2,84	3,93	2,94
Japan	0,41	2,44	2,21	9,29	2,71
frühere UdSSR	1,61	2,40	2,15	4,84	– 0,42
Afrika	0,75	1,32	2,57	4,43	3,05
Asien (ohne Japan)	0,05	0,97	0,82	5,17	5,41
Welt	0,93	2,11	1,82	4,90	3,05

Quelle: Ángus Maddison, The World Economy: Historical Statistics, Paris 2001, Tab. 8 b.

Festzuhalten bleibt somit, dass Großbritannien in der zweiten Hälfte des 19. Jahrhunderts das Land mit dem höchsten Wohlstand war. Zur führenden ökonomischen Macht aufgestiegen, beherrschte es ein Weltreich und versorgte als *workshop of the world* buchstäblich die halbe Welt: Im Jahr 1885 kamen nicht weniger als 43 Prozent des Weltexports an Industriegütern aus Großbritannien, während die aufstrebenden Vereinigten Staaten von

Tab. 3: Anteil am Welt-Bruttoinlandsprodukt, 1820–2001

	1820	1870	1913	1950	1973	2001
GB	5,2	9,0	8,2	6,5	4,2	3,2
D	3,9	6,5	8,7	5,0	5,9	4,1
F	5,1	6,5	5,3	4,1	4,3	3,4
USA	1,8	8,8	18,9	27,3	22,1	21,4
Japan	3,0	2,3	2,6	3,0	7,8	7,1

Quelle: Angus Maddison, The World Economy: Historical Statistics, Paris 2001, Tab. 8 b.

Amerika gerade auf einen Anteil von 6 Prozent und das Wilhelminische Deutschland nach dem Boom der Gründerzeit mit 16 Prozent auf etwa ein Drittel des britischen Wertes kamen.[1] Großbritannien produzierte in der Mitte des Jahrhunderts etwa zwei Drittel der gesamten Kohle der Welt, etwa die Hälfte des Eisens und kommerziell hergestellten Baumwollstoffs und 70 Prozent des Stahls.[2]

Zur Unterstützung des auf diesen Leistungen aufbauenden Handels entstanden im britischen Bankensystem ab 1840 spezialisierte *merchant banks*, die sich auf die Finanzierung des internationalen Handels konzentrierten.[3] Daneben hatten sich die Londoner Banken bereits auf Finanzdienstleistungen und Staatsanleihen spezialisiert – so vermittelte etwa die Londoner *Barings Bank* 1803 die 11-Millionen-Dollar-Anleihe der Vereinigten Staaten zum Kauf Louisianas von Frankreich. In die Finanzierung von Industrie- und Eisenbahnunternehmen waren die britischen Banken hingegen wenig involviert – im Unterschied zur Situation auf dem Kontinent. Die britischen Unternehmen brachten ihre Investitionen hauptsächlich durch Eigenfinanzierung auf. Hohe Profite durch den Industrialisierungsvorsprung mögen dabei eine Rolle gespielt haben – jedenfalls entstand die in anderen Ländern typische enge Verflechtung von Industrie- und Finanzkapital in Großbritannien nicht. Hier kam es vielmehr früh zu einer Abgrenzung der jeweiligen Interessen.

Die internationalen Finanzkontakte und die in der Londoner »City« vorhandene Erfahrung halfen, das internationale Zahlungssystem nach britischen Interessen zu formen. Dem Freihandel verpflichtet – als wirtschaftlich überlegenem Land entsprach Freihandel dem britischen Interesse, während die aufholenden Staaten wie die USA oder Deutschland Schutzzölle vorzogen – beförderte Großbritannien das System des Goldstandards, das eine direkte Verbindung zwischen Goldmenge und Geldmenge eines Landes herstellte.

Feste Wechselkurse und eine Goldeintauschpflicht sorgten in diesem System dafür, dass Defizite in der Zahlungsbilanz eines Landes (über einen Abfluss von Gold und eine damit verbundene Verringerung der Geldmenge, die ein Sinken des Preisniveaus zur Folge hatte) zu einem Anstieg der Wettbewerbsfähigkeit seiner Güter und damit zum Ausgleich der Zahlungsbilanz führten. Sterling war die zentrale Zahlungs- und Reservewährung dieses Systems, und die *Bank of England*, 1694 als Aktiengesellschaft zur Finanzierung des Krieges gegen Frankreich gegründet und im Lauf des 19. Jahrhunderts durch Gesetzgebung zur Zentralnotenbank aufgestiegen, in ihm die führende Kraft. Sie steuerte nicht nur das nationale, sondern weitgehend auch das internationale Finanzsystem.

Gegen Ende des 19. Jahrhunderts begann der Aufstieg der anderen Industriemächte, die Grundlagen für die globale britische Wirtschaftsführung zu untergraben. Der Erste Weltkrieg zerstörte die Fundamente des Goldstandards – Inflationen hatten in vielen Ländern die Kaufkraft der Goldreserven ausgehöhlt; zudem breitete sich in vielen Ländern eine nationalistisch-protektionistische Handelspolitik aus. Großbritannien hatte seine Dominanz als Industriemacht verloren, und die USA überholten sie im Pro-Kopf-Bruttoinlandsprodukt. Doch das Land versuchte, seine Hegemonie im Finanzsystem zu erhalten. 1925 wurde die Konvertibilität zur US-Währung mit der Vorkriegsparität, also dem Wechselkurs von 1 Pfund zu 4,86 Dollar, wiederhergestellt. In den folgenden Jahren beförderte die dazu notwendige Sparpolitik der Regierung die Schwächung der Konjunktur, es kam zu Lohnkürzungen (die zu einem Generalstreik führten) und zu anhaltend hoher Arbeitslosigkeit.

Als die Depression in den USA zu Beginn der 1930er Jahre auf Großbritannien durchschlug, kam es zu einem Run auf dessen Goldreserven, den die Regierung mit der Aufkündigung der Goldeinlösepflicht beantwortete. Das internationale Finanzsystem war nun führungslos, da die aufstrebende Macht USA nicht zur Führung bereit war. Zudem ging auch Großbritannien nun vom Prinzip des Freihandels ab und führte Schutzzölle ein. Der internationale Handel wurde durch diese (in vielen Ländern verfolgte) Politik noch weiter eingeschränkt.

Die zweite Hälfte der 1930er Jahre sah in Großbritannien eine in wachsendem Maße interventionistische Wirtschaftspolitik, die Erfolge zeitigte, wenn auch nicht beim Problem der Arbeitslosigkeit. Wachsende regionale Unterschiede (Wohlstand in den Midlands und im Südosten, Elend in den Kohle-, Baumwoll-, Stahl- und Schiffbaugebieten von Südwales, Lancashire oder Nordostengland) stellten sich ein, bevor der Zweite Weltkrieg alles überlagerte. Seine Bewältigung verlangte in ökonomischer Hinsicht vor allem eine substantielle Verschuldung gegenüber dem Ausland (hauptsächlich den USA), sodass das Land seine während des 19. Jahrhunderts aufgebaute internationale Gläubigerposition verlor und sich 1945 in einer Schuldnerposition befand. Für die internationale Konstellation der Wirtschaftsmächte war dies eine neue Situation – die ökonomische Führung ging nun an die Vereinigten Staaten über, die größte Gläubigernation. Für Großbritannien bedeutete dies, dass Einkünfte aus Auslandsguthaben in Zukunft nur noch wenig zur Entlastung der Zahlungsbilanz beitragen würden. Eine geschwächte inländische Leistungsfähigkeit und steigende Kosten für den Unterhalt des *empire* deuteten darauf hin, dass Schwierigkeiten bevorstanden. Das Land war in eine problematische Phase eingetreten.

III. »Stop-and-go«-Politik und Nachfragesteuerung: die 1950er und 1960er Jahre

Nach dem Zweiten Weltkrieg änderte sich die politische Situation für Großbritannien sowohl im Hinblick auf das internationale Finanzsystem wie auch in innenpolitischer Hinsicht. Nach den ökonomischen Krisen der 1930er Jahre und dem Trauma der »Great Depression« waren die Staaten auf internationale Kooperation eingestellt und bemüht, ein stabiles neues Weltwährungssystem aufzubauen, das die Fehler der Vergangenheit vermeiden würde. Bei der Konferenz von Bretton Woods im Jahr 1944 einigte man sich auf ein System, das binnenwirtschaftliche Handlungsfreiheit mit festen Wechselkursen kombinieren sollte. Eine Wiederholung der kompetitiven Abwertungen der 1930er Jahre sollte vermieden werden. Gleichzeitig wurde mit dem Internationalen Währungsfonds (IWF) ein Instrument zur Überbrückung von kurzfristigen Zahlungsbilanzungleichgewichten geschaffen. Ankerwährung war nun der US-Dollar, was die Gläubigerposition der USA sowie deren Bereitschaft und Fähigkeit zur Übernahme der wirtschaftlichen Führungsposition reflektierte, doch blieb das Pfund Sterling weiterhin eine wichtige Weltwährung neben der amerikanischen und somit auch anfällig für spekulative Währungsbewegungen.

In innenpolitischer Hinsicht hatten sich die Kräfteverhältnisse und Präferenzen ebenfalls erheblich geändert. Der Krieg hatte die organisierte Arbeiterschaft gestärkt und in die Regierungsverantwortung einbezogen. Die Überzeugung, dass die Nachkriegspolitik einen Ausgleich für die auf den Schlachtfeldern erbrachten Opfer leisten müsse, war bei Anhängern sowohl der Konservativen wie der Labour Party weit verbreitet. Das 1944 verabschiedete Weißbuch zur Beschäftigungspolitik verpflichtete die Regierung auf das Ziel der Vollbeschäftigung nach dem Krieg, und der »Beveridge-Plan« von 1942 sah die Einführung eines Systems umfassender Sozialversicherungen vor. Zwar waren Details dieser Pläne und der Einsatz der Instrumente strittig, doch hinsichtlich der Ziele herrschte Konsens: Die Konservative Partei wollte das ihr aus den 1920er und 1930er Jahren anhaftende Etikett, die Partei der Arbeitslosigkeit zu sein, ablegen, und die 1945 neugewählte Labour-Regierung unter Premierminister Clement Attlee strebte ohnehin weitreichende Veränderungen an. Der Aufbau des *National Health Service*, die Nationalisierung von Kohleindustrie (1947), Eisenbahnen (1948) und Stahlindustrie (1951) zeigten einen Staat, der sich weitaus mehr als zuvor in die Steuerung der Wirtschaft einmischte. Die neue wirtschaftspolitische Doktrin des Keynesianismus stellte hierzu Instrumente und intellektuellen Rahmen bereit.[4] Das britische Regierungssystem war für diese Strategie gut geeignet: Ein zentralisierter Einheitsstaat, in dem traditionell alle Steuergesetze jährlich neu vom Parlament beschlossen werden, konnte über die Fiskalpolitik die gesamtwirtschaftliche Nachfrage flexibel steuern, und mit der Nationalisierung der *Bank of England* 1946 war auch die Geldpolitik in der Hand der Regierung.

Trotz der Verfügbarkeit dieser Instrumente stellte sich Erfolg nicht auf der ganzen Linie ein. Die Arbeitslosigkeit verharrte zwar auf niedrigem Niveau (im Durchschnitt der 1950er Jahre bei 1,7 Prozent), doch erzwangen niedrige Produktivität, ein hohes Importniveau, die Verpflichtung auf Vollbeschäftigung und der Wunsch zur Aufrechterhaltung des Wechselkurses eine Politik, die »Stop-and-go«-Zyklen folgte: Auf eine Stimulierung der Nachfrage durch den Staat reagierte die Wirtschaft zunächst mit Wachstum, doch aufgrund der niedrigen Produktivität bald mit höherem Import- als Exportwachstum. Um den Wechselkurs des Pfundes aufrechtzuerhalten (begründet durch die Reservewährungsfunktion und die Verteuerung von Auslandsinvestitionen im Falle einer Abwertung), musste die Regierung auf das dann unvermeidliche Leistungsbilanzdefizit mit einer wirtschaftspolitischen Vollbremsung reagieren. Um die Wirtschaft jedoch nicht in eine Rezession abgleiten zu lassen und die steigende Arbeitslosigkeit zu bekämpfen, wurde die Wirtschaft bald wieder durch eine Nachfrageausweitung des Staates stimuliert – und der Zirkel begann von vorne.

Hatte Großbritannien 1950 beim Pro-Kopf-Bruttoinlandsprodukt im westeuropäischen Vergleich noch in Führung gelegen, so bewirkten die niedrigen Wachstumsraten in den nächsten Jahrzehnten einen relativen Abstieg. 1970 hatten sowohl die Bundesrepublik wie auch Frankreich Großbritannien in dieser Hinsicht überrundet. Neben der »Stop-and-go«-Politik trugen dazu eine Reihe weiterer Faktoren bei: Die Modernisierungsreserven auf dem Arbeitsmarkt waren gering, da der landwirtschaftliche Sektor – aus dem Länder wie Frankreich und die Bundesrepublik neue Industriearbeitskräfte rekrutierten – bereits relativ klein war (vgl. Tab. 4); und die Investitionsneigung im Inland war vergleichsweise gering,[5] während gleichzeitig im Ausland erheblich investiert wurde. Die Folge war der Verlust von Marktanteilen: Hatte etwa die britische Autoindustrie im Jahr 1950 noch zweieinhalbmal so viele Wagen wie die westdeutsche produziert, so war letztere bis 1955 auf 80 Prozent des britischen Ausstoßes herangekommen. 1963 übertraf die Produktion der westdeutschen Autoindustrie die britische bereits um 35 Prozent.[6] 1973 produzierte Großbritannien, die ehemals führende Industrienation, nur noch 9,1 Prozent des Weltexports von Industriegütern, während die Konkurrenten USA und Bundesrepublik 15,1 bzw. 22,3 Prozent desselben erwirtschafteten.[7]

Tab. 4: Beschäftigung pro Sektor in Prozent der Gesamtbeschäftigung, 1960 bis 2000

	Landwirtschaft	Industrie	davon: Verarbeitende Industrie	Dienstleistungen
GB 1960	4,7	47,7	38,4	47,6
GB 1980	2,6	37,7	30,2	59,7
GB 2000	1,5	25,4	17,1	73,0
D 1960	14,0	47,0	34,3	39,1
D 1980	5,3	43,7	34,6	51,0
D 2000	2,8	34,5	24,1	62,7
F 1960	22,5	37,6	27,3	39,9
F 1980	8,7	35,9	25,8	55,4
F 2000	4,0	24,5	17,4	71,5
USA 1960	8,5	35,3	26,4	56,2
USA 1980	3,6	30,5	22,1	65,9
USA 2000	2,6	22,9	14,7	74,5

Quelle: OECD Historical Statistics 1960–1989, Paris 1991 sowie OECD Historical Statistics 1970–2000, Paris 2001.

Die Wettbewerbsfähigkeit der britischen Industriegüter im Ausland hätte durch einen niedrigeren Wechselkurs des Pfundes verbessert werden können. Doch weder die konservative noch (ab 1964) die Labour-Regierung wollten die internationale Stellung des Pfundes und des Finanzplatzes London durch eine Abwertung in Frage stellen (eine Abwertung hätte Auslandsinvestitionen verteuert und sich negativ auf Kapitalströme nach Großbritannien ausgewirkt). Sie akzeptierten daher diese massive Einschränkung ihrer Handlungsfreiheit.

Stattdessen setzte die erste Regierung Harold Wilsons (1964–1970) auf industriepolitische Strategien der Modernisierung und Vereinbarungen mit den Gewerkschaften, um über freiwillige Lohnzurückhaltung den Inflationsdruck zu senken. Der *National Economic Development Council* (noch von der konservativen Regierung Harold Macmillans 1957–1963 eingerichtet) sollte Staat, Arbeitgeber und Gewerkschaften in korporatistischer Steuerung zusammenbringen. Ein *National Plan* sah ambitiöse Wachstumsziele vor. Drei spekulative Sterling-Krisen zwischen 1964 und 1966 ließen die Regierung dann doch wieder zu einer restriktiveren Politik greifen. Dennoch kam es im November 1967 zu einer Abwertung des Pfundes um 14 Prozent, von 2,80 US-Dollar auf 2,40 US-Dollar, nachdem die Zentralbank an einem Tag 200 Millionen Pfund bei der Verteidigung des alten Kurses verloren hatte.

IV. Strukturwandel und Krise: die 1970er Jahre

Gegen Ende der 1960er Jahre war die ökonomische Leistungsschwäche des eigenen Landes jedermann in Großbritannien bewusst, und das Klagen darüber trug beinahe ebenso viel zum allgemeinen Missvergnügen bei wie die Tatsache selbst. Im Jahr 1970 übernahmen wieder die Konservativen unter Edward Heath die Regierung. »We were returned to office to change the course of history of this nation – nothing less«, kündigte der neue Premierminister vollmundig an.[8] Der Umfang der Staatsintervention sollte reduziert, die Selbstverantwortung des Einzelnen gestärkt und die Effizienz der Wirtschaftspolitik erhöht werden. Die Versuche zur Lohn- und Preissteuerung wurden beendet, Steuersenkungen angekündigt und Einschnitte bei den Staatsausgaben vorgenommen. Doch der Anstieg der Arbeitslosigkeit auf die damalige Rekordhöhe von 4,2 Prozent[9] im Jahr 1972 ließ Heath zu einer radikalen Kursänderung und erneuten Reflationierung der britischen Wirtschaft greifen. Zudem rief die radikale Bergarbeitergewerkschaft einen Streik aus, um ihre Lohnforderung von 25 Prozent (bei einer Inflationsrate von 9,2 Prozent) durchzusetzen. Als gleichzeitig die erste Ölkrise ausbrach, rief Heath im November 1973 den nationalen Notstand aus – mit Einschränkungen bei der öffentlichen Beleuchtung, Tempolimits für Autos und schließlich der Einführung der Drei-Tage-Woche. Um den Konflikt mit den Gewerkschaften zu entscheiden, setzte Heath im Februar 1974 Neuwahlen an mit dem Leitmotiv: »Who governs Britain?« Doch die Wähler erteilten den Regierungsauftrag der Labour-Party, und es kam erneut zum Regierungswechsel.

Harold Wilson war nach seinen Erfahrungen Ende der 1960er Jahre bemüht, einen Konflikt mit den Gewerkschaften zu vermeiden. Deren Lohnforderungen wurden erfüllt und schlugen gleich wieder auf die (durch die Ölkrise ohnehin gestiegenen) Preise durch. Eine Lohn-Preis-Spirale entstand, die Inflationsrate stieg 1975 auf den Rekordstand von 24,2 Prozent und verharrte bis inklusive 1981 im zweistelligen Bereich.[10] Zu ihrer Bekämpfung eingeführte freiwillige Abmachungen zwischen der Labour-Regierung und den Gewerkschaften (»Social Contract«) waren kaum erfolgreich, und als Folge der Lohnerhöhungen sanken die Profite der britischen Firmen drastisch. Durch den Versuch, die Dividenden auf hohem Niveau zu halten, sanken die Investitionsausgaben, und aufgrund der (weiter oben bereits angesprochenen) Besonderheiten des britischen Bankensystems – das im Gegensatz zu vielen kontinentaleuropäischen Ländern ein dauerhaftes finanzielles Engagement bei Industrieunternehmen nicht kennt – waren auch keine günstigen, langfristigen Kredite erhältlich, die hätten helfen können, diese Situation zu überbrücken. Als Folge der im internationalen Vergleich sehr hohen Inflationsraten[11] kam es 1976 zudem zu einer durch Spekulationen verschärften Pfundkrise, die den Wechselkurs des Pfunds auf bis zu 1,70 US-Dollar drückte.

Als die kurzfristigen Kreditlinien Großbritanniens beim IWF erschöpft waren, musste die Regierung im Dezember 1976 einen längerfristigen Kredit über 3,9 Milliarden US-Dollar beantragen, der nur gegen wirtschaftspolitische Auflagen gewährt wurde. Die Regierung verpflichtete sich zu strikten Ausgabenkürzungen sowie zur Einführung von Zielen für Geldmenge und Nettokreditaufnahme – eine externe Disziplinierung, die als Selbstbindung für die Wirtschaftspolitik nicht unwillkommen war und, so hoffte die Regierung, ihre internationale Glaubwürdigkeit wieder herstellen würde. Der binnenwirtschaftliche Preis der Konsolidierungspolitik war ein Anstieg der Arbeitslosigkeit. Versuche zur Eindämmung der explodierenden Lohnerhöhungen (18,2 Prozent im Jahr 1978) bei zurückgehenden Inflationsraten scheiterten. Die britische Industrie wurde von dieser Entwicklung sehr negativ getroffen: Der Anteil der verarbeitenden Industrie an der Gesamtbeschäftigung, der 1974 noch bei 34,6 Prozent gelegen hatte, sank bis zum Ende des Jahrzehnts auf 31,3 Prozent – in den 1980er Jahren sollte sich dieser Niedergang der industriellen Basis im Mutterland der Industriellen Revolution weiter fortsetzen. Auch relativ zu anderen Ländern war Großbritannien weiter zurückgefallen: Im Pro-Kopf-Bruttosozialprodukt lag das Land im Jahr 1980 nur noch bei etwa 80 Prozent des kombinierten Wertes aus den Vereinigten Staaten, der Bundesrepublik und Frankreich (vgl. Tab. 1).

Als Premierminister James Callaghan, der Nachfolger Wilsons seit 1976, versuchte, vor den anstehenden Unterhauswahlen die Inflation mit einer Leitlinie für Lohnsteigerungen von lediglich fünf Prozent weiter zu senken, kam es zum Bruch mit den Gewerkschaften. Eine Welle von Streiks in Industrie und öffentlichem Sektor ergriff zwischen November 1978 und März 1979 das Land und legte fast das gesamte öffentliche Versorgungssystem lahm – der so genannte »winter of discontent«: Waren wurden nicht mehr transportiert, der Müll nicht mehr abgeholt, Kinder nicht mehr unterrichtet, Tote blieben unbestattet. Zusammen mit deutlich über der mit der Regierung verabredeten Leitlinie liegenden Lohnabschlüssen bedeutete dies auch das Ende einer auf Konsens setzenden Politik gegenüber den Gewerkschaften. So wurde der Weg gebahnt für die Politik der Regierung Thatcher, die mit dem berühmt gewordenen Slogan »Labour isn't working« die Wahlen im Mai 1979 gewann – ein erneuter Regierungswechsel, gefolgt von einem weiteren Politikwechsel.

V. Reformen und Deindustrialisierung: die 1980er Jahre

Die Regierungsperiode von Margaret Thatcher (1979 bis 1990) wird rückblickend sowohl von britischen wie von ausländischen Beobachtern leicht mythifiziert. Doch liegt eine (heutzutage zumeist positive) Verklärung oft an unzureichender Kenntnis der Tatsachen. Die Reformen, die unter ihrer Ägide ins Werk gesetzt wurden, waren längst nicht so rasch, eindeutig und entschieden, wie heute oft dargestellt. Und auch hinsichtlich des Erfolges kann man unterschiedlicher Meinung sein.[12]

Schon im Jahr 1987 stellte der ökonomische Chefkommentator der *Financial Times*, Samuel Brittan, in einem zu ihrem achten Amtsjubiläum herausgegebenen Sonderheft fest, »that the years since the Thatcher Government came to office have not been nearly as remarkable, for good or for ill, as the fiercely polarised discussion suggests. [...] The combination has been too often one of strident rhetoric and timid or irrelevant action.«[13] Die kumulativen Effekte der Reformen waren dennoch beträchtlich, wenn auch teilweise nicht geplant wie im Fall der Privatisierung, und die psychologischen Auswirkungen der Thatcherschen Politik waren groß, vor allem in Hinsicht auf die Erwartungen der Wähler an den Staat, seine Aufgaben und sein Können.[14]

Auch stand ihre eigene Partei keinesfalls von Anfang an hinter ihr und ihrem Programm. Wie es einer der führenden Kommentatoren der seinerzeitigen politischen Szene ausdrückte: »Mrs Thatcher wurde im Februar 1975 Führerin der Konservativen Partei vor allem, weil sie nicht Edward Heath war, nicht wegen einer weitverbreiteten Zustimmung zu ihren Ansichten.«[15] Und er schließt mit der Bewertung: »Das Gesamturteil über den Thatcherismus könnte also lauten, dass einige notwendige und wünschenswerte Veränderungen durchgeführt wurden, aber dass – nach dem Höhepunkt der Nordsee-Ölproduktion – die britische Volkswirtschaft nicht viel gesünder oder produktiver dastand, als sie dies in den späten 1970er Jahren getan hatte.«[16]

Hauptansatzpunkt der Thatcherschen Wirtschaftspolitik waren zunächst zwei Bereiche: Durch die Einführung einer mittelfristigen Budgetplanung (*Medium Term Financial Strategy*, MTFS) sollte die Finanzpolitik bewusst »deflexibilisiert« und verstetigt werden. Die Regierung wollte mit einer mittelfristigen Projektion ihrer Einnahmen- und Ausgabenpläne eine Selbstbindung erzielen, die auch die Erwartungen des privaten Sektors beeinflussen sollte. Vorgaben für die Nettokreditaufnahme des öffentlichen Haushalts sollten Erwartungssicherheit schaffen. Zum anderen kündigte die Regierung Ziele für die Entwicklung der Geldmenge an und entschied sich somit für die Befolgung der Rezepte der wirtschaftspolitischen Doktrin des Monetarismus.[17]

Trotz der günstigen institutionellen Bedingungen im britischen Zentralstaat mit Einparteienregierung und Kontrolle über die Zentralbank erwies sich die Einhaltung der projizierten Ziele als schwierig. Die (sehr eng formulierten) Geldmengenziele wurden ständig verfehlt, bis die Regierung schließlich dazu überging, einen Zielkorridor vorzugeben. Dass die Inflationsrate dann trotz Verfehlens der Ziele sank, trug nicht zur Glaubwürdigkeit der Regierungsstrategie bei; und die Staatsquote (der Anteil des Staates am Bruttoinlandsprodukt), die zu senken die Regierung sich vorgenommen hatte, wuchs beständig: von 42,8 Prozent im Jahr 1979 auf 48,0 Prozent im Jahr 1984. Ein wichtiger Grund hierfür war die stark steigende Arbeitslosenquote, die zu zusätzlichen Staatsausgaben für die Arbeitslosenunterstützung führte.

Die Privatisierungspolitik, die heute oft als Markenzeichen der Regierung Thatcher gilt, war ursprünglich nicht vorgesehen gewesen. Doch sie erwies sich als Rettung aus der Klemme, in der sich die Finanzpolitik befand, waren die Einnahmen aus dem Verkauf des beträchtlichen Bestandes verstaatlichter Unternehmen doch erheblich: nicht weniger als 18 Milliarden Pfund wurden zwischen 1979 und 1987 durch Privatisierung und Verkauf von Unternehmen wie British Petroleum, Cable & Wireless, British Telekom und British Gas in die Kassen der *Treasury* gespült.[18] Zwar schimpften auch konservative Parteigrößen, wie der frühere Premierminister Macmillan, die Regierung verkaufe »das Tafelsilber«, doch war der fiskalische Zwang zu groß. Zudem ließ sich die Privatisierung leicht in die marktorientierte Ideologie des »Thatcherismus« integrieren und passte zum allgemeinen Klima der Deregulierung.

Gegenüber den Gewerkschaften – deren Bezwingung heute als ihre andere wegweisende Tat angesehen wird – agierte die Thatcher-Regierung zunächst vorsichtig. Erst ab 1982 wurde sie mutiger, und auch dann beinhaltete die entsprechende Gesetzgebung vor allem Maßnahmen zur internen Demokratisierung der Gewerkschaften, die Verpflichtung, die Führung geheim und auf Zeit zu wählen, oder einen Streik nur nach einer Urabstimmung auszurufen. Doch als die Bergarbeitergewerkschaft im April 1984 unter ihrem militanten (und auf Lebenszeit gewählten) Vorsitzenden Arthur Scargill die Regierung mit einem nationalen Streik aus Protest gegen die Schließung von Kohlezechen herausforderte, blieb die Thatcher-Regierung hart. Sie hatte die Niederlage der Heath-Regierung gegen die Bergarbeiter im Jahr 1974 in Erinnerung und durch das Anlegen von Kohlevorräten und einen Schutz der Stromversorgung vorgesorgt. Ein milder Winter und fehlende Unterstützung anderer Gewerkschaften für die militanten Bergarbeiter trugen zu deren schließlicher Niederlage bei – ein Jahr nach Beginn des Arbeitskampfes, im April 1985, nahmen die Streikenden die Arbeit wieder auf. Diese Niederlage schwächte die Gewerkschaften insgesamt, und ihre Mitgliederzahl sank zwischen 1979 und 1994 von 13,3 Millionen auf 8,3 Millionen, wobei die Verluste im privaten Sektor höher waren als im öffentlichen Sektor.

Wichtiger als diese Niederlage war jedoch der Prozess der Deindustrialisierung, der in den 1980er Jahre weiter an Geschwindigkeit zulegte. Zwischen 1979 und 1987 ging die Beschäftigung in der Verarbeitenden Industrie um nicht weniger als 28,6 Prozent oder mehr als zwei Millionen Arbeitsplätze zurück. Dabei waren die Verluste zu Anfang der 1980er Jahre am stärksten: 1980 verlor die Verarbeitende Industrie 4,4 Prozent ihrer Arbeitsplätze, 1981 10,4 Prozent, und 1982 und im darauffolgenden Jahr noch einmal 5,8 bzw. 5,9 Prozent. Da gleichzeitig auch im öffentlichen Sektor Beschäftigung abgebaut wurde und im Dienstleistungssektor kaum neue hinzukam, war das Resultat ein enormer Anstieg der Arbeitslosigkeit: von 4,6 Prozent im Jahr 1979 verdreifachte sie sich beinahe bis 1983 auf 11,2 Prozent und überstieg im September 1982 erstmals die psychologisch wichtige Drei-Millionen-Marke. Im Durchschnitt der 1980er Jahre schnitt Großbritannien hinsichtlich der Entwicklung des Arbeitsmarktes am schlechtesten unter den G7-Ländern ab.[19]

Es gab jedoch auch Sektoren der britischen Wirtschaft, die in den 1980er Jahren mit Wachstum reagierten. Zu ihnen gehört die britische Finanzindustrie, die (nach ihrer geografischen Konzentration in der *square mile* von Westminster) kollektiv als die *City* bezeichnet wird. Sie ist heute das größte Finanzzentrum der Welt. In den 1980er Jahren wandelte und modernisierte sie sich beträchtlich. Eine wichtige Rolle spielte dabei der Zuzug ausländischer Banken seit Mitte der 1960er Jahre, der zu einem guten Teil mit der Regulierung in anderen Ländern – vor allem den Vereinigten Staaten – zu tun hatte.[20] Großbritannien hatte stets schon relativ wenig staatliche Regulierung in diesem Sektor bevorzugt und der Industrie ein großes Maß an Freiheit gelassen. So entstand in London – unter aktiver Förderung durch die *Bank of England* – ein neuer, sehr einträglicher Geschäftszweig, die so genannten Euro- oder Offshore-Märkte. Das hochkonzentrierte Zinskartell der britischen Geschäftsbanken wurde durch diese Entwicklung und den Schock der (durch Kreditliberalisierung induzierten) Bankenkrise Mitte der 1970er Jahre durcheinandergewirbelt – aus einem *gentlemen's club* wurde ein hocheffizienter Markt, der nicht mehr durch Informalität, sondern durch explizite Vorschriften reguliert wurde.

Die von der Thatcher-Regierung ins Werk gesetzte und auch als »Big Bang« bezeichnete Liberalisierung der *London Stock Exchange* im Jahr 1986 wurde zum Startschuss für ein Geschäfts- und Beschäftigungswachstum im Finanzsektor. Dass die ehemaligen Docks von Ostlondon, deren Arbeitsplätze in den 1970er Jahren den wirtschaftlichen Veränderungen zum Opfer fielen, in den 1980er Jahren als »Docklands« in ein zweites, nun sehr erfolgreiches Finanzzentrum umgewandelt wurden, in dem auch die neue Regulierungsbehörde *Financial Services Authority* ihren Sitz hat, kann als ein Symbol für gelungenen Strukturwandel angesehen werden. Als größter Versicherungs- und Eurobondmarkt der Welt, zweitgrößter Devisenmarkt und finanzielles Innovationszentrum mit 500 ausländischen Banken trägt die *City* allein drei Prozent zum britischen Bruttoinlandsprodukt bei (2004) und schafft etwa 320 000 Arbeitsplätze (2003) direkt – und mindestens noch einmal soviele indirekt. Ihr Beitrag zur Zahlungsbilanz betrug 20,4 Milliarden Pfund im Jahr 1995 und wuchs 2004 auf 22 Milliarden.[21]

VI. Vom Problem- zum Erfolgsfall: die 1990er Jahre

Zu Beginn der 1990er Jahre war Großbritannien wirtschaftlich gesehen in »gemischter Form«. Die guten Wachstumsraten der Jahre 1987 und 1988 (der »Lawson-Boom«, benannt nach dem 1989 zurückgetretenen Schatzkanzler Nigel Lawson) hatten zwar die Arbeitslosenquote auf den europäischen Durchschnitt gesenkt, doch war die Inflation 1990 mit 9,5 Prozent wieder auf beinahe zweistellige Raten gestiegen und lag damit doppelt so hoch wie auf dem Kontinent, sogar beinahe viermal so hoch wie in der Bundesrepublik (2,7 Prozent). Die Inflationsanfälligkeit der britischen Wirtschaft in Wachstumsphasen, das alte Übel, war also eindeutig bisher nicht beseitigt worden. Die Regierung Thatcher beschloss daher im Oktober 1990, dem Wechselkursmechanismus des Europäischen Währungssystems (EWS) beizutreten. Das EWS – ein Arrangement, in dem die Mitgliedswährungen innerhalb einer Bandbreite von 2,25 Prozent um einen gemeinsam festgelegten Wechselkurs schwanken konnten und das die Zentralbanken bei einer größeren Abweichung gemeinsam zur Intervention verpflichtete – sollte die Glaubwürdigkeit der britischen Anti-Inflationspolitik erhöhen. Das EWS fungierte als Disziplinierungsmechanismus, denn Regierungen würden versuchen, eine Abwertung zu vermeiden. Da die Deutsche Bundesbank eine zentrale Rolle in diesem System spielte, war ein Beitritt sozusagen der Versuch, die anti-inflationäre Glaubwürdigkeit der Bundesbank zu borgen.

Im Hinblick auf die Entwicklung der Inflationsraten funktionierte das Vorhaben auch großartig: Die britische Inflationsrate sank bis 1992 auf 3,7 Prozent und damit sogar unter die deutsche Preissteigerungsrate. Doch gab es ein Problem: Der Wirtschaftsboom, der auf die deutsche Vereinigung folgte, zwang die Bundesbank zu einer Hochzinspolitik, um die Inflation wieder unter Kontrolle zu bringen. Die informelle Leitfunktion, die die Deutsache Mark im EWS innehatte, wurde daher zum Problem für die anderen Währungen, das nur durch eine allgemeine Anpassung der Leitkurse hätte gelöst werden können.[22] Doch die Regierung unter John Major, dem seit Ende 1990 regierenden Premierminister, verweigerte sich einer solchen Lösung.[23] Das Resultat war eine massive Spekulation der internationalen Finanzmärkte gegen den als unhaltbar hoch empfundenen Wechselkurs des Pfundes. Am 16. September 1992, nachdem sie den Zentralbankzins zur Verteidigung zunächst auf 12 Prozent und später am Tag auf 15 Prozent erhöht sowie trotz des Verkaufs von Devisenreserven im Wert von 30 Milliarden Pfund nichts erreicht hatte, zog die Regierung das britische Pfund aus dem EWS zurück. Auf dem freien Markt wertete die Währung um über zehn Prozent ab.

Dieser Tag, in Großbritannien als »Black Wednesday« in Erinnerung, hatte mehrere Folgen. Zum einen war die Reputation der Konservativen Partei hinsichtlich ihrer ökonomischen Kompetenz nachhaltig ruiniert, was erhebliche Folgen für ihre Chancen bei Parlamentswahlen hatte (und noch hat). Zum anderen wurde die Skepsis gegenüber der europäischen Integration weiter erhöht, nachdem Großbritannien sich bereits einen »opt-out« aus der geplanten Europäischen Währungsunion bei den Verhandlungen um den Maastrichter Vertrag gesichert hatte. Die geplante einheitliche europäische Währung wurde als geldpolitisches Experiment gewertet, und solchen Experimenten stand man nach den monetaristischen Erfahrungen der frühen 1980er und der EWS-Episode skeptisch gegenüber. Vor allem die Festlegung des Eintrittskurses bei der Einführung des Euros wurde als Problem gesehen – verständlich, nachdem das Pfund offenbar mit einer zu hohen Parität in den Wechselkursmechanismus eingetreten war. Doch in wachsendem Maße wurde auch argumentiert, dass der makroökonomische Zyklus Großbritanniens gegenüber dem Kontinent desynchronisiert sei und von daher eine einheitliche Geldpolitik den Interessen Großbritanniens zuwiderlaufen würde.

Der Kampf um die Ratifizierung des Vertrages von Maastricht machte klar, wie tief gespalten die Konservative Partei hinsichtlich des Themas Europa war. Die Rebellion einiger *backbenchers*, die die Regierung mehrmals an den Rand des Scheiterns brachte, beschädigte die Partei nachhaltig, die historisch die pro-europäische war und einst Großbritannien in die Europäische Gemeinschaft geführt hatte. Die wachsende »Euroskepsis« der Tories kontrastierte mit einer stetigen Annäherung der Labour Party an Europa – zumindest teilweise der Logik eines Zwei-Parteien-Systems folgend. Als Tony Blair im Mai 1997 nach einem triumphalen Wahlsieg seine Partei nach 18 Jahren wieder an die Regierung führte, versprach er, Großbritannien werde in Zukunft »at the heart of Europe« sein. Wenn klare Initiativen in dieser Richtung auch seit 1997 auf sich warten lassen, so schlug die Regierung zumindest in wirtschaftspolitischer Hinsicht rasch einen Kurs substantieller Reformen ein.

Der erste Paukenschlag war, nach wenigen Tagen im Amt, die Entlassung der *Bank of England* in die geldpolitische Unabhängigkeit. Geldpolitische Entscheidungen wie die Setzung von Zentralbankzinssätzen sollten ab sofort nicht mehr von der Regierung getroffen werden (bei der wahltaktische Momente und politische Motive eine Rolle spielen könnten), sondern von einem *Monetary Policy Committee* (MPC), dem neben Vorstandsmitgliedern der Zentralbank unabhängige, auf Zeit von der Regierung ernannte Experten angehören sollten.[24] Die Regierung würde ihrerseits eine Zielgröße für die Inflationsrate vorgeben (2,5 Prozent, seit Dezember 2003: 2,0 Prozent), die zu erreichen dann Aufgabe des MPC sei.[25] Obwohl eine unabhängige Zentralbank nicht im Wahlprogramm von *New Labour* gestanden hatte, wurde die Entscheidung sowohl von der *Bank of England* als auch von den Finanzmärkten sehr positiv aufgenommen. Die seitherige günstige Inflationsentwicklung wird im Allgemeinen als Beweis für die Richtigkeit dieser Entscheidung gewertet. Zudem ist eine unabhängige Zentralbank eine Voraussetzung für die Teilnahme an der Europäischen Währungsunion.

Eine weitere grundsätzliche Reform wurde lediglich zwei Wochen später von Schatzkanzler Brown verkündet, nämlich die Abspaltung der Bankenaufsicht von der *Bank of England* sowie deren Zusammenlegung mit Versicherungs- und Börsenaufsicht zu einer einheitlichen Regulierungsbehörde, der *Financial Services Authority*. Nach einer Reihe von Problemen mit der bisherigen Aufsicht, vor allem im Bankenbereich (Konkurs der Barings Bank und BCCI)[26], sollte diese Reform den Finanzmarkt London stärken und als Vorbild für Reformen in Richtung Allfinanzaufsicht auch in anderen Ländern dienen.

Auch hinsichtlich eines eventuellen Beitritts Großbritanniens zur Europäischen Währungsunion legte Schatzkanzler Brown – über den Kopf von Premierminister Blair hinweg und zu dessen Missvergnügen[27] – Kriterien fest, die sicherstellen sollten, dass ein Beitritt ökonomisch positive Folgen haben werde. Allerdings sind die »five tests« relativ vage, was im Zweifelsfall eine politische Entscheidung erleichtern sollte: So geht es 1. um die Synchronisierung der Konjunkturzyklen sowie die Kompatibilität der ökonomischen Strukturen zwischen Großbritannien und der Eurozone; 2. um die Frage, ob hinreichende Flexibilität gegeben sei, um gegebenenfalls durch außenwirtschaftliche Schocks auftretende Probleme lösen zu können; 3. um die Verbesserung der Chancen Großbritanniens als Ziel von Auslandsinvestitionen; 4. um die Auswirkungen auf die Wettbewerbsfähigkeit der Londoner *City*, und 5. um die Frage, ob ein Beitritt zur Währungsunion höheres Wachstum, Stabilität und eine anhaltende Erhöhung der Beschäftigung bringen wird.[28]

Eine unmittelbare Entscheidung über den Beitritt Großbritanniens zur EWU war damit zunächst vertagt, und ein potentiell gefährliches politisches Thema somit entschärft, zumal die Regierung vor einem eventuellen Beitritt ein Referendum versprochen hatte. Dessen Zeitpunkt wurde aber im Unklaren gelassen, doch angesichts der (vor allem ab Ende des Jahrzehnts) problematischen wirtschaftlichen Entwicklung hinsichtlich Wachstumsraten und Arbeitslosigkeit in Euro-Ländern wie Frankreich und Deutschland wurde die Attraktivität eines Beitritts zur gemeinsamen Währung ohnehin immer geringer. Großbritannien entwickelte sich in makroökonomischer Hinsicht bemerkenswert stabil und erreichte ein beständiges Absenken der Arbeitslosigkeit und solide Wachstumsraten ohne die zuvor ausgeprägte Zyklizität von Auf- und Abschwung sowie ohne ein Wiederaufflammen inflationären Drucks. Die Überzeugung, dass es eventuell klüger sei, sich von Kontinentaleuropa und seinen Integrationsexperimenten zu distanzieren, klang vor diesem Hintergrund plausibel.

VII. Die Gegenwart: Vorbild Großbritannien?

Auch Mitte des ersten Jahrzehnts des 21. Jahrhunderts kann Großbritannien mit seinen wirtschaftlichen Leistungsdaten zufrieden sein. Wie Tabelle 5 zeigt, sind die Wachstumsraten des Bruttoinlandsprodukts stabil und auch in wirtschaftlichen Schwächeperioden höher als etwa in der Bundesrepublik; die Arbeitslosenquote ist niedrig und auf einem Niveau, das Ökonomen gemeinhin als nahe der Vollbeschäftigung betrachten; die Inflationsrate ist zwar, vor allem in den letzten Jahren, etwas höher als in vielen kontinentaleuropäischen Ländern, doch unter Berücksichtigung der höheren Wachstumsraten auf zufriedenstellendem Niveau; ein Leistungsbilanzdefizit ist deutlich und anhaltend vorhanden, doch angesichts freier Wechselkurse heute kaum noch eine Restriktion für die Wirtschaftspolitik.

*Tab. 5: Aktuelle ökonomische Leistungsdaten,
Großbritannien und Bundesrepublik Deutschland*

	2000	2001	2002	2003	2004
GB					
Wachstum BIP	3,0	2,2	2,1	2,5	3,2
Arbeitslosenquote[1]	5,5	5,0	5,1	5,0	4,6
Inflationsrate	2,9	1,8	1,7	2,9	3,0
Leistungsbilanz[2]		− 31,95	− 24,73	− 27,36	− 42,10
D					
Wachstum BIP	3,0	1,2	0,1	0,0	1,6
Arbeitslosenquote[1]	7,9	7,8	8,2	9,1	9,6
Inflationsrate	1,9	2,0	1,4	1,1	1,6
Leistungsbilanz[2]		2,97	45,38	51,12	104,33

1 Arbeitslosenquote standardisiert nach OECD.
2 Leistungsbilanz in Mrd. US-Dollar.
Quelle: OECD Historical Statistics, OECD Main Economic Indicators, verschiedene Ausgaben. Wachstum BIP, Arbeitslosenquote und Inflationsrate in Prozent.

Schatzkanzler Gordon Brown, der diese Erfolgsbilanz natürlich seiner Wirtschaftspolitik zuschreibt, äußerte seinen Stolz denn auch wie folgt in der Haushaltsrede im britischen Unterhaus am 17. März 2004: »In den Jahrzehnten nach 1945 fiel Großbritannien immer wieder in Rezessionen, es ging wirtschaftlich bergauf und bergab. Ich kann nun berichten, dass Großbritannien seit 1997 wirtschaftliches Wachstum nicht nur durch einen, sondern durch zwei vollständige Konjunkturzyklen aufrechterhalten hat, ohne die alte britische »Stop-and-go«-Krankheit, und dabei seit 2000 ein beinahe doppelt so hohes Wachstum wie Kontinentaleuropa erzielt hat und sogar die Vereinigten Staaten in dieser Hinsicht übertroffen hat. Im Bericht vor der Vorlage des Haushaltes habe ich dem Parlament gegenüber behauptet, dass Großbritannien sich der längsten Periode anhaltenden Wirtschaftswachstums seit über einhundert Jahren erfreue. Herr stellvertretender Parlamentspräsident, ich muss mich vor dem Parlament entschuldigen. Nachdem ich das Finanzministerium um genauere historische Untersuchung gebeten habe, kann ich heute berichten, dass Großbritannien sich gegenwärtig der längsten Periode anhaltenden wirtschaftlichen Wachstums seit über 200 Jahren erfreut – der längsten Periode anhaltenden wirtschaftlichen Wachstums seit Beginn der Industriellen Revolution.«[29] Und ein Jahr später, in der Haushaltsrede am 16. März 2005, wurde der historische Zeitraum sogar noch weiter ausgedehnt: »Großbritannien erfährt heute die längste Periode anhaltenden wirtschaftlichen Wachstums seit Beginn der Aufzeichnungen im Jahr 1701.«[30]

Verglichen mit den Jahrzehnten nach dem Zweiten Weltkrieg ist die wirtschaftliche Leistungsbilanz in der Tat substantiell und bemerkenswert verbessert. Und das bessere Abschneiden gegenüber vor allem den großen Ländern auf dem Kontinent (charakteristischerweise immer noch als »Europe« bezeichnet), erfüllt die Insel mit einem Stolz, der wahrscheinlich am besten aus der Erfahrung jahrzehntelangen Hinterherhinkens erklärt werden kann.

Ein bereits weit fortgeschrittener Strukturwandel, weg von einer industriellen und hin zu einer überwiegend auf Dienstleistungen basierenden Volkswirtschaft, ist ein Erklärungsfaktor. Großbritannien musste den Schmerz der De-Industrialisierung früher erleiden als andere Länder, und der mittlerweile stark geschrumpfte Sektor der Verarbeitenden Industrie trägt zwar dazu bei, dass das Land ein anhaltendes Leistungsbilanzdefizit hat, die Exportschwäche im Industriebereich bedeutet aber auch, dass Großbritanniens Wirtschaftswachstum weitaus weniger von den Schwankungen der Welt- und damit Exportkonjunktur abhängig ist, als das etwa in Deutschland der Fall ist. Dennoch ist auch Großbritannien von der wachsenden weltwirtschaftlichen Integration, d. h. der Globalisierung, betroffen – auch wenn dort vielleicht weniger industrielle Produktionsstätten nach Zentral- und Osteuropa verlagert werden, sondern eher, der stärkeren Ausrichtung auf Dienstleistungen entsprechend, *call centres* aus den Midlands nach Indien. Doch sind die Erwartungen an die Politik, solche Entwicklungen abzupolstern oder gar verhindern zu können, in Großbritannien weitaus weniger ausgeprägt als in vielen anderen Ländern. Die Akzeptanz, dass es sich hierbei um die Folgen von Marktwirtschaft und Wettbewerb handelt, ist eindeutig höher, zumal man ja auch die Erfahrung gemacht hat, von diesen Prozessen in anderen Bereichen zu profitieren – etwa bei Finanzdienstleistungen, oder im Bereich der *higher education*.

Andererseits ist die britische Volkswirtschaft zu Beginn des 21. Jahrhunderts auch nicht völlig ohne Probleme.[31] In makroökonomischer Hinsicht sind Schwierigkeiten dahingehend sichtbar, dass das wirtschaftliche Wachstum vor allem auf einer starken Konsumentennachfrage beruht. Sie ist zwischen 2000 und 2004 um 13,3 Prozent gestiegen[32] und ist die Haupttriebkraft des Bruttoinlandsprodukts, wie auch die Abbildung 1 zeigt. Dieses Wachstum ist zum einen durch ein starkes Absenken der Sparquote der Haushalte er-

Abb. 1: Komponenten des BIP-Wachstums

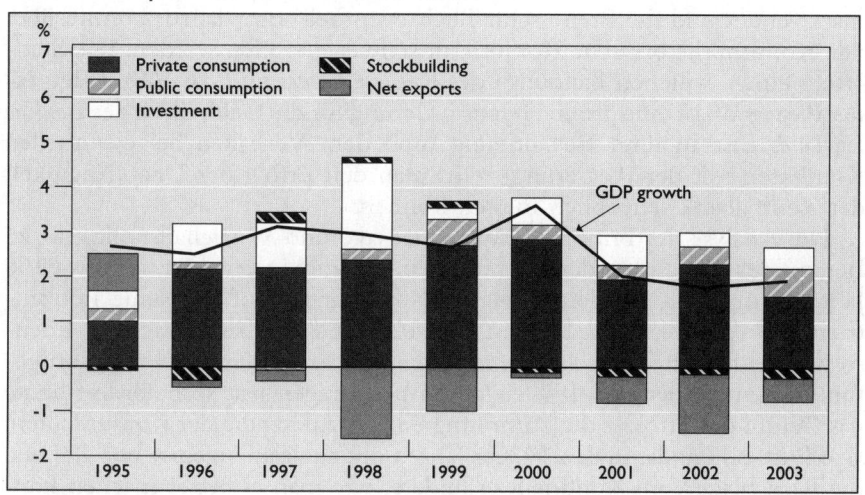

1 Prognose der OECD.
Quelle: Nationales Amt für Statistik und OECD.

möglicht worden, zum anderen stützt es sich auf einen Boom des *housing market*, der in den Jahren seit 1999 die Hauspreise im Durchschnitt um 15 Prozent pro Jahr hat steigen lassen. Nach einem fünf Jahre anhaltenden Boom ist die Relation zwischen Hauspreisen und verfügbarem Einkommen mittlerweile ähnlich hoch wie in der spekulativen Blase des Häusermarktes Ende der 1980er Jahre – damals brach der Markt zusammen, und eine gesamtwirtschaftliche Rezession folgte.

Die Gefahr, dass sich der damalige Zyklus wiederholt, erscheint zur Zeit nicht sehr hoch, gibt es doch beträchtliche Unterschiede: so ist die Arbeitslosigkeit gering,[33] und es erscheint unwahrscheinlich, dass sie rasch steigen wird; Inflation und Zinsen sind niedrig und lassen ein Hochschnellen auf das damalige Niveau kaum erwarten. Andererseits ist die Verschuldung der Haushalte hoch und im OECD-Vergleich stark gewachsen – wobei die liberalisierten Finanzmärkte eine Rolle gespielt haben, machen sie es doch einfach, auf die gestiegenen Buchgewinne des Hauswertes zusätzliche Hypotheken aufzunehmen. Dieses »mortgage equity withdrawal«, das eine Verflüssigung des im Wert gestiegenen Wohnbesitzes (die Eigentümerrate liegt bei 70 Prozent[34]) darstellt, belief sich in den Jahren 2003 und 2004 auf etwa 8 Prozent des verfügbaren Einkommens: Allein im ersten Jahr flossen so etwa 55 Milliarden Pfund zusätzlich in die Taschen der Hausbesitzer und von dort zum großen Teil in den Konsum.[35] Wenn der Boom auf dem Häusermarkt endet und die Preise schließlich eventuell sogar fallen, könnte über den Konsum die britische Konjunktur schwer getroffen werden. Die Steuerung einer »weichen Landung« des *housing market* und das Vermeiden einer Rezession ist eine große Herausforderung für die Geldpolitik der *Bank of England*. Erst an ihrer Bewältigung (und dem Verhalten bei eventuellen Konflikten mit der Regierung) wird man den Erfolg der Unabhängigkeit der Zentralbank schließlich messen können.

Die Analyse der britischen Wirtschaftslage und Wirtschaftspolitik ist zu Beginn des 21. Jahrhunderts, wahrscheinlich zum ersten Mal seit etwa 100 Jahren, vor allem auf den Erfolg und nicht mehr auf Probleme konzentriert. Der Wohlstand im Land ist zweifellos und sichtbar gewachsen. Ebenso wie die Debatte über den *British decline* zum allgemeinen Depressionsgefühl in den 1960er und 1970er Jahren beigetragen hat, so befördert heute das Gefühl des Erfolges die Stimmung – nicht zuletzt die der Konsumenten. Großbritannien, das in den 1970er Jahren mit zusammengebissenen Zähnen die Ratschläge vom Kontinent erduldete, wie man es besser machen könne, ist heute seinerseits freigiebig mit Rat für die kontinentaleuropäischen Volkswirtschaften, die es in zuviel Regulierung verstrickt sieht. Ob die Ratschläge damals immer den Kern der wirklichen Probleme getroffen haben und ob sie es heute tun, sei dahingestellt.

Schatzkanzler Brown zitiert angeblich oft den – seinem Amtsvorgänger Denis Healey zugeschriebenen – Satz, dass es nur zwei Arten von Finanzministern gebe: diejenigen, die scheiterten, und diejenigen, die sich rechtzeitig davonmachten. Vielleicht ist das der wahre Grund, warum er darauf dringt, Premierminister Blair bald zu beerben.

Anmerkungen

1 R.C.O. Matthews/C.H. Feinstein/J.C. Odling-Smee, British economic growth, 1865–1973, Oxford 1992, S. 435.

2 Eric J. Hobsbawm, Industry and empire: from 1750 to the present day, London 1999, S. 112.

3 Zum britischen Bankensystem siehe Andreas Busch, Staat und Globalisierung. Das Politikfeld Bankenregulierung im internationalen Vergleich, Wiesbaden 2003, Kapitel 6.1.

4 Siehe zur Wirtschaftspolitik während dieser Zeit im Detail J.C.R. Dow, The management of the British economy, 1945–1960, Cambridge 1970.

5 Vgl. die Daten bei Andrea Boltho (Hrsg.), The European economy: growth and crisis, Oxford 1982, S. 11.

6 Vgl. E.J. Hobsbawm (Anm. 2), S. 240.

7 Vgl. Matthews/Feinstein/Odling-Smee (Anm. 1).

8 Zitiert nach Frank T. Blackaby / Michael J. Artis, British economic policy, 1960–74, Cambridge 1978, S. 52.

9 Sowohl 1962 (John Lloyd) wie auch 1967 (James Callaghan) waren britische Finanzminister zurückgetreten, weil die Arbeitslosenquote die Zwei-Prozent-Marke überschritten hatten.

10 Lediglich 1978 lag sie mit 8,3 Prozent im einstelligen Bereich.

11 Großbritannien lag im Zeitraum von 1973 bis 1980 mit einer durchschnittlichen jährlichen Inflationsrate von 15,2 Prozent auf dem vorletzten Platz der 18 kontinuierlich demokratisch regierten OECD-Länder. Auch über den längeren Zeitraum von 1965 bis 1988 belegt es lediglich Rang 15. Siehe hierzu Andreas Busch, Preisstabilität. Politik und Inflationsraten im internationalen Vergleich, Opladen, 1995, S. 17 ff., sowie Andreas Busch, Die politische Ökonomie der Inflation, in Herbert Obinger/Uwe Wagschal/Bernhard Kittel (Hrsg.), Politische Ökonomie. Demokratie und wirtschaftliche Leistungsfähigkeit, Opladen 2003, S. 175 ff.

12 Siehe etwa die detaillierte Tabelle makroökonomischer Erfolgsindikatoren bei Geoffrey Maynard, The economy under Mrs. Thatcher, Oxford 1988, S. 90 f.

13 The Thatcher Years: policies and the prospect: a balanced appraisal by the Financial Times, London 1987, S. 13 f.

14 Darstellungen und Analysen der Thatcherschen Politik finden sich zum Beispiel bei Peter A. Hall, Governing the economy: the politics of state intervention in Britain and France, Cambridge 1986; Andreas Busch, Neokonservative Wirtschaftspolitik in Großbritannien: Vorgeschichte, Problemdiagnose, Ziele und Ergebnisse des »Thatcherismus«. Mit einem Vorwort von Klaus von Beyme, Frankfurt a. M., 1989; Roland Sturm (Hrsg.), Thatcherismus: eine Bilanz nach zehn Jahren, Bochum 1990; aus ökonomischer Perspektive vgl. Geoffrey Maynard (Anm. 12).

15 »Mrs Thatcher became leader of the Conservative Party in February 1975 principally because she was not Edward Heath, not because of a widespread commitment to her views.« Peter Riddell, The Thatcher government, Oxford 1985, S. 21.

16 »The overall verdict on Thatcherism may be that some necessary and desirable changes were introduced but that after the period of peak North Sea Oil output the British economy was not much healthier or more productive that it had been in the late 1970s.« Vgl Peter Riddell (Anm. 15), S. 277.

17 Geldmengenziele für die *Bank of England* hatte schon der Labour-Schatzkanzler Denis Healey seit 1976 eingeführt. Insofern war die Strategie nicht neu, aber die öffentliche Betonung dieses Ansatzes war es.

18 Vgl. die Tabelle bei Geoffrey Maynard (Anm. 12), S. 85.

19 Vgl. die Statistiken in OECD, OECD Historical Statistics 1970–2000, Paris 2001, S. 43.

20 Vgl hierzu Jonathan Story/Ingo Walter, Political economy of financial integration in Europe: The battle of the systems, Manchester 1997; sowie Andreas Busch (Anm. 11).

21 Zahlenangaben nach Corporation of London und HM Treasury.

22 Siehe zu den Problemen im EWS im Detail Andreas Busch, The Crisis in the EMS. In: Government and Opposition, 29 (1994) 1, S. 80–96.

23 Vgl. Will Hutton, The Chancellor, the Banker, and Deaf Ears in Bath, in: The Guardian vom 30 November 1992.

24 Es handelt sich dabei um fünf Mitglieder aus den Reihen der *Bank of England*: den Gouverneur sowie die beiden Vize-Gouverneure, den Chefvolkswirt und den *Exe-*

cutive Director for Markets sowie vier externe Experten. Alle neun Mitglieder haben dasselbe Stimmengewicht.

25 Inflationsziele waren erstmals im Oktober 1992 verkündet worden – nach dem Ausscheiden des Pfundes aus dem EWS (1 bis 4 Prozent) – und im Juni 1995 auf 2,5 Prozent präzisiert worden.

26 Sowohl die *Barings Bank* als auch die *Bank of Credit and Commerce International* (BCCI) scheiterten in der ersten Hälfte der 1990er Jahre. In beiden Fällen wurde der *Bank of England* Aufsichtsversagen vorgeworfen. Vgl. Andreas Busch (Anm. 4), S. 166–173.

27 Vgl. Andrew Rawnsley, Servants of the people: the inside story of New Labour, London 2001, S. 80 ff.

28 Im Juni 2003 legte die *Treasury* ein 18 Studien umfassendes *assessment* der fünf Testkriterien vor und kam zu dem Schluss, dass die Kriterien noch nicht erfüllt seien, obwohl seit 1997 Fortschritt in diese Richtung zu verzeichnen sei.

29 »For decades after 1945, Britain repeatedly relapsed into recession, moving from boom to bust. But I can report that since 1997 Britain has sustained growth not just through one economic cycle but through two economic cycles, without suffering the old British disease of stop go – with overall growth since 2000 almost twice that of Europe and higher even than that of the United States. Indeed in the Pre Budget Report I told the House that Britain was enjoying the longest period of sustained economic growth for more than one hundred years. Mr Deputy Speaker, I have to apologise to the House. Having asked the Treasury to investigate in greater historical detail, I can now report that Britain is enjoying its longest period of sustained economic growth for more than 200 years – the longest period of sustained growth since the beginning of the industrial revolution«.

30 »Britain is today experiencing the longest period of sustained economic growth since records began in the year seventeen hundred and one.«

31 Vgl. zum Folgenden etwa OECD Economic Surveys: United Kingdom, Paris 2004.

32 Zum Vergleich: in der Bundesrepublik waren es im selben Zeitraum gerade einmal 1,5 Prozent.

33 Hierzu trägt allerdings auch bei, dass die Zahl der Empfänger von *disability benefits* in der Gruppe der 50- bis 64-jährigen in Großbritannien mit knapp unter 15 Prozent dreimal so hoch ist wie in der Bundesrepublik. Damit wird eine erhebliche Zahl von eher niedrig produktiven Arbeitskräften aus der Arbeitsmarktstatistik herausgehalten.

34 Zum Vergleich: in Frankreich liegt sie bei 55 Prozent, in Deutschland bei 43 Prozent. Vgl. OECD (Anm. 31), S. 43.

35 Zahlen nach Angaben der Bank of England (http://www.bankofengland.co.uk/statistics/mew/2005.htm, 10. 8. 2005).

Weiterführende Literatur

Busch, Andreas, Neokonservative Wirtschaftspolitik in Großbritannien: Vorgeschichte, Problemdiagnose, Ziele und Ergebnisse des »Thatcherismus«. Mit einem Vorwort von Klaus von Beyme, Frankfurt am Main 1989.

Buxton, Tony/Chapman, Paul/Temple Paul (Hrsg.), Britain's economic performance, London 1998[2].

Hall, Peter A., Governing the economy: the politics of state intervention in Britain and France, Cambridge 1986.

Hobsbawm, Eric J., Industry and empire: from 1750 to the present day, London 1999.

Landes, David S., The unbound Prometheus: technological change and industrial development in Western Europe from 1750 to the present, Cambridge 2003.

Links

http://www.hm-treasury.gov.uk/
(Die Website des britischen Finanzministeriums mit umfangreichem Material zu Regierungspolitik)

http://www.bankofengland.co.uk
(Die Website der britischen Zentralbank mit vielen Informationen vor allem zum Bereich Geldpolitik)

http://www.niesr.ac.uk/
(Die Website des National Institute of Economic and Social Research mit vielen Statistiken und ökonomischen Fakten)

http://www.fsa.gov.uk/
(Die Website der Financial Services Authority, der Aufsichtsbehörde über die Finanzmärkte mit viel Informationen auch für Konsumenten)

http://www.cbi.org.uk/
(Die Website der Confederation of British Industry, des führenden Verbandes der industriellen Arbeitgeber)

http://www.tuc.org.uk/
(Die Website des Trades Union Congress, des Spitzenverbandes der britischen Gewerkschaften)

Markus M. Müller

Staat und Wirtschaft

I. Einleitung: Großbritannien – zwischen Modell, Exzeptionalismus und Einzelfall

Ob Großbritannien, Deutschland, Frankreich, Japan, Italien oder die USA: Marktwirtschaft ist nicht gleich Marktwirtschaft. Seit den 1970er Jahren hat die Vergleichende Politische Ökonomie gezeigt, dass auch die etablierten Marktwirtschaften Europas und Amerikas in durchaus unterschiedlicher Weise auf ähnliche oder gleiche Probleme und Herausforderungen (z.B. Stagflation, Globalisierung oder öffentliche Finanzkrisen) reagiert haben. Und vor allem waren sie dabei unterschiedlich erfolgreich, etwa bei der Überwindung von Wachstumsschwäche und Inflation in der Folge der beiden Ölpreisschocks der 1970er Jahre. Offenbar gehorchen die Funktionsmechanismen und damit auch der politisch–ökonomisch–soziale Output eines »kapitalistischen« Wirtschaftssystems keineswegs einem geschichtlichen Entwicklungsgesetz. Es sind Variationen vorzufinden, die es zu beschreiben und deren Ursachen es zu erheben gilt.

Im Zuge der Analyse dieses Phänomens wurde versucht, unterschiedliche Formen des »Kapitalismus« zu identifizieren. Besondere Aufmerksamkeit erzeugte Michel Albert 1993 durch einen provokativen Beitrag mit dem Titel »Capitalism against Capitalism«, in dem zwei prototypische Ideale einer marktwirtschaftlichen Ordnung beschrieben wurden.[1] Das angelsächsische Modell, zu dem auch Großbritannien zählt, und das rheinische Modell, das insbesondere Deutschland und Frankreich umfasst. Während er dem angelsächsischen Modell eine ausgeprägte Orientierung an »shareholder« Interessen, also an der Kapitalseite (shareholder = Kapitaleigner), unterstellte, die zu kurzfristigen Planungszyklen in den Unternehmen sowie einer verminderten Loyalität zwischen Arbeitgebern und Arbeitnehmern führe, beschreibt das rheinische Modell das Gegenteil. Alle »stakeholder« Interessen, also auch die von Arbeitnehmern und anderen relevanten Gruppen (stakeholder = Anteilhabender), werden etwa mittels entsprechend gesetzlich vorgeschriebener Unternehmensverfassungen und Mitbestimmungsregeln bei der unternehmerischen Entscheidungsfindung berücksichtigt, die wirtschaftlichen Planungszyklen sind langfristiger, und die Loyalität von Arbeitgebern zu ihren Beschäftigten (und umgekehrt) ist höher. Dem angelsächsischen Kapitalismus wird allerdings eine höhere Innovationskraft bzw. Fähigkeit attestiert, in Krisenzeiten (ohne oder bei geringem Wachstum) wieder auf Wachstumskurs zu kommen, während die Berücksichtigung der vielfältigen Belange und Interessen die Reformfähigkeit des rheinischen Modells behindere.

Die Debatte um unterschiedliche Kapitalismusformen ist nicht bei Alberts Einschätzung stehen geblieben. So hat in einem jüngeren Beitrag Vivien Schmidt die von Albert vertretene Zweiteilung der marktwirtschaftlichen Welt im Rahmen der »Varieties of Capitalism« Literatur als zu statisch abgelehnt und vertritt eine Dreiteilung in *market capitalism, managed capitalism* und *state capitalism.*[2] Großbritannien wird dem Modell des »market capitalism« zugerechnet, während etwa Deutschland zum »managed capitalism« und Frankreich zum »state capitalism« gezählt werden.

Tab. 1: Idealtypische Charakteristika der Kapitalismusmodelle

	MARKET CAPITALISM	MANAGED CAPITALISM	STATE CAPITALISM
Beispielländer:	GB, USA	D, NL, SWE	F, I
Wirtschaft und Industrie:	Marktorientiert	Koordiniert	Staatlich organisiert
– Verhältnisse innerhalb der Wirtschaft	Individualistisch, wettbewerbs-orientiert, vertrag-lich bestimmt	Gegenseitig ver-stärkend, netz-werkorientiert	Staatlich vermittelt, wettbewerblich
– Verhältnis von Industrie und Finanzwelt	Auf Distanz	Enge Beziehungen	Staatlich vermittelt
– Investitions-verhalten	Kurzfristige Orientierung	Langfristige Orientierung	Mittelfristige Orientierung
Verhältnis Staat und Wirtschaft:	Auf Abstand	Verhandlungs-basiert	Staatlich bestimmt
– Staatsprofil	»liberal«	»gewährleistend«	»interventionistisch«
Arbeit, Wirtschaft und Staat:	Konflikthaftes Verhältnis	Kooperatives Verhältnis	Konflikthaftes Verhältnis
– Lohnverhand-lungen	Marktorientiert	Koordiniert	Staatlich kontrolliert
– Rolle des Staates im Tarifgefüge	Zuschauer	Gleichwertiger Partner oder Zuschauer	Dominanter Steuermann

Quelle: Übersetzung nach Vivien Schmidt 2002, S. 113.

Worin bestehen aber die Unterschiede dieser Kapitalismusmodelle konkret? Volkswirtschaftlich lassen sich erkennbare Unterschiede vor allem im Hinblick auf Indikatoren wie den Grad der Marktkapitalisierung von Unternehmen (d. h. auf Börsenmärkten gehandeltes Eigenkapital), den Umfang von Firmenübernahmen, die internationalen Finanzverflechtungen, die Eigentümerstruktur (z. B. eher mittelständisch geprägt oder börsennotierte Großunternehmen), die getätigten Investitionen in Produktionsbereiche, die Arbeitskosten, die Güte der Produktqualität oder das Ausbildungsniveau bestimmen. Nimmt man diese Indikatoren und vergleicht OECD-Länder, dann ergibt sich ein deutliches Cluster von Ländern um Großbritannien, nämlich die USA, Australien, Neuseeland, Kanada und Irland (also das Modell des *market capitalism*). Demgegenüber steht ein Cluster, dem neben Deutschland auch Österreich, Belgien, Dänemark, Finnland, Island, die Niederlande, Norwegen, Schweden sowie die Schweiz zugehörig sind (Modell *managed capitalism*).[3] Nimmt man also bestimmte so genannte *Performanz-Indikatoren*, die eine Reihe wirtschaftlicher Effekte bzw. Verhaltensweisen von Marktteilnehmern messen, so scheint sich empirisch das Sortieren von Ländern in verschiedene Kapitalismusmodelle als tragfähig zu bestätigen.

Das »Exzeptionelle« Großbritanniens liegt allerdings unter anderem in seiner außerordentlichen Fähigkeit zum Wandel, die nicht zuletzt einem auf hohe Machtkonzentration in der Person des Premierministers basierenden Regierungssystem zu verdanken ist. Und genau dieser Umstand großer Wandlungs- bzw. Anpassungsfähigkeit macht die Rekonstruktion eines »britischen« Modells so problematisch. Denn die Annahme eines »Modells« setzt ein gewisses Maß an Kontinuität, zumindest einiger struktureller Gegebenheiten, voraus.

Wie kaum eine andere westliche Marktwirtschaft, durchlebte Großbritannien seit dem Ende des Zweiten Weltkrieges extreme Wechsel sowohl ordnungs- als auch wirtschaftspolitischer Natur. Verstaatlichungswellen überzogen die Volkswirtschaft, um von Privatisierungen abgelöst und abermals reaktiviert zu werden. Der keynesianische Wohlfahrtsstaat hielt früher als anderswo in Europa Einzug,[4] einschließlich eines fast vollständig verstaatlichten Gesundheitswesens, und wurde später von einer sozial- und staatsfernen Wirtschaftspolitik der Regierung Thatcher – zumindest teilweise – abgelöst. Antizyklische, nachfrageorientierte Fiskalpolitik wurde in den 1950er, 1960er und 1970er Jahren exzessiv zur Ankurbelung der Wirtschaft genutzt, um sofort von Sparpolitik abgelöst und abermals wieder reaktiviert zu werden. Planungseuphorie und Wirtschaftssteuerung kamen in den 1960er Jahren und verschwanden wieder. Gewerkschaften, deren sehr spezielle Bindung an die Labour Partei Machtkonzentration und Regierungsbehinderung gleichermaßen bedeutete, erlebten in der Nachkriegszeit enorme Bedeutungszuwächse – in der Folge des Wahljahres 1974 weit über tarifliche Belange hinaus – und mussten ihre weitgehende Demontage in den 1980er Jahren hinnehmen.

Man kann Wirtschaftsordnungen und insbesondere das Verhältnis von Staat und Wirtschaft auf unterschiedliche Weisen analytisch beschreiben und kategorisieren. Zum einen lassen sich Institutionen und ihre Funktionsweise in einer Wirtschaftsordnung analysieren und vergleichen. Bestimmte Funktionen, wie etwa das Setzen von Zinssätzen (Geldpolitik) oder die Festsetzung von Löhnen und Arbeitsbedingungen (Tarifpolitik) müssen in jeder Marktwirtschaft erfüllt werden; wie dies geschieht, ist aber institutionell und damit auch materiell verschieden. Geldpolitik kann eine unabhängige oder auch eine von der Regierungspolitik abhängige Notenbank durchführen, die Art der Geldpolitik (restriktive oder weniger restriktive Zinspolitik) wird entsprechend variieren. Gleiches gilt für die Tarifpolitik: Staatliche Lohnvorgaben sind ebenso denkbar wie ein reines Aushandeln von Tarifverträgen zwischen Gewerkschaften und Arbeitgebern ohne jegliche staatliche Einflussnahme. Auch hier sind die materiellen Auswirkungen auf Tarife (wie z. B. Streikbereitschaft, Lohn- und Preisentwicklung) nicht in beiden Fällen identisch.

Zum anderen gibt es verschiedene Formen des Zusammenwirkens von Staat und Wirtschaft, die sich nur ganz grob als unterschiedliche Intensitätsstufen des Staatseingriffs in die Wirtschaft verstehen lassen. Die stärkte Form der Staatseinwirkung auf die Wirtschaft ist sicherlich die Verstaatlichung einzelner Unternehmen oder ganzer Sektoren. Im Extremfall (einer vollständigen Verstaatlichung aller Wirtschaftszweige) mutiert die Marktwirtschaft zu einer Planwirtschaft. Unterhalb der Verstaatlichung finden sich verschiedene Formen des staatlichen Eingriffs in wirtschaftliche Prozesse. Sehr eingriffsintensiv etwa wäre die *planification*, also die staatliche Steuerung von Industrieentwicklung mittels mittel- und langfristiger Entwicklungspläne, wie sie vor allem in Frankreich seit dem ersten Wirtschaftsplan von Jean Monnet in den 1950er Jahren etabliert wurde. Da der Staat dabei auf die Kooperation mit (privaten) Unternehmen und Gewerkschaften angewiesen ist, wird dieser Steuerungsansatz meist mit *korporatistischen* Koordinierungsinstrumenten zur Einbindung gesellschaftlicher Kräfte in politische Entscheidungsfindungen kombiniert, so wie z. B. Konzertierten Aktionen, Wirtschaftsräten und runden Tischen. Während hier der Staat planerische Aufgaben übernimmt, tritt er als *keynesianischer Wohlfahrtsstaat* nicht mehr mikroökonomisch steuernd auf. Er schöpft mittels Fiskalpolitik Steuern und

Abgaben ab und verteilt sie nach sozialen Gesichtspunkten um. Die Einrichtung kostenloser öffentlicher Schulen, einer sozialen Mindestsicherung im Falle der Erwerbslosigkeit oder auch, wie in Großbritannien der Fall, ein staatliches Gesundheitswesen gehören in diese Kategorie. Der Staat tritt dabei auch als Akteur auf, der mittels Nachfragepolitik (also durch eigene Investitionen oder durch gezieltes Ankurbeln der privaten Nachfrage mittels Steuererleichterungen) Einfluss auf den Konjunkturverlauf nimmt.

Eine vor allem im 19. Jahrhundert dominierende Eingriffsform des Staates in die Wirtschaft ist schließlich die Regulierung. Sie bezeichnet eine Form staatlichen Einwirkens auf die Wirtschaft, die darauf abzielt, (private, unabhängige) Unternehmen dahingehend zu beeinflussen, dass ihr Marktverhalten mit einem politisch gesetzten öffentlichen Interesse übereinstimmt. Dieses öffentliche Interesse liegt zumeist, ganz klassisch, darin, Wettbewerb und wirtschaftliche Effizienz in einem Sektor zu erhalten (Wettbewerbspolitik); es kann aber auch sämtliche nicht-ökonomischen Ziele umfassen, wie z. B. Verbraucher- und Umweltschutz, sozialen Ausgleich oder ausgewogene Lebensverhältnisse in verschiedenen Regionen eines Landes. In Großbritannien beginnt das moderne Verhältnis von Staat und Wirtschaft, ebenso wie in anderen Wirtschaftsordnungen Europas und Nordamerikas, ganz wesentlich mit Regulierung, und diese erlebt eine Renaissance vor allem seit den 1990er Jahren.

II. Die Wirtschaftsordnung im Wandel nach dem Zweiten Weltkrieg

Der viktorianische regulatorische Staat des 19. Jahrhunderts bzw. die ihn prägenden Charakteristika hinsichtlich des Verhältnisses von Staat und Wirtschaft (*informality, flexibility, cooperation*) blieben in Grundzügen bis in die 1970er Jahre erhalten. Gewisse Korrekturen erfuhr zum Beispiel die *Bank of England*, deren Arbeit, nach einer von Bankzusammenbrüchen geprägten Krise der Finanzwelt mit dem *Banking Act* 1979 erstmals auf eine gesetzliche Grundlage gestellt wurde. Im Übrigen wurden in den 1970er Jahren die bestehenden regulatorischen Institutionen und Arbeitsweisen, wie weiter oben gesehen, einer Neubewertung unterzogen, zum Teil mit der Folge einer Neuorganisation, zum Teil aber auch mit der grundsätzlichen Bestätigung ihrer Funktionalität.

Dennoch gab es auch auf dem Gebiet der Regulierung Innovationen. So wurde mit der *Monopolies and Mergers Commission* 1948 eine neuartige Regulierungsbehörde im Bereich der Wettbewerbsaufsicht durch Gesetz geschaffen, deren Kompetenzen formal durch Gesetzgebung 1956 und 1965 gestärkt wurden. Doch ihre Aufgabe, Fusionen und Monopole zu beaufsichtigen und gegebenenfalls gegen sie vorzugehen, stand unter dem allgemeinen Vorbehalt des »öffentlichen Interesses«.[5] Angesichts einer durch die Regierung (unter anderem mittels der *Industrial Reorganization Corporation* seit 1966) forcierten Rationalisierung britischer Firmen, einschließlich einer erklärten Politik der Förderung der Entstehung größerer, international wettbewerbsfähiger Einheiten, war die Kontrollmöglichkeit der Wettbewerbsaufsicht begrenzt.[6]

Dazu trat ein neues Selbstverständnis des Staates hinsichtlich seiner Rolle als Unternehmer. So begann mit dem Regierungswechsel von Churchill zu Attlee 1945 die Verstaatlichung einer Reihe von vormals privaten Einrichtungen und Unternehmen in unterschiedlichen Bereichen. Zum einen wurden die daseinsvorsorgenden Bereiche der Gas- und Elektrizitätswirtschaft (1948, 1949) sowie der Verkehrswirtschaft (1948) verstaatlicht. Daneben nationalisierte die Labour-Regierung auch den Kohlebergbau (1947), die Eisen- und Stahlindustrie (1951) sowie den zivilen Luftverkehr (1946). Schließlich fällt in diese Zeit auch die Verstaatlichung der *Bank of England (1946)* sowie, basierend auf den Empfehlungen des *Beveridge Report* (1944), die Errichtung des *National Health Service* (1948). Beides stellt zusammengenommen einen Vorgang dar, von dem man annehmen müsste, dass er aufgrund der Regulierungsarrangements im Finanzsektor bzw. in den freien Berufen weit reichende Folgen für das Verhältnis von Staat und Wirtschaft *nach* dem viktorianischen regulatorischen Staat haben müsste. Dem war jedoch keineswegs so. Gerade im Gesundheitswesen zeigte sich, dass abgesehen von den großen Ressourcenentscheidungen, die nun politisch geprägt waren, die Spielräume der Gesundheitsberufe, insbesondere die inner-professionellen Angelegenheiten der Mediziner einschließlich der Ausbildungsfragen zu regeln, fast vollständig erhalten blieben.

Das Verstaatlichungsprogramm der Labour-Regierung war weder einzigartig in Europa (fast gleichzeitig nationalisierte auch zum Beispiel Frankreich weite Bereiche seiner Wirtschaft), noch war es überraschend. Zum einen entsprach es der Parteiprogrammatik von Labour (nämlich der berühmten *Clause 4* des Parteistatuts, die in ihrem umfänglichen Sozialisierungsauftrag allerdings nicht realisiert wurde, s. u.), zum anderen gab es etwa mit der Errichtung des *General Electricity Board* (1926) bereits Präzedenzfälle unter bürgerlichen Regierungen. Nimmt man die Verstaatlichung der Stahlindustrie einmal aus (sie steht paradigmatisch für das industriepolitische Vor und Zurück in Großbritannien), so lässt sich durchaus von einem Nachkriegskonsens von Konservativen und Labour hinsichtlich der

Tatsache sprechen, dass Großbritannien als *mixed economy* einen namhaften öffentlichen Unternehmenssektor vorweisen sollte. Zur überparteilichen Einigkeit trug die Tatsache bei, dass die Labour-Regierung die Nationalisierung der genannten Industrien letztlich doch nicht mit einer wirtschaftssteuernden Zielsetzung verband (ungeachtet vormaliger politischer Rhetorik), sondern sich vielmehr der *public corporation*, und damit eines in den 1930er Jahren von Herbert Morrison entwickelten, unternehmensfreundlichen Konzeptes bediente. Auf diese Weise blieb die operative Freiheit des Managements weitgehend gewahrt, der Einfluss der Regierung beschränkte sich auf eine *arm's length-control*.

Der Nachkriegskonsens von Labour und Tories war allerdings umfassender. In den 1950er Jahren war die Einrichtung des Wohlfahrtsstaates, einschließlich der Verantwortung der Regierung für ein hohes Beschäftigungsniveau, innenpolitischer Konsens der Parteien in Großbritannien. Die Konvergenz beider Parteien im Hinblick auf die wohlfahrtsstaatliche Programmatik staatlicher Wirtschafts- und Sozialpolitik war in dieser Zeit so ausgeprägt, dass die Wochenzeitschrift *The Economist* hierfür das Schlagwort des *Butskellismus* prägte, zusammen gesetzt aus *Butler*, dem Namen des konservativen Schatzkanzlers, und *Gaitskell*, dem Namen seines der Labour Party angehörenden Amtsvorgängers.[7] Mit dem Einzug politischer Verantwortlichkeit für das wirtschaftliche und soziale Wohlergehen der Bevölkerung in die Regierungspolitik veränderte sich notwendigerweise auch das Verhältnis von Staat und Wirtschaft. Neben die beschriebene, insgesamt eher moderate, wirtschaftsfreundliche Regulierung in Industrie, Finanzwelt und in den akademischen Berufen trat nun das gesamte Spektrum wirtschaftspolitischer Einwirkungsmöglichkeiten des Staates gegenüber Unternehmen, Arbeitnehmern, Gewerkschaften, Verbänden und Konsumenten: Steuer- und Fiskalpolitik, Zinspolitik, Wirtschaftskontrollpolitik, Struktur- und Modernisierungspolitik (einschließlich kurzzeitiger Experimente mit Adaptionen von *planification* und Korporatismus), Tarifeingriffe und Subventionierung. Die britische Regierung unterschied sich damit in ihrem Verhalten gegenüber der Wirtschaft nicht grundsätzlich von anderen europäischen Regierungen. Einsatzzeitpunkte und -dauer der genannten Instrumente folgten allerdings den jeweiligen wirtschaftspolitischen Herausforderungen, wie Wachstumsproblemen, Zahlungsbilanzkrisen oder sektoralen Wettbewerbsschwächen sowie gewissen parteipolitischen Präferenzverschiebungen vor allem in den 1960er und 1970er Jahren. Voraussetzung hierfür war freilich das britische Regierungssystem, das die jeweils gewählte Regierung mit außergewöhnlicher Machtfülle ausstattet, so dass radikale, parteipolitisch motivierte Politikwechsel auch realiter zur Umsetzung kommen können.

Die Veränderungen der Jahrzehnte nach 1945 müssen nach Sektoren geschieden betrachtet werden. Ein besonders auffälliges Beispiel ist die Stahlindustrie. Nach ihrer (parteipolitisch umstrittenen) Verstaatlichung durch die Labour-Regierung 1950, folgte nur drei Jahre später ihre Re-Privatisierung durch die Tories. Weitere vierzehn Jahre später verstaatlichte eine neue Labour-Regierung die Stahlindustrie (1967) nach langen Jahren eher bescheidener wirtschaftlicher Performanz abermals und führte die vierzehn größten Stahlproduzenten des Landes unter dem Dach der *British Steel Corporation* zusammen. Damit war, ungeachtet der weiterhin bestehenden 210 privaten Stahlproduzenten, ein Quasi-Monopolist entstanden, der 92 Prozent der britischen Stahlproduktion kontrollierte und damit drittgrößter Stahlproduzent der Welt war. In den folgenden Jahren, bis zur vollständigen Privatisierung durch Margaret Thatcher 1988, entschuldete die Regierung das überschuldete Unternehmen (mit dem *Iron and Steel Act* 1969), sorgte für den fortdauernden Betrieb auch unrentabler Standorte, subventionierte das fast konkursreife Unternehmen bis in die 1980er Jahre und sanierte es mittels massiven Stellenabbaus. Rund acht Milliarden Pfund und etwa 100 000 Arbeitsplätze kostete die Sanierung, bis das schließlich wieder profitabel arbeitende Unternehmen im Dezember 1988 aus staatlichem Eigentum entlassen wurde.[8]

Dass Verstaatlichung und Subventionierung ungeachtet der dem angelsächsischen Kapitalismusmodell eher liegenden Abstinenz des Staates von derartigen nicht-marktkonformen Eingriffen durchaus charakteristische Interventionsformen der britischen Regierung gegenüber (bestimmten) Unternehmen und Wirtschaftszweigen darstell(t)en, zeigt auch die Automobilindustrie.[9] Nach einem dramatischen Konzentrationsprozess seit den 1950er Jahren, in deren Verlauf die britische Regierung gleichwohl auf eine struktur- und regionalpolitisch motivierte Zersplitterung von Produktionsstandorten vor allem in unterindustrialisierten Regionen drängte, beteiligte sich der Staat Mitte der 1960er Jahre selbst an der Neuordnung der Eigentumsverhältnisse in der Branche. Die Regierung drängte 1968 aufgrund anhaltender Probleme bei den beiden britischen Autofirmen *Leyland* und *British Motor Corporation* (BMC) auf eine Fusion, aus der die *British Leyland Motor Company* (BL) hervorging. Der Anreiz für den Zusammenschluss, den die britische Regierung den Mehrheitseignern bot, war ein Kredit in Höhe von 25 Millionen Pfund, mittels dessen der Umbau des Unternehmens erleichtert werden sollte. Die Höhen und vor allem Tiefen der folgenden Unternehmensentwicklung begleiteten Ministerien sowie das *National Enterprise Board* (NEB), das selbst zeitweise Anteile an BL hielt, extensiv mit öffentlichen Subventionen; selbst unter Margaret Thatcher flossen noch zwischen 1979 und 1988 insgesamt 3,5 Milliarden Pfund in das 1986 in *Rover Group* umbenannte Unternehmen. Dann erfolgte der Verkauf an *British Aerospace*, nachdem die Gruppe wieder profitabel geworden war. Auch nicht-britische Autobauer wie Chrysler-UK (später Talbot-UK) erhielten in den 1970er und frühen 1980er Jahren öffentliche Kredite und Bürgschaften von insgesamt über 200 Millionen Pfund, vornehmlich um Standorte in Großbritannien zu sichern.

Wirtschaftspolitik in Großbritannien, das zeigen diese Beispiele, war keineswegs wie aus dem liberalen Lehrbuch eines *market capitalism*, das dem Staat eine gegenüber der Wirtschaft »distanzierte«, insgesamt »wettbewerbsorientierte« und deutlich auf das freie Spiel der Marktkräfte setzende Rolle zuweist. Die britische Regierung handelte ebenso wie die ihrer kontinentaleuropäischen Nachbarn interventionistisch, sah sich in der Verantwortung für Arbeitsplätze und strukturschwache Räume sowie für Preis- und Lohnentwicklungen. Der Strukturpolitik sowie dem Erhalt von Arbeitsplätzen diente neben der Subventionierung auch eine fortgesetzte Nationalisierungspolitik, zu deren Zweck auch immer wieder neue institutionelle Arrangements getroffen wurden. 1966 etwa mit der *Industrial Reorganisation Corporation*, 1975 mit dem erwähnten NEB, das durch den *Industry Act* als Staatsholding sowie zur finanziellen Unterstützung notleidender Unternehmen errichtet wurde.[10] Selbst konservative Regierungen, wie die seit 1970 amtierende Regierung unter Edward Heath, vermochten es trotz wirtschaftsliberalem Programm nicht, auf Rettungsaktionen, wie etwa im Falle von *Rolls Royce* und *Upper Clyde Shipbuilders* (1973) zu verzichten. Ganz zu schweigen von der späteren Gründung einer nationalen Ölgesellschaft (*British National Oil Company,* 1976) – unter einer Labour-Regierung –, die unternehmerisch Teil hatte am Ölgeschäft, oder der 1977 erfolgten Verstaatlichung des Schiffbaus sowie der Luftfahrtindustrie.

Die britische Wirtschaftspolitik hat das Spektrum der Einwirkungs- und Gestaltungsoptionen des Staates gegenüber der Wirtschaft voll ausgeschöpft. So fand auch eine Mischung aus *planification* und korporatistischer Steuerung für kurze Zeit Mitte der 1960er Jahre statt. Unter Harold Wilson sollte die kurzatmige Konjunktur- und Zahlungsbilanzpolitik der Vorgängerregierungen durch eine auf langfristige Planung angelegte Struktur- und Technologiepolitik ersetzt werden. Ein Wirtschaftsministerium (*Department of Economic Affairs*) wurde 1964 eingerichtet (1970 mit anderen Ressortbereichen zum *Department of Trade and Industry* zusammengelegt, 1974 aufgeteilt und 1983 unter Thatcher wieder vereint), dessen Aufgabe vor allem die Erarbeitung von Langzeitplänen zur Wirtschaftsentwicklung, Initiativen für die Industrie- und Regionalpolitik sowie die Konzeptentwicklung für die Bereiche der Preis- und Einkommenspolitik sein sollten. Dabei wurde auch auf die korporatistisch geprägten Organisationen unter dem Dach des *National Economic Development Council* (NEDC), der 1962 von der konservativen Regierung eingerichtet worden war, zurückgegriffen. Die Arbeit von zehn *economic development committees* sowie 30 *sector working parties* (SWPs) wurde hier koordiniert. Vertreter von Regierung, Industrie und Gewerkschaften waren in allen Gremien eingebunden, um Informationen und Lagebeurteilungen auszutauschen, Berichte über den Status quo des jeweiligen Sektors zu erstellen und Empfehlungen für die Regierungsarbeit, insbesondere die Wirtschaftspläne des Wirtschaftsministeriums, auszusprechen. Während das Experiment der nationalen Wirtschaftspläne 1967 schon wieder eingestellt wurde, hatten der NEDC sowie seine Unterorganisationen (die so genannten *little neddies*) eine längere Lebensdauer. Die Ähnlichkeit zur »Konzertierten Aktion«, die das deutsche Stabilitäts- und Wachstumsgesetz (1967) schuf, und die bis zu ihrer Beendigung durch die Gewerkschaften im Zuge des Streits um das Mitbestimmungsgesetz 1976 mit wachsender Größe zunehmend ineffizient wurde,[11] ist offensichtlich.

Bemerkenswert sind auch die institutionellen Versuche, eine staatliche Preis- bzw. Lohnkontrolle umzusetzen und damit Inflationsbekämpfung zu betreiben. Hatte die Labour-Regierung noch zwischen 1948 und 1950 auf Verhandlungswege mit den Gewerkschaften Lohnzurückhaltung zur Drosselung heimischer Kaufkraft erreicht, versuchte die Labour-Regierung unter Harold Wilson, aufgrund der einsetzenden Flucht aus dem britischen Pfund, 1965 unter anderem mittels eines *National Board for Prices and Incomes* (NBPI) Preis- und Lohnentwicklungen, unter Beteiligung der Betroffenen, mittels Überzeugungsarbeit zu dämpfen. Angesichts anhaltenden internationalen Abwertungsdrucks auf das Pfund, wurde zu einer auf sechs Monate befristeten Verordnung über einen Lohn- und Preisstopp gegriffen. 1970 wurde das NBPI zwar aufgelöst, doch schon 1972 traten mit der *Price Commission* sowie dem *Pay Board* zwei funktionale Äquivalente auf den Plan. Der Versuch, Preise und Löhne, letztere etwa über Lohnleitlinien, staatlich zu kontrollieren, führte zu massiven Streiks und in deren Folge zu Versorgungsengpässen, etwa bei der Stromversorgung.

An der staatlichen Einmischung in Tarifangelegenheiten, wie der Lohnfindung, ist nicht nur bemerkenswert, dass sie aus deutscher Sicht marktfern wirkt. Schließlich hat unser Grundgesetz der Tarifautonomie von Arbeitgebern und Arbeitnehmern Verfassungsrang eingeräumt, »Lohnleitlinien« als verbindliche Vorgaben wären mithin verfassungswidrig. Interessant ist der letztlich gescheiterte Versuch der Regierung Heath, im Konflikt mit den Gewerkschaften deren Verhalten in Tarifauseinandersetzungen zu kontrollieren auch deshalb, weil der Premier 1974 den Ausweg über Neuwahlen suchte, die er mit einer politischen Machtfrage verknüpfte: Gewerkschaften oder Parlament. Seine Wahlniederlage wurde von den Gewerkschaften, politisch insofern ja nur folgerichtig, als Quasimandat zur umfassenden Beeinflussung der Regierungsarbeit des neuen Labour-Kabinetts gewertet.[12] Die nächste Wahl, die 1979 Margaret Thatcher und die Konservativen an die Macht brachte, wurde wiederum zentral von der Frage der Stellung der Gewerkschaften in der britischen Wirtschaft geprägt. Diesmal war der Ausgang allerdings gerade umgekehrt. Der Kampf gegen das »Grundübel« Gewerkschaften, ein vermeintliches Kernelement der »britischen Krankheit« neben mangelnder Produktivität und fehlender internationaler Wettbewerbsfähig-

Tab. 2: Veränderungen der Rolle des Staates in der Wirtschaft nach 1945

	Regulierung	Verstaatlichung	Wohlfahrtsstaat	Interventionismus	Korporatismus/Planification
Tätigkeitsfelder	Wettbewerbspolitik; Fusionskontrolle; Verbraucherschutz	Kohleindustrie; Energie; Luftfahrt; Schiffbau; Notenbank; etc.	Soziale Sicherheit; Beschäftigung	Subventionen, z.T. mit Anteilserwerb; Eingriff in Tarifautonomie, z.B. Lohnleitlinien	Langfristige Wirtschaftspläne
Institutionelle Beispiele	MMC; OFT	IRC; NEB	NHS	British Leyland; Rolls Royce; British Steel	DEA; NECD, SWPs
Bedeutung für Verhältnis von Staat und Wirtschaft	Traditioneller Regulierungsansatz weitgehend unverändert; begrenzte Bedeutung der Wettbewerbspolitik	Staat als Unternehmer	Staat als Fürsorger	Staat als Modernisierer; Staat als Akteur der Tarifbeziehungen	Staat als Planer der Wirtschaft
Nachhaltige Auswirkungen?	Langsamer Übergang zu neuem Paradigma des regulatorischen Staates	Schrittweiser Rückbau nach 1979	Sehr nachhaltige Auswirkungen bis in die Gegenwart	Bedeutungsverlust nach 1979	Kurzfristiges Experiment der 1960er Jahre

keit der Volkswirtschaft, wurde zu einem Markenzeichen der neuen Regierung. Die Tabelle 2 fasst die Neuerungen der Nachkriegszeit insgesamt zusammen.

III. Von der Thatcher-Revolution zu Tony Blair. Ein neues Verhältnis von Staat und Wirtschaft

Mit dem Einzug von Margaret Thatcher in den Amtssitz des Premierministers 1979 verändert sich das Verhältnis von Staat und Wirtschaft in Großbritannien zwar nicht schlagartig, doch verbindet sich mit diesem Datum der Ausgangspunkt weit reichender Reformen und grundsätzlichen Neubestimmungen für dieses Verhältnis, die auch heute mehr als 25 Jahre später die Wirtschaftsordnung Großbritanniens prägen. Die neue Premierministerin formulierte den Anspruch, dieses Verhältnis auf neuer Grundlage so zu ordnen, dass den Marktkräften wieder der Spielraum eingeräumt wird, den sie benötigen, um das Land international wettbewerbsfähig und seine Währung stabil zu machen. Sie stellte den Wohlfahrtsstaat vor allem normativ in Frage, wenngleich er ebenso wenig wie in anderen europäischen Demokratien ernsthaft von Abschaffung bedroht war, wie nicht zuletzt am Festhalten an dem staatlichen NHS sichtbar wurde. Die Premierministerin räumte dem Abbau des Haushaltsdefizits sowie der Sicherung von Geldwertstabilität Vorrang ein vor keynesianischer Konjunktursteuerung und industriepolitischen Planspielen und versuchte, durch den Umbau bzw. die Vereinfachung des Steuersystems – mit massiver Senkung des Spitzensteuersatzes, dem graduellen Wechsel von direkten zu indirekten Steuern sowie der letztlich für ihren Rücktritt 1990 mitverantwortlichen kommunalen Kopfsteuer (so genannte *poll tax*) – ihrer Vorstellung einer *enterprises culture* zum Durchbruch zu verhelfen. Der Staat und sein Eingreifen in die Wirtschaft waren unter massiven Legitimationsdruck gesetzt. Ein vollständiger oder auch nur umfassender Rückzug des Staates aus der Wirtschaft war hiermit allerdings weder tatsächlich intendiert noch überhaupt möglich.

Die Rolle des Staates in der Wirtschaft orientierte sich daran, die Wirtschaft des Landes von den Markt verzerrenden Einflüssen zu befreien. Damit waren vor allem drei Bereiche von massiver Veränderung betroffen:
– Privatisierung des in Staatsbesitz befindlichen Wirtschaftsvermögens, einschließlich der verstaatlichen Industrien und Versorgungsbereiche wie Energie, Telekommunikation und Transport;
– Überführung dieser bislang nicht-wettbewerblich ausgerichteten Sektoren der Wirtschaft in marktwirtschaftlich arbeitende Branchen;

– Abbau der sonstigen verzerrenden Staatsinterventionen in die (private) Wirtschaft, die ihre Anpassung an die Wettbewerbsbedingungen der internationalen Konkurrenz behindern, insbesondere von Erhaltungssubventionen oder sonstige Schutzmechanismen gegen ausländische Konkurrenz, einschließlich derjenigen gegen »feindliche« Übernahmen.

Die Privatisierung war außergewöhnlich konsequent. Gemessen als Anteil am Bruttoinlandsprodukt war der Verkauf von Staatsbeteiligungen bzw. –monopolen in Großbritannien unter allen OECD-Ländern am höchsten, mit Ausnahme von Neuseeland. In vielen Bereichen, etwa der Energieversorgung oder der Telekommunikation, war Großbritannien Vorreiter und, zumindest in manch eigener Bewertung, Vorbild für andere europäische Länder, die Jahre später mit ähnlichen Schritten folgten.[13] Dabei zeigt die zeitgeschichtliche Analyse allerdings klar, dass die Privatisierungspolitik keiner »Blaupause« folgte und von Anfang an in dieser Form feststand. Vielmehr ergab sie sich aus neuen politischen Ideen nach dem Wahlsieg Margaret Thatchers, ihrer erfolgreichen Umsetzung in einzelnen Bereichen und der nachfolgenden Dynamik im Zusammenwirken von politischen Institutionen, Politikern und Interessengruppen.[14]

Der Privatisierungskalender der Regierungen Thatcher und ihres Nachfolgers John Major umfasste bis Mitte der 1990er Jahre praktisch den gesamten Staatssektor. Mehr als 60 Milliarden Pfund erlösten die Regierungen Thatcher und Major zwischen 1979 und 1995 durch den Verkauf von über 50 bedeutenden Unternehmen bzw. Anteilen daran. Damit wurde ein namhafter Beitrag zur Konsolidierung des Staatshaushaltes geleistet. Großbritannien konnte Ende der 1980er Jahre als nahezu einziges Land der Welt Staatsschulden abbauen.

Anteile an Industrieunternehmen, die auf einem (ggfs. internationalen) Wettbewerbsmarkt tätig waren, konnten, was die wirtschaftsordnungspolitische Dimension dieser Neubestimmung des Verhältnisses von Staat und Wirtschaft in Großbritannien betrifft, relativ unproblematisch privatisiert werden. Einige dieser Unternehmen, darunter Rolls-Royce oder Rover, bekamen allerdings in den kommenden Jahren den vollen wettbewerblichen Gegenwind globalisierter Märkte zu spüren und erlebten alsbald die Übernahme durch ausländische Konkurrenzunternehmen. Demgegenüber war die Privatisierung im Versorgungsbereich mit einer ordnungspolitisch eminent wichtigen Fragestellung verbunden: Wie ist es zu verhindern, dass aus öffentlichen Monopolisten private Monopolisten mit gleichen (wettbewerbsfeindlichen und vor allem ineffizienten) Verhaltensweisen werden?

Die Lösung des Problems eines dauerhaft funktionstüchtigen Wettbewerbs in der privatisierten Versorgungswirtschaft hieß Regulierung. Neue

»Regulierungsbehörden« entstanden, die in den verschiedenen Bereichen des Versorgungssektors aktiv wurden. In mancher Hinsicht wurde auf die Regulierung des 19. Jahrhunderts zurückgegriffen, etwa bezüglich der Einrichtung dieser Behörden »nach Sektoren« oder bei der Organisation ihrer internen Verantwortlichkeiten. Insgesamt aber haben wir es mit der Entstehung eines »neuen regulatorischen Staates«[15] zu tun, der im Folgenden näher dargestellt wird.

Vor Beginn der Arbeit dieser Regulierungsbehörden war zunächst zu klären, welche Teilbereiche des jeweiligen Versorgungssektors (Strom, Gas, Wasser, Schienentransport oder Telekommunikation) wettbewerblich zu gestalten und welche Teilbereiche aufgrund ihrer Eigenschaft als »natürliches Monopol« auch künftig einer besonderen Missbrauchskontrolle durch den Staat, gegebenenfalls auch in staatlichem Eigentum verbleibend, zu unterwerfen waren. Regelmäßig, so die bis heute im Kern bestehende Annahme, sind »Netze« (Stromnetz, Telefonleitungen oder Schienen) ein natürliches Monopol. Das heißt, es ist wirtschaftlich am effizientesten, nur *ein* Netz vorzuhalten, weil die Bereitstellungskosten (genauer, die so genannten »versunkenen Kosten«) für ein Netz im Vergleich zu den eigentlichen Betriebskosten besonders groß sind. Der Bau von Parallelnetzen würde für den Verbraucher notwendigerweise höhere Preise für Strom, Telefonieren oder Schienenverkehr bedeuten. Das Problem ist allerdings, dass ungeachtet der betriebswirtschaftlichen Unsinnigkeit des Baus von Parallelnetzen auch ein »natürliches« Monopol ein Monopol bleibt. Das heißt, der Monopolist verspürt keinen Wettbewerb, der ihn drängt, immer effizienter, besser und letztlich kostengünstiger zu werden. Für dieses Dilemma gibt es keine reine Marktlösung, vielmehr muss der Staat eingreifen und das Monopol einer besonderen Preis- und Leistungskontrolle unterwerfen, um ein missbräuchliches Ausnutzen der Alleinstellung im Markt zu verhindern.

In Großbritannien zog man die Lehre daraus und trennte in der Energieversorgung »Netz« und »Betrieb« bzw. »Produktion/Vertrieb«. So wurde im Stromsektor das Übertragungsnetz in der *National Grid Company* (NGC) zusammengefasst und wirtschaftlich sowie eigentumsrechtlich von der Stromproduktion (zunächst nach 1989 *National Power* und *PowerGen*) sowie betriebswirtschaftlich von dem Stromverkauf (in zwölf Regionalgesellschaften, die zusammen Anteilseigner des Übertragungsnetzes waren) getrennt. Ähnlich ging man in den übrigen Energieversorgungsbereichen (Gas und Wasser) vor. Auch die Staatsbahn *(British Rail)* wurde aufgespalten, das Netz wurde 1994 in einer Netzgesellschaft *(Railtrack)* konzentriert, die Züge gingen in drei Leasinggesellschaften ein, von denen nun private Betreiber das »fahrende Material« leasen konnten. Im Telekommunikationssektor schließlich endete das Monopol für die damals noch staatliche *British Telecom* (BT) im Jahr 1984 mit der Zulassung eines zweiten (privaten) Anbieters namens *Mercury*. In den frühen 1990er Jahren fiel das Duopol der beiden (mittlerweile hatte die britische Regierung BT Stück für Stück privatisiert) durch die Öffnung des Telefonmarktes für weitere Wettbewerber.

Zur Durchführung staatlicher Regulierungsaufgaben wurden sektorspezifische Regulierungsbehörden eingerichtet, z. B. das *Office of Electricity Regulation* (OFFER) für die Elektrizitätswirtschaft, das *Office of Gas Regulation* (OFGAS) für die Gaswirtschaft, das *Office of Telecommunication Regulation* (OFTEL) für den Telekommunikationssektor oder das *Office of the Rail Regulator* (ORR) und das *Office of Passenger Rail Franchising* (OPRAF) für den Schienenverkehr. Mittlerweile wurden die genannten Energieregulierer zu *Office for Gas and Electricity Markets* (OFGEM) fusioniert, OFTEL ist im *Office of Communications* (OFCOM) aufgegangen, aus ORR wurde das *Office of Rail Regulation* (ORR) und aus OPRAF wurde die *Strategic Rail Authority* (SRA). Daneben gibt es einen Wasserregulierer, das (*Office of Water Regulation,* OFWAT) sowie Regulierungsbehörden außerhalb der Versorgungswirtschaft für sensible Bereiche, wie etwa die Finanzwirtschaft mit der *Financial Services Authority*.

An dieser Entwicklung sind, abgesehen von dem Faktum der Überführung kompletter Wirtschafts- bzw. Versorgungsbereiche in private Eigentümerschaft, besonders drei Aspekte von Interesse.

Erstens, die Entwicklung der Regulierungsbehörden selbst; sie sind an sich, der britischen Verwaltungstradition und ihrer politischen Zentralisierung auf die Regierung entsprechend, eher ein Fremdkörper im Staatsgefüge. Und dennoch greifen sie Elemente der »alten« Regulierungsbehörden des 19. Jahrhunderts auf, insbesondere den Zuschnitt nach Sektoren sowie die Imitation der Zentralisierung der Verantwortung in einer Person, nämlich der des »Regulierers«, der letztlich als Person Regierung und Parlament gegenüber verantwortlich für die Arbeit seiner Behörde ist.

Historisch betrachtet beginnt die Entwicklung der neuen Regulierungsbehörden mit der Einrichtung von OFTEL 1984, nach Zulassung eines zweiten, privaten Anbieters auf dem britischen Telefonmarkt. Vorbild war das *Office of Fair Trading* (OFT), ein Kind der 1970er Jahre. Dessen Generaldirektor, Gordon Borrie, lehnte seinerzeit die Übernahme der Regulierung im Telekommunikationssektor ab,[16] so dass die Einrichtung eines sektor-spezifischen Regulierers für den Telekommunikationsbereich (insbesondere für die Beaufsichtigung der weiterhin übermächtigen BT) notwendig wurde.[17]

Es ist eine Entwicklung der späten 1990er Jahre, also der Zeit nach dem Regierungsantritt Tony Blairs, dass aus »Regulierern« (den Generaldirektoren) Zug um Zug *regulatory boards* wurden und damit die Personalisierung als Kennzeichen traditioneller britischer Verwaltungskultur zurück tritt. Jenseits der innerbehördlichen Kompetenzordnung waren die neuen Sektoren-Regulierer von einer stärker formalisierten Arbeitsweise geprägt, z. B. der von dem ersten *director general* von OFFER, Stephen Littlechild,[18] entwickelten Formel für Preisregulierung *RPI minus X* (Inflationsausgleich, weniger erwartete Effizienzsteigerung). Mittels regelmäßiger Bekanntgabe einer vom Regulierer erwarteten Effizienzsteigerung sollte die Preisentwicklung für die Marktteilnehmer planbar gemacht werden.

Mittlerweile hat sich zwar das Aufsichtsregime in praktisch allen Regulierungsbehörden geändert, es ist in mancher Hinsicht auch »marktnäher« geworden, und man kann insofern in einem gewissen Sinne von »Deregulierung« sprechen. Dennoch ist die Bedeutung der Formalisierung für die Arbeit der Regulierungsbehörden eher gewachsen. Mit der Zusammenlegung von OFFER und OFGAS zu OFGEM waren auch neue regulatorische Aufgaben verbunden, etwa im Hinblick auf soziale und ökologische Gesichtspunkte, Veröffentlichungspflichten hinsichtlich Akten und Entscheidungsgründen oder die Verbindung von Gehältern der Führungsebene mit der Kundenzufriedenheit. Die Regulierung der »bloß« ökonomischen Aspekte des Versorgungssektors ist damit längst Vergangenheit. Regulierung wurde Ende der 1990er Jahre und nach der Jahrtausendwende zu einem umfassenden Regierungsmodus zur Durchsetzung politisch definierter Interessen – in zunehmend formal gebundener Weise. Der Einfluss diverser EU-Richtlinien seit den 1990er Jahren ist dabei in Großbritannien zwar nicht für die Marktöffnung an sich prägend gewesen (Großbritannien war der EU-Kommission meistens bereits einen Schritt voraus); allerdings hat die Form europäischen Regierens, nämlich mittels Verrechtlichung, sehr wohl den in Großbritannien bereits laufenden Prozess der Erosion des *gentlemanly style* beschleunigt.

Ganz besonders gilt die These von der zunehmenden Formalisierung und Legalisierung von Regulierung für die *Financial Services Authority* (FSA), die seit 1997, errichtet nach dem nicht zuletzt aufgrund von einer Serie von Betrugsfällen und Zusammenbrüchen notwendig gewordenen *Financial Services Act (1986)*, zunächst die *Bank of England* aus der Bankenaufsicht weitgehend verdrängt hat und seit dem *Financial Services and Markets Act* von 2000 als integrierte Finanzdienstleistungsaufsicht sämtliche Bereiche (Banken, Versicherungen, Wertpapierhandel) kontrolliert. Auch das seit 1986 auf gesetzlicher Grundlage arbeitende *Securities and Investments Board*, das die bis dato tätigen selbstregulierenden Organisationen der verschiedenen Märkte lizensierte und überwachte, ging in der FSA auf. Sie markiert einen geradezu revolutionären Umschwung im Verhältnis des Staates zur Finanzwirtschaft vor allem der Londoner City: von dem informellen, *gentlemanly style* der *Bank of England* zum durchformalisierten, auf die Einhaltung letztlich international vereinbarter Standards zielenden und von einem *regulatory board* verantworteten Regulierungsansatz. Folgt man der Einschätzung Morans, ist die FSA heute die wohl mächtigste Finanzaufsichtsbehörde der entwickelten Welt.[19] Zwar ist sie in der Form einer privatrechtlichen Gesellschaft errichtet und finanziert sich aus Beiträgen der regulierten Unternehmen, das Schatzamt bestimmt aber dennoch über ihr Führungspersonal und kontrolliert zusammen mit dem Finanzausschuss des Unterhauses die Arbeit der Behörde. Ein wesentliches Kennzeichen der Regulierung dieses Bereichs ist es, dass der regulatorische Inhalt – die Normen, Standards und Ziele – letztlich nicht innerstaatlichen (also seitens der Regierung gesetzten), sondern vielmehr internationalen Ursprungs sind. Der *Baseler Bankenausschuss* legt mittlerweile autoritativ wesentliche Parameter der Finanzaufsicht fest, die nationalen Regulierer setzen diese, gegebenenfalls leicht modifiziert, in nationales Aufsichtsrecht um. So mancher sieht hierin eine besonders markante Form der »Entdemokratisierung« der Wirtschaftsregulierung, denn auch das Parlament rückt als substanzielles Kontrollorgan angesichts international gesetzter Standards immer weiter in den Hintergrund.

Zweitens, den Sektoren der Versorgungswirtschaft wurde keineswegs von heute auf morgen eine vollständige Marktöffnung verordnet. So wurde etwa der Strommarkt, wie oben gesehen, zu Beginn auch für die Stufen »Produktion« bzw. »Vertrieb« in seiner Preisbildung vom Staat determiniert. Allerdings wurde ein Fahrplan für den schrittweisen Abbau der Preisregulierung dadurch festgelegt, dass Zug um Zug gestaffelt nach Abnahmemengen die jeweils größten Abnehmer ihren Strom frei am Markt kaufen konnten. Die Marktöffnung für die Verbraucher stand in der Energieregulierung nicht im Vordergrund, sondern die Etablierung eines wettbewerblich ausgerichteten Marktes, dem letztlich auch die Einrichtung einer zentralen Strombörse, des *Pools*, dienen sollte. Mittlerweile kann jeder britische Haushalt von jedem Anbieter Strom beziehen; der lokale Netzeigentümer muss dem gewählten Anbieter das so genannte »Durchleitungsrecht« (*third party access*) gewähren. Der anfängliche »Strompool«, in den die Stromproduzenten ihren Strom einbringen mussten, ist mittlerweile durch ein, allerdings von der Regulierungsbehörde immer noch überwachtes, bilaterales Verhandlungssystem ersetzt worden. Hieran zeigt sich beispielhaft, dass die

Transformation eines vormals verstaatlichten Marktes in einen Wettbewerbsmarkt gerade zu Beginn mit einem hohen Regulierungsniveau verbunden ist, das sich nur langsam verringert. Mithin bedeutet der Umbau in Wettbewerbsmärkte also (zunächst) geradezu das Gegenteil von »Deregulierung«; sie wird erst nach Etablierung funktionierender Marktstrukturen möglich. Ähnliches gilt insbesondere für die übrigen Versorgungsbereiche Gas, Wasser und Telekommunikation. Diese Erkenntnis ist insofern nicht selbstverständlich, als das Entstehen eines neuen regulatorischen Staates in Deutschland zum Teil einem Liberalisierungsansatz folgte, der dem britischen geradezu diametral entgegen steht.[20]

Drittens, Privatisierung und Regulierung verliefen unterschiedlich erfolgreich in den einzelnen Sektoren. Der unerwartete Erfolg der Privatisierung von *British Telecom* in den 1980er Jahren, der einen Domino-Effekt in den übrigen Versorgungsbereichen auslöste, wiederholte sich weit zögerlicher im Stromsektor. Die aus Sicht der Bevölkerung überaus sensible Wasserversorgung erlebte gar eine Debatte um eine *mutualization*, also letztlich Kommunalisierung der Infrastruktur und damit Rücküberführung in den öffentlichen Bereich. Im Eisenbahnsektor schließlich erlebte der neue regulatorische Staat ein Desaster.[21] Mit dem *Railways Act* (1993) wurde *British Rail* als ehemaliger Staatsbetrieb in über 100 Unternehmen zerschlagen, deren Beziehungen zueinander von den beiden Regulierungsbehörden (ORR bzw. OPRAF für den Personenverkehr) kontrolliert wurden. Es erfolgte die oben erwähnte Aufspaltung in das Schienennetz einerseits und den Betrieb der Züge samt dazu gehöriger Dienstleistungen andererseits. Obgleich der Netzinhaber *Railtrack* nach den ursprünglichen Plänen als letzter Bereich privatisiert werden sollte, schuf die Regierung Major noch kurz vor den Wahlen 1997 mit der Privatisierung Fakten. Die angekündigte Re-Nationalisierung des Eisenbahnsektors durch die Labour-Regierung blieb nach ihrem Wahlerfolg 1997 aus. Sie baute die Regulierungsbehörden etwas um, z. B. mit der Einrichtung der *Strategic Rail Authority* als Nachfolgerin von OPRAF, änderte aber nichts an den Grundlinien des Regimes. Als nach einem verheerenden Zugunglück bei Hatfield im Jahr 2000 die in erster Linie finanziellen Probleme von *Railtrack* zum Zusammenbruch der Gesellschaft führten, trat 2002 mit *Network Rail* ein formal privater, faktisch aber staatlicher Netzbetreiber an seine Stelle. Die Regulierung, insbesondere soweit das Angebot im Personenverkehr betroffen ist, wurde verstärkt und ist nach dem *Railways Act* 2005 weitgehend im ORR zentralisiert.

Im Hinblick sowohl auf die ursprünglichen Pläne für den Schienenverkehr als auch die vergleichsweise günstige Entwicklung etwa in den Bereichen Telekommunikation oder Stromversorgung muss die Neuordnung des

Eisenbahnwesens in Großbritannien, einschließlich des regulatorischen Arrangements, insgesamt als gescheitert angesehen werden. Worin die Ursachen auch liegen mögen (das Ignorieren des Hauptproblems des Schienenverkehrs, nämlich der Wettbewerb durch andere Verkehrsträger wie Fluglinien und Straße; eine vermeintlich von Beginn an ruinierte Infrastruktur an Gleisen und Anlagen mit hohem Investitionsbedarf; die vermeintlich falsche Annahme, Schiene und Bahnbetrieb ließen sich organisatorisch und wirtschaftlich trennen; oder mögliche Fehler der Regulierungspraxis nach der Neuordnung des Sektors), das Beispiel zeigt, dass auch der neue britische regulatorische Staat vor Rückschlägen nicht gefeit, dabei aber auch zur Kurskorrektur fähig ist. Nicht zuletzt wird damit deutlich, dass in entscheidenden Momenten des Versagens auch eines an sich »professionalisierten« Regimes, in dem eine formalisierte und transparente Marktaufsicht sowohl die traditionellen »Insider«-Spiele von Entscheidungseliten als auch die Unwägbarkeiten wechselnder Mehrheitsverhältnisse im parlamentarischen Regierungssystem begrenzen sollte, die Politik zurückkehrt und Handlungsfähigkeit beweisen muss. Der »neue regulatorische Staat« ist deshalb auch in Großbritannien kein »entpolitisierter« Staat.

IV. Schlussfolgerungen: Angelsächsisches Modell oder Modellausnahme?

Kehren wir zurück zur Ausgangsthese, nach der es Modelle kapitalistischer Wirtschaftsordnungen gibt, unter denen der britische Fall dem *Anglo-Saxon Capitalism* bzw. dem *market capitalism* zuzurechnen ist. Die dafür kennzeichnenden Charakteristika wie Staatsferne zum Markt, Nicht-Intervention im Tarifbereich und eine generell schwach ausgeprägte Neigung der Regierung, in die Wirtschaft steuernd einzugreifen, sind für Großbritannien allerdings nicht durchgängig nachzuweisen. Im Gegenteil, Großbritannien erlebte das gesamte Spektrum staatlicher Einwirkungsmöglichkeiten in der Wirtschaft, von keynesianisch wohlfahrtsstaatlichen Elementen über Planungsexperimente bis hin zur Verstaatlichung. Ebenso wie in anderen Staaten Europas auch, war Regulierung ein vor allem für das 19. Jahrhundert kennzeichnendes Instrument der staatlichen Einwirkung in der Wirtschaft, wenngleich Großbritannien mit seinen von dem Aufbau eines »neuen regulatorischen Staates« begleiteten Privatisierungsmaßnahmen in den 1980er und 1990er Jahren zum Reformmotor beim Einsatzes dieses Instruments zur Jahrtausendwende wurde.

Regulierung ist ohne Frage die »marktfreundlichere« Lösung im Vergleich zur Verstaatlichung oder industriepolitischen Eingriffen früherer, von Planungseuphorie geprägten Phasen in Großbritannien. Sie ist dennoch keineswegs staatsfern – schon gar nicht in Großbritanniens neuem regulatorischen Staat seit den 1990er Jahren. Es sind Regulierungsbehörden entstanden, deren Aufgabenspektrum spätestens seit dem Wahlsieg von Tony Blair 1997 immer weiter ausgebaut wurde. Stand zu Beginn der Aspekt der Beaufsichtigung der De-facto-Monopole und damit die »ökonomische Regulierung« zur Schaffung eines funktionierenden, wettbewerblichen Marktes im Vordergrund, so sind soziale Regulierungsziele, insbesondere im Sinne des Verbraucherschutzes, der Verhinderung sozialer Schieflagen und Ähnliches dazu gekommen.

Was bleibt vom Modell des angelsächsischen Kapitalismus im Hinblick auf Großbritannien? Das Verhältnis von Staat und Wirtschaft jedenfalls folgt keiner simplen Modelllogik. Es bestimmt sich nach innerökonomischen Ordnungsmustern, wie etwa die Firmenverfassung oder die Ausgestaltung von Tarifpolitik und Mitbestimmung, nach außerökonomischen Rahmenbedingungen, wie etwa das Regierungssystem oder die staatliche Finanzverfassung, sowie nach exogenen Einflussfaktoren, wie der Europäisierung oder auch der Internationalisierung der Märkte. Traditionen, wie beispielsweise dominante Verwaltungs- und Regulierungskulturen, leben ebenso über Jahrzehnte fort wie normative Ideologien (z. B. Liberalismus). Manchmal koexistieren auf diese Weise auch Politikansätze, die an sich nicht zusammenpassen, wie z. B. der Fortbestand eines verstaatlichten Gesundheitswesens im Angesicht massiver Privatisierungen in den 1980er Jahren. Aber auch das ist keine britische Besonderheit. Es gilt damit für Großbritannien auch, was für andere entwickelte Marktwirtschaften gilt: sie gehorchen keinem singulären, allgemein gültigen Entwicklungsgesetz, sondern sind von der Gleichzeitigkeit auch nicht zusammenpassender Charakteristika geprägt. Dass die stärkere »Ökonomisierung« des Verhältnisses von Staat und Wirtschaft in Großbritannien, wie es der Aufstieg des neuen regulatorischen Staates in den 1990er Jahren nahe zu legen scheint, nicht das Ende der Geschichte darstellt, liegt nicht nur angesichts gescheiterter Regulierungsversuche, wie z. B. im Eisenbahnsektor, auf der Hand.

Anmerkungen

1 Michel Albert, Capitalism against Capitalism, London 1993.
2 Vivien A. Schmidt, The Futures of European Capitalism, Oxford 2002.
3 Peter A. Hall/David Soskice (Hrsg.), Varieties of Capitalism: The Institutional Foundations of Comparative Advantage, Oxford 2001.

4 Peter A. Hall (Hrsg.), The Political Power of Economic Ideas: Keynesianism across Nations, Princeton 1989.

5 Die Kriterien für die Definition des »öffentlichen Interesses« wurden in dem *Fair Trading Act 1973* nochmals gesetzlich modifiziert. Mit diesem Gesetz wurde außerdem das *Office of Fair Trading* geschaffen, dessen Aufgabe vor allem im Bereich des Verbraucherschutzes lag.

6 John A. Kay (Hrsg.), Mergers and Merger Policy, Oxford 1989.

7 Roland Sturm, Großbritannien. Wirtschaft, Gesellschaft, Politik, 2. Aufl., Opladen 1997, S. 25.

8 Jeffrey A. Hart, Rival Capitalists. International Competitiveness in the United States, Japan, and Western Europe, Ithaca-London 1994, S. 150–157.

9 Peter J. S. Dunnett, The Decline of the British Motor Industry, London 1980; Wyn Grant, The Political Economy of Industrial Policy, Woburn 1982, S. 109–110.

10 Michael Parr, The National Enterprise Board, in: National Westminster Bank, February 1979, S. 55.

11 Markus M. Müller, Wirtschaftsordnung, in: Roland Sturm/ Eckhard Jesse (Hrsg.), Demokratien des 21. Jahrhunderts im Vergleich. Historische Zugänge, Gegenwartsprobleme, Reformperspektiven, Opladen 2003, S. 371–402, hier S. 387.

12 Vgl. Roland Sturm (Anm. 7), S. 30–32.

13 George Owen, Foreword, in: Stephen Littlechild, Privatisation, Competition and Regulation. Institute of Economic Affairs, Occasional Paper 110, London 2000, S. 5–6, hier S. 5.

14 Richard Heffernan, UK Privatisation Revisited: Ideas and Policy Change 1979–92, in: Political Quarterly, 76 (2005), Nr. 2, 264–272.

15 Michael Moran, The rise of the regulatory state in Britain, in: Parliamentary Affairs, 54 (2001), S. 13–34.

16 Charles D. Foster, Privatization, Public Ownership and the Regulation of Natural Monopoly, Oxford 1992, S. 125.

17 Stephen Wilks, In the Public Interest. Competition Policy and the Monopolies and Mergers Commission, Manchester 1999, S. 253.

18 Stephen Littlechild, Regulation of British Telecommunications' Profitability: a Report by Stephen C. Littlechild. London 1983; ders., Economic Regulation of Privatised Water Authorities: A Report Submitted to the Department of the Environment, London 1986.

19 Vgl. Michael Moran, The British Regulatory State, Oxford 2004, S. 78.

20 Markus M. Müller, The new regulatory State in Germany, Birmingham 2002.

21 Ein ausführlicher, auf die Stellung der Regulierungsbehörden fokussierter Bericht zum Eisenbahnsektor findet sich bei Michael Moran (Anm. 19), S. 116–119.

Weiterführende Literatur

Feigenbaum, Harvey/Henig, Jeffrey/Hamnett, Chris, Shrinking the State. The Political Underpinnings of Privatisation, Cambridge 1999.

Moran, Michael, The British Regulatory State, Oxford 2004.

Sturm, Roland, u. a., Der regulatorische Staat: Deutschland und Großbritannien im Vergleich. London 2002.

Veljanovski, Cento, with Mark Bentley, Selling the State, Privatisation in Britain, London 1987.

Links

www.rail-reg.gov.uk
www.ofwat.gov.uk
www.ofcom.org.uk
www.ofgem.gov.uk
www.competition-commission.org.uk
www.oft.gov.uk

Steve Ludlam

New Labour, Arbeitsmarktpolitik und Arbeitsbeziehungen

I. Das Ende der konservativen Vorherrschaft aus der Perspektive der Gewerkschaften

Mit der Amtszeit der konservativen Regierungen von Margaret Thatcher und John Major (1979–1997) verbinden sich für die britische Politik, die Wirtschaft und die Gesellschaft eine Reihe tiefgreifender Veränderungen. Die einschneidendsten Reformen betrafen den Arbeitsmarkt. Das seit 1945 proklamierte Ziel der Vollbeschäftigung wurde aufgegeben, und im Rahmen des neoliberalen Monetarismus versuchte die Regierung, die Inflation allein durch hohe Zinssätze zu bekämpfen. Im Ergebnis stiegen der Wechselkurs des Pfundes und mit ihm die Preise für britische Exporte deutlich an, was zu einer nie dagewesenen Zahl an Firmenpleiten und zu Rekordarbeitslosigkeit führte. Innerhalb eines Jahres gingen allein im Maschinenbau eine Million Arbeitsplätze verloren. Der Monetarismus wurde bald von einer umfassenderen neoliberalen Agenda und angebotsorientierten Wirtschaftsreformen abgelöst. Zentrale Merkmale dieser Politik waren die Deregulierung der Wirtschaft und die Beschneidung gewerkschaftlicher Macht.[1] Eine sorgfältig implementierte Abfolge von gegen die Gewerkschaften gerichteten »Beschäftigungs«-Gesetzen beseitigte wichtige Rechte der Arbeitnehmervertretungen, wie etwa das allgemeine Streikrecht, die Möglichkeit von Sympathie- bzw. Solidaritätsstreiks sowie von *closed-shops*.[2]

Im Rahmen der sehr weit reichenden und kaum staatlich regulierten britischen Tarifautonomie (*free collective bargaining*) hatten die vor der Thatcher-Ära existierenden Gewerkschaftsrechte in Zeiten der Vollbeschäftigung zu einem stetig steigenden Lebensstandard der organisierten Arbeitnehmer geführt. Die Thatcher-Regierung suchte nun die Auseinandersetzung mit den Gewerkschaften und berief sich auf frühere gesetzliche Regelungen und das Gewaltmonopol des Staates. Die heftigsten Auseinandersetzungen gab es 1984/85 während des einjährigen Streiks der Bergarbeiter gegen die Zechenschließungen. Die Dauer der Massenarbeitslosigkeit, der Arbeitsplatzrückgang vor allem in traditionell gewerkschaftsstarken Sektoren, die Demoralisierung nach der bitteren Niederlage der Bergleute und die »Be-

Tab. 1: Zentrale Aspekte der konservativen Anti-Gewerkschafts-Gesetzgebung, 1979–1993

	Streik- und Arbeitskampfrecht	Gewerkschaft und Unternehmen	Politische Aspekte
1980	– Starke Einschränkung bzw. Verbot von Streikposten (*picketing*) – Verbot von Solidaritäts- und Sympathiestreiks (*secondary action*) – Staatliche Teilfinanzierung freiwilliger Urabstimmungen über Streiks	– Neue *closed-shop*-Vereinbarungen nur nach Zustimmung von 80 % der Belegschaft	
1982	– (Wieder-)Einführung der zivilrechtlichen Haftung der Gewerkschaften für Folgen eines Streiks (Schadenersatz) – Rechtliche Straflosigkeit von Streiks nur noch für den einzelnen Arbeitnehmer und bei Streiks gegen den unmittelbaren Arbeitgeber – Geldbußen bei Anwendung unerlaubter Streikmittel – Recht der Arbeitgeber, nach einem Streik über Wiedereinstellungen zu entscheiden	– Alle *closed-shop*-Vereinbarungen müssen von 80 % Mehrheit bestätigt werden – Verbot der Entlassung wegen der Verweigerung des Gewerkschaftsbeitritts – Verbot der Benachteiligung von Unternehmen ohne gewerkschaftliche Vertretung bei öffentlichen Aufträgen	
1984	– Geheime Urabstimmungen über Streiks		– Verpflichtung zur geheimen Abstimmung bei den Vorstandswahlen der Gewerkschaften – Verpflichtung zur Abstimmung über Spenden an politische Parteien (d. h. an die Labour Party)
1988 und 1989	– Recht des Gewerkschaftsmitglieds (gegenüber der Gewerkschaftsführung), nur nach einer Urabstimmung zum Streik aufgerufen zu werden – Rechtlicher Schutz für arbeitswillige Gewerkschaftsmitglieder während legaler Streiks		– Recht auf Briefwahl (statt Stimmabgabe im Betrieb) bei Abstimmungen über die Gewerkschaftsführung und über Parteispenden
1990	– Haftung der Gewerkschaft für Schäden bei ungenehmigten Streiks, wenn sie diese nicht explizit abgelehnt haben – Aufhebung der Straffreiheit für Arbeitnehmer, die Solidaritätsaktionen organisieren		
1993	– Verpflichtung zur brieflichen Abstimmung und zur unabhängigen Kontrolle jeglicher Urabstimmung – Recht jedes einzelnen Bürgers, gegen unrechtmäßige Arbeitskämpfe im öffentlichen Dienst rechtlich vorzugehen – Einwöchige Vorwarnfrist über Urabstimmung beschlossene Streiks		

Quelle: Ben Rosamond, Whatever happened to the »enemy within«. Contemporary Conservatism and trade unionism, in: Steve Ludlam/Martin J. Smith (Hrsg.), Contemporary British Conservatism, Basingstoke 1996, S. 185–201.

schäftigungs«-Gesetze führten zu einer grundlegenden Veränderung des Arbeitsmarktes, auf dem sich die Gewerkschaften in einem schnellen und kaum kontrollierbaren Rückzug befanden. Ihre Mitgliederzahl reduzierte sich von 12,2 Millionen (1979) auf 6,6 Millionen (1997) – ein stärkerer Rückgang als während der Wirtschaftskrise der 1930er Jahre – und der Organisationsgrad sank von 53 Prozent auf insgesamt 30 Prozent bzw. auf 20 Prozent in der Privatwirtschaft.

Als Labour im Jahr 1997, mittlerweile zu *New Labour* gewandelt, unter Tony Blair wieder die Regierungsgeschäfte übernahm, glaubten viele Beobachter (und Gewerkschafter erhofften dies), die neue Regierung werde die während der konservativen Herrschaft – unter Missachtung internationaler vertraglicher Verpflichtungen – abgebauten Arbeitnehmerrechte wiederherstellen. Auch heute noch ist die Labour Party die letzte große Partei Europas, der Gewerkschaften unmittelbar angeschlossen sind. So waren zur Jahrtausendwende 22 der 78 dem Gewerkschaftsbund (*Trades Union Congress*, TUC) angehörenden Einzelgewerkschaften auch Mitglieder der Labour Party (*affiliated unions*). Sie repräsentierten rund fünf der insgesamt 6,8 Millionen Mitglieder des TUC, und sie zahlten Beiträge für 3,2 Millionen indirekte Mitglieder der Partei.

In der folgenden Analyse werden die arbeitsmarktpolitischen Hoffnungen und Erwartungen, die sich mit dem Amtsantritt von Tony Blair verbanden, mit der seitherigen Regierungspolitik verglichen. Den Rahmen hierfür bilden thematisch umfassendere Interpretationsansätze zur Frage, wie neu New Labour denn nun wirklich ist.

II. Lediglich Thatcherismus in neuem Gewande ...?

In der Literatur zum Verhältnis der New Labour-Regierung zu ihren Vorgängern lassen sich vereinfacht drei Auffassungen unterscheiden. Eine stellt New Labour als eine Art rosagefärbten Thatcherismus dar, als Beleg für eine konservative und neoliberale Hegemonie in der britischen Politik.[3] Zum zweiten gibt es diejenigen, die die Regierung als authentische Erbin von »Old Labour« sehen.[4] Und drittens finden sich Autoren, die – unabhängig davon, ob sie der Anspruch der Partei überzeugt, einen »Dritten Weg« gefunden oder die Sozialdemokratie erneuert zu haben – darauf verweisen, dass die Blair-Regierung weder den Thatcherismus nachahmt noch die Positionen Old Labours wiederbelebt, sondern eine erkennbare Neuausrichtung der Partei vollzogen und politisches Neuland betreten hat.[5]

Welche dieser drei Perspektiven ist nun am überzeugendsten, wenn man die Arbeitsmarktpolitik betrachtet?

Das schlagkräftigste Argument für die erste Sichtweise ist die offensichtliche Weigerung der Labour-Regierung, auch nur ein einziges wichtiges, gegen die Gewerkschaften gerichtetes Gesetz der Konservativen zurückzunehmen, obwohl diese unzweifelhaft die Positionen der Arbeitnehmer und Gewerkschaften schwächen wollten. So sind zentrale Arbeitnehmerrechte wie etwa die Möglichkeit von Solidaritäts- oder Sympathieaktionen nicht wieder eingeführt worden, zahlreiche Methoden des Arbeitskampfes bleiben rechtswidrig und die Gewerkschaften sind durch die zivilrechtliche Haftung weiter (potentiell) großen finanziellen Belastungen ausgesetzt. Die Ausführungen von Tony Blair vor der Wahl 1997 geben sehr klar den Standpunkt New Labours – und noch wichtiger: die Haltung gegenüber den gewerkschaftlich organisierten Beschäftigten – wieder und sie können auch zu Beginn seiner dritten Amtszeit noch gelten: »Lassen Sie mich unsere Position unmissverständlich deutlich machen. Die zentralen Elemente der [konservativen] Gewerkschaftsgesetzgebung werden Bestand haben. Es wird keine Rückkehr geben zu Solidaritätsaktionen, mobilen Streikposten *[flying pickets]*, Arbeitskämpfen ohne Urabstimmung, dem *closed-shop*-Prinzip und all diesen Dingen. Auch mit den von uns vorgeschlagenen Änderungen wird Großbritannien das restriktivste Gewerkschaftsrecht der westlichen Welt haben.«[6]

Auch unter den Regierungen von New Labour bricht Großbritannien weiter die Konventionen der Internationalen Arbeitsorganisation (ILO) und des Europarats sowie den im Rahmen der Vereinten Nationen vereinbarten Internationalen Pakt über die ökonomischen, sozialen und kulturellen Rechte. Der Verstoß ist besonders eklatant, wenn es um das Streikrecht geht.[7] Auf den ersten Blick ähnelt die Position New Labours zu den Arbeitsbeziehungen und Gewerkschaften – wie auch in anderen Feldern der Europapolitik – derjenigen ihrer konservativen Vorgänger. Von Beginn an machte Blair deutlich, dass »es unser erstes Ziel ist, Unterstützung in Europa zu erhalten für unser Projekt des Dritten Weges. Kernpunkt der wirtschaftlichen Reformen sollte die Herausbildung eines Sozialmodells sein, welches auf die Verbesserung der Beschäftigungsfähigkeit der europäischen Bevölkerung ausgerichtet ist. Dies erfordert Bildung statt Regulierung, den Auf- und Ausbau von Fähigkeiten und Technologie statt weiterer Kosten und Lasten für die Unternehmen sowie freien Wettbewerb und offene Märkte statt Protektionismus. Es gibt einen Weg zwischen dem Staatsinterventionismus alter Prägung und den reinen Laisser-faire, und diesen Weg müssen wir wählen. Die entscheidenden Prüfungen werden die Vollendung des Binnenmarktes und Reformen auf dem Arbeitsmarkt sein.«[8]

Viele Europapolitiker wie auch politische Beobachter wissen sehr wohl, dass die Regierung Tony Blairs – häufig in Verbindung mit den am stärksten rechtsgerichteten Regierungen der EU – tatsächlich die neoliberale Opposition gegen ein »soziales Europa« anführt. Obwohl New Labour das Versprechen zur Unterzeichnung der EU-Sozialcharta rasch einlöste, verlief die Umsetzung des Gemeinschaftsrechts in der Beschäftigungspolitik (z. B. Arbeitnehmerrechte bei befristeten Arbeitsverträgen und Teilzeitbeschäftigung, Höchstgrenzen für die Arbeitszeit, Informations- und Konsultationspflichten der Unternehmen gegenüber den Beschäftigten) aus Sicht der Gewerkschaften zumeist schleppend. Mitunter musste der TUC die Regierung sogar durch Klagen vor dem Europäischen Gerichtshof zur Umsetzung der Richtlinien zwingen. Mitglieder der Regierung brüsteten sich öffentlich damit, wie weitgehend es gelungen sei, etwa die Auswirkungen der Informations- und Konsultationsrichtlinie der EU oder die Ausgestaltung der Arbeitnehmerrechte im EU-Verfassungsvertrag zu begrenzen.

III. ... oder nur die überarbeitete Programmatik »Old Labours«?

Der Begriff »Old Labour« bezieht sich auf die Regierungszeiten der Partei von 1945 bis zu Margaret Thatchers erstem Wahlsieg 1979. Für die Sichtweise, nach der New Labour der legitime Erbe der Werte und Politikinhalte Old Labours ist, liefert die Arbeitspolitik nur wenige Belege. Nicht nur hat es die Partei unterlassen, grundlegende Arbeitnehmerrechte wieder in Kraft zu setzen, sondern sie hat auch die Beratungsinstitutionen der Wirtschaftspolitik, in denen früher die Gewerkschaften neben den Unternehmern vertreten waren, nicht wiederbelebt.

Die weitverbreitete wirtschaftspolitische Überzeugung der keynesianischen Ära, dass (in Verbindung mit dem spezifisch britischen Problem, eine nachgebende Währung steuern zu müssen) das Verhalten der Gewerkschaften in einer Vollbeschäftigungssituation zur Inflation führe, hatte für einige Zeit während der 1960er und 1970er Jahre einen starken Druck auf die Gewerkschaften sowohl von Seiten Konservativer- wie auch Labour-Regierungen zur Folge. Sie wollten mit staatlichen Lohnkontrollen die Inflationstendenzen dämpfen. Aufgrund ihrer starken Position in Vollbeschäftigungszeiten und aufgrund der politischen Bekenntnisse der Nachkriegszeit, diese Vollbeschäftigung auch zu erhalten, waren die Gewerkschaften zentral in die Einkommenspolitik eingebunden. Diese Abhängigkeit des Staates von der

Arbeitnehmervertretung sicherte den Gewerkschaften damals unmittelbaren politischen Einfluss. Zudem spielten sie in diversen tripartistischen Institutionen der Wirtschaftspolitik, denen Vertreter des Staates, der Arbeitgeber- und der Arbeitnehmerseite angehörten, eine wichtige Rolle. Dazu gehörten der *National Economic Development Council*, das *National Board for Prices and Incomes*, das *National Enterprise Board* oder die *Manpower Services Commission*. Der Sieg des Neoliberalismus über den Keynesianismus beendete die Notwendigkeit wie auch das politische Risiko der Einkommenspolitik und mit ihr auch die wichtigste Quelle gewerkschaftlichen Einflusses (wie übertrieben jener zu der damaligen Zeit und danach auch beurteilt wurde). War die Abstimmung mit der Arbeitnehmerseite für »Old Labour«-Regierungen selbstverständlich, so gibt es im Rahmen der wirtschaftspolitischen Strategie New Labours keine vergleichbar einflussreiche Position für die Gewerkschaften. Zwar hat die Blair-Regierung einigen Gewerkschaftsführern, nach den Jahren des Ausschlusses durch Thatcher und Major, durchaus wieder Zugang zu den Machtzentren des Landes verschafft, jegliche Form von institutionalisierter Kooperation wie zu Zeiten von »Old Labour« fehlt jedoch.

Ein Vertrauter Blairs fasste die Position New Labours gegenüber den Gewerkschaften so zusammen: »Erstens befinden sich die Gewerkschaften in einer Phase stetigen [Mitglieder-]Schwundes; zum zweiten gibt es für sie keinen anderen Partner als die Labour Party; drittens dürfen sie bei einer Regierungsübernahme durch die Labour Party keinesfalls in die innersten Entscheidungszirkel einbezogen werden. Sie können bei der Ausarbeitung von Aus- und Weiterbildungsprogrammen sowie bei der Aushandlung eines Mindestlohnes mitwirken. Darüber hinaus allerdings wird ihnen nichts auch nur zur Diskussion vorgelegt.«[9] Nach dem Amtsantritt wurde diese Vorhersage schnell Realität, etwa bei der Besetzung der vielen Projektgruppen (*task forces*) der Regierung. Von den 3 103 Ernennungen für die ersten rund 250 Projektgruppen entfielen nur 2 Prozent auf die Gewerkschaften, aber 35 Prozent auf Arbeitgebervertreter.[10] Wenn sich New Labour für eine partnerschaftliche Kooperation in der Wirtschaftspolitik aussprach, dann bezog sich dies allein auf die Zusammenarbeit von Arbeitgebern und Gewerkschaften, wie etwa in der *Low Pay Commission*, während die Regierung stets außen vor blieb – und sich das Recht vorbehielt, die Vorschläge zurückzuweisen.

IV. Das Neue an der Politik New Labours

Betrachtet man die Arbeits- und Gewerkschaftspolitik aus den ersten beiden Perspektiven, die New Labour als eine Fortsetzung des Thatcherismus oder als Erbe von Old Labour sehen, so führt dies in der Regel zu Aussagen darüber, was New Labour *nicht* getan hat: Die Anti-Gewerkschafts-Gesetzgebung der Konservativen wurde nicht zurückgenommen und die Tradition Old Labours zur Einbeziehung der Gewerkschaften in arbeitsmarktpolitische und andere ökonomische Institutionen wurde nicht wieder aufgenommen. Bevor nun die Analyse aus dem dritten Blickwinkel erfolgen soll, der argumentiert, dass New Labour einen eigenständigen Modernisierungspfad eingeschlagen hat, sind einige Ausführungen zu den Interpretationen der Arbeitspolitik New Labours notwendig.

Ein Erklärungsansatz stellt die Blairsche Politik vornehmlich wahltaktisch motiviert dar. Die beiden vorherigen Labour-Regierungen (1964–1970 und 1974–1979) standen am Ende ihrer Amtszeiten jeweils im heftigen und offen ausgetragenen Konflikt mit den Gewerkschaften über die Beschäftigungspolitik. Die Suche nach einer praktikablen staatlichen Lohnpolitik, die in der keynesianischen Ära von allen Parteien als Schlüssel zu dauerhaftem inflationsfreiem Wachstum gesehen wurde, machte aus dem Streit mit den Gewerkschaften (der im Ausland als »britische Krankheit« bezeichnet wurde) *die* zentrale politische Kontroverse der Zeit. So gelang es Labour trotz der engen Verbindungen mit den Gewerkschaften nicht, die Lohnkontrollen aufrechtzuerhalten, und das gesamte Thema »Gewerkschaften und ihr Einfluss« wurde als Beispiel für die Unfähigkeit der Partei angesehen, zentrale politische Probleme zu lösen. Verschärfend kam hinzu, dass die Labour Party dem Vorwurf, sie sei schon strukturell nicht in der Lage das Gewerkschaftsproblem zu lösen, da die mit ihr verbundenen Gewerkschaften die weit überwiegende Mehrzahl der Mitglieder stellten und den größten Teil der Finanzierung der Partei leisteten, wenig entgegenzusetzen hatte.

Ein anderer Teil des wahlpolitischen Drucks auf New Labour beruht auf langfristigen demographischen Veränderungen. Während sich 1964 noch 60 Prozent der Wahlberechtigten als der Arbeiterklasse zugehörig definierten, war dieser Anteil im Jahr 1997 auf 38 Prozent gesunken. Um eine parlamentarische Mehrheit zu erreichen, war es für die Labour Party deshalb wichtig, die Unterstützung der Mittelschichten zu gewinnen. Darüber hinaus hatte Labour in den 1980er Jahre nicht wenige Wähler der Arbeiterklasse an die Konservativen mit ihrem individualistischen Programm niedrigerer Steuern und eines staatlichen Rückzugs aus der Lohnpolitik verloren, und einige der antigewerkschaftlichen Maßnahmen der Tories erfreuten sich sogar bei Gewerkschaftsmitgliedern breiter Unterstützung. Die Konsequenzen all dieser Entwicklungen waren den Wahlberatern New Labours nur allzu bewusst. Sie empfahlen Blair 1995, die Beziehung zwischen der Labour Party und den Gewerkschaften eindeutig klarzustellen.

Aus dieser Erklärungsperspektive wird nachvollziehbar, warum die Blair-Regierung die Gesetze der konservativen Amtsvorgänger nicht zurückgenommen hat und die neuerliche »Verstrickung« des Staates in tripartistische Arrangements vermieden wurde. Verständlich wird auch, warum der länger andauernde Prozess fortgesetzt wird, den innerparteilichen Einfluss der Gewerkschaften zu beschneiden (Tab. 2).

Tab. 2: Entwicklung der innerparteilichen Position der mit der Labour Party verbundenen Gewerkschaften (affiliated unions), 1983–2004

Jahr	Entwicklung
1984	– Parteichef Kinnock schlägt für die Auswahl der Unterhauskandidaten die Abschaffung des Blockstimmrechts der Gewerkschaften (*block vote* [1]) und die Einführung eines Einzelstimmrechts für jedes Parteimitglied (*one-member-one-vote*, OMOV) vor – Der Vorschlag wird mit den Blockstimmen der Gewerkschaften abgelehnt
1987	– Das Blockstimmrecht wird bei der Auswahl der Unterhauskandidaten auf maximal 40 % aller Stimmberechtigten der Partei vor Ort begrenzt
1990	– Der Parteitag verständigt sich im Grundsatz auf eine Reduzierung des Gewerkschaftsanteils an der Gesamtstimmenzahl auf Parteitagen von 90 % auf 70 %
1993	Die Überprüfung der Verbindung von Labour Party und Gewerkschaften nach der verlorenen Wahl von 1992 bringt folgende Ergebnisse: – völlige Abschaffung der Gewerkschaftsstimmen bei der Auswahl der Unterhauskandidaten – Reduzierung der Gewerkschaftsstimmen im Gremium zur Wahl des Parteichefs (*electoral college*) von 40 % auf 33 % – Verpflichtung der Gewerkschaften, bei Wahlen zum Parteivorsitz der Labour Party eigene Abstimmungen unter den Mitgliedern durchzuführen und die dabei abgegebenen Stimmen auch im *electoral college* entsprechend auf die zur Wahl stehenden Kandidaten zu verteilen – Sofortige Reduzierung des gewerkschaftlichen Stimmengewichts auf Parteitagen auf 70 %; weitere Verringerung auf 49 % geplant, abhängig von der Entwicklung der individuellen (d. h. nicht über die Gewerkschaften bestehenden) Parteimitgliedschaften – Abschaffung der verpflichtenden Gewerkschaftsmitgliedschaft für Mitglieder der Labour Party mit Stimmrecht auf Parteitagen
1995	– Abschaffung der direkten finanziellen Unterstützung einzelner Mitglieder des Parlaments durch die Gewerkschaften – Reduzierung des gewerkschaftlichen Stimmengewichts auf Parteitagen auf 49 %
1998	Die Reformen der Vereinbarung *Partnership in Power* treten in Kraft: – Gewerkschaften verlieren ihre bisherige Mehrheit (18 von 29 Mitgliedern) im Parteivorstand der (*National Executive Committee*, NEC) und stellen zukünftig nur noch 12 der 32 Mitglieder – NEC verliert Aufsicht über die Politikentwicklung zwischen den Parteitagen und büßt zudem das Recht ein, den Parteitagen Beschlussvorlagen zu unterbreiten – Etablierung eines stetig laufenden Prozesses programmatischer Entwicklung, der von einem Gremium unter Vorsitz des Parteichefs (*Joint Policy Committee*) geleitet wird, dem nicht automatisch Gewerkschaftsmitglieder angehören

Jahr	Entwicklung
noch 1998	– Gewerkschaften erhalten nur 30 von 175 Sitzen im neugeschaffenen *National Policy Forum*, welches die programmatischen Aussagen und Positionen der Partei verabschiedet – Parteitagsabstimmungen über inhaltliche Positionen der Partei sind nur noch pro oder contra der vom *National Policy Forum* beschlossenen Erklärungen zulässig; keine Möglichkeit zur Einbringung von Änderungsanträgen – (bisher unbegrenztes) politisches Antragsrecht der Gewerkschaften auf Parteitagen beschränkt auf maximal vier Anträge zu aktuellen und eiligen Problemen, zu denen keine Erklärungen des *National Policy Forum* vorliegen

1 Das Blockstimmrecht bedeutet(e), dass ein einzelner Gewerkschaftsführer alle Stimmen der Mitglieder seiner Organisation (mitunter mehrere hunderttausend auf einmal) mit seiner persönlichen Stimmkarte abgeben kann.

Quelle: Steve Ludlam, Trade Unions and the Labour Party since 1964, in: Brian Brivati/Richard Heffernan (Hrsg.), The Labour Party. A Centenary History, Basingstoke 2000, S. 220–245.

Allerdings ist an dieser Stelle eine wichtige Einschränkung zu machen: Weder die grundsätzliche Ausrichtung New Labours, noch die Sorge über die wahlpolitische Konsequenzen der engen Verbindung mit den Gewerkschaften sind neu. Die Kernelemente der Blairschen Arbeits(markt)politik gründen beinahe vollständig auf einem seit 1983 andauernden Prozess der programmatischen Modernisierung (siehe Tab. 3) unter den Vorsitzenden Neil Kinnock (1983–1992) und John Smith (1992–1994).

Tab. 3: Programmatische Entwicklung der Labour Party in den Bereichen Arbeitsmarktpolitik und Arbeitsbeziehungen, 1983–2005

Jahr	Programmatik
1983	Wahlprogramm – Rücknahme aller konservativen Anti-Gewerkschaftsgesetze – Forderung nach einer »Diskussion« über einen landesweiten Mindestlohn – 50 % aller Sitze in den *Pension Boards* für den TUC – Radikale Ausweitung betrieblicher Mitbestimmung (*industrial democracy*)
1987	Wahlprogramm – Ersetzung der konservativen Anti-Gewerkschaftsgesetze durch rechtliche Absicherung von Arbeitnehmervertretung und Tarifverhandlung – Beibehaltung konservativer Regelungen zu Urabstimmungen vor Streiks und zu den Vorstandswahlen der Gewerkschaften – Einführung eines landesweiten Mindestlohns (keine Höhe benannt) – Keine betriebliche Mitbestimmung
1989	Programmpapier – Einführung einer »Charta der Arbeitnehmerrechte«, inklusive des Rechts auf Gewerkschaftsmitgliedschaft und entsprechende Aktivität – Stärkere Betonung von Individualrechten gegenüber Kollektivrechten

Jahr	Programmatik
noch 1989	– Wiedereinführung des Rechts auf »begrenzte« Solidaritätsaktionen für andere, sich im Streik befindliche Gewerkschaften – Einführung eines Mindeststundenlohns in Höhe von 50 % des landesweiten Durchschnittsverdienstes (£ 2,80 in Preisen von 1989)
1992	Wahlprogramm – »Fairer rechtlicher Rahmen [...] keine Rückkehr zur Gewerkschaftsgesetzgebung [der Labour-Regierungen] der 1970er Jahre« – Beibehaltung konservativer Regelungen zu Urabstimmungen vor Streiks und zu den Vorstandswahlen der Gewerkschaften – Beibehaltung der Unzulässigkeit von Solidaritätsaktionen – Beibehaltung der Unzulässigkeit von mobilen Streikposten – Einführung eines Mindestlohns in Höhe von £ 3,40 pro Stunde
1997	Wahlprogramm (»New Labour«) – »Flexibilisierung des Arbeitsmarktes, die Arbeitgebern und Arbeitnehmern gleichermaßen nutzt« – »Beibehaltung der Kernelemente (in Bezug auf verpflichtende Abstimmungen, Arbeitskämpfe und Streikposten) der Gewerkschaftsgesetzgebung der 1980er Jahre« – Innerbetriebliche Anerkennung der Gewerkschaft, »wenn die Mehrheit der Beschäftigten in einer Abstimmung die Vertretung durch die Gewerkschaft beschließt« – Festsetzung des landesweiten Mindestlohns »gemäß der jeweiligen ökonomischen Rahmenbedingungen«
2001	Wahlprogramm (»New Labour«) – »Unser Ziel war es, eine faire Behandlung der Gewerkschaften bei gleichzeitiger Beachtung der Wettbewerbsfähigkeit der britischen Wirtschaft zu fördern. Dies wird auch weiterhin unsere Position sein.« – Die Regelungen über die »Information und Konsultation [von Belegschaften über die Unternehmensentscheidungen] müssen die landesspezifischen Traditionen berücksichtigen«. (Bezugnahme auf die entsprechende EU-Richtlinie, die zu jener Zeit von der britischen Regierung blockiert wurde) – Festsetzung des landesweiten Mindestlohns auf £ 4,20 pro Stunde
2005	Wahlprogramm (»New Labour«) – »Beschäftigungsmöglichkeiten für alle – die moderne Form der Vollbeschäftigung.« – »Vollständige« Umsetzung des *Warwick Agreement* (Absprachen der Parteiführung und der Gewerkschaften über beschäftigungspolitische Aussagen des Wahlprogramms) – Verlängerung der bezahlten Erziehungszeit auf neun Monate; Beratung über Möglichkeiten einer Aufteilung der Zeit zwischen den Eltern – Anhebung des Mindestlohnes auf £ 5,35 pro Stunde – Herausrechnung der gesetzlichen Feiertage aus dem Mindesturlaubsanspruch

Anmerkung: Labour verlor die Wahlen von 1983 bis 1992 und gewann 1997 bis 2005. *Quellen*: Wahlprogramme der Labour Party 1983–2005; Labour Party, Meet the Challenge, Make the Change, 1989.

Sogar die Entscheidung, die Gesetze der Thatcher-Regierung nicht zurückzunehmen, wurde schon während des Vorsitzes von Neil Kinnock und mit mehrheitlicher Zustimmung der Gewerkschaften beschlossen. Im Jahr 1990 machten die Gewerkschaften dann ein historisches Zugeständnis. Sie beanspruchten nicht mehr, der Partei vorzugeben, welche Politik sie auf dem Feld der Arbeitsbeziehungen zu verfolgen hat, sondern akzeptierte, dass die Entscheidung darüber künftig bei der parlamentarisch-politischen Führung der Partei liegt.[11]

Die Einführung eines landesweiten Mindestlohnes, neue gesetzliche Regelungen zu Arbeitnehmerrechten und zur betrieblichen Anerkennung von Gewerkschaften sowie die Unterzeichnung der Sozialcharta der EU waren schon länger Programmpunkte der Partei, die wohl kaum als thatcheristisch bezeichnet werden können. Für das Verständnis ist zudem wichtig festzuhalten, dass der Mainstream der britischen Gewerkschaftsbewegung schon recht frühzeitig – lange vor dem Aufkommen New Labours 1994 – eine bemerkenswerte Kehrtwende vollzogen hatte. Diese führte weg von der Strategie zur Durchsetzung von Arbeitnehmerinteressen durch Militanz am Arbeitsplatz und hin zu einer stärkeren Orientierung auf das (kontinental-) europäische Modell mit seiner Betonung von formalisierten und gesetzlich abgesicherten Arbeitnehmer- und Gewerkschaftsrechten.[12] Die drei wichtigsten Forderungen an New Labour – rechtliche Anerkennung, Mindestlohn und die Unterzeichnung der Sozialcharta – würden durch gesetzliche Normierung und nicht durch Kampfbereitschaft vor den Werkstoren abgesichert werden. Getrieben von der Mission, die Labour Party unter allen Umständen wieder in Regierungsverantwortung zu bringen, hatten sich die allermeisten Gewerkschaften insofern mit der grundsätzlichen beschäftigungspolitischen Neuausrichtung der Partei abgefunden. Durch den Erfolg der konservativen Gesetze und die langjährigen Bemühungen der Labour Party, die Programmatik und die Parteisatzung zu reformieren, war das Gewerkschaftsthema im Jahr 1997 wahlpolitisch wesentlich weniger bedeutsam als zuvor. Alle Versuche, Labour weiterhin als eine Partei darzustellen, die vor den Gewerkschaften einknickt, waren zum Scheitern verurteilt. Die harte Haltung gegenüber Arbeitskämpfen seit 1997 – vor allem beim Streik der Feuerwehrleute in der zweiten Amtszeit – demonstrierte die neue Ausrichtung der Politik. Mit anderen Worten: Die Entscheidungen New Labours in den Jahren 1994/95 waren nur der Höhepunkt einer Neuorientierung (sowohl programmatisch wie auch organisatorisch), deren Kern die Einschränkung von Arbeitnehmerrechten und deren oberstes Ziel der Wahlerfolg der Partei war. Dabei darf nicht übersehen werden, dass dieser längerfristige Modernisierungsprozess Labours nur mit der aktiven – aber natürlich nicht immer begeisterten – Kooperation der Gewerkschaften möglich gewesen ist.[13]

Dennoch wäre es verfehlt, die Beschäftigungspolitik New Labours nur als Ergebnis des wahlpolitischen Kalküls zu interpretieren. Vielmehr ist anzuerkennen, dass vor allem die Wirtschafts- und Sozialpolitik (und hier insbesondere die Arbeitsmarktpolitik) auf einer soliden theoretischen und empirischen Analyse beruht.[14] Lange vor der Amtsübernahme hatten der damalige Schatten-Schatzkanzler Gordon Brown und sein Team eine konzeptionelle Grundlage für eine eigenständige Wirtschaftspolitik New Labours entwickelt, die – wie die Partei nicht müde wurde zu wiederholen – weder altlinker Dirigismus noch neoliberales Laisser-faire sei. Zum besseren Verständnis ist hier erneut ein Blick in die Geschichte hilfreich. So war es nicht die Thatcher-Regierung nach 1979, die als erste auf neoliberale (damals monetaristisch genannte) Lösungen setzte. Schon die Labour-Regierung seit 1974 hatte sich – mit wie viel theoretischem Missbehagen auch immer – in der politischen Praxis von der keynesianischen Vollbeschäftigungspolitik verabschiedet. Sie favorisierte stattdessen die Bekämpfung der Inflation, stellte die Erreichung monetärer statt beschäftigungspolitischer Ziele in den Mittelpunkt ihrer Politik und attackierte auf allgemein-politischer wie auf finanzieller Ebene den öffentlichen Dienst.

All dies geschah noch *vor* dem berüchtigten Abkommen mit dem Internationalen Währungsfonds (IWF) vom Winter 1976/77. Damals befand sich Großbritannien in einer schweren Währungskrise, musste Kredite beim IWF aufnehmen und im Gegenzug eine ganze Reihe restriktiver Auflagen erfüllen, was insbesondere den sozialpolitischen Handlungsspielraum der Regierung drastisch einschränkte.[15] Im Laufe der 1980er Jahre – nicht zuletzt nach dem Scheitern François Mitterrands in Frankreich – entfernten sich sozialdemokratische Politiker in ganz Europa dann immer stärker von der keynesianischen Nachfragesteuerung und von direkter staatlicher Intervention; sie rechtfertigten ihre Hinwendung zu neoliberalen Ansätzen damit, dass ihre Angebotspolitik der Aus- und Weiterbildung ein besonderes Gewicht gab.[16] Vor dem Hintergrund der Globalisierung bemühte sich New Labour in den 1990er Jahren um eine Präzisierung dieser Suche nach einer neuen und positiv akzentuierten Rolle des Staates. So wurde bald deutlich, dass Theorieansätze, die argumentierten, die Globalisierung der Märkte schränke den Handlungsspielraum für nationale Wirtschaftspolitik drastisch ein, bei New Labour großen Anklang fanden. Tony Blair gab dieser Überzeugung im Jahr 1995 in einer Rede Ausdruck, als er konstatierte, dass »der maßgebliche Kontext staatlicher Wirtschaftspolitik der neue Weltmarkt« sei, womit »der Handlungsspielraum jeder britischen Regierung [somit] außerordentlich beschränkt« werde.[17]

In der Folge liebäugelte New Labour eine Zeit lang mit der *Stakeholder*-Theorie, nach der alle, die ein Interesse (*stake*) am Ergebnis eines bestimmten politischen oder ökonomischen Vorgangs haben, auch an seiner Gestaltung beteiligt sein sollten. Wenn dies geschehe, so die Theorie weiter, dann würden sich durch die Mitwirkung möglichst vieler *Stakeholder* auch die Ergebnisse verbessern. Diese Überlegungen bezogen sich auf damalige Debatten über die Vorzüge unterschiedlicher Kapitalismusmodelle. Besondere Beachtung fand dabei die ökonomische Vitalität und die soziale Sicherheit des deutschen Modells, des so genannten Rheinischen Kapitalismus. Die diesem Modell einer sozialorientierten Marktwirtschaft verwandte Theorie des *Stakeholder*-Kapitalismus schien die Möglichkeit zu bieten, dass reformorientierte britische Regierungen trotz der Herausforderungen der Globalisierung sozialdemokratische Strategien verfolgen konnten. Auch wenn es für kurze Zeit den Anschein hatte, als würde sich Tony Blair den *Stakeholder*-Ansatz zu Eigen machen, ließ er ihn jedoch bald wieder fallen, als sich Gordon Brown beschwerte, dass die Auswirkungen eines solchen Modells auf die britische Wirtschaft in der Industrie und der Finanzwirtschaft extrem unbeliebt waren, nicht zuletzt aufgrund der wesentlich stärkeren Einbeziehung der Arbeitnehmer.

In der Folge untermauerte stattdessen eine neue Wachstumstheorie die Wirtschaftspolitik New Labours. In einer berühmt gewordenen Rede im Jahr 1994 betonte Brown »die Bedeutung von Makroökonomie, neoklassischer endogener Wachstumstheorie sowie der symbiotischen Beziehung zwischen Wachstum und der Investition in Menschen und Infrastruktur«. In seinem Vortrag ließ Brown diese Passage zwar aus, die Presse allerdings bezog sich auf das Redemanuskript und kritisierte gnadenlos die Wortwahl. Brown wiederholte diese Sätze nicht mehr, sie bilden aber weiterhin einen Kern seiner Überzeugungen. Das entscheidende Argument hierbei war und ist, dass ökonomischer Erfolg nicht nur auf externen (d. h. für die Unternehmen *exogenen*) Faktoren wie etwa Inflation oder Währungsstabilität gründet, sondern auch das Ergebnis interner, also *endogener* Faktoren der Angebotseite ist, wie z. B. der Flexibilität und der Qualifikation der Mitarbeiter.[18] Aus dieser Perspektive unterscheidet sich der Dritte Weg New Labours sehr wohl von der »klassischen« angebotsorientierten Konzeption der Konservativen. Er beharrt auf einer aktiven Angebotspolitik und propagiert dabei weder ein dereguliertes Laisser-faire noch weist er der Regierung die Verantwortung für Investitionen oder berufliche Ausbildung zu.

Die angebotsorientierten mikroökonomischen Reformen New Labours spiegeln somit – flankiert von der makroökonomischen Orientierung an finanz- und geldpolitischer Stabilität und Zuverlässigkeit sowie der Privatisierung bzw. weiterer Vermarktlichung staatlicher Vermögenswerte und öffentlicher Dienstleistungen – ein neues Verständnis staatlicher Aufgaben wider. Der Staat kümmert sich weniger um das geistige/handwerkliche

Rüstzeug jedes einzelnen Arbeitnehmers, damit dieser zur Erstellung möglichst hochwertiger Produkte in einem sich rapide verändernden Umfeld beitragen kann; vielmehr zielt staatliche Aktivität auf die langfristige ökonomische Entwicklung ab, auf die Verbesserung öffentlicher Dienstleistungen und die Ausweitung der Beschäftigung durch die Anwerbung ausländischen Kapitals. Letzteres geschieht auf Basis der »Flexibilität« (oder der beschränkten Rechte) britischer Arbeitnehmer verglichen mit Beschäftigten in anderen europäischen Staaten. Nachdem die berufliche Ausbildung im privatwirtschaftlichen Sektor in den 1980er Jahren fast völlig zum Erliegen gekommen ist – vor allem in der traditionellen Form der Lehrlingsausbildung – konzentriert sich New Labour stark auf Weiterbildung und die Möglichkeiten lebenslangen Lernens sowie auf die Beseitigung von Hindernissen für eine höhere Produktivität der Wirtschaft. Die möglichst umfassende Beschäftigungsfähigkeit *(full employability)* statt der vormals verfochtenen Vollbeschäftigung *(full employment)* ist das Schlagwort der Stunde.

Unter Betonung der notwendigen Arbeitsflexibilität gab New Labour als oberstes Ziel die »Flexibilität Plus« aus, wobei sich das »Plus« in verschiedenen Formen manifestierte. Die staatlichen Programme, die z. B. die Gewerkschaften bei ihrem Bildungsangebot finanziell unterstützen sowie an weiterführenden Schulen das Ansehen und die Attraktivität einer Berufsausbildung verbessern sollen, bilden einen Aspekt. Ein zweites Element ist der Versuch, hunderttausende junge Arbeitslose und anschließend auch Alleinerziehende und Behinderte – die sich bisher in einer »Sozialleistungsfalle« befänden – in den Arbeitsmarkt zu integrieren. Mit den *welfare-to-work*-Maßnahmen[19] wurden scharfe Regelungen etabliert, die verschiedene Optionen der Beschäftigung oder Weiterbildung anboten und keine Möglichkeit zum Bezug staatlicher Unterstützung ohne Gegenleistung gaben. Ergänzt wurden diese Maßnahmen durch verschiedene Instrumente, mit denen das Finanz- und Wirtschaftsministerium unter Gordon Brown die »Armutsfalle« ausschalten will: Diese tritt ein, wenn Leistungsempfänger eine bezahlte Tätigkeit annehmen und dadurch die staatliche Unterstützung verlieren, obwohl ihr Einkommen häufig geringer ist als die zuvor bezogenen Sozialleistungen. Um das Problem zu vermeiden, wurden verschiedene Arten von Steuergutschriften *(tax credits)* und flexiblere Regelungen am unteren Ende des Arbeitsmarktes eingeführt. Darüber hinaus wurden familienfreundliche Maßnahmen, die teilweise auf EU-Richtlinien zurückgingen, umgesetzt, um mehr Menschen (in der Praxis natürlich hauptsächlich Frauen) zu ermöglichen, das berufliche Fortkommen mit der Betreuung junger oder alter Familienangehöriger zu verbinden. In diesem größeren Zusammenhang ist auch die Einführung des Mindestlohnes nicht nur ein

Instrument sozialer Gerechtigkeit, sondern ein Versuch, Arbeitslose wieder an eine Beschäftigung heranzuführen und zudem eine gewisse Stabilität im Niedriglohnsektor zu schaffen. Ebenso hat die Regierung – und dies ist ein dritter Aspekt – neue Arbeitnehmerrechte und Gesetze zur betrieblichen Anerkennung von Gewerkschaften (vgl. Tab. 4) als notwendigen Schutz des

Tab. 4: Die beschäftigungspolitische Gesetzgebung New Labours, 1998–2004

Jahr	Inhalt
1998 bis 2002	National Minimum Wage Act (1998); Employment Relations Act (1999); Employment Act (2002): – Einführung eines landesweiten Mindestlohns – Teilweise Abschaffung der »Zwei-Klassen-Beschäftigung« (*two-tier workforce*), bei der neu eingestellte Arbeitnehmer privatisierter, ehemals staatlicher Einrichtungen schlechtere Bezahlung bzw. Arbeitsbedingungen haben als die schon vor der Privatisierung dort Beschäftigten – Einführung des Rechts der Beschäftigten auf Unterstützung durch einen Gewerkschaftsvertreter bei Beschwerde- oder Disziplinarverfahren – Partieller Schutz der Arbeitnehmer vor Entlassung während eines offiziellen Streiks – Ausweitung der Arbeitnehmerrechte im Falle eines Verkaufs des Unternehmens – Festsetzung einer maximalen Wochenarbeitszeit sowie eines Mindesturlaubs – Gleiche Rechte bei befristeten Arbeitsverträgen bzw. bei Teilzeitbeschäftigung; neue Rechte für Beschäftigte von Zeitarbeitsfirmen – Größerer Schutz von Betriebsrenten – Familienfreundlichere Politik, u. a. Rechtsanspruch von Eltern kleiner Kinder auf Flexibilität der Arbeitszeiten, Verbesserung der bezahlten Erziehungszeit – Verbesserter Schutz gegen Diskriminierung aufgrund des Geschlechts, von Behinderung oder sexueller Orientierung – Möglichkeit zur rechtlichen Anerkennung der Gewerkschaft (beschränkt auf Unternehmen mit mehr als 20 Mitarbeitern) – Einführung von Europäischen Betriebsräten (*European Works Councils*) in großen multinationalen Unternehmen
2004	Employment Relations Act (2004) – Maßnahmen zur Verhinderung der Einschüchterung von Beschäftigten während der Abstimmung über die rechtliche Anerkennung einer Gewerkschaft – Maßnahmen zur Verbesserung der Abläufe bei der rechtlichen Anerkennung von Gewerkschaften – Verbesserung der Schutzmaßnahmen gegen die Entlassung von Mitarbeitern, die sich für einen offiziellen und rechtmäßig organisierten Streik engagieren – Bereitstellung von Finanzhilfen, um die Gewerkschaften bei der Modernisierung ihrer Organisationen zu unterstützen – Maßnahmen zur Umsetzung des EuGH-Urteils zum Schutz von Arbeitnehmern gegen den Druck von Arbeitgebern zur Aufgabe gewerkschaftlicher Rechte – Vorbereitung der Umsetzung der Konsultations- und Informationsrichtlinie der EU – Maßnahmen zur verbesserten Umsetzung des Mindestlohns

Quellen: Department of Trade and Industry, Know Your Rights: Employment Relations Information for Workers, London 2003; für 2004 vgl. www.dti.gov.uk/er/er_act_2004.htm.

Einzelnen im Zeitalter der Globalisierung präsentiert. Damit hat sie auch einen Beitrag zur Erfüllung jenes historischen sozialdemokratischen Ziels geleistet, den Beschäftigten Schutzmöglichkeiten vor der Macht der privaten Unternehmer zu bieten.

Somit ist festzuhalten, dass sich für die Position derjenigen Beobachter, die von einem neuen und eigenständigen Weg New Labours ausgehen, sowohl in den Grundprinzipien der Beschäftigungspolitik wie auch bei Analyse der Leistungen der Regierung eine Reihe substantieller Argumente finden. New Labour kann als eine Partei verstanden werden, die auf makroökonomischer Ebene die neoliberalen Überzeugungen übernommen hat und sich, nach westeuropäischen Maßstäben, eine fatalistische Interpretation der Globalisierung zu Eigen macht. Gleichzeitig verfolgt sie jedoch eine spezifische Form einer aktiven Angebotspolitik, die derzeit womöglich noch keine Auswirkung auf die langfristige Entwicklung der Produktivität zeigt, die allerdings im Rahmen eines äußerst flexiblen Arbeitsmarktes die Beschäftigungsquote und die unteren Einkommen deutlich erhöht hat. Und nicht zuletzt reklamiert die Regierung aufgrund ihrer Wirtschaftspolitik einen Gutteil des Rückgangs der Arbeitslosigkeit als einen Erfolg ihrer Politik.

V. Die weitergehende Bedeutung

Was sind nun die über den Tag hinausreichenden Konsequenzen dieser Politik New Labours? Eine Folge war, wie oben schon angedeutet, der Konflikt mit anderen sozialdemokratischen Parteien und Regierungen innerhalb der EU, ein Thema, das im Rahmen dieses Beitrags nicht behandelt werden kann.[20] Innenpolitisch ist die spannendste Frage sicherlich diejenige nach der Zukunft des Verhältnisses von Gewerkschaften und Labour Party. Seit 1997 hat es in diesem Verhältnis immer wieder Höhen und Tiefen gegeben und es kam zu mitunter heftigen Auseinandersetzungen.[21] In der ersten Legislaturperiode (1997–2001) waren Konflikte zu verzeichnen über die bescheiden ausgefallene Reform des Arbeitsrechts, die widerwillige Umsetzung der EU-Richtlinien sowie über die Privatisierung öffentlicher Dienstleistungen. Vor den Wahlen 2001 folgte ein Zeitabschnitt größerer Harmonie, da New Labour erkannte, dass der Erfolg von Wahlkämpfen weiterhin von den finanziellen und personellen Ressourcen der Gewerkschaften abhängt. Die Erinnerung an die Jahre der konservativen Regentschaft tat ein übriges. Gleichwohl verschlechterte sich das Verhältnis in der zweiten Wahlperiode (2001–2005) wieder. Die »modernisierte Sozialdemokratie« Tony Blairs bot den Gewerkschaften zwar einen Platz auf der Angebotsseite der Wirtschaft an, indem sie ihnen Mitwirkungsrechte bei der Organisation der beruflichen Bildung und des »lebenslangen Lernens« gab, die in der ersten Amtsperiode eingeführten neuen, wenn auch begrenzten Gewerkschaftsrechte propagierte und sich generell für eine Sozialpartnerschaft aussprach. Dennoch gab es kein Wiederaufleben des alten sozialdemokratischen Modells der tripartistischen Politiksteuerung, ja es gab sogar kaum noch Konsultationen auf höchster Ebene zur Vorbereitung wichtiger Entscheidungen. Als die Themen der zweiten Amtszeit immer deutlicher zu Tage traten, wuchs die Besorgnis der Gewerkschaften über diejenigen Aspekte der Labour-Politik, die beinahe nahtlos an die Politik der alten Gewerkschaftsgegner anzuschließen schienen. Es dominierten die marktliberalen Bekenntnisse. Hierzu gehören die radikale, privatwirtschaftlich orientierte Umgestaltung des öffentlichen Sektors, das so genannte angelsächsische Kapitalismusmodell mit flexiblen Arbeitsmärkten gegenüber dem kontinentalen Sozialstaatsmodell mit einem stärker regulierten Arbeitsmarkt sowie eine Kultur der Arbeitsbeziehungen, die sich durch von den Konservativen übernommene rechtliche Beschränkungen gewerkschaftlicher Aktivität auszeichnet.

In Bezug auf die innerparteiliche Organisation hielt Tony Blair grundsätzlich an seinem Ziel fest, die Labour Party zu einer Partei mit ausschließlich individueller Mitgliedschaft umzustrukturieren und damit die besondere institutionelle Verbindung mit den Gewerkschaften – inklusive ihrer verbliebenen Blockstimmrechte und weiterer innerparteilicher Kompetenzen – zu beenden. Er unternahm jedoch keinen Versuch zur Umsetzung dieses in Oppositionszeiten verfochtenen Ziels, was allerdings mehr der Vermeidung parteiinterner Turbulenzen und der Abhängigkeit Labours von den gewerkschaftlichen Ressourcen geschuldet war, als einem tatsächlichen Sinneswandel. Gleichwohl stieß der Premier im Jahr 2002 eine Debatte über die staatliche Finanzierung von Parteien an, obwohl er diese Option zuvor stets als politisch undurchführbar zurückgewiesen hatte. Die Initiative wurde als Versuch gewertet, ein entscheidendes Hindernis für die Auflösung der engen Gewerkschaftsbindung, die große Abhängigkeit der Labour Party von den finanziellen Zuwendungen der Gewerkschaften, zu beseitigen. Dabei ist allerdings festzuhalten, dass die *affiliated unions* innerparteilich immer noch über eine ausreichende Machtbasis verfügen, um den einseitigen Bruch der engen Verbindung zu verhindern. Zweifellos sind aber Formen einer einvernehmlichen Loslösung vorstellbar, die zumindest von einigen der Gewerkschaften akzeptiert werden. So könnten sie sich gemeinsam oder als Einzelgewerkschaften auch weiterhin an der Parteipolitik beteiligen – ob nun als Organisationen oder durch die Mobilisierung ihrer Mitglieder –, ohne dabei gleich als Mitgliedsverband der Labour Party aufzutreten. Dies würde eine neue Form des Verhältnisses von Partei und Gewerkschaft nach sich ziehen, welche unter den sozialdemokratischen Parteien anderer Ländern weit verbreitet ist.

Aus Sicht der Gewerkschaften könnte es sich zudem als vorteilhaft erweisen, die finanziellen Mittel auf verschiedene Kanäle der Einflussnahme zu verteilen. Sie könnten sich auf die Lobbyarbeit konzentrieren oder stärker Interessenverbände unterstützen, die ähnliche Themen bearbeiten. Einige Gewerkschaften haben von einem solchen weniger parteigebundenen Ansatz bereits zunehmend Gebrauch gemacht, indem sie Finanzmittel, die bisher der Labour Party zuflossen, in eigene Werbekampagnen investierten. Dieser Trend wird verstärkt durch die Tatsache, dass sich die gesetzgeberische Vormachtstellung des Westminster-Parlaments, auf der die enge Verbindung zwischen Partei und Gewerkschaft maßgeblich gründet(e), abschwächt. Die Rechtsetzung auf der EU-Ebene rückt immer mehr in den Fokus gewerkschaftlicher Aufmerksamkeit und nicht selten finden sich die Arbeitnehmervertretungen hier im Kampf gegen die Labour-Regierung. Darüber hinaus hat sich durch die Dezentralisierung von vormals für Westminster reservierten Rechtssetzungsbefugnissen (*Devolution*) eine Vielfalt von neuen Möglichkeiten zur Einflussnahme ergeben. In den neuen politischen Institutionen in Schottland und Wales, die im Rahmen der Verfassungsreformen New Labours entstanden sind, und zum Teil als Folge des dort eingeführten Wahlsystems ist die Labour Party in Koalitionsregierungen mit den Liberaldemokraten gezwungen worden. In beiden Landesteilen verfolgen die Exekutiven eine Politik, die den gewerkschaftlichen Präferenzen wesentlich stärker entgegenkommt. Insgesamt haben die Gewerkschaften in den letzten Jahren deutlich konstruktivere Beziehungen zu den Liberaldemokraten aufgebaut, deren damaliger Vorsitzender, Charles Kennedy, im Jahr 2002 als erster Nicht-Labour-Parteichef auf dem Jahreskongress des TUC sprach. Andere Gewerkschaften haben gegen den Willen der Partei den Londoner Bürgermeister Ken Livingstone unterstützt, der aus der Labour Party ausgeschlossen wurde, weil er gegen ihren offiziellen Kandidaten zur Bürgermeisterwahl antrat.

Augenblicklich ist keine unmittelbare Bedrohung der engen Verbindung durch verärgerte Gewerkschaften zu erkennen. Es sollte nicht übersehen werden, dass sich die *affiliated unions* während der Wahlkämpfe 2001 und 2005 intensiv bemühten, ihren Mitgliedern die lange Liste sozialer und arbeitsmarktpolitischer Verbesserungen ins Gedächtnis zu rufen, die in der ersten Amtszeit erreicht worden waren. Der Unterschied zu den Jahren der konservativen Herrschaft war offenkundig und Gewerkschaftsführer sind Strategen, die in größeren Zeiträumen denken. Die Aufgabe der engen Verbindung zur Labour Party nach über einem Jahrhundert gemeinsamer Geschichte würde nur kurzfristigen Nutzen bringen. So wurde etwa eine kleine, aber außerordentlich symbolträchtige Gewerkschaft aus dem Infrastruktursektor, die *National Union of Rail, Maritime and Transport Workers* (RMT), aus der Labour Party ausgeschlossen, weil sie die konkurrierende *Scottish Socialist Party* (SSP) finanziell unterstützte. Ein anderes Beispiel offenen Konflikts ist die Feuerwehrgewerkschaft (*Fire Brigades Union*, FBU), die versuchte – aus Ärger über die sie betreffenden Reformen des öffentlichen Dienstes sowie wegen des Verhaltens der Regierung während des Streiks der Feuerwehrleute –, innerparteilichen Druck durch ihre Mitglieder aufzubauen.

Dies sind gleichwohl Einzelaktionen. So sprachen sich die Gewerkschaftsführer (auch beinahe alle neu gewählten und stärker linksorientierten Vorsitzenden) als Reaktion auf die Auseinandersetzungen der zweiten Amtszeit nicht für eine Kappung der Verbindung zur Labour Party aus, sondern im Gegenteil für eine intensivierte und besser abgestimmte Beteiligung der Gewerkschaften an der parteiinternen Willensbildung, um die programmatische Ausrichtung im Allgemeinen und das Wahlprogramm für 2005 im Besonderen zu beeinflussen.

Auf den ersten Blick scheint dieser Ansatz aufgegangen zu sein. Auf dem Treffen des *National Policy Forum* in Warwick im Sommer 2004 vereinbarten die Führungen von Partei und Gewerkschaften einen Katalog von fast siebzig beschäftigungspolitischen Wahlversprechen. Viele davon waren Zusagen, diesen oder jenen Aspekt zu beraten bzw. zu bedenken, andere waren substantiellerer Art und die Labour-Spitze sagte öffentlich zu, alle Themen ins Wahlprogramm für 2005 aufzunehmen. Die Kernpunkte beinhalteten u. a. die Ausweitung des Programms zur Abschaffung der »Zwei-Klassen-Beschäftigung« (*two-tier workforce*), bei der neu eingestellte Arbeitnehmer privatisierter, ehemals staatlicher Einrichtungen schlechtere Arbeitsbedingungen haben als die schon vor der Privatisierung dort Beschäftigten. Weitere Maßnahmen betrafen den Schutz gewerkschaftlicher Interessen in Privatisierungsprozessen, zumal in Bezug auf Betriebsrenten. Die seit langem verschobene gesetzliche Regelung zur Verfolgung von Fehlern oder Versäumnissen der Unternehmensführung, die – zum Beispiel im Eisenbahn- oder Schiffsverkehr – zum Tod von Personal und/oder Kunden führen (*corporate manslaughter charge*), sollte erneut in Angriff genommen werden. Die Führung New Labours sagte darüber hinaus die Unterstützung der EU-Zeitarbeitsrichtlinie, weitere Finanzhilfen für das verarbeitende Gewerbe und eine Weiterbildungsoffensive zu. Der später als *Warwick Agreement* veröffentlichte Katalog von Maßnahmen umfasste zwar viele unstrittige Punkte[22], die schiere Länge der Liste allerdings und die Aufnahme einiger zuvor vom Kabinett blockierter Themen ermöglichte es den Gewerkschaften, wesentlich überzeugter für die Labour Party in den Wahlkampf zu ziehen, trotz des anhaltenden Ärgers wegen des Irak-Engagements.

Zweifellos hat sich auch die Ankündigung Tony Blairs, vor der Wahl 2009 zurückzutreten, positiv ausgewirkt, da sein mutmaßlicher Nachfolger Gordon Brown als der Gewerkschaftsbindung der Partei wesentlich positiver gegenüberstehend wahrgenommen wird. Zugleich ist allen Gewerkschaftsführern klar, dass Gordon Brown einen mindestens ebenso großen Beitrag wie Tony Blair, wenn nicht sogar einen größeren, zur programmatischen Neuausrichtung in der Beschäftigungspolitik der Labour Party geleistet und die größere Flexibilität des Arbeitsmarktes sowie die härtere Gangart gegenüber den Arbeitslosen durchgesetzt hat. Die *welfare-to-work*-Maßnahmen Gordon Browns haben zweifellos dazu beigetragen, die schlimmste Not unter den ärmsten Arbeitnehmern und Familien zu reduzieren, ihre Arbeitsbedingungen allerdings bleiben äußerst schlecht und bedrückend.[23] Zudem hat sich die relative Ungleichheit der Einkommen bzw. des Wohlstands in der Regierungszeit New Labours weiter vergrößert und auch im internationalen Vergleich sind die britischen Daten schlecht.[24]

Abschließend lässt sich feststellen, dass die positiven Aspekte der neuen Gewerkschaftsrechte bzw. der Individualrechte für Arbeitnehmer nicht zu einer Belebung der Gewerkschaftsbewegung seit dem Wahlsieg von New Labour geführt haben. Zwar ist ein Mitgliederzuwachs in einigen Sektoren der Wirtschaft zu verzeichnen, aber der Organisationsgrad der Gewerkschaften insgesamt ging weiter langsam zurück (auf derzeit rund 28 Prozent), am deutlichsten im Bereich der jungen Arbeitnehmer und bei den privatwirtschaftlich Beschäftigten.[25] Es mag New Labour in bemerkenswerter Weise gelungen sein, die wahlpolitische Krise der Partei zu lösen. Der Preis dieses Erfolges, der zu großen Teilen durch die Übernahme einer harten beschäftigungspolitischen Linie erreicht wurde, ist allerdings die Aufgabe der historischen Mission der Partei: Die Stärkung der Beschäftigten in den Unternehmen als Teil einer sozialdemokratischen Strategie zur Reduzierung der Ungleichheiten der britischen Gesellschaft.

Anmerkungen

1 Vgl. Philip Basset, Strike Free: New Industrial Relations in Britain, London 1991.
2 Das *closed-shop*-Prinzip bedeutete, dass in einem Betrieb (unter bestimmten Bedingungen) vereinbart werden konnte, dass alle Mitarbeiter Mitglied einer Gewerk-

schaft sein mussten bzw. die Gewerkschaftsmitgliedschaft zur Voraussetzung für die Einstellung gemacht wurde. Das Unternehmen war damit ein »geschlossener Betrieb« (*closed shop*), in den nur hineinkam, wer der Gewerkschaft angehörte oder ihr beitrat. Nicht selten hatte auch die Unternehmensführung ein unmittelbares Interesse an einer solchen Vereinbarung, da sie sich auf diese Weise einer repräsentativen Arbeitnehmervertretung gegenüber sah (Anmerkung des Übersetzers).

3 So beispielsweise Colin Hay, The Political Economy of New Labour. Labouring under False Pretences? Manchester 1999.

4 Hierzu etwa Steven Fielding, The Labour Party. Continuity and Change in the Making of »New« Labour, Basingstoke 2003.

5 Beispielhaft Stephen Driver/Luke Martell, Blair's Britain, Oxford 2003.

6 The Times vom 31. März 1997.

7 Siehe Institute of Employment Rights, Submission by the Institute of Employment Rights to the Joint Committee on Human Rights Inquiry into the Concluding Observations of the UN Committee on Economic, Social and Cultural Rights, London 2004.

8 Tony Blair, Rede zur britischen EU-Ratspräsidentschaft, 6. Dezember 1997, London 1997, ohne Paginierung.

9 So John Lloyd in der Zeitschrift New Statesman, 9. August 1996.

10 Tony Barker/Iain Byrne/Veall Anjuli, Ruling by Taskforce, London 2000, S. 26 f.

11 Colin Hughes/Patrick Wintour, Labour Rebuilt: The New Model Party, London 1990, S. 143–152.

12 Robert Taylor, The Future of Trade Unionism, London 1994, S. 197–216.

13 Siehe John McIlroy, The Enduring Alliance? Trade Unions and the Making of New Labour 1994–1997, in: British Journal of Industrial Relations, 36 (1998) 4, S. 537–564.

14 Vgl. David Coates, Prolonged Labour: The Slow Birth of New Labour Britain, Basingstoke 2005.

15 Vgl. Steve Ludlam, The Gnomes of Washington: Four Myths of the IMF Crisis of 1976, Political Studies, 60 (1992) 4, S. 713–727.

16 Siehe hierzu Noel Thompson, Left in the Wilderness: The Political Economy of British Democratic Socialism since 1979, Chesham 2002.

17 Tony Blair, Mais Lecture 1995, London o. J.

18 Vgl. hierzu die Darlegungen eines langjährigen engen Mitarbeiters von Gordon Brown: Edward Balls, Open Macroeconomics in an Open Economy, in: Andrew Chadwick/Richard Heffernan (Hrsg.), The New Labour Reader, Cambridge 2003, S. 105–110.

19 Darunter sind staatliche Unterstützungsleitungen finanzieller oder anderer Art zu verstehen, deren Bezug an eine unmittelbare Gegenleistung des Empfängers gebunden ist. Ziel der *welfare-to-work*-Maßnahmen ist es, den Empfänger möglichst schnell wieder in den Arbeitsmarkt zu integrieren und die Unterstützung damit entbehrlich zu machen (Anmerkung des Übersetzers).

20 Vgl. hierzu u. a. Ben Clift, New Labour's Second Term and European Social Democracy, in: Steve Ludlam/Martin J. Smith (Hrsg.), Governing as New Labour, Basingstoke 2004, S. 34–51.

21 Eine detaillierte Analyse liefern Steve Ludlam/Andrew Taylor, The Political Representation of the Labour Interest in Britain, in: British Journal of Industrial Relations, 41 (2003) 4, S. 727–749.

22 Die komplette Zusammenstellung findet sich auf der Homepage der Trade Union and Labour Party Liaison Organisation, www.unionstogether.org.uk/articles/employment.html [Abruf 10. Juni 2005].
23 Vgl. Polly Toynbee, Hard Work: Life in Low-Pay Britain, London 2003.
24 Siehe hierzu John Hills, Inequality and the State, Oxford 2005.
25 Vgl. Department of Trade and Industry, Trade Union Membership Report 2004, London 2005.

Weiterführende Literatur

Coates, David, Prolonged Labour: The Slow Birth of New Labour Britain, Basingstoke 2005
Fielding, Steven, The Labour Party. Continuity and Change in the Making of »New« Labour, Basingstoke 2003
Ludlam, Steve/Smith, Martin J. (Hrsg.), Governing as New Labour, Basingstoke 2004
Thompson, Noel, Left in the Wilderness: the Political Economy of British Democratic Socialism since 1979. Chesham 2002
Toynbee, Polly, Hard Work: Life in Low-Pay Britain. London, Bloomsbury 2003.

Links

http://www.eiro.eurofound.eu.int/index.html
    European Industrial Relations Research Observatory Online
http://www.dti.gov.uk/
    Department For Productivity, Energy and Industry
http://www.tuc.org.uk/
    Trades Union Congress
http://www.ier.org.uk/
    Institute of Employment Rights
http://www.labour.org.uk/home
    Labour Party
http://www.lrd.org.uk/default.php3
    Labour Research Department
http://www.ucratul.labournet.org/
    United Campaign to Repeal the Anti-Trade Union Laws

Claire Annesley

Sozialpolitik

I. Einleitung

Der britische Wohlfahrtstaat, der von der Labour-Regierung unter Premierminister Clement Attlee (1945–1951) etabliert wurde und immer wieder
Krisen und Reformversuche erlebt hat, steht seit 1997 im Zentrum der Anstrengungen New Labours zur Modernisierung des Landes. Im Gegensatz zu
den konservativen Regierungen von Margaret Thatcher (1979–1990) und
John Major (1990–1997), die die sozialpolitische Rolle des Staates und die
damit verbundenen Ausgaben zurückzufahren suchten, will die Blair-Regierung wichtige Reformmaßnahmen zur Neuausrichtung des britischen
Wohlfahrtsstaats umsetzen. Das Ziel New Labours ist es, die Hauptprobleme
der Armut und sozialen Ausgrenzung zu bekämpfen, mit denen die britische
Gesellschaft gegenwärtig belastet ist.

Dieser Beitrag beschäftigt sich besonderes mit Fragen der sozialen Sicherung[1], während Gesundheit und Bildung eher ausgeblendet bleiben.[2] Meine
Ausführungen werden sich, angesichts der Fülle der seit 1997 eingeleiteten
Maßnahmen, auf die Jahre 1998 bis 2004 konzentrieren, um Anhaltspunkte
für den Erfolg bzw. Misserfolg der Politik und für die Beurteilung der Debatte um die politische Herangehensweise der Labour-Regierung zu liefern.
Während viele Analysen der Reformen New Labours die Kontinuität mit
dem Thatcherismus betonen, wird hier argumentiert, dass ein auf neuen
Prinzipien basierender Sozialstaat im Entstehen ist.

II. Die britische Sozialpolitik im Überblick

In vergleichenden Untersuchungen wird das britische Sozialsystem üblicherweise als schwach ausgeprägt oder liberal charakterisiert.[3] Ein solches
System stellt ökonomische Effizienz über soziale Ziele, lässt aber gleichwohl einen Wohlfahrtsstaat zu, der die bitterste Armut mittels bescheidener
staatlicher Zuwendungen zu bekämpfen versucht. Es ist aber kein Platz für
ehrgeizigere Ziele, wie etwa die Verbesserung der sozialen Stabilität durch

Maßnahmen zur Einkommenssicherung, die es den meisten Bürgern erlauben, ihren Lebensstandard zu halten (wie etwa in Deutschland). Ebenso wenig wird mittels umfassender Programme zur Umverteilung durch Leistungen, die allen Bürgern zustehen, das Ziel sozialer Gleichheit verfolgt (wie dies z. B. in Schweden der Fall ist).[4] So sind die Sozialausgaben in Großbritannien – im Verhältnis zum Bruttoinlandsprodukt (BIP) – mit 21,1 Prozent (2000) niedriger als in Deutschland (27,2 Prozent) oder Schweden (28,9 Prozent), aber deutlich höher als in den USA (14,8 Prozent).

Die verbreitete Beschreibung Großbritanniens als wenig ausgeprägter Wohlfahrtsstaat verdeckt allerdings die stufenweise Entwicklung eines uneinheitlichen Sozialsystems von seinen bescheidenen Wurzeln in den Armengesetzen des Jahres 1843, über die Anfang des 20. Jahrhundert eingeführten Arbeitslosen-, Kranken- und Rentenleistungen bis hin zum *Beveridge Report* von 1942. Das Ziel von Lord Beveridge war die Errichtung eines umfassenden Sozialstaats, der die von ihm ausgemachten »fünf großen Übel« Großbritanniens – Krankheit, Trägheit, fehlende Bildung, Elend, Mangel – bekämpfen sollte. Damit waren zentrale Konturen des britischen *welfare state* vorgezeichnet: Nationaler Gesundheitsdienst (NHS) gegen Krankheit; Vollbeschäftigung gegen Trägheit; staatliche Erziehungsangebote gegen fehlende Bildung; öffentlicher Wohnungsbau gegen Elend und – von besonderer Bedeutung für diesen Beitrag – soziale Unterstützungsleistungen gegen den Mangel.

Im *Beveridge Report* wurde ein Sozialsystem vorgeschlagen, das universell (für die gesamte Bevölkerung), umfassend (alle Risiken abdeckend) und angemessen (Ermöglichen eines Mindest-Lebensstandards) sein sollte. Seit dieser Zeit gehören zum britischen Wohlfahrtssystem drei verschiedene Arten von Leistungen. Zum einen sind dies Sozialversicherungsleistungen, die aus Beiträgen zur *National Insurance* (NI) finanziert werden. Aus diesem Fonds werden die einheitliche staatliche Rente und die maximal sechsmonatige Arbeitslosenhilfe (*Job Seekers' Allowance*, JSA) bezahlt sowie ein Krankengeld für alle, die länger als ein halbes Jahr an ihren Beschwerden leiden. Zum zweiten gibt es eine Art Sozialhilfe (*social assistence*), die aus den allgemeinen Steuereinnahmen finanziert wird und – im Falle nachgewiesener Bedürftigkeit – eine Basisunterstützung für Menschen liefert, die keine Leistungen der NI beziehen. Die Hilfe richtet sich z. B. an Arbeitslose, die keine Beiträge an die NI gezahlt haben oder die länger als sechs Monate erwerbslos sind. Hinzu kommen allein erziehende Eltern und behinderte Menschen (*Income Support*) sowie Rentner (*Minimum Income Guarantee/Pension Credit*). Beim dritten Leistungstypus handelt es sich um Zuwendungen, auf die alle Bürger unabhängig von ihrem ökonomischen Status ein Anrecht haben. Das wichtigste Beispiel ist hier das Kindergeld (*Child Benefit*).[6]

Eine weitere zentrale Annahme des Beveridge-Modells betraf die Geschlechterrollen in der Gesellschaft. Im Wohlfahrtsstaat der Nachkriegszeit entwickelte sich eine dominante Rolle des Mannes als (Allein-)Verdiener[7], da Frauen für gewöhnlich nicht zur aktiven Teilnahme am Arbeitsmarkt ermutigt wurden und zur Durchsetzung ihrer sozialen Rechte auf die Männer angewiesen waren. Dies führte dazu, dass es im Rahmen des britischen Sozialstaats kaum Angebote für Erziehungsurlaub oder Kinderbetreuung gab und Eltern auf familiäre Unterstützung bzw. den privaten Sektor angewiesen waren.

Krise und Reform des Beveridge-Modells

Der Wohlfahrtsstaat im Sinne Beveridges basierte auf der Überzeugung, dass die Sozialversicherung – finanziert durch Beiträge der Arbeitnehmer, der Arbeitgeber und Zuschüsse des Staates – die wichtigsten sozialen Risiken abdecken und das ergänzende Netz der *social assistence* nur eine untergeordnete Rolle spielen würde. Diese Annahmen sollten jedoch in Frage gestellt werden durch die Wachstumskrise nach den Ölpreisschocks der 1970er Jahre, mit der steigende Arbeitslosigkeit und Inflation einhergingen, sowie durch sich verändernde Familienstrukturen, wie der Zunahme der Scheidungsrate und der Zahl von Alleinerziehenden. Darüber hinaus hat Großbritannien – wie die meisten anderen Industrienationen – eine alternde Gesellschaft und viele Rentner. In der Folge musste der Staat für das Wohlergehen von immer mehr Menschen sorgen, die kaum Sozialversicherungsbeiträge geleistet hatten. Die Ausgaben für soziale Transfers stiegen stetig an, während der 1970er Jahre verdoppelten sie sich gar. So wuchs der prozentuale Anteil der Sozialausgaben am Bruttoinlandsprodukt von 18,7 Prozent im Jahr 1980 über 19,5 Prozent (1990) auf 21,1 Prozent zur Jahrtausendwende.[7] Auch die Inanspruchnahme des bedarfsabhängigen sozialen Netzes nahm zu.

Die Labour-Regierungen unter Harold Wilson (1974–1976) und James Callaghan (1976–1979) versuchten, sich der Ausweitung der Sozialausgaben entgegenzustellen, es gelang ihnen allerdings keine umfassende Reform.

Tab. 1: Ausgaben für soziale Transferleistungen
  in Preisen von 2005/06; in Mio. £

Jahr	1950/51	1960/61	1970/71	1980/81	1990/91	2000/01
Ausgabevolumen	16 529	23 332	37 525	62 555	94 284	118 583

Quelle: Department for Work and Pensions, www.dwp.gov.uk, 2005.

Erst die Wahl von Margaret Thatcher markiert einen Wendepunkt in der britischen Sozialpolitik. Beeinflusst durch die »Neue Rechte« (*New Right*) und die neoliberale Wirtschaftstheorie betonte Thatcher vor allem die negativen Auswirkungen wohlfahrtstaatlicher Leistungen für die gesamtwirtschaftliche Entwicklung des Landes. Ihr Ziel war es, der schwächelnden britischen Wirtschaft auf die Beine zu helfen. Dies sollte geschehen durch das Zurückdrängen staatlichen Einflusses sowohl in der Wirtschaft als auch im Leben jedes Einzelnen und durch Förderung von Eigeninitiative. Die »Abhängigkeitskultur«, welche die »Neue Rechte« mit dem Wohlfahrtsstaat verband, sollte abgebaut werden.

Die Rhetorik des Thatcherismus war wesentlich rauer als seine tatsächliche Politik. Trotz deutlicher Bekenntnisse der konservativen Regierungen, den Staatseinfluss zu reduzieren, die wohlfahrtsstaatliche Abhängigkeitskultur zu beenden und die Steuern zu senken, wurde in den Amtszeiten von Margaret Thatcher und John Major wenig getan, um das Ausmaß des Wohlfahrtsstaates zu verringern.[8] De facto hat es sogar eine Ausweitung öffentlicher Leistungen gegeben, da die Thatcher-Ära geprägt war von unsteter ökonomischer Entwicklung, hoher Arbeitslosigkeit sowie sozialem und demographischem Wandel, woraus sich eine erhöhte Nachfrage nach Unterstützung und Dienstleistungen z.B. im Gesundheits- und Rentenbereich ergab.[9]

Erfolge können die Konservativen bei der Vereinfachung sozialstaatlicher Bürokratie, der Senkung der absoluten Zahl der Leistungsempfänger und der Deckelung bestimmter Unterstützungen vorweisen. So wurde das Kindergeld zeitweise eingefroren, und seit 1982 orientieren sich die Rentenanpassungen an der Inflations- und nicht mehr an der Lohnentwicklung. Die Einkommenszuschüsse für Jugendliche zwischen 16 und 18 Jahren wurden gestrichen, die Berechtigungskriterien für den Bezug von Arbeitslosengeld verschärft: Seit 1986 gibt es verpflichtende Befragungen der Erwerbslosen, und mit der Einführung der JSA 1993 wurde die Bezugsdauer des Arbeitslosengeldes auf sechs Monate begrenzt. Die Folge war eine Zunahme sozialer Ungleichheit, der Armutsraten und von sozialer Ausgrenzung. Am Ende der Amtszeit von John Major im Jahr 1997 hatte sich die Schere zwischen Arm und Reich dramatisch weit geöffnet.[10]

Der Armutsbegriff wird in den Sozialwissenschaften üblicherweise als ein Lebens*zustand* definiert, bei dem Menschen mit weniger als 60 Prozent des Einkommensmedianes zurechtkommen müssen.[11] Als die Konservativen 1997 abgewählt wurden, lebte nach dieser Definition ein Viertel aller Briten in Armut (nach Abzug der Wohnkosten). Besonders hoch war ihre Zahl in der Gruppe der Rentner mit 27 Prozent und der Kinder mit 34 Prozent.

Soziale Ausgrenzung hingegen wird verstanden als »ein *Prozess* der Entfremdung von Organisationen und Gemeinschaften aus denen sich die Gesellschaft zusammensetzt sowie von den Rechten und Pflichten, die diese verkörpern«[12]. Von besonderer Bedeutung in Großbritannien ist vor allem das Ausgegrenztsein von bezahlter Erwerbstätigkeit, die sich im hohen Anteil der Jugend- und Langzeitarbeitslosen dokumentiert.

III. Wohlfahrtsstaatliche Reformen New Labours

Seit ihrem Amtsantritt 1997 hat die Regierung Blair die Probleme sozialer Ausgrenzung und Armut dezidiert in den Mittelpunkt ihrer Sozialreformen gestellt und ihre Politik nach der Prämisse »Arbeit für diejenigen, die arbeiten können und Sicherheit für diejenigen, die es nicht können« gestaltet. Das Ziel lautet, den Einstieg in eine bezahlte Arbeit für alle Menschen im erwerbsfähigen Alter zu fördern. Die traditionelle soziale Sicherung besteht beinahe ausschließlich für die Bevölkerungsteile, die mit guten Gründen nicht am Erwerbsleben teilnehmen, d. h. Kinder und Rentner. Im Folgenden werden die Eckpfeiler der Regierungspolitik skizziert, und es wird bewertet, ob sich diese als effektiv zur Bekämpfung von Armut und sozialer Ausgrenzung erwiesen hat.

1. »Arbeit für diejenigen, die arbeiten können ...«

Der Ansatz New Labours zur Lösung der beiden Probleme ist arbeitszentriert. Es wird davon ausgegangen, dass eine bezahlte Beschäftigung der beste Weg aus der Armut und zur Reintegration in gesellschaftliche Institutionen und Gemeinschaften ist. Die Regierung hat seit 1997 eine Vielzahl von Initiativen ergriffen, um »Beschäftigungschancen für alle« zu eröffnen. In ihrer zweiten Amtszeit ab 2001 hat sie ein klares Bekenntnis zum Erreichen »zeitgemäßer Vollbeschäftigung« abgegeben. Dabei wird nicht nur angepeilt, die Arbeitslosigkeit zu verringern, es kommt darauf an, die Zahl der Erwerbstätigen insgesamt zu erhöhen. Daher wurden Personengruppen, die bisher als berechtigterweise nicht erwerbstätig angesehen wurden – z. B. Frauen, Alleinerziehende, Behinderte oder ältere Menschen – angehalten, in den Arbeitsmarkt einzusteigen. Arbeit wird als Strategie zur Reduzierung der gegenwärtigen Armut und sozialen Ausgrenzung gesehen sowie als Möglichkeit, das Risiko zu minimieren, zukünftig in eine solche Situation zu geraten.

a)   Der New Deal

Den wichtigsten Eckpfeiler des Regierungsprogramms zur Reintegration (*social inclusion*) bildet der *New Deal*. Er gehört zur aktiven Arbeitsmarktpolitik und finanziert sich aus einer einmaligen Sondersteuer (*windfall tax*) auf die Gewinne der privatisierten Versorgungsbetriebe Mitte der 1990er Jahre. Arbeitslose, die diesen *New Deal* in Anspruch nehmen, werden in den ersten drei Monaten von einem persönlichen Berater betreut. Sollten sie danach weiterhin erwerbslos sein, wird ihnen entweder ein subventionierter Arbeitsplatz, eine Aus- oder Weiterbildung in Vollzeit, ein Job im Umweltschutzbereich oder ein halbjähriges Praktikum im ehrenamtlichen Sektor zur Verfügung gestellt. Welche der Optionen konkret angeboten werden, hängt von den persönlichen Umständen ab. Diese w*elfare-to-work*-Strategie wurde im April 1998 für junge Arbeitslose zwischen 18 und 24 Jahren ins Leben gerufen und im Juni 1998 auf alle Langzeiterwerbslosen (länger als 18 Monate) ausgedehnt. Später wurden auch Alleinerziehende, Behinderte, Menschen über 50 sowie die Lebenspartner der Arbeitslosen einbezogen.

Für jugendliche- und Langzeitarbeitslose ist das Programm verpflichtend. Die Leistungen werden gestrichen, wenn sie sich nicht daran beteiligen. Für alle anderen ist es ein freiwilliges Angebot. Gleichwohl wurden in der zweiten Amtszeit New Labours, die Angehörige der anderen Gruppen zum Gespräch mit einem persönlichen Berater verpflichtet, wenn auch nicht zur Aufnahme einer Beschäftigung.

Die Bilanz des *New Deal* zur Verringerung der Arbeitslosigkeit wichtiger Zielgruppen ist gemischt. Im Wahlprogramm von 1997 hatte die Labour Party versprochen, die Zahl der jungen Erwerbslosen um 250 000 zu reduzieren. Zwar ist die Quote der Jugendarbeitslosigkeit von 18 Prozent (1993) auf rund 10 Prozent (seit 2000) gefallen, aber sie ist immer noch doppelt so hoch wie die Gesamtquote im Jahr 2003.[13] Zur Frage, ob der Rückgang auf den *New Deal* zurückzuführen ist, gibt es widersprüchliche Einschätzungen.[14] Einige Studien behaupten, es seien rund 17 000 neue Stellen pro Jahr geschaffen worden, andere sehen lediglich bescheidene Zuwächse, auch wenn der breitere soziale und gesellschaftliche Nutzen der Maßnahmen höher zu veranschlagen sei. Die Arbeitslosenquote von Jugendlichen zwischen 16 und 18 Jahren, die nicht die Schule besuchen bzw. keine Ausbildung machen und die auch nicht vom *New Deal* erfasst werden, ist seit 1997 leicht gestiegen, von 20 auf 21 Prozent. Die Zahl der Langzeitarbeitslosen geht schon seit Mitte der 1990er Jahre zurück – und damit vor Beginn der Blair-Regierung. Nach der Einführung des *New Deal* ist hier ein weiterer Rückgang um zehn Prozentpunkte zu verzeichnen, allerdings stellen Langzeitarbeitslose weiterhin rund ein Viertel aller Menschen ohne Beschäftigung. Kritiker des *New Deal* behaupten, dass sich die ihm zugeschriebenen positiven Entwicklungen angesichts einer seit Anfang der 1990er Jahre anhaltenden Phase eines beispiellosen und nachhaltigen ökonomischen Wachstums ohnehin eingestellt hätten.

Ein wenig konsistenter sind die Untersuchungen in Bezug auf Alleinerziehende (*New Deal for Lone Parents*, NDLP). Deren Zahl hat seit den 1970er Jahren deutlich zugenommen, auf rund 1,5 Millionen (1997). Bemerkenswert ist, dass die Arbeitslosenquote in dieser Gruppe eine der niedrigsten im Vergleich der OECD-Länder ist, die Armutsquote dagegen eine der höchsten. Bis zum Jahr 2010, so das Ziel der Regierung, sollen 70 Prozent aller Alleinerziehenden erwerbstätig sein. Der NDLP bietet Hilfestellung bei der Arbeitssuche, und es gibt das verpflichtende, auf eine Beschäftigung ausgerichtete Gespräch mit dem Betreuer. Auswertungen des NDLP zeigen, dass nach neun Monaten der Teilnahme 26 Prozent der Alleinerziehenden auf den Bezug von Unterstützungsleistungen verzichteten, die allermeisten davon (24 Prozent), weil sie eine Arbeit aufgenommen hatten. Es wird geschätzt, dass das Programm die Jobchancen dieser Gruppe verdoppelt und sich ihre Erwerbsquote um fünf Prozent erhöht hat.[15] Dennoch ist weiterhin ungewiss, ob es der Regierung bis 2010 gelingen wird, das 70-Prozent-Ziel zu erreichen.

b) Arbeit muss sich lohnen

New Labour hat eine Reihe von Initiativen ergriffen, um die finanziellen Anreize der Arbeitsaufnahme zu erhöhen. Dies geschah in Reaktion auf die »Sozialleistungsfalle«, nach der bisher Arbeitslose in einer bezahlten Tätigkeit möglicherweise weniger verdienen, als sie zuvor durch staatliche Transfers erhielten, womit kein Anreiz besteht, eine Beschäftigung zu beginnen. Die Situation tritt nicht etwa deshalb ein, weil die staatlichen Leistungen besonders großzügig sind, sondern eher, weil die Beschäftigten im Niedriglohnsektor trotz Arbeit in Armut verbleiben (*in-work poverty* oder *working poor*).

Seit 1997 hat die Regierung das Steuersystem und die Struktur der NI-Beiträge reformiert, um die Abgabenlast der Niedrigverdiener zu reduzieren. So wurde ein Eingangssteuersatz von zehn Prozent festgelegt und die Untergrenze, ab der Arbeitnehmer Beiträge an die NI leisten müssen, erhöht. Im April 1999 kam es zur Einführung eines Mindestlohnes von 3,60 £ für alle über 22-Jährigen (3,00 £ für die 18- bis 22-Jährigen), der bis Oktober 2005 auf 5,05 £ (4,25 £) stieg. Auch wenn dies nicht üppig ist, konnten Arbeitnehmer mit besonders niedrigen Löhnen damit den drastischsten Ausprägungen der *in-work poverty* entkommen. Niedrige Löhne werden zudem durch weitere Programme subventioniert, wie z. B. ein umfassendes System von Steuergutschriften, die zu zusätzlichem Einkommen führen. Entsprechende Modelle für Familien (*Working Families Tax Credit*, WFTC) und Behinderte *(Disabled Person's Tax Credit)* existieren seit Oktober 1999, vier Jahre später ergänzt um eine Variante (*Working Tax Credit*) für kinderlose, nichtbehinderte Arbeitnehmer, die ebenfalls von Armut trotz Arbeit betroffen sind.

c)   Die Vereinbarkeit von Erwerbsarbeit und Familie

In Ergänzung dieser finanziellen Anreize hat die Regierung versucht, die praktischen Voraussetzungen für die Verbindung von Beruf und Familie zu verbessern. Große Hindernisse einer Arbeitsaufnahme sind Kosten und Verfügbarkeit von Kinderbetreuung: Die durchschnittlichen Kosten für einen Ganztagesplatz für Kinder unter zwei Jahren betragen 128 £ pro Woche. Die 1998 beschlossene *National Childcare Strategy* garantierte die Teilzeitbetreuung aller Drei- bzw. Vierjährigen und zielte zudem darauf ab, die Zahl und die Qualität von Betreuungsplätzen in allen Teilen des Landes zu erhöhen. Bis 2004 sollten 900 000 neue Plätze geschaffen werden, bis 2006 noch einmal weitere 250 000. Dies soll erreicht werden durch eine dreijährige Anschubfinanzierung für neue Kindertagesstätten in sozial benachteiligten Gegenden sowie durch Anreize für neue private Anbieter in besseren Wohngegenden. Seit 1997 hat sich die Zahl der Tagesstättenplätze verdoppelt und die der Hortplätze verdreifacht. Das 900 000er-Ziel ist damit nicht ganz erreicht, auch weil einige der neuen Kindertagesstätten wieder schließen mussten.[16] Die Kinderbetreuungskosten von Familien mit niedrigem Einkommen wurden durch eine weitere Variante der Steuergutschriften (*Child Tax Credit*, CTC) reduziert, die allen Familien offen steht, die bereits den WFTC beziehen. Der CTC übernimmt 70 Prozent der Betreuungskosten und verringert die wöchentliche Belastung von durchschnittlich 128 £ auf 38 £.[17]

Darüber hinaus hat New Labour auch die Rahmenbedingungen für die Freistellung von Eltern nach der Geburt verbessert. So besteht seit 1999 ein Anrecht auf 13 Wochen Erziehungsurlaub[18], das im April 2003 für die Mütter erheblich ausgedehnt wurde: Jetzt gibt es 26 Wochen bezahlte Freistellung und weitere 26 Wochen ohne Bezahlung. Die Frauen bekommen sechs Wochen lang 90 Prozent ihres vorhergehenden Einkommens und 108,85 £ in den restlichen 20 Wochen (bzw. 90 Prozent des Gehaltes, wenn dieser Betrag niedriger als 108,85 £ ist). Väter, die einen zweiwöchigen Erziehungsurlaub nehmen, erhalten ebenfalls diesen Festbetrag. Für

2007 hat die Regierung eine Ausweitung des bezahlten Erziehungsurlaubs für Frauen auf neun Monate zugesagt.

Die beschriebenen Initiativen machen deutlich, dass im Zentrum der wohlfahrtsstaatlichen Reformen New Labours die Erwerbstätigkeit steht. Trotz einer Reihe von Vorzügen ist dieser Ansatz auf breite Kritik gestoßen. Zum einen konzentriert sich Labours *welfare-to-work*-Strategie auf die Ausweitung des Arbeitsangebots, die Erhöhung des Anteils der erwerbstätigen Menschen sowie auf die Reduzierung der Arbeitslosen*zahlen*. Für die *qualitative* Verbesserung der vorhandenen Stellen, vor allem im Bereich der niedrig qualifizierten, niedrig entlohnten und überwiegend von Frauen ausgeübten Tätigkeiten sei hingegen wenig getan worden.[19] Die Regierung betonte stattdessen die ökonomische Bedeutung eines flexiblen und wettbewerbsfähigen Arbeitsmarktes. Arbeitnehmerrechte wurden zwar in bescheidenem Umfang ausgebaut, aber dennoch bleibt das britische Arbeitsrecht im europäischen Vergleich weiterhin sehr restriktiv.[20]

Zum anderen stuft der arbeitszentrierte Ansatz New Labours nicht formalisierte bzw. informelle Betreuungsaktivitäten herab, die in den meisten Fällen von Frauen übernommen werden. Es ist paradox, dass die Regierung alleinerziehende Mütter ermutigt, eine Erwerbstätigkeit aufzunehmen und jemand anderen bezahlt, der sich um die Kinder kümmert, anstatt den Eltern, die selbst für ihre Kinder sorgen, eine direkte Unterstützung anzubieten. Die Option, Erwachsenen mit Betreuungsverpflichtungen großzügigere Leistungen zukommen zu lassen, wurde ignoriert.

2. »... und Sicherheit für diejenigen, die es nicht können.«

Obwohl die wohlfahrtsstaatliche Strategie New Labours arbeitszentriert ist, gilt ihre Aufmerksamkeit zwei Gruppen, die keiner regulären Beschäftigung nachgehen können und deshalb besonders armutsgefährdet sind: Kinder und Rentner. Es ist ein erklärtes Ziel der Regierung, die Kinder- bzw. Altersarmut zu bekämpfen; die Ausgaben für diese beiden Gruppen sind gestiegen.

a) Kinderarmut

Bei Amtsantritt Labours 1997 wurde ein Drittel aller Kinder (4,3 Millionen) als arm eingestuft. Der Prozentsatz armer Kinder hatte in den vergangenen beiden Jahrzehnten deutlich zugenommen. Er erreichte den dritthöchsten Wert in einem industrialisierten Land, nach Angaben von UNICEF nur übertroffen von Italien und den USA. Zudem, so belegten regierungsamtliche Statistiken, wuchs ein Fünftel aller Kinder in Haushalten ohne Arbeit auf und war damit einem höheren Armutsrisiko ausgesetzt.[21] Im Jahr 1999 sagte die Regierung zu, Kinderarmut bis 2004 um ein Viertel zu senken, sie bis 2010 zu halbieren und bis 2020 vollständig zu beseitigen. Diesem Bekenntnis folgten mehrere innovative Politikansätze, von denen einige die gegenwärtigen Kinderarmut betreffen. Andere versuchen, den Prozess sozialer Ausgrenzung über mehrere Generationen hinweg zu durchbrechen.

Das allgemeine Kindergeld für das erste Kind wurde in den Jahren 1999 bis 2003 um rund 25 Prozent erhöht. Um die 16- bis 18-Jährigen zum weiteren Verbleib in der Schule zu ermutigen, führte die Regierung 1999 eine besondere Ausbildungsbeihilfe ein (*Education Maintenance Allowance*, EMA). Diese unterstützt Kinder aus einkommensschwachen Familien mit bis zu 60 £ pro Woche bei der Fortsetzung der Schulausbildung. Ein besonders wichtiger Schritt war die Etablierung des *Child Trust Fund*. Hierbei legt die Regierung für jedes in Großbritannien lebende und nach dem 30. August 2002 geborene Kind ein Sparbuch an, auf das zunächst 250 £ einbezahlt werden (500 £ für Kinder aus Familien, die den CTC beziehen und unterhalb einer bestimmten Einkommensgrenze liegen; 2004/05 waren dies 13 480 £ im Jahr). Wenn das Kind sieben Jahre alt ist, wird ein weiterer staatlicher Zuschuss fällig, Familienmitglieder des Kindes können bis zu 1 200 £ pro Jahr steuerfrei auf das Konto einzahlen. Im Alter von 18 Jahren steht das Geld dann dem jungen Erwachsenen zur Verfügung. Diese Initiative ebnet den Weg für eine neue sozialpolitische Strategie, die als *asset-based welfare*[22] bezeichnet wird. Sie bietet einen Anreiz zum Aufbau von Sparguthaben und zielt darauf ab, finanzielle Chancen auf einen längeren Zeitraum zu verteilen.[23]

Eine weitere, aber eher untergeordnete Maßnahme zur Bekämpfung von dauerhafter Armut und sozialer Ausgrenzung ist *Sure Start*, ein Programm, das Schatzkanzler Gordon Brown als das »bestgehütete Geheimnis« Großbritanniens bezeichnet hat. Durch *Sure Start* sind in dem Fünftel der Stadtbezirke, die als am stärksten sozial benachteiligt gelten, Beratungs- und Hilfszentren für kleine Kinder und deren Eltern eingerichtet worden. Diese Zentren sind zwar auf die konkreten Bedürfnisse vor Ort zugeschnitten, in allen gibt es aber sechs Kernangebote: Hausbesuche; Erziehungsberatung und -unterstützung; Bereitstellung von Kinderspielplätzen; Erfahrungsaustausch in den Bereichen Lernen und allgemeine Betreuung; medizinische Grundversorgung und -beratung sowie Unterstützung für Kinder und Eltern mit besonderen Betreuungsbedürfnissen. Im Jahr 2004 gab es 522 *Sure Start*-Zentren, die 400 000 Kinder erreichten.[24] Die einmalige Elternschaftshilfe von *Sure Start* in Höhe von 500 £ können Familien erhalten, die *Income Support*, JSA oder WTC beziehen.

Nach den Daten der Regierung liegt die Zahl der Kinder in Armut 2005 bei 3,5 Millionen.[25] Dies ist ein deutlicher Rückgang verglichen mit den 4,3 Millionen bei Amtsantritt 1997. Die ehrgeizigen selbstgesteckten Ziele jedoch (minus 25 Prozent bis 2004) sind nicht erreicht worden. Positiv ist ein UNICEF-Bericht zu vermerken, der zu dem Ergebnis kommt, dass Großbritannien eines von nur vier OECD-Ländern ist, in welchen die Kinderarmut zurückgeht.[26]

b) Altersarmut

Ein Viertel aller Rentner lebte 1997 in Armut. In den Jahren von 1979 bis 1996 kam es zu einer massiven Zunahme des Einkommensungleichgewichts zwischen Pensionären, die auf die einheitliche staatliche Grundrente (Basic State Pension, BSP) angewiesen waren und denjenigen, die eine private Zusatzrente hatten. Die Altersarmut ist dabei unter Frauen und ethnischen Minderheiten wesentlich höher, da ihr beruflicher Werdegang unsteter und ihre Entlohnung schlechter ist. Im Gegensatz zu ihrem deutlichen Bekenntnis zur Beseitigung der Kinderarmut hat sich die Regierung anfangs keine Ziele zur Reduzierung der Altersarmut gesetzt und in den ersten zwei Amtsjahren auch wenig dafür getan. Seit 1999 hat New Labour sich dem Thema verstärkt zugewandt und mehrere Programme aufgelegt, um zwei Probleme anzugehen: die heutige Armut der älteren Generation und die Leistungserbringung für zukünftige Rentner.

Zur Lösung der ersten Aufgabe wurden bereits bestehende Maßnahmen neu ausgerichtet und zusätzliche Leistungen eingeführt. Die BSP ist auf niedrigem Niveau weitgehend stabil geblieben, da sich die Zuwächse an der Preis- und nicht der Einkommensentwicklung orientieren. Nach einer umstrittenen und heftig kritisierten Erhöhung um nur 0,75 £ im Einklang mit der Inflationsrate im Jahr 1999 wurde die BSP im April 2002 um 5 £ pro Woche für Alleinstehende und 8 £ pro Woche für Paare angehoben. Für das Folgejahr wurden Verbesserungen um mindestens 100 £ pro Jahr für Alleinstehende bzw. 160 £ für Paare zugesagt, sowie ab 2004 beginnende jährliche Steigerungsraten von mindestens 2,5 Prozent. Zeitgleich wurden neue, allen zugängliche Leistungen eingeführt: Für über 60-Jährige gibt es einen Heizkostenzuschuss und einen kostenlosen Sehtest, alle Menschen über 75 Jahren sind von den Fernsehgebühren befreit.

Eine wichtige Weiterentwicklung war das garantierte Mindesteinkommen (Minimum Income Guarantee, MIG), womit der Einkommenszuschuss für Rentner (Income Support) 1999 einen neuen Namen bekam. Diese bedarfsabhängige Leistung wurde deutlich angehoben, um die ärmsten Rentner zu unterstützen. Der prozentuale Zuwachs liegt über der Inflationsrate und die Regierung hat sich verpflichtet, die Anhebungen in Zukunft an der Einkommens- anstatt der Preisentwicklung auszurichten. Kritik am MIG entzündete sich an der Bedürftigkeitsprüfung, da diese Rentner bestrafe, die im Laufe ihres Arbeitslebens Rücklagen gebildet haben. In Reaktion darauf wurde das Programm im Jahr 2003 als *Pensions Credit* neu aus der Taufe gehoben. Auch er garantiert Ruheständlern ein Mindesteinkommen (105,45 £ pro Woche, 2004) und belohnt Rentner für die Rücklagenbildung oder für die Bereitschaft zur Arbeit über das übliche Renteneintrittsalter hinaus. Bis 2004/05 konnte die Altersarmut (nach Abzug der Wohnkosten) von 25 Prozent (1997) auf rund 21 Prozent gesenkt werden. Dieser eher bescheidene Rückgang lässt sich dadurch erklären, dass MIG bzw. *Pensions Credit* nicht von allen Anspruchsberechtigten auch tatsächlich abgerufen wurden. Je nach Altergruppe verzichteten 2001/02 zwischen 17 und 37 Prozent auf die Antragstellung, was einem Finanzvolumen zwischen 730 Mio. £ und 1,26 Mrd. £ entsprach.[27]

Auch in Großbritannien stellt die demographische Entwicklung die Zukunftsfähigkeit des gegenwärtigen Rentensystems in Frage.[28] Die Sorge ist, dass die BSP über die Jahre hinweg immer niedriger wird und dass zu wenig Menschen eine ausreichende betriebliche oder private Altervorsorge aufgebaut haben. Ein Drittel aller Bürger im erwerbsfähigen Alter besitzt keine über die BSP hinausreichende Absicherung.[29] Dies betrifft vor allem Geringverdiener, die nichts für das Alter zurücklegen können, Arbeitnehmer mit unsteten Erwerbsbiographien sowie in besonderem Maße Frauen, die ihre Beschäftigung unterbrechen und für die Altersversorgung stärker auf einen männlichen Ernährer angewiesen sind. Deshalb startete die Regierung – um nicht nur die heutige Altersarmut zu bekämpfen – verschiedene Initiativen zur Unterstützung persönlicher Altersvorsorge jenseits der BSP.

New Labours übergeordneter Ansatz der arbeitszentrierten Sozialstaatsreform spielt auch für die zukunftsorientierte Rentenpolitik eine wichtige Rolle. Durch Ermutigung zur Beschäftigungsaufnahme, Senkung der Attraktivität des Vorruhestandes und die Anhebung besonders geringer Einkommen versucht die Regierung, die Rentenaussichten der Gesamtbevölkerung zu verbessern. Zusätzlich sind die Möglichkeiten für individuelle Zusatzversorgung ausgebaut worden. Das entsprechende staatliche Programm *(State Earnings Related Pensions Scheme*, SERPS) wurde im Jahr 2002 zur *State Second Pension* (S2P) umgebaut. Diese bietet weiterhin eine Zusatzrente für Erwerbstätige an. Im Gegensatz allerdings zum alten SERPS-Modell können nun auch Menschen, die aufgrund von Kinderbetreuung, Behinderung oder chronischer Krankheit keine Beiträge für die Zusatzversicherung leisten können, Ansprüche der S2P erwerben.

Seit April 2001 gibt es ein staatliches Berufsrentensystem, das unter dem Namen *Stakeholder Pensions* bekannt geworden ist. Dieses kann von Unternehmen genutzt werden, die keine eigene Betriebsrente anbieten und von Einzelpersonen, die einen übertragbaren persönlichen Rentenplan kaufen können. Das Ziel ist, dass sich die *Stakeholder Pension* zu einem möglichen Ersatz der S2P entwickelt. Die Annahme des neuen Angebots ist bisher jedoch verhalten. Im Jahr 2004 besaßen lediglich 1,09 Mio. Arbeitnehmer eine *Stakeholder Pension*, und die Einzahlungen waren zu niedrig, um für eine angemessene Versorgung im Alter auszureichen.[30] Hinzu kommt, dass mehr als doppelt so viele Männer als Frauen entsprechende Beiträge leisten.[31]

Bei der Bekämpfung der Kinder- und Altersarmut kann die New Labour-Regierung seit 1997 durchaus Erfolge verzeichnen, wenn auch weniger groß als erhofft. Zwei entscheidende Hindernisse stehen der Armutsbekämpfung gegenwärtig im Wege. Zum einen sind viele der Strategien durch Leistungen mit Bedürftigkeitsprüfung oder durch Steuergutschriften umgesetzt worden, die kompliziert und stigmatisierend sind, mit der Folge, dass die Nutzung der Maßnahmen geringer ist als die Anspruchsberechtigung. So wäre es effektiver, die einheitliche BSP auf ein höheres Mindesteinkommensniveau anzuheben, statt auf ein ergänzendes System von bedarfsabhängigen Zuwendungen zu setzen. Zum anderen hat sich die Regierung zwar auf die Anhebung der untersten Einkommen konzentriert, darüber aber die Einkommen der Höchstverdiener vergessen. In einem Interview mit dem BBC-Journalisten Jeremy Paxman sagte Tony Blair, dass es »keine vordringliche Aufgabe für mich ist, darauf zu achten, dass David Beckham weniger verdient«[32].

Auch wenn es gelungen ist, Arbeitslosigkeit und Armut zu senken, so hat es eben keine Verringerung der Ungleichheit zwischen den höchsten und den niedrigsten Verdiensten gegeben. Mit Blick auf einige der Maßnahmen ist es New Labour gelungen, der Ungleichheit entgegenzutreten; betrachtet man andere Aspekte, dann hat sie seit 1997 sogar leicht zugenommen. Allerdings stellt sich die Armutsbeseitigung als »bewegliches Ziel« dar: Wenn die höchsten Einkommen steigen, dann steigt (rein statistisch betrachtet) auch das Durchschnittseinkommen, das erreicht werden muss, damit von einem Verlassen der Armutszone gesprochen werden kann. Behält man diesen Zusammenhang im Kopf, dann fällt die Bilanz der Armutsbekämpfung positiver aus – wären die Einkommen der Höchstverdiener nicht so stark gestiegen, so ergäben sich niedrigere Armutsraten. Forschungsergebnisse deuten zudem darauf hin, dass sich die Situation ohne die Strategien der New Labour-Regierung noch weiter verschlechtert hätte.[33]

IV. Beveridge, Thatcherismus oder etwas Weiterführendes?

New Labour hat umfassende wohlfahrtstaatliche Reformen zur Beschäftigungsförderung und zur Bekämpfung von Armut und sozialer Ausgrenzung umgesetzt. Es stellt sich allerdings die Frage, ob es sich bei diesen Maßnahmen nur um kleinere Anpassungen des bestehenden Sozialsystems handelt oder ob sich ein neues Modell eines britischen Wohlfahrtstaates herausgebildet hat. Die Meinungen hierzu sind geteilt.

Für manche Beobachter stellen die jüngsten Reformen eine Fortsetzung der Thatcher-Ära dar, in der versucht wurde, den Wohlfahrtstaat zurückzuschneiden und US-amerikanischen Ansätzen zur Etablierung eines äußerst begrenzten Sozialsystems nachzueifern.[34] Vertreter dieser Position führen die Weigerung zu Steuererhöhungen für eine stärkere Umverteilungspolitik, die Ausweitung von Bedürftigkeitsprüfungen und die explizite Betonung der individuellen Verantwortung als Belege dafür an, dass New Labour wirtschaftspolitisch eine liberale Agenda verfolge. Andere sehen in New Labour einen Versuch, den Wohlfahrtsstaat neu zu justieren und ihn den sozialen Bedingungen des 21. Jahrhunderts anzupassen.[35] Auch wenn einige der Politikrezepte (z.B. das Konzept der Steuergutschriften) aus den USA übernommen wurden, so finden sich doch Belege für die Restrukturierung des Wohlfahrtstaates und sogar für geschickt platzierte Elemente der Umverteilung durch großzügigere, wenn auch zielgerichtetere Zuwendungen. Aus diesem Blickwinkel folgt die Blair-Regierung einem Dritten Weg oder einer neuen sozialdemokratischen Strategie. Der Ansatz schreibt dem Staat weiterhin eine wichtige Rolle in der wohlfahrtstaatlichen Politik zu, und er vertritt die Position, dass die Sozialausgaben auf hohem, eher kontinentaleuropäischem denn US-amerikanischem Niveau gehalten werden sollten. Allerdings sollen die staatlichen Leistungen »positiv« und »aktivierend« wirken, d.h. auf die Investition in Bildungskapital und Beschäftigungsförderung gerichtet sein, statt auf die direkte Umverteilung durch Einkommenssicherung.[36] Der Dritte Weg vertritt zudem die Förderung von Geschlechtergerechtigkeit und eine familienfreundliche Betriebspolitik.

Einen entscheidenden Wandel in der Ausrichtung des Wohlfahrtstaates zeigt das Ziel New Labours an, alle Erwachsenen in den Arbeitsmarkt zu integrieren. Arbeit und Beschäftigung waren zwar schon immer integrale Bestandteile des Sozialstaates, die Grundannahmen des Beveridge-Modells waren allerdings Vollbeschäftigung für den männlichen Familienernährer und Betreuungsaufgaben für die Frauen. Die wirtschaftspolitischen Überzeugungen New Labours weisen auf die Etablierung eines Wohlfahrtstaates nach dem so genannten *Adult Worker Model*[37] hin, in dem von der gesamten erwachsenen Bevölkerung Erwerbstätigkeit erwartet und dies auch gefördert wird. Großbritannien entwickelt sich gegenwärtig zu einem ergänzten *Adult Worker Model*: Neben Instrumenten zur Beschäftigungsförderung stehen Maßnahmen, die finanzielle Anreize zur Aufnahme einer Erwerbstätigkeit bieten sowie Verbesserungen der sozialen Infrastruktur, die die Verbindung von Arbeit und anderweitigen Verpflichtungen erleichtern. Damit betritt die Sozialpolitik in Großbritannien ein völlig neues Terrain.

V. Schlussfolgerungen

Seit den Zeiten Lord Beveridges befindet sich das britische Sozialsystem in einem permanenten Reformprozess und dies ist seit dem Amtsantritt der New Labour-Regierung im Jahr 1997 in besonderem Maße der Fall. Ihre Neuerungen stellen sich durchaus in die Kontinuität vorangehender Entwicklungen – wie den fortgesetzten und mittlerweile vorherrschenden Einsatz von Bedürftigkeitsprüfungen –, geben dem britischen Wohlfahrtstaat aber dennoch eine neue Ausrichtung. Sie liegt *erstens* darin, dass das Hauptaugenmerk auf der Beschäftigungsförderung von Leistungsempfängern liegt und dies auch Personengruppen betrifft, die bisher als berechtigterweise nicht erwerbstätig eingestuft wurden. *Zweitens* hat die Regierung die Unterstützung für Eltern verbessert, die in sozial benachteiligten Gegenden wohnen und arbeiten. Dies ist eine deutliche Abkehr von der Position, dass die Verantwortung für Kinderbetreuung vor allem der Familie zufällt. *Drittens* wurden die Zuwendungen für ältere Menschen und für Kinder deutlich erhöht, um dadurch Armut und soziale Ausgrenzung zu verhindern. Insgesamt kann die Regierung bei der Bekämpfung der Arbeitslosigkeit, der Senkung der Zahl der *working poor* und der Verringerung von Kinder- und Altersarmut einige Erfolge vorweisen. Gleichwohl hat das Ausmaß der Umverteilung zur vollständigen Beseitigung der Armut und zum Abbau der weiterhin großen Ungleichheit der heutigen britischen Gesellschaft nicht ausgereicht.

Anmerkungen

1 Die Ausführungen konzentrieren sich auf den Aspekt der Einkommenssicherung (u. a. Lohnersatzleistungen) und nicht auf die Bereiche Pflege und Wohnen. Zudem bezieht sich der Beitrag auf das Vereinigte Königreich als Ganzes, auch wenn sich einige der Maßnahmen in den dezentralisierten Regionen des Landes unterscheiden.
2 Die Bildungs- und die Gesundheitspolitik werden in den Beiträgen von Emmy Wisby und Scott Greer erörtert.

3 Gøsta Esping-Andersen, Three Worlds of Welfare Capitalism, Cambridge 1990.
4 Robert E. Goodin et al., The Real Worlds of Welfare Capitalism, Cambridge 1999.
5 Zu diesen allgemein zugänglichen Elementen gehören auch das Recht auf Bildung bis zum 18. Lebensjahr und der NHS, die beide einen erheblichen Anteil der Sozialstaatsausgaben ausmachen.
6 Jane Lewis, Gender and the Development of Welfare Regimes, in: Journal of European Social Policy, 2. Jhrg. (1992), S. 159–173.
7 OECD 2004 Social Expenditure Database, SOCX, www.oecd.org/els/social/expenditure, Abruf 30. August 2005.
8 Rodney Lowe, The Welfare State in Britain Since 1945, Basingstoke 2005, S. 333.
9 John Hills, Thatcherism, New Labour and the Welfare State, CASE paper 13, London 1998.
10 Vgl. Rodney Lowe (Anm. 8), S. 348.
11 Ruth Lister, Poverty, Cambridge 2004, S. 6. – Der Median kann etwas unscharf als »Mittelwert« (nicht Durchschnittswert!) einer Zahlenreihe bezeichnet werden. Dies bedeutet, dass genau die Hälfte aller Werte der Zahlenreihe darunter, die andere Hälfte darüber liegt (Anmerkung der Herausgeber).
12 Graham Room (Hrsg.), Beyond the Threshold: The Measurement and Analysis of Social Exclusion, Bristol 1995, S. 243.
13 Abigail McKnight, Employment: Tackling Poverty Through ›Work For Those Who Can‹, in: John Hills/Kitty Stewart (Hrsg.), A More Equal Society? New Labour, Poverty, Inequality and Exclusion, Bristol 2005, S. 23–46, hier S. 33.
14 Abigail McKnight (Anm. 13), S. 32 ff.
15 Abigail McKnight (Anm. 13), S. 38.
16 Kitty Stewart, Towards an Equal Start? Addressing Childhood Poverty and Deprivation, in: Hills/Stewart (Hrsg.) (Anm. 13), S. 143–166, hier S. 155.
17 Kitty Stewart (Anm. 16), S. 157.
18 Jane Lewis, The Problem of Fathers: Policy and Behaviour in Britain, in: Barbara Hobson (Hrsg.), Making Men into Fathers. Men, Masculinity and the Social Policies of Fatherhood. Cambridge 2002, S. 125–149.
19 Vgl. Polly Toynbee, Hard Work. Life in Low Pay Britain, London 2003; Katherine Rake, Gender and New Labour's Social Policies, in: Journal of Social Policy, 30. Jhrg. (2001) Nr. 2, S. 209–231.
20 Vgl. dazu den Beitrag von Steve Ludlam in diesem Band (Anm. der Herausgeber).
21 Labour Party, Ambitions for Britain, London 2001, S. 27.
22 Siehe z.B. Gavin Kelly/Rachel Lissauer, Ownership for All, London 2000; Julian Le Grand/David Nissan, A Capital Idea: Start-Up Grants for Young People, London 2000.
23 Martin Hewitt, New Labour and the Redefinition of Social Security, in: Martin Powell (Hrsg.), Evaluating New Labour's Welfare Reforms, Bristol 2002, S. 189–210.
24 Kitty Stewart (Anm. 16), S. 147.
25 John Carvel/Larry Elliott, Child Poverty Denies Government Targets, in: The Guardian, 31. March 2005, http://society.guardian.co.uk/socialexclusion/story/0,11499,1448764,00.html, Abruf 25. August 2005.
26 UNICEF, Child Poverty in Rich Countries, Florence 2005, www.unicef-icdc.org/publications/pdf/repcard6e.pdf, Abruf 25. August 2005.

27 Maria Evandrou/Jane Falkingham, A Secure Retirement for All? Older People and New Labour, in: Hills/Stewart (Hrsg.) (Anm. 13), S. 167–188, hier S. 169.
28 John Hills, Die Zukunft des Wohlfahrtstaates, in: Hans Kastendiek/Karl Rohe/Angelika Volle (Hrsg.), Länderbericht Großbritannien, 2. Auflage, Bonn 1998, S. 493–522.
29 Evandrou/Falkingham (Anm. 27).
30 www.hmrc.gov.uk/stats/pensions/table7-10-july05.pdf, Abruf 25. August 2005.
31 www.hmrc.gov.uk/stats/pensions/table7-11-july05.pdf, Abruf 25. August 2005.
32 www.news.bbc.co.uk/1/hi/events/newsnight/1372220.stm, Abruf 25. August 2005.
33 Evandrou/Falkingham (Anm. 27).
34 Vgl. hierzu u. a. Desmond King/Mark Wickham-Jones, Bridging the Atlantic: The Democratic (Party) Origins of Welfare to Work, in: Martin Powell (Hrsg.), New Labour, New Welfare State? The ›Third Way‹ in British Social Policy, Bristol 1999, S. 257–280; Alan Deacon, Learning from the US? The Influence of American Ideas Upon ›New Labour‹ Thinking on Welfare Reform', in: Policy and Politics, 28. Jhrg. (2000) Nr. 1, S. 5–18; Emma Heron, Etzioni's Spirit of Communitarianism: Community Values and Welfare Realities in Blair's Britain, in: Social Policy Review, 13. Jhrg. (2001), S. 63–87; Jamie Peck/Nikolas Theodore, Exporting Workfare/Importing Welfare-to-Work: Exploring the Politics of Third Way Policy Transfer, in: Political Geography, 20. Jhrg. (2001) Nr. 3, S. 427–460.
35 Claire Annesley, New Labour and Welfare, in: Steve Ludlam/Martin J. Smith (Hrsg.), New Labour in Government, Basingstoke 2000, S. 202–218.
36 Anthony Giddens, The Third Way: The Renewal of Social Democracy, Cambridge 1998, S. 117.
37 Jane Lewis, The Decline of the Make Breadwinner Model: Implications for Work and Care, in: Social Politics, 8. Jhrg. (2001) Heft 2, S. 152–169.

Weiterführende Literatur

Glennerster, Howard, British Social Policy since 1945, Oxford 2000².
Hills, John/Stewart, Kitty (Hrsg.), A More Equal Society? New Labour, Poverty, Inequality and Exclusion, Bristol 2005.
Lowe, Rodney, The Welfare State in Britain Since 1945, Basingstoke 2005.
Powell, Martin (Hrsg.), Evaluating New Labour's Welfare Reforms, Bristol 2002.
Toynbee, Polly, Hard Work. Life in Low Pay Britain, London 2003.

Links

The Department for Work and Pensions www.dwp.gov.uk
The Labour Party www.labour.org.uk
The Child Poverty Action Group www.cpag.org.uk
Webseite des Research Centre for Analysis of Social Exclusion (CASE) der London School of Economics http://sticerd.lse.ac.uk/case

Scott Greer

Gesundheitspolitik

I. Einleitung

Bei der Betrachtung von Gesundheitssystemen lassen sich zwei verschiedene Grundformen unterscheiden: der staatliche Gesundheitsdienst, wie z. B. das britische Modell des *National Health Service* (NHS), und das Versicherungssystem, wie es z. B. in Deutschland existiert.[1] Die staatlichen Systeme zeichnen sich durch zwei Charakteristika aus. Zum einen werden sie aus den allgemeinen Steuereinnahmen finanziert, so dass weder spezielle Gesundheitssteuern noch Sozialversicherungsabgaben erforderlich sind. Zum anderen wird die medizinische Versorgung direkt von staatlicher Seite erbracht (die z. B. Eigentümerin aller NHS-Krankenhäuser in Großbritannien ist) oder aber von unabhängigen Dienstleistern, die ausschließlich Verträge mit dem Staat schließen (z. B. die Unabhängigen Behandlungszentren in England oder die Allgemeinärzte im ganzen Land).

Der britische Gesundheitsdienst ist somit eine staatliche Einrichtung. Er untersteht einem Ministerium und seine Finanzmittel werden im Rahmen von jährlichen Ausgabenentscheidungen der Regierung und des Parlaments in gleicher Weise festgelegt wie der Verteidigungs- oder der Verkehrsetat. Die Struktur und die Grundsätze des NHS werden durch Gesetze und Entscheidungen der Ministerialbürokratie bestimmt. Die Beschäftigten sind entweder unmittelbar staatliche Bedienstete oder vertraglich ausschließlich an den NHS gebunden. Kein anderes westliches Land verfügt über einen derart vereinheitlichten und territorial organisierten Gesundheitsdienst.

II. Geschichte

Die Entstehung des NHS wird nur im Kontext der Entwicklungen in Großbritannien während des Zweiten Weltkriegs verständlich. Zuvor hatte sich das Gesundheitswesen in Richtung des oben angeführten Versicherungsmodells bewegt. Das die Organisation der Kriegswirtschaft leitende Vertrauen in zentrale Planung und Koordination, führte im Gesundheitswesen dazu, dass der Staat zu Beginn des Krieges das Krankenhauswesen übernahm, von der Bauplanung bis zur Verantwortung für die Gesundheitsdienstleistungen. Im Verlauf des Krieges wurde das System mit hoher Geschwindigkeit und Effizienz ausgebaut, neuen Bedingungen angepasst und rationalisiert, so dass bald alle Bürgerinnen und Bürger einbezogen waren (*universal coverage*). Die bisherige Struktur aus freiwilligen Verwaltungsgremien, Versicherungsfonds und privaten Ärzten wirkte nun altmodisch und seine Befürworter galten als egoistisch. Zudem war das Kriegserlebnis für die Soldaten und ihre Familien eine radikalisierende Erfahrung. Die entscheidenden Stimmen für den Erdrutschsieg der Labour Party in den Parlamentswahlen von 1945 kamen von den Erstwählern, vor allem von den Soldaten, die von ihren Stationierungsorten in der ganzen Welt an der Wahl teilnahmen. Sie erhofften sich das, was Labour im Wahlkampf versprochen hatte: Ein »Neues Jerusalem«, d. h. einen Wohlfahrtstaat mit angemessenen Wohnungen und Renten, umfassender Gesundheitsfürsorge sowie der Verstaatlichung der Schlüsselindustrien und einer Reduzierung von Klassenprivilegien.[2]

Die Kombination aus dem Vertrauen in staatliche Planung und einer sozialpolitisch solidarisch orientierten Wählerschaft sowie einer starken Labour-Regierung mit einem klaren Bekenntnis zum Wohlfahrtstaat und einer überwältigenden Mehrheit im Unterhaus ebnete so den Weg für die gesetzliche Einführung des NHS im Jahre 1948. Fast alle Krankenhäuser wurden verstaatlicht und der Aufsicht des Gesundheitsministeriums unterstellt. Die Allgemeinärzte, der größte Teil der Ärzteschaft und als *General Practitioner* (GP) bekannt, blieben formal selbstständig. Da sie allerdings ihre Einnahmen allein oder zum weit überwiegenden Teil aus der vertraglich vereinbarten Behandlung einer bestimmten Anzahl von Patienten erhielten, war der formal unabhängige Status mehr eine begriffliche Schöntuerei denn reale Autonomie.

Die Grundprinzipien des NHS in den ersten Jahren und Jahrzehnten nach seiner Gründung lassen sich in drei Begriffen fassen: Universalität, Uniformität und Zentralisierung. Ersteres bedeutete die Einbeziehung aller Bürgerinnen und Bürger, unabhängig von jedweden Kriterien. Uniformität hieß gleiche Gesundheitsdienstleistungen im ganzen Land. Zentralisierung bezeichnete die organisatorische Verwaltung dieses Systems, die letztlich an einer einzigen Stelle, im Gesundheitsministerium der Londoner Zentralregierung, zusammenlief.

Im Kern blieb durch die Einrichtung des NHS das damalige Gesundheitswesen intakt, abgeschafft wurden »lediglich« die Unabhängigkeit der einzelnen Institutionen und die finanziellen Barrieren für Patienten zur Teilhabe am System. Der Hausarzt blieb derselbe und er praktizierte in derselben

Praxis, das Krankenhaus bestand weiterhin, aber der Zugang hing nicht länger vom Geldbeutel der Patienten ab. Nach 1948 wurde der NHS bei seinem Personal und auch den Patienten außerordentlich beliebt und politisch praktisch unantastbar. Im Jahr 1974 stand dann eine umfassende Reform des NHS auf der Tagesordnung. Sie beseitigte das organisatorische Durcheinander, welches der NHS vom Gesundheitsdienst vor 1948 geerbt hatte und ersetzte es durch ein subsidiäres System, in dem alle wichtigen Entscheidungen so nah beim Patienten wie möglich getroffen werden sollten.[3]

Als Margaret Thatcher 1979 die Regierungsgeschäfte übernahm, fand sie ein staatlich gesteuertes System vor, welches ihr als schlecht geführt, teuer und mit vornehmlich an sich selbst interessiertem Personal besetzt schien. Aus Frustration darüber und aus ihrer Skepsis gegenüber staatlichen Bürokratien reagierte Margaret Thatcher – irritiert von der Unfähigkeit der Politik, den NHS unter Kontrolle zu bringen – mit einer Schockbehandlung. Ihr Konzept wurde unter dem Namen Interner Markt *(internal market)* bekannt. Holzschnittartig gefasst führte das neue Modell innerhalb des ehemals einheitlichen NHS eine Trennung in Nachfrager/Käufer und Anbieter/Verkäufer ein. Die Nachfrager nach Gesundheitsdienstleitungen (in diesem Fall der britische Staat) wurden von den Anbietern (Ärzte, Krankenhäuser u. a.) getrennt, um einen Wettbewerb der Anbieter um die Nachfrager zu organisieren. Die Nachfrager sollten nicht länger an bestimmte unzulängliche Anbieter gebunden sein und der Wettbewerb sowie der daraus folgende Konzentrationsprozess auf Anbieterseite sollten den NHS effizienter, reaktionsschneller und transparenter machen.

Bis zur vollständigen Einführung des Internen Marktes im Jahr 1991 war der NHS eine klassisch-hierarchische Organisation mit einer pyramidenartigen Struktur. Das Geld floss vom Gesundheitsministerium über die Regionen und die Gesundheitsbehörden der Bezirke (*District Health Authorities*, DHA) zu den Krankenhäusern und niedergelassenen Allgemeinärzten, den GPs. Die Entscheidungen wurden so nahe beim Patienten getroffen wie möglich, d. h. die Hauptaufgabe der Regionen war »lediglich« die Organisation und Bereitstellung von Finanzmitteln in Notlagen sowie die Planung von Spezialdienstleitungen auf allerhöchstem Niveau. Das Gesamtmodell war ein Triumph des Subsidiaritätsgedankens und hatte unter keinerlei wettbewerblichem Druck gestanden. Die Konservativen dagegen setzten nun entschieden auf den Wettbewerbsgedanken und stellten ihn über die Ansprechbarkeit und die Nähe des Systems vor Ort.

Die marktorientierten Reformen,[4] etablierten nun im Gesundheitswesen spezifische Anbieter und Nachfrager. Die Grundstruktur bildeten so genannte Trusts, die als staatliche, aber gleichwohl teilautonome Einheiten ein oder zwei Krankenhäuser bzw. andere Institutionen (wie etwa eine Ambulanz oder Einrichtungen für psychisch Kranke) umfassten. Sie boten zumeist Leistungen für die Patienten an, die nicht durch die Erstversorgung des GP abgedeckt waren. Die DHAs verwalteten die Finanzen und waren für die Vertragsabschlüsse mit den Trusts zuständig. Im Rahmen einer nachträglich eingeführten Regelung bestand für die GPs zudem die Möglichkeit, aus dem Vertrag mit der örtlichen DHA auszusteigen. Solchen Medizinern (so genannte *fundholder*) wurde ein Budget pro Patient zugewiesen und sie konnten eigene Verträge mit allen NHS-Einrichtungen über die Betreuung von Patienten abschließen.

Allerdings führte die Reform beinahe nirgends zu einem tatsächlichen Markt.[5] Carlisle im Norden Englands, um ein typisches städtisches Beispiel zu nennen, besitzt nur ein Krankenhaus und eine DHA. Selbstverständlich gingen die Patienten, die zuvor von der DHA an das Krankenhaus überwiesen worden waren (als dieses noch direkt vom der DHA betrieben wurde), auch in der neuen Konstellation in dasselbe Krankenhaus, das nun als wettbewerblicher Anbieter einen Vertrag mit der DHA hatte. Ein Markt, auf dem sich *ein* Anbieter und *ein* Nachfrager gegenüberstehen, ist eben im eigentlichen Sinne kein Markt. Dies gilt insgesamt für den Internen Markt im britischen Gesundheitssektor. Zudem besteht in einem funktionierenden Marktsystem die Möglichkeit des Ein- und Austritts. Neue Anbieter kommen hinzu, um mit den etablierten Marktteilnehmern zu konkurrieren, und die ineffizienten und erfolgreichlosen Teilnehmer werden aus dem Geschäft gedrängt. Nichts von dem kann im Rahmen des NHS passieren. Es wäre eine Verschwendung staatlicher Gelder, wenn man so große Krankenhauskapazitäten (Eintritt von Mitbewerbern) aufbaute, dass es zu einem echten Wettbewerb käme – man stelle sich vor, es würde ein zweites Krankenhaus in Carlisle errichtet. Im Gegenzug würde der Austritt von Marktteilnehmern bedeuten, dass die Regierung ein Krankenhaus schlösse. Es wird deutlich, dass die Marktregeln in diesem Fall nicht funktionieren und wenn sie doch gegriffen hätten, dann wäre die folgerichtige Schließung von Krankenhäusern zu einem politischen Desaster für die Konservativen geworden. Das Resultat waren Anweisungen aus dem Ministerium, die Anwendung der neuen Marktmechanismen nicht allzu sehr greifen zu lassen.[6]

Gleichwohl hatte der Interne Markt eine Reihe bedeutsamer Konsequenzen.[7] So erwies sich das *fundholding* (also der Ausstieg einzelner Ärzte aus Verträgen mit einer einzigen DHA) als wesentlich wichtiger als erwartet. Die Planer der Gesundheitspolitik hatten schon länger die untergeordnete Stellung der GPs als ein Problem identifiziert. Die Option des *fundholding* ermöglichte es dem GP bzw. den Praxisgemeinschaften, die Trusts zumindest potentiell in Bedrängnis zu bringen: Wenn ein Krankenhaus einem überweisenden Arzt nicht entgegenkam oder dessen Patienten schlecht behandelte, dann könnte der Arzt das Krankenhaus wechseln. Diese Dynamik schien aber nicht so weit zu gehen, dass sie Ungleichheiten in der Behandlung von Patienten von traditionellen GPs gegenüber Patienten der *fundholder* hervorbrachte.

Das zweite wichtige Resultat war die Einrichtung so genannter *Acute Trusts*. Dies waren einzelne unabhängige Krankenhäuser oder Gruppen von Krankenhäusern mit einem spezifischen Unternehmensimage, besonderer Führungsstruktur und direkter Verantwortlichkeit gegenüber dem Minister. Sie sollten sich als das langlebigste Element des gesamten Internen Marktes erweisen. Die Trusts stellten sich als eigentlicher Machtfaktor innerhalb des NHS heraus. Mit ihrer soliden Geschäftspolitik waren sie für englische Politiker so attraktiv, dass sie die Basis der englischen Gesundheitspolitik wurden.

Die nächste Etappe begann 1997 mit dem Amtsantritt Tony Blairs, nachdem New Labour in dem Wahlkampf die »Rettung des NHS« versprochen hatte. Die Labour Party hat zwei Grundentscheidungen getroffen, die den Einfluss jeder ihrer spezifisch gesundheitspolitischen Initiativen bei weitem übertrafen. Die erste Entscheidung war die Dezentralisierung des Landes (*devolution*). Im Rahmen der neuen politischen Strukturen in Schottland, Wales und (zeitweise) Nordirland wurden eigenständige Gesundheitsdienste mit jeweils neuen politischen Verantwortlichkeiten geschaffen.[8] Schottland und England (und in wesentlich geringerem Ausmaß auch Wales) könnten problemlos vom einen auf den anderen Tag ihren jeweiligen NHS verändern, einschränken oder beinahe ganz abschaffen. Es besteht für England, Nordirland, Schottland und Wales keine Verpflichtung, die gleichen Politikinhalte zu verfolgen oder ähnliche Ziele zu erreichen.[9] Dies bedeutet, dass sich seit 1998 vier zunehmend verschiedene Gesundheitssysteme herausgebildet haben. Es ist nicht mehr möglich von *britischer* Gesundheitspolitik zu sprechen, weil es jetzt vier verschiedene Gesundheitspolitiken in vier verschiedenen politischen Kontexten gibt.

Die zweite übergeordnete Entscheidung New Labours war die massive Aufstockung der Finanzen des NHS. Nachdem sich die Regierung (ebenfalls gemäß eines Wahlversprechens) zwei Jahre lang an die äußerst niedrigen Ausgabenpläne der Konservativen gehalten hatte, gab sie sodann das Ziel aus, die britischen Gesundheitsausgaben »auf den europäischen Durchschnitt« zu heben. Dies führte zu einer immensen Summe neuer Finanzmittel für den NHS, zur Einstellung zehntausender neuer Beschäftigter und zu einem Bauboom im Gesundheitswesen, der seit den 1960er Jahren sei-

nesgleichen suchte. Der schiere Umfang der Investitionen und die personelle Ausstattung des NHS werden die Struktur der gesamten Organisation
über die nächsten Jahrzehnte bestimmen.

III. Der NHS in den Teilnationen des Vereinigten Königreichs

Was haben nun diese vier weitgehend eigenständigen und unterschiedlichen
politischen Systeme in der Gesundheitspolitik getan und wie haben sie die
seit 2001 großzügig sprudelnden neuen Finanzmittel verwendet?[10]

1. Schottland: Professionalisierung

Die schottische Gesundheitspolitik konzentriert sich stärker auf die Fach-
aspekte der medizinischen Versorgung und weniger auf die Management-
elemente.[11] Dabei verlässt sie sich auf die Fähigkeiten der medizinischen
Elite Schottlands und ihre Analysen zur momentanen und zukünftigen
Arbeitsweise des Gesundheitssektors. Aus dem größeren Vertrauen der Politik gegenüber dem Fachpersonal ergeben sich eine geringere Rolle von
(nicht-medizinischen) Managern bei der Steuerung des Systems und eine
Konzentration auf Qualitätsverbesserungen, die aus der Berufsgruppe selbst
entstehen. Eine weitere Folge ist die Abschaffung der Trusts, die zu den
wichtigsten Hinterlassenschaften der Thatcher-Ära gehören und Kernbe-
standteile eines jeden Vertragssystems im Gesundheitswesen sind.
    Solche Veränderungen erscheinen auf den ersten Blick lediglich als eine
Zentralisierung des Systems und als eine Beschneidung der Autonomie seiner Teile. Wo es vormals eine Vielzahl von Trusts, Verwaltungsgremien und
Einrichtungen der medizinischen Grundversorgung gab, existieren jetzt nur
noch fünfzehn Gremien und deren Unterabteilungen. Dennoch sind diese
Reformen nicht nur eine Rezentralisierung des Managements – sie redu-
zieren gleichzeitig dessen Rolle und Einfluss. So richtet sich die schottische
Gesundheitspolitik immer stärker daran aus, die formalen Verwaltungsstruk-
turen mit den medizinischen Fachstrukturen in Übereinstimmung zu brin-
gen. Hierbei kommt auch die Fähigkeit der schottischen Ärztevertreter zur
Formulierung konsistenter und überzeugender politischer Konzepte zum
Tragen. Schottlands NHS besteht heute im Kern aus fünfzehn regionalen
Verwaltungseinheiten, und er wird in zunehmendem Maße von Medizi-
nern geführt.

2. England: Märkte

Während Schottland also auf Professionalisierung setzt, um Leistungsverbesserungen zu erreichen und die Politiker von der unmittelbaren Führung des Systems fernzuhalten, wählte England einen anderen Weg. Dort vertraut man auf die Fähigkeit, eine effiziente und gleichwohl ausreichend regulierte marktähnliche Struktur zu errichten. Diese soll die Regierung[12] von der Verantwortung für gesundheitspolitische Details entlasten und zugleich eine qualitativ hochwertige, bedarfsorientierte Versorgung sichern. Die englische Politik kombiniert dabei eine Reihe von Maßnahmen, denen gemeinsam ist, dass die Tätigkeit des Gesundheitswesens durch Organisationsinstrumente und privatwirtschaftliche Arbeitsweisen verbessert werden soll.

Ein erster Aspekt des Vertrauens in den Markt ist die Organisation der NHS-Dienste. Ein Markt erfordert mindestens Käufer, Verkäufer sowie irgendeine Art der Regulierung, und der englische NHS ist im Zuge der Reformen in eine solche Marktform überführt worden. Im Zentrum stehen die Erstversorgungszentren (*Primary Care Trusts*, PCTs), die im Bereich der Hospitäler für die Grundversorgung der Bevölkerung zuständig sind und diese entweder selbst oder durch vertraglich verbundene Anbieter (Verkäufer) erbringen lassen. Solche Anbieter finden sich vornehmlich in Trusts zur psychiatrischen Betreuung sowie in *Acute Trusts* oder *Community Trusts*. Die besten dieser Krankenhäuser können sich um den Status eines *Foundation Hospitals* bewerben. Auch wenn diese nicht so autonom sein werden, wie Befürworter und Gegner ihrer Einrichtung behaupten, unterstehen sie dennoch einer weniger ausgeprägten zentralen Kontrolle. Sie werden in Zukunft stärker von den Anforderungen der PCTs, der Patienten und der Regulierer angetrieben werden. Ein großer und sich wandelnder Regulierungsapparat soll Fehlverhalten oder Versagen verhindern, wenn auch zum Preis detaillierter Vorschriften über die Tätigkeit der PCTs.

Der zweite Strang englischer Gesundheitspolitik ist der Versuch, die Rechte der Patienten als Verbraucher zu stärken und ihnen größere Wahlmöglichkeiten zu eröffnen. Hintergrund dieser Strategie ist die Wahrnehmung, dass Patienten zunehmend wählerisch sind und sich für ein Krankenhaus mit einer kürzeren Warteliste, einer ansprechenderen Ausstattung oder einer besseren geographischen Lage entscheiden. Von zentraler Bedeutung ist, dass Patienten nun unter festgelegten Bedingungen bestimmen können, wo sie die Behandlung vornehmen lassen wollen. Hierzu wird beispielsweise ein computergestütztes Buchungssystem fünf Krankenhäuser der Umgebung mit den jeweiligen Wartelisten anzeigen, so dass der Patient seine Ortswahl selbstständig treffen kann.

Das heftig umstrittene dritte Element ist die direkte Übertragung privatwirtschaftlicher Mechanismen auf den NHS. Dieser Programmpunkt entstammt der politischen Grundüberzeugung New Labours (und der tief verwurzelten englischen Begeisterung für privatwirtschaftlich orientierte Modelle staatlicher Verwaltung), dass nur die erreichten Ziele, nicht aber die dafür eingesetzten Mittel von entscheidender Bedeutung sind. Wenn es das Ziel der Regierung ist, eine hochqualitative medizinische Grundversorgung zu einem vernünftigen Preis anzubieten, dann gibt es kein grundsätzliches Argument, warum diese Dienstleistung nicht von einem Privatunternehmen statt von einem klassischen Hausarzt erbracht werden sollte. Ebenfalls ist kaum zu begründen, warum eine Kapazitätsausweitung besser durch höhere staatliche Investitionen als durch Vertragsabschluss mit privatwirtschaftlichen Einrichtungen erreicht werden kann. Diese neue Denkweise schließt auch Anstrengungen zur Verbesserung des NHS-Managements ein. Hierzu zählen unter anderem die stark vorangetriebenen *Foundation Hospitals*. Ihre Aufgaben und Möglichkeiten entsprechen ziemlich genau dem, was die von den Konservativen gegründeten Trusts tun sollten, und sie sind ebenso anfällig für eine Einschränkung ihrer (ohnehin schon begrenzten) Macht und Autonomie. Ein letzter Baustein des neuen Modells englischer Gesundheitspolitik sind spezielle Behandlungszentren, in denen (wie sich herausstellte ausländische) Anbieter in vollständig durchrationalisierter Manier Patienten in großer Geschwindigkeit behandeln, mit dem wichtigsten Ziel, die Wartelisten des NHS abzubauen. Diese neuen Marktteilnehmer werden wohl kaum zu einer Verbesserung der (Markt-)Situation führen, wenn sie ihr Personal, bei besserer Bezahlung, aus den bisherigen NHS-Beschäftigten rekrutieren; sie werden lediglich die Kosten des NHS in die Höhe treiben.

3. Wales: Kommunalisierung

In der Frage, ob sich der NHS besser durch Manager oder durch das medizinische Fachpersonal steuern lässt, haben Schottland und England gegensätzliche Positionen bezogen. In Wales hat keine dieser traditionell dominierenden Akteursgruppen eine vergleichbare Position, was den Einfluss von Gruppen stärkt, die üblicherweise ausgeschlossen werden. Das Ergebnis ist eine Gesundheitspolitik mit realem Input aus den Gesundheitswissenschaften (Public Health) und der Kommunalpolitik. Beide verbindet das Interesse, auf lokaler Ebene Lösungen für Probleme der Volksgesundheit zu entwickeln.

Der kommunale Denkansatz der Gesundheitspolitik ist zwar wohlbekannt, wird aber selten umgesetzt. Das Kernargument stützt sich auf zwei unstrittige Aussagen. Die erste lautet, dass die Gesundheitsfürsorge mit ihren großen Einrichtungen die Anliegen und Wünsche der lokalen Gemeinschaft nicht widerspiegelt oder aufnimmt. Es existieren nur wenige Kanäle, durch die sich die lokale Gemeinschaft in das stark technokratisch orientierte Entscheidungsnetzwerk der Gesundheitspolitik einbringen kann. Dadurch begibt man sich der Möglichkeit besserer Planung und gemeinsamen Handelns. Die zweite unbestrittene Aussage ist, dass der NHS in seinem gegenwärtigen Zustand einen falschen Namen trägt, handelt es sich bei ihm doch um einen Nationalen *Krankheits*-Dienst, der Menschen dann behandelt, wenn sie krank geworden sind. Dies ist teuer und unerfreulich. Es wäre kostengünstiger und richtiger, die Gründe für Krankheiten zu reduzieren und dadurch die Lebensqualität der Bevölkerung zu verbessern, die Wirtschaft voranzubringen (die durch Krankheitstage und nicht arbeitsfähige Personen belastet wird) und den Haushalt des NHS zu entlasten. Schon eine nur etwas gesündere Ernährung und ein wenig mehr Bewegung oder eine bescheidene Reduzierung des Zigarettenkonsums und des Alkoholmissbrauchs könnten bald zu einer deutlichen Senkung der Kosten für Chirurgie, Onkologie oder Traumabehandlung führen.

Eine Verlagerung der Verantwortung für Kernbereiche des Gesundheitswesens in die Kommunen ermöglicht es einerseits, die lokale Beteiligung und Integration zu erhöhen, und sie verschiebt andererseits den Schwerpunkt des NHS von der reinen Krankenversorgung auf den Aspekt der Volksgesundheit. Die in Großbritannien häufig vorgeschlagene und in den 1970er Jahren in Nordirland getestete Lösung zielt darauf ab, die bisherige Trennung zwischen den Kommunalbehörden und dem NHS mit ihren jeweiligen sozialen Dienstleistungen aufzuheben. Genau dies versucht die walisische Politik zu erreichen.

Die Gesundheitspolitik in Wales umfasst zwei Hauptelemente. Das erste ist eine Reorganisation innerhalb des Gesundheitsdienstes mit dem Ziel, das Gravitationszentrum des NHS nach »unten« zu verlagern und dabei auch die Kommunalverwaltung sowie die Sozialdienste besser zu integrieren.[13] Die wichtigste Maßnahme hierfür machte die Kommunalen Gesundheitsbehörden (*Local Health Boards*, LHB; das Äquivalent zu den PCTs in England) zu den Hauptträgern des Systems. Zudem wurde die örtliche Einteilung der LHBs in Übereinstimmung mit den 22 walisischen Kommunaldistrikten gebracht. Vertreter der Kommunalpolitik bekamen eine Mitspracherecht in den jeweiligen LHBs und beide Seiten wurden zur Zusammenarbeit verpflichtet. Der Koalitionsvertrag des Jahres 2000 zwischen der walisischen

Labour Party und den walisischen Liberaldemokraten hatte sich eigentlich für eine Phase der Stabilität im Gesundheitswesen ausgesprochen, die allerdings sehr schnell beendet wurde, um die angeführten Veränderungen umzusetzen. Die Arbeit in den neuen Strukturen begann am 1. April 2003. Übergeordnetes Ziel der Reformen ist es, sicherzustellen, dass die Gesundheitsdienste stärker die Bedürfnisse vor Ort widerspiegeln und weniger die eingefahrenen Finanzierungswege oder die Begehrlichkeiten der medizinischen Facheliten. Darüber hinaus könnte die Einbeziehung der traditionellen Gesundheitsdienste in kommunale Haushaltsentscheidungen die Ausgabenprioritäten verändern. Die LHBs würden weniger Geld für Krankenhäuser ausgeben und mehr für die allgemeine Verbesserung der Gesundheit der Bevölkerung.

Das zweite Hauptelement ist die bessere Finanzausstattung und die wachsende Aufmerksamkeit für das Thema Volksgesundheit. Der Gesundheitsplan des Jahres 2000 war ein bemerkenswert originelles Dokument, weil er die Aufgaben der Gesundheitspolitik umfassend formulierte und hervorhob, dass größere Lebensqualität und längere Lebenserwartung ebenso von einer erfolgreichen Bildungs-, Sicherheits-, Verkehrs- und Wirtschaftspolitik abhängen.[14] Eine deutliche Erhöhung der Haushaltmittel soll Ungleichheiten und soziale Ausgrenzung reduzieren. Die Akteure im Bereich der Gesundheitsvorsorge sind nun vereinigt und beeinflussen in ihrer neuen Schlüsselposition die Politikentscheidungen des zuvor fragmentierten und informationsarmen Systems.

4. Nordirland: Kaum kontrolliertes Management

Der nordirische Fall unterscheidet sich von den drei britischen Systemen, da der Landesteil nicht durchgehend eigenständig regiert und verwaltet wurde (sondern der Direktkontrolle durch London unterstand) und in den Zeiten seiner Autonomie nicht immer in der Lage war, eine funktionierende und effektive Regierung bzw. Verwaltung zu gewährleisten.[15] Die offenkundigste Schwierigkeit in Nordirland ist, dass die konfessionellen Auseinandersetzungen alles andere und somit auch Debatten über politische Sachfragen überlagern.

Die hieraus folgende Politik leidet unter Anachronismen und mangelnder Beweglichkeit. Im Vergleich zu den anderen Teilen des Königreichs verzögerte sich die Einrichtung des Internen Marktes in Nordirland um mehrere Jahre[16] und für die Abschaffung des Internen Marktes gilt dasselbe. Die Etablierung der *Acute Trusts* etwa dauerte beinahe unerträglich lange. Als ein Mitglied der nordirischen Regionalregierung den Versuch unternahm, endlich eine Entscheidung über die Entbindungsstationen in Belfast zu treffen, kam Kritik von allen Seiten und der Beschluss wurde gar zu einem gerichtlichen Streitfall. Bei der nächsten großen Entscheidung (über den Ort für ein Krankenhaus für die Bezirke Tyrone und Fermanagh), die ausführliche Überlegungen und Abwägungen über die sozialen Kosten bzw. den sozialen Nutzen des Projektes erforderte, verlegte sich diese Ministerin darauf, den Fortgang schlicht zu blockieren. Sie wollte sich offensichtlich nicht der Mühsal einer Lösungssuche unterziehen und keine Entscheidung im Namen einer Partei treffen, deren Anziehungskraft sehr wenig mit dem Bemühen um funktionierende Gesundheitsdienste zu tun hat. Die Aufhebung der Selbstregierung brachte schließlich die Lösung des Problems – ein britischer Minister ordnete im Zuge der Direktregierung Nordirlands den Bau des Krankenhauses in Fermanagh an. Umfassendere Projekte, wie etwa die Reorganisation des NHS, fielen vollständig aus.

IV. Das NHS-Modell: Resultate und Probleme

Ein erster wichtiger Aspekt des NHS-Modells ist bereits angeführt worden, das Finanzierungssystem. Der NHS wird aus den allgemeinen Steuereinnahmen des Staates finanziert und konkurriert somit bei den jährlichen Haushaltsberatungen (und den mittelfristigen Finanzplanungen) mit anderen Ausgabenposten und Prioritäten, von der Rückführung der Staatsverschuldung über den Straßenbau bis hin zur Finanzierung von Militäreinsätzen. Dies hat in der Gesundheitspolitik wie auch in anderen Politikfeldern zu einer Tendenz geführt, in guten Zeiten die Ausgaben hochzufahren und sie in schlechteren Zeiten abrupt zu kürzen. Viele gesundheitliche Versicherungssysteme anderer Länder verfügen über eigenständige Möglichkeiten zur Erzielung von Einkünften, sei es durch die Ausgabe von Anleihen auf dem Kapitalmarkt oder durch die Anpassung der Beitragssätze. Dem NHS steht keine dieser Optionen zu Verfügung. Er arbeitet innerhalb eines sehr rigiden, jährlich festgelegten Finanzrahmens. Die Besteuerung, aus der der NHS finanziert wird, ist in den meisten Fällen progressiv gestaltet, d. h. mit steigendem Einkommen steigt auch die Steuerzahlung. Die Häufigkeit von Erkrankungen verhält sich dem genau entgegengesetzt (also regressiv), d. h. weniger wohlhabende Bevölkerungsteile sind vergleichsweise häufiger krank als reichere. Folglich ist der NHS, wenn er »normal« arbeitet, eine mächtige Umverteilungsmaschine von reich zu arm. Sollten die reicheren Schichten unzufrieden mit den Diensten des NHS sein, dann können sie aus diesem System zwar aussteigen und private Gesundheitsdienstleistungen (die üblicherweise von NHS-Personal außerhalb der Dienstzeit erbracht werden) in Anspruch nehmen. Ein solches Verhalten ist für diese Bevölkerungsgruppen allerdings wenig attraktiv, weil sie sich der (Mit-)Finanzierung des NHS ja nicht entziehen können und die umverteilende Basis des Systems bestehen bleibt.

Der zweite zentrale Aspekt des NHS ist die Rolle des Staates. Der NHS ist faktisch eine Unterabteilung der Regierung und der Staat beinahe der einzige Nachfrager nach Gesundheitsdienstleistungen in Großbritannien. Es gibt lediglich die staatliche Seite, die Angestellten (z. B. Krankenhausärzte) und die privaten Dienstleister (GPs und einige private Krankenhausbetreiber), die allerdings so stark vom Staat abhängen, dass sie faktisch ebenfalls bei ihm angestellt sind. Natürlich kann keine Regierung alles, was im NHS passiert, kontrollieren – allein der englische NHS hat circa 1,1 Millionen Beschäftigte und GPs –, aber es wird paradoxerweise erwartet, dass sie so agiert, als könne sie es. Die politische Führungsebene versucht, gute Nachrichten über das Gesundheitswesen hervorzuheben und schlechte Nachrichten abzufangen. Das Hineinregieren in die Details, die Zentralisierung und die häufige Reorganisation haben ihren Preis.[17] Der englische NHS befindet sich seit 1983 in einem mehr oder weniger ununterbrochenen Umbau und die Folgen sind deutlich zu erkennen. Deshalb ist es wichtiger, die Entwicklung der Markttechniken, des Managements und der Anbieter-Nachfrager-Trennung zu verfolgen, als sich auf die Aufgaben und Aktivitäten von kurzlebigen Organisationen wie etwa den *Primary Care Trusts* zu konzentrieren. Wenn die Geschichte des NHS eines lehrt, dann dass die nächste Reorganisation sicherlich bald ansteht.

Die Regierungen sind sich bewusst, dass ihre gesundheitspolitischen Konzepte durch organisatorische Reformen an Effizienz verlieren. Und sie sind sich bewusst, dass sie auch künftig für jeden Fehler des NHS verantwortlich gemacht werden. Daraus ergibt sich ein stetiger Konflikt zwischen dem Bestreben der Regierung, sich aus der Organisation der Dienstleistungen herauszuhalten, und Versuchen, sich in die Details des NHS einzumischen, um die gewünschten Ergebnisse zu erzielen. Dies führt zu einer ununterbrochenen Reorganisation des Managements, wobei jede einzelne Maßnahme als Königsweg für die Abgabe von Verantwortung an die vor Ort Handelnden und für mehr Autonomie bei gleichzeitigem Abbau der Bürokratie angekündigt wird. Jede dieser Veränderungen vergrößert allerdings die Macht der Zentralregierung und schaltet andere Ebenen, wie z. B. die Regionen, aus, die den Gesundheitsdienst gegen die stetig wiederkehrenden Reorganisationen abpuffern könnten.[18] Dass die Regierung Macht zentralisiert, um sie dann wieder zu dezentralisieren, ist absolut charakteristisch für den NHS und ein typisches Beispiel für die öffentliche (in diesem Falle zentrale) Verwaltung in einem Westminister-System.

Das dritte wichtige Element des NHS-Modells ist für die Patienten am deutlichsten sichtbar: die Lotsenfunktion des GP. Dieses organisatorische Grundmerkmal des gesamten Systems wird in der ganzen Welt bewundert und imitiert. Im Kern bedeutet diese Lotsenfunktion, dass jeder Patient einen persönlichen Hausarzt hat und ihn selbst auswählen kann (ein Prinzip, das aufgrund der geringen Ärztezahl in Großbritannien nicht immer eingehalten werden kann). Außer in ernstlichen Notfällen (für die Unfall- und Notfallkrankenhäuser sowie die Ambulanzdienste zuständig sind) und bei Bagatellen, die durch einen Apothekenbesuch zu lösen sind, ist der GP stets die erste Anlaufstelle des Patienten. Zumindest theoretisch ist er in der Lage, alle kleineren und auch die chronischen Beschwerden zu behandeln, die die weit überwiegende Mehrheit der Erkrankungen ausmachen. Dies hält einfachere und preiswerte Behandlungen von den Krankenhäusern fern, wo die Betreuung stets teurer ist. Zudem sollen die Patienten (auch hier zumindest in der Theorie) von ihrem GP eine persönlichere Betreuung und Behandlung bekommen. Wenn sie nun weitergehende diagnostische Dienstleitungen oder solche Behandlungen benötigen, die die Kapazitäten des GP übersteigen, können sie diese nur mit einer Überweisung in Anspruch nehmen. Krankenhausambulanzen, Apotheken und die Notfallabteilungen der Hospitäler – die anderen potentiellen Zutrittsmöglichkeiten zum System – verweisen, wann immer möglich, Patienten an ihre GPs und verweigern üblicherweise Behandlungen, die diese übernehmen könnten.

Dieses Modell hat seine Vorteile. So reduziert es die Kosten, da kleinere Probleme außerhalb des Systems gehalten werden (viele GPs führen an, dass ihre Arbeit häufig mehr Sozialarbeit denn Medizin ist). Zudem führt es zu einer gewissen Dauerhaftigkeit der Versorgung, auch wenn nur die wenigsten Patienten heute ihren persönlichen GP haben, und da sich beinahe alle Menschen im Verantwortungsbereich eines Allgemeinarztes befinden, ist auch die Förderung der allgemeinen Gesundheit der Bevölkerung leichter möglich. Darüber hinaus nimmt das System Druck von den Krankenhäusern. Auch die Tatsache, dass sich zahlreiche Erkrankungen von selbst kurieren, kann zum Vorteil des Systems genutzt werden, und nicht zuletzt reduziert das Modell kostspielige Doppeluntersuchungen oder anderweitige mehrfache Leistungen. Gleichwohl kann dieses Modell für die Patienten außerordentlich nervenaufreibend sein, weil keine Dienstleitung innerhalb des NHS in Anspruch genommen werden kann (dies schließt z.B. auch einen Termin im Krankenhaus ein), ohne dass diese vorher vom GP angeordnet wurde. Wenn es dann noch eine lange Warteliste beim GP gibt oder wenn der Patient mit seinem Arzt nicht zurechtkommt, dann geht das auf Kosten des Patienten und seine Probleme verlängern sich.

Ein viertes konstituierendes Element des NHS-Modells ist der Mechanismus zur Rationierung in einer Situation, in der die Nachfrage das Angebot übersteigt. Das Vereinigte Königreich ist bekannt für seine Wartelisten, ob nun zu Recht oder zu Unrecht. Der NHS bedient sich dieser Wartelisten, um seine Dienstleistungen zuzuteilen, und er war darüber hinaus stets sparsamer als Gesundheitssysteme in anderen EU-Staaten. Ob die massive Budgeterhöhung des NHS auf den EU-Durchschnitt durch die Labour-Regierung zu einer Reduzierung der Wartelisten führt und ob das System insgesamt stabilisiert wird, bleibt abzuwarten. Ebenso ist noch nicht absehbar, ob die Angestellten des NHS wie auch die Patienten das Leistungsniveau als adäquat ansehen. Schon heute ist allerdings klar, dass die Wartelisten in welcher Form auch immer bestehen bleiben werden, wenn der NHS (mit seinen immer noch begrenzten Finanzmitteln) weiterhin dem Gedanken verpflichtet bleibt, alle notwendigen Dienstleistungen für jedermann anzubieten.

Der fünfte und letzte Aspekt des NHS-Modells ist die fehlende Verbindung zwischen Behandlung und finanziellem Nutzen. Niemand im NHS hat einen ökonomischen Anreiz zur Behandlung von Patienten. Die Einnahmen der GPs stammen aus einer allgemeinen Zuweisung plus einer bestimmten Summe pro Patient und die Angestellten der Krankenhäuser erhalten ein festes Gehalt. Das gesamte System ist sorgfältig darauf ausgerichtet, dass keine Gruppe finanzielle Vorteile aus dem NHS bezieht, wenn mehr Patienten behandelt werden als eigentlich notwendig. Dies trennt medizinisch-fachliche Entscheidungen vom Einkommen. Die Beschäftigten sind von der Verpflichtung befreit, sich wie Kleinunternehmen in einem Wettbewerb zu verhalten, was ihnen ermöglicht, Entscheidungen über Behandlungsmethoden nach fachlichen Kriterien und den Bedürfnissen der Patienten zu treffen. Zudem können sie auch in der Öffentlichkeit und gegenüber den Patienten glaubwürdiger auftreten, weil sie, etwa mit der Forderung nach mehr Behandlungen, keine ökonomischen Interessen verfolgen. Dies bedeutet zwar, dass der NHS einige der Vorteile einer wettbewerblichen Organisation des Gesundheitswesens verliert, da jedoch eine Hauptkonsequenz des Wettbewerbs nicht selten ausfernde, teure sowie gelegentlich ethisch kaum vertretbare Behandlungen sind, ist dieser Verlust wahrscheinlich keine schlechte Lösung. Bei ihrem Versuch trotz chronischer Personalknappheit mehr NHS-Dienstleistungen zu erreichen, erwägt die Labour-Regierung gegenwärtig, dieses Konzept zu verändern und auch Apotheker oder andere Akteure für (die Verschreibung von) Behandlungen zuzulassen.

Dies könnte allerdings dazu führen, dass innerhalb des NHS die Bedeutung finanzieller Eigeninteressen wieder zunimmt.

V. Schlussfolgerungen

Der NHS bietet in all seiner Vielfältigkeit einen außerordentlich guten Gegenwert für sein Geld. Er leistet gute Arbeit in Bezug auf die Zahl der behandelten Personen wie in der medizinischen Qualität, verglichen mit dem begrenzten Anteil am Staatshaushalt. Durch die kürzliche Aufstockung der Finanzmittel könnte sich die Leistungsbilanz sogar noch verbessern.

Dieser effiziente Arbeitsstil hat seinen Preis: Bei den meisten Aktivitäten muss zwischen der originären Reduzierung von Ausgaben und der Überwälzung von Kosten auf andere unterschieden werden. Im Falle der Wartelisten und der Lotsenfunktion des GP werden die Kosten der Krankheit auf den Patienten abgewälzt. Dies führt zu niedrigen (bzw. nicht erhöhten) Steuern, ist aber schlecht für die Patienten sowie andere Personen und Arbeitgeber, die auf sie angewiesen sind. Das Resultat ist die dauerhafte Forderung von Patienten, Ärzten und Interessengruppen nach höheren Ausgaben für das Gesundheitswesen, was in einem diametralen Widerspruch zur Meinung der Öffentlichkeit wie auch der Finanzmärkte steht, die höhere Steuern oder eine steigende Staatsverschuldung ablehnen. Einen einfachen Ausweg aus diesem Problem gibt es nicht und die Abhängigkeit des NHS von der Finanzierung aus dem Staatshaushalt bedeutet, dass die Politik stets ein Gleichgewicht finden muss zwischen der Zufriedenheit mit dem Gesundheitswesen und der Unzufriedenheit mit der Steuerhöhe.

Anmerkungen

1 Richard Freeman, The Politics of Health in Europe, Manchester 2000.
2 Peter Hennessy, Never again, Britain 1945–51, London 1992.
3 Rockwell Schulz/Steve Harrison, Consensus management in the British National Health Service: Implications for the United States, in: Milbank Quarterly, 62 (1984), S. 657–681.
4 Secretary of State for Health u. a., Working for Patients, London 1989. Zu weiteren Reformen der Thatcher-Ära, insbesondere auf der Führungsebene des NHS vgl. David Cox, Health service management: A sociological view. Griffiths and the non-negotiated order of the hospital, in: Jonathan Gabe/M. Calnan/M. Bury (Hrsg.), The Sociology of the Health Service, London 1991; Stephen Harrison/Christopher Politt, Controlling Health Professionals: The Future of Work and Organization in the NHS, Buckingham 1994; David J. Hunter, From tribalism to corporatism: the

managerial challenge to medical dominance, in: Jonathan Gabe/D. Kelleher/G. Williams (Hrsg.), Challenging medicine, London 1994.

5 Calum Paton, New Labour, new health policy?, in: Alison Hann (Hrsg.), Analysing Health Policy, Aldershot 2000.

6 Christopher Ham, The politics of the NHS reform 1988–97: Metaphor or reality, London 2000, S. 10–31.

7 Julian LeGrand/N. Mays/J. Mulligan, Learning from the NHS internal market, London 1998.

8 Alan Trench (Hrsg.), The dynamics of devolution: The state of the nations 2005, Exeter 2005.

9 Charlie Jeffery, Equity and diversity: Devolution, social citizenship and territorial culture in the UK, o. O. 2003; Charlie Jeffery, Devolution and social citizenship: Which society, whose citizenship?, in: Scott Greer (Hrsg.), Territory, Democracy and Justice, Basingstoke 2005; Scott Greer, The fragile divergence machine: Citizenship, policy divergence and intergovernmental relations, in: Alan Trench (Hrsg.), Devolution and power in the United Kingdom, i. E.

10 Scott Greer, Territorial politics and health policy. UK health policy in comparative perspective, Manchester 2004.

11 Helen M. Dingwall, A history of Scottish medicine. Edinburgh 2003; Morrice McCrae, The National Health Service in Scotland: Origins and Ideals, 1900–1950, East Linton 2003.

12 Mit »Regierung« ist in diesem Falle die gesamtbritische Regierung in Westminster gemeint, weil es in England keinerlei Regionalregierungen gibt (Anm. d. Übers).

13 National Assembly of Wales, Structural change in the NHS in Wales, Cardiff 2001.

14 National Assembly of Wales, Improving health in Wales. A plan for the NHS with its partners, Cardiff 2001.

15 Derek Birrell/Alan Murie, Policy and government in Northern Ireland: Lessons of Devolution, Dublin 2004; Graham Walker, A history of the Ulster Unionist Party: Protest, pragmatism and pessimism, Manchester 2004.

16 Eine der nordirischen Behörden musste zuletzt ultimativ angewiesen werden, gemäß der Thatcherschen Gesundheitspolitik zu handeln – von einem Mitglied der soeben ins Amt kommenden Blair-Regierung!

17 Naomi Fulop u. a., Process and impact of mergers of NHS trusts: multicentre case study and management cost analysis, in: British Medical Journal, 325 (2002), S. 246–249.

18 Scott Greer, Why do good politics make bad health policy?, in: Charlotte Sausman/ Sandra Dawson (Hrsg.), Future Health Organisations and Systems, Basingstoke 2004, S. 105–128; Scott Greer, A very English institution: Central and local in the English NHS, in: Robert Hazell (Hrsg.), The English Question, Manchester 2006, S. 194–219.

Weiterführende Literatur

Nicholas Timmins (The five giants: A biography of the welfare state, London 1995) hat die beste Gesamtdarstellung des britischen Wohlfahrtsstaates verfasst, die dem NHS umfassende Aufmerksamkeit widmet.

Analysen des NHS aus dem Bereich der Politikwissenschaft finden sich vor allem in drei stetig aktualisierten Werken:

Rudolf Klein (The new politics of the NHS, London 2000[4]) untersucht die Probleme des NHS vor dem Hintergrund der politischen Entwicklung Großbritanniens;

Christopher Ham (Health policy in Britain, Basingstoke 2004[5]), der Mitarbeiter des britischen (englischen) Gesundheitsministeriums war, ist stärker auf die organisatorischen Veränderungen des NHS ausgerichtet;

Geoffrey Rivett (From cradle to grave: Fifty years of the NHS, London 1998) schenkt dem medizinischen Wandel sowie den Politikentscheidungen größere Beachtung und analysiert detaillierter verschiedene Konzepte, die von den anderen Autoren nur gestreift werden. Sein Buch wird auf der Internetseite www.nhshistory.com regelmäßig aktualisiert.

Meine eigene Arbeit (*Scott Greer*: Territorial politics and health policy. UK health policy in comparative perspective, Manchester 2004) konzentriert sich auf die Dezentralisierung, die Herausbildung der vier Gesundheitssysteme und besonders auf die Gesundheitspolitik in Nordirland, Schottland und Wales.

Links

www.nhs.uk
www.dhsspsni.gov.uk
www.dh.gov.uk
www.scotland.gov.uk/topics/health
www.wales.gov.uk/subihealth/index.htm
www.kingsfund.org.uk
www.nuffieldtrust.org.uk
www.npcrdc.man.ac.uk
www.nhshistory.net

VI. Internationale Beziehungen

Lothar Kettenacker

Großbritannien in der neuen Weltordnung nach 1945

I. Einleitung

Für die Geschichtswissenschaft ist es eine Binsenwahrheit, dass der Rückblick auf die Vergangenheit einem ständigen Wechsel der Perspektive unterworfen ist. Das Bergmassiv bleibt räumlich unverändert, aber der Blickpunkt des wandernden Betrachters verändert sich mit der Zeit, vor allem, wenn dieser sich, wie im Falle Großbritannien, auf dem Abstieg vom Gipfel der Macht befindet. Nur durch den Vergleich der Perspektiven sind historische Erkenntnisfortschritte zu erzielen. So wird denn auch die Position ihres Landes von den Briten am Anfang des 21. Jahrhunderts anders wahrgenommen als vor einem halben Jahrhundert. Heute ist das spannungsreiche Verhältnis Großbritanniens zur Europäischen Union so dominant, dass diese Perspektive auf die Zeit nach 1945 zurückprojiziert und die Frage gestellt wird: Warum haben die Verantwortlichen von damals die Bedeutung Europas für die Zukunft des Landes so verkannt?[1] Warum hat Großbritannien, das damals noch wirklich große Britannien, nicht die einmalige Gelegenheit ergriffen, sich angesichts seines enormen Prestiges als Siegermacht an die Spitze der europäischen Bewegung zu stellen? Das Selbstverständnis der britischen Entscheidungselite ist indes ohne ihre kritische Distanz zum Kontinent der Vorkriegszeit, zu »Europe of the Dictators«[2], nicht zu begreifen. Und das Zustandebringen einer weltweiten Allianz gegen den von Hitler beherrschten Kontinent erklärt wiederum die globale Ausrichtung der britischen Politik nach 1945.

Es wird häufig übersehen, dass auch die Appeasementpolitik der 1930er Jahre einem bewussten Großmachtdenken geschuldet war: Ohne das ausdrückliche Plazet Londons durfte es keine territorialen Veränderungen in Europa geben; daher die Zustimmung zur Abtretung des Sudetengebietes im September 1938, daher die Garantie Polens im März 1939, um Hitler in die Schranken zu weisen. Die Kriegserklärung vom September diente dann dazu, der weiteren Deklassierung Großbritanniens Einhalt zu gebieten, sollte aber in der Folgezeit mit der Herausbildung des bipolaren Weltmächtesystems diesen Prozess nur noch beschleunigen. Dieser Beitrag soll beschreiben, wie sich dieser Machtverlust manifestierte und wie die britische Entscheidungselite damit umging. Historische Ereignisse und Prozesse sind eine Sache, ihre Wahrnehmung durch die Akteure und Betroffenen eine ganz andere.

II. Im Krieg gegen Hitler-Deutschland

Nach dem Scheitern der Friedensstrategie in den letzten Vorkriegsmonaten[3] nahm das Foreign Office eine kritische Bestandsaufnahme vor. Sie gipfelte in der Erkenntnis Sir Alexander Cadogans, des Staatssekretärs im Außenamt, dass man sich nichts vormachen sollte. Großbritannien habe den Drohungen Hitlers wenig entgegenzusetzen. »Wir lebten vom Bluff in Europa während der letzten Friedensjahre, und in andere Teilen der Welt von noch mehr Bluff, so im Fernen Osten nahezu 50 Jahre lang.«[4] Damit suchte Cadogan sich und anderen zu suggerieren, die Kluft zwischen Anspruch und Wirklichkeit sei nunmehr geschlossen. Das mag für den Augenblick der Fall gewesen sein. Immerhin hatte es Churchill strikt abgelehnt, das Empire huldvoll aus den Händen eines kleinbürgerlichen, größenwahnsinnigen Diktators zurückzuerhalten. Angesichts der akuten Invasionsdrohung herrschte selbst bei den nüchternen Beamten Whitehalls das Gefühl vor: Wenn Untergang, dann mit fliegenden Fahnen und für eine ehrenhafte Sache! Tatsächlich hatte man aber nicht den grandiosen Untergang zu gewärtigen, sondern musste mit dem schleichenden, durch den Krieg nur verschleierten Niedergang des Landes fertig werden.

Seit der Inselstaat im Sommer und Herbst 1940 allein auf weiter Flur einem von Diktatoren beherrschten Kontinent gegenüberstand, mit der Fackel der Freiheit in zittrigen Händen, war es das Bestreben der Regierung, eine weltweite Allianz gegen diesen Moloch zustande zu bringen. Allerdings trug Hitler selbst entscheidend dazu bei, dass aus dem europäischen Krieg ein Weltkrieg wurde: Während Großbritannien fieberhaft auf der Suche nach Verbündeten war, legte er sich dauernd neue Feinde zu. In der Folgezeit war es vor allem der moralische Führungsanspruch, den sich Churchill im Sommer 1940 − mehr »His« als »Their Finest Hour«[5] − erworben hatte, der es Großbritannien 1945 erlauben sollte, sich neben den USA und der Sowjetunion als einer der »Big Three« zu positionieren. Man konnte stets im Zweifel sein, ob es der Premierminister mit dicker Zigarre war, der damit gemeint war, oder das Land nebst seinen militärischen Ressourcen, das er repräsentierte. Wer als erster und zunächst als einziger dem deutschen Diktator die Stirn geboten hatte, dem kam sozusagen der Ehrenvorsitz im Koalitionsrat der Gegner zu. Großbritannien suchte daraus gleich in mehrfacher Hinsicht politisches Kapital zu schlagen, vor allem aber dadurch, dass man die bald zutage tretende militärische Unterlegenheit durch diplomatische Initiativen zu kompensieren suchte.

Bis auf die Luftschlacht über England im Sommer 1940 hatte Großbritannien zunächst nur Niederlagen hinnehmen müssen, im Fernen Osten wie in Nordafrika: Erst die Schlacht bei Alamein im Oktober/November 1942 brachte die Wende. Dafür hatte Churchill noch am ersten Tage des deutschen Angriffs auf die Sowjetunion dem russischen Volk die Hand zum Bündnis gereicht und damit Hoffnungen auf substantielle Unterstützung geweckt, welche die ihrerseits auf amerikanische Hilfslieferungen angewiesene Regierung in London gar nicht erfüllen konnte. Der britisch-russische Bündnisvertrag (Ende Mai 1942) verpflichtete die Verhandlungspartner dazu, keinen Waffenstillstand oder Separatfrieden mit den Feindstaaten abzuschließen.[6] Damit wurde der politische Handlungsspielraum der britischen Regierung insofern stark eingeschränkt, als fortan an eine Verständigung mit dem deutschen Widerstand nicht mehr zu denken war. Es war in der Folgezeit vor allem die früh zugesagte, aber immer wieder verschobene Zweite Front im Westen, die das Verhältnis der beiden Alliierten belastete.[7] Immerhin war Großbritannien jetzt die Macht, die mit den Vereinigten Staaten und der Sowjetunion offiziell verbündet war, mit den beiden Flügelmächten, die ihrerseits nur über diese Schiene, nicht aber auf Grund eines Bündnisvertrages, miteinander in Beziehung traten. Die daraus resultierende Maklerrolle wurde von London bis zur Schmerzgrenze aller Beteiligten ausgeschöpft.

III. Das Kriegsbündnis mit den USA und seine Folgen

Die Vereinigten Staaten sahen sich, in den Worten ihres Präsidenten, als das Waffenarsenal der Demokratien. Die Londoner Regierung betrachtete sich ihrerseits ganz selbstverständlich als Treuhänder der amerikanischen Rüstungsgüter im Rahmen des Leih- und Pachtabkommens, von dem jetzt auch Russland profitieren sollte.[8] Mit der Einrichtung eines gemeinsamen anglo-amerikanischen Generalstabs in Washington (*Combined Chiefs of Staff*) nahm das britische Kabinett dann auch noch entscheidenden Einfluss auf die Strategie des Westens:[9] So kam man überein, dem europäischen Kriegsschauplatz Priorität vor dem fernöstlichen einzuräumen, und dies, obwohl die USA von Japan, nicht vom Deutschen Reich, angegriffen worden waren. Die Fähigkeit der britischen Diplomatie, die Ressourcen ihrer Verbündeten für ihre Zwecke zu mobilisieren, war geradezu phänomenal. Dabei war sich die britische Entscheidungselite der schrumpfenden Machtbasis im Kartell der drei Hauptalliierten durchaus bewusst. Die Kriegs- und Nachkriegsdiplomatie Whitehalls ist anders nicht zu verstehen: Gemeint sind das tief sitzende Misstrauen in die normative Kraft des Faktischen und das Bemühen, durch rechtzeitige Initiativen den schleichenden Machtverfall aufzuhalten bzw. eine Friedensordnung zu etablieren, die das weltweite Mitspracherecht Großbritanniens garantierte; also Vertragspolitik als eine Art Machtersatzpolitik. Die konkrete Umsetzung dieser Politik soll an einigen Beispielen erläutert werden.

In den Jahren 1941/42 verfolgte das Foreign Office die Idee, durch den föderativen Zusammenschluss von Staaten das Machtgleichgewicht in Europa wiederherzustellen. Dies sollte u. a. durch eine skandinavische Föderation, den Zusammenschluss von Polen und der Tschechoslowakei sowie eine Donauföderation erreicht werden, die Süddeutschland, Österreich und Ungarn umfassen sollte.[10] Diesen Plänen lag die Erkenntnis zugrunde, dass das Staatensystem der Zwischenkriegszeit mit den vielen ohnmächtigen Kleinstaaten den Frieden nicht zu sichern vermochte. Am Einspruch Stalins sollten diese Ziele bald scheitern, denn der sowjetische Diktator erkannte, dass damit auch sein Einfluss in Europa beschnitten werden sollte. Von da an verabschiedete sich das britische Außenamt für lange Zeit von allen konstruktiven Neuordnungsplänen für Europa.

Als nächstes tüftelten die Beamten an einem Vier-Mächteplan,[11] der die Bewahrung des Weltfriedens den vier neuen Ordnungsmächten anvertraute: den USA, der Sowjetunion, Großbritannien und China; letzteres eine Konzession an Washington, das auf die Einbeziehung Chinas großen Wert legte. Im Januar 1942 war die besondere Vormachtstellung der Vierergruppe dadurch hervorgehoben worden, dass sie als erste der United Nations ihre Unterschrift unter den weltweiten Pakt gegen die Achsenmächte gaben. Es war bekannt, dass gerade dem US-Außenminister Cordell Hull ein internationales Sicherheitssystem vorschwebte, das sich gegenüber dem Völkerbund dadurch auszeichnete, dass es den Hauptsiegermächten eine besondere Verantwortung für die Aufrechterhaltung des Weltfriedens übertrug.

Die interne Erörterung dieses Vier-Mächte-Plans ist insofern aufschlussreich, als sie die Krise des imperialen Selbstbewusstseins reflektiert. Noch einmal wurde der Glaube an Englands Weltgeltung beschworen, zugleich aber Zweifel an dem notwendigen Machtwillen seiner Führungsschichten geäußert, und zwar angesichts eines liberalen Meinungstrends, der einer Verbesserung des Lebensstandards eindeutig Priorität einräumte. Man habe keine Wahl, so die Schlussfolgerung: Entweder man habe mächtige Verbündete oder höre auf, eine Weltmacht zu sein. Aber man könne nicht erwarten, mächtige Verbündete zu haben, ohne selbst über entsprechende Machtmittel zu verfügen.[12] Die zentrale Bedeutung der Bündniskonstellation für die Weltgeltung Großbritanniens und das Selbstverständnis seiner Eliten wird hier auf einen prägnant formulierten Nenner gebracht. Zwei Szenarien galt es zu verhindern, hatten diese doch die Mediatisierung Großbritanniens zur Folge: ein Kondominium der neuen militärischen Supermächte, USA und Sowjetunion, oder aber ihr permanentes Zerwürfnis, das London aus seiner Mittlerrolle verdrängte und zwang, Partei zu ergreifen. Um eine damals noch nicht aktuelle Terminologie zu gebrauchen: Der Kalte Krieg lag nicht im nationalen Interesse, ihn zu verhindern aber sehr wohl.

IV. Eine Rolle Großbritanniens in Europa

Ein vereintes Europa galt im Foreign Office dagegen als Hirngespinst, weil es geradezu zwangsläufig auf ein »German Europe« hinauslaufen musste.[13] Es entsprach um diese Zeit einer Art britischem *common sense*, eine Beherrschung des europäischen Kontinents durch Deutschland für »natürlicher« zu halten, als die britische Machtstellung auf dem indischen Subkontinent.[14] Europa spielte im Rahmen des Vier-Mächte-Plans gar keine eigenständige Rolle mehr; es war der ewige *»troublemaker«*, den die drei Großen irgendwie zur Raison bringen mussten. Erwogen wurde eine Regionalisierung Europas, die auf den früheren Föderationsplänen beruhte, unter Schirmherrschaft der »Policeman States«, also der Ordnungsmächte Großbritannien im Westen und Sowjetunion im Osten. Nicht alle Regierungsmitglieder waren mit dieser Deklassierung Europas einverstanden, am wenigstens Churchill, der von solchen Zukunftsplänen ohnehin nicht viel hielt. Aber er ließ es geschehen, dass die Mandarine Whitehalls schon ab Spätsommer 1942 damit begannen, einen detaillierten Rahmenplan für die Besetzung und Behandlung Deutschlands nach dem Krieg auszuarbeiten. Auch diese Pläne dienten der Friedenssicherung ebenso wie der Absicht, die führende Rolle Großbritanniens nach dem Krieg festzuschreiben.

Alle Initiativen für die völkerrechtliche Beendigung des Krieges in Europa gingen von London aus, sowohl die Anregung zu Gipfelkonferenzen, denen Churchill größte Bedeutung beimaß, als auch Vorschläge für den die Machtübernahme in Deutschland regelnden Maßnahmenkatalog. Bereits Mitte Januar 1944, also ein Jahr vor Jalta, legten die Briten der *European Advisory Commission*, dem auf ihr Drängen eingerichteten interalliierten Abstimmungsgremium, Entwürfe für die drei zentralen Vereinbarungen vor:[15] die Kapitulationsbedingungen, die Demarkierung von drei Besatzungszonen sowie den Organisationsplan für eine Alliierte Kontrollkommission inmitten einer separaten Berlin-Zone mit gemischter Besatzung. Alle diese Texte sahen zunächst nur die Unterschriften der »Großen Drei« vor. Auffallend ist der rein technokratische, unpolitische Charakter dieser Dokumente, die alle strittigen Fragen, wie Grenzen, Reparationen etc. ausklammerten. Die zentrale Prämisse aller Pläne im Hinblick auf die Friedens- und Zukunftssicherung war zugleich die fragwürdigste: das harmonische Zusammenwirken der heterogenen Kriegskoalition bei der Verwaltung der deutschen Konkursmasse.

V. Großbritannien als Juniorpartner der USA

Unter den Horrorszenarien, die man sich im Foreign Office für den Fall ausmalte, dass Großbritannien seinen Weltmachtstatus einbüsste, gehörte die Vorstellung, zu einem armseligen (*penurious*) Außenposten der amerikanischen »Pluto-Demokratie« herabzusinken.[16] In mancher Hinsicht entsprach diese Projektion bereits den realen Verhältnissen im Krieg, und zwar schon lange, bevor sich Südengland vor D-Day in ein gigantisches Heerlager unter einem amerikanischen Oberbefehlshaber verwandelt hatte. Für die Eingeweihten Whitehalls war die finanzielle Misere des Landes noch peinlicher als der in den ersten Jahren wenig rühmliche Kriegsverlauf. Nachdem bereits im Winter 1940 die letzten Dollar-Reserven aufgebraucht waren, konnte Großbritannien den Kampf gegen die Achsenmächte nicht länger ohne amerikanische Hilfslieferungen fortsetzen. Zum Jahresende überstiegen die finanziellen Verpflichtungen Londons in Höhe von 11 Milliarden Dollar alle britischen Vermögenswerte in den USA. Um diese Zeit musste das Land Washington sämtliche Goldreserven als Sicherheit überlassen; ein US-Kriegsschiff holte sie in Simonstown (Südafrika) ab, ein Vorgang, den Churchill als ausgesprochen demütigend empfand.[17]

Im März 1941 leitete der Tausch von 50 amerikanischen Zerstörern gegen die Überlassung britischer Stützpunkte im Atlantik und in der Karibik das Leih- und Pachtabkommen (*lend-lease*) ein, das es London gestattete,

Rohstoffe, einschließlich Nahrungsmittel, und Kriegsmaterial in großen Mengen ohne Rechnung zu beziehen.[18] Bis August 1945 erhielt das britische Empire, vorab Großbritannien, im Rahmen dieses Vertrages Güter und Dienstleistungen von über 30 Milliarden Dollar, das Dreifache dessen, was an die Sowjetunion geliefert wurde. Für die britischen Experten war die Steigerung der amerikanischen Rüstungskapazitäten atemberaubend und ein Indiz dafür, dass Großbritannien eigentlich in dieser Liga nicht mehr mitspielen konnte: Bis Kriegsende produzierten die USA mehr als 88 000 Panzer und 232 000 Flugzeuge aller Art[19] und die US-Streitkräfte, verteilt auf weit auseinander liegende Kriegsschauplätze, umfassten mehr als das Doppelte der Empire-Truppen und nahezu das Vierfache an Soldaten, welche die Wehrmacht zu Beginn des Ostfeldzugs aufzubieten hatte. Die britische Regierung hatte sich so sehr an die Alimentierung durch das *»Arsenal of Democracy«* jenseits des Atlantiks gewöhnt, dass das abrupte Ende der *Lend-Lease*-Lieferungen nach der Kapitulation Japans als brutale Zumutung empfunden wurde.

Während die Bevölkerung den siegreichen Ausgang des Krieges feierte, konnte die neue Labour-Regierung nicht die Augen davor verschließen, dass das Land vor dem finanziellen Bankrott stand. Weder war daran zu denken, die Schulden, die sich auf amerikanischen Konten aufgehäuft hatten, je zurückzuzahlen, noch war es möglich, den Wohlfahrtsstaat zu finanzieren, den Labour den Wählern versprochen hatte. Dass Washington in dieser Situation großzügig auf alle Rückzahlungen verzichtete, wurde in London gar nicht sonderlich gewürdigt. So selbstverständlich schien es, dass der reiche Onkel für den standesgemäßen Lebenswandel der armen, aber vornehmen Verwandten aufkam. Als Sprecher des Schatzamtes schockierte Maynard Keynes die Regierung mit der Eröffnung, dass dem Land ohne amerikanische Kredite »ein finanzielles Dünkirchen« bevorstehe.[20] Also musste sich London auf demütigende Kreditverhandlungen einlassen: Washington zwang die Briten dazu, ihr imperiales Präferenzzollsystem aufzugeben und es mit einem Kredit von 3,75 Milliarden Dollar zu zwei Prozent genug sein zu lassen. In seiner erhellenden Studie über den britischen Machtverlust kommt Correlli Barnett zu dem Schluss, dass Großbritannien bei Kriegsende zu einem Söldner-Staat (*»warrior satellite«*) der USA herabgesunken sei, so vollständig seiner früheren unabhängigen Machtbasis beraubt wie Frankreich und Deutschland, aber mit dem zusätzlichen Nachteil, sich dessen nicht bewusst zu sein.[21]

Der politischen Führungselite, den Labour-Politikern und den Ministerialbeamten Whitehalls, war freilich die Schwäche des Landes durchaus bewusst. Während nach außen immer noch die Rede war von den *»Big*

Three«, spielte Großbritannien, wie es ein britischer Diplomat in Washington im August 1945 formulierte, die Rolle eines »Juniorpartners« in einem vor allem von den USA beherrschten Machtbereich.[22] Daraus wurden jedoch für die nächsten zehn Jahre keine entsprechenden Konsequenzen gezogen. Vielmehr wurde jetzt die Politik des kalkulierten Bluffs, wie sie Sir Alexander Cadogan für die Vorkriegszeit konstatiert hatte, umso entschlossener fortgesetzt. Victor Rothwell hat in seiner Studie über Großbritannien und den Kalten Krieg nachgewiesen, dass die leitenden Politiker beider Parteien trotz privater Zweifel so handelten, als sei Großbritannien noch eine Großmacht im herkömmlichen Sinne.[23] War es zunächst das Bestreben des Foreign Office – nicht das der Stabschefs notabene –, den Zusammenhalt der Kriegsallianz über das Kriegsende hinaus zu festigen, so stand seit der Konferenz von Jalta das Bemühen im Vordergrund, die USA vorsichtig gegen die Sowjetunion in Stellung zu bringen, auf jeden Fall aber ein Kondominium der neuen Weltmächte zu verhindern. Es kam jetzt darauf an, das Gewicht des Juniorpartners in dem sich abzeichnenden Interessenkonflikt mit Moskau möglichst hoch zu veranschlagen.

VI. Der lange Abschied vom imperialen Selbstbild

Worauf gründete sich der britische Großmachtstatus, so darf man sich fragen, wenn nicht auf die finanziellen und ökonomischen Ressourcen, über welche die Vereinigten Staaten geboten, oder das Truppenreservoir, das der Roten Armee zur Verfügung stand? Darauf gibt es zwei klassische Antworten, die eine charakteristisch für das psychologische Selbstverständnis der in ihrem Anspruch angefochtenen Machtelite, die andere Ausdruck ihres strategischen Kalküls. In einer Denkschrift »Stocktaking after V.E. Day« schrieb Sir Orme Sargent, inzwischen der höchste Beamte des Foreign Office: »Wir haben viele gute Karten in unserer Hand, wenn wir sie richtig zu nutzen wissen – unsere politische Reife; unsere diplomatische Erfahrung; das Vertrauen Westeuropas in die Solidarität unserer demokratischen Institutionen; und unser unvergleichlicher Kriegseinsatz.«[24] An Selbstbewusstsein fehlte es der britischen Führungselite gewiss nicht: Die amerikanischen Kollegen galten als naiv und unerfahren, die russischen als machtgierig und ideologisch verblendet. Peter Pulzer hat einmal treffend festgestellt, dass britische Macht davon abhänge, von anderen akzeptiert zu werden.[25]

Man sollte deshalb nach 1945 auch besser von britischem Einfluss sprechen, als von jener, wenn es darauf ankam, realisierbaren Macht, wie sie die britische Kolonialmacht in Indien oder Afrika ausübte. Dieser Einfluss setzte freilich ein politisch-kulturelles Einverständnis voraus, wie es bei Diktatoren vom Schlage Hitlers oder Stalins nicht zu erwarten war. Das strategische Kalkül, das sich aus der geschwächten Machtposition Großbritanniens nach dem Krieg herleitete, hat als erster Churchill formuliert: Er wies auf die drei Kreise hin, die sich an einer Stelle überschnitten, nämlich Großbritannien: der atlantische Kreis um die USA (»*circle of the English speaking world*«), das Commonwealth in der Nachfolge des Empire und Westeuropa.[26] Diese Erkenntnis avancierte bald zum außenpolitischen Credo der britischen Elite. Im Jahre 1951 erklärte der damalige Staatssekretär im Foreign Office, die Position Großbritanniens sei insofern einzigartig, als es ein Teil, »ein wesentlicher Teil«, dieser drei großen Welteinheiten sei.[27] Egal, wer an der Macht war, ob Labour oder Konservative, die britische Regierung fühlte sich 1945 und danach noch als »*global player*«, als einer der Hauptdarsteller auf der politischen Weltbühne.

Entscheidend war dabei weniger die beharrliche Verfolgung bestimmter Ziele, wie dies für die schon in der Präambel des Grundgesetzes festgelegte Außenpolitik der jungen Bundesrepublik gelten sollte, als vielmehr die sichtbare Ausübung von Einfluss, so etwa durch die Präsenz in allen wichtigen Gremien, angefangen vom Kontrollrat in Berlin bis zum Sicherheitsrat der United Nations oder zum Club der Atommächte.[28] Es ist in diesem Zusammenhang in der Literatur häufig von den »*illusions of grandeur*« die Rede,[29] weil sich das Land wie ein Landmagnat aufzuführen schien, der seinen Grundbesitz längst verpfändet hatte. In ihrer Darstellung der Rolle Großbritanniens zwischen den Supermächten beschreibt Elizabeth Barker sehr anschaulich das Dilemma der britischen Diplomatie nach 1945. Großbritannien habe sich wie ein »bulldog« und wie ein »bullfrog« aufgeführt, indem es seine diplomatische und militärische Stärke aufgebläht habe, um Freund und Feind zu beeindrucken. So jedenfalls habe man sich bei Westeuropäern und Russen Respekt zu verschaffen gesucht; nur die amerikanischen Stabschefs und das State Department habe man über die wahren Machtverhältnisse in der Welt nicht täuschen können.[30]

Das Scheitern der technokratischen Nachkriegsplanungen angesichts der Intransigenz Moskaus stimmte die Führungselite Whitehalls sehr skeptisch hinsichtlich weit reichender außenpolitischer Richtungsvorgaben. Im Unterschied zu den schon im Krieg geplanten Strukturreformen war die Außenpolitik mit zu vielen Imponderabilien befrachtet. Im Krieg hatte Churchill immer wieder davor gewarnt, die Zukunft durch langfristige Planungen festschreiben zu wollen. Als Lord Mayhew nach seiner Ernennung zum neuen Staatsminister im Foreign Office 1946 um das derzeit maßgebende Strategiepapier des Amtes bat, wurde ihm bedeutet, ein solches Dokument gebe es nicht, ja es sei zweifelhaft, ob man überhaupt eine Außenpolitik im wahrsten Sinne des Wortes habe (»*in the proper sense at all*«).[31] Unter dem aus der Gewerkschaftsbewegung kommenden Außenminister Ernest Bevin war Pragmatismus ebenso die Umsetzung einer sehr britischen Charaktereigenschaft wie das Gebot der Stunde, ein Durchwursteln von Krise zu Krise, aber dies mit souveräner Attitüde. Als ihm 1946 ein Fünfjahresplan für eine britisch-französische Wirtschaftskooperation vorgelegt wurde, belehrte er den französischen Verhandlungspartner: »Wir Briten machen keine Pläne: Wir arbeiten alles praktisch aus.«[32] Dabei gilt Bevin heute als einer der bedeutendsten britischen Außenminister des 20. Jahrhunderts.

Er genoss nicht nur das volle Vertrauens des Premierministers, des in seinem Habitus so ganz anders gearteten Clement Attlee, sondern auch, was noch mehr zählte, die rückhaltlose Unterstützung seiner Diplomaten, die ebenfalls einem völlig anderen sozialen Milieu entstammten und die nicht zuletzt an ihrem Chef schätzten, dass er mit einer sozialistischen Außenpolitik nichts anfangen konnte.[33] Auch Washington dürfte dies für die Außenpolitik einer sich innenpolitisch sozialistisch gebärdenden Labour-Regierung eingenommen haben. Wie Churchill verdeckte Bevin allein durch seine bullige, selbstbewusste Persönlichkeit den Schwächezustand seines Landes.

Erst im Nachhinein kann man die beiden Hauptstränge der britischen Außenpolitik nach 1945 deutlich erkennen. Sie hatten eigentlich mehr den Charakter von Handlungsanweisungen als den konkreter Zielsetzungen. Der erste Strang sah den möglichst wohltemperierten Übergang vom Empire zum »Commonwealth of Nations« vor, unter britischem Vorsitz, sprich britischer Krone, und nach dem Vorbild der schon früher souveränen Dominions;[34] der zweite bezog sich auf die langfristige Sicherheit Westeuropas und damit auch der britischen Inseln vor der Bedrohung durch die Sowjetunion und ihre fünften Kolonnen in Gestalt der Kommunistischen Parteien, und zwar mit Hilfe der Vereinigten Staaten, die als westliche Führungsmacht nicht mehr in Frage gestellt wurden. Die Machtübergabe in Indien (»*transfer of power*«) sollte Modellcharakter für den ganzen Prozess der nun anstehenden Dekolonisierung haben, der auch von Washington nachdrücklich eingefordert wurde. Indien war ja das Kronjuwel des britischen Empire, seine Unabhängigkeit daher das Fanal zum Aufbruch in eine neue Zukunft. Um alles in der Welt sollte der Eindruck einer forcierten Entmachtung des Mutterlandes vermieden werden. Stattdessen Selbstbestimmung auf beiden Seiten: die huldvolle Entlassung der Kolonien in die politische Eigenverantwortung. Der Eindruck nach außen war entscheidend, nicht die unliebsame Realität im Angesicht unkontrollierbarer Gewaltakte zwischen Moslems und Hindus. Der Rückzug sollte, wo immer möglich, nach vornehmem Zeremoniell vor sich gehen.

Geographisch näher und politisch nahe liegender war die Sorge um die Sicherheit Westeuropas und damit des Inselstaates selbst, dessen Existenz nach einem entbehrungsreichen Krieg immer noch bedroht zu sein schien. Bevin zögerte, den Bruch mit der Sowjetunion – offiziell immer noch Bündnispartner – zu forcieren. Im Übrigen richtete sich die Stimmung im britischen Außenamt nach der Konferenz von Potsdam immer noch mehr gegen Deutschland als gegen Russland. Donald C. Watt hat den Entfremdungsprozess gegenüber Moskau wie eine persönliche Beziehungskrise beschrieben, indem er dem Bundesgenossen aus gemeinsamen Kriegszeiten nachsagt, sein Verhalten sei zunächst als »schwierig« (*difficult*) empfunden worden, dann »unmöglich« (*impossible*), danach »untragbar« (*intolerable*) und schließlich als »feindlich/unversöhnlich« (*inimical/irreconcilable*).[35] Mit anderen Worten, Stalin war nach seinen Taten zu beurteilen, nicht nach seinen ideologischen Intentionen. Um die militärische Präsenz der USA in Europa sicherzustellen, ein Hauptanliegen aller britischen Regierungen nach dem Krieg, durfte freilich auch die ideologische Begründung der aus dem Osten drohenden Gefahren nicht fehlen.

Das Schicksal Polens, dessentwegen Großbritannien 1939 in den Krieg gezogen war, hatte allen im Westen die Augen geöffnet: Es war der Beweis dafür, dass Stalin nicht gewillt war, sich an die westlichen Spielregeln für demokratisches Fairplay zu halten. Es kam der Labour-Regierung zupass, dass Churchill – und nicht etwa Bevin – in Fulton/Missouri mit seinem Bild vom Eisernen Vorhang, der Europa in zwei Teile spalte, die Amerikaner aufrüttelte.[36] Für die britische Diplomatie empfahl es sich 1946 noch, alle Sicherheitsvorkehrungen mit dem potentiellen Gefahrenherd Deutschland zu rechtfertigen. Bevin war kein Freund der Deutschen, aber noch weniger der Kommunisten, die er schon früh in der Gewerkschaftsbewegung als Gegner im Visier hatte. »Der Standpunkt Bevins«, schreibt Alan Sked, »war vom ersten Tag seiner Amtszeit an klar antikommunistisch.«[37] In ihrer außenpolitischen Lageeinschätzung waren sich Bevin und Eden, Labour und Konservative, weitgehend einig: in ihrer Einstellung zur Sowjetunion ebenso wie in der Erkenntnis, dass Großbritannien nach wie vor die Verantwortung einer Weltmacht schultern müsse, dieser aber nur mit Unterstützung der USA gerecht werden konnte. Wo immer die Konfrontation mit dem Kommunismus ernste Formen annahm, wie etwa im griechischen Bürgerkrieg oder im besetzten Deutschland, mussten die USA die Kastanien aus dem Feuer holen. Die Truman-Doktrin vom 11. März 1947, in der die Vereinigten Staaten ihre Bereitschaft erklärten, Griechenland, der Türkei und allen potentiellen Opfern sowjetischer Expansionsgelüste Waffenhilfe zu leisten, war durch den Rückzug Großbritanniens aus der ihr eigenen Interessenzone ausgelöst worden. Die finanziellen Probleme, vor allem die defizitäre Handelsbilanz und das rapide Abschmelzen des US-Kredits, ließen London keine andere Wahl, als die USA zu bitten, diese Bürde von seinen Schultern zu nehmen.[38] Jetzt war auch nach außen sichtbar geworden, was den Eingeweihten schon lange bewusst war: Großbritannien musste sich als Weltmacht mit der Rolle des Juniorpartners der USA begnügen.

VII. Großbritannien und Europa

Schon vor Kriegsende kursierten im Foreign Office Pläne für eine »Western Union« bzw., angeregt durch Paul-Henri Spaak, einen »Western European bloc«[39], ohne dass lange Zeit ersichtlich war, welche vertragliche Gestalt diese Union annehmen sollte. Nur eines war klar: Die USA mussten irgendwie in dieses System eingebunden sein. Der Weg dorthin war markiert durch die politische und wirtschaftliche Konsolidierung Westdeutschlands und ein *peu à peu* erweitertes Militärbündnis, beginnend am 1. Januar 1947 mit der Fusion der britischen und amerikanischen Besatzungszonen zur Bizone als Nukleus eines westdeutschen Staatsgebildes und der Erneuerung des Bündnisses mit Frankreich nach altem Muster, unterzeichnet am 4. März 1947 am Strand von Dünkirchen. Dass sich der Dünkirchen-Vertrag ostentativ gegen ein wieder erstarktes Deutschland richtete, erklärt sich aus dem Bestreben, in Moskau keine Irritationen hervorzurufen, und zeigt, dass *appeasement* noch immer ein Aspekt der britischen Diplomatie war. An dem Entfremdungsprozess zwischen den früheren Kriegsalliierten änderte dies nichts.

Am 22. Januar 1948 sprach Bevin in einer richtungweisenden Unterhausrede erstmals von der Notwendigkeit einer »Western Union«, in Worten, die durchaus an Churchills Warnungen vor dem Eisernen Vorhang erinnerten.[40] Wenige Monate später – die Kommunisten hatten inzwischen den Umsturz in Prag bewerkstelligt – war daraus der Brüsseler Pakt geworden, ein Verteidigungsbündnis, dem sich neben Großbritannien und Frankreich nun auch die Benelux-Staaten anschlossen. Nicht nur wurde kein künftiger Feind benannt, führende Kommentatoren sahen bereits die Mitgliedschaft eines westdeutschen Staates voraus. Aber die Vereinigten Staaten waren noch nicht mit im Boot. Während der Berliner Luftbrücke weigerten sie sich, an einer gemeinsamen Verteidigungsplanung für Westeuropa teilzunehmen. Der letzte Schritt war die Gründung der *North Atlantic Treaty Organisation* (NATO) im April 1949, die Einbindung der USA in ein doch primär europäisches und nunmehr unverkennbar gegen die Sowjetunion gerichtetes Verteidigungsbündnis. Kaum war die Bundesrepublik im Mai 1955 aus alliierter Vormundschaft entlassen worden, wurde sie auch schon mit offenen Armen in dieses Bündnis aufgenommen.[41]

Aber es wäre völlig unhistorisch, diese Entwicklung als so gradlinig zu betrachten, wie sie sich im Nachhinein ausnimmt. So ist die Einbindung der Bundesrepublik in das atlantische Militärbündnis nicht ohne das vorausgehende Scheitern der seit 1950 betriebenen Europäischen Verteidigungsgemeinschaft zu verstehen, ein Projekt, dem Adenauer durchaus den Vorzug gegeben hätte. Die Ersatzlösung ist zweifellos das Verdienst des britischen Außenministers Anthony Eden, der in diesem Zusammenhang eine epochale Weichenstellung der britischen Verteidigungspolitik durchsetzen konnte: die permanente Stationierung britischer Truppen auf dem europäischen Kontinent (77 000 Mann und eine taktische Luftwaffengruppe). Anders wäre die Zustimmung der anderen Partner zur Aufstellung der Bundeswehr als Teil der NATO nicht zustande gekommen. Auch in der britischen Öffentlichkeit war die gerade von Washington eingeforderte Wiederbewaffnung Deutschlands außerordentlich umstritten.[42]

VIII. Die Entwicklung der Sonderbeziehungen mit den USA

Zwei Axiome lagen der britischen Außenpolitik um diese Zeit zugrunde: erstens die *special relationship* zu den Vereinigten Staaten, die in der britischen Teilnahme am Koreakrieg kulminierte; zweitens die Aufrechterhaltung der vollen nationalen Souveränität angesichts der Bemühungen um eine wirtschaftliche und letztendlich politische Integration Europas. In vieler Hinsicht diente die expandierende Bündniskonstellation dazu, eine »Western Union« ohne Verzicht auf nationale Souveränitätsrechte und unter Einschluss der USA zustande zu bringen. Aus späterer Sicht ist immer wieder die Frage gestellt worden: Warum hat die einzige europäische Siegermacht ihr enormes Prestige nach 1945 nicht in den Dienst Europas gestellt, wie es der belgische Außenminister Paul-Henri Spaak von London erwartete? Warum blieb die Europa-Rhetorik Churchills so ganze ohne Konsequenzen, nachdem er ein letztes Mal Premierminister geworden war? Ein Aufgehen in Europa entsprach keineswegs dem Selbstverständnis der britischen Entscheidungselite: Die Bindungen an das im Entstehen begriffene neue Commonwealth und an die Vereinigten Staaten ließen diese Alternative nicht zu, sie wurde erst gar nicht ernsthaft in Betracht gezogen.

Die angelsächsische Welt- und Wertegemeinschaft hatte gerade im Zweiten Weltkrieg ihre historische Bewährungsprobe glänzend bestanden.[43] Hinzu kamen tief verankerte historische Vorurteile gegenüber einem Kontinent, von dem man sich in der frühen Neuzeit emanzipiert hatte, um danach eine einzigartige historische Karriere zu machen, als erster Industriestaat, erster Parlamentsstaat, als flächenmäßig größtes Empire der Weltgeschichte. Ungeachtet des gemeinsamen kulturellen Erbes hatten sich die politischen Kulturen auseinander entwickelt. Dieser Kontinent erschien lange Zeit als ein vergrößerter Balkan, wo sich Menschen in drangvoller Enge die Hölle heiß machten, wo sich Fürsten als Despoten und kleinbürgerliche Politiker als Diktatoren gebärdeten. Nach dem Krieg stellte sich Europa immer noch als Bedrohungskulisse dar: zu groß, um es allein kontrollieren, zu schwach, um es ohne fremde Mithilfe protegieren zu können. Es gab nur eine Macht, die in der Lage war, beides zu bewerkstelligen, und das waren die USA, die mit dem *European Recovery Programme* (Marshallplan) bewiesen hatten, dass sie ganz Westeuropa wirtschaftlich auf die Beine stellen konnten. Für die britische Regierung war dies die letzte Bestätigung für die transatlantische Option, wenn es dieser noch bedurft hätte: Schließlich war Großbritannien der größte Nutznießer dieses großzügigen Hilfsprogramms.

Natürlich waren die Beziehungen zu den USA auch Belastungen ausgesetzt, und zwar ganz abgesehen von dem latenten kulturellen Überlegenheitsgefühl des britischen Establishments. Es muss hier eine summarische Darstellung genügen: die abrupte Einstellung der *Lend-Lease*-Lieferungen, gefolgt von demütigenden Kreditverhandlungen; der ständige Druck, sich der restlichen Kolonien zu entledigen und das imperiale Zollsystem aufzugeben; nicht zuletzt der McMahon Act des amerikanischen Kongresses von 1946, der die zunächst zugesagte Kooperation auf dem Gebiet der Atomforschung untersagte. Im Grunde konnte sich London die Entwicklung eigener Atomwaffen gar nicht leisten. Aber Bevin wischte alle wirtschaftlichen Bedenken beiseite und bestand darauf, dass der Union Jack über einer Atommacht wehen müsse.[44] Nichts zeigt den britischen Weltmachtanspruch vor dem Hintergrund einer desolaten Haushaltslage deutlicher als diese Entscheidung. Bald besaß man die Atombombe, konnte sie aber nicht mehr aus eigener Kraft ans Ziel bringen. So musste später Premierminister Macmillan in Washington antichambrieren, um in den Besitz amerikanischer Trägerraketen zu gelangen. Im Unterschied zu den Franzosen sahen die Briten freilich in der erhöhten sicherheitspolitischen Abhängigkeit von den USA keine Einbuße ihrer nationalen Interessen oder gar ihrer nationalen Souveränität. Ganz im Gegenteil: Die militärische Verankerung der Vereinigten Staaten in Europa war und blieb eine Hauptaufgabe der britischen Diplomatie. Und vielleicht liegt gerade darin auch ihr Hauptverdienst für die Sicherheit des Kontinents. Es war die wichtigste Lektion, die Whitehall aus dem verhängnisvollen Rückzug des mächtigen Verbündeten nach 1918 gelernt hatte.

IX. Der schmerzvolle Abschied von der Weltmacht

In der Zwischenzeit war allerdings ein Ereignis eingetreten, das der imperialen Rolle Großbritanniens den Garaus machte. Das fehlgeschlagene Suez-Abenteuer markierte die Zäsur zwischen kolonialer Weltmacht und europäischer Mittelmacht.[45] Was war geschehen? Der ägyptische Präsident Gamal Abd el Nasser hatte kurzerhand die internationale Suez-Kanalgesellschaft nationalisiert, um an die ihm vom Westen verweigerten Finanzmittel für den Bau des lebenswichtigen Assuandamms zu kommen. Außenminister Eden erinnerte dieser Affront des ägyptischen Diktators an die Vorgehensweise Hitlers. Der Versuch, sich mit Waffengewalt Recht zu verschaffen, im Verein mit Frankreich und Israel, aber ohne Absicherung durch Washington, endete mit einem Fiasko, mit dem schmählichen Rückzug aus der besetzten Kanalzone auf Geheiß des amerikanischen Präsidenten.

Nach der Suez-Krise gab Großbritannien sukzessive seine politischen Ansprüche im Nahen und Fernen Osten auf. Unter der Amtsführung Harold Macmillans setzte die zweite Dekolonisierungsetappe ein, die sich vor allem auf Afrika erstreckte und in der »*Wind of Change*«-Rede des Premiers in Kapstadt (3. Februar 1961) ihren historisch markanten Ausdruck fand. Gleichzeitig begann das Land, wenn auch sehr zögerlich, sich seiner Zukunft in Europa zu versichern. Aber hier waren inzwischen mit der Gründung der Europäischen Wirtschaftsgemeinschaft Entwicklungen eingetreten, die Whitehall zunächst souverän ignoriert hatte. Schon bei der ersten Weichenstellung in Richtung Montanunion war das Argument aufgetaucht, das fortan immer wieder vorgebracht werden sollte: Premierminister Clement Attlee hatte im Parlament erklärt, Großbritannien könne seine vitalen ökonomischen Interessen nicht einer Behörde anvertrauen, die »völlig undemokratisch und niemandem gegenüber verantwortlich« sei.[46] Der Versuch, mit Hilfe der Bonner Regierung die politische Zielsetzung der Gründerväter zu torpedieren und die karolingisch-katholisch anmutende Gemeinschaft in eine harmlose Freihandelszone zu verwandeln, scheiterte kläglich.[47]

Aber zu dem vorgezeichneten Weg nach Europa gab es keine Alternative mehr, zumal man nun auch von der Annahme ausging, nur in Assoziation mit den Staaten der EWG noch jenes Maß an Einfluss auf die USA ausüben zu können, das Churchill noch allein im Umgang mit Roosevelt aufzubieten vermocht hatte. Die Entscheidung für den ersten Aufnahmeantrag markierte in vieler Hinsicht das Ende der Nachkriegszeit und entsprang einer Grundstimmung von Resignation, nicht Überzeugung, nach dem britischen Motto: »*If you can't beat them, join them*« (Wenn man sie nicht schlagen kann, muss man sich ihnen anschließen).[48] Im Rückblick, schreibt Bernd Ebersold, erscheint die Regierungszeit Macmillans als »Phase des Übergangs, in der sich die Transformation der einstigen Weltführungsmacht zur europäischen Mittelmacht mit außereuropäischer Interessenwahrnehmung beschleunigt in den Köpfen der handelnden Akteure vollzog«[49]. Anders ausgedrückt: Im Selbstverständnis seiner Führungseliten mutierte das Land von »Great Britain« zu »Britain«; es ist heute vor allem das Ausland, das noch an dem Begriff »Großbritannien« festhält.

Im Dezember 1962 bemerkte der frühere US-Außenminister Dean Acheson in einer viel beachteten Rede vor Offiziersanwärtern der berühmten Militärakademie von West Point: »*Great Britain has lost an empire and has not yet found a role*« (Großbritannien hat ein Weltreich verloren, jedoch noch keine neue Rolle gefunden). Auch weil sich Acheson bei dieser Gelegenheit über die in diesem Beitrag skizzierten Versuche Londons mokierte, seine frühere Weltgeltung irgendwie zu behaupten, wurde die Rede in England mit großer Empörung registriert. Jeder, der etwas zu sagen hatte, meldete sich zu Wort. Heute darf man wohl getrost dem Publizisten Hugo Young zustimmen, diese Reaktion sei wohl nur damit zu erklären, dass die Rede einen empfindlichen Nerv der kollektiven Psyche des Landes getroffen hatte.[50]

Anmerkungen

1 Siehe die kritische Darstellung des Journalisten Hugo Young, This Blessed Plot. Britain and Europe from Churchill to Blair, London 1998. Mit mehr historischem Gespür und einen größeren Zeitraum behandelnd jetzt auch: Keith Robbins, Britain and Europe 1789–2005, London 2005.

2 Vgl. dazu das Buch der schon vor 1939 einflussreichen Journalistin Elizabeth Wiskemann, Europe of the Dictators (1919–1945), London 1966.

3 Siehe dazu die umfassende Studie über die letzten zwölf Friedensmonate von Donald C. Watt, How War Came, London 1989; ferner Lothar Kettenacker, Die Diplo-

matie der Ohnmacht. Die gescheiterte Friedensstrategie der britischen Regierung vor Ausbruch des Zweiten Weltkrieges, in: Wolfgang Benz und Herman Graml (Hrsg.), Sommer 1939. Die Großmächte und der Europäische Krieg, Stuttgart 1979, S. 223–279.

4 Stellungnahme zu einem Memorandum seines Kollegen Sir Orme Sargent vom 28. 10. 1940, Public Record Office: FO 371/25208/W11399.

5 Titel des zweiten Bandes seines sechsbändigen Memoirenwerks (London 1949). Es steht insgesamt unter dem Motto, das für Churchill eine Art kategorischer Imperativ war: »In War: Resolution. In Defeat: Defiance. In Victory: Magnanimity. In Peace: Goodwill«. Das Motto war offenbar sein Vorschlag für ein französisches Kriegerdenkmal in den 1920er Jahren.

6 Vertragstext in: Llewellyn Woodward, British Foreign Policy in the Second World War, Bd. 2, London 1971, S. 663–665. Der Vertrag sollte 20 Jahre in Kraft bleiben, war aber schon nach weniger als fünf Jahren obsolet.

7 Siehe dazu die Dissertation von Peter Böttger, Winston Churchill und die Zweite Front (1941–1943), Frankfurt a. M. 1984.

8 Vgl. Raymond H. Dawson, The Decision to Aid Russia, 1941, Chapel Hill 1959; ferner: W. Averell Harriman/Elie Abel, Special Envoy to Churchill and Stalin, 1941–1946, London 1976, S. 80–105.

9 Dazu vor allem die Studien von Michael Howard, The Mediterranean Strategy in the Second World War, London 1968, sowie Grand Strategy, Bd. 4, London 1972.

10 Siehe »Foreign Office views on the formation of Confederations in Europe«, in: Llewellyn Woodward (Anm. 6), Bd. 5, London 1976, S. 18–20.

11 Vgl. dazu das entsprechende Kapitel in Lothar Kettenacker, Krieg zur Friedenssicherung. Die Deutschlandplanung der britischen Regierung während des Zweiten Weltkrieges, Göttingen 1989, S. 130–146.

12 The Four Power Plan, FO 371/31/525. Der Plan ging auf Gladwyn Jebb zurück: The Memoirs of Lord Gladwyn, London 1972, S. 109–125.

13 Vermerk Jebbs vom 15. 11. 1942, FO 371/31525/U1505. Vgl. auch Lothar Kettenacker, »Zwangsläufige deutsche Dominanz? – Über Konstanten britischer Europaperzeptionen«, in: Dan Diner (Hrsg.), Deutschlandbilder, Tel Aviver Jahrbuch für deutsche Geschichte, Band XXVI (1997), S. 235–249.

14 Diese Ängste vor einer deutschen Vormachtstellung sollten sich nach 1990 wieder für kurze Zeit Geltung verschaffen.

15 Vgl. Lothar Kettenacker (Anm. 11), S. 238–347.

16 Ebda.

17 Daran erinnerte die Zeitung »The Independent« am 23. Juni 1990.

18 Zur Entstehung dieses Abkommens: David Reynolds, The Creation of the Anglo-American Alliance, 1937–1941, London 1981, S. 145–169.

19 Diese und weitere Zahlenangaben bei: H. Duncan Hall, North American Supply. History of the Second World War, UK Civil Series, hrsg. von Keith Hancock, London 1955; auch Paul Kennedy, The Realities behind Diplomacy, Glasgow 1981, S. 337 ff.

20 Vgl. Paul Kennedy (Anm. 19), S. 318.

21 Correlli Barnett, The Collapse of British Power, London 1972, S. 593.

22 Zitiert in: Brian McKercher, Transition of Power: Britain's Loss of Global Pre-eminence to the United States, 1930–1945, Cambridge 1999, S. 343.

23 Victor Rothwell, Britain and the Cold War 1941–1947, London 1982, S. 2 f.

24 Aufzeichnung vom 11. 7. 1945, zit. Graham Ross (Hrsg.), The Foreign Office and the Kremlin: British Documents on Anglo-Soviet Relations, 1941–45, Cambridge u. a., 1984, S. 211 (Dok. Nr. 39).

25 London Review of Books, Band 7, Nr. 15, 5. 9. 1985, S. 3.

26 Vgl. Hugo Young (Anm. 1), S. 32; auch Geoffrey Best, Churchill. A Study in Greatness, London 2001, S. 286f. Er muss dieses Bild schon vorher im kleinen Kreis gebraucht haben. Öffentlich hat er sich darüber in seiner Rede am 20. 4. 1949 ausgelassen: Robert Rhodes James, Winston S. Churchill. His Complete Speeches 1897–1963, London 1974, S. Band VII, S. 7811.

27 Anthony Nutting im Unterhaus am 20. 11. 1951, Hansard 494, Sp. 237.

28 So war es auch für die britische Regierung schwer zu verkraften, dass 1990 die Tage ihrer militärischen Präsenz in Berlin gezählt waren. Siehe dazu Lothar Kettenacker, Britain as One of the Four Powers in Berlin, in: Jeremy Noakes u. a. (Hrsg.), Britain and Germany in Europa 1949–1990, Oxford 2002, S. 163–183.

29 Siehe z. B. den Titel von Bernard Porter, Britain, Europe and the World: Delusions of Grandeur, London 1983.

30 Elisabeth Barker, The British between the Superpowers, 1945–1950, London 1983, S. 241.

31 Zit. in Anthony Adamthwaite, Britain and the World, 1945–1949: The View from the Foreign Office, International Affairs, 61(2)1985, S. 233.

32 Zit. in den Memoiren von Hugh Dalton, High Tide and After: Memoirs 1945–1960, London 1962, S. 157.

33 Siehe die Erinnerungen seines Privatsekretärs Frank K. Roberts, Ernest Bevin as Foreign Secretary, in: Ritchie Ovendale (Hrsg.), The Foreign Policy of the British Labour Governments 1945–1951, Bath 1984, S. 21–42; vor allem aber: Alan Bullock, Ernest Bevin: Foreign Secretary 1945–1951, London 1983.

34 Vgl. D.K. Fieldhouse, The Labour Governments and the Empire-Commonwealth, 1945–1951, in: Ritchie Ovendale (Anm. 33), S. 83–120. Siehe dazu jetzt die knappe Darstellung bei Thomas Mergel, Großbritannien seit 1945, Göttingen 2005, S. 77–98, mit den entsprechenden Literatur im Anhang.

35 Donald C. Watt, Britain, the United States and the Opening of the Cold War, in: Ritchie Ovendale (Hrsg.), The Foreign Policy (Anm. 33), S. 50. Eine sehr britische Betrachtungsweise.

36 Zu der ganz unterschiedlichen Reaktion Bevins nach außen und privat: Kenneth O. Morgan, Labour in Power 1945–1951, Oxford 1984, S. 245.

37 Alan Sked, Die weltpolitische Lage Großbritanniens nach dem Zweiten Weltkrieg, in: Oswald Hauser (Hrsg.), Weltpolitik III (1945–1953). Veröffentlichungen der Ranke-Gesellschaft, München 1978, S. 160.

38 Vgl. Kenneth O. Morgan (Anm. 36), S. 253 ff.

39 Siehe Woodward (Anm. 6), Bd. 5, S. 181–194.

40 Hansard, Bd. 446, Sp. 383–409.

41 Zur britisch-deutschen Kooperation innerhalb der NATO siehe die beiden Beiträge von Gustav Schmidt und Beatrice Heuser in: Jeremy Noakes u. a. (Anm. 28), S. 113–162.

42 Siehe dazu Donald C. Watt, England blickt auf Deutschland, dt. Übersetzung: Tübingen 1965, S. 153–74. Zu Bevin: Kenneth O. Morgan (Anm. 36), S. 430. Er zitiert an dieser Stelle auch Finanzminister Hugh Dalton: »Ich hasse alle Deutschen und betrachte sie alle als Hunnen.«

43 Gerade Churchill war davon tief durchdrungen. Seine großangelegte Geschichte der Englisch sprechenden Völker hatte er schon vor dem Krieg begonnen und schloss sie dann danach ab: The History of the English-Speaking Peoples, 4 Bde., London 1956–58. Siehe jetzt auch: John Charmley, Churchill and the American Alliance, in: David Cannadine/Roland Quinault (Hrsg.), Winston Churchill in the Twenty-First Century, Cambridge 2004, S. 145–163.

44 Kenneth O. Morgan (Anm. 36), S. 282, der sich auf einen Artikel in der Times vom 29 September 1982 und das Protokoll eines geheimes Komitees vom 25. Oktober 1946 bezieht.

45 Der damalige Premierminister Sir Anthony Eden, der darüber sein Amt verlor, geht in seinem letzten Memoirenband (dt. Memoiren 1945–1957, Köln/Berlin 1960) ausführlich darauf ein: S. 475–656 (ein Viertel des Buches). Siehe im Übrigen zur neuesten Interpretation Thomas Mergel (Anm. 34), S. 87–91.

46 Zitiert bei Keith Robbins (Anm. 1), S. 249.

47 Siehe Wolfram Kaiser, Using Europe, Abusing the Europeans: Britain and European Integration 1945–1963, London 1996; ferner Martin P.C. Schaad, Bullying Bonn: Anglo-German Diplomacy on European Integration 1955–61, London 2001.

48 Siehe dazu Alan S. Milward, der zum »*Official Historian*« im Hinblick auf den britischen Beitritt zur EWG ernannt worden ist: Child Harold's Pilgrimage, in: Jeremy Noakes u. a. (Anm. 28), S. 49–65.

49 Bernd Ebersold, Machtverfall und Machtbewußtsein. Britische Friedens- und Konfliktlösungsstrategien 1918–1956, München 1992, S. 408.

50 Hugo Young (Anm. 1), S. 171. Text der Rede bei Douglas Brinkley, Dean Acheson: The Cold War Years 1953–71, New Haven u. a. 1992, S. 176–182.

Weiterführende Literatur

Ebersold, Bernd, Machtverfall und Machtbewusstsein. Britische Friedens- und Konfliktlösungsstrategien 1918–1956. Schriftenreihe des Militärgeschichtlichen Forschungsamtes, Band 31, München 1992.

Mergel, Thomas, Großbritannien seit 1945, Göttingen 2005.

Morgan, Kenneth O., Labour in Power 1945–1951, Oxford 1984.

Ovendale, Ritchie (Hrsg.), The Foreign Policy of the British Labour Government 1945–1951, Bath 1984.

Robbins, Keith, Britain and Europe 1789–2005, London 2005.

Links

http://icbh.ac.uk
　　Institute of Contemporary British History
http://www.iwm.org.uk
　　Imperial War Museum

Stefan Fröhlich

Special Relationship: Großbritannien und die USA

I. Gemeinsamkeiten und Asymmetrien

Mit dem Begriff der *special relationship* verbinden Historiker wie Politikwissenschaftler eine seit der Landung der ersten englischen Siedler an der amerikanischen Ostküste gegen Ende des 16. Jahrhunderts gewachsene einzigartige und natürliche Verbindung amerikanischer und britischer nationaler Interessen auf der Basis eines vergleichbaren Rechtssystems und gemeinsamer Sprache, Werte und Kultur.[1] Dabei liegen die Wurzeln des Begriffs eigentlich in der jüngeren Geschichte dieser Beziehung, nämlich in der Phase der engen Zusammenarbeit beider Länder als Kriegsalliierte im Zweiten Weltkrieg. Winston Churchill prägte ihn im September 1943 und machte ihn bald danach, im März 1946, in seiner berühmten Rede von Fulton, Missouri, zum stehenden Ausdruck, als er nicht nur vom »eisernen Vorhang« sprach, sondern auch von der Idee eines anglo-amerikanischen Kondominiums zum Widerstand gegen die kommunistische Bedrohung.

Bei aller Vertrautheit in den Beziehungen aber sprach Churchill schon damals von »drei Kreisen des Einflusses«, in denen sich Großbritannien fortan bewegen solle: neben dem amerikanischen waren dies der europäische und der Kreis des Commonwealth.[2] Eine einseitige, allzu starke Abhängigkeit von den USA, die seit 1945 immer von der Gefahr des Umschlagens in amerikanische Dominanz bedroht war, galt es durch Pflege der Beziehungen zum europäischen Kontinent (bei aller Europa-Skepsis) und (so lange als möglich) zu den Commonwealth-Ländern zu verhindern. Diese Strategie war nicht zuletzt das Eingeständnis einer asymmetrischen Beziehung zu den USA. Obwohl Großbritannien, nachdem die USA das Land nach dem Zweiten Weltkrieg als reichste und mächtigste Weltmacht abgelöst hatten, nur die Rolle des Juniorpartners vorbehalten war, bemühte sich London stets um Anerkennung und Gleichberechtigung. Dieses Grundmuster führt bis heute zu sehr unterschiedlichen Wahrnehmungen in Großbritannien bezüglich des Stellenwertes der Sonderbeziehung. Einerseits sprach und spricht man in London eher als in Washington von der *special relationship*, andererseits stellen nicht wenige diese Sonderbeziehung auf Grund ihrer

Einseitigkeit in Frage und weisen auf die teilweise diametralen Auffassungen zu Kultur (Sorge vor einseitigem Kulturimperialismus Amerikas) und Gesellschaft (Religion) im Allgemeinen, sowie Wirtschaft (amerikanischer Kapitalismus, Rolle des Staates bei der Wohlfahrt) und Außenpolitik (Amerikas globaler Führungsanspruch) im Speziellen hin, die das Verhältnis wesentlich komplexer und ambivalenter erscheinen lassen.[3]

So ergibt sich aus britischer Sicht ein Bild geteilter Loyalitäten, bei dem pragmatische politische Interessenabwägung und das Gefühl der Blutsbande und daraus resultierender »Sentimentalitäten« gleichermaßen das Verhältnis bestimmen.[4] Bei aller kulturellen Verbundenheit mit Amerika erkennt London die Realität der geographischen Nähe zu Europa an. Entsprechend wechselten seit 1945 Phasen, in denen die Mittelmacht Großbritannien stärker die Nähe zur Weltmacht USA suchte, mit solchen, in denen das Verhältnis erheblich abkühlte und gar zur »*natural relationship*« herabgestuft wurde.[5] Offenbar spielt auch das jeweilige persönliche Verhältnis der Staats- und Regierungschefs zueinander seit der Freundschaft zwischen Churchill und Franklin D. Roosevelt eine Rolle.

II. Niedergang und Erneuerung 1945–1961

Nach dem Tod Roosevelts am 12. April 1945 und der Abwahl Churchills im Jahr 1945 hatte sich die Lage in der britisch-amerikanischen Sonderbeziehung zunächst grundsätzlich erschwert. Hauptgrund für Auseinandersetzungen mit Washington waren 1945/46 Wirtschaftsfragen. Für Großbritannien bestand das Dilemma in der gewachsenen wirtschaftlichen Abhängigkeit von den USA. Ohne eine internationale wirtschaftliche Zusammenarbeit mussten die weit gespannten Sozialpläne der Labour-Regierung angesichts hoch verschuldeter Haushalte Makulatur bleiben. Mit der Aufkündigung der amerikanischen Pacht und Leihe (»Lend-Lease«-Abkommen zum britischen Gebrauch der von den USA überlassenen Kriegsausrüstung) war London die Bedienung seiner Schulden nicht länger möglich und nötigte es zu sofortigen Verhandlungen mit Washington. Das Ende 1945 vom Ökonomen John Maynard Keynes ausgehandelte Kreditabkommen forderte allerdings von London seinen Preis. Der Kredit von 4,4 Milliarden Dollar durfte nicht zur Abdeckung anderer Schulden dienen und seine Gewährung verlangte vor allem den Beitritt Großbritanniens zu den Abmachungen von Bretton Woods vom Juli 1944, d. h. die britische Beteiligung am Internationalen Währungsfonds (IWF), an der Internationalen Weltbank für Wiederaufbau und Entwicklung und der Internationalen Handelsorganisation

(IHO). Die damit einhergehenden Verpflichtungen umschlossen eine Beschränkung der Handlungsfreiheit, verlangten die unbeschränkte Konvertibilität der Währung, die den amerikanischen Exporten zugute kam, und eine stärkere Kooperation bei den Handelsverhandlungen. Die Folge war, dass Labour seine Hoffnungen vorerst begraben musste, in einer Übergangsphase zunächst die britische Wirtschaft wieder in Schwung zu bringen.

Begleitet wurden die britischen Sorgen um die eigene Wirtschaft und eine mögliche Abkehr Washingtons vom alten Kontinent zugunsten des Aufbaus eines multilateralen, liberalen Weltwirtschaftssystems vor allem von Missklängen in der Sicherheits- und Außenpolitik, insbesondere in der Frage der nuklearen Zusammenarbeit. Frühe Versuche Londons, eine nukleare Partnerschaft mit Washington zu entwickeln (so im »Groves-Anderson-Memorandum« vom November 1945 formuliert), gerieten bereits nach dem amerikanischen Einsatz atomarer Waffen gegen Japan unter Druck. Forderungen nach den angemessenen Konsultationsmechanismen und Mitspracherechten scheiterten schließlich (zeitgleich mit Lend Lease) mit dem amerikanischen *MacMahon Act* von 1946, der die Verbreitung von Informationen über Kernwaffen in jedes andere Land verbot.[6]

Zum eigentlichen Architekten der *special relationship* nach 1945 wurde der britische Außenminister Ernest Bevin. Als sich die Beziehungen zu Moskau verschlechterten und der lange erhoffte Modus Vivendi mit dem Kreml ausblieb, erhöhte vor allem der britische Außenminister den Druck auf Washington, sich für die Sicherheit Europas einzusetzen. Im Februar 1946 sprach er öffentlich die Möglichkeit einer anglo-amerikanischen Rüstungskooperation an und stellte sich damit gar gegen den Premier Clement Attlee, der einer zu engen Liaison mit Washington zu diesem Zweitpunkt eher skeptisch gegenüberstand. Nachdem der amerikanische Diplomat George Kennan seine Ideen über *containment* in Washington populär gemacht hatte, die Sowjetunion ihren Druck auf den Iran erhöhten und auch die Entwicklungen in Osteuropa Anlass zur Besorgnis gaben, entwickelte Bevin seine Überlegungen schließlich weiter und schlug die Gründung einer »Westlichen Union« unter anglo-amerikanischer Führung zur Eindämmung der sowjetischen Bedrohung vor.[7] Die in diesem Vorschlag enthaltene Idee der *special relationship* griff er schließlich im Februar 1949 erneut auf und erhob sie in einer im Außenamt entwickelten Sicherheitsstrategie quasi zur außenpolitischen Doktrin Großbritanniens.[8] Ihren Ausdruck fand diese vor allem von Bevin forcierte Zusammenarbeit mit Washington in der Berlin-Blockade (1948) sowie der NATO (1949), in deren Gefolge amerikanische Bomber in Großbritannien stationiert und der europäische Bündnispartner binnen drei Jahren (1951) offiziell zum vorgeschobenen Nuklearstützpunkt der USA wurden. So wurde die Wirtschaftshilfe ergänzt durch die direkte militärische Hilfe.

Innerhalb von vier Jahren war somit der institutionelle Rahmen der Beziehung abgesteckt. Er verhinderte aber nicht, dass die Beziehungen auch fortan unter Spannungen litten, z. B. in der Frage der amerikanischen Kriegsführung in Korea (1950–1953), als Washington den Druck auf London bezüglich der Wiederaufrüstung, einer globalen Ausweitung der Strategie der Eindämmung der Sowjetunion sowie eines eventuellen Nukleareinsatzes erhöhte; in der China-Politik, nachdem London entgegen amerikanischen Wünschen 1949 die Volksrepublik anerkannt hatte; in der Nuklearpolitik über Großbritanniens eigene Anstrengungen zur Entwicklung einer größeren Unabhängigkeit von Washington; vor allem aber in der Nahostpolitik, wo Großbritannien bis 1956 auf Grund eigener Interessen weitaus offensiver auftrat als die USA und immer wieder mit Washington über Ölkonzessionen und britische koloniale Hinterlassenschaften aneinander geriet.[9] Grundsätzlich aber ließen beide Seiten keine Zweifel daran, dass die Sonderbeziehung zwischen ihnen so unverrückbar und unausweichlich war wie die Fakten des Kalten Krieges selbst.

Während der Amtszeit von Anthony Eden (1955–1957) kam es auch zu einer schweren Krise des Verhältnisses zwischen den beiden Ländern. Die britisch-französische »Entente« zum Sturz Abd el-Nassers und zur Kontrolle des vom ägyptischen Führer illegal beschlagnahmten Suez-Kanals im Jahr 1956 rief Washingtons heftigen Widerspruch hervor. Die USA fürchteten nicht nur um die Gunst der Länder der Dritten Welt, sondern auch um eine politische Aufwertung der Sowjetunion, die gerade ihren militärischen Druck auf Ungarn erhöhte. Der politische wie wirtschaftliche Druck der USA zwang London schließlich zum Rückzug und führte auch zum Rücktritt von Premierminister Eden. Für Großbritannien bedeutete das Suez-Debakel international den größten Einschnitt in der Nachkriegsgeschichte und die schmerzvolle Erkenntnis, wie gering der Spielraum der europäischen Westmächte gegenüber den USA war.[10]

Dass die Sonderbeziehung die Krise dennoch gut überstand und gar aus ihr gestärkt hervorging, zeigt, wie sehr sich beide Seiten mittlerweile ihrer wechselseitigen materiellen wie psychologischen Abhängigkeiten und gemeinsamen Interessen bewusst waren. Harold Macmillan, der Eden ersetzte und noch aus Kriegszeiten eine enge Verbindung zu dem amerikanischen Präsidenten Dwight D. Eisenhower unterhielt, begann unter dem wachsenden Druck Moskaus gar auf eine Verstärkung bzw. Erneuerung der nuklearen Zusammenarbeit hinzuwirken, nachdem der US-Kongress durch eine Revision des *McMahon Act* den Weg dafür frei gemacht hatte.[11] Die USA boten London zunächst ihre Unterstützung bei der Entwicklung der Mittel-streckenrakete *Blue Streak* an, schließlich unterzeichneten beide Seiten 1958 ein Abkommen, das Großbritannien den Erwerb amerikanischer Trägersys-teme gewährte und Washington im Gegenzug die Atom-U-Boot-Basis im schottischen Holy Loch und den Nachrichtendienst in Flyingdales zur Ver-fügung stellte.[12] Am Ende des Jahrzehnts war vor allem die Kooperation im Verteidigungsbereich viel versprechender denn je.

III. Zwischen Konsolidierung, Stagnation und bewegtem Übergang 1961 bis 1979

Die Kennedy-Macmillan-Ära zählt zu den goldenen Jahren in der *special relationship*, obwohl auch diese Phase nicht frei blieb von Spannungen. Prä-sident John F. Kennedy und Harold Macmillan entwickelten eine ähnlich enge persönliche Beziehung wie Churchill und Roosevelt.[13] Die sicher-heitspolitische Zusammenarbeit, insbesondere in der Nuklearfrage, blieb das Herzstück der britisch-amerikanischen Beziehungen in den 1960er Jah-ren, nicht zuletzt im Kontext der beiden zentralen internationalen Ereig-nisse dieser Jahre, der Berlin- und der Kuba-Krise. Im Mittelpunkt stand der für Macmillan prestigeträchtige »Polaris«-Deal mit Washington. Macmillan hoffte dabei, dass Kennedy sich an eine bereits mit Eisenhower ausgehan-delte Verabredung halten würde, wonach London entweder das eigentlich bereits veraltete Skybolt-Raketensystem oder aber möglicherweise das Po-laris-System kaufen könne, um die britische Nuklearabschreckung zu mo-dernisieren. Als die Amerikaner Skybolt aufgaben, wuchsen in Großbritan-nien die Sorgen um eine mögliche Aufkündigung des Abkommens durch die neue Regierung in Washington. Der Premierminister drängte Kennedy daher bei ihrem berühmten Treffen in Nassau im Dezember 1962 mit Erfolg zum Verkauf der Nuklearraketen und ging dabei gegenüber dem US-Prä-sidenten so weit, mit dem Erwerb der Raketen sein politisches Schicksal im eigenen Lande zu verbinden. Der politische Coup hatte für den Premier allerdings einen hohen Preis. Präsident Charles de Gaulle sah in dem Polaris-Handel einmal mehr die Bestätigung, dass Großbritannien stärker nach Washington schaute als nach Europa und legte drei Wochen nach der Kon-ferenz von Nassau sein Veto gegen den britischen Beitritt zur Europäischen Wirtschaftsgemeinschaft ein.

Der begrenzte Einfluss Londons bestätigte sich auch in den beiden gro-ßen Krisen dieser Jahre. In der Berlin-Krise gelang es dem Premierminis-ter immerhin, die US-Regierung vom Vorzug einer politischen gegenüber der militärischen Lösung zu überzeugen und den nach dem Mauerbau im August 1961 zementierten Status quo zu akzeptieren, ohne sich dabei allzu offen dem Vorwurf einer Politik des Nachgebens gegenüber Moskau auszusetzen.[14] Ähnlich verhält es sich im Falle der Kuba-Krise. Auch hier bevorzugte der britische Premier schon bald eine politische Lösung, nachdem er anfänglich noch für eine Invasion plädiert hatte.[15] Allerdings blieb London sowohl gegenüber den Vereinigten Staaten als auch der Sowjetunion in der Sache klar und unmissverständlich, was nicht zuletzt seinen Anspruch auf einen möglichst unabhängigen Status von den USA dokumentierte: Ein Junktim zwischen den sowjetischen Raketen in Kuba und den Jupiter-Raketen in der Türkei wurde ebenso abgelehnt wie die völkerrechtlich fragwürdige Quaränänepolitik der US-Regierung.[16] In Fragen der Kontrolle über die eigenen Nuklearwaffen und der Nutzung von amerikanischen Stützpunkten in Großbritannien aber zeigte sich andererseits deutlich, dass Londons Meinung in Washington zwar durchaus zählte, Washington sich aber bei Bedarf vorbehielt, wann und ob es Nuklearwaffen auch ohne vorherige Konsultation seiner europäischen Bündnispartner, Großbritannien eingeschlossen, zum Einsatz brachte.[17]

In der zweiten Hälfte der 1960er Jahre und in den 1970er Jahren stockte das britische Wirtschaftswachstum merklich, mit entsprechenden Auswirkungen auch auf den Verteidigungsetat des Landes. Der britische Partner verlor in diesen Jahren erheblich an Bedeutung in den USA, wo der Vietnamkrieg und die ersten Anzeichen einer Rezession Präsident Lyndon B. Johnson nach einer stärkeren Lastenteilung im Bündnis rufen ließen. Zusätzlich belastet durch die eher nüchternen persönlichen Beziehungen zwischen Johnson (1963–1969) und Harold Wilson (1964–1970) sowie Präsident Richard Nixon (1969–1974) und Edward Heath (1970–1974) geriet die *special relationship* zusehends unter Druck. In den zentralen Fragen, also Großbritanniens Debatte über eine stärkere, unabhängige Abschreckungskapazität; die Diskussion um die erst 1965 gescheiterten amerikanischen MLF-Pläne (*Multilateral Force*) für einen mit amerikanischen Nuklearraketen bestückten gemeinsamen Flottenverband der USA und europäischer NATO-Partner; die kritische Haltung Londons zum Vietnamkrieg; der Paradigmenwechsel in der Europa-Politik, von dem Washington sich ein Gegengewicht zum offenen französischen Anti-Amerikanismus erhoffte, wuchs die Angespanntheit auf beiden Seiten.

Nichts belastete die bilateralen Beziehungen dabei so stark wie die Abwertung der britischen Währung von 1967 und die damit verbundene Debatte über eine drastische Kürzung des Verteidigungshaushalts. Präsident Johnson gelang es 1965 zwar, zunächst über bilaterale, später dann über multilaterale Beistandsabkommen London dazu zu bewegen, das Pfund noch zu halten und eine Abwertung zu verschieben. Paradoxerweise aber sah sich die britische Regierung nicht zuletzt durch die weltweit die Inflation anheizende Finanzierung der Vietnam-Politik Johnsons und die mit dem IWF-Beistandspaket zur Konsolidierung des britischen Staatshaushalts verbundenen Verpflichtungen zu diesem Schritt gezwungen. Das von Wilson im Juli 1966 proklamierte Stabilisierungsprogramm mit Steuererhöhungen, Devisenkontingentierungen, Lohn- und Preisstopp und einer Einschränkung der Ausgaben für die Rheinarmee erforderte nach Meinung der Regierung in London geradezu eine parallele Abwertung der Währung zur Verbesserung der Handelsbilanz und der Exporte. Am 18. November 1967 setzte sich Wilson über alle Bedenken in Washington hinweg und entschied nach zweijährigem, zähem Ringen mit der US-Regierung die Abwertung des Pfund um 14 Prozent.[18]

In der Amtszeit Präsident Nixons und Edward Heaths verkehrten sich erstmals die Prioritäten in der Sonderbeziehung; beide charakterisierten das Verhältnis nun als »*natural relationship*«. Von allen britischen Premiers der Nachkriegszeit hatte wohl keiner ein derart gespaltenes persönliches Verhältnis zu Amerika wie Heath.[19] Sein besonderes Interesse galt dem Aufbau Europas mit britischer Unterstützung. Zwar waren die britisch-amerikanischen Beziehungen nicht so belastet wie in ihren großen Krisenjahren: die nukleare Zusammenarbeit dauerte an, allerdings erstmals flankiert von einer britisch-französischen Nuklearkooperation nach Frankreichs Verlassen der integrierten NATO-Strukturen; die Idee der Westeuropäischen Union (WEU) als europäischer Pfeiler in der NATO wurde reaktiviert, nahm aber erst in den achtziger Jahren konkretere Formen an; London unterstützte die amerikanische Idee eines graduellen Rückzugs aus Vietnam bzw. der »Vietnamisierung« des Konflikts. Die Sonderbeziehung erodierte aber insofern, als Heath von Anfang an klar signalisierte, Washington gerade in weltpolitischen Fragen nicht in jedem Fall blind folgen zu wollen. 1971 wandte sich der britische Premier offen gegen Washingtons Unterstützung Pakistans im Konflikt mit Indien. 1973 weigerte er sich, während der amerikanischen Luftbrücke für militärische Ersatzteile als Hilfe für die Israelis im Yom-Kippur-Krieg, den Amerikanern die Nutzung britischer Luftstützpunkte auf Zypern zu gestatten.[20] Und in der Verteidigung des Westens und der Frage der Lenkung der Weltwirtschaft führte Großbritannien unter Heath sein Engagement weiter zurück.

Daran änderte sich auch nichts in der Zeit von 1974 und 1979, als Gerald Ford (1974–1977) und Jimmy Carter (1977–1980) auf der amerikanischen sowie Harold Wilson (1974–1976) und James Callaghan (1976–1979) auf

der britischen Seite sich bemühten, der Sonderbeziehung neues Leben ein-
zuhauchen. Im Bereich der nuklearen Kooperation normalisierten sich die
Beziehungen, da Wilson, ungeachtet des Drängens der eigenen Fraktion,
sich an den Auftrag des Labour-Wahlmanifests zur Aufkündigung der engen
anglo-amerikanischen Zusammenarbeit zu halten, und trotz weiterer Abstriche im Verteidigungsbudget das Chevaline Nuklearprogramm mit Washington fortsetzte. Auch in der Frage der Behandlung der Sowjetunion
und des 1975 in Gang gekommenen internationalen Abrüstungsprozesses
im konventionellen Bereich war man weitgehend einer Meinung.

Einzig die türkische Invasion auf Zypern 1974 verursachte größere Spannungen, da der amerikanische Außenminister Henry Kissinger im aufziehen-
den Konflikt zwischen den NATO-Verbündeten Griechenland und Türkei der US-Außenpolitik Zurückhaltung auferlegte (vor allem im Hinblick
auf einen möglichen Einmarsch der Türkei), während Callaghan Washington drängte, Athen zu einer moderateren Haltung zu bewegen, um so einer
möglichen türkischen Invasion vorzubeugen. Auch nach der Invasion versuchte London vergeblich, die USA zu einem militärischen Eingreifen (unter
Koordination der UN) im Konflikt anzuhalten. Die anschließende Teilung
der Insel, die die britische Regierung zu verhindern hoffte, führte Wilson auf
die mangelnde Bereitschaft Washingtons zurück, größeren Druck auf die
Türkei auszuüben bzw. Großbritannien intervenieren zu lassen.

IV. Wiederbelebung der Sonderbeziehung:
Von der *special* zur »*extraordinary*« *relationship* 1980–1994

Die Wiederbelebung des anglo-amerikanischen Verhältnisses ist zum nicht
unerheblichen Teil der freundschaftlichen und politischen Verbundenheit
zwischen Ronald Reagan (1981–1989) und Margaret Thatcher (1979–1990)
geschuldet. Für Thatcher gestalteten sich die Beziehungen zu den USA nicht
nur als »besondere« (*special*), sondern vielmehr als »einzigartige« (*extraordina-
ry*) Liaison, als »größte Allianz zur Verteidigung von Freiheit und Gerechtigkeit, welche die Welt je gesehen hatte«,[21] in welcher der amerikanische Präsident den »American dream in action« (Thatcher) verkörperte.[22] Für Reagan wiederum symbolisierte die britische Premierministerin die Rückkehr
Großbritanniens zur freien Marktwirtschaft und damit das Ende einer, wie
er meinte, durch die Exzesse des Sozialismus gebeutelten Ära.[23]

Auch wenn der Rückkehr der britischen Wirtschaft zu neuer Stärke erst
eine Reihe schmerzvoller Reformschritte vorangingen und somit Großbritannien in den 1980er Jahren für Washington alles andere als der kraftvolle

Partner in Europa war, mit dem die Zusammenarbeit in der Verteidigung und in der Weltwirtschaft hätte intensiviert werden können, trug die betonte Rückbesinnung beider Seiten auf die politischen Werte und das gemeinsame rechtliche und kulturelle Erbe dazu bei, dass ihre Beziehung in dieser Phase tatsächlich weitgehend von großer Harmonie und Interessenidentität geprägt war.

Nachdem Washington London 1982 während des Falkland-Krieges zur Rückeroberung der von Argentinien besetzten Inseln bei der Nachrichtenbeschaffung und Logistik sowie durch das zur Verfügung stellen der Ascension-Insel als Nachschubbasis unterstützt hatte, revanchierte sich Thatcher nicht nur durch ihre offene Unterstützung der Mittelamerika-Politik des US-Präsidenten (Invasion amerikanischer Truppen in Grenada 1983; der Krieg gegen die Sandinisten in Nicaragua ab 1981),[24] sondern auch indem sie 1986 amerikanischen Bombern gestattete, von britischen Basen aus Libyen auf Grund der vorgeblichen Zusammenarbeit des Landes mit Terroristen anzugreifen.[25] Im Irak rüstete Thatcher Anfang der 1980er Jahre gemeinsam mit der US-Administration Saddam Husseins Regime im Krieg gegen den Iran auf, ebenso offen demonstrierte die britische Regierung an der Seite Washingtons zur gleichen Zeit ihre Sympathie für den Widerstandskampf der Mudschaheddins gegen das pro-sowjetische Regime in Afghanistan.[26] Schließlich zogen beide Seiten auch an einem Strang in der Frage nach der angemessenen Reaktion auf die sowjetische Bedrohung Anfang der 1980er Jahre: Die Stationierung sowjetischer Mittelstreckenraketen am Rande Europas 1978 veranlasste London, trotz mancher Bedenken hinsichtlich der Taktik Reagans gegenüber Moskau, der harten Linie der Gegenaufrüstung des US-Präsidenten zu folgen. Dass sich dieser Schulterschluss in einer Phase vollzog, da Großbritannien längst Vollmitglied der EG war und zusehends in dieser Frage von Brüssel aus unter Druck geriet, zeigt, wie stark die Sonderbeziehung damals auch von Thatchers Gegnerschaft zu den europäischen Einigungsplänen geprägt war.

Andererseits ermöglichte die besondere Stellung der Premierministerin in Washington dieser auch ihren Einfluss geltend zu machen. Vor 1985 schien einzig London in der Lage, Reagans Konfrontationskurs gegenüber Moskau immer wieder die Schärfe zu nehmen. Deutlich wurde dies vor allem, als der amerikanische Präsident nach der Machtergreifung des Militärs und der Verhängung des Kriegsrechts in Polen 1981 ein Erdgasröhren-Embargo gegen die Sowjetunion verhängte und London sich, wohl auch auf Grund der Empörung der Europäer und nicht zuletzt wegen ökonomischer Interessen, am Ende für die europäische Linie entschied und einen für britische und westeuropäische Firmen annehmbaren Kompromiss aushandelte. Ebenso entschieden sprach Thatcher sich 1984 gegen die amerikanische Strategische Verteidigungsinitiative (SDI) aus, da der geplante Raketenschild im Weltall ihrer Ansicht nach den nuklearen Schutz Europas aushöhlte.

Dass die amerikanischen Direktinvestitionen in Großbritannien in dieser Phase generell stark zugenommen hatten und nur in Kanada höher waren, trug aber sicherlich dazu bei, dass es auch in den Folgejahren unter Thatcher bzw. John Major (1990–1997) und US-Präsident George Bush sen. (1989–1993) im Großen und Ganzen wenig Differenzen in der Sonderbeziehung gab. Als Saddam Hussein zur Bedrohung im Mittleren Osten heranwuchs und der Golfkrieg ausbrach, waren sich beide Seiten über ein entschlossenes Handeln mit Unterstützung des UN-Sicherheitsrats rasch einig.

Sorge bereitete der Premierministerin allerdings, dass Washingtons Antwort auf den Zusammenbruch der Sowjetunion und die deutsche Wiedervereinigung in der Forderung nach einer Verstärkung des europäischen Integrationsprozesses bestand.[27] Als Thatcher die politische Bühne verließ, wurden ihre großen Bedenken diesbezüglich allenfalls dadurch abgemildert, dass Bush am NATO-Primat zur Aufrechterhaltung der europäischen Sicherheit unter Einbeziehung des vereinigten Deutschlands festhielt.[28] Ihre Unbeweglichkeit hatte sie sowohl unter den europäischen Bündnispartnern wie auch in Washington isoliert und Großbritannien seiner Möglichkeiten beraubt, einen aktiven Beitrag zum europäischen Integrationsprozess zu leisten. Eben dies veranlasste die Regierung Major, sich anschließend deutlich gegen jede Form eines »wahllosen Multilateralismus« im Rahmen der von Bush proklamierten Weltordnung auszusprechen und stattdessen für eine Wiederbelebung der Sonderbeziehung zu plädieren.[29]

V. Generationenwechsel mit Folgen – die Jahre 1994–2005

Mit Bushs Nachfolger Bill Clinton (1992–2000) hatte es Major ungleich schwerer. In Grundfragen der Außenpolitik dividierten vor allem die Entwicklungen auf dem Balkan sowie die damit zusammenhängende Frage nach der Reform der NATO bzw. verstärkter Anstrengungen der Europäer zum Ausbau der eigenen Außen- und Sicherheitspolitik beide Seiten zunächst auseinander. Paradoxerweise wirkten sich dabei die Bemühungen der Regierung Major um eine Stärkung der NATO bzw. Abschwächung der europäischen Verteidigungsanstrengungen im Verhältnis zu Washington kontraproduktiv aus. Clintons Partnerschaftsinitiative gegenüber Russland (NATO- Partnerschaftsabkommen für den Frieden) aus dem Jahr 1994, seine – nach anfänglichem Zögern – Unterstützung der »Eurokorps«-Idee im

gleichen Jahr sowie das von ihm mit propagierte Konzept zum »gemeinsamen Nutzen von NATO-Mitteln« durch Europäer wie Amerikaner in so
genannten *out-of-area*-Einsätzen (*Combined Joined Task Forces*) machten deutlich, dass Washington genau das Gegenteil von dem wünschte, was London
sich erhoffte: die Stärkung Europas. Zwar betonte auch Clinton stets die
herausragende und zentrale Rolle der NATO für die europäische Sicherheit,[30] aber die Unfähigkeit der Europäer, den Krieg auf dem Balkan ohne
amerikanische Unterstützung zu unterbinden, lastete die US-Administration
nicht zuletzt dem Zögern Großbritanniens an, die Gemeinsame Außen-
und Sicherheitspolitik der Europäischen Union (GASP) entscheidend
voranzutreiben.[31] Der Balkan gehörte in dieser Phase zu den leidvollen
Themen in der *special relationship*.[32]

War der Generationenwechsel auf amerikanischer Seite bereits 1992 vollzogen worden, so kam 1997 mit Tony Blair auch auf britischer Seite ein
Vertreter der jüngeren Generation an die Macht, der nicht nur radikal mit
den sozialistischen Überresten von Labour brach, sondern auch in der Europapolitik bereit war, neue Wege zu beschreiten. Der »Dritte Weg« wurde in
Großbritannien zum Synonym einer Politik des »Sowohl als Auch«, eines
Mittelweges zwischen Neoliberalismus und Sozialismus in der Wirtschaftspolitik, aber auch eines neuen Selbstbewusstseins in der Außenpolitik, die sich
von Amerika nicht lossagte, sich Washington aber auch nicht unterordnete,
die Europa zwar nicht bedingungslos folgte (Wirtschafts- und Währungsunion), es aber mitgestalten wollte (»im Herzen Europas«).

Blair machte aus seiner Bewunderung für die Ideen des amerikanischen
Präsidenten zur Modernisierung der Wirtschaft von Anfang an keinen
Hehl.[33] Nach seinem Amtsantritt übernahm er nahezu ausnahmslos den
finanz- und wirtschaftspolitischen Maßnahmenkatalog der Demokraten:
operationelle Unabhängigkeit der Bank von England; gestärkte Finanzaufsichtsbehörde zur Kontrolle einer auf finanzpolitische Solidität ausgerichteten Haushaltspolitik, die sich umgehend um den massiven Abbau der
Staatsschulden bemühte; das »*Welfare to Work*«-Programm, das Sozialhilfeempfänger in den Arbeitsmarkt zurückbringen sollte; unangekündigte Prüfungen von Schulen durch Kontrollteams des Erziehungsministeriums.[34] In
der Außenpolitik riskierte der Premier, wohl nicht zuletzt aus seiner persönlichen Freundschaft heraus, zeitweise viel, als er sich bei seiner Unterstützung Washingtons auch über die Bedenken im eigenen Land hinwegsetzte.
Dies galt für seine Duldung unangekündigter amerikanischer Militärschläge
gegen vermeintliche Terroristen im Sudan und in Afghanistan 1998 ebenso
wie für die britische Unterstützung bei der Bombardierung des Iraks im
Februar des gleichen Jahres.

Allerdings bedeutete diese Freundschaft keinesfalls blinde Gefolgschaft. Der Krieg im Kosovo 1999 machte dies deutlich, als der Premier Clinton lange vergeblich an das gemeinsam bekundete Interesse am Ausbau der »Europäischen Sicherheits- und Verteidigungsidentität« im Rahmen einer starken transatlantischen Sicherheitspartnerschaft zu erinnern versuchte. Blair war wie kein anderer europäischer Regierungschef bereit, in diesem Konflikt entschlossen gegen die serbische Aggression vorzugehen. Zwar war er sich mit Clinton einig, der NATO die entscheidende Rolle zur Lösung des Konflikts zuzuschreiben – womit er sich gegen die Vorstellungen vor allem Frankreichs von einer »europäischen Lösung« stemmte.[35] Der Präsident teilte auch Blairs Einschätzung, wonach die Welt im Falle von Völkermord und Massenvertreibungen trotz völkerrechtlicher Schranken nicht tatenlos zusehen dürfe (»humanitäre Intervention«). In einem entscheidenden Punkt aber scheiterte Blair am Widerstand Clintons: Der Präsident ließ sich nicht zum Einsatz von Bodentruppen bewegen, auch nicht, als die Angriffe aus der Luft nur wenig Wirkung erzielten. Nach langer Zeit der Sonderbeziehung aber konnte erstmals wieder ein britischer Premier in einer derart zentralen außenpolitischen Frage für sich beanspruchen, entscheidend zur Lösung eines Konflikts beigetragen zu haben.

Mit Clintons Nachfolger im Amt, George W. Bush, hatte Blair zunächst seine Schwierigkeiten; zu unterschiedlich erschienen Herkunft und politische Sozialisation beider. In der Literatur sprach man daher zunächst gerne vom »ungleichen Paar« auf der internationalen Bühne.[36] Dies alles änderte sich rasch mit den tragischen Anschlägen vom 11. September 2001, als Blair ohne Zögern nicht nur seine uneingeschränkte Solidarität mit den USA erklärte, sondern auch zum wichtigsten europäischen Verbündeten im Kampf gegen den internationalen Terrorismus aufstieg. Großbritannien unterstützte den Militärschlag gegen das Taliban-Regime und die Al Quaida-Kämpfer in Afghanistan, und es hat maßgeblich auf die US-Administration eingewirkt, nicht bereits unmittelbar nach den Anschlägen gegen den Irak loszuschlagen, sondern zunächst über die UN eine internationale Allianz gegen den Irak aufzubauen. Die am 8. November 2002 einstimmig verabschiedete UN-Resolution 1441 zur Rückkehr der Waffeninspekteure in den Irak war nicht zuletzt das Ergebnis von Blairs beharrlichem Drängen in Washington.

Dies hinderte London aber nicht daran, sich auch dann noch an die Seite der USA zu stellen, als Washington sich zu einem unilateralen Vorgehen im Irak entschieden hatte. Gegen alle Widerstände im eigenen Lande ordnete Blair bereits im Januar 2003, also zwei Monate vor Kriegsausbruch und ohne eine zweite UN-Resolution zur Legitimierung eines militärischen Vorgehens im Rücken, den Aufmarsch der ersten 30 000 von am Ende insgesamt 45 000 Soldaten an der Grenze des Irak an.[37]

Für viele Beobachter war Blairs Entscheidung, Amerika in den Krieg zu folgen und sich damit gegen die UN sowie gegen jene Teile Europas, die der amerikanische Außenminister Donald Rumsfeld dem »alten« Europa zuordnete (allen voran Frankreich und Deutschland), zu stellen, der Kulminationspunkt anglo-amerikanischer Solidarität in der Phase seit Ende des Kalten Krieges, der ultimative Treuebeweis Großbritanniens. Die bedingungslose Solidarität wirft einmal mehr die Frage nach der Abhängigkeit Londons vom großen Bruder in Washington auf. Bis heute bezahlt Großbritannien für den privilegierten Zugang zu modernster amerikanischer Technik gerade im Militärbereich in der Tat den Preis einer hohen technischen Abhängigkeit, die Kritiker nach einer gleichberechtigten Partnerschaft rufen lassen, die einzig mit Europa zu erreichen sei.

Dem gegenüber stehen allerdings die sehr konkreten Erfolge auf der wirtschaftlichen Ebene der Sonderbeziehung. Zwar ist Europa Großbritanniens wichtigster Außenhandelspartner. Bei den Direktinvestitionen aber sieht das Bild anders aus: 43 Prozent aller britischer Direktinvestitionen gehen in die USA, verglichen mit »nur« 35 Prozent in die EU. Umgekehrt werden Zwei Fünftel aller amerikanischen Direktinvestitionen in der EU in Großbritannien vorgenommen, mit dem Ergebnis, dass mehr als 5 000 US-Unternehmen im Lande operieren.[38] Die Briten sind auch der größte europäische Abnehmer amerikanischer Exporte.

Dass solche Zahlen auch das Ergebnis der teilweise ungenutzten Potenziale in Europa insbesondere in der Rüstungskooperation sind, ist unbestritten. In der Sonderbeziehung schwingen zudem auch andere, weniger rationale Kriterien mit, die das besondere Verhältnis insbesondere seitens Londons ausmachen. Dabei spielt neben der kulturellen und sprachlichen Verbundenheit ganz sicherlich auch das Gefühl eine Rolle, durch den engen Schulterschluss mit dem mächtigsten Akteur auf der Weltbühne einen Ausgleich für den Verlust des Empire gefunden zu haben.

VI. Perspektiven

Ob gerade diese Gefühlslage, ganz abgesehen von Blairs ohnehin stark messianischer Weltsicht, den Ausschlag für seine Irak-Entscheidung gegeben hat, ist Spekulation. Der Preis, den er dafür zahlen musste, ist so oder so groß. Auf beiden Seiten des Atlantiks hat das Image des Premiers in besonderer Weise gelitten. Zwar hat der Präsident mehrfach den großen Beitrag Londons als wichtigsten und verlässlichsten Bündnispartner betont, ob dies Blair jedoch mehr Einfluss im Weißen Haus gesichert hat, scheint sehr fraglich zu sein. Mehr als Hilfstruppen – trotz des größeren Beitrags als die Amerikaner gemessen an der Gesamtzahl seiner Soldaten – waren die Briten im Golfkrieg 2003 nicht. London konnte die Amerikaner von ihrem Waffengang am Ende nicht abbringen, von echter Gestaltungsmacht im Sinne einer gleichberechtigten Partnerschaft konnte keine Rede sein.

Im Rückblick erscheint der Schulterschluss mit Amerika in der Irakkrise eher künstlicher Natur. Von einer ideologischen Seelenverwandtschaft zwischen Blair und Bush kann man kaum sprechen, dazu tauchten Differenzen in der Sonderbeziehung allzu schnell wieder auf – in der Frage der Demokratisierung des Irak und der Wiederbelebung des Nahostfriedensprozesses im Rahmen der Initiative für den »größeren Mittleren Osten« und der »*road map*« des Quartetts (EU, Russland, USA und UN);[39] bezüglich der Rolle internationaler Organisationen; schließlich in Umweltfragen und Fragen zur Lösung der Weltarmutsprobleme. Die Meinungsunterschiede machten Großbritannien einmal mehr deutlich, dass die Beziehung heute mehr denn je eine zwischen ungleichen Partnern ist – zumindest gemessen an der Wirtschaftskraft, der Verteidigungskapazität und am Einfluss in der Welt. Eine Aufkündigung bzw. Aufweichung der institutionalisierten Zusammenarbeit vor allem im Sicherheits- und Geheimdienstbereich ist zwar unvorstellbar für die Zukunft – ein Gleiches gilt für die engen wirtschaftlichen Verbindungen –, dennoch hat Europa in Folge der neuen Herausforderungen für Washington an strategischer Bedeutung eingebüßt, was auch Auswirkungen auf die traditionelle außenpolitische Rolle Londons als transatlantischer Makler hat. Für London wird es jedenfalls angesichts der zunehmenden strategischen Kluft zwischen den Vereinigten Staaten und Europa in Zukunft schwieriger, transatlantische Konflikte auszubalancieren und die Vision von Blair zu realisieren: Großbritannien als eine entscheidende Macht, die sowohl eine Führungsrolle in Europa ausübt wie auch ein besonderer Partner Amerikas bleibt.

Anmerkungen

1 Harry C. Allen, Great Britian and the United States, London 1954.
2 David Reynolds, The Special Relationship: Rethinking Anglo-American Relations, in: International Affairs, 65 (1989), S. 89–111; John Dickie, »Special No More«: Anglo-American Relations. Rhetoric and Reality, London 1994.
3 Mike Storry, Peter Childs (Hrsg.), British Cultural Identities, London 1997, S. 318; Paul Hollander, Anti-Americanism: Critiques at Home and Abroad, New York

1992, S. 371 ff.; Alan Dobson, The Politics of the Anglo-American Economic Special Relationship, Brighton-New York 1988.

4 Christian Schubert, Großbritannien. Insel zwischen den Welten, München 2003, S. 160.

5 Edward Heath, The Course of My Life: My Autobiography, London 1998, S. 472.

6 Erst die spätere Modifizierung des Act ermöglichte Großbritannien eine stärkere Beteiligung an der amerikanischen Technologie. Zur Frage der nuklearen Zusammenarbeit in dieser Phase vgl. John Baylis, Anglo-American Defence Relations, 1939–1984: The Special Relationship, London 1984, S. 49 ff.

7 Ritchie Ovendale (Hrsg.), Anglo-American Relations in the Twentieth Century, Basingstoke 1998, S. 65; John Baylis (Anm. 6), S. 43.

8 John Dumbrell, A Special Relationship. Anglo-American Relations in the Cold War and After, Basingstoke 2001, S. 44.

9 Alan Dobson, Anglo-American Relations in the Twentieth Century, London 1995, S. 115.

10 Christopher J. Bartlett, The Special Relationship, London 1992, S. 86 ff.

11 Harold Macmillan, Riding the Sorm, 1955–1959, London 1971, S. 323.

12 John Baylis (Anm. 6), S. 87.

13 John Dickie (Anm. 2), S. 131 f.

14 John P.S. Gearson, Harold Macmillan and the Berlin Wall Crisis, 1958–1962, Basingstoke 1998, S. 70.

15 John Dumbrell (Anm. 8), S. 56.

16 Harold Macmillan, At the End of the Day, 1961–1963, London 1973, S. 212; Ernest R. May, Philip. D. Zelikow (Hrsg.), The Kennedy Tapes: Inside the White House during the Cuban Missile Crisis, Cambridge Massachusetts 1997, S. 386 f., 428.

17 John Baylis (Anm. 6), S. 127.

18 Harold Wilson, The Labour Government 1964–1970, London 1971, S. 454 f.

19 So auch die Einschätzung Henry Kissingers. Vgl. Henry Kissinger, Years of Upheavel, London 1982, S. 141.

20 Henry Kissinger (Anm. 19), S. 708f.

21 Andrew Adonis, Tim Hames (Hrg.), A Conservative Revolution? The Thatcher-Reagan Decade in Perspective, Manchester 1994, S. 114, 128.

22 Margaret Thatcher, The Downing Street Years, London 1993, S. 157.

23 Ronald Reagan, An American Life, London 1990, S. 357.

24 Mark Curtis, The Great Deception: Anglo-American Power and World Order, London 1998, S. 13.

25 Mark Phythian, Arming Iraq, Boston 1997.

26 Paul Sharp, Thatcher's Diplomacy: The Revival of British Foreign Policy, Basingstoke 1999, S. 43.

27 Ebenda, S. 209.

28 John Dumbrell (Anm. 8), S. 108.

29 Ebenda.

30 Public Papers of the Presidents of the United States: William Clinton, 1994, Vol. 1 (1995), Washington, DC: USGPO, S. 2144.

31 Wayne Bert, The Reluctant Superpower: United States Policy in Bosnia, 1991–1995, Basingstoke 1997, S. 218 f.

32 John Major, John Major: The Autobiography, London 1999, S. 497.

33 John Rentoul, Tony Blair, London 1997, S. 283 f.

34 The Guardian vom 26. Mai 1997.
35 Marc Weller, The Rambouillet Conference on Kosovo, in: International Affairs, 75 (1999), S. 211–252.
36 James Wither, British Bulldog or Bush's Poodle? Anglo-American Relations and the Iraq War, in: Parameters, Winter 2003–04, S. 67–82 (72).
37 Nile Gardiner, John Hulsman, The President's State Visit to Britain: Advancing the Anglo-US Special Relationship, in: Backgrounder (Heritage Foundation), No. 1707, 14 November 2003.
38 British Embassy, Doing Business with the UK, Washington, DC, www.uktradein vestusa.com/DBUK/index.asp (Zahlen von 2003).
39 Glenn Frankel, Fissures show in United Front, in: Washington Post vom 28. März 2003.

Weiterführende Literatur

Bartlett, Christopher J., The Special Relationship, London 1992. – Gesamtdarstellung.

Baylis, John, Anglo-American Defence Relations, 1939–1984: The Special Relationship, London 1984. – Nach wie vor unverzichtbar zur Behandlung der Frage nach der militärpolitischen/nuklearen Zusammenarbeit beider Seiten.

Dobson, Alan, Anglo-American Relations in the Twentieth Century, London 1995. – Beleuchtet insbesondere auch die ökonomischen Aspekte der Beziehung.

Dumbrell, John, A Special Relationship. Anglo-American Relations in the Cold War and After, Basingstoke 2001. – Gesamtdarstellung mit überzeugender Phaseneinteilung, die auch die persönlichen Beziehungen beleuchtet.

Ovendale, Ritchie, Anglo-American Relations in the Twentieth Century, Basingstoke 1998. – Untersucht u. a. auch die Rolle Großbritanniens bei der Entwicklung der containment-Strategie.

Links

http://www.fco.gov.uk   Foreign Commonwealth Office
http://www.state.gov   US Department of State
http://www.gpoaccess.gov/pubpapers/description.html   The Public Papers of the Presidents of the United States
http://www.britainusa.com   Britische Botschaft in den USA

Simon Bulmer

Großbritannien und/in Europa

I. Einleitung

Der Beitrag des Vereinigten Königreichs zur europäischen Nachkriegsordnung und zur europäischen Verteidigung ist von zentraler Bedeutung. Dagegen war die britische Haltung zur supranationalen Integration wesentlich ambivalenter. Die Europapolitik Großbritanniens wies nach dem Beitritt zur Europäischen Gemeinschaft (EG) im Jahr 1973 vor allem drei Charakteristika auf. Erstens erschienen die britischen Regierungen häufig nur halbherzig an der EG beteiligt. Zweitens wurde der europapolitische Willensbildungsprozess bedeutsamer, gerade auch vor dem Hintergrund der parteiinternen Flügelkämpfe und der nur sehr schwachen Unterstützung der europäischen Integration in der britischen Öffentlichkeit. Nicht zuletzt stellten die Briten – drittens – fest, dass sich die Regeln der EG, vor allem in der Agrar- und Haushaltspolitik, nicht gut mit den Interessen Großbritanniens in Einklang bringen ließen. Alle drei Faktoren hatten in den ersten zehn Jahren der Mitgliedschaft Bedeutung, aber es waren die innerparteilichen Spaltungen, die am offensichtlichsten waren. So erwarb sich Großbritannien einen Ruf als »schwieriger Verbündeter« (*awkward partner*).[1] Aufgrund einer ganzen Reihe von Ereignissen, die auf ein nur halbherziges Engagement des Landes hindeuteten, blieb dieser Ruf bis heute bestehen. Zu diesen Ereignissen gehörten: die Nachverhandlung der Beitrittsbedingungen 1975, die Nicht-Teilnahme am Europäischen Währungssystem (EWS) im Jahr 1979, die anhaltenden Haushaltsstreitigkeiten in den frühen 1980er Jahren, die Ausstiegsklauseln (*opt-outs*) für bestimmte Bereiche des Maastricht-Vertrages 1992/93 und nicht zuletzt eine sechsmonatige völlige Kooperationsverweigerung während der BSE-Krise 1996.

Bei der Betrachtung der turbulenten Beziehung des Vereinigten Königreichs zu seinen europäischen Partnern darf nicht übersehen werden, dass die verschiedenen britischen Regierungen – und ebenso die Bevölkerung – die EG/EU-Mitgliedschaft stets als rationale Frage und nicht als Herzensangelegenheit betrachteten. Das heißt, sie sehen die supranationale Integration als strategische Option. Kann die EU Lösungen für ein Problem X anbieten? Wenn ja, dann ist das gut, wenn nein, dann gibt es keinerlei Verpflichtung, an der Lösung des Problems auf EU-Ebene mitzuwirken. Das anhaltende Bemühen um eine grundlegende Reform der Gemeinsamen Agrarpolitik (GAP) – durch Regierungen beider großer Parteien – ist ein Beispiel für eine derartige Herangehensweise. Für die Außenpolitik gilt dies gleichermaßen, denn die britischen Regierungen standen den Fähigkeiten der EU zur effektiven Lösung bestimmter internationaler Probleme stets skeptisch gegenüber. Dies ist am instinktiven Rückhalt Margaret Thatchers für die Politik von US-Präsident Ronald Reagan bis zur Unterstützung Tony Blairs für George W. Bushs Irakpolitik zu erkennen. Dennoch gab es auch Zeiten, in denen es keine eindeutige Ausrichtung der britischen Europapolitik gab. Das war üblicherweise der Fall, wenn interne Streitigkeiten die Regierungspartei belasteten, in deren Folge nicht selten das rationale Kalkül der innerparteilichen Befriedung untergeordnet wurde. Zunächst aber soll der historische Kontext näher beleuchtet werden, um die Entwicklung der britischen Europapolitik deutlich zu machen.

II. Großbritannien und die europäische Integration in historischer Perspektive

Das Vereinigte Königreich übernahm bei der Ausgestaltung der europäischen Nachkriegsordnung eine Schlüsselrolle. Dies geschah vor allem durch die Unterstützung der Atlantischen Allianz, um Westeuropa gegen die Bedrohung der sowjetischen Macht zu verteidigen. Mit der Mitwirkung bei der Gründung des Europarates leistete das Land zudem einen Beitrag zur Etablierung einer internationalen Ordnung für Menschenrechtsfragen. Es gab allerdings keinerlei britische Begeisterung für die föderalistischen Bestrebungen, die von einigen Delegationen auf dem Haager Kongress 1948 (dem Gründungstreffen des späteren Europarates) vertreten wurden.

Ein zentrales und beständiges Merkmal der britischen Politik in Fragen der Verteidigung und Sicherheit, der Menschenrechte und der ökonomischen Entwicklung war die Unterstützung für solche internationalen Organisationen, die keine Gefahr für die nationale Souveränität bedeuteten. Für die britischen Eliten oder die breitere Öffentlichkeit gab es keinen Grund, das traditionelle nationalstaatliche Ordnungssystem in Frage zu stellen, da Großbritannien während des Krieges seine territoriale Integrität behaupten und durch den Siegerstatus auch seinen Nationalstolz steigern konnte. Auch aus einer globalen Perspektive – die sich in der kolonialpolitischen Rolle des Landes, dem Beitrag zum Aufbau weltweiter ökonomischer Institutionen, einem ständigen Sitz im Weltsicherheitsrat und der besonderen Beziehung (*special relationship*) zu den USA manifestierte – gab es keinen Anlass, die europäische Integration in den Mittelpunkt der britischen Außenpolitik zu stellen. Nach Churchills Einschätzung agierte Großbritannien in drei Einflusskreisen: der Beziehung zu den Vereinigten Staaten, dem Commonwealth und erst dann Europa. Als Resultat dieser Faktoren gab es keine Schützenhilfe für den Aufbau neuer europäischer Strukturen, die die nationale Souveränität begrenzten, oder gar eine Beschränkung der außenpolitischen Ambitionen des Vereinigten Königreichs auf Europa.

So war es wenig verwunderlich, dass die britische Seite den Schuman-Plan vom Mai 1950 nicht unterstützte, weil er die Einrichtung einer supranationalen Organisation vorschlug, die die einzelstaatliche Souveränität beschränkte. Konsequenterweise trat Großbritannien der aus dem Schuman-Plan hervorgehenden Europäischen Gemeinschaft für Kohle und Stahl (EGKS) nicht bei. Aus ähnlichen Gründen bestand auch kein Interesse an supranationalen Verteidigungsstrategien, und die Regierung lehnte den im Oktober 1950 vorgestellten Pleven-Plan für eine Europäische Verteidigungsgemeinschaft ab. Als diese Initiative gescheitert war, wurde von Großbritannien ein intergouvernementales Arrangement vorgeschlagen: Die Westeuropäische Union (WEU) sollte als Ansatzpunkt dienen, die Wiederbewaffnung Deutschlands in einem multilateralen Kontext zu ermöglichen. Die sechs EGKS-Mitglieder (Belgien, Deutschland, Frankreich, Italien, Luxemburg und die Niederlande) hingegen versuchten, die supranationalen Integrationsbemühungen nach dem Scheitern des Pleven-Planes neu zu beleben. Obwohl auch Großbritannien zur Teilnahme an den Beratungen eingeladen wurde, zeigte es erneut kein Interesse. Die Konsequenz war, dass die anderen sechs Staaten die Verträge von Rom schlossen und damit die Europäische Wirtschaftsgemeinschaft (EWG) und die Europäische Atomgemeinschaft (EAG) gründeten. Das Vereinigte Königreich präferierte hingegen die wesentlich schwächere Kooperationsform der Europäische Freihandelszone (EFTA), in der die nationale Selbstbestimmung nicht zur Debatte stand.[2] Anders als die EWG mit ihren gemeinsamen Außenzöllen beeinträchtigte die EFTA zudem nicht die für Großbritannien wichtigen Handelsbeziehungen mit außereuropäischen Regionen.

Vor diesem Hintergrund ist die Frage zu stellen, warum die Regierung von Premierminister Harold Macmillan im Juli 1961 die Mitgliedschaft in der EG beantragte. Drei Entwicklungen hatten maßgeblichen Einfluss auf diese Entscheidung. Die Suezkrise von 1956 hatte die Grenzen britischer Macht(politik) aufgezeigt. Die US-Regierung wollte die offenkundige Schwächung der westeuropäischen Einheit durch die Parallelstrukturen von EWG und EFTA verhindern. Es war deutlich geworden, dass sich die EG-Mitgliedstaaten wirtschaftlich besser entwickelten als Großbritannien. Diese drei Aspekte waren zwar Auslöser des Kurswechsels, aber sie führten zu keiner grundlegenden Neuausrichtung der britischen Außenpolitik, wie sie das Beitrittsgesuch zur EG eigentlich nötig gemacht hätte. Dies mag dazu beigetragen haben, dass zwei Betrittswünsche Großbritanniens – das oben angeführte Gesuch von 1961 und ein weiteres des Labour-Premierministers Harold Wilson 1967 – am Veto des französischen Staatspräsidenten Charles de Gaulle scheiterten. Erst nach dessen Rücktritt im Jahr 1969 verbesserten sich die Bedingungen für einen britischen Beitritt. Ein drittes Gesuch desselben Jahres trug nach der Wahl des konservativen Premierministers Edward Heath 1970 Früchte, weil für beide Seiten akzeptable Bedingungen vereinbart werden konnten und weil es Heath gelang, eine bilaterale Übereinkunft mit dem neuen französischen Staatspräsidenten Georges Pompidou zu erzielen.

Im Rückblick ist allerdings festzustellen, dass – trotz der erfolgreichen Bearbeitung einer ganzen Reihe strittiger Themen – viele Aspekte der Beitrittsbedingungen die britischen Regierungen der kommenden Dekaden immer wieder heimsuchten. Nach dem Beitritt 1973 waren die Landwirtschaft, die Fischereipolitik und der Haushalt die wichtigsten Felder andauernder Spannungen zwischen Großbritannien und seinen EG-Partnern. Hinzu kam, dass die Regierung Heath die Auswirkungen des Beitritts auf die nationale Souveränität unter den Teppich kehrte. Dies gelang, da seit 1966 bei Verhandlungen innerhalb der EU das Einstimmigkeitsprinzip galt. Jede Rückkehr zu den in den Vertragsgrundlagen der EG vorgesehenen Regelungen ermöglichte das Überstimmen Großbritanniens (bzw. jedes anderen Mitgliedstaats) in bestimmten Politikfeldern. Eine weitere Komplikation für die britische Europapolitik ergab sich daraus, dass der Europäische Gerichtshof seine Autorität geltend machte und den Vorrang des EG-Rechts gegenüber nationalem Recht betonte. Damit war ein zentrales Verfassungsmerkmal des Vereinigten Königreichs in Frage gestellt: die Parlamentssouveränität. All diese Umstände führten zu einer Periode tief gehender Schwierigkeiten, die mindestens bis 1984 andauerten.

Die Position Großbritanniens als *awkward partner* wurde erstmals offenkundig bei den Nachverhandlungen über die Beitrittsverträge in den Jahren 1974/75. In dem darauf folgenden britischen Referendum – angesichts der Parlamentssouveränität eigentlich ein systemwidriges Instrument und daher auch ein verfassungspolitisches Novum – fanden sich sowohl auf der Pro- wie auch auf der Contra-Seite Minister der Wilson-Regierung, die gewissermaßen einen Referendums-Wahlkampf gegeneinander führten. Im Referendum selbst beantworteten dann 67,2 Prozent der Abstimmenden die Frage »Soll das Vereinigte Königreich Mitglied der Europäischen Gemeinschaft bleiben?« mit Ja. Dieses eindeutige Ergebnis führte allerdings auch in den Folgejahren nicht zu einer vorbehaltlosen britischen Unterstützung der EG. So verweigerte etwa die Labour-Regierung unter Premierminister James Callaghan im Jahr 1979 den Beitritt zum EWS.

Der Amtsantritt der Thatcher-Regierung nach der Wahl im gleichen Jahr ging einher mit einer schwierigen Situation der Staatsfinanzen. Damals war Großbritannien zugleich, neben Deutschland, der größte Nettobeitragszahler der EG. Wichtigste Ursache dieses Ungleichgewichts war die Tatsache, dass das Land aufgrund seines kleinen Landwirtschaftssektors nur geringe Zuwendungen aus dem Topf der GAP (dem weitaus größten Einzelposten des EG-Haushalts) bekam. Somit wurden die hohen britischen Beiträge zum EG-Haushalt nicht durch entsprechende Rückflüsse nach Großbritannien kompensiert. Die ersten Jahre der Regierung Thatcher standen deshalb im Zeichen des britischen Bemühens um eine gleichgewichtigere Verteilung der Lasten. Der schließlich im Jahr 1984 vereinbarte so genannte »Briten-Rabatt« wurde allerdings nur durchgesetzt, weil Margaret Thatcher zuvor alle Finanzplanungen der EG blockiert hatte. Der Einigung folgte eine Phase relativ konstruktiver britischer Europapolitik, die sich insbesondere durch die Unterstützung des Binnenmarkt-Projektes ausdrückte. Dies war bemerkenswert, weil die Thatcher-Regierung damit eine Initiative unterstützte, die für die gesamte Weiterentwicklung der EG von entscheidender Bedeutung war. Dabei ist zu betonen, dass andere Mitgliedstaaten und Kommissionspräsident Jacques Delors den Binnenmarkt als Teil eines wesentlich breiter angelegten Impulses zur Vertiefung der Integration sahen, die auch eine verstärkte sozialpolitische Zusammenarbeit und Regulierung sowie später die Europäische Währungsunion (EWU) umfassen sollte. Eine solche Lesart des Prozesses stellte allerdings sowohl das ökonomische Konzept Thatchers und der Konservativen wie auch die nationale Souveränität in Frage. Zudem führten die Entwicklungen dieser Jahre zum Aufkommen grundlegender und tiefgreifender parteiinterner Konflikte in der Konservativen über das Thema Europa.

Am Ende des Jahres 1990 trat Margaret Thatcher zurück. John Major, ihr Nachfolger, sprach sich für eine konstruktivere Europapolitik aus, um Großbritannien »im Herzen Europas« anzusiedeln. Trotz dieses Bekenntnisses setzte er bei den Verhandlungen über den Maastricht-Vertrag britische Ausstiegsklauseln sowohl für die EWU wie auch für das Sozialkapitel des Vertrages durch und präsentierte dies innenpolitisch als Erfolg. Nach der überraschenden Wiederwahl der Regierung im April 1992 führte ihre deutlich reduzierte parlamentarische Mehrheit zu großen Schwierigkeiten für John Major bei der Kontrolle der tiefen innerparteilichen Friktionen über die Europapolitik. Die Regierung überstand nur ganz knapp die Ratifizierungsabstimmung des Maastricht-Vertrages im Unterhaus. Darüber hinaus sah sie sich im September 1992 gezwungen, aus dem EWS (dem sie sich erst zwei Jahre zuvor angeschlossen hatte) auszutreten, da es aufgrund des Drucks von Währungsspekulationen nicht gelang, die vorgegebenen Schwankungsbreiten des Wechselkurses einzuhalten. Dies wurde von einigen innerhalb der Konservativen Partei als demütigende Niederlage des Landes interpretiert, während andere darin einen Grund zum Feiern sahen. Zum Ende der Amtszeit John Majors behinderte seine Regierung weitergehende EU-Reformen und blockierte im Rahmen einer sechsmonatigen Totalverweigerung (ausgelöst durch das Exportverbot für britisches Rindfleisch aufgrund der BSE-Krise) europäische Entscheidungen, wo immer dies möglich war.[3]

Die Ausführungen zum Zeitabschnitt vor dem Antritt der ersten Regierung unter Premierminister Tony Blair im Mai 1997 haben deutlich gemacht, dass die historische Bilanz des britischen Engagements in Europa zweischneidig ist. Keine Regierung unterstützte vorbehaltlos die europäische Integration. Die fehlende Übereinstimmung zwischen dem EU-Haushalt mit seinem nach wie vor großen Agraretat auf der einen Seite und den politisch-inhaltlichen Präferenzen Großbritanniens auf der anderen Seite erwies sich als ein Dauerproblem. Ein weiterer Aspekt war die häufige Nichtteilnahme an diversen europäischen Initiativen, deren herausragende, aber beileibe nicht einzige Beispiele das EWS (mit Ausnahme der kurzen Beteiligung 1990–1992) und die Gemeinschaftswährung Euro waren. Gleichwohl sollte Großbritannien nicht nur als »Störenfried« in der EU wahrgenommen werden.

III. Britische Europapolitik: pragmatisch und rational?

Trotz aller Differenzen in Einzelfragen gibt es eine Reihe von konstanten Gemeinsamkeiten einer konstruktiven Europapolitik der beiden großen Parteien, zumindest, wenn sie die Regierung stellten. Sieben Grundsätze lassen sich anführen:

1. Alle britischen Regierungen haben sich in der gesamten Nachkriegszeit als starke Protagonisten einer effektiven europäischen Verteidigungsfähigkeit gezeigt. Die wichtigsten Organisationen hierfür waren die NATO und die WEU. So waren die Briten in Bezug auf die seit Anfang der 1990er Jahre immer wieder geführte Diskussion über die Ausstattung der EU mit signifikanten Sicherheits- sowie Verteidigungskapazitäten von Beginn an

skeptisch und fragten, ob die EU die angemessene Institution für solche Aufgaben sei. Als die Blair-Regierung im Mai 1997 ins Amt kam, lag bei den Vertragsreformverhandlungen, die im Juni desselben Jahres in Amsterdam abgeschlossen wurden, erneut ein Vorschlag zur sicherheits- und verteidigungspolitischen Rolle der EU auf dem Tisch. Doch auch die neue Regierung blieb (zunächst) bei der Favorisierung der NATO. Nach einer kritischen Bestandsaufnahme der Schwierigkeiten, die USA zu einer Beteiligung an den Einsätzen auf dem Balkan zu gewinnen, änderte sich diese Haltung wenig später und Großbritannien befürwortete gemeinsam mit Frankreich nachdrücklich eine eigenständige Europäische Sicherheits- und Verteidigungspolitik (ESVP). Man kam in London zu der Einschätzung, dass die Europäische Union in jenen Situationen ein geeignetes Aktionsforum ist, in denen die NATO nicht genutzt werden kann. Nachdem dieser Kurswechsel vollzogen war, bemühte sich die britische Regierung auch andere Mitgliedstaaten der EU für diese Position zu gewinnen, um entsprechende Kapazitäten in der Sicherheits- und Verteidigungspolitik tatsächlich auch aufzubauen. Somit hat das britische Bekenntnis zur europäischen Sicherheit weiterhin Bestand, nur die Mittel zum Erreichen dieses Zieles sind neuen Rahmenbedingungen angepasst worden.

2. Die starke Bindung Großbritanniens an die NATO gründete vor allem auf der Einschätzung, dass europäische Sicherheit maßgeblich von einer engen Zusammenarbeit mit den Vereinigten Staaten abhängt. Während des Kalten Krieges war dies offensichtlich, vor allem wenn man sich die Bedeutung der konventionellen Truppen der USA und ihres atomaren Potentials in der bipolaren Auseinandersetzung mit der Sowjetunion vor Augen führte. Die britische Position unterschied sich signifikant von der des Gaullismus (von Charles de Gaulle bis zum heutigen französischen Staatspräsidenten Jacques Chirac), der immer wieder eine (west-)europäische Außenpolitik als Gegengewicht zu den USA propagierte. Die Auffassung Großbritanniens lautete dagegen stets, dass die Außen- und Sicherheitspolitik der EG/EU derjenigen der USA nicht entgegenstehen sollte. Die britischen Premierminister haben dies seit dem EG-Beitritt immer vertreten, auch wenn Edward Heath wohl der am wenigsten atlantisch ausgerichtete Regierungschef war. So lag die britische Haltung nicht selten mit der Politik der europäischen Partner über Kreuz, von der Bombardierung Libyens durch die Reagan-Regierung im Jahr 1986 bis zum Irakkrieg von 2003. Dagegen lässt die Politik Tony Blairs klar erkennen, dass er Großbritannien als Brücke zwischen den USA und Europa begreift. Die Auseinandersetzungen zwischen den EU-Mitgliedstaaten über die Invasion des Irak haben deutlich gemacht, wie kontrovers dies gesehen wurde. Die transatlantische Orientierung (*atlan-*

ticism) in der britischen Europapolitik ist am offensichtlichsten in der Außen- und Sicherheitspolitik. In anderen Bereichen wie etwa der Umwelt- oder Handelspolitik schlägt sich Großbritannien üblicherweise auf die Seite seiner EU-Partner.

3. Ein weiterer Grundsatz britischer Europapolitik ist die Förderung der außenpolitischen Rolle der EU, die ursprünglich im Rahmen der Europäischen Politischen Zusammenarbeit (EPZ) abgestimmt wurde. Ein Beispiel für die maßgebliche britische Beteiligung waren die prozeduralen Verbesserungen der EPZ durch den so genannten Londoner Bericht, der während der britischen Ratspräsidentschaft des Jahres 1981 vorgelegt wurde. Dank seiner umfangreichen diplomatischen Ressourcen konnte London der EPZ wie auch der Gemeinsamen Außen- und Sicherheitspolitik (GASP) einiges an Unterstützung bieten, wobei die Koordinierung beider Politiken nach britischem Verständnis auf intergouvernementaler Ebene stattfinden sollte. Allerdings ließen sich die britischen Präferenzen nicht immer unter gemeinsame (europäische) Positionen subsumieren. Auch abseits der Konflikte, die sich aus der transatlantischen Orientierung des Landes ergaben, umgingen die Briten mehrfach gemeinsame Positionen der EU, besonders wenn es um die Afrikapolitik ging.[4]

4. Ein Hauptmerkmal britischer Europapolitik ist die Unterstützung für die Erweiterung der Union. So war London einer der nachdrücklichsten Befürworter des Beitritts der mittel- und osteuropäischen Staaten, den man als »Friedensdividende« nach dem Ende des Kalten Krieges betrachtete. Anders als Frankreich war Großbritannien nicht sonderlich besorgt über Gewichtsverschiebungen innerhalb der EU, z. B. durch den Beitritt der skandinavischen Staaten und Österreichs im Jahr 1995. Auch der Frage, ob sich die Vergrößerung der EU mit ihren bisher gültigen Charakteristika vereinbaren lässt, wird keine große Bedeutung beigemessen. Die Blair-Regierung unterstützt die Aufnahme von Beitrittsverhandlungen mit der Türkei: eine Haltung, die dem größeren Widerstreben Deutschlands und Frankreichs in dieser Frage entgegen stand.

5. Zweifellos ist die britische Haltung in der Erweiterungsfrage von der grundsätzlichen Präferenz für den intergouvernementalen Entscheidungsprozess der EU geprägt, der den Mitgliedstaaten zentrale Kompetenzen belässt. Doch auch die Bevorzugung des Intergouvernementalismus ist nicht völlig dogmatisch. So hat sich beispielsweise die Regierung Major bei den Verhandlungen des Maastricht-Vertrages dafür ausgesprochen (und dies letztlich auch durchgesetzt), dass Staaten, die den Urteilen des Europäischen Gerichtshofes nicht Folge leisten, mit Sanktionen belegt werden können. Damit ist ganz unzweifelhaft der supranationale Charakter der EU gestärkt

worden. Der Hintergrund der britischen Haltung war dabei, dass nur eine solche Klausel dem Binnenmarkt zu Effektivität verhelfen würde – ein weiteres langfristiges Ziel der Briten (s. u.). Deshalb ist es zutreffender, Großbritannien als Befürworter einer ganz bestimmten Art von Subsidiarität zu bezeichnen, in der die EU und ihre supranationalen Institutionen nur solche Aufgaben übernehmen, die sich besser durch die EU als durch die Mitgliedstaaten lösen lassen. Dennoch ist auffällig, dass die allermeisten Initiativen britischer Regierungen einen intergouvernementalen Charakter tragen: von den Bemühungen um die EPZ bis hin zu jüngeren Vorschlägen, die EU im internationalen Konkurrenzkampf wettbewerbsfähiger zu machen (»Lissabon-Strategie«).

6. Die liberale Position in Bezug auf die Außenhandelspolitik der EU, in noch verstärkterem Maße zu beobachten seit 1979, spiegelt die traditionelle innenpolitische Positionierung zum Thema (Frei-)Handel wider. So wurde die liberale Ausrichtung der Thatcher-Ära auch von den Folgeregierungen beibehalten. Ebenso dokumentiert der liberale Standpunkt die relative Offenheit der britischen Wirtschaft, beispielsweise für Kapitalimporte (Investitionen) aus Japan bzw. für Auslandsinvestitionen in Nordamerika. In Verbindung mit den britischen Vorstellungen zur Reform der protektionistischen EU-Agrarpolitik soll mit einer entsprechenden Außenhandelspolitik der Gemeinschaft auch ein Beitrag zum Abbau der Armut in den Entwicklungsländern geleistet werden. Dieses Ziel stand im Rahmen der britischen Präsidentschaft der G8-Staaten im Jahr 2005 ganz oben auf der Agenda.

7. Das letzte langfristige Kennzeichen britischer Europapolitik ist die Unterstützung des Binnenmarktes, obwohl dieser erst in der Amtszeit Margaret Thatchers durch die EG und mit der Zustimmung Großbritanniens vorangetrieben wurde. Ihre Politik ist durch ihre beiden Nachfolger fortgesetzt worden, also auch von Tony Blair. Ursprünglich äußerte sie sich im nachdrücklichen Einsatz für ein etwa 300 Maßnahmen umfassendes Programm zur Abschaffung nicht die Zölle betreffender Handelshemmnisse, das Ende 1992 vollständig umgesetzt sein sollte. Diese Politik dokumentierte den in der Thatcher-Ära etablierten britischen Konsens für offene und wettbewerblich organisierte Märkte für Waren und Dienstleitungen. Auch wenn dieser Konsens hin und wieder als purer Neoliberalismus kritisiert wurde – z. B. während des französischen Referendums zum EU-Verfassungsvertrag im Mai 2005 –, so wurde er auch von der Labour-Regierung unterstützt und für eine Politik genutzt, die das Wachstum der Wirtschaft fördern und somit auch die Ausweitung öffentlicher Investitionen in den Bereichen Gesundheit, Bildung, Verkehrsinfrastruktur und Sozialpolitik ermöglichen sollte.

Nachdem wir nun die sieben Grundsätze einer konstruktiven Europapolitik Großbritanniens betrachtet haben, ist es wichtig, auch auf eine Reihe ablehnender Positionen hinzuweisen. Die Agrarpolitik der EU etwa wurde als teuer, protektionistisch, ineffizient und diskriminierend gegenüber einigen der ärmsten Staaten kritisiert. Ihre Reform war das politische Ziel jeder britischen Regierung. Unmittelbar vor der Übernahme der Ratspräsidentschaft im zweiten Halbjahr 2005 sprach sich Tony Blair auf dem Gipfeltreffen der EU im Juni 2005 für eine durchgreifende Reform der GAP aus, als Teil eines Verhandlungspakets für die mittelfristigen Haushaltsplanungen der EU. Zu jener Zeit scheiterte er, aber die Reformversuche werden ohne Zweifel weitergehen, denn für jede britische Regierung war eine Reform der GAP ein wichtiger Bestandteil zur Durchsetzung einer gerechteren Verteilung von Kosten und Nutzen des EU-Haushalts.

Tabuthemen britischer Europapolitik waren die Steuerharmonisierung, eine Arbeitsmarktregulierung, die sich auf die Lohnkosten in Großbritannien auswirken würde, umfassendere sozialstaatliche Eingriffe und jede substantielle Ausweitung von Mehrheitsentscheidungen im Bereich der GASP. Während der Verhandlungen über den Europäischen Verfassungsvertrag wurden die Tabuthemen als *Red-Line*-Angelegenheiten bezeichnet.[5] Abgesehen davon standen die Briten dem Europäischen Verfassungsvertrag generell ablehnend gegenüber. Ausgehend von der britischen Tradition einer weitgehend ungeschriebenen Verfassung hat sich die Regierung nur zögerlich und zurückhaltend an den theoretischen Debatten über die Zukunft der EU beteiligt. Sie bevorzugte stattdessen einen pragmatischen Ansatz, wie auch die Rede von Premierminister Blair vor dem Europäischen Parlament am 23. Juni 2005 deutlich machte.[6] Im Unterschied zu anderen Mitgliedstaaten wird die EU nicht als ein politisches Projekt, sondern als ein Unternehmen zur Sicherung der Wettbewerbsfähigkeit Europas in der Weltwirtschaft gesehen und als Forum, um inneren und äußeren sicherheitspolitischen Herausforderungen zu begegnen.

Die Darstellung hat deutlich gemacht, dass zwischen den verschiedenen britischen Regierungen weitgehende Übereinstimmung der Europapolitik zu konstatieren ist. Das bedeutet jedoch mitnichten, dass es keine Unterschiede zwischen Regierungen der Konservativen Partei und der Labour Party gegeben hätte. So hat etwa die Blair-Regierung bei der ersten sich bietenden Gelegenheit die Sozialcharta der EU unterzeichnet und damit die Politik des *opt-out* unter Major zurückgenommen. Ebenso bedeutet es nicht, dass es nicht auch zu populistischer Politik seitens der Regierung kam, sei es aufgrund knapper Mehrheiten, innerparteilicher Konflikte oder anderer Überlegungen.

IV. Europa als Thema der britischen Innenpolitik[7]

Lange Zeit galten die Konservativen als *die* Europapartei. In der Amtszeit von Premier Harold Macmillan kam es zum ersten Beitrittsgesuch und unter der Führung von Edward Heath wurde der Beitritt schließlich unter Dach und Fach gebracht. Die großen parlamentarischen Mehrheiten der Regierung Thatcher führten dazu, dass Widerspruch der Parteibasis kaum politische Auswirkungen hatte. In ihren letzten Jahren als Parteivorsitzende war Margaret Thatcher immer inflexibler und europaskeptischer geworden, und diese Tatsache trug unter anderem dazu bei, dass ihr Führungsanspruch im Jahr 1990 von innerparteilichen Rivalen in Frage gestellt wurde. Auch nach Thatchers Rücktritt vertraten ihre (weiterhin vorhandenen) Anhänger in der konservativen Unterhausfraktion die europaskeptische Position mit Nachdruck, sodass die fundamentale Spaltung der Konservativen in der Europafrage erkennbar wurde.

Die unterschiedlichen Auffassungen in der Partei wurden zum Problem, als John Major bei der Unterhauswahl 1992 mit einer Mehrheit von nur 21 Mandaten wiedergewählt wurde. So setzte die Regierung nach dem ersten (negativen) dänischen Referendum über den Maastricht-Vertrag den parlamentarischen Ratifikationsprozess aus. In der Folge gelang es Major nicht mehr, die Initiative zu übernehmen, da sich die konservativen Euroskeptiker durch das dänische Votum bestätigt sahen. Der Austritt aus dem EWS im September 1992 verschlimmerte die Situation noch. Die Labour Party – selbst weit davon entfernt, in Europafragen einig zu sein – sah nun ihre Chance gekommen, die Regierung zu stürzen. Major gewann die Abstimmung über den Maastricht-Vertrag nur, weil er die europapolitische Sachfrage mit der Vertrauensfrage verband und so die konservativen Abweichler in die Partei- und Regierungssolidarität zwang. Eine weitere Eskalationsstufe des Konfliktes war der Ausschluss von acht europakritischen Abgeordneten aus der Fraktion, mit der Folge, dass die Major-Administration zu einer Minderheitsregierung wurde. Der Höhepunkt war erreicht, als John Major im Juli 1995 aufgrund stetig andauernder Auseinandersetzungen den Parteivorsitz vorläufig niederlegte und seine Kritiker aufforderte, bei den Vorstandswahlen gegen ihn anzutreten. Trotz der Kandidatur eines europaskeptischen Kabinettsmitgliedes (John Redwood) wurde Major wiedergewählt. Die Spaltung der Partei blieb allerdings bestehen. Diese Entwicklung liefert einen Gutteil der Erklärung für die völlige Kooperationsverweigerung, die Major im Jahr 1996 der EU gegenüber einnahm: Er musste auf die Kritiker in der eigenen Partei/Fraktion – weniger ausgeprägt auch im eigenen Kabinett – Rücksicht nehmen. Dies erklärt auch die harte

Haltung der britischen Seite bei der Regierungskonferenz zur Vertragsreform 1996/97.

In der Oppositionszeit nach 1997 waren William Hague (1997–2001), Iain Duncan Smith (2001–2003) und Michael Howard (2003–2005) die Vorsitzenden der Konservativen Partei. Hague führte den Wahlkampf 2001 auf Basis eines Wahlprogramms, das die Rettung des britischen Pfunds (*save the pound*) versprach, aber auf die Entscheidung der Bevölkerung offenkundig keinen Einfluss hatte. Im Gegensatz zu Hague setzten Duncan Smith und Howard (beides Europaskeptiker) nicht auf das Thema Europa, um nicht die innerparteilichen Gräben erneut aufzureißen. Die offizielle Parteilinie ist auch weiterhin als grundsätzlich europaskeptisch zu bezeichnen. Dabei wird zu beobachten sein, ob der neue Parteivorsitzende David Cameron (sein Vorgänger Howard hatte den Posten nach der Niederlage bei der Unterhauswahl im Mai 2005 zur Verfügung gestellt) eine Neuausrichtung vornehmen wird.

Die Labour Party ging während ihrer langandauernden Oppositionszeit nach der verlorenen Wahl von 1979 sogar noch einen Schritt weiter. Innerparteiliche Auseinandersetzungen waren zwar in vielen Politikfeldern erkennbar, das Zentrum allerdings bildete die Wirtschaftspolitik. In ihrem Wahlprogramm 1983 sprach sich die Partei für den Austritt Großbritanniens aus der EU aus. Zu jener Zeit hatte sich bereits eine stärker zur politischen Mitte hin orientierte Gruppe von Unterhausabgeordneten – darunter der ehemalige Außenminister David Owen – abgespalten und 1981 die Social Democratic Party (SDP) gegründet. Die Ausrichtung der neuen Partei bestimmte Roy Jenkins (Labour-Minister von 1964–1970 und 1974–1976 sowie Präsident der EG-Kommission von 1977–1981). Diese Spaltung der Labour Party führte zu einer deutlichen Schwächung ihrer Wahlchancen.

Erst während des Parteivorsitzes von Neil Kinnock (1983–1992) – ein Antieuropäer vom linken Parteiflügel, der zunehmend in die Mitte rückte – verabschiedete sich die Partei von der Austrittspolitik.[8] Hierzu trug auch die Neupositionierung des britischen Gewerkschaftsbundes, des *Trades Union Congress* (TUC), bei. Die europapolitische Reorientierung verfestigte sich unter der Führung der Parteichefs John Smith (1992–1994) und Tony Blair (seit 1994). Sie brachte auch taktische Vorteile, da sie die Major-Regierung im Unterhaus in größtmögliche Verlegenheit brachte.

Von allen britischen Parteien ist eigentlich die Liberale Partei, die sich 1988 mit der SDP unter dem neuen Namen *Liberal Democrats* zusammenschloss, als *die* Europapartei zu bezeichnen, da sie die europäische Integration seit den 1950er Jahren nachdrücklich unterstützt. Als Oppositionspartei hatte sie jedoch wenig Einfluss auf die britische Europapolitik. Die Schottische Nationalpartei (SNP) wie auch *Plaid Cymru*, die walisischen Nationalisten, sind heute als pro-europäische Parteien anzusehen, auch wenn sie durchaus europakritische Phasen durchlaufen haben.

Eine weitere Partei soll noch Erwähnung finden: die *United Kingdom Independence Party* (UKIP). Sie wurde 1993 mit dem Ziel des Austritts Großbritanniens aus der EU gegründet. 1997 erhielt die UKIP Konkurrenz von der Referendumspartei, gegründet und weit überwiegend finanziert von Sir James Goldsmith. Nach dessen Tod verschwand die Partei und die UKIP konnte das Anti-EU-Spektrum wieder alleine abdecken. Da jedoch auch die Konservativen eine europakritische Haltung vertraten, konnte die UKIP kaum Wahlerfolge verzeichnen und zog lediglich eine kleine Zahl von (ehemaligen) Wählern der Tories an. Unter den Bedingungen des britischen Mehrheitswahlsystems führte dies zu einer Spaltung der euroskeptischen Stimmen und zu einer Stärkung der anderen Parteien. Wie sich das Verhältniswahlsystem auf die Mehrheitsverhältnisse auswirkt, war bei der Europawahl 1999 zu sehen (als erstmals in Großbritannien ein Verhältniswahlsystem zum Zuge kam). Der UKIP gelang mit drei gewonnenen Mandaten ein politischer Durchbruch. Bei den Europawahlen 2004 wurde sie nochmals deutlich gestärkt; sie kam mit 16,4 Prozent der Stimmen auf den dritten Platz – noch vor den Liberaldemokraten – und errang zwölf Mandate. Allerdings konnte die UKIP bei den Unterhauswahlen 2005 nur zwei Prozent der Stimmen und keinen einzigen Sitz für sich verbuchen.

Die Meinung der britischen Bevölkerung zur EU ist äußerst zurückhaltend und das Ausmaß der Unterstützung der Integration gehört im Vergleich zu anderen Mitgliedstaaten zum niedrigsten überhaupt.[9] Schwieriger ist es hingegen, die Ursachen hierfür nachzuweisen.[10] Betrachtet man etwa die Einstellung der Briten zur Mitgliedschaft in der EG/EU seit 1973, dann lässt sich keine eindeutige Tendenz erkennen. So hielt beispielsweise vor dem Referendum von 1975 wie auch in der Zeit von den frühen 1980er Jahren bis zum Ende der 1990er Jahre der größere Prozentsatz der Befragten, die Mitgliedschaft für eine »gute Sache«. Dies kann als Beleg für die These angeführt werden, dass im Falle einer Informationskampagne – wie während des Referendums und Mitte der 1980er Jahre vor der Einführung des Binnenmarkts – die Unterstützung wächst. Auch die Beilegung des Haushaltstreits mit der EG im Jahr 1984 scheint zu einer positiveren Einschätzung der Mitgliedschaft beigetragen zu haben. Im Gegensatz dazu hat es bei der Frage nach dem *Nutzen* der Mitgliedschaft für Großbritannien lediglich zwischen 1989 und 1992 eine positive Mehrheit gegeben.[11] Dies stimmt mit demjenigen Zeitraum überein, in dem die Regierung, die Vorteile des Binnenmarktes herausstrich. Das Ende dieser Periode positiver Einschätzungen (das Jahr 1992) war dann nicht nur die Frist für den Abschluss der Binnenmarktgesetzgebung, sondern auch dasjenige Jahr, in dem die Spannungen innerhalb der Konservativen Partei über die Ratifizierung des Maastricht-Vertrages offensichtlich wurden und das britische Pfund das EWS zwangsweise verlassen musste.

Die Regierung Blair hat Volksabstimmungen zum Euro-Beitritt und zum europäischen Verfassungsvertrag zugesagt. Beide haben bisher nicht stattgefunden und es ist auch möglich, dass dies nie der Fall sein wird. Sollte es doch zu den Abstimmungen kommen, wird ein klareres Meinungsbild der Bevölkerung sichtbar werden.

Schließlich ist noch ein Blick auf die Haltung der Printmedien zu werfen. Solange es keine Informationskampagnen zum Thema gibt, ist die Öffentlichkeit auf die Medien angewiesen. Radio und Fernsehen sind durch Vorschriften zu einer ausgewogenen Berichterstattung verpflichtet. Diese Vorgaben gelten jedoch nicht für Zeitungen und Zeitschriften. Deshalb kommt den in den Printmedien geäußerten Meinungen und Ansichten erhebliche Bedeutung zu. Deren Positionierung haben Wilkes/Wring gut zusammengefasst: »Zwischen 1945 und 1975 entwickelte sich die britische Presse von einer vagen Pro-EG-Haltung zu einem dezidierten und nahezu einhelligen Enthusiasmus bezüglich der EU. Dieser wandelte sich allmählich zu weitverbreiteter Europaskepsis in weiten Teilen der Presse Mitte der 1990er Jahre.«[12] Diese Situation dauert seither an, und sie wird verstärkt durch die ständige Thematisierung der Zerwürfnisse besonders innerhalb der Konservativen Partei. Einen nicht unwesentlichen Beitrag leistet hier die zunehmend ausländische Eigentümerschaft der britischen Printmedien, vor allem durch Rupert Murdoch. Lediglich eine Minderheit der Zeitungen und Zeitschriften stellt die Europäische Union gegenwärtig ausgewogen dar.

V. Die Regierung Blair: eine konstruktive Europapolitik?[13]

Es gibt überzeugende Argumente für die Einschätzung, dass die Regierung von Premierminister Tony Blair eine konstruktive Zusammenarbeit mit den anderen EU-Partnern verfolgt hat, auch wenn einige Episoden eine andere Sprache sprechen. So wurden einige ihrer Ziele im Laufe der Regierungszeit zunehmend beiseite geschoben, nicht zuletzt der Beitritt zum Euro, und innenpolitisch ist es nicht gelungen, eine Verbesserung der öffentlichen Meinung zur EU zu erreichen.

Die Blair-Regierung kam im Mai 1997 mit einem (Wahl-)Programm ins Amt, welches eine aktive und gestaltende Beteiligung Großbritanniens an der EU vorsah. Besondere Verpflichtungen galten der Vollendung des Binnenmarktes, der Erweiterung der Gemeinschaft nach Osten, der Reform der Agrar- und der Fischereipolitik, der Verbesserung der Transparenz der EU-Institutionen, der Beibehaltung des Vetorechts der Mitgliedstaaten in Fragen des nationalen Interesses und der Unterzeichnung der Sozialcharta der EU. Mit Ausnahme des letzten Punktes unterschieden sich diese Positionen kaum von der Politik der Major-Regierung (bevor sie ihre Politikfähigkeit in den innerparteilichen Kämpfen verlor). Dennoch wurde die Europapolitik von der Regierung Blair relativ unvoreingenommen angegangen. Dabei wurde erkannt, dass sich die Beziehungen zwischen Großbritannien und seinen EU-Partnern in den letzten Jahren der konservativen Regentschaft dramatisch verschlechtert hatten, sodass eine Verbesserung der Kontakte bitter nötig war. Konsequenterweise umfasste das neue britische Europa-Engagement ein Bekenntnis zum Auf- und Ausbau guter bilateraler Beziehungen. Die Umstände hierfür schienen günstig, gab es doch in Frankreich und Deutschland (ab 1998) ebenfalls sozialdemokratisch geführte Regierungen. Zudem sollte nicht vergessen werden, dass Tony Blair in seiner ersten Amtszeit (1997–2001) über eine außerordentlich große Unterhausmehrheit von 178 Sitzen verfügte. Nicht nur, dass es keine den Streitigkeiten in der Konservativen Partei vergleichbare Auseinandersetzung über die Europapolitik gab, der Regierungschef musste darüber hinaus keine besondere Rücksicht auf die Hinterbänkler seiner Fraktion nehmen.

Der EU-Gipfel von Amsterdam im Juni 1997 bot der Blair-Regierung eine erste Chance, die neue europapolitische Ausrichtung unter Beweis zu stellen. Über die Vertragsreformen konnte aufgrund wesentlich größerer Flexibilität der Regierung schnell Einigkeit erzielt werden. Der Amsterdamer Vertrag ermöglichte es Großbritannien zudem, der Sozialcharta der Union beizutreten. Eine weitere wichtige Entwicklung zeichnete sich mit Blick auf die EWU ab. Durch die unmittelbar nach der Wahl gewährte Unabhängigkeit der *Bank of England* (die zuvor den Weisungen der Regierung unterstand), stellte Schatzkanzler Gordon Brown die britische Geldpolitik auf eine neue Grundlage. Im November 1997 gab er bekannt, dass es keinen verfassungsmäßigen Grund gebe, nicht an der EWU teilzunehmen, und dass die Mitgliedschaft – im Grundsatz – eine gute Sache sei. Gleichzeitig präsentierte Brown fünf ökonomische Kriterien, deren Erfüllung über die Mitgliedschaft entscheiden würde. Ein Beitritt zum Euro müsste allerdings eine Mehrheit bei einer entsprechenden Volksabstimmung finden.

Mit der Übernahme der EU-Ratspräsidentschaft im ersten Halbjahr 1998 erhielt die Blair-Regierung eine weitere Gelegenheit, eine Neuorientierung in der Europolitik zu demonstrieren. Im Gegensatz zur vorangegangenen britischen Präsidentschaft im zweiten Halbjahr 1992, die mit den aufkommenden Auseinandersetzungen in der Konservativen Partei über den Maastricht-Vertrag sowie dem Austritt des Landes aus dem EWS zusammentraf, waren die Rahmenbedingungen diesmal jedoch wesentlich günstiger. Vom Gesamtergebnis her betrachtet war die Präsidentschaft ein Erfolg. Gleichwohl verfestigte sich der Außenseiter-Status Großbritanniens, da es im Mai 1998 zur Entscheidung über die Teilnehmerstaaten des Euro kam und sich die britische Regierung gegen eine Beteiligung entschied. Nach der Präsidentschaft überprüfte die britische Seite ihre Europapolitik, mit dem Ziel, die Außenseiter-Rolle abzustreifen.[14] Ein konkretes Resultat dieser Strategieüberprüfung war eine verteidigungspolitische Initiative, die spätere Europäische Sicherheits- und Verteidigungspolitik (ESVP).

Im Folgenden wird die Europapolitik bis zum Sommer 2005 analysiert, wobei besonderes Augenmerk auf den Themenkomplexen Integration, Wirtschaft, Sicherheit und Verteidigung, Innen und Justiz sowie strategischen Aspekten, inklusive bilateraler Beziehungen, liegt. Integrationspolitisch sah sich die Regierung Blair drei Vertragsreformprozessen und der umfangreichsten Erweiterung der EU in ihrer Geschichte gegenüber. Nach dem Amsterdamer Vertrag folgten im Jahr 2000 der Nizza-Vertrag und später der Europäische Verfassungsvertrag. Im Falle von Nizza stand Großbritannien einmal nicht im Mittelpunkt der Kontroversen. Zwar blockierte London die Ausweitung von Mehrheitsentscheidungen im Bereich seiner *Red-Line*-Themen sowie die Inkorporierung der Grundrechtecharta (die nur deklaratorischen Status erhielt) in die Verträge. Die Schlagzeilen bezüglich einer Blockadehaltung machten diesmal allerdings andere Staaten.

Im Rahmen des »Konvents zur Zukunft Europas« (der den Entwurf des Verfassungsvertrages erarbeitete) bemühte sich die Labour-Regierung – anders als ihre Vorgänger –, einen konstruktiven Beitrag zur Verfassungsdebatte der Union zu leisten. Außenminister Jack Straw und sein Staatssekretär für Europafragen Peter Hain entwarfen eine konföderale Vision für die EU, eine Idee, die möglicherweise auch durch den umfassenden Verfassungsreformprozess innerhalb Großbritanniens beeinflusst wurde. In letzter Zeit allerdings wurde die Haltung der Regierung wieder wesentlich zurückhaltender, vor allem seit die Popularität Tony Blairs im Gefolge des Irak-Krieges merklich zurückging. Der Ton bei den *Red-Line*-Themen wurde noch schärfer. Im April 2004 kündigte Premier Blair zudem an, dass in einem Referendum über den kurz darauf vereinbarten Verfassungsvertrag abgestimmt werden solle. Dadurch sollte das Thema aus dem Unterhauswahlkampf herausgehalten werden.[15] Wie eine solche Volksabstimmung für die Regierung zu gewinnen sein sollte, war mit Blick auf die öffentliche Meinung mehr als fraglich. Nach erfolglosen Referenden in Frankreich und den Niederlanden scheint der Verfassungsvertrag in einer Sackgasse zu stecken, und eine Abstimmung in Großbritannien wird damit möglicherweise überflüssig.

Ein zentrales Merkmal britischer Europapolitik nach 1997 ist die nachdrückliche Unterstützung der Erweiterung der Gemeinschaft, ein Prozess, der zufälligerweise während der britischen Ratspräsidentschaft 1998 auf den Weg gebracht wurde. Im Rahmen der Bemühungen um gute und stabile Beziehungen zu den (damaligen) Beitrittskandidaten hielt Premier Blair im Jahr 2000 eine europapolitische Grundsatzrede in der Warschauer Börse. Wie schon angeführt, gehört London auch zu den Befürwortern von Beitrittsverhandlungen mit der Türkei.

Bei der Wirtschafts- und damit auch der Binnenmarktpolitik lässt sich eine klare Aufgabenverteilung in der Blair-Regierung konstatieren. Für diese Aufgaben ist Schatzkanzler Gordon Brown zuständig, der sich bei Treffen der EU allerdings wesentlich weniger wohl fühlt als Blair. Dennoch hat Brown einige der britischen Initiativen maßgeblich geprägt, auch wenn sie dann auf den Gipfeltreffen der EU (dem Europäischen Rat) von Premier Blair vorgestellt und vertreten wurden. Ihren Ausdruck fanden diese Initiativen zunächst in der Beschäftigungsstrategie der EU und setzten sich später in der so genannten Lissabon-Strategie fort, deren Ziel es ist, die EU zur wettbewerbsfähigsten Region der Weltwirtschaft zu machen. Dabei ist bemerkenswert, dass die hierzu vorgeschlagenen Maßnahmen – wie etwa das *Benchmarking* – weniger in nationalstaatliche Zuständigkeiten eingreifen, also weniger supranational sind und damit die britischen Präferenzen widerspiegeln. Eine Zwischenevaluation der Lissabon-Strategie im Jahr 2004 kam zu dem Ergebnis, dass die Ziele bisher verfehlt wurden. Die EU-Kommission unter Führung ihres Präsidenten José Manuel Barroso hat deshalb die erfolgreiche Umsetzung der Strategie zu einem Kern ihres Arbeitsprogramms gemacht. Die Bedeutung der Verbesserung der europäischen Wettbewerbsfähigkeit betonte auch Tony Blair bei der Vorstellung der Schwerpunkte der britischen Ratspräsidentschaft in der zweiten Hälfte des Jahres 2005. Angesichts der zuletzt mäßigen Wirtschaftsentwicklung der Euro-Zone und der recht erfolgreichen britischen Wirtschaft mit niedriger Arbeitslosigkeit besitzt die Meinung des Vereinigte Königreichs in den ökonomischen Debatten innerhalb der EU durchaus Gewicht. Dennoch betrachten einige

Kritiker die Wirtschaftspolitik der Blair-Regierung als reinen Neoliberalismus und halten sie nicht für geeignet für andere EU-Staaten.

In der Außen- und Sicherheitspolitik der EU lässt sich – bis zum Schulterschluss Großbritanniens mit den USA im Irakkrieg – eine besonders konstruktive Rolle der Blair-Regierung nachweisen. Die wichtigste Entwicklung hierbei war das britisch-französische Gipfeltreffen von St. Malo im Dezember 1998, bei dem die beiden bedeutendsten Militärmächte der EU den Aufbau der ESVP vorschlugen. Für Großbritannien bedeutete diese Initiative eine deutliche Abkehr von der bisher verfolgten Politik, bei der London eine stärkere Rolle der EU in der Verteidigungspolitik stets verhindert hatte. Durch die Weigerung der USA, sich im Kosovo zu engagieren, wurde der Impuls 1999 sogar noch weiter verstärkt. Die ESVP – deren Details auf dem Europäischen Rat in Helsinki im Dezember 1999 vereinbart wurden – ist eine längerfristig angelegte Strategie, weil sie den Ausbau der kollektiven Verteidigungsfähigkeit fordert. Somit ist diese neue Stufe der sicherheitspolitischen Zusammenarbeit, die durch einen klaren Richtungswechsel der britischen Politik initiiert wurde, als sichtbarster Ausdruck der konstruktiven Europapolitik in der Amtszeit Tony Blairs zu bezeichnen.

Im Alltagsgeschäft der GASP vertrat die Blair-Regierung die übliche pragmatische Position Großbritanniens. Gleichwohl sprach sich der Premierminister 1999 in einer Rede in Chicago für neue Grundsätze der internationalen Gemeinschaft aus, die humanitäre Interventionen umfassen sollten. Auch die EU unternahm in der Folgezeit solche Einsätze, namentlich im Kongo im Jahr 2003. Trotzdem führte die britische Entscheidung desselben Jahres, den Irakkrieg von US-Präsident Bush zu unterstützen, zu tiefgreifenden Spannungen innerhalb der EU. Da Frankreich und Deutschland die Invasion ablehnten, war ein gemeinsames europäisches Handeln nicht möglich. Gleichwohl war Großbritannien nicht isoliert, da sich andere EU-Staaten wie Spanien und Italien sowie zukünftige mittel- und osteuropäische Mitgliedsländer der US-amerikanischen Position anschlossen (auch wenn einige dies später revidierten). Im Ergebnis kam es jedoch zu einer Verschlechterung der Beziehungen Großbritanniens zu Frankreich und Deutschland.

In der Justiz- und Innenpolitik nahm Großbritannien traditionell eine Außenseiterrolle ein, da es weiterhin auf Grenzkontrollen beharrt. Konsequenterweise beteiligte sich London auch nicht am Schengener Abkommen von 1985, das die schrittweise Abschaffung der Passkontrollen innerhalb der EG/EU-Staaten vorsah. Die Blair-Regierung intensivierte dennoch die Zusammenarbeit in der Justiz- und Innenpolitik. Labour sah Kooperationspotential in erster Linie in den Bereichen Migration und Terrorismusbekämpfung. Der letztere Aspekt wurde vor allem nach den Terroranschlägen in London vom 7. Juli 2005 ausgebaut und vertieft.

Insgesamt ist eine strategische Grundausrichtung der Europapolitik der Blair-Regierung festzustellen. So wurde größeres Augenmerk auf die bilateralen Beziehungen gelegt, auch wenn es bislang nicht gelungen ist, eine vergleichbare Verbindung zu der zwischen Deutschland und Frankreich aufzubauen. Die anfänglichen Hoffnungen auf bessere Beziehungen zu Deutschland – basierend etwa auf dem Konzept des »Dritten Wegs« – haben sich letztlich als wenig ertragreich erwiesen. Die Politik der »neuen Mitte« ist in Deutschland nur auf wenig Gegenliebe gestoßen. So ist es in der Tat bemerkenswert, dass die Labour-Regierung fruchtbare Kontakte vor allem zu Mitte-Rechts-Politikern bzw. -Regierungen aufgebaut hat, wie z. B. mit Jacques Chirac in Frankreich in der Verteidigungspolitik oder mit José-Maria Aznar in Spanien und Silvio Berlusconi in Italien in Bezug auf die Wettbewerbsfähigkeit und die Wirtschaftspolitik. Innerhalb des Regierungsapparates in London wurde dessen Strategiefähigkeit durch Umstrukturierungen der Europaabteilung des *Cabinet Office* ausgebaut, deren Leiter seit dem Jahr 2000 sein Büro (wieder) am Dienstsitz des Premierministers in *No. 10 Downing Street* hat und zugleich dessen wichtigster europapolitischer Berater ist.

Zusammenfassend ist zu konstatieren, dass die Regierung von Premier Tony Blair der britischen Europapolitik neue Impulse verliehen und eine vorwiegend konstruktive Politik verfolgt hat. Mit der ESVP und der Lissabon-Strategie verdanken zwei der momentan wichtigsten Projekte der EU ihre Entstehung bzw. Weiterentwicklung in einem erheblichen Maße der Initiative Großbritanniens. Gleichzeitig hat es auch spannungsreiche Themen gegeben, insbesondere den Irakkrieg. Die Weigerung der Briten in den Verhandlungen über den Finanzrahmen der Union für die Jahre 2007 bis 2013 von ihrem bestehenden Beitragsrabatt abzurücken, führte das Land in eine beinahe vollständige Isolation.[16] Ein vorläufiger Kompromiss wurde im Dezember 2005 am Ende der britischen EU-Präsidentschaft gefunden. Dem Euro ist das Vereinigte Königreich nicht beigetreten. Als Schatzkanzler Brown im Juni 2003 sein Ergebnis der Überprüfung der fünf Tests vorlegte, hielt er die Zeit für den Beitritt für noch nicht reif. Eine Interpretation dieser Entscheidung geht dahin, dass sie zum rational-pragmatischen Charakter der britischen Europapolitik passt. Eine andere argumentiert, dass die Bestrebungen Tony Blairs durch die wesentlich kritischere Haltung seines Schatzkanzlers zunichte gemacht wurden. Auch wenn derzeit weder ein Referendum über die Gemeinschaftswährung noch über den Verfassungsvertrag ansteht, zeigt sich in der britischen Öffentlichkeit keine

Tendenz zu einer positiveren Sichtweise der EU, obwohl die Erfolge der Labour-Regierung durchaus sichtbar sind.

VI. Die Zukunftsaussichten

Die positive Europapolitik der Regierung steht innenpolitisch auf einem wackeligen Fundament. Es ist der Regierung nicht gelungen, einen pro-europäischen Konsens zu etablieren. Premier Blair kündigte an, nicht für eine weitere Amtszeit zur Verfügung zu stehen, und sein wahrscheinlicher Nachfolger Gordon Brown ist der EU wesentlich weniger gewogen. Zudem wird auch die Regierungszeit der Labour Party früher oder später enden. Die Konservativen haben ihre europapolitische Position immer noch nicht gefunden. Die Anzahl ihrer prominenten Proeuropäer, wie etwa Kenneth Clarke, der Schatzkanzler der Major-Regierung war, hat in letzter Zeit abgenommen. Mit Blick auf die britische Bevölkerung ist gleichwohl festzuhalten, dass sie trotz der nur zurückhaltenden Unterstützung der EU noch niemals eine Partei mit einer dezidiert euroskeptischen Programmatik in die Regierung gewählt hat. Ist dies nur Zufall oder haben die britischen Wähler ein feines Gespür für die Anforderungen des Regierens? Über all dem steht jedoch die Frage, wie lange es einer Regierung gelingen kann, eine konstruktive Europapolitik zu verfolgen, ohne der Bevölkerung zu vermitteln, dass eine solche Politik in ihrem Interesse ist? Für den politischen Taktiker Blair war es bisher wichtiger, sich die Unterstützung der (europaskeptischen bzw. –feindlichen) Murdoch-Presse zu sichern, um Wahlen zu gewinnen und sein größeres politisches »Gesamtprojekt« zu verfolgen. Deshalb gab es keinen Versuch, dem Wahlvolk die Erfolge der britischen Europapolitik angemessen zu »verkaufen«. Somit bleibt die Ambivalenz des britischen Engagements in Europa, wie sie in der Formel des »Großbritannien und/in Europa« zum Ausdruck kommt, weiter bestehen, zumindest mit Blick auf die öffentliche Meinung im Vereinigten Königreich.

Anmerkungen

1 Vgl. Stephen George, An Awkward Partner: Britain and the European Community, Oxford 1998[3].

2 Die Gründungsmitglieder der EFTA waren neben Großbritannien Dänemark, Norwegen, Österreich, Portugal, Schweden und die Schweiz..

3 Zur damaligen Zeit war das Abstimmungsverfahren der Qualifizierten Mehrheit im Ministerrat der EU in wesentlich mehr Politikfeldern vorgesehen und wurde dort

auch angewandt. Dies bedeutete, dass die anderen Mitgliedstaaten in vielen Fällen die britische Haltung überstimmen konnten und die Verweigerung der Kooperation nur in solchen Fällen Wirkung zeigte, in denen Einstimmigkeit der Mitgliedstaaten erforderlich war. Siehe Martin Westlake, »Mad cows and Englishmen« – The Institutional Consequences of the BSE Crisis, in: Neill Nugent (Hrsg.), The European Union 1996: Annual Review of Activities, (Beilage zum Journal of Common Market Studies) 1997, S. 11–36.

4 Vgl. Christopher Hill, United Kingdom: Sharpening Contradictions, in: Ders. (Hrsg.), The Actors in Europe's Foreign Policy, London 1996, S. 68–89.

5 Vgl. Peter Norman, The Accidental Constitution. The Making of Europe's Constitutional Treaty, Brüssel 2005^2, S. 300 f.

6 Die Rede ist abrufbar unter www.number-10.gov.uk/output/Page7714.asp [Zugriff 26. Juli 2005].

7 Einen hervorragenden Überblick der verschiedenen politischen Kräfte bieten David Baker/David Seawright (Hrsg.), Britain For and Against Europe. British Politics and the Question of European Integration, Oxford 1998.

8 Für eine Analyse des Gesinnungswandels vgl. Russell Holden, The Making of New Labour's European Policy, Basingstoke, 2002. Siehe auch Philip Daniels, From hostility to »constructive engagement«: the Europeanisation of the Labour party, in: West European Politics, 21 (1998) 1, S. 72–96.

9 Beispielhaft sind die Ergebnisse der Eurobarometer-Umfrage vom Mai/Juni 2005. Europäische Kommission, Eurobarometer 63: Public Opinion in the European Union, First Results, Brussels, July 2005, http://europa.eu.int/comm/public_opinion/index_en.htm [Zugriff 27. Juli 2005].

10 Langfristigere Datenreihe sind auf der Eurobarometer-Website einzusehen. Für Analysen bis zu den frühen 1990er Jahren vgl. Neill Nugent, British Public Opinion and the European Community: in: Stephen George (Hrsg.), Britain and the European Community. The Politics of Semi-Detachment, Oxford 1992, S. 172–201.

11 In den Eurobarometer-Umfragen wird diese Frage erst seit 1983 gestellt, sodass für die Zeit vorher keine Daten präsentiert werden können.

12 George Wilkes/Dominic Wring, The British Press and European Integration: 1948 to 1996: in: Baker/Seawright (Anm. 7), S. 185–205, hier S. 185.

13 Weitere Bestandsaufnahmen der Europapolitik New Labours finden sich u.a. bei Simon Bulmer, European Policy: Fresh Start or False Dawn?, in: David Coates/Peter Lawler (Hrsg.), New Labour in power, Manchester 2000, S. 240–253; Anne Deighton, European Union Policy: in Anthony Seldon (Hrsg.), The Blair Effect: the Blair Government 1997–2001, London 2001, S. 307–328; Simon Bulmer/Helen Wallace, Großbritannien, in: Werner Weidenfeld (Hrsg.), Europa-Handbuch, Bd. 2: Die Staatenwelt Europas, Gütersloh 2004, S. 156–171; Simon Bulmer, Constructive Abroad but not yet Constructed at Home: The Blair Government's European Policy [im Erscheinen].

14 Vgl. Simon Bulmer/Martin Burch, The Europeanization of UK Government: from Quiet Revolution to Explicit Step-Change?, in: Public Administration, 83 (2005) 4, S. 861–890; Simon Bulmer, Constructive Abroad (Anm. 13).

15 In ähnlicher Weise hatte die Labour Party vor der Unterhauswahl 1997 eine Volksabstimmung über den Beitritt zum Euro zugesagt, um die Bedeutung dieses Themas im Wahlkampf zu verringern.

16 Unterstützung erhielt Blair lediglich vom schwedischen Regierungschef.

Weiterführende Literatur

Eine gute und knappe englischsprachige Bestandsaufnahme des Verhältnisses zwischen Großbritannien und der EG/EU bietet *David Allen*, The United Kingdom: A *Europeanized* Government in a *non-Europeanized* Polity, in: Simon Bulmer/Christian Lequesne (Hrsg.), The Member States of the European Union, Oxford 2005, S. 119–141.

In deutscher Sprache ist auf *Simon Bulmer/Helen Wallace*, Großbritannien, in: Werner Weidenfeld (Hrsg.), Europa-Handbuch, Bd. 2: Die Staatenwelt Europas, Gütersloh 2004, S. 156–171, zu verweisen.

Für umfassendere Ausführungen siehe *Andrew Geddes*, The European Union and British Politics, Basingstoke 2004, sowie *Stephen George*, An Awkward Partner: Britain and the European Community, Oxford 1998[3].

Speziell zu den parteipolitischen Auseinandersetzungen, den Interessengruppen und den Medien *David Baker/David Seawright* (Hrsg.), Britain For and Against Europe. British Politics and the Question of European Integration, Oxford 1998.

Links

Das britische Außenministerium verfügt über eine gute Website zur Europapolitik unter http://www.fco.gov.uk (siehe besonders »Britain in Europe«). Die Seite der britischen Ratspräsidentschaft 2005 lautet http://www.eu2005.gov.uk. Zur britischen Haltung gegenüber dem Euro liefert die Seite des Finanzministeriums gute Informationen http://www.hm-treasury.gov.uk. Andere Links der Regierung finden sich unter http://europa.eu.int/abc/governments/united_kingdom/index _en.htm. Politische Analysen bieten u. a. folgende Think Tanks: The Federal Trust http://www.fedtrust.co.uk; The Foreign Policy Centre http://fpc.org.uk; The Centre for European Reform http://www.cer.org.uk. Ein Eindruck der euroskeptischen Gruppen in Großbritannien ist zu gewinnen unter http://www.psr. keele.ac.uk/area/uk/gpcon.htm.

Reinhard C. Meier-Walser

Großbritannien und Deutschland – eine »stille Allianz«?

I. Einleitung

In Abgrenzung zu schlagzeilenträchtigeren bilateralen Beziehungsgefügen zwischen Staaten wird das deutsch-britische Verhältnis seit langem als eine »stille Allianz« bezeichnet, womit die weitgehende Reibungslosigkeit eines partnerschaftlichen Kooperationsverhältnisses gekennzeichnet werden soll. Ursprünglich bezog sich der Terminus »stille Allianz« lediglich auf die deutsch-britische Sicherheitskooperation.[1] Im Laufe der Zeit wurde er jedoch allmählich auch auf die übrigen Felder der bilateralen Beziehungen übertragen, wenngleich insbesondere die unterschiedlichen Vorstellungen beider Staaten in Bezug auf die Europäische Integration mitunter deutlich hörbare Klopfzeichen im angeblich »stillen« Dialog erzeugten.[2]

Ungeachtet der jeweiligen Besonderheiten in den einzelnen historischen Abschnitten von 1949 bis in die Gegenwart, auf die noch einzugehen ist, wird das deutsch-britische Verhältnis von folgenden Charakteristika geprägt:

- Die Entwicklung der beiden Länder verlief während der vergangenen Jahrzehnte völlig unterschiedlich: Deutschland, der Verlierer des Zweiten Weltkrieges, wurde nach der Gründung der Bundesrepublik in die demokratische Staatengesellschaft reintegriert, erlebte mit seinem »Wirtschaftswunder« einen fulminanten Aufschwung, stieg in die erste Liga der westlichen Industrienationen auf und konnte seine Einheit in Freiheit vollenden. Großbritannien, der Weltkriegssieger, wurde von ökonomischen Dauerkrisen geschüttelt, verlor seine Weltmachtposition, stieg in der internationalen Machthierarchie der Staaten ab und bugsierte sich auf ein Nebengleis der Europäischen Integration.
- Beide Staaten waren zu keinem Zeitpunkt der für den jeweils anderen wichtigste Partner; dies waren für Deutschland die USA und Frankreich, für Großbritannien die Vereinigten Staaten.
- Wegen der Rolle Frankreichs stand das Gefüge seit der Gründung der Bundesrepublik traditionell in einem prekären Spannungsverhält-

nis. Waren die Beziehungen zwischen Deutschland und Frankreich gut, dann litt darunter in der Regel das Verhältnis zwischen Bonn/Berlin und London. Kühlten sich die Beziehungen der Bundesrepublik zu Paris ab, dann gewann jeweils die »stille Allianz« an Qualität und Intensität.[3] Andererseits erwärmten sich auch die Beziehungen zwischen London und Bonn/Berlin, wenn die Beziehungen zwischen London und Paris gut waren. Waren die Beziehungen zwischen den beiden europäischen Nuklearmächten hingegen gespannt, dann zog das in der Regel auch Spannungen zwischen Großbritannien und Deutschland nach sich.

- Das deutsch-britische Verhältnis, welches in der Nachkriegszeit keine der deutsch-französischen Verständigung entsprechende Aussöhnung erfuhr,[4] ist seit jeher überschattet von Missverständnissen und wechselseitigen Fehlperzeptionen, die aus der nicht unproblematischen Haltung Londons gegenüber der Europäischen Integration herrühren. Während Großbritannien seit seinem Beitritt zur EG 1973 die Befürchtung hegte, sich einem deutsch-französischen *fait accompli* beugen zu müssen und einem von den beiden großen westeuropäischen Kontinentalmächten dominierten Integrationsprozess gegenüberzustehen, hoffte die Bundesregierung ab Mitte der 1970er Jahre vergeblich darauf, dass London den Vertiefungsprozess der Gemeinschaft voll mittragen und sich im »Herzen Europas« etablieren würde. Stattdessen blieb das Vereinigte Königreich ein »schwieriger Partner«,[5] der – daran hat sich im Grunde bis heute nichts geändert – eine lockere intergouvernementale Kooperation einer hochintegrierten supranationalen Union vorzieht.

- In der Retrospektive fällt auf, dass es im Gegensatz zu engen persönlichen Beziehungen zwischen britischen und US-amerikanischen (z. B. Margaret Thatcher und Ronald Reagan) bzw. deutschen und französischen Politikern (z. B. Helmut Schmidt und Valéry Giscard d'Estaing) keine engen Bindungen zwischen britischen und deutschen Spitzenvertretern der politischen Elite gab.[6] Weder Konrad Adenauer – dessen Verhältnis insbesondere zu Harold Macmillan ausgesprochen schlecht war[7] – noch Kurt-Georg Kiesinger galten als anglophil. Willy Brandt und Schmidt waren zwar aufgeschlossener gegenüber Großbritannien, aber auch sie bauten keine engen persönlichen Beziehungen zu ihrem jeweiligen Gegenüber in London auf. Während das Verhältnis zwischen Thatcher und Helmut Kohl geradezu von gegenseitiger Abneigung gekennzeichnet war, kam Kohl mit John Major – zumindest bis zum Austritt Großbritanniens aus dem europäischen Währungssystem im September 1992 – besser aus. Eine freundschaftliche Beziehung entwickelte sich dann erst zwischen Tony Blair und Gerhard Schröder, die nicht zuletzt durch ideologische Übereinstimmungen geprägt war (»Third Way« in Großbritannien, »Neue Mitte« in Deutschland) und sogar die deutsch-britische Kontroverse in der Frage des Irak-Krieges im Jahre 2003 überstand.

II. Die Besatzungszeit

Die britische Besatzungspolitik in ihrer damaligen Zone – die flächenmäßig etwa den heutigen Bundesländern Nordrhein-Westfalen, Niedersachsen, Schleswig-Holstein und Hamburg entsprach – beruhte zum einen auf der Vorstellung, dass von Deutschland nie mehr wieder eine Gefahr für die Sicherheit anderer Staaten ausgehen dürfe; insbesondere sollte vermieden werden, dass Deutschland die Bemühungen Großbritanniens, seine Weltmachtposition wiederzuerlangen, beeinträchtigen könnte.[8] Zum anderen beruhte die britische Deutschlandpolitik auf der nachdrücklichen Förderung eines parlamentarisch-demokratischen Wiederaufbaus und der Reintegration Deutschlands in die Völkergemeinschaft. Da für die Briten die Niederlage der Nationalsozialisten allein keine Gewähr für Sicherheit bot, entwickelte sich *Reeducation* (Umerziehung) zu einem zentralen Faktor ihrer Besatzungspolitik.[9] Dabei wollte man das britische politische System aber nicht nach Deutschland exportieren, sondern suchte eine »Erneuerung aus der geistigen und politischen Substanz des deutschen Volkes, das dabei an eine Verfassungstradition anzuknüpfen vermochte, die es trotz der Verführung des Nationalsozialismus als Bestandteil der westlichen Kultur auswies«.[10]

Mit Beginn der Eskalationsphase des Kalten Krieges im Jahre 1947 geriet die britische Besatzungspolitik in ein Dilemma. Einerseits war nach den beiden Weltkriegen die Stimmung in Großbritannien gegenüber Deutschland und den Deutschen nach wie vor von Misstrauen und Abneigung geprägt, andererseits galt ein wiederaufgebautes und stabiles Westdeutschland als Voraussetzung für eine ökonomische Genesung Europas und als starke Verteidigungslinie gegenüber dem Sowjetblock.[11] Ungeachtet dieser Ambivalenz unterstützte London aber nicht nur die Teilnahme seiner Besatzungsgebiete an der Marshallplan-Hilfe, sondern stand auch während der Berlin-Blockade durch die Sowjetunion 1948/49 fest an der Seite der USA und der Berliner, indem sich die *Royal Air Force* mit rund einem Drittel aller eingesetzten Flugzeuge an der Luftbrücke beteiligte. Bereits im Januar 1948 hatte

Außenminister Ernest Bevin gefordert, Westdeutschland solle Teil eines zukünftigen atlantisch-europäischen Verteidigungssystems werden.[12]

Zusammenfassend betrachtet kann die britische Besatzungspolitik von 1945–1949 als sehr wohlwollend und konstruktiv gegenüber den Deutschen bezeichnet werden, zumal die britische Regierung trotz ihres zweifellos vorhandenen Misstrauens gegenüber den ehemaligen Kriegsgegnern sich einer harten Behandlung der Deutschen, wie sie insbesondere von der UdSSR praktiziert wurde, widersetzte und stattdessen die Rückkehr Deutschlands in die demokratische Staatengemeinschaft maßgeblich beförderte.[13] Für die Demokratie der Bundesrepublik, so einer der besten Kenner der Nachkriegsphase deutsch-britischer Beziehungen, »war Großbritannien einer der wichtigsten Geburtshelfer«.[14]

III. Deutsch-britische Beziehungen im Zeichen des Ost-West-Konflikts

Die Gründung der Bundesrepublik im Mai 1949 bedeutete auch einen Wendepunkt in der britischen Deutschlandpolitik. Während Deutschland in den ersten Nachkriegsjahren als bloßes Objekt der Besatzungspolitik galt, das nicht zu eigenständigem Handeln in der Lage war, behandelten die Briten die junge Bundesrepublik ab 1949 als – wenn auch nicht gleichberechtigten, so doch aktiv handelnden – politischen Partner mit eigenen außenpolitischen Interessen.[15]

Zur wichtigsten bilateralen Frage zwischen London und Bonn entwickelte sich angesichts des Ausbruches des Korea-Krieges und der Zuspitzung der Ost-West-Konfrontation die Problematik der deutschen Wiederbewaffnung bzw. der Modalitäten der Integration Deutschlands in die Verteidigungsorganisationen des demokratischen Westens. Nachdem die Europäische Verteidigungsgemeinschaft (EVG) im August 1954 in der französischen Nationalversammlung gescheitert war, war es die britische Regierung, die mit einem neuen Plan zur Aufnahme der Bundesrepublik in eine Westeuropäische Union (WEU) und in die NATO erneut für Bewegung sorgte. Um die Bedenken Frankreichs gegenüber einer deutschen Wiederbewaffnung zu zerstreuen, erklärte sich Außenminister Anthony Eden bereit, vier Divisionen und die taktische Luftwaffe dauerhaft in Deutschland zu stationieren. Gleichzeitig gelang es Eden, eine Verständigung zwischen Bundeskanzler Konrad Adenauer und dem französischen Premier Pierre Mendès-France über die Saar-Frage herbeizuführen. Daraufhin lenkte die französische Regierung ein, und die Bundesrepublik konnte im Mai 1955 der NATO beitreten.[16]

Während die deutsch-britischen Beziehungen bis etwa 1955/56 überwiegend konstruktiv und vertrauensvoll waren, kühlten sie sich nach dem Rücktritt Edens im Januar 1957 deutlich ab. Grund dafür waren die wiederholten – wenn auch vergeblichen –Versuche der neuen Regierung Macmillan, eine Mittlerrolle im Ost-West-Konflikt einnehmen und eine Entspannung im Verhältnis mit Moskau erreichen zu können. Obwohl London sich noch im Deutschlandvertrag vom Juli 1955 eindeutig für eine Unterstützung der Wiedervereinigung ausgesprochen hatte, befürchtete Bundeskanzler Adenauer, dass die britische Regierung eine Sonderregelung mit Moskau auf dem Rücken Deutschlands anstrebe. Demgegenüber stieß die deutsche Linie, die Wiedervereinigung vor die Entspannungspolitik zu setzen, in Großbritannien zunehmend auf Kritik und führte zu einer weiteren Abkühlung der Beziehungen.[17] Zu einer spürbaren Verstimmung zwischen Bonn und London kam es zu Beginn des Jahres 1958, als sich die britische Regierung angesichts einer prekären Haushaltssituation zu radikalen Kürzungen bei der britischen Rheinarmee gezwungen sah und Adenauer darüber nicht vorab informierte, geschweige denn die Reduzierungen mit der deutschen Regierung abstimmte. Adenauer war verärgert und argwöhnte, dass London die deutschen sicherheitspolitischen Interessen beschädigen würde.[18]

Neben den Kosten für die Stationierung der Rheinarmee entwickelte sich während der Ära Adenauer insbesondere die Deutschlandfrage zu einem kontinuierlichen Zankapfel der deutsch-britischen Beziehungen, zumal die Differenzen in der Frage der Gültigkeit der Oder-Neisse-Grenze unüberbrückbar waren. Erst während der Zeit der Großen Koalition in Bonn (1966–1969) näherten sich die Positionen in dieser Frage an. Zu einer spürbaren Klimaverbesserung zwischen London und Bonn kam es dann vor allem mit Antritt der sozialliberalen Koalition im Herbst 1969, weil nicht nur Kanzler Willy Brandt sich mit Nachdruck für eine Aufnahme Großbritanniens in die EG einsetzte, sondern auch weil London die neue Ostpolitik Bonns im Zeichen der Ost-West-Entspannnung zwar durchaus kritisch begleitete, gleichzeitig aber konstruktiv unterstützte.[19] Ungeachtet der ideologischen Unterschiede zwischen dem sozialdemokratischen Kanzler Willy Brandt und dem konservativen Premier Edward Heath, der im Juni 1970 Harold Wilson von der Labour-Partei ablöste, gelten die drei Jahre, in denen Brandt und Heath gemeinsam an der Spitze ihrer jeweiligen Regierung standen, als die fruchtbarste Periode deutsch-britischer Nachkriegsbeziehungen.[20]

IV. Deutschland, Großbritannien und Europa[21]

Ende der 1950er Jahre begann in London erst allmählich ein Prozess des Überdenkens der eigenen Machtposition, der u. a. durch den Suez-Krieg[22], die zweite Welle der Dekolonisation (in Afrika und der Karibik) und die Misere der britischen Wirtschaft ausgelöst wurde. Während Großbritanniens Warenaustausch mit dem Empire/Commonwealth dramatisch zurückging, waren die jährlichen Zuwachsraten des Bruttosozialproduktes der Mitgliedsstaaten der Montanunion/EWG im Durchschnitt jeweils rund doppelt so hoch wie diejenigen Britanniens. Angesichts der abnehmenden Bedeutung der traditionellen überseeischen Handelsverbindungen bei gleichzeitig rapide zunehmender wirtschaftlicher Attraktivität Europas setzte sich etwa Anfang der 1960er Jahre in London die Erkenntnis durch, dass Großbritannien seine außenwirtschaftlichen Interessen künftig lediglich über die Konzentration seiner Bemühungen auf Europa mit Erfolg würde verfolgen können.

Erleichtert wurde diese historische Weichenstellung paradoxerweise durch die Rückkehr Charles de Gaulles an die Macht in Frankreich (im Mai 1958), zumal die integrationspolitischen Vorstellungen des Generals sich mit der traditionellen britischen Konzeption einer (souveränitätsschonenden) Assoziation von Nationalstaaten weitgehend deckten. Paradox insofern, als der französische Präsident im Januar 1963 zunächst den Antrag der Regierung Macmillan und schließlich im November 1967 den Antrag der Regierung Wilson um Aufnahme Großbritanniens in die EWG durch sein Veto vereitelte. Angesichts de Gaulles Befürchtung, Großbritannien würde in der EWG als »trojanisches Pferd« der USA fungieren, war während seiner Amtszeit ein Unterbreiten weiterer Aufnahmeanträge sinnlos. Erst 1972 konnte die Mitgliedschaft Großbritanniens erfolgreich ausgehandelt werden, nachdem es dem proeuropäisch eingestellten Premierminister Edward Heath gelungen war, de Gaulles Nachfolger Georges Pompidou von Britanniens europäischer Gesinnung zu überzeugen.

Die späte Aufnahme Großbritanniens in die Europäische Gemeinschaft zu Beginn des Jahres 1973 setzte keinen Schlussstrich unter die Spannungen zwischen London und seinen kontinentaleuropäischen Partnern. Die Briten sahen sich mit einer zunehmend höher integrierten, auf den Agrarsektor konzentrierten und durch die deutsch-französische Achse dominierten Gemeinschaft konfrontiert, worauf sie sich mehr und mehr auf die Position eines Außenseiters zurückzogen. Ungeachtet dessen stimmten im Juni 1975 in einem von der Regierung Wilson angesetzten Referendum über den Verbleib Großbritanniens in der Gemeinschaft 67,2 Prozent der Bevölkerung mit Ja und nur 32,8 Prozent mit Nein. Die Tatsache wiederum, dass innerhalb Großbritanniens seit diesem unerwartet klaren Votum zumindest die prinzipielle Beteiligung an der EG weitgehend unumstritten ist, hat während der vergangenen 30 Jahre bei Deutschland und den anderen Kontinentaleuropäern wiederholt zu Fehlperzeptionen bezüglich der Bereitschaft Londons geführt, die Vertiefung der Gemeinschaft zu unterstützen.

Schon während der Amtszeiten der Labour-Premiers Harold Wilson und James Callaghan entwickelte sich die Frage der britischen Beiträge zur EG zu einem zentralen Streitpunkt zwischen Großbritannien und seinen europäischen Partnern. Unter Margaret Thatcher, die nach dem britischen Krisenwinter 1978/79 im Mai 1979 als Nachfolgerin Callaghans in Downing Street No. 10 einzog, wurde die Beitragsfrage sogar zum »dominierenden Element der britischen Europapolitik«.[23] Während der langjährigen Amtszeit der Tory-Regierungschefin, die weder für Deutschland noch für Frankreich Sympathien empfand,[24] sondern stattdessen vor allem mit ihrem US-amerikanischen Amtskollegen Ronald Reagan für eine Wiederbelebung der Sonderbeziehungen (*Special Relationship*) zwischen Großbritannien und den USA sorgte, kam es regelmäßig zu Konfrontationen zwischen Thatcher auf der einen und den übrigen europäischen EG-Staats- und Regierungschefs auf der anderen Seite. Ungeachtet der aggressiven Anti-Europa-Rhetorik Margaret Thatchers und ihrer kompromisslosen Haltung in der Budget-Beitrags-Frage unterzeichnete die britische Regierung im Februar 1986 die Einheitliche Europäische Akte (EEA). Offensichtlich hatte die britische Regierungschefin die Eigendynamik der Integration unterschätzt und irrtümlicherweise gehofft, über das Binnenmarktprogramm der EEA das wirtschaftliche Konzept der Marktorientierung, Liberalisierung und Deregulierung auf die anderen Mitglieder der Gemeinschaft übertragen zu können, ohne dabei die mit europäischen Harmonisierungsmaßnahmen verbundene Abgabe nationaler Souveränität in Kauf nehmen zu müssen.

Im Gegensatz zu Helmut Kohl, der sich kontinuierlich für eine Vertiefung der europäischen Integration einsetzte, weil er in der Tradition Adenauers in der Gemeinschaft das Fundament des Friedens in Europa sah, widersetzte sich Margaret Thatcher jeglichen Vertiefungsbestrebungen des Integrationsprozesses zugunsten ihrer Vorstellung eines Europas souveräner Nationalstaaten.

V. Margaret Thatcher und die deutsche Einheit

Nachdem die deutsch-britischen Beziehungen bereits seit dem Amtsantritt von Margaret Thatcher im Jahre 1979 gespannt waren, erreichten sie gegen Ende der 1980er Jahre einen neuen Tiefpunkt, wofür neben persönlichen Animositäten zwischen den beiden Regierungschefs die europapolitischen Auseinandersetzungen zwischen London und Bonn sowie sicherheitspolitische Differenzen (insbesondere über die Modernisierung der in der Bundesrepublik stationierten Lance-Mittelstreckenraketen) ausschlaggebend waren.[25] Das ohnehin gereizte Verhältnis wurde gegen Ende der Regierungszeit Margaret Thatchers ferner durch antideutsche Stimmungen in Großbritannien belastet. Handels- und Industrieminister Nicholas Ridley, der in einem europapolitischen Beitrag im *Spectator* im Juli 1990 den deutschen Kanzler Helmut Kohl in die Nähe Hitlers gerückt hatte, musste zwar umgehend zurücktreten; die Affäre zeigte jedoch, dass, so der frühere britische Botschafter in Bonn, Sir Julian Bullard, Mr. Ridleys generelle Attitüde gegenüber den Deutschen von anderen Mitgliedern der politischen Elite in London geteilt wurde.[26] Auch das so genannte »Chequers-Memorandum« sorgte für deutliche Verstimmung bei der deutschen Regierung. In Chequers, dem Landsitz britischer Premiers in der Grafschaft Buckinghamshire, hatte Margaret Thatcher im März 1990 einige prominente britische und amerikanische Wissenschaftler (darunter Norman Stone, Timothy Garton Ash, Gordon Craig, Fritz Stern, Hugh Trevor-Roper und George Urban) eingeladen, um sich über den »Nationalcharakter« der Deutschen informieren zu lassen. Das Bild, das die renommierten Deutschland-Experten zeichneten und das Thatchers enger Vertrauter Charles Powell in einem Memorandum zusammenfasste, das später durch eine Indiskretion der Presse zugespielt wurde, war wenig schmeichelhaft. Die Deutschen seien, so hieß es da, aggressiv, rücksichtslos und selbstgefällig; sie litten an Minderwertigkeitskomplexen ebenso wie an Überheblichkeit und Großmachtsucht.[27]

Die Erkenntnisse, die Margaret Thatcher bei dem Gespräch in Chequers gewann, spiegelten auch ihre Einstellung gegenüber der deutschen Wiedervereinigung. Ungeachtet der britischen Verpflichtungen aus dem Deutschlandvertrag galt die resolute Regierungschefin als eine der schärfsten Gegnerinnen der Einheit. Nachdem sie selbst nach der Öffnung der Berliner Mauer im Interview noch betont hatte, die Wiedervereinigung stehe nicht auf der Tagesordnung, wurde sie von den Ereignissen regelrecht überrumpelt und kritisierte kurze Zeit später konsterniert den »Blitzstart zur deutschen Einheit«, als Helmut Kohl ohne vorherige Abstimmung mit den NATO- und EG- Partnern seinen 10-Punkte-Programm Ende November 1989 präsentiert hatte.[28] In krasser Verkennung der Lage hatte Frau Thatcher geglaubt, die Entwicklung in der DDR und die Forderungen nach Wiedervereinigung voneinander entkoppeln zu können. Als sie schließlich erkennen musste, dass der Vereinigungsprozess nicht nur auf der Agenda stand, sondern nicht mehr zu verhindern war, versuchte sie ihn zumindest zu verzögern.[29]

Während die Mehrheit der britischen Parlamentarier sowie der britischen Bevölkerung zumindest ein gewisses Verständnis für den Wunsch nach Wiederherstellung der deutschen Einheit besaß, wenngleich deutliche Sorgen über die politische und ökonomische Macht eines neuen deutschen »Reiches« artikuliert wurden, war Margaret Thatchers ablehnende Haltung gegenüber Deutschland vor allem durch den Holocaust und ihren Wahlbezirk Finchley, in dem viele der Naziherrschaft in Deutschland entflohene Juden lebten, geprägt. Obwohl US-Präsident George Bush die Wiedervereinigung von Anfang an massiv unterstützte und auch François Mitterrand und Michail Gorbatschow ihre anfängliche Ablehnung allmählich revidierten, war für Margaret Thatcher das Überspringen des eigenen ideologischen Schattens nicht möglich. »Ihr Denken bewegte sich dazu in einem viel zu starren und visionslosen, vom Kalten Krieg bestimmten Rahmen.«[30] Neben diesen historisch–ideologischen Gründen, die sich hinter Thatchers Aversion gegen die Wiedervereinigung verbargen, waren es aber auch machtpolitische Erwägungen, die ihre Haltung beeinflussten. So assoziierte Frau Thatcher mit der Einheit eine allmähliche Überflügelung Großbritanniens durch Deutschland, das »eine größere Bevölkerung hat, eine strategisch vorteilhafte Lage in Zentraleuropa einnimmt und ein größeres langfristiges Wirtschaftspotenzial besitzt«.[31]

Während Außenminister Douglas Hurd sich bereits im Frühjahr 1990 im Unterhaus wohlwollend gegenüber der bevorstehenden Wiedervereinigung äußerte und das Foreign Office sich überzeugt davon zeigte, dass Gorbatschows Reformkurs und seine Annäherung an den Westen ihn schließlich bewegen würden, die DDR fallenzulassen, dauerte es wesentlich länger, bis die britische Regierungschefin sich im Laufe des Jahres 1990 mit den Realitäten abzufinden und der Vereinigung Deutschlands zumindest »widerstrebend zuzustimmen begann«.[32] Im September 1990 wurde schließlich das im Rahmen der »Zwei-plus-Vier«-Verhandlungen ausgearbeitete Abschlussdokument in Moskau unterzeichnet, in dem die Vier Mächte, also auch Großbritannien, auf ihre Rechte und Pflichten für Deutschland und Berlin verzichteten.[33]

VI. Von Major/Kohl zu Blair/Schröder

In ihrem Kreuzzug gegen die deutsche Einheit hatte Margaret Thatcher, die in ihren Memoiren später ihre Wiedervereinigungspolitik als »unzweifelhaft gescheitert«[34] bezeichnete, deutliche und nicht immer diplomatische Worte benutzt, um vor den Gefahren eines vereinten Deutschland zu warnen. Dabei stieß sie insbesondere viele Deutsche, die die Wiedervereinigung am 3. Oktober 1990 bejubelten, vor den Kopf, was den deutsch-britischen Beziehungen einen weiteren schweren Schlag versetzte.[35]

Nicht zuletzt deshalb wurde der Rücktritt der Eisernen Lady im November 1990 in Bonn weitgehend ohne Bedauern zur Kenntnis genommen. Auch erhofften sich die politischen Entscheidungsträger in der Bundesrepublik von Thatchers Nachfolger John Major innovative und konstruktive Impulse für die britische Europapolitik, zumal der neue Hausherr in Downing Street No. 10 Kompromissbereitschaft hinsichtlich der Stufen zwei und drei des Delors-Berichtes (Europäische Zentralbank, einheitliche Währung) signalisierte und sogar einen Platz »im Herzen Europas« für Großbritannien in Aussicht stellte. Wie sich erst später zeigte, kaschierte jedoch Majors konziliante Haltung eine prinzipielle inhaltliche Übereinstimmung mit den traditionellen, souveränitätsschonenden britischen Europavorstellungen. In einem Interview mit dem Nachrichtenmagazin *Economist* machte der Premier unmissverständlich deutlich, der Nationalstaat müsse entgegen den Vertiefungsbestrebungen der Gemeinschaft erhalten bleiben.[36]

Aus heutiger Sicht spiegelte die anfängliche Richtungskorrektur Londons vor allem die Lehren aus der thatcheristischen Integrationspolitik wider. Die Regierung Major hatte registriert, dass die europapolitische Konfrontationsstrategie nicht nur nicht zur Verlangsamung des Integrationsprozesses, sondern zur allmählichen Isolierung der Premierministerin im Kreise ihrer europäischen Amtskollegen und damit zur Verringerung der britischen Möglichkeiten, den weiteren Integrationsprozess zu beeinflussen, geführt hatte. Konsequenterweise wurde deshalb mehr Flexibilität in der Europapolitik gefordert. Einerseits sollte durch eine konstruktive Zusammenarbeit mit den anderen EG-Staaten die Isolierung Großbritanniens beendet werden. Andererseits wollte London verhindern, durch eine vorbehaltlose Unterstützung der Pläne zur Schaffung einer supranationalen Union unkontrolliert in den Sog der Vertiefungsdynamik zu geraten.

Gleichzeitig war Major zu der Überzeugung gelangt, dass die Isolierung Großbritanniens im Kreise der »Zwölf« durch den vergeblichen Versuch Margaret Thatchers, die deutsche Wiedervereinigung zu verhindern, sogar verstärkt wurde. Zum Dreh- und Angelpunkt von Majors europapolitischer Strategie entwickelten sich deshalb die Beziehungen zur Bundesrepublik, die der Premier über sein gutes Verhältnis zu Bundeskanzler Kohl zu intensivieren suchte. Dadurch sollte eine Marginalisierung Großbritanniens verhindert und die deutsch-französische Achse zu einem Dreieck Bonn – London – Paris erweitert werden. Diese Initiative John Majors stieß in Bonn durchaus auf Interesse, zumal aus Sicht der damaligen Bundesregierung durch einen Ausbau der Beziehungen zu London der Spielraum gegenüber Paris verbreitert werden konnte.

Während die deutsch-britischen Beziehungen in den Anfangsmonaten der Regierung Major durch konstruktive Kooperation gekennzeichnet waren, führten die Maastrichter Vertragsverhandlungen bald darauf zu ersten Verstimmungen bei Kanzler Kohl. Die britische Regierungsdelegation bekundete an einer Wirtschafts- und Währungsunion ebenso wenig Interesse wie an einer Stärkung des Europäischen Parlaments und wandte sich vehement gegen das in Großbritannien häufig mit Zentralismus gleichgesetzte Prinzip des Föderalismus. Während Helmut Kohl versuchte, die Briten in Maastricht »mitzuziehen«,[37] gelang es John Major, einen Sonderstatus in Form von Freistellungsklauseln hinsichtlich der gemeinsamen Sozialpolitik und der Währungsunion zu erreichen.

Kritisch wurde in Bonn auch verfolgt, dass nach dem dänischen *Nej* im Europa-Referendum vom Juni 1992 die Europaskeptiker in Großbritannien die Oberhand gewannen und sich der Ratifizierungsprozess des Maastrichter Vertrages zu verzögern begann, weil Major das weitere Verfahren vom Ausgang des französischen und eines weiteren dänischen Referendums (das für Mai 1993 geplant war) abhängig machte.[38]

Zu einer sehr ernsten Krise zwischen Bonn und London kam es 1992, als das Pfund Sterling am so genannten »schwarzen Mittwoch« (16. September) aufgrund der ungebremsten wirtschaftlichen Talfahrt Großbritanniens massiv abgewertet wurde und nur zwei Jahre nach seinem Eintritt in das Europäische Währungssystem (EWS) aus diesem wieder ausschied. John Major und Schatzkanzler Norman Lamont machten Bundesbankpräsident Helmut Schlesinger und die Bundesregierung für dieses politische und ökonomische Desaster Londons persönlich verantwortlich, worauf Bundeskanzler Kohl in ungewöhnlicher Schärfe reagierte und seinerseits Norman Lamont verärgert angriff.[39] Im Rahmen dieser Krise zeigte sich erneut die in der britischen politischen Elite vorhandene, wenngleich haltlose Befürchtung, dass das vereinte Deutschland eine Hegemonialposition in Europa anstrebe.[40]

Eine weitere Krise überschattete die deutsch-britischen Beziehungen schließlich während des Jahres 1996, als in Großbritannien die »Rinderwahn-Seuche« BSE (Bovine Spongiforme Enzephalopathie) ausbrach. Nachdem wissenschaftliche Untersuchungen einen Zusammenhang zwischen dem Verzehr von BSE-verseuchtem Rindfleisch und der für Menschen tödlich verlaufenden Kreutzfeld-Jakob-Krankheit andeuteten, verhängte die EU-Kommission ein Exportverbot für britisches Rindfleisch, zumal London keine wirksamen Maßnahmen zur Bekämpfung der Seuche ergriff. Die britische Regierung reagierte empört und machte die Bundesregierung für das Exportverbot verantwortlich. Statt jedoch einen Plan zur Bekämpfung von BSE vorzulegen, glaubte Major in der Krise eine Chance zu sehen, um sich als Verteidiger britischer nationaler Interessen zu positionieren. Im Unterhaus erklärte er deshalb trotzig, bis zur Aufhebung des Exportverbots nicht am gemeinschaftlichen Rechtssetzungsprozess teilzunehmen, was de facto eine Blockade des Ministerrats bedeutete.[41]

Die aus der Sicht der übrigen EU-Staaten zunehmend problematische Haltung der Tory-Regierung gegenüber »Europa« erklärt auch, warum Majors Wahlniederlage im Mai 1997 in den kontinentaleuropäischen Metropolen kaum Bedauern auslöste, sondern allenthalben die Hoffnung auf eine europapolitische Kurskorrektur Londons weckte. Ausgestattet mit der gewaltigen Mehrheit von 179 Parlamentssitzen, die sie durch ihren erdrutschartigen Wahlsieg errungen hatte, setzte die Labour-Regierung unter Premier Tony Blair tatsächlich bereits während ihrer ersten Tage im Amt deutliche Akzente in der Europapolitik. Sowohl die Verpflichtung zur Übernahme einer Führungsrolle in Europa als auch die Ankündigung der Unterzeichnung des Sozialprotokolls des Maastrichter Vertrages und die Besuche des neuen Außenministers Robin Cook in Bonn und Berlin wurden von den Regierungen der EU-Staaten auf dem Kontinent als Belege eines grundlegenden Wandels der britischen Haltung gegenüber der EU gewertet.

Wenngleich auch Tony Blair in Übereinstimmung mit der Mehrheit der britischen Bevölkerung ein Europa intergouvernementaler Kooperation, das den Charakter der Nationalstaaten weitgehend beibehält, einer supranationalen Union vorzog, so änderten sich mit dem Regierungswechsel jedoch vor allem Form, Stil und Ton der britischen Europapolitik, wodurch eine weit weniger konfrontative Atmosphäre im Umgang mit den europäischen Partnern entstand. Verbesserte sich insofern schon das deutsch-britische Verhältnis ab Mitte des Jahres 1997, so machte sich eine weitere Annäherung im folgenden Jahr bemerkbar, als die Regierung Kohl durch eine Rot-Grüne Koalition abgelöst wurde. Der neue Bundeskanzler, Gerhard Schröder, hatte die unter der Regie von Tony Blair vollzogene Transformation der Labour Party von einer traditionellen Arbeiterpartei zu einer modernen sozialdemokratischen Gruppierung (»New Labour«) sorgfältig verfolgt und den Erfolg von Blairs »Third Way« in Deutschland mit dem Programm der »Neuen Mitte« zu kopieren versucht.

Um die politische Abstimmung möglichst eng gestalten zu können, gründeten Blair und Schröder beim ersten Besuch des neuen Bundeskanzlers im November 1998 eine britisch-deutsche Arbeitsgruppe, in der Peter Mandelson, die »rechte Hand« Tony Blairs, und Bodo Hombach, der Chef des Bundeskanzleramtes, federführende Positionen einnahmen. Die Tätigkeit dieser Arbeitsgruppe kulminierte unmittelbar vor den Europawahlen im Juni 1999 in der Publikation eines Grundsatzpapiers zur Reform der europäischen Wirtschafts- und Sozialsysteme (»Schröder-Blair-Papier«), in dem eine Reform dieser Systeme, eine geringere Besteuerung der Unternehmen, solide Staatsfinanzen sowie mehr Flexibilität auf den Arbeitsmärkten gefordert wurden. Dieser Vorstoß, der sowohl die Parteilinken der SPD als auch die regierenden Sozialisten in Frankreich überrumpelte und irritierte, wurde von wohlwollenden Beobachtern allgemein als Versuch gewertet, die Wertvorstellungen der sozialdemokratischen Parteien an die Realitäten der Gegenwart anzupassen.

Mit dem Schröder-Blair-Papier vollzog die Bundesregierung eine Kurskorrektur in Richtung London, die eine Relativierung der Achse mit Paris bedeutete. Diese enge Bindung an die politischen Gesinnungsgenossen der Labour Party wurde von Kanzler Schröder mehrere Jahre lang praktiziert, bis während der im Herbst 2002 eskalierenden Irak-Krise eine neue Konstellation entstand. Auf der einen Seite bildete sich im Zeichen der traditionellen Sonderbeziehung zwischen London und Washington eine zum Militärschlag gegen den Irak bereite Anti-Saddam-Koalition, auf der anderen Seite trafen sich mit den regierenden Eliten in Paris und Berlin die vehementesten Gegner einer militärischen Intervention. Ungeachtet dieser sowohl transatlantischen als auch europäischen Krise überstand das Verhältnis zwischen Berlin und London das Krisenjahr 2002/2003 weitgehend unbeschadet. Der Grund für diese erstaunliche Tatsache ist vor allem in der partnerschaftlichen Beziehung zwischen den beiden Regierungschefs zu suchen, die sowohl auf persönlichen Sympathien zwischen Schröder und Blair als auch auf politisch-programmatischen Übereinstimmungen beruht.

VII. Ausblick

Insgesamt lässt sich feststellen, dass größere bilaterale Probleme im deutsch-britischen Verhältnis derzeit nicht existieren. Die Beziehungen sind vertrauensvoll und eng, nicht zuletzt deshalb, weil Deutschland (hinter den USA) Großbritanniens zweitwichtigster und Großbritannien (hinter den USA und Frankreich) Deutschlands drittwichtigster weltweiter Handelspartner ist. In den kommenden Jahren dürfte das Verhältnis zwischen Berlin und London, u. a. wegen der ungeklärten Frage der Zukunft der Europäischen Verfassung, aber wieder mehr von europapolitischen Fragestellungen überlagert werden. Dies wird möglicherweise wieder zu Turbulenzen innerhalb der »stillen Allianz« führen.

Anmerkungen

1 Karl Kaiser/John Roper (Hrsg.), Die stille Allianz. Deutsch-britische Sicherheitskooperation, Bonn 1987.
2 Vgl. Reinhard C. Meier-Walser, Akustische Signale einer »Stillen Allianz«, in: ders. (Hrsg.), »Stille Allianz«? Die deutsch-britischen Beziehungen im neuen Europa, München 1999, S. 3–9, hier S. 3.
3 Vgl. Reinhard C. Meier-Walser, Deutschland, Frankreich und Großbritannien an der Schwelle zu einem neuen Europa, in: Außenpolitik, 43 (1992) 4, S. 334–342.
4 Vgl. Otto M. von der Gablenz, Die Bedeutung Großbritanniens, in: Hans-Peter Schwarz (Hrsg.), Handbuch der deutschen Außenpolitik, München/Zürich 1975, S. 253–258.
5 Stephen George, An Awkward Partner. Britain in the European Community, Oxford 1994[2].
6 Vgl. Fraser Cameron, Britain and Germany as European partners, in: Adolf M. Birke/Marie-Luise Recker, Das gestörte Gleichgewicht. Deutschland als Problem britischer Sicherheit im 19. und 20. Jahrhundert, München u. a. 1990, S. 177–187, hier S. 185.
7 Vgl. Sabine Lee, An Uneasy Partnership. British-German Relations between 1955 and 1961, Bochum 1996, S. 72–84; ferner Bernd Leupold, »Weder anglophil noch anglophob«. Großbritannien im politischen Denken Konrad Adenauers. Ein Beitrag zur Geschichte der deutsch-britischen Beziehungen, Frankfurt a. M. 1997, S. 273–288.
8 Vgl. Gottfried Niedhart, Britische Deutschlandpolitik und Adenauers Englandpolitik 1949–1956, in: Karl Rohe/Gustav Schmidt/Hartmut Pogge von Strandmann (Hrsg.), Deutschland – Großbritannien – Europa. Politische Traditionen, Partnerschaft und Realität, Bochum 1992, S. 133–142, hier S. 134.
9 Vgl. Günther Heydemann, Großbritannien und Deutschland: Probleme einer »stillen Allianz« in Europa, in: Hans Kastendiek/Karl Rohe/Angelika Volle (Hrsg.), Länderbericht Großbritannien, 2. Auflage, Bonn 1998, S. 437–448, hier S. 437.
10 Adolf M. Birke, Vom Misstrauen zur Partnerschaft. Aspekte deutsch-britischer Beziehungen seit dem 18. Jahrhundert, in: Großbritannien und Deutschland. Nachbarn in Europa, hrsg. von der Niedersächsischen Landeszentrale für politische Bildung, Hannover-Hameln 1989, S. 9–28, hier S. 22.
11 Vgl. Anne Deighton, British-West German Relations, 1945–1972, in: Klaus Larres/Elizabeth Meehan (Hrsg.), Uneasy Allies. British-German Relations and European Integration since 1945, Oxford 2000, S. 27–44, hier S. 33.
12 Vgl. Christoph Bluth, Die deutsch-britischen Beziehungen in der Sicherheitspolitik: ein historischer Überblick, in: Karl Kaiser/John Roper, Die stille Allianz. Deutsch-britische Sicherheitskooperation, Bonn 1987, S. 1–39, hier S. 3.
13 Vgl. Wolfgang J. Mommsen, Vom Kriegsgegner zum Partner, in: ders. (Hrsg.), Die

ungleichen Partner. Deutsch-britische Beziehungen im 19. und 20. Jahrhundert, Stuttgart 1999, S. 184–215, hier S. 193.
14 Adolf M. Birke (Anm. 10), S. 26.
15 Vgl. Hermann Proebst, German-British Relations Since the War: a German View, in: Karl Kaiser/Roger Morgan (Hrsg.), Britain and West Germany. Changing Societies and the Future of Foreign Policy, London 1971, S. 191–202, hier S. 194 f.
16 Vgl. Christoph Bluth (Anm. 12), S. 6 f.
17 Otto M. von der Gablentz (Anm. 4), S. 257.
18 Vgl. Fraser Cameron (Anm. 6), S. 180.
19 Vgl. Günther Heydemann (Anm. 9), S. 442.
20 Vgl. Fraser Cameron (Anm. 6), S. 183.
21 Vgl. zu diesem Abschnitt Reinhard C. Meier-Walser, Britannien und der Kontinent: politische und kulturelle Relationen, in: Rüdiger Ahrens/Wolf-Dietrich Bald/Werner Hüllen (Hrsg.), Handbuch Englisch als Fremdsprache, Berlin 1995, S. 224–230.
22 Nationalisierung des Suezkanals durch den Militärherrscher Ägyptens Gamal Abd el Nasser. Britisch-französische Militäraktion zum Schutz des Kanals scheitert.
23 William E. Paterson, Großbritannien, Europa und das deutsch-britische Verhältnis, in: W. Mommsen (Anm. 11), S. 257–274, hier S. 260.
24 Vgl. Günther Heydemann (Anm. 9), S. 443.
25 Klaus Larres, Margaret Thatcher, das britische Foreign Office und die Deutsche Vereinigung, in: Cercles, 3 (2002) 5, S. 165–173, hier S. 165.
26 Sir Julian Bullard, Great Britain and German Unification, in: Jeremy Noakes/Peter Wende/Jonathan Wright (Hrsg.), Britain and Germany in Europa 1949–1990, Oxford 2002, S. 219–229, hier S. 223.
27 Vgl. Klaus-Rainer Jackisch, Eisern gegen die Einheit. Margaret Thatcher und die deutsche Wiedervereinigung, Frankfurt a. M. 2004, S. 12–17.
28 Angelika Volle, Großbritannien und die deutsche Einheit. Die Auswirkungen des 9. November auf die britische Regierungspolitik, in: Jochen Thies/Günther van Well (Hrsg.), Auf der Suche nach der Gestalt Europas, Bonn 1990, S. 130–144, hier S. 132.
29 Vgl. Lothar Kettenacker, Britain and German Unification, 1989/90, in: Larres/Meehan (Anm. 11), S. 99–123, hier S. 109. Vgl. auch Paul Sharp, Thatcher's Diplomacy. The Revival of British Foreign Policy, London 1997, S. 214.
30 Klaus Larres (Anm. 25), S. 169.
31 Nicol C. Rae, Die amerikanische und britische Reaktion auf die Wiedervereinigung Deutschlands, in: Zeitschrift für Politik, 39 (1992) 1, S. 24–33, hier S. 29.
32 Klaus Larres (Anm. 25), S. 172.
33 Vgl. Klaus Larres (Anm. 25), S. 170.
34 Margaret Thatcher, Downing Street No. 10. Die Erinnerungen, Düsseldorf u.a. 1993, S. 1125.
35 Klaus-Rainer Jackisch (Anm. 27), S. 304.
36 »For us, the nation state is here to stay.« The Economist vom 25. September 1993, S. 19.
37 Katrin Winter, Die deutsch-britischen Beziehungen im Rahmen der EG/EU. Von Maastricht bis Amsterdam, Köln 1999, S. 61.
38 Vgl. Reinhard C. Meier-Walser, Into Europe in Bottom Gear: Britain's Problems with the Maastricht Treaty, in: Current Politics and Economics of Europe, 3(1993) 3–4, S. 193–201.

39 Vgl. Anthony Glees, The Diplomacy of Anglo-German Relations: A Study of the
    ERM Crisis of September 1992, in: German Politics, 3 (1994) 1, S. 75–90, hier
    S. 83.
40 Vgl. Günther Heydemann (Anm. 9), S. 445.
41 Vgl. Katrin Winter (Anm. 37), S. 93–98; ferner Thomas Kielinger, Crossroads and
    Roundabouts. Junctions in German-British Relations, London 1997, S. 13f.

Weiterführende Literatur

Kaiser, Karl/Roper, John (Hrsg.), Die stille Allianz. Deutsch-britische Sicherheits-
    kooperation, Bonn 1987. – Sehr detaillierte Analyse der einzelnen Bereiche der
    bilateralen Sicherheitskooperation.
Larres, Klaus/Meehan, Elizabeth (Hrsg.), Uneasy Allies. British-German Relations
    and European Integration since 1945, Oxford 2000. – Der Schwerpunkt der
    Beiträge dieser Publikation liegt auf der Beeinflussung der deutsch-britischen
    Beziehungen durch den europäischen Integrationsprozess.
Mommsen, Wolfgang J. (Hrsg.), Die ungleichen Partner. Deutsch-britische Bezie-
    hungen im 19. und 20. Jahrhundert, Stuttgart 1999. – In 16 Essays wird die
    abwechslungsreiche Geschichte der deutsch-britischen Beziehungen im 19.
    und 20. Jahrhundert beleuchtet.
Noakes, Jeremy/Wende, Peter/Wright, Jonathan (Hrsg.), Britain and Germany in
    Europe 1949–1990, Oxford 2002. – Britische und deutsche Historiker unter-
    suchen in 17 Essays die verschiedenen Dimensionen (politisch, ökonomisch,
    kulturell etc.) der deutsch-britischen Beziehungen von der Gründung der Bun-
    desrepublik bis zur deutschen Einheit.

Links

www.debrige.de   Deutsch-Britische Gesellschaft
www.agf.org.uk   Anglo-German Foundation for the Study of Industrial Society
www.auswaertiges-amt.de   Auswärtiges Amt
www.britischebotschaft.de   Britische Botschaft Berlin
www.gbf.com   German-British Forum
www.britishcouncil.de   British Council Berlin
www.goethe.de/ins/gb/lon/deindex/htm   Goethe-Institut London

Die Autorinnen und Autoren

ANNESLEY, CLAIRE, Dr., Lecturer in European Politics an der University of Manchester

BERG, SEBASTIAN, Dr., Wiss. Mitarbeiter für Britische und Amerikanische Kultur- und Länderstudien an der Technischen Universität Chemnitz

BULMER, SIMON, PhD, Jean Monnet Professor of European Polities an der University of Manchester

BUSCH, ANDREAS, Dr. habil., Reader in European Politics an der University of Oxford

DREXLER, PETER, Dr., Professor für Geschichte und Kulturgeschichte Großbritanniens an der Universität Potsdam

EISENBERG, CHRISTIANE, Dr., Professorin für Britische Geschichte am Großbritannien-Zentrum der Humboldt-Universität zu Berlin

FRÖHLICH, STEFAN, Dr., Professor für Internationale Politik an der Universität Erlangen-Nürnberg

GOHRISCH, JANA, Dr., Professorin für Englische Literaturwissenschaft/New English Literatures an der Universität Hannover

GREER, SCOTT, PhD, Assistant Professor an der School of Public Health der University of Michigan, Ann Arbor

HUMPHREYS, PETER, PhD, Professor of Government an der University of Manchester

KAISER, ANDRÉ, Dr., Professor für Vergleichende Politikwissenschaft an der Universität zu Köln

KASTENDIEK, HANS, Dr., Professor für Britische und Amerikanische Kultur- und Länderstudien am Institut für Anglistik/Amerikanistik der Technischen Universität Chemnitz

KETTENACKER, LOTHAR, Dr., apl. Prof. i.R., bis 2004 stellvertretender Direktor des Deutschen Historischen Instituts London

LUDLAM, STEVE, Dr., Senior Lecturer am Department of Politics der University of Sheffield

MASON, TONY, PhD, em. Professor of History am International Centre for Sports History and Culture an der DeMontfort University Leicester

MEIER-WALSER, REINHARD C., Dr., Leiter der Akademie für Politik und Zeitgeschehen der Hanns-Seidel-Stiftung, München

MÜLLER, MARKUS M., Dr., Lehrbeauftragter an der Universität Erlangen-Nürnberg und Leiter der Zentralstelle im Wirtschaftsministerium Baden-Württemberg

OSTERHAMMEL, JÜRGEN, Dr., Professor für Neuere und Neueste Geschichte an der Universität Konstanz

ROBERTS, KEN, Professor of Sociology an der University of Liverpool

ROSENBERG, INGRID VON, Dr., Berlin, bis 2004 Professorin für Kulturstudien Großbritanniens/British Cultural Studies an der Technischen Universität Dresden

SCHRÖDER, HANS-CHRISTOPH, Dr., em. Professor für Neuere Geschichte an der Technischen Hochschule Darmstadt

STINSHOFF, RICHARD, Dr., Akademischer Direktor im Arbeitsgebiet British Studies am Seminar für Anglistik/Amerikanistik an der Universität Oldenburg

STRATMANN, GERD, Dr., Berlin, em. Professor für British Studies an der Ruhr-Universität Bochum

STURM, ROLAND, Dr., Professor für Politikwissenschaft an der Universität Erlangen-Nürnberg

WEBER, HELMUT, Prof. Dr. iur., Fellow am Großbritannien-Zentrum der Humboldt-Universität zu Berlin

WISBY, EMMA, Dr., Researcher und Policy Adviser to the Director am Institute of Education der University of London

WOOD, GERALD, Dr., Professor für Geographie/Anthropogeographie an der Westfälischen Wilhelms-Universität Münster